国家自然科学基金面上项目：41171096
中国科学院院士咨询项目：Y6R60090FE
国家自然科学基金重点项目：41530634

渤海海峡跨海通道建设与区域经济发展研究

孙峰华 陆大道 等著

图书在版编目（CIP）数据

渤海海峡跨海通道建设与区域经济发展研究/孙峰华等著. —北京：商务印书馆，2020
ISBN 978-7-100-17166-3

Ⅰ. ①渤⋯ Ⅱ. ①孙⋯ Ⅲ. ①渤海海峡—水下隧道—隧道工程—影响—区域经济发展—研究—中国　Ⅳ. ①F127②U459.5

中国版本图书馆 CIP 数据核字（2019）第 042444 号

权利保留，侵权必究。

渤海海峡跨海通道建设与区域经济发展研究
孙峰华　陆大道　等著

商 务 印 书 馆 出 版
（北京王府井大街36号　邮政编码100710）
商 务 印 书 馆 发 行
北 京 冠 中 印 刷 厂 印 刷
ISBN 978-7-100-17166-3
审图号：GS（2020）4924号

2020年12月第1版　　开本 787×1092　1/16
2020年12月北京第1次印刷　印张 29 1/2　插页 2

定价：168.00元

2008年9月27日，中国地理学会理事长、中国科学院院士、国务院东北地区振兴规划专家咨询组组长、中国科学院地理科学与资源研究所陆大道研究员，作"关于渤海海峡跨海通道规划建设的几个问题"的大会主题报告。

2010年6月，国家发展和改革委员会"渤海海峡跨海通道战略规划"课题组在烟台调研，鲁东大学环渤海发展研究院孙峰华教授作"我国物流发展对渤海海峡跨海通道建设的影响"的报告，该报告为课题组战略规划客货流预测提供重要科学依据。

2016年4月23日，山东省环渤海发展研究基地研究员、山东省鲁东大学环渤海发展研究院孙峰华教授作"渤海海峡跨海通道建设与中国的地缘政治战略"的大会主题报告。

2016年7月14日,"重大交通、能源工程建设研讨会"在中国科学院学术会堂召开。中国科学院何祚庥院士、简水生院士、张楚汉院士、刘昌明院士、叶大年院士、周孝信院士、刘嘉麒院士、陆大道院士、中国工程院孙九林院士,全国政协港澳委员高彦明,中国科学院地理科学与资源研究所所长葛全胜、成升魁研究员、樊杰研究员、刘卫东研究员、张文忠研究员,鲁东大学孙峰华教授、中国科学院院士工作局谢光锋处长以及相关科研人员等三十余人出席会议。会议由葛全胜所长主持,重点讨论了渤海海峡隧道工程建设问题,陆大道院士作"渤海海峡隧道建设的必要性并不迫切"的主题报告(左一)。

2016年10月7日,课题组在大连市发展和改革委员会调研。

2016年10月11日,课题组在烟台市发展和改革委员会调研。

2016年10月12日,课题组在烟台市交通运输局调研。

2016年10月13日,课题组在烟台市港航管理局、中铁渤海铁路轮渡有限责任公司调研。

序　言

2008年9月，应鲁东大学环渤海发展研究院的邀请，我参加了在烟台举办的"渤海海峡跨海通道建设高层论坛"，并作了"关于渤海海峡跨海通道规划建设的几个问题"的大会主题报告。从那时起，我开始关注渤海海峡跨海通道建设问题，并开展了一些具体研究。

渤海海峡隧道是迄今为止国内外工程规模最大、耗资最多的海底隧道工程。近十几年来，关于建设渤海海峡隧道工程的舆论和宣传不断，有关部门及学术团体提交的研究报告中，十分强调渤海海峡隧道工程对于"提升综合国力，加快东部沿海地区经济社会发展""推动环渤海地区经济一体化""振兴东北老工业基地"等"非常必要"，且具有"紧迫性"，建议尽快立项、动工。但值得关注的是，迄今为止的研究主要集中在工程技术方面，对于工程的必要性与社会经济意义方面论证明显不足。在《渤海海峡跨海通道建设与区域经济发展研究》一书即将付梓之际，就此问题做一深入解析以为序。

一、进出关客货运输现状

30多年前，我国进出关运输的路线很少，主要通道只有京沈铁路（复线电气化）。由于京沈铁路承担过量的能源运输，导致进出关铁路货运紧张，而铁路承担太多的货物运输，从而大量占用了铁路客运运力，引起进出关铁路运输全面紧张。这对全国特别是对东北地区的经济社会发展带来巨大的压力。针对进出关运输的严峻局面，20世纪80年代中后期以来，国家在加强关内外运输方面采取了一系列重要措施，使关内外运输状况发生了重大变化，现在进出关的综合运输能力（航空运输不计在内）相当于20世纪70年代后期、80年代初期的8倍左右。如果考虑到目前和即将建成的高速铁路，到"十四""十五"时期，进出关的运输能力还可大幅度提高。

近20年来进出关运量变化态势呈现出3个明显特征：①进出关铁路货运量长期稳定；②近十多年来进出关铁路客流量呈下降趋势；③近十年来烟台与旅顺之间火车轮渡及滚装船的运输量并没有很快增长。2005～2014年10年间，烟大滚装航线的车辆滚装量仅从 69.7 万辆增长到 85.3 万辆，年均增长不足 3%，而旅客数量仅从 418 万人增长到了 463.2 万人，年均增长不足 1.5%。这与许多学者在轮渡投入运行之前作出的"供不应求"的判断相差甚远。目前的状况是由于运量不足，轮渡运输能力没有得到充分发挥。

二、渤海隧道工程相关主要问题解析

1. 关内外之间运输大格局与渤海隧道工程

东北地区与关内之间的运输以长距离的运输占主导地位。无论从经济因素、自然条件因素、城市及人口空间分布格局还是从历史等因素分析，除航空运输外，通过渤海西岸的陆上通道是很自然的、完全合理的。除山东半岛一小部分地区外的整个关内地区，选择进出关的方向必然途经渤海西岸。

有一种观点认为，环渤海的沿海地带的运输现在是"C"字形轨迹，是完全不合理运输。建成渤海海峡隧道工程后，环渤海的运输就不再是"C"字形轨迹，而变成"D"字形轨迹，因而可大大缩短运输距离。这种将运输大格局想象为两个点，认为东北与华北、华东等关内广大范围之间的客货运输仅仅是从大连绕道渤海北岸、西岸、南岸而到烟台之间的所谓"C"字形轨迹，只是几何上的幻觉效果，而不是真实的空间经济联系，"C"字形运输线路根本不存在。

2. 渤海海峡隧道与环渤海地区经济一体化

在"一带一路"倡议下，我国宏观区域经济正在形成以沿海大城市群为平台、以广阔的内陆为腹地的"沿海—腹地"型的大经济合作区。这是我国经济发展的区域大格局。在环渤海地区，正在形成三个经济合作区。其中，最主要的是以京津冀为枢纽区域的华北经济合作区，以辽宁省中部城市群为枢纽区域的东北经济合作区和山东省省域合作区。这样的大经济合作区格局使得我国（"沿海—腹地"型）经济合作区之间的经济联系并不紧密，渤海海峡跨海通道建设在环渤海地区经济一体化中的作用并不如想象的那么重要。环渤海范围内形成的三个相对独立的经济合作区域，它们以往未曾有过且未来更加不可能实行经济一体化。

3. 建设沿海（海岸线）大高铁与渤海隧道工程

关于"渤海跨海隧道建设将使中国海岸线的沿海大铁路得以全线贯通"的问题，我们认为，基本平行海岸线的沿海铁路（不指高铁），只是在某些区段，即主要是部分省区内部（南北），具有较重要意义。建设沿海大铁路（高铁）并将全国海岸带贯通起来，从整体看，并无多大实际经济意义。因为，我国的社会经济要素主流量的流向是东西向的。人类社会经济活动受海洋的吸引是长期趋势，以港口为起点向内陆腹地横向延伸建设铁路，始终是我国经济发展的主导需求。我国沿海各相邻省区的沿海城市之间的客货流量并不大，而且各城市之间的经济结构雷同的现象比较普遍，特别是东北地区、华北地区和山东省三个地域单元产业结构与资源结构很相似，彼此间合作关系不密切。

从发展综合运输特别是充分发挥我国海运能力大、运输成本低的优势来看，沿海地带的南北向长距离货物运输（环渤海地区各港口腹地区域的散装货物及集装箱发往上海及上海以南沿海区域），大部分应该由海运完成。2014年，全国港口总吞吐量66.5亿吨。其中，环渤海地区沿海一市三省总共30.05亿吨，占45.2%。根据2010年当时的在建规模，2020年全国的港口吞吐能力将达到90亿吨。辽宁省将达到13.5亿吨的吞吐能力，山东省未来能力更大。从货物运输的角度，将从根本上否定渤海海峡隧道建设的必要性。我国南北方的沿海已经建成了大规模港口群，且具有与其腹地之间的现代化集疏运输系统，沿海（岸）运输修建和利用高速铁路必要性也不大。长距离沿海岸带的高铁运输与海运相比，将完全不具有优越性。因此，以贯通全国沿海大高铁而认为需要建设渤海海峡铁路隧道工程，不能成为主要理由。

4. 渤海隧道工程的经济作用辐射范围有限

世界上已建的海峡跨海隧道（铁路或公、铁合建），往往是两岸之间联系的唯一路径，如日本津轻海峡青函铁路隧道和欧洲英吉利海峡隧道等。也就是说，日本本州与北海道之间的火车运输只能选择通过津轻海峡。英国与法国、德国之间的铁路运输，只能在多佛尔海峡处建设海底隧道。但我国的关内外铁路、公路等运输联系，从经济因素、自然条件因素、城市及人口空间分布格局以及历史等因素分析，除山东半岛一小部分地区外的整个关内广大地区，选择进出关的方向必然途经渤海西岸。

通过对东北地区和山东省经济发展与经济联系的基本特点以及对客货运量增长影响的初步分析可以得出，渤海海峡隧道仅可使两个半岛部分地域间缩短运输距离，但不具有大区域间的运输意义。

有些专家认为建设渤海跨海通道可以大大缩短关内外的运输距离，实际上这仅仅对辽东半岛鞍山—本溪一线的东南部分和山东半岛淄博—日照以东部分成立，这两部分区域之间的客货运输经渤海海峡通道比经过渤海西岸陆上通道要近600~800千米。需要注意的是，具有这样较长距离的两地路径长度，仅涉及辽东和山东两个半岛其中很小的区域，客货运输量相对于我国的全部进出关运量来说，所占比重甚微。

5. 渤海隧道工程的巨大安全风险

国际经验表明，长距离隧道往往都有突出的安全保障问题。对于渤海海峡这样超长距离的隧道工程，未来可能带来诸多难以解决的巨大隐患。①渤海隧道工程建设必须考虑郯庐大断裂地震活动的影响。据统计，自公元1400年以来，以郯庐大断裂为中心200

千米范围内共发生M（震级）8.5级地震1次，7.0~7.9级地震5次，6~6.9级地震11次。其中中段—沈阳—苏北宿迁段（跨越渤海）就发生8.5级地震1次，7.0~7.9级地震7次，4.7级以上地震60余次。研究表明，渤海海峡隧道100a的设计使用年限内，8.0级地震复发的概率为37.3%，7.5级地震复发的概率为57.4%，至少会发生1次7.0级以上的地震。渤海海峡隧道是世界上最长的海底隧道，隧道越长，其脆弱性越强，不要说7.0级地震，5级以上地震就可能对其造成破坏性影响，6级以上地震甚至可能会对其造成颠覆性的破坏。如果认识不到这一点，其后果是不可想象的。②消防安全是超长距离隧道的极大难题。2008年英吉利海峡隧道发生火灾，由于隧道本身的局限性及救援的困难，造成巨大损失。渤海海峡隧道的长度比现有世界上所有隧道都长得多，消防安全如何保障等问题还无法做出科学判断。③海水渗透淹没将是海底隧道时刻面临的严重安全隐患。日本青函隧道曾两度被海水淹没（1969年、1976年），海水将岩缝冲大，以每分钟几十吨的流量冲入隧道，共造成33名工人丧生，1 300人伤残。渤海海峡最深处达86米，所建渤海隧道一旦出现裂痕，海水渗透将使隧道彻底瘫痪。④长距离隧道的通风问题、毒气与停电应急处理等若干问题必须引起高度重视。尤其是渤海海峡隧道建设施工与列车运行所带来的生态环境风险仍是未知的，而我国某些超大型工程建设所带来的生态环境与地质风险已经成为所在流域和地区的重大问题。⑤相关军事意义需要重新评估。

6. 渤海隧道工程在地缘政治与实施国家重大战略中的作用

东北亚地区自"二战"结束以来，由于种种原因，政治军事形势愈来愈复杂。这种紧张的根源不消除，中国在东北亚地区的地缘政治安全形势难以改善。渤海海峡隧道建设，如何能够改善我国在东北亚的地缘政治形势，现在很难做出有道理的联想与判断。在远期有可能出现：由于我国实力十分强大，东北亚上述问题基本得到解决，东北亚自由贸易区建立并形成深度合作的局面，各国间政治、经济、文化、人文等往来极为频繁。在这种情况下，海峡隧道将促进我国与各国的交流与合作，确实具有重要意义。

"一带一路"是习近平总书记提出的当代中国的全球倡仪。我国经济发展面临极其广泛深刻的转型和实现可持续发展重大任务。在这种大背景下，各地区都有"走出去"的客观需要和强烈愿望。在国内通过各种类型对外投资和贸易的平台与机构的建设，促进和引领全国各地区更好地进入"一带一路"沿线的国家与地区。对于环渤海而言，将形成三个大的经济合作区域，分别以京津冀大城市群、辽中南城市群及青岛—济南城市集聚带为枢纽（门户）实现大规模走出去，实现大区域经济的可持续发展。但是，根据以上关于"经济区"及"区域经济一体化"的分析，我们无法预估渤海海峡隧道工程对"一带一路"建设实施具有巨大意义。

尽管20世纪90年代特别是从2002年起国家施行了"东北老工业基地振兴"方略，可经济结构的转型还不是短时期就可彻底改观的。近年来，东北三省经济均不景气，人口和劳动力外流，经济增长率下降，一些行业还将进一步下降，如钢铁、铝合金及部分化工原料等的生产。毋庸置疑，渤海海峡隧道工程不会解决东北发展中的结构性问题。如果渤海海峡隧道工程建设资金由辽宁、山东分别负担一部分，可能对经济恢复增长非但不能起促进作用，反而带来负面影响。

三、未来关内外区域间运量增长与供需平衡

通过对东北地区与关内交通运输量和交通运输的供需平衡状况的预测分析，得出未来20年左右的时间内，辽西及内蒙古部分的进出关客货运量将长时期保持稳定或缓慢增长趋势。原因有二。①进出关的能源运输，随着东北地区大耗能工业的调整以及西伯利亚天然气进入东北等措施，东北不会大幅度增加对关内能源的调入，很可能会进一步减少运入量。目前关内运入东北的轻工产品、家电、农畜产品、蔬菜、钢材、交通运输工具、建筑材料、机械设备、工程设备等，以及东北地区入关的玉米、大豆、饲料、钢材、工业设备、汽车、金属制品等，将长时期保持较为稳定的状态。即使增长，也将呈缓慢增长趋势。②通过分析历史时期特别是近年来进出关旅客流量的变化，将会改变近十多年来运量基本不增长的态势，而进入长时期的低增长，年增长速率为2%～4%。从东北—华北地区部分规划新建和在建路线看，进出关的运输能力仍具有相当大的增长空间，这种客货运量的缓慢增长，将不会给交通运输带来压力。

目前，经营渤海海峡通道的主要有中铁渤海海峡火车轮渡公司、烟台港务局、大连港务局及其他有关的海运部门。近年来，随着经济发展进入新常态，环渤海烟大航线客、货、车运量增长率总体趋势相应减缓，有的经营单位甚至连续出现负增长。2005～2014年客运总量增长十分缓慢，2014年旅客总运量仅为463万人次。而烟台、大连二市已有1 200万人次/年的总客运能力，2014年只大约利用了30%，70%的客运能力处于闲置浪费状态。

就全国而言，2012年的客货运量分别是3 804 035万人、4 100 436万吨，2018年客货运量分别是1 790 000万人、5 150 000万吨。2012～2018年，客运量减少了52.95%，年均减少14%，减幅很大；货运量增加了25.60%，年均增加4.66%，增幅不大。东北三省2012、2018年，客货运量分别是230 503万人和332 600万吨，152 149万人和349 792万吨。7年间客货运量减少了34%，货运量仅增加了5.17%。山东省2014～2018年客运量逐年减少，由73 582万人减少到67 000万人。2012年山东省货运量330 270万吨，

2018年为349 000万吨，增幅非常小，5年增加5.67%。这说明东北三省与关内的交通运输没有出现压力。

对于今后20年左右时间内，我们按照不考虑建设渤海海峡铁路隧道和建设渤海海峡铁路隧道两种情况进行实证分析。①不建设渤海海峡跨海通道。实证分析表明，至2030、2040年，通过渤海海峡的客运量分别增加到：860万人和1 280万人（平均按4%增长率计）。近年来，渤海海峡通道的年货运量也仅占实际运输能力的50%左右。其中，中铁渤海铁路轮渡铁路货车运量占实际运输能力的65%左右。由此可见，无论客运还是货运，渤海海峡的现有设施还有很大的运输能力没有得到发挥。即使用比这个增长率更快一些的数据计算，也可以通过对现有运输设施的改扩建（增加船舶及扩大船型等）得到解决。②建设渤海海峡跨海通道。运用现有统计数据与相关模型，对渤海海峡铁路隧道未来几十年做了运量预测，结果表明，至2030、2040年的铁路客运量分别为3 650万人、7 680万人。需要说明的是：由于考虑到较多的运量增长变量，这个预测结果只是潜在的理论值，代表未来两个特征年份的最大可能的运量。

2012年和2014年，有关主张立即着手建设渤海海峡隧道工程的人士和有关报告中强调：渤海海峡铁路隧道建成，客运量很快即可达到2亿～3亿人，说明渤海海峡的客货运量被严重高估了。

四、工程浩大成本投资巨大

渤海海峡从山东蓬莱经长岛到辽宁旅顺，全长105.56千米，平均水深25米，老铁山海沟最大水深86米。如果按照有关部门提出采用"全隧道"的建设方案，隧道长度达125千米左右。以上下行铁路隧道修建，再加上需要的逃生、安全等设施，初步估算整个造价要超过4 000亿元。如果渤海海峡通道按照如此大运量铁路隧道的要求建成，为发挥其经济效益，将需要对东北地区，以及关内华北、华东地区的部分铁路系统和高速公路系统进行加强及改造，这也是一笔巨大的投资。综合估计，整个投资可能需要5 000亿元左右，是世界上超大型的建设工程。在海底隧道建成投入运行后，运营阶段的维护和维修费用也非常高昂。

如此巨大的投资，能否产生相对应的社会经济效益回报？截至目前没有科学的回答。但可以肯定的是，渤海海峡隧道在今后一个相当长时期内能够发挥明显作用的地区主要限于辽东和山东两个半岛部分地区。此外，渤海海峡隧道建设将会对渤海海峡现有的海运交通系统产生颠覆性影响，其损失将是巨大的。

五、从国外海底隧道工程看渤海海峡跨海通道建设

英法海底隧道自运营以来，其运输量从未达到过设计的理论值，以致连年严重亏损。日本青函隧道被称为"特大工程特大亏损"。这都是可行性论证过于乐观，缺乏不可行性论证的结果。

渤海是我国一个真正意义上的内陆海，不仅资源丰富，其水体异常宝贵，对调节华北气候、改善生态环境、保护生物资源的多样性有着不可替代的作用。渤海是我国首都北京海上东大门（渤海海峡）内一颗璀璨的明珠，在没有可能获得重大经济效益的情况下，不要轻易建设渤海海峡跨海通道，以免干扰破坏渤海及渤海海峡的生态环境系统和生态平衡。

由于渤海海峡跨海通道建设是一项世界级的巨大工程，投资建设的成本巨大，理论上讲效益也应该巨大，同时风险也巨大。这种风险有自然的、人为的，也有地缘政治的。基于此，一定要汲取国内外世界级大型工程建设的经验和教训，抱着对国家、对人民高度负责的态度，在其研究论证过程中，不仅要进行可行性论证，更为重要的是还要进行不可行性论证，认真研究渤海海峡跨海通道建设相关的每一个问题，对每一个问题都要搞清楚，在没有把相关问题搞清楚之前，绝不可急功近利草率上马，否则，会带来重大损失。

陆大道

中国科学院院士

中国地理学会原理事长

中国科学院地理科学与资源研究所原所长

2019 年 10 月

前　言

渤海海峡跨海通道（Bohai Strait Cross-sea Chunnel，BSCC）工程是世界级的超大工程，其研究始于 20 世纪 90 年代初，至今已有 20 余年的研究历史。回顾 BSCC 工程研究的历程，大致可划分为四个阶段。第一阶段：1992~1994 年。1992 年，一些相关人士提出 BSCC 建设的设想，当时的国务院副总理邹家华非常重视，为此，国务院发展研究中心成立了"BSCC 研究"课题组。第二阶段：1995~2007 年。以国务院发展研究中心和鲁东大学环渤海发展研究院为主，参与研究的单位和专家越来越多，发表了许多论文，出版了系列著作，取得了若干研究成果。第三阶段：2008~2011 年。2008 年 9 月，鲁东大学环渤海发展研究院举办了"BSCC 建设高层论坛"，中国科学院院士陆大道、中国工程院院士李玶、国家发展改革委和山东省发展改革委的有关领导与相关专家就建设 BSCC 问题进行了深入研讨。论坛会后，根据此次会议精神，李玶院士于当年 10 月 8 日给温家宝总理写了《关于尽快兴建 BSCC 的建议》，总理对此非常重视，于 11 月 8 日批转当时的李克强副总理阅转国家发展改革委，发展改革委非常重视，成立了由国家发展改革委牵头的"BSCC 战略规划研究项目组"，于 2012 年 2 月完成了《渤海海峡跨海通道战略规划研究报告》。第四阶段：2012 年至今。2012 年 1 月，中国工程院、国家自然科学基金委员会设立"BSCC 战略规划研究"重点咨询项目，中国工程院成立了由十几位中国工程院院士组成的课题组，王梦恕院士任组长，参与单位有中国工程院、北京交通大学、鲁东大学、铁道部工程设计鉴定中心、中铁隧道集团有限公司等，于 2014 年 9 月完成了《渤海海峡跨海通道战略规划研究报告》。2016 年，中国科学院学部咨询评议工作委员会设立了"渤海海峡隧道建设的社会经济意义分析"的咨询项目，由陆大道院士任项目组长，组织了近 20 位院士、专家开展研究，于 2017 年 2 月完成了《渤海海峡隧道工程建设必要性分析与建议》的咨询报告。最近几年，关于 BSCC 建设问题成为社会广泛关注的热点问题。具体表现为：举办各种研讨会；许多媒体报道；全国人大、政协两会多次提案。目前，关于 BSCC 的建设问题，在学术界及其他领域主要存在三种观点：①尽快建设；②不能操之过急，一定要条件成熟了再考虑建设；③没有必要建设。

第三种观点是我们最初提出来的，通过科学研究和论证，我们认为，至少在未来30年内，根本没有必要建设BSCC。

我对BSCC建设这一重大课题的关注始于2003年。2003年3月21日，我从鲁东大学地理学院到交通学院任院长，由于工作性质的改变，我所学的地理专业逐渐扩展到相关的交通运输、物流工程、岩土工程领域，并对BSCC这一重大交通工程建设问题产生了兴趣，试图通过学习和探索为BSCC建设和地方经济发展做出应有的贡献。由于我的专业基础比较薄弱，研究这样的重大问题实在是力不从心，于是我一方面积极参加相关会议加强学习，另一方面向我国著名专家学习。通过不断努力，2005年有幸邀请到中国地理学会理事长、中国科学院陆大道院士来鲁东大学交通学院讲学，鲁东大学聘请陆大道院士为客座教授。陆大道院士的到来，不仅为我研究BSCC建设和地方经济发展问题增强了动力，更为重要的是，陆大道院士还从理论与实践上给我以指导，使我的学术研究水平不断提高。在长达15年的交往中，不仅和陆先生结下了深厚的友谊，而且陆先生也成为我的良师益友。

2007年，我先后参加了国家软科学重大项目"渤海海峡跨海通道对环渤海经济圈区域协调发展及振兴东北老工业基地的影响研究"（2007GXQ4D166）、国家社会科学基金特别委托项目"环渤海发展战略与渤海海峡跨海通道建设"（2007@ZH005）的科学研究，对BSCC建设问题有了进一步的认识。2011年，在陆大道院士的支持下，我们申请了国家自然科学基金面上项目"渤海海峡跨海通道建设对东北、华北和山东半岛经济关系格局的影响研究"（41171096）。2016年，作为项目组主要成员之一，参加了陆大道院士主持的中国科学院院士咨询项目"渤海海峡隧道建设的社会经济意义分析"（Y6R60090FE）。2017年，作为项目组主要成员之一，参加了陆大道院士主持的国家自然科学基金重点项目"我国经济发展支撑体系分析与'人—地系统'动力学研究"（41530634）。我们进行的这些项目研究，为BSCC建设决策提供了重要的科学依据。

《渤海海峡跨海通道建设与区域经济发展研究》一书即将付梓，该书是国家自然科学基金面上项目（41171096）、中国科学院院士咨询项目（Y6R60090FE）和国家自然科学基金重点项目（41530634）部分研究成果的集成。值得说明的是，该成果的出版，没有陆大道院士的鼎力支持和精心指导，是根本不可能的，在此，谨向陆大道院士表示衷心的感谢并致以崇高的敬意！

《渤海海峡跨海通道建设与区域经济发展研究》一书包括四大部分（共19章）。第一部分BSCC建设与区域经济联系，包括第一章至第四章。其中，第一章分析了东北、华北和山东半岛区域发展不平衡性的影响因素，为开展BSCC建设系统研究奠定了基础；第二章分析了环渤海地区客货流量与经济社会因素的相关性，揭示了区域经济社会发展水平与交通运输体系的时空特征；第三章探讨了 BSCC 对中国可达性与沿海城市群经济联系格局的影响，解释了其在沿海城市群的城市联系中的功能效应；第四章探讨了 BSCC 建设对区域交通网络的影响，进而揭示了其对区域内城市的陆路出行距离的影响。第二部分 BSCC 建设对东北、华北和山东半岛经济发展的影响，包括第五章至第十二章。其中，第五章重点分析了 BSCC 建设对东北、华北和山东半岛区域城市经济联系的影响以及"一带一路"倡议下其对路桥经济的影响；第六章重点分析了 BSCC 建设对东北、华北和山东半岛经济发展趋势的影响；第七章重点分析了 BSCC 建设对东北、华北和山东半岛产业结构的影响；第八章重点分析了 BSCC 建设对东北、华北和山东半岛城市化发展的影响；第九章通过对交通功能与区域关联性分析，揭示了 BSCC 建设对东北、华北和山东半岛区域经济关系格局的演化规律；第十章分析了东北、华北和山东半岛客货运量现状，重点探讨了 BSCC 建设前后东北、华北和山东半岛客货运量的发展变化；第十一章在物流相关基础理论的指导下，探讨了 BSCC 建设对三大区物流格局和城市间物流关联格局的影响；第十二章在区域贸易基础理论的指导下，探讨了 BSCC 建设对地区间贸易量的影响。第三部分 BSCC 建设前后东北、华北和山东半岛经济发展的空间差异，包括第十三章至第十八章。其中，第十三章探讨了区域交通网络与经济发展的关系，揭示了 BSCC 建设前后区域交通网络发展变化与经济空间差异尺度；第十四章通过分析 BSCC 对经济关系格局的影响效应，揭示了 BSCC 建设前后经济关系格局的时空差异；第十五章在物流地理解释的基础上，通过实证方法揭示了 BSCC 建成前后东北、华北和山东半岛物流空间差异性；第十六章通过建模实证，揭示了 BSCC 建成前后东北、华北和山东半岛不同尺度下经济关系格局的差异；第十七章通过建模实证，重点探讨了 BSCC 建成后区域经济空间发展存在的问题和对策；第十八章通过建模实证和 BSCC 建设对交通可达性的影响，揭示了 BSCC 建设前后东北、华北和山东半岛客货运量分布的空间差异。第四部分 BSCC 建设的客货流量预测，即第十九章，分析了研究背景，利用连续 40 年的数据，通过建模实证，得出一个比较保守的结论，即未来 30 年（2050 年以前），根本没有必要建设 BSCC。

综上所述，本书前三部分主要探讨未来假若建设 BSCC，将会对东北、华北和山东半岛的社会经济产生怎样的影响，第四部分在前述研究的基础上，综合预测、分析、评价 BSCC 建设将会对东北、华北和山东半岛乃至全国的社会经济产生怎样的影响，其社会经济意义到底如何。这种社会经济意义是决定 BSCC 能否建设的首要的关键因素。

本书是项目组成员共同完成的一项重要成果。各章执笔人：第一章，殷冠文、刘传明；第二章，王振波；第三章，孙峰华、王振波；第四章，顾九春、孙峰华；第五章，孙海燕；第六章，赵中华；第七章，赵中华、孙峰华；第八章，胡毅；第九章，王富喜、孙仲超；第十章，申晓燕、王茜茜；第十一章，高鑫；第十二章，高鑫、孙峰华；第十三章，孙仲超、顾九春；第十四章，殷冠文；第十五章，王泽东、孙峰华；第十六章，徐建斌、孙峰华；第十七章，刘志杰、徐建斌；第十八章，郭斌、胡晓亮；第十九章，陆大道、孙峰华。本书所有作者，不辞辛苦，收集文献，出外调研，处理数据，深入研究，撰写论文，几易其稿，历时九年，终铸成果。本书最后在充分尊重作者观点的基础上，由孙峰华统稿。

由于本书是多个国家级课题部分研究成果的集成，其研究逻辑结构框架和研究内容看上去似乎有重复之处，其实不然。尽管不同的章节研究的是同一个问题，但其研究的方法、视野、时—空范围、目的等是不一样的。该书最大的特点是较为系统、全面地揭示了 BSCC 建设对区域社会经济的影响以及 BSCC 在区域社会经济发展中的地位和效应。

BSCC 工程，从山东蓬莱经长岛到辽宁旅顺，海峡长 105.56 千米，平均水深 25 米，老铁山海沟最大水深 86 米。依据相关部门提出的"全隧道"建设方案，隧道长度达 125 千米左右。按照上下行铁路隧道修建，加上各种安全设施和相应的配套设施的建设，依照各种相关规划方案的工程测度，其建设工期预计在 10 年以上。渤海海峡正好处在郯庐大断裂地震活动带上，10 年以上建设工期，人们不可预料的多种突发事件难以避免。加之未来原材料的价格上涨、部分工程建成后的维护、工时成本费用的提高等，成本将非常之高昂。

渤海是我国一个真正意义上的内陆海，不仅有着丰富的海洋生物资源，还有着丰富的石油、天然气、海盐等矿产资源。不仅如此，渤海水体异常宝贵，对调节华北气候、改善生态环境、保护生物资源的多样性有着不可替代的作用以及重大的现代科学地理学意义。此外，首都北京坐落在因青藏高原隆起而形成的第三级阶梯中的华北大平原上，发源于青藏高原的中国人的"母亲河"黄河，最后经华北大平原流入渤海，渤海是我国首都北京海上东大门（渤海海峡）内的一颗璀璨的明珠，有着极为重要的传统易学地理学意义。无论从哪个视角看，都应该加强保护渤海的生态环境，而不应该人为地破坏其生态环境。因此，在没有可能获得重大经济社会效益的情况下，绝对不可轻易建设 BSCC，以免干扰破坏渤海和渤海海峡的生态环境系统与生态平衡。

我们希望本书的出版，能够为国家 BSCC 建设决策提供科学依据，为专家学者及相关部门开展相关研究提供参考。

在支撑该论著的项目调研中，得到了大连市发展和改革委员会、大连市交通局、大连市统计局、大连市港口与口岸局、大连港股份有限公司、烟台市发展和改革委员会、烟台市交通运输局、烟台市统计局、烟台市港航管理局、交通运输部烟台打捞局、中铁渤海铁路轮渡有限责任公司的大力支持。本书的编撰与出版，得到了国家自然科学基金委员会、中国科学院学部咨询评议工作委员会的大力支持，得到了商务印书馆的鼎力相助，中国科学院地理科学与资源研究所王振波副研究员在本书的制图过程中做了大量工作，在此一并表示衷心的感谢！

孙峰华
鲁东大学环渤海发展研究院
2019 年 10 月

目 录

序言
前言

第一部分　BSCC建设与区域经济联系

第一章　东北、华北和山东半岛区域发展不平衡性的影响因素分析 ………… 3
　　第一节　区域发展概况 …………………………………………………………… 3
　　第二节　区域发展不平衡性 ……………………………………………………… 8
　　第三节　区域发展不平衡性的影响因素 ………………………………………… 16

第二章　大环渤海地区客货流量与经济社会因素的相关性分析 …………… 22
　　第一节　经济社会与交通运输体系的时空特征 ………………………………… 22
　　第二节　大环渤海地区交通运输与经济社会的相关性分析 …………………… 30

第三章　BSCC对中国城市可达性与沿海城市群经济联系格局的影响 …… 42
　　第一节　数据来源与研究方法 …………………………………………………… 42
　　第二节　BSCC对中国城市可达性的影响 ……………………………………… 46
　　第三节　BSCC对沿海城市群城市联系强度的影响 …………………………… 49

第四章　BSCC建设对区域交通网络的影响 ………………………………… 59
　　第一节　区域交通网络规划及数据来源 ………………………………………… 59
　　第二节　研究方法 ………………………………………………………………… 60
　　第三节　BSCC建设对区域交通网络变化的影响 ……………………………… 62
　　第四节　BSCC交通需求分析 …………………………………………………… 64
　　第五节　BSCC对区域交通可达性的影响 ……………………………………… 71
　　第六节　BSCC对区域内城市陆路出行距离的影响 …………………………… 75

第二部分　BSCC 建设对东北、华北和山东半岛经济发展的影响

第五章　对区域经济的影响 ········· 81
第一节　对东北和山东半岛地区城市经济联系的影响 ········· 81
第二节　对东北、华北和山东半岛地市空间格局的影响 ········· 88
第三节　"一带一路"倡议下 BSCC 建设对路桥经济的影响 ········· 93

第六章　对经济发展水平的影响 ········· 103
第一节　东北、华北和山东半岛经济发展现状分析 ········· 103
第二节　东北、华北和山东半岛经济发展趋势分析 ········· 110
第三节　BSCC 影响下的经济发展趋势分析 ········· 120
第四节　BSCC 建设的经济意义 ········· 124

第七章　对产业结构的影响 ········· 128
第一节　东北、华北和山东半岛产业结构现状分析 ········· 128
第二节　东北、华北和山东半岛产业结构调整方向 ········· 134
第三节　BSCC 建设的产业结构影响预测 ········· 146
第四节　BSCC 影响下的产业结构调整分析 ········· 149

第八章　对城市化水平的影响 ········· 154
第一节　城市化及其影响因素 ········· 154
第二节　东北、华北和山东半岛城市化发展现状 ········· 159
第三节　BSCC 建设对东北、华北和山东半岛区域城市化发展的影响 ········· 161
第四节　东北、华北和山东半岛区域城市化发展水平预测 ········· 163

第九章　对区域经济关系格局的影响 ········· 179
第一节　交通条件的功能与 BSCC 的区域关联性 ········· 179
第二节　BSCC 建设对东北、华北和山东半岛的影响 ········· 181
第三节　BSCC 建设前后东北、华北和山东半岛经济发展水平预测 ········· 189

第十章　对客货运量的影响 ········· 201
第一节　研究区域、数据来源和研究方法 ········· 201
第二节　东北、华北和山东半岛出境客货运量现状 ········· 203
第三节　BSCC 建设前东北、华北和山东半岛交通网络与客货运量 ········· 209

  第四节 BSCC 建成后对东北、华北和山东半岛客货运量的影响·················215

  第五节 BSCC 建设前后东北、华北和山东半岛客货运量对比···················221

第十一章 对物流发展的影响···227

  第一节 物流相关的基础理论研究··227

  第二节 研究区物流业发展的现状与问题···229

  第三节 BSCC 建设对研究区物流格局的影响预测·····························232

  第四节 BSCC 建设对研究区城市间物流关联格局的影响·····················245

第十二章 对区域间贸易的影响···254

  第一节 区域间贸易的基础理论及研究区现状·····································254

  第二节 研究区产业发展的现状分析···263

  第三节 BSCC 建设对地区间贸易量的影响预测·································269

第三部分 BSCC 建设前后东北、华北和山东半岛经济发展的空间差异

第十三章 交通网络的空间差异性··281

  第一节 区域交通网络与经济发展··281

  第二节 区域交通网络发展与经济空间差异尺度·································291

  第三节 BSCC 建设前后空间差异尺度分析·····································296

第十四章 经济关系格局的时空差异性··306

  第一节 东北、华北和山东半岛经济关系格局····································306

  第二节 BSCC 对经济关系格局的影响···310

  第三节 BSCC 建设前后经济关系格局的时空差异·····························314

第十五章 物流的空间差异性··327

  第一节 空间差异性···327

  第二节 数据来源与研究方法··329

  第三节 BSCC 建成前后东北、华北和山东半岛地区物流空间差异性对比·······332

第十六章 区域经济关系格局比较··355

  第一节 数据来源与研究方法··355

第二节 BSCC 建设前后东北、华北和山东半岛大区域尺度下经济关系格局比较 ······ 358

第三节 BSCC 建设前后东北、华北和山东半岛省级尺度下经济关系格局比较 ······ 362

第四节 BSCC 建设对多尺度下区域经济关系格局的影响 ······ 369

第十七章 区域经济关系演化规律 ······ 375

第一节 数据来源与研究方法 ······ 375

第二节 基于 BSCC 建设的交通网络变化与区域经济发展规律解析 ······ 377

第三节 BSCC 建成后区域经济空间发展存在的问题 ······ 392

第四节 BSCC 建成后区域经济空间发展的对策和措施 ······ 393

第十八章 客货运量分布的空间差异 ······ 398

第一节 研究区域与数据来源 ······ 398

第二节 研究方法 ······ 399

第三节 东北、华北和山东半岛客货运量发展趋势与现状分析 ······ 401

第四节 BSCC 建设对东北、华北和山东半岛各城市交通可达性的影响 ······ 408

第五节 BSCC 建设前后东北、华北和山东半岛客货运量分布的空间差异 ······ 412

第四部分 BSCC 建设的客货流量预测

第十九章 客货流量预测 ······ 425

第一节 研究背景分析 ······ 425

第二节 数据来源与预测方法 ······ 427

第三节 预测释义 ······ 432

第四节 BSCC 客货流量现状与预测结果分析 ······ 437

第五节 结论 ······ 449

第一部分

BSCC 建设与区域经济联系

第一章 东北、华北和山东半岛区域发展不平衡性的影响因素分析

第一节 区域发展概况

一、东北地区

（一）经济水平

东北地区包括辽宁、吉林、黑龙江三省①。南面是黄海和渤海，东面和北面为鸭绿江、图们江、乌苏里江、黑龙江所环绕。内侧是大、小兴安岭和长白山，中心部分是松辽平原和渤海凹陷。平原面积广阔，土地总面积 78.73 万平方千米，占全国的 8.2%。

该地区是中国的老工业基地，1949 年后布局在东北三省的重大工业项目，奠定了中国工业化的初步基础，也使该地区形成了以钢铁、能源、化工、重型机械、汽车等为主的重工业体系。1993 年，东北三省的工业总产值 4 745.6 亿元，占全国的 12.4%[1]。

然而，20 世纪 90 年代中期开始，许多传统优势产品由于竞争力低，市场日益萎缩。工业企业亏损、倒闭，经济发展停滞甚至衰退，大量职工下岗，环境污染严重等严峻问题出现。2001 年，中国加入 WTO 又引发了农产品大量积压，农民增收放缓，农业经济效益下滑等问题，进一步制约了东北地区的发展水平[2]。不过，外向型经济为主的城市大连带动了东北南部沿海地区的经济发展。此外，东部沿边境线分布的图们江、鸭绿江等新兴开放区域，黑龙江的绥芬河和黑河均呈现出较大幅度的增长，原来落后的边缘区成为新兴的商工贸城镇[3]。

2003 年后，随着国家振兴东北老工业基地总体规划的实施，东北地区在财政、金融、税收、政策等方面获得一系列优惠和支持，一大批重大项目在国家支持下开工建设，整体发展水平开始逐步回升。至 2017 年，东北地区 GDP 为 54 256.45 亿元，占全国 GDP 的 6.58%；地区工业总产值为 16 692.29 亿元，占全国的 16.77%。

---

① 广义的东北地区还包括内蒙古东部的通辽、呼伦贝尔、兴安盟和锡林郭勒盟，为了统计和叙述上的方便，本章采用东北三省这一狭义范围。

(二)城市发展

至 2017 年,东北地区总人口 10 875 万人,占全国的 7.82%,城市化率达到 61.18%。拥有沈阳一个特大城市①,大连、长春、哈尔滨三个Ⅰ型大城市,鞍山、抚顺、吉林、齐齐哈尔、大庆五个Ⅱ型大城市,本溪、丹东、锦州、营口等 19 个中等城市和铁岭、辽源、通化、白城、双鸭山、黑河六个小城市[4]。其中,哈尔滨、长春、沈阳、大连四大城市的主导作用突出,形成了以四大城市为核心的城市区和经济区。此外,辽中南城市群基本形成,吉林中部、哈大齐城市群已现雏形。

从空间结构来看,东北地区形成了以四大城市为核心,以哈大经济隆起带为主轴的"三横一纵"城镇空间布局(图 1-1)。哈大城市带为纵轴和中心轴,连接沈阳、大连、长春、哈尔滨、四平、铁岭、鞍山等一批重要的区域中心城市。横轴包括滨绥轴线、图乌城镇轴和南部城镇轴[5]。

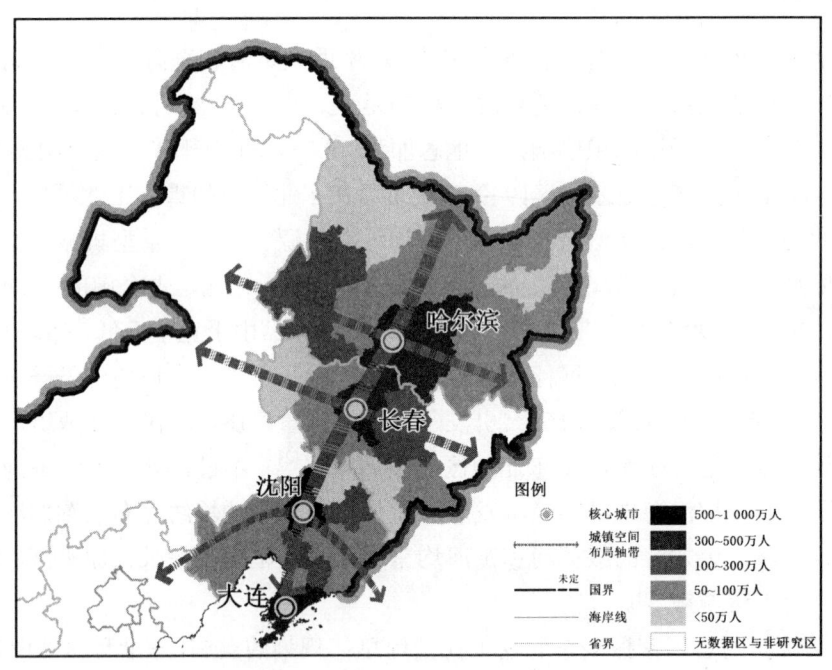

图 1-1 东北地区城市空间结构

---

① 根据国务院 2014 年《关于调整城市规模划分标准的通知》,城市规模划分标准以城区常住人口为统计口径,将城市划分为五类七档:城区常住人口 50 万以下的城市为小城市,其中 20 万~50 万的城市为Ⅰ型小城市,20 万以下的城市为Ⅱ型小城市;城区常住人口 50 万~100 万的城市为中等城市;城区常住人口 100 万~500 万的城市为大城市,其中 300 万~500 万的城市为Ⅰ型大城市,100 万~300 万的城市为Ⅱ型大城市;城区常住人口 500 万~1 000 万的城市为特大城市;城区常住人口 1 000 万以上的城市为超大城市。

二、华北地区

(一)经济水平

自然地理上,华北地区指的是包括黄土高原,南起秦岭—淮河,北至长城以南的广大地区,包括中部的黄淮海平原、西部的黄土高原和北部的冀北山地三个单元。从行政区划上来说,范围涉及北京市、天津市、河北省、山西省和内蒙古自治区中部①。

2017 年,华北地区 GDP 达 112 205.1 亿元,占全国的 13.6%。产业构成比为 0.05∶0.37∶0.58,表明华北地区整体处于工业化阶段。但是,地区内部经济发展呈复杂性和多元性。北京的 GDP 为 28014.94 亿元,产业构成比为 0.004∶0.190∶0.806,处于后工业化阶段。天津 GDP 达 18549.19 亿元,产业构成比为 0.009∶0.410∶0.581,呈现由工业化阶段向后工业化阶段的转化。河北、山西、内蒙古的产业构成相近,第一产业占比 5%~11%,第二产业占比 40%~47%,第三产业占比 45%~52%,正处于工业化发育时期(图 1-2)。

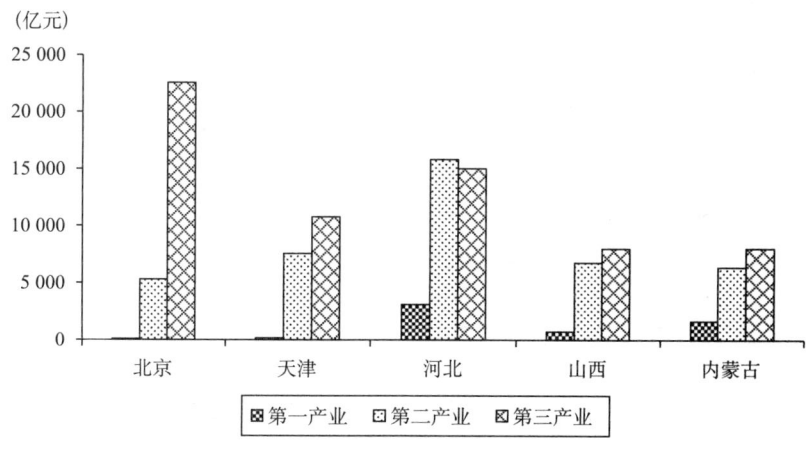

图 1-2　2017 年华北地区五省区市产业结构

资料来源:《中国城市统计年鉴》(2018)。

(二)城市发展

2017 年,华北地区总人口 17 479 万人,占全国的 7.95%,城市化率达到 57.3%。地区内部初具规模的城市体系为京津冀城市群,包括北京、天津和河北省 11 个地级市。2017 年,京津冀人口规模为 11 248 万人,城市化率为 74.81%。其中北京城市化率为 86.5%,天津为 82.93%,河北为 55.01%[4]。京津冀城市群包括一个超大城市(北京)、一个特大

---

① 即鄂尔多斯、乌兰察布、包头、赤峰和呼和浩特。

城市（天津）、四个大城市（石家庄、唐山等）、五个中等城市（秦皇岛、邢台等）和两个小城市（承德、衡水）（图 1-3）。城市群首位城市突出，呈北京和天津"双核心"发展态势。不过，存在超大城市高度集聚、中小城市吸纳力不足、城镇体系结构不合理等问题。北京、天津两大核心城市对城市群内其他城市的辐射带动作用尚未充分发挥[6,7]。

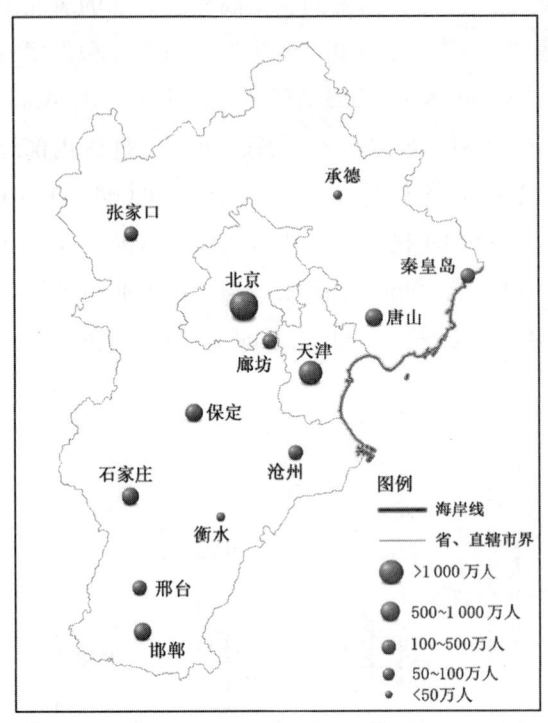

图 1-3　京津冀城市群规模等级体系

三、山东半岛

（一）经济水平

山东半岛是山东省东部伸入黄海、渤海间的半岛，广义范围上指从江苏与山东交界处的绣针河河口到山东北部的小清河河口，两点一线以东的区域，涵盖青岛、烟台、威海、潍坊、日照、东营六市。济南和淄博虽然不在半岛地区以内，但由于二者位于胶济、蓝烟沿线的城镇密集区域，与六城市有密切联系，并且与六城市同属山东半岛城市群，因此将济南和淄博也划入本章的研究范围。该地区总面积 7.33 万平方千米，占山东省总面积的 46.6%。

改革开放以来，山东半岛地区在全省和全国经济总量中所占的比例迅速攀升，2017 年 GDP 达 45 481.71 亿万元，约占全省总量的 63%。人均 GDP 为 71 439 元，是全省平均水平的 1.47 倍[4]。产业结构方面，山东半岛地区第一、二、三产业的比例由 2000 年的 13.8∶52.8∶33.4，过渡到 2017 年的 5.52∶47.58∶46.90[8,9]。第三产业潜力开始发挥，发展成果显著。

山东半岛地区外向型经济明显，经济对外依存度达到 32.05%，2017 年实际利用外资额 158 亿美元，占全省总量的 88.31%；进出口总额 2 158 亿美元，占全省的 82.02%。主要吸收日本、韩国投资，产品出口也主要集中在日、韩两国，是承接日、韩产业转移的重要区域。此外，该地区是重要的高效农产品生产加工基地，聚集 75 个国家级和省级开发区，占全省的 74%；全省 20 多个国家驰名商标和出口 100 强企业绝大部集中在该地区。

（二）城市发展

2006 年，经山东省政府批准，该地区形成了山东半岛城市群，包括 8 个地级市、23 个县级市和 600 个建制镇。2017 年总人口为 4 567 万人，占山东省总人口的 45.64%，城市化率达到 66.54% 以上[10]。

从空间结构来看，济南和青岛为区域中心城市，济南—淄博—潍坊—青岛和日照—青岛—烟台—威海两条空间发展轴为城市发展主轴，烟台—龙口—莱州—潍坊和日照—五莲—诸城—安丘—寿光—东营为城市发展次轴（图 1-4）[11]。从城镇体系规模来看，山东半岛地区包括济南、青岛两个Ⅰ型大城市，淄博、潍坊、烟台、日照四个Ⅱ型大城市，东营、威海两个中等城市[4]。

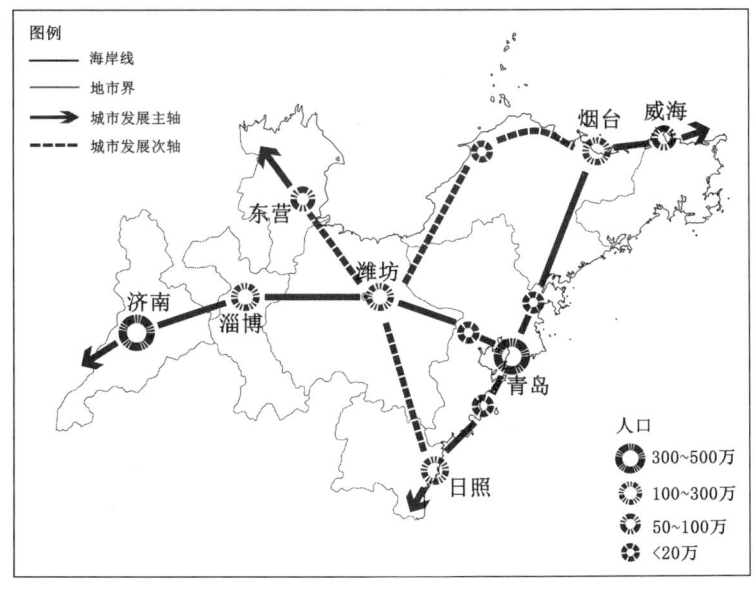

图 1-4　山东半岛城市空间结构

第二节　区域发展不平衡性

一、经济不平衡性

（一）测度方法

衡量区域间经济发展水平的不平衡性一般采用区域经济的总量指标和人均指标。总量指标包括 GDP、工业总产值、社会消费品总额等；人均指标包括人均 GDP、居民人均收入、人均社会消费品数量等。考虑到人均指标排除了人口数量因素带来的干扰，可以更准确地反映区域经济差异，本章采用人均 GDP 作为指标，从四个方面来衡量东北、华北和山东半岛的区域发展不平衡性。

1. 极差

极差是一组数据中最大值和最小值的差，通过极差的大小来反映数据的离散程度。某地区人均 GDP 的极差越大，说明区域经济发展越不平衡；极差越小，说明发展水平较为均衡。此外，极差衡量的是一种经济上的绝对差异。计算公式为：

$$V = G_{\max} - G_{\min} \qquad 式\ 1\text{-}1$$

式 1-1 中，$G_{\max}$ 为某区域人均 GDP 的最大值，$G_{\min}$ 为某区域人均 GDP 的最小值。

2. 标准差

标准差反映的是一组数据相对于平均值的分散程度。标准差较大，说明大部分数值和其平均值之间差异较大；标准差较小，说明这些数值较接近平均值。因此，区域内人均 GDP 的标准差的大小可以反映区域经济发展水平的平衡性。标准差体现的也是绝对差异。计算公式为：

$$S = \sqrt{\frac{\sum_{i=1}^{n}\left(G_i - \bar{G}\right)^2}{N}} \qquad 式\ 1\text{-}2$$

式 1-2 中，G_i 为某区域某城市的人均 GDP，$\bar{G}$ 为人均 GDP 的平均值，N 为区域内的城市个数。

3. 加权变异系数

加权变异系数在一组数据标准差的基础上加入权重，来衡量数据的相对离散程度。在此，选用人口作为权重来衡量区域经济发展的相对不平衡性。系数越大，说明发展差异越大，反之相反。加权变异系数衡量的是经济相对于人口的差异。计算公式为：

$$CV^2 = \frac{1}{\bar{G}^2}\sum_{i=1}^{n}\frac{P_i}{P}\left(G_i - \bar{G}\right)^2 \qquad 式\ 1\text{-}3$$

式 1-3 中，G_i 为某区域某城市的人均 GDP，$\bar{G}$ 为人均 GDP 的平均值，P 为某区域的总人口，P_i 为某城市人口。

4. 塞尔指数

塞尔指数通常被用来分析区域收入水平的差异，这里通过人均 GDP 和人口为指标，用塞尔指数来衡量区域经济发展的相对不平衡性。指数越大，说明发展差异越大，反之则相反。塞尔系数衡量的也是相对差异。计算公式为：

$$T = \sum_{i=1}^{n}\left(\frac{G_i}{G} \times \log\left(\frac{G_i/G}{P_i/P}\right)\right) \qquad 式1\text{-}4$$

式 1-4 中，G_i 为某区域某城市的人均 GDP，G 人均 GDP 的和，P 为某区域的总人口，P_i 为某城市人口。

（二）多元尺度的经济不平衡性

利用 1994～2017 年东北、华北、山东半岛各地级市的人均 GDP 数据，在三大尺度上（东北、华北、山东半岛三大地区整体尺度以及三大地区内部尺度和各省区尺度）衡量其经济不平衡性。

1. 经济不平衡的绝对差异

通过图 1-5 和图 1-6 可以得出不同尺度区域的绝对差异的变化情况。第一，从三大地区整体尺度来看，人均 GDP 的极差和标准差呈逐年扩大趋势。20 世纪 90 年代较为均衡，21 世纪初差异开始扩大，2003 年出现了 21 世纪初期极差和标准差的峰值，2010 年差异进一步加速扩大，2012 年出现一个较大峰值，而后一直到 2017 年，其差异不断扩大。这是因为，随着改革开放的进行，抓住先机的发达地区和落后地区的经济发展水平逐渐拉开差距，而发达地区对落后地区的带动不足，向落后地区的扩散也有限，造成人均 GDP 的差异不断扩大化。第二，从三大地区内部尺度来看，山东半岛内部极差和标准差较小，并且差异增加程度较小。而华北、东北地区内部极差和标准差较大，并且差异程度随年份增加较大。尤其是华北地区，人均 GDP 的极差从 1994 年的 8 800 增加到 2017 年的 266 066，增加了 30 倍。这是因为，山东半岛地区基本为沿海发达城市，发展条件和水平比较一致；而华北地区的两个核心城市北京和天津与河北、山西等的落后城市差距较大；东北地区由于老工业基地衰退和体制转型，造成大连等沿海开放城市与原有重工业城市之间的发展差距。第三，从省区尺度来看，吉林省极差和标准差最小，其次为山西省、河北省，而内蒙古自治区、黑龙江省、山东半岛和辽宁省的差异较大。尤其是内蒙古和黑龙江，自 2000 年代中期以来，其差异分别超过华北地区和东北地区，体现了极大的不平衡性。2000年以来，依靠国家资源政策和自身优势，内蒙古自治区的呼和浩特、包头、鄂尔多斯地区取得了飞速发展，与部分仍然依靠传统畜牧业的落后区域形成鲜明对比，造成人均GDP的巨大差异。

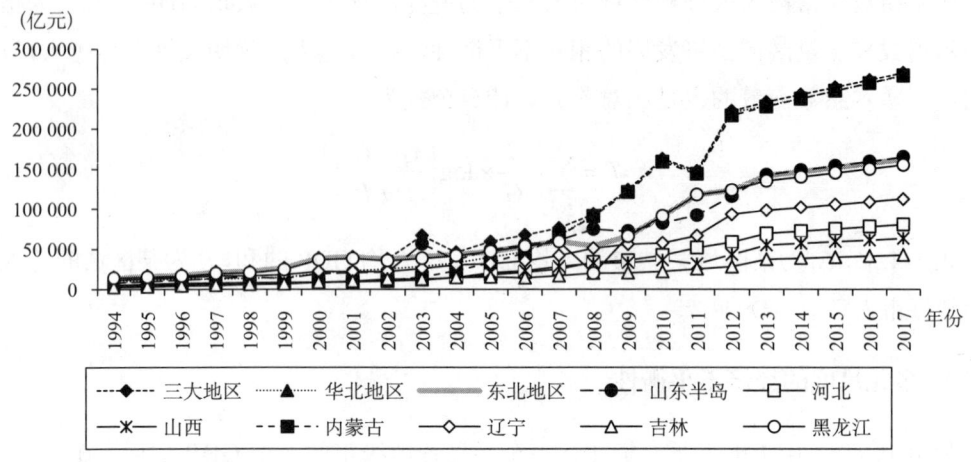

图1-5　1994～2017年基于极差的不同尺度区域变化

资料来源：《中国城市统计年鉴》（1995～2013）。

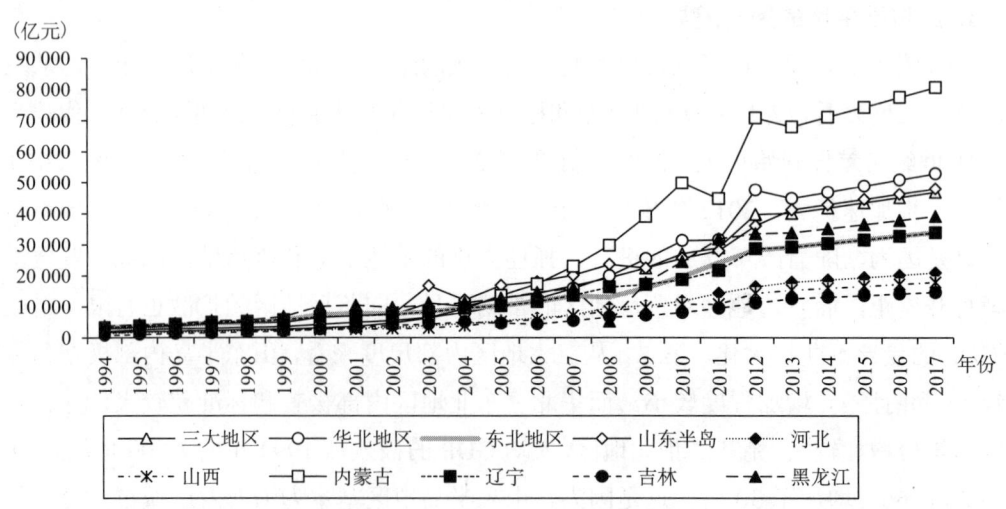

图1-6　1994～2017年基于标准差的不同尺度区域变化

资料来源：同图1-5。

2. 经济不平衡的相对差异

通过图1-7和图1-8可以得出不同尺度区域的相对差异的变化情况。第一，从三大地区整体尺度来看，加权变异系数和塞尔指数都呈波动上升趋势。这说明相对于人口发展情况，人均GDP这一经济方面的差异较为稳定，但也在逐年扩大。尤其是2003年初，相对差异达到一个次峰值。后来随着国家一系列区域平衡政策的实施，相对差异逐渐缩小。不过2010年开始，又呈扩大趋势。第二，从三大地区内部尺度来看，山东半岛内部相对加权变异系数和塞尔指数较小，并且其相对差异没有太大变化。而华北地区、东北地区内部相对差异较大，并且呈明显的波动上升趋势。根据塞尔指数这一指标（图1-8），华北地区的相对差异甚至超过三大地区总体差异，说明北京和天津等核心城市对于河北、山西等省份的欠发达城市的极化效应非常显著。自2000年以来，东北地区内部的相对差异趋于下降，说明在国家政策的扶持和自身转型发展的背景下，东北地区在均衡发展方

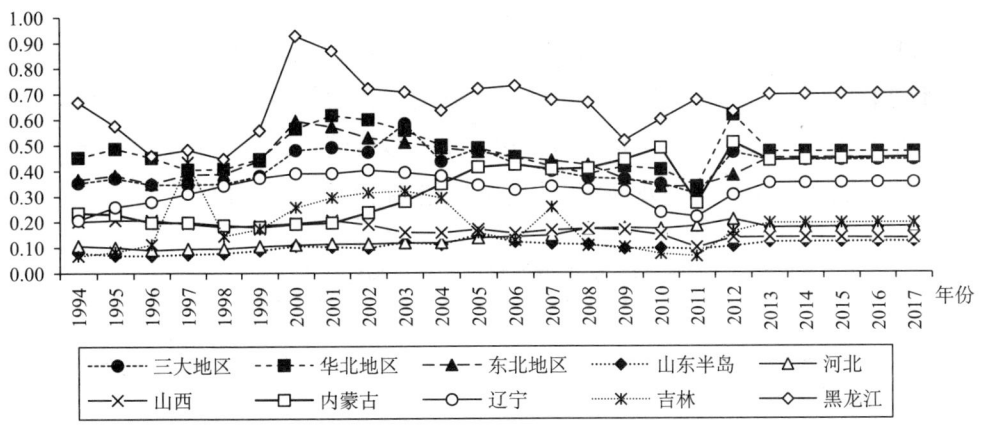

图1-7　1994~2017年基于加权变异系数的不同尺度区域变化

资料来源：同图1-5。

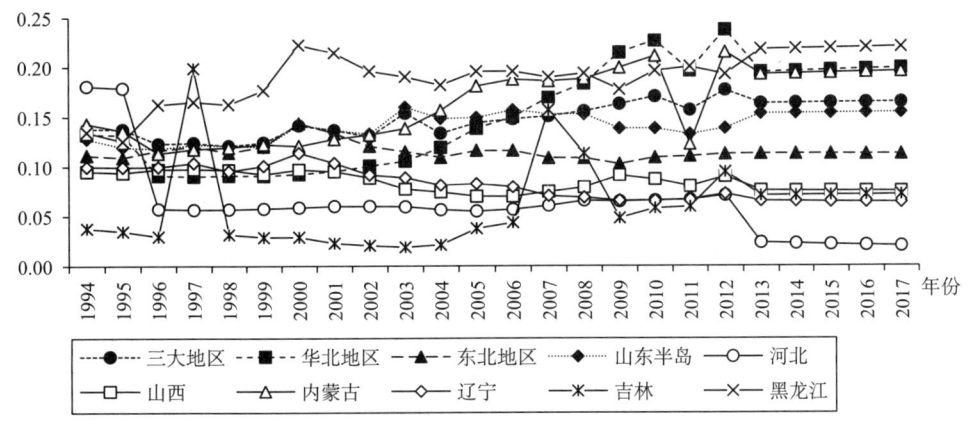

图1-8　1994~2017年基于塞尔指数的不同尺度区域变化

资料来源：同图1-5。

面取得了一定成效。第三，从省区尺度来看，河北省、山西省、辽宁省和山东半岛的相对差异较小，且年变化率也较小。说明这四个省区内部发展较为均衡。吉林省内部相对差异总体来说也较小，但年变化率波动较大，尤其是 1997 年和 2007 年，相对差异变化非常明显。此外，内蒙古自治区和黑龙江省内部的相对差异较大，且年变化率波动较大，发展不平衡现象突出。这说明，随着内蒙古自治区部分城市迈向工业化，以及黑龙江省部分城市在体制和产业结构转型中逐渐衰退，两省区内部两极分化现象越来越明显。

二、区域综合不平衡性

（一）测度方法

人均 GDP 反映的是三大地区及其内部经济发展方面的不平衡性。为了进一步对区域发展水平进行综合判定，本文从人口、经济、社会、政治等多方面选取 15 个相应指标，涵盖经济增长速度、经济发展质量、城市化水平、投资情况、劳动力资源、居民消费情况、政府财政收入、区域交通发展等，构建综合指标体系（表 1-1）。

表 1-1　区域发展水平的综合指标体系

指标		含义
X_1	GDP 增长率（%）	地区 GDP（可比价格）/上年度 GDP
X_2	人均 GDP（元）	地区 GDP 总值/总人口
X_3	人均年末财政收入（元）	地区年末财政收入/总人口
X_4	人均固定资产投资额（元）	固定资产投资总额/总人口
X_5	劳动力人口占总人口的比重（%）	劳动力人口（15～64 岁）/总人口
X_6	城镇化水平（%）	地区城镇人口/总人口
X_7	人口密度（人/km²）	地区总人口/土地总面积
X_8	人均农林牧副渔业产值（元）	农林牧副渔业产值/总人口
X_9	人均工业总产值（元）	工业总产值/总人口
X_{10}	人均第三产业产值（元）	第三产业产值/人口
X_{11}	人均社会消费品零售额（元）	社会消费品零售额/总人口
X_{12}	铁路货运能力（t/km）	铁路货运量/铁路运营里程
X_{13}	铁路客运能力（万人/km）	铁路客运量/铁路运营里程
X_{14}	公路货运能力（t/km）	公路货运量/公路运营里程
X_{15}	公路客运能力（万人/km）	公路客运量/公路运营里程

选用主成分分析法对综合指标体系的相关数据进行处理。主成分分析法通过将关系密切的几个变量归为一类，可以对多个变量进行降维处理，避免信息的重复。每一类变

量就成为一个主因子，用少数的主因子来反映原始数据的大部分信息。同时，可以根据主因子的方差贡献率来确定权重，从而得出评价对象的综合得分。

评价对象为东北、华北和山东半岛三大地区的 75 个地级市。为了进行时间演化特征分析，选取 1990、2000 年和 2017 年三个年份的数据进行主成分分析，综合判定 75 个地级市的发展情况。数据主要来源于相关年份的中国城市统计年鉴和各省市统计年鉴。

（二）测度分析

利用 SPSS 软件，依次对三大地区 75 个地级市 1990 年、2000 年和 2017 年的相关数据进行主成分分析。首先，对数据的可行性进行检验。结果表明三个年份的 KMO 值分别为 0.722、0.773 和 0.758，均大于 0.7。这说明选取的 15 项指标之间相关性明显，可以进行主成分分析。此外，三个年份都提取了四个主因子，且累计方差贡献率都大于 70%。这说明提取的主因子反映了原始数据的大部分信息，具有代表性和科学性。

其次，计算区域发展水平的综合得分。以 1990 年的数据为基础，利用因子分析中的主成分分析法生成四个主因子。以各主因子的方差贡献率为权重，与主因子进行加权求和，得到 75 个城市的综合得分并进行排序。2000 年和 2017 年的数据也按同样方法计算，得到相应年份的各城市得分和排序情况（篇幅所限，不做详细分析）。

最后，按照综合得分将 75 个城市划分为不同的等级，进而分析区域发展和演化特征。划分方法为：先按式 1-5 将城市的得分进行标准化处理，然后计算标准化后所有得分的平均值，最后统计城市的标准化得分与其平均值相除的倍数，按照倍数来划分等级。倍数大于 2 为高级，1.5~2 为中高级，1~1.5 为中级，0.5~1 为中低级，倍数小于 0.5 为低级，得到三大地区区域发展水平分布图（图 1-9~11）。

$$X = \frac{x_i - x_{\min}}{x_{\max} - x_{\min}} \qquad 式1\text{-}5$$

式 1-5 中，x_i 为某城市得分，$x_{\min}$ 为城市得分的最小值，$x_{\max}$ 为城市得分的最大值。

（三）多元尺度的区域不平衡性

从三大地区区域发展水平分布图可以看出（图 1-9~11），第一，1990 年，高水平和中高水平地区主要分布在华北地区的京、津两市，以及东北地区的辽宁省中南部，山东半岛的大部分地区；河北的衡水和黑龙江的大庆也为中高水平地区。中等水平地区主要分布在河北省西部和北部、山西省中部、辽宁省西部和北部，内蒙古中部和黑龙江南部也有零星分布。中低和低水平地区占主要部分，东北地区、华北地区的大部分区域发展

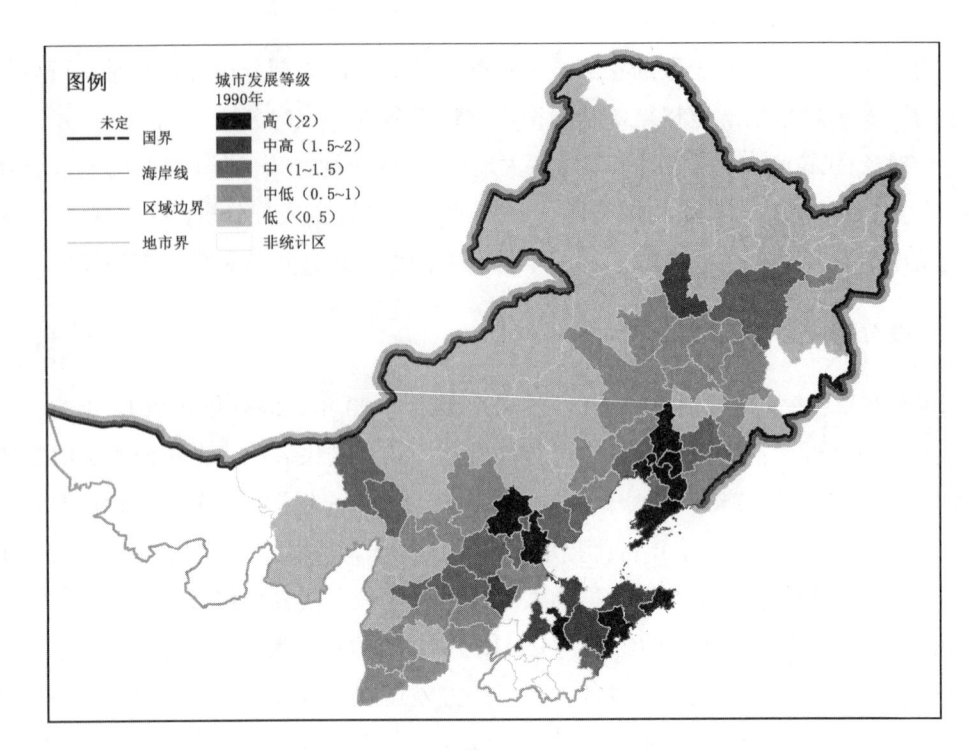

图 1-9　1990 年区域发展水平分布

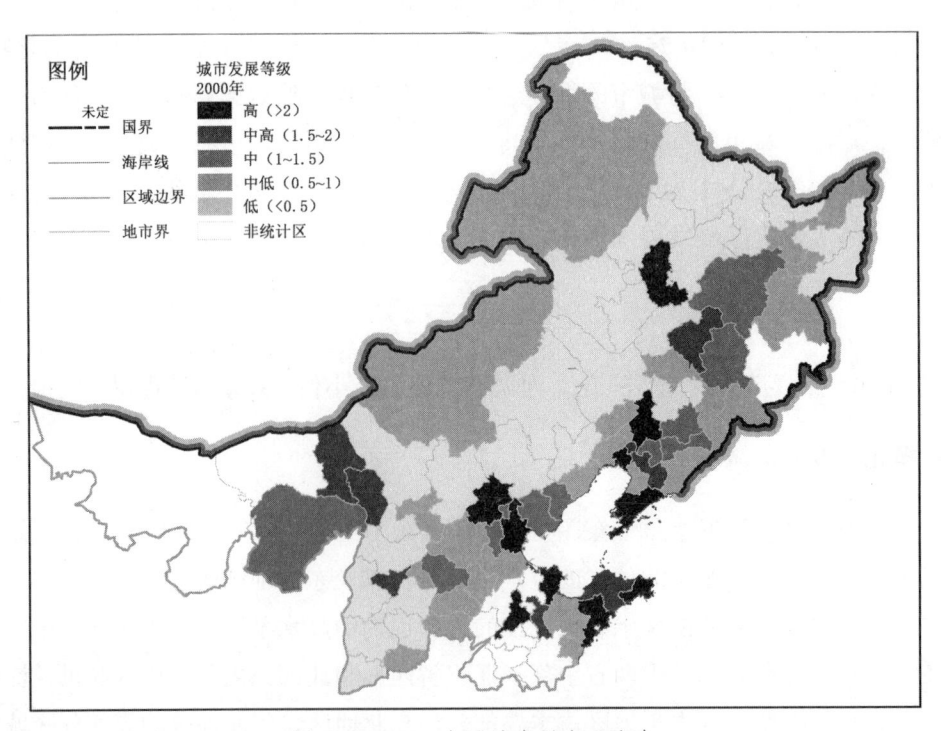

图 1-10　2000 年区域发展水平分布

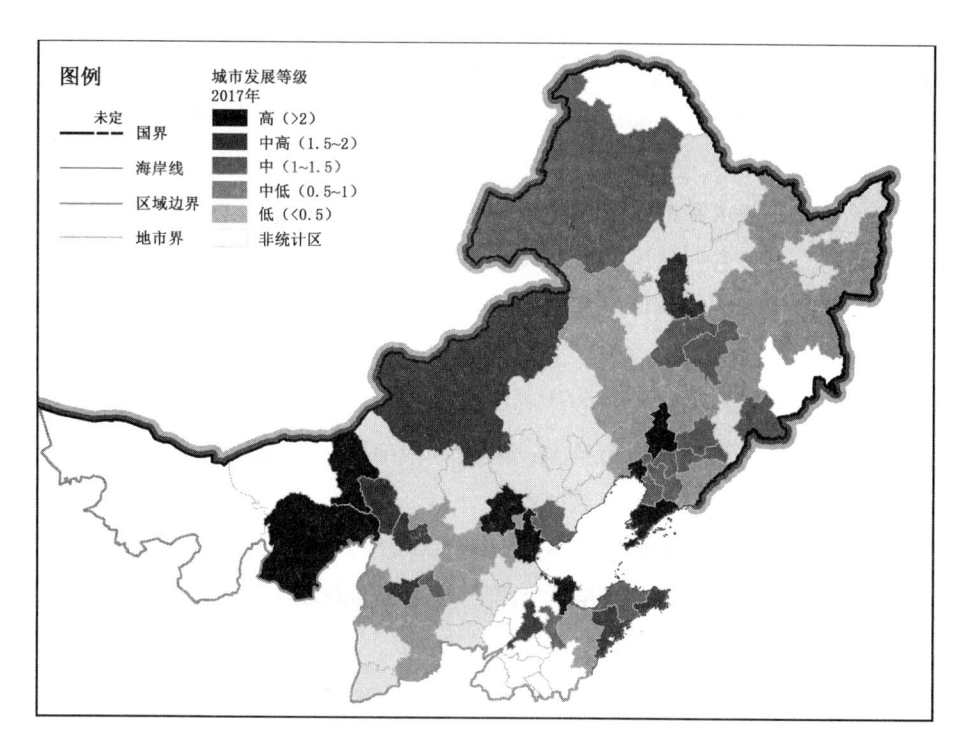

图 1-11　2017 年区域发展水平分布

水平都不高。因此，华北地区以京、津两市为核心，按河北、山西、内蒙古的顺序发展水平依次降低；东北地区以辽宁省中南部为核心，按辽宁东西部、吉林、黑龙江的顺序发展水平依次降低；山东半岛发展水平较高且较为均衡。总的来看，三大地区以环渤海地区为核心，河北、山西、吉林为半边缘，内蒙古和黑龙江为边缘，呈现比较规则的圈层递减分布。第二，2000 年，高水平和中高水平地区主要分布在华北地区的京、津两市，以及东北地区的辽宁省中南部，山东半岛的大部分地区。内蒙古中部和山西太原、吉林长春也变为中高水平。中等水平地区主要分布在河北省北部、辽宁省北部，河北西部、内蒙古中部和黑龙江南部有零星分布。中低和低水平地区仍占主要部分，而且，山东半岛中部的潍坊和日照、河北西部变为中低水平地区。因此，华北地区仍以京、津两市为核心，不过山西太原、内蒙古中部出现了新的核心区，河北整体发展水平有所降低；东北地区的核心仍是辽宁省中南部，黑龙江和辽宁两省也分别形成各自的核心区，但核心区之间的大部分区域发展水平进一步降低；山东半岛也出现了高、中高、中和中低水平的区域分化。总的来看，三大地区比较规则的圈层递减分布出现了零星分散的新的核心，大部分区域的总体发展水平呈下降趋势。第三，2010 年，高水平和中高水平地区主要是华北地区的京、津两市，东北地区辽宁省的沈阳、大连，以及山东半岛的东西两翼。内蒙古自治区的高水平和中高水平区域进一步扩大。中等水平地区主要分布在辽宁省中部和北部、吉林省北部、山东半岛部分地区。辽宁中部、山东半岛的烟台和淄博、吉林长春由原来的中高水平降为中等水平，内蒙古呼伦贝尔、吉林松原和白山、辽宁营口上升为中等水平。中低和低水平地区仍占主要部分。因此，华北地区以京、津为核心的极化趋势进一步加剧，内蒙古自治区的整体发展水平有较大提高；东北地区的辽中南地区核心地位有所下降，东北地区整体发展水平有所提高；山东半岛原本比较均衡的发展状况进一步拉开差距。总的来看，三大地区比较规则的圈层分布逐渐被打破，原本集中分布在环渤海地区的高水平和中高水平的核心区范围收缩，进一步向北京、天津、辽宁的大连和沈阳以及山东半岛东西翼城市集聚；内蒙古中部地区的核心区进一步扩展；中等水平区域从原来的河北、山西、东北地区都有分布，收缩到东北地区；中低水平区域分布范围有所扩大，主要由原来的低水平区域转化而成。可以看出，少数地区和城市呈现高水平发展趋势，区域发展的极化现象在加剧；大多数地区处在中低和低水平，区域发展差异明显，不平衡性进一步扩大。

第三节　区域发展不平衡性的影响因素

一、单因素影响

（一）资本投入

资本投入是促进区域增长的重要因素，对区域的均衡发展有重要影响。从图1-12可以看出，三大地区资本投入水平不断提高，总体规模呈不断上升趋势。东北地区的辽宁省固定资产投资总额多年保持第一位，华北地区的河北省紧随其后。内蒙古自治区的增长速度较高，取得了较大进展，不过就总投资总量来说与辽宁、河北仍有较大差距。

（二）交通通达性

就东北、华北、山东半岛三大地区来说，各地区内部交通较为发达，形成了空、港、陆立体化交通运输体系。比如，2013年，环渤海地区陆地面积占全国的12%，而铁路和公路运营里程分别占全国的29%和20%。拥有10多个吞吐量超过100万吨的港口，万吨级泊位数占全国的45%。承担全国30%的货物运输量和40%以上的铁路短途运输量，外贸运输量占全国沿海运输总量的50%以上[12]。

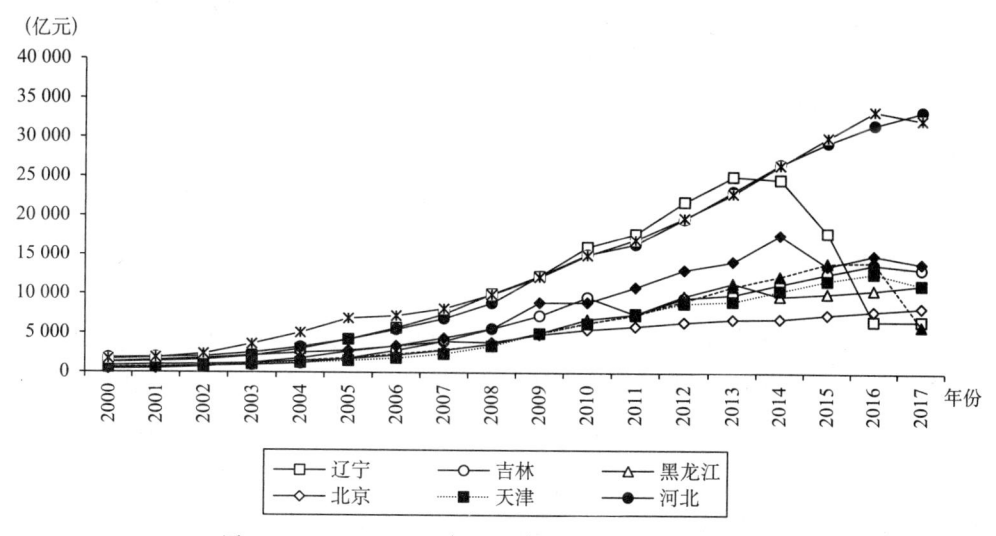

图 1-12　2000～2017 年三大地区全社会固定资产投资

资料来源：《中国统计年鉴》（2001～2017）（山东半岛地区数据缺失）。

然而，相比内部高水平的交通通达性，三大地区之间的交通联系明显滞后。突出表现在，缺乏沟通京津冀—山东半岛、京津冀—辽东半岛的公路、铁路大通道。同时，由于渤海海峡阻隔，山东半岛和辽东半岛的铁路与公路只能绕道山海关，并且海峡两岸铁路路网构成极不协调。海峡北岸有京沈线、京锦线、京通线和哈大线，货运能力高达数亿吨。而海峡南岸仅有南烟—胶济线，货运能力仅为 1.3 亿吨。同时，由于缺乏铁路运输体系支撑，迫使南岸大部分港口的客货绕渤海湾运输。这种交通制约性极大地限制了客货交流和经济往来，阻碍区域一体化和协调发展。

（三）人力资本

人力资本的数量和质量这两方面都可以影响区域发展水平。从数量方面来说，2013 年，三大地区绝大部分省份的劳动力人口（15～64 岁）都处于稳步增长阶段。总体规模较大的依次是河北省、辽宁省、山东半岛和黑龙江省，较小的依次是山西省、内蒙古自治区和吉林省[13]。

从质量方面来说，三大地区的劳动力素质有较大差异。比如华北地区的京津冀地区，2016 年，北京市 10 万人中大学文化水平的为 31 449 人，高中文化水平的为 21 220 人；天津市 10 万人中大学文化水平的为 17 480 人，高中文化水平的为 20 654 人；河北省 10 万人中大学文化水平的为 7 296 人，高中文化水平的为 12 709 人[14]。因此，河北省的劳动力素质与北京、天津两市相比有较大差距。较高水平的劳动力集中分布在北京、天津两市，促进了其进一步增长，而高水平人才的流失是制约河北省发展的"瓶颈"之一。

山东半岛的发展状况也可以说明劳动力质量带来的影响。山东半岛地区聚集了山东省主要的高等院校和科研院所，有大量高学历科研人员。同时，聚集了知名企业、外贸企业及跨国公司的分公司和办事处，有大量的高水平的技术人才。高质量的劳动力成为促进山东半岛发展的重要因素，使得其发展水平远远领先于山东省中西部地区。

（四）政策制度

政策调控可以促进资源的优化配置，政策的倾斜与支持会给区域发展带来新的机遇和积极效应，对落后地区的政策支持会促进区域协调发展，反之可能会加剧发展的不平衡性。与三大地区有关的政策包括沿海开放城市政策、振兴东北老工业基地战略、环渤海合作发展纲要、京津冀协同发展规划、山东半岛蓝色经济区发展规划等。总的来说，这些政策反映了由支持部分地区的"极化"效应到促进区域均衡发展的趋势（表1-2）。

表1-2 三大地区主要发展政策和战略

颁布时间	政策	涉及范围	主要措施
1984年	首批沿海开放城市	天津、大连、秦皇岛、烟台、青岛、营口、威海等14市	放宽利用外资建设项目的审批权限；积极支持利用外资、引进先进技术改造老企业；对中外合资、合作经营及外商独资企业给予优惠待遇；兴办经济技术开发区；增加外汇使用额度和外汇贷款
2009年	振兴东北老工业基地	东北三省及内蒙古自治区东部	优化经济结构；加快企业技术进步；加快发展现代农业；加强基础设施建设；积极推进资源型城市转型；切实保护好生态环境；着力解决民生问题
2011年	山东半岛蓝色经济区	山东全部海域和青岛、东营、烟台等六市及二县	加快建设海洋产业国家高技术产业基地；协调支撑现代产业新体系；构筑集约节约用海新机制；促进蓝色经济区一体化发展；20亿专项资金重点扶持
2015年	京津冀协同发展	北京市、天津市、河北省会	改革引领，创新驱动，形成京津冀协同创新共同体；优势互补，一体发展，进一步明确功能定位；加快完善市场机制，有序推动北京非首都功能疏解
2015年	环渤海合作发展	北京市、天津市、河北省、辽宁省、山东省、山西省、内蒙古自治区	加快跨区域重大基础设施建设；加强生态环境保护防联治；推进产业对接合作；构建开放型经济新格局；完善统一市场体系；统筹城乡区域协调发展

二、多因素影响

（一）测度方法

在单因素影响分析的基础上，采用计量分析方法测度多个因素对区域发展平衡性的综合影响程度。以三大地区75市1990、2000年和2017年的数据为研究对象，采用多元线性回归方程进行判定。首先，构建多因素指标体系。选取代表经济实力、固定资产投资、社会消费水平、城市发展、交通通达性、政策投入、就业水平方面的七个指标（表1-3）。数据来源于相关年份的中国城市统计年鉴和省、市、自治区统计年鉴。

表1-3 多因素指标体系

指标		含义
Z_1 经济实力	人均GDP（万元）	地区GDP总值/总人口
Z_2 固定资产投资	人均固定资产投资额（万元）	固定资产投资总额/总人口
Z_3 社会消费水平	人均社会消费品零售额（万元）	社会消费品零售额/总人口
Z_4 城市发展	城市化率（%）	地区城镇人口/总人口
Z_5 交通通达性	公路路网（km/万 km^2）	公路里程/地区总面积
Z_6 政策投入	人均财政支出（万元）	地区年末财政支出/总人口
Z_7 就业水平	从业人员比重	从业人员总数/总人口

其次，构建多元线性回归方程来判定多因素的影响程度。式1-6中，Y为因变量，Z_1、$Z_2 \cdots Z_7$为自变量，a_1，$a_2 \cdots a_7$为回归系数。以75市的标准化综合得分作为线性回归方程的因变量Y，表1-3的七个影响因素为自变量Z_1、$Z_2 \cdots Z_7$，a_1，$a_2 \cdots a_7$就是各因素对于区域发展水平的影响程度。

$$Y = a_1Z_1 + a_2Z_2 + a_3Z_3 + a_4Z_4 + a_5Z_5 + a_6Z_6 + a_7Z_7 \quad \text{式1-6}$$

（二）计算过程

利用SPSS软件的回归统计分析进行数据处理。第一，判断各个自变量之间是否存在多重共线性，即它们之间是否存在明显的线性相关关系。如果存在，说明各自变量之间的相互影响较大，直接代入回归方程会造成测度结果的失真。代入2017年的数据进行检验，测算其皮尔森相关系数、容差和方差膨胀因子。由皮尔森相关系数可以看出，各因素都与区域发展水平有明显的相关关系，尤其是Z_1经济实力和Z_2固定资产投资，相关性最为显著，可以构建回归方程。而当容差小于0.1，且方差膨胀因子大于10时，表明某影响因素与其他因素间存在显著的多重共线性。Z_6政策投入和Z_7就业水平就是这种情况。因此，直接利用目前的七个自变量进行方程的构建会出现较大的偏差。

第二，为了尽可能保全自变量信息，同时消除多重共线性，可以采用因子分析法。将相关性较高的变量归为一个因子，用产生的新因子作为回归方程的自变量。将2017

年的数据代入 SPSS 软件做因子分析，得到 KMO 值为 0.559，可以运用该方法。最终提取了两个新的因子，并且利用成分得分系数矩阵得到新的因子 F_1、F_2 与原始变量 Z_1、Z_2…Z_7 的关系（式 1-7、式 1-8）。

$$F_1 = 0.250Z_1 + 0.245Z_2 + 0.249Z_3 + 0.108Z_4 + 0.021Z_5 + 0.261Z_6 + 0.244Z_7 \quad \text{式 1-7}$$

$$F_2 = 0.273Z_1 + 0.265Z_2 - 0.105Z_3 + 0.344Z_4 + 0.331Z_5 - 0.282Z_6 - 0.317Z_7 \quad \text{式 1-8}$$

第三，利用新的因子 F_1、F_2 作为回归方程的自变量，75 市的标准化得分作为因变量，进行回归分析，得到回归方程。同时，方程的 R 和 $R2$ 分别为 0.942 和 0.887，接近于 1，说明模型拟合度较好。

$$Y = 0.809F_1 + 0.481F_2 \quad \text{式 1-9}$$

第四，将式 1-7、1-8 代入式 1-9，得到 2017 年七个指标与区域发展水平的线性回归方程。

$$Y = 0.334Z_1 + 0.325Z_2 + 0.151Z_3 + 0.253Z_4 + 0.176Z_5 + 0.075Z_6 + 0.045Z_7 \quad \text{式 1-10}$$

第五，运用同样的方法，得到 2000 年（式 1-11）和 1990 年（式 1-12）的线性回归方程。

$$Y = 0.204Z_1 + 0.198Z_2 + 0.191Z_3 + 0.048Z_4 + 0.158Z_5 + 0.164Z_6 + 0.119Z_7 \quad \text{式 1-11}$$

$$Y = 0.258Z_1 + 0.233Z_2 + 0.207Z_3 + 0.075Z_4 + 0.152Z_5 + 0.214Z_6 + 0.169Z_7 \quad \text{式 1-12}$$

（三）多因素影响分析

从式 1-10~12 可以看出，回归方程中各自变量的回归系数都为正值，说明经济实力、固定资产投资、社会消费水平、城市发展、交通通达性、政策投入、就业水平这七个因素对区域发展水平的影响是正相关的，起到积极的促进作用。其中，经济实力因素对区域发展的影响程度一直是最大的，并且其影响逐步增大，表明经济增长对于区域发展的促进效果最为显著。与经济基础相同，固定资产投资也在很大程度上带动了区域发展，且促进作用逐步增大。与前两个因素相反，社会消费水平的影响在逐渐降低，表明达到一定程度之后，消费对于区域发展的促进作用出现"瓶颈"。影响力同样在降低的还有政策投入和就业水平，这两个因素对于区域发展的促进作用在达到一定水平之后开始呈减弱趋势。对于三大地区来说，城市发展和交通通达性这两个因素的影响力仍处于不断增强的阶段。因此，除发展经济和提高投资之外，可以进一步加大城市发展力度，大力加强和完善交通设施建设，使其在促进区域平衡增长方面发挥更大作用。

参 考 文 献

[1] 中国国家统计局. 中国城市统计年鉴 2018[M]. 北京: 中国统计出版社, 2018.
[2] 孙平军, 修春亮, 丁四保. 东北地区区域发展的非均衡性与空间极化研究[J]. 地理科学进展, 2011, 30(6): 715-723.
[3] 慕晓飞, 雷磊. 东北经济重心演变及区域发展均衡性研究[J]. 经济地理, 2011, 31(3): 366-370.
[4] 中国国家统计局. 中国统计年鉴 2018[M]. 北京: 中国统计出版社, 2018.
[5] 王颖, 张婧, 李诚固. 东北地区城市规模分布演变及其空间特征[J]. 经济地理, 2011, 31(1): 55-59.
[6] 范晓莉, 黄凌翔. 京津冀城市群城市规模分布特征[J]. 干旱区资源与环境, 2015, 29(9): 13-20.
[7] 李磊, 张贵祥. 京津冀城市群内城市发展质量[J]. 经济地理, 2015, 35(5): 61-64.
[8] 山东省统计局. 山东省统计年鉴 2018[M]. 北京: 中国统计出版社, 2018.
[9] 王学勤. 中国区域经济发展报告(2017-2018)[M]. 北京: 社会科学文献出版社, 2018.
[10] 杨洋, 王晨, 章立玲. 基于国家规划的新型城镇化状态定量评估指标体系构建及应用——以山东半岛城市群为例[J]. 经济地理, 2015, 35(7): 51-58.
[11] 黄少安, 李增刚. 山东半岛蓝色经济区发展报告(2015)[M]. 桂林: 广西师范大学出版社, 2016.
[12] 孙海燕, 陆大道, 孙峰华. 渤海海峡跨海通道建设对山东半岛、辽东半岛城市经济联系的影响研究[J]. 地理科学, 2014, 34(2): 147-153.
[13] 孙峰华, 陆大道, 柳新华. 中国物流发展对渤海海峡跨海通道建设的影响[J]. 地理学报, 2010, 65(12): 1507-1521.
[14] 中国国家统计局. 中国人口和就业统计年鉴(2018)[M]. 北京: 中国统计出版社, 2018.

第二章　大环渤海地区客货流量与经济社会因素的相关性分析

第一节　经济社会与交通运输体系的时空特征

一、经济社会的现状与发展历程

（一）经济社会发展的现状特征

大环渤海地区总面积252.32万平方千米，占全国总面积的26.28%，2015年总人口3.80亿，占全国总人口的27.62%；GDP 22.12万亿元，占全国GDP的32.69%，人均GDP 64 914元，是全国人均GDP的1.25倍，在全国的经济发展格局中占有重要的战略地位。从省份来看，2015年山东GDP 6.30万亿，区域最高，其次为河北、辽宁和北京，均在2万亿以上，山西只有1.28万亿；天津的GDP增长率为9.3%，区域最高，山东、内蒙古紧跟其后，北京、河北的GDP增长率高于全国平均水平6.9%，而辽宁和山西仅分别为3.0%和3.1%，远低于全国平均水平；人均GDP北京、天津均超过10万元，内蒙古和山东也在6万元以上，山西、河北、黑龙江、吉林均在全国平均水平5.2万元以下。从经济密度看，北京、天津经济密度最高，分别为14 005.24亿元/平方千米和13 897.64亿元/平方千米；其次为山东3 987.47亿元/平方千米；辽宁和河北次之，其余省份均在1 000亿元/平方千米之下。可见，北京、天津经济呈现稳定增长，人均经济发展水平较高；山东、内蒙古和辽宁经济增长势头较快，人均经济水平也在不断提升；河北虽然经济增长速度高于全国，但人均经济水平较为落后；山西、吉林、黑龙江的经济增长速度和人均经济水平均低于全国平均水平[1~6]。

大环渤海地区人口主要集中在华北平原地区，东北三省和内蒙古自治区人口集聚度较小。2015年，山东省总人口为9 789万人，为区域最高；其次为河北、辽宁，总人口分别为7 384万人、4 391万人；黑龙江和山西总人口分别为3 833万人和3 648万人；吉林、内蒙古和北京人口均在2 000万以上，天津人口最少，1 517万人。从人口密度来看，受辖区面积影响，北京、天津人口密度最高，分别为1 312人/平方千米和1 275人/

平方千米；在七省（自治区）中，山东最高，为 620 人/平方千米，其次为河北 391 人/平方千米；山西和辽宁人口密度为 200~300 人/平方千米，吉林 147 人/平方千米，黑龙江和内蒙古均在 100 人/平方千米之下[7]。

从城镇化水平来看，2015 年，大环渤海地区平均城镇化率 63.80%，其中北京和天津的城镇化率分别为 86.51%和 82.64%，远远超出了其他省份。除直辖市之外，辽宁和内蒙古城镇化率均在 60%以上；其余省份均在 50%~60%，其中河北城镇化率只有 51.33%[8,9]，为区域内城镇化率最低的省份（表 2-1）。

表 2-1　2015 年研究区经济社会发展主要指标

省份	面积（万 km²）	GDP（亿元）	GDP 增长率（%）	人均 GDP（元）	人口（万人）	人口密度（人/km²）	经济密度（亿元/km²）	城市化率（%）
北京	1.64	22 968.6	6.9	106 751	2 152	1 312.20	14 005.24	86.51
天津	1.19	16 538.19	9.3	109 033	1 517	1 274.79	13 897.64	82.64
河北	18.88	29 806.1	6.8	40 367	7 384	391.10	1 578.71	51.33
山东	15.80	63 002	8.0	64 357	9 789	619.56	3 987.47	57.01
山西	15.67	12 802.6	3.1	35 095	3 648	232.80	817.01	55.03
内蒙古	118.30	18 032.8	7.7	71 993	2 505	21.17	152.43	60.30
辽宁	14.80	28 700	3.0	65 454	4 391	296.69	1 939.19	67.35
吉林	18.74	14 274.1	6.5	51 824	2 752	146.85	761.69	55.30
黑龙江	47.30	15 083.7	5.7	39 352	3 833	81.04	318.89	58.80
总计	252.32	221 208.1	6.3	64 914	37 971	150.49	876.70	63.80

（二）经济社会发展的历史演变趋势

本章选取总人口、人口密度、GDP、人均 GDP、城市化率、固定资产投资以及三次产业的产值等指标，来探讨大环渤海地区经济社会发展的历史演变特征。

1. 人口增长趋势分析

1995 年以来，大环渤海地区总人口和人口密度均呈现明显的上升趋势。1990 年，地区总人口为 31 584.09 万人，2014 年增长到 37 971 万人，增长率为 20.22%。同样，1990 年，地区人口密度为 327.08 人/平方千米，2014 年增长到 481.21 人/平方千米，增长率为 47.12%。可见，大环渤海地区人口密度的增长速度明显高于总人口的增长速度（图 2-1）。

2. 经济水平增长趋势

1995 年以来，大环渤海地区经济发展水平的 GDP 和人均 GDP 两大核心指标均呈现显著的上升趋势。1990年，地区总GDP为6171.03亿元，2014年增长到221 208亿元，共增长了34.85倍。同样，1990年，地区人均GDP为2 095元，2014年增长到64 914元，增长了30倍（图2-2）。可见，25年来，大环渤海地区人均GDP的增长速度低于总GDP的增长速度。

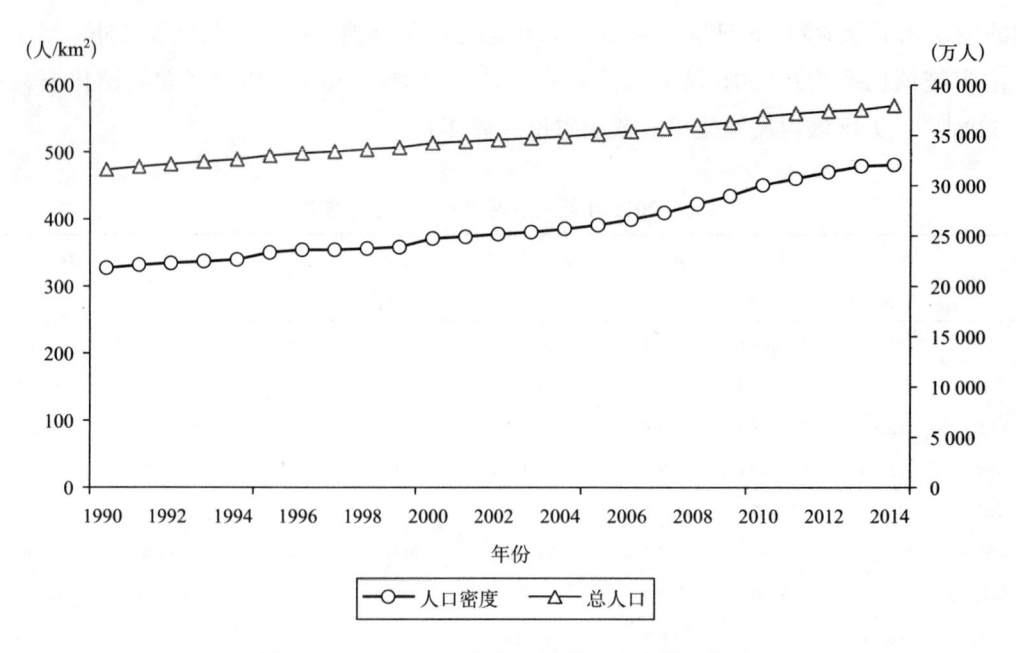

图2-1　1990~2014年人口数量与密度增长趋势

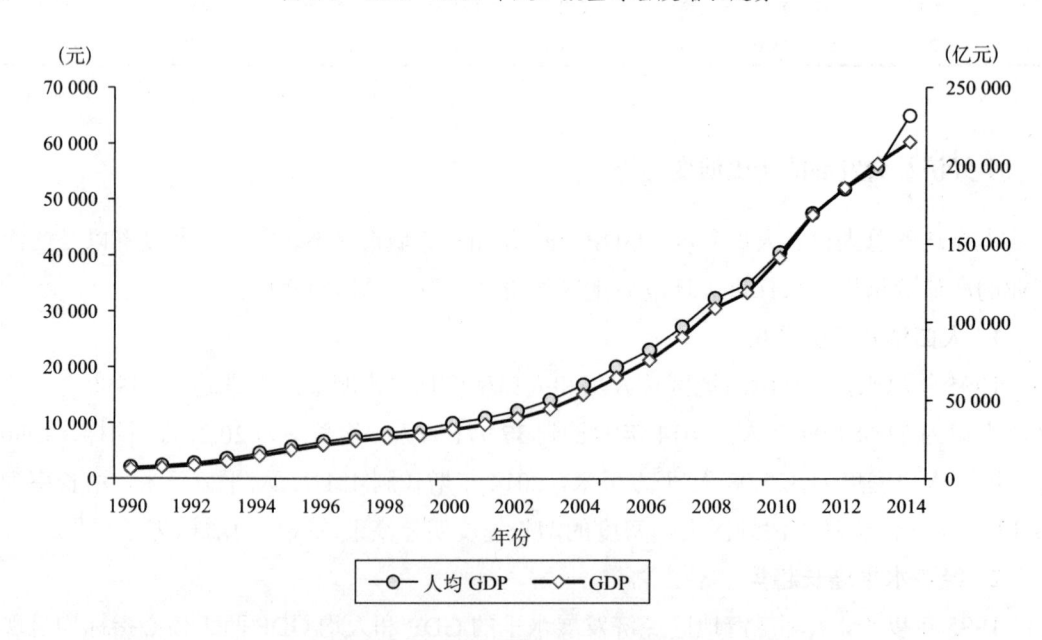

图2-2　1990~2014年GDP和人均GDP增长趋势

3. 城市化发展趋势

1995 年以来，大环渤海地区城市化水平呈现显著的上升趋势。1990 年，地区城市化率为 36.65%，2014 年增长到 56.21%，增长率为 19.56%。25 年来，大环渤海地区共有 9 768 万人从农村或其他地区进入该地区的城市，快速推进了区域的城镇化进程（图 2-3）。

4. 社会固定资产投资发展趋势

1990 年以来，大环渤海地区全社会固定资产投资水平呈现显著的上升趋势。1990 年，地区固定资产投资为 1 493.22 亿元，2014 年增长到 178 601 亿元，增长了 118.61 倍。可见，近 25 年，大环渤海地区各省份均实施了大量的固定资产投资，较大地提升了社会基础设施服务水平（图 2-4）。

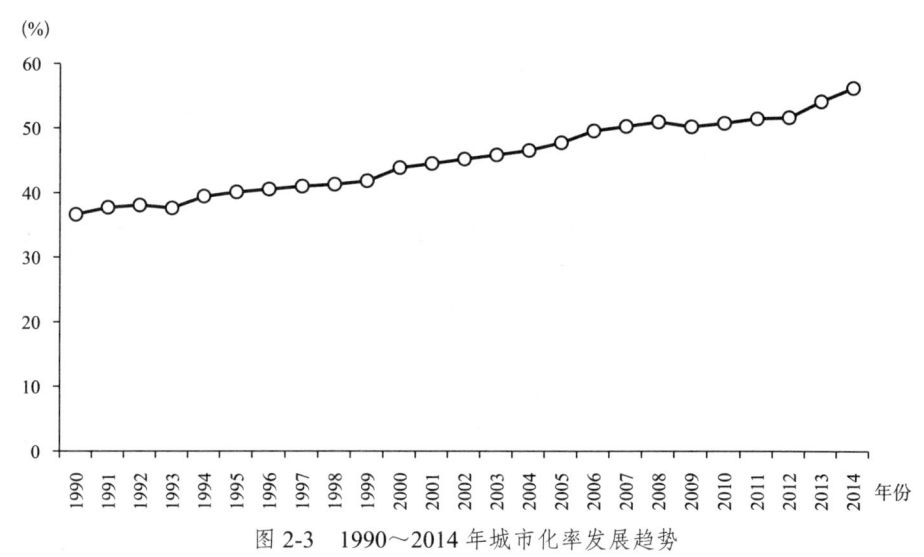

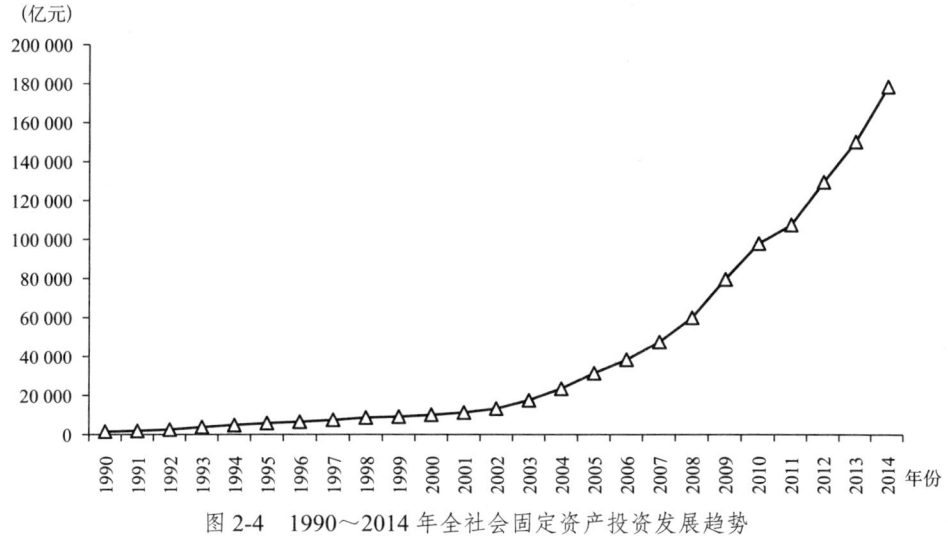

图 2-3 1990～2014 年城市化率发展趋势

图 2-4 1990～2014 年全社会固定资产投资发展趋势

5. 产业结构演变特征

1990 年以来，大环渤海地区三次产业结构不断优化。从产值来看，25 年来，大环渤海地区三次产业产值均呈现增长趋势，但二产增长幅度最大，从 1990 年的 2 864.34 亿元增长到 96 674.84 亿元，增长了 93 810.50 亿元。从三次产业结构来看，1990 年，三次产业比例为 0.23∶0.46∶0.31，2014 年三次产业的比例为 0.08∶0.48∶0.43，一产比例降低了 13.63 个百分点，二产提升了 1.61 个百分点，三产提升了 12.02 个百分点[10~13]（图 2-5）。

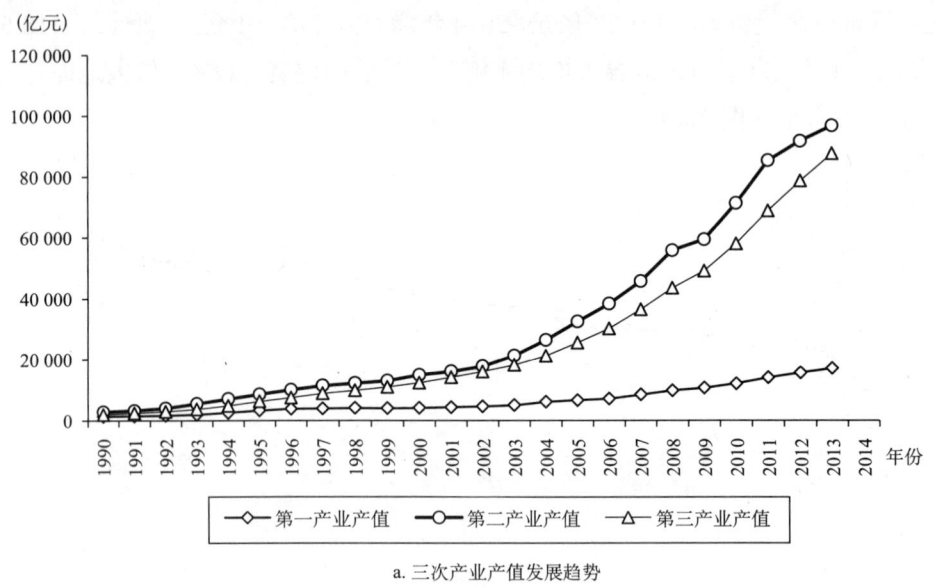

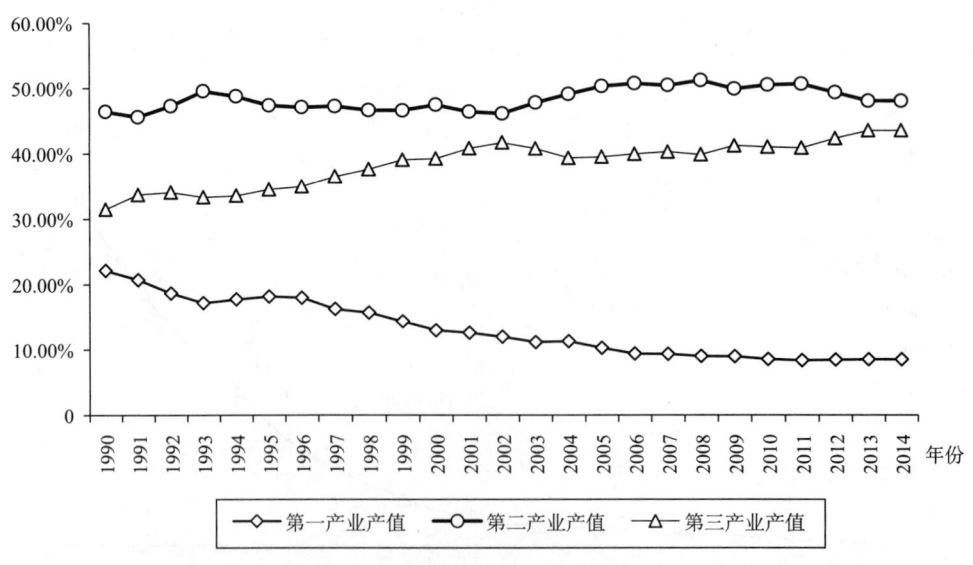

a. 三次产业产值发展趋势

b. 三次产业比例发展趋势

图 2-5　1990～2014 年大环渤海地区三次产业产值和产业比例发展趋势

二、交通运输体系的现状与发展历程

（一）交通运输体系的现状特征

大环渤海地区交通体系建设明显优于全国平均水平。2015 年，大环渤海地区公路里程 116.31 万千米，占全国的 25.41%；其中高速公路里程 3.52 万千米，占全国的 32.60%，明显高于该区域的公路建设水平；铁路里程 12.1 万千米，占全国的 36.69%，高于全国铁路总长度的 1/3，是全国铁路交通体系的密集区。分省份来看，山东公路总里程 25.95 万千米，占区域的 22.31%，明显高于 12.92 万千米的区域各省平均水平，其次为河北、内蒙古和黑龙江，除北京、天津之外，吉林省最少，只有 9.60 万千米。其中，河北省高速公路里程最多，为 6 333 千米，其次为山东、山西和内蒙古，均在 5 000 千米以上，北京、天津、吉林较少，低于 2 700 千米。铁路里程内蒙古最多，为 10 200 千米，其次为河北和黑龙江，均在 6 000 千米以上，吉林较少，为 4 500 千米[14~16]（图 2-6）。

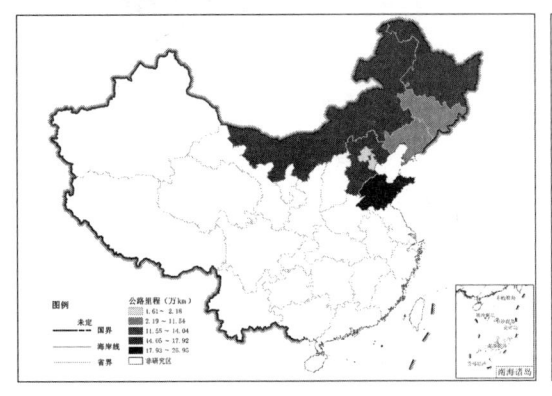

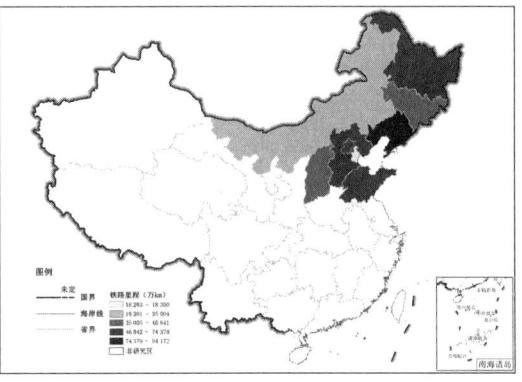

图 2-6 2015 年大环渤海地区公路（左）和铁路（右）里程空间格局

大环渤海地区客货运输量在全国客货运输总量中占有重要地位。2014 年，大环渤海地区客运总量 220.94 亿人，占全国客运总量的 20.23%，客运周转量 5 597.35 亿人/千米，占全国客运周转量的 18.60%。其中，环渤海核心区的京津冀、辽宁和山东等省份的客运量和客运周转量明显高于其他省份，但山东、河北的客运周转量高于辽宁（图 2-7）。2014 年，该区域货运总量 123.82 亿吨/千米，货运周转量 49 509.09 亿吨/千米，分别占全国的 28.22% 和 26.82%（图 2-8）。山东的货运量明显高于环渤海其他省份；而辽宁、河北的货运周转量却明显高于山东和其他省份。大环渤海地区在全国货运量的比重明显高于客运量，表明产业结构仍以资源性、加工制造业为主，第三产业地位不突出，经济结构面临转型的需求[17~19]。

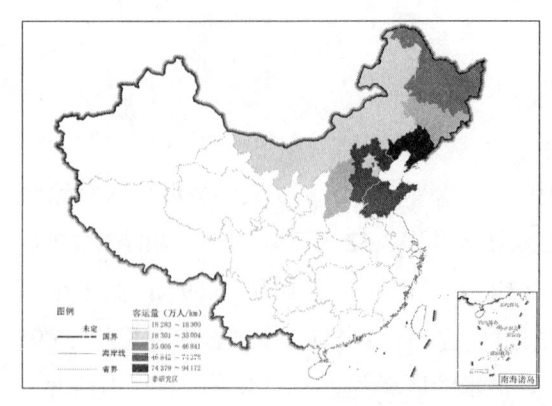

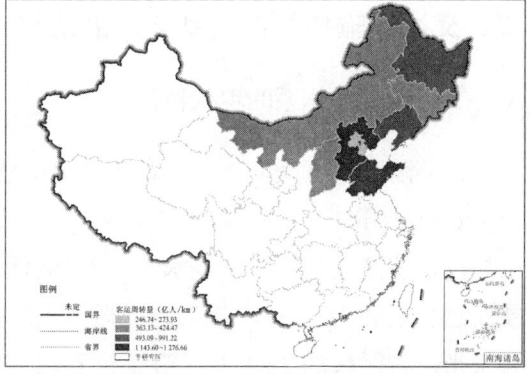

图 2-7　2014 年大环渤海地区客运量（左）与客运周转量（右）空间格局

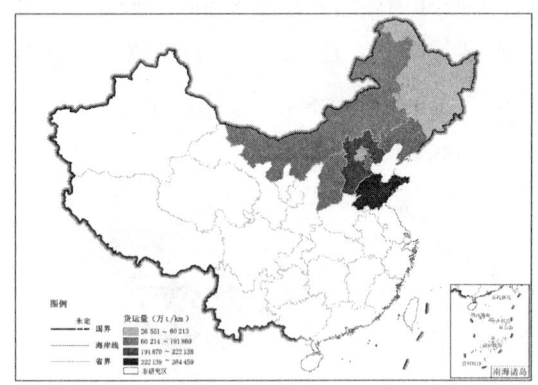

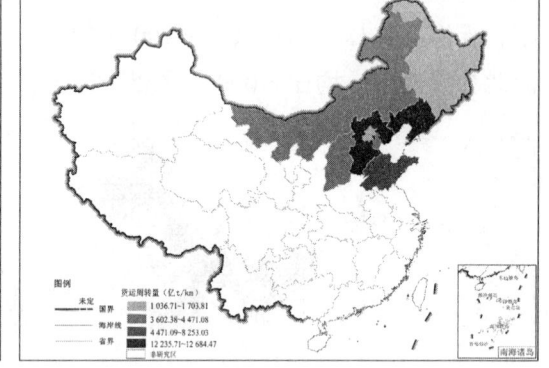

图 2-8　2014 年大环渤海地区货运量（左）与货运周转量（右）空间格局

分省份来看，客运量辽宁最多，为 94 172 万人，山东 74 378 万人，位居第二，北京、河北均在 60 000 万人以上，天津与内蒙古均低于 20 000 万人；货运量山东最多，为 264 459 万吨，其次为辽宁和河北，均在 200 000 万吨以上，北京、天津、吉林和黑龙江均在 100 000 万吨以下。由此来看，单位公路里程的客运量北京为 2.98 万人/千米，位居第一，天津和辽宁分别 1.14 万人/千米和 0.82 万人/千米，位居第二和第三，内蒙古最少，只有 0.11 万人/千米。单位公路里程的货运量来看，天津最多，为 3.09 万吨/千米，其次为辽宁，1.92 万吨/千米，位居第二，黑龙江和吉林分别为 0.37 万吨/千米和 0.50 万吨/千米，处于低位。所以，研究区内北京、天津、辽宁的交通运输效率较高，内蒙古和黑龙江整体较低。

（二）交通运输体系的历史演变趋势

选取公路里程、高速公路里程、客运量、旅客周转量、货运量和货物周转量等指标探讨大环渤海地区交通运输体系的演变特征。

1. 公路里程演变趋势

1995年以来，研究区的公路里程显著增长，可分为持续增长和跨越增长两个阶段。

持续增长阶段（1995~2005年）。1995年，研究区公路总长度为32.37万千米，2005年增长为50.1万千米，增长了0.55倍。其中山东涨幅最大，为2.61倍；其次为天津和山西，分别为2.57倍和2.07倍；除吉林和内蒙古涨幅大于1.5倍之外，其他省份涨幅均较之低。

跨越增长阶段（2006年至今）。2006年开始，研究区内除北京、天津之外，其余七个省份公路里程均出现跨越式增长趋势。其中山东省涨幅最大，为2.34倍，北京、天津分别为1.48倍和1.49倍，吉林1.91倍，其余省份涨幅均在2~2.5倍。

2. 高速公路里程演变趋势

1995年以来，高速公路里程呈现明显的增长趋势，但各省份差异较大。山东、河北和辽宁的高速公路里程从1997年开始出现快速增长趋势；山西从2001年开始快速增长；吉林在2007年出现快速增长，黑龙江则在2010年出现跨越式增长；内蒙古从2001年开始通行高速公路，在2003年之后呈快速增长趋势。北京、天津两交通系统基础较好，高速公路一直保持稳定增长趋势。

3. 客运量演变趋势

1995年以来，研究区的客运量同样呈现明显的增长趋势，可划分为持续增长、快速增长和运量下降三个阶段。

持续增长阶段（1995~2007年）。1995年研究区域的客运总量为22.32亿人，2007年增长为48.50亿人，增长了1.17倍。山东省的客运量升幅最大，从1995年的4.33亿人增长为2007年的12.40亿人，涨幅1.86倍。

快速增长阶段（2008~2012年）。2008年开始，山东、北京、天津、辽宁、吉林等东部沿海省市的客运量呈现快速增长趋势。其中，山东2008年客运量是2007年的7.71倍。河北、山西、内蒙古和黑龙江的客运量则出现下降，其中内蒙古下降48%，黑龙江下降36%，河北和山西均下降了18%，这表明2008年开始，客运量明显从中部地区向东部沿海地区转移。

下降阶段（2013年至今）。受国际国内经济环境和国内私家车规模增加的多重影响，2013年开始，研究区各省份的客流量均出现显著下降趋势。区域平均降幅35.25%，其中，山东、北京和吉林的降幅均在50%以上，区域交通出行结构面临转型危机。

4. 旅客周转量演变趋势

1995年以来，旅客周转量呈现明显的增长趋势，但在2012年整体出现下降，且各省份之间具有不同的增长速度。河北、山东和辽宁三个沿海省份旅客周转基数明显较大，且增长速度较快，2007年山东客运周转量超过河北，位居研究区第一位，但2013年又降至河北之下。东北三省、晋蒙和京津各省份一直保持平稳增长趋势，其中天津一直处于最低水平。

5. 货运量演变趋势

1995年以来，研究区的客运量呈现明显的增长趋势。大体可以分为持续增长和分化增长两个阶段。

持续增长阶段（1995~2007年）。1995年，研究区货运总量为44.46亿吨，2007年增长为84.11亿吨，12年增长了0.89倍。其中内蒙古涨幅最大，为3.02倍；山东位居第二，为2.61倍；山西、黑龙江和天津涨幅均在2倍以上。

分化增长阶段（2008年至今）。2008年开始，研究区内九个省份货运量出现分化增长趋势。其中山东、辽宁、河北等沿海省份以及山西、内蒙古等资源型省份均呈现持续增长趋势，北京出现下降趋势，天津、吉林、黑龙江则呈现平稳增长趋势。

6. 货物周转量演变趋势

1995年以来，货物周转量呈现明显的增长趋势，但各省份之间具有不同的增长速度。其中，天津作为中国北方的经济中心，其货物周转量具有较大的起伏，在2007年达到峰值15 289亿吨/千米，2008年直线下降至2 703亿吨/千米，之后又出现倒"U"形发展趋势。山东和内蒙古也呈现出较为明显的倒"U"形发展趋势，最高点分别为2011年和2012年，之后出现下降趋势。其余六个省份均呈现持续增长趋势，其中河北、辽宁增长速度最快，其余省份均呈现平衡增长趋势。

第二节 大环渤海地区交通运输与经济社会的相关性分析

综合借鉴以往研究结果，本研究采用1990~2014年面板数据分别揭示大环渤海地区的交通客流量、货流量与经济发展相关关系。研究范围包括北京、天津、河北、山东、山西、内蒙古、辽宁、吉林和黑龙江共六省两市一区，研究单元为省级行政单元。为反映各因子对客货运量的影响程度，参考以往研究结果[20~25]，选取总人口、城市化水平、人口密度、GDP、人均GDP、三次产业产值，以及交通运输、计算机服务和软件业产值、金融业产值、房地产业产值、科学研究产值、铁路平均密度、财政总收入、铁路营运里程、公路通车里程和全社会固定资产投资等25项指标作为经济社会发展指标（表 2-2）。所选指标的研究数据主要来源于 1990～2014 年六省两市一区的统计年鉴。

表 2-2 大环渤海地区经济社会发展指标体系

项目	指标	项目	指标
总人口	X_1	批发零售业	X_{14}
城市化水平	X_2	住宿和餐饮业	X_{15}
人口密度	X_3	金融业	X_{16}
GDP	X_4	房地产业	X_{17}
人均 GDP	X_5	租赁和商务服务业	X_{18}
第一产业产值	X_6	科学研究、技术服务和地质勘探	X_{19}
农林牧渔业	X_7	其他	X_{20}
第二产业产值	X_8	铁路平均密度	X_{21}
工业增加值	X_9	财政总收入	X_{22}
建筑业增加值	X_{10}	铁路营运里程	X_{23}
第三产业产值	X_{11}	公路通车里程	X_{24}
交通运输、仓储和邮政业	X_{12}	全社会固定资产投资	X_{25}
信息传输、计算机服务和软件业	X_{13}		

一、客运量与经济社会要素相关性分析

（一）大环渤海地区客运量与经济社会要素的相关分析

以大环渤海地区为研究案例区，根据表 2-2 经济社会发展指标体系，以客运量为因变量，以 X_1～X_{25} 的经济社会指标为自变量，构建多元线性回归方程[26~28]，对大环渤海地区客运量与经济社会要素的关系进行回归分析。

由表 2-3 知，确定系数 R^2 达到了 1，调整后的 R^2 为 0.999，表明该回归方程的拟合优度良好。变量能够解释因变量"客运量"整体的信息。DW 值接近 4，说明变量之间存在相关性。表 2-4 中，Sig=0.000<0.005，可知模型是显著的。

从计算结果来看，模型中排除的变量共有八项，分别为 GDP，人均 GDP，第一产业产值，第二产业产值，第三产业产值，信息传输、仓储和邮政业，租赁和商务服务业，其他（表 2-5）。

表 2-3 大环渤海地区客运量与社会经济发展指标回归模型汇总

模型	R	R^2	调整 R^2	标准估计的误差	更改统计量					Durbin-Watson
					R^2 更改	F 更改	df1	df2	Sig. F 更改	
1	1.000*	0.999	0.998	9 964.682 61	0.999	661.504	17	6	0.000	3.498

*预测变量：(常量)，全社会固定资产投资，城市化水平，公路通车里程，批发零售业，铁路营运里程，总人口，财政总收入，第一产业产值，铁路平均密度，人口密度，金融业，住宿和餐饮业，交通运输、仓储和邮政业，房地产业，科学研究、技术服务和地质勘探，工业增加值，建筑业增加值。因变量：客运量。

表 2-4 大环渤海地区客运量变异系数分析

模型		平方和	df	均方	F	Sig.
1	回归	1 116 627 269 904.116	17	65 683 957 053.183	661.504	0.000*
	残差	595 769 397.679	6	99 294 899.613		
	总计	1 117 223 039 301.796	23			

*因变量：客运量。预测变量：(常量)，全社会固定资产投资，城市化水平，公路通车里程，批发零售业，铁路营运里程，总人口，财政总收入，第一产业产值，铁路平均密度，人口密度，金融业，住宿和餐饮业，交通运输、仓储和邮政业，房地产业，科学研究、技术服务和地质勘探，工业增加值，建筑业增加值。

表 2-5 大环渤海地区客运量多元线性回归模型系数

	非标准化系数		标准系数	t	Sig.
	B	标准误差	试用版		
(常量)	−5 084 678.581	1 370 591.934		−3.710	0.010
总人口	296.575	68.641	2.413	4.321	0.005
城市化率	−34 559.310	7 676.353	−0.843	−4.502	0.004
人口密度	−5 073.715	2 335.581	−1.064	−2.172	0.073
农业总产值	53.325	11.828	2.019	4.508	0.004
工业	−32.663	7.214	−3.919	−4.527	0.004
建筑业	−66.798	59.281	−1.047	−1.127	0.303
交通运输	71.952	24.839	1.056	2.897	0.027
批发零售	−21.630	10.856	−0.655	−1.992	0.093
住宿餐饮业	168.363	62.995	1.096	2.673	0.037
金融业	−442.535	60.773	−5.974	−7.282	0.000
房地产业	−58.965	49.487	−0.658	−1.192	0.278
科学研究	1 748.699	205.228	7.124	8.521	0.000
铁路平均密度	−246 986.050	103 827.364	−1.004	−2.379	0.055
财政总收入	66.795	16.365	3.009	4.082	0.006
铁路营运里程	−12.998	7.756	−0.269	−1.676	0.145
公路通车里程	0.088	0.065	0.131	1.370	0.220
固定资产投资	−2.309	1.957	−0.465	−1.180	0.283

$$Y = 296.58X_1 - 34559.31X_2 - 5073.72X_3 + 53.33X_7$$
$$-32.66X_9 - 66.79X_{10} + 71.95X_{12} - 21.63X_{14} + 168.36X_{15}$$
$$-442.53X_{16} - 58.97X_{17} + 1748.70X_{19} - 246986.05X_{21}$$
$$+66.80X_{22} + 0.09X_{24} - 2.31X_{25} \qquad \text{式 2-1}$$

通过式 2-1 对大环渤海地区客运量与经济社会要素的相关性进行分析可以看出，人口因素、交通运输因子、住宿餐饮业因子、科学研究服务业因子、财政收入因子对于客运量的影响极为显著，且呈现出明显的正相关。相反，第二产业发展程度、金融和房地产业发展程度、铁路运营里程密度等因子对于客运量影响呈现负相关。

（二）东北地区客运量与经济社会要素的相关分析

以黑龙江、吉林和辽宁各指标数据为基础，对东北三省整体的上述 25 项指标进行整合，并以此为基础分别以"客流量"为因变量对上述因子进行回归分析，提取东北地区客运量多元回归模型系数，得到回归公式如下：

$$Y = 48.61X_1 - 2474.50X_2 - 74.74X_6 + 52.44X_7 + 2.86X_9$$
$$-199.47X_{10} - 16.41X_{12} + 51.01X_{14} - 49.31X_{16}$$
$$+130.36X_{17} + 486.74X_{19} + 18882.64X_{21}$$
$$+6.89X_{22} - 12.97X_{23} + 0.085X_{24} + 0.57X_{25} \qquad \text{式 2-2}$$

通过构建东北地区客运量与经济社会要素的多元线性回归模型可以看出，人口、农业发展程度、工业、批发零售业、房地产业、科学研究、铁路平均密度和财政收入等因子对于客运量有着正相关的影响，其余因子对于东北地区的客运量呈现出负相关的影响。

从东北地区客运量与地区经济社会相关性影响因子来看，首先，东北地区由于计划经济时代一直是中国重要的重工业基地，加之东北地区主要人口集中于铁路线附近，所以其客运量与地区的铁路线密度相关性极高；其次，作为重要的服务业部门，科学研究服务业的发展对于东北地区客运量的相关性也较高；最后，服务业因子中房地产业因子对于客运量影响明显，由于近年来房地产业在城市发展迅速，且对于东北多数地区来看，房地产业仍为其支柱性产业，因此，其与客运量的相关性也较高。

（三）华北地区客运量与经济社会要素的相关分析

以北京、天津、河北、山西、内蒙古各指标数据为基础，对华北地区整体的上述指标进行整合，并以此为基础分别以"客流量"为因变量对上述因子进行回归分析，提取华北地区客运量多元回归模型系数，得到如下回归公式：

$$Y = -5.50X_1 - 701.80X_2 - 882.17X_3 - 39.32X_7 - 222.67X_{12}$$
$$+ 29.81X_{13} + 279.42X_{14} + 659.15X_{15} + 9.30X_{16}$$
$$+ 9.30X_{17} - 944.15X_{18} + 112.04X_{20} - 70\,811.88X_{21}$$
$$+ 6.59X_{22} + 5.75X_{23} - 0.94X_{24} + 7.41X_{25} \qquad \text{式 2-3}$$

从模型的回归结果来看，对华北地区客运量影响最大的为住宿餐饮业、批发零售业、房地产业、信息传输业、金融业、固定资产投资等因子；与地区呈现出负相关的是铁路平均密度、人口密度、城市化率、交通运输业等因子。

从华北地区客运量与地区经济社会相关性影响因子来看，影响最为显著的是服务业发展程度，主要包括住宿餐饮业、批发零售业、房地产业、信息传输业、金融等多个服务业部门，且其影响因子极高，说明在此区域内，服务业的发展对于客运量的产生具有显著的相关性，且服务业各个部门发展程度越好，其客运量整体的趋势越为上升趋势。从数据分析结果来看，铁路运营平均密度、人口、城镇化率等因子对于此区的客流量产生一定程度的负相关影响，这可能与此区整体客流量较大，且这些因子变量间的相关性较强有关。

（四）山东半岛地区客运量与经济社会要素的相关分析

以济南、青岛、威海、烟台、潍坊、淄博、日照和东营各指标数据为基础，对山东半岛整体的上述 25 项指标进行整合，并以此为基础分别以"客流量"为因变量对上述因子进行回归分析，提取山东半岛地区客运量多元回归模型系数，得到回归公式如下：

$$Y = 108.74X_1 - 22\,258.06X_2 + 12.65X_6 + 15.83X_7$$
$$- 288.35X_{13} + 4.85X_{14} + 1.53X_{15} - 51.28X_{16}$$
$$+ 11.24X_{17} - 466.06X_{18} + 1203.92X_{19} + 39.99X_{20}$$
$$- 3\,324.71X_{21} - 4.58X_{23} + 0.23X_{24} - 0.50X_{25} \qquad \text{式 2-4}$$

从山东半岛地区客运量与经济社会要素的多元线性回归结果可以看出，科学研究、总人口、其他服务业等因子与山东半岛地区客运量呈现明显的正相关；铁路运营的平均密度、城市化率、租赁和商务服务、信息传输业因子与客运量呈现负相关的趋势。

整体看来，山东半岛地区的服务业中科学研究业和其他服务业对于地区客运量具有明显的带动作用，山东作为大环渤海地区城市群重要的组成部分，其科学研究事业及其相关服务业发展潜力巨大，加之山东为中国东部地区重要的人口大省，因此，这些因子和变量对于山东半岛地区客运量有着重要的影响。

（五）环渤海各省份客运量与经济社会要素的相关分析

以大环渤海地区"客运量"为因变量，以其余指标为自变量，进行多元线性回归分析，得到大环渤海地区各省份客运量多元线性回归模型矩阵（表2-6）。结果显示，对环渤海各省份客运量均有影响的因子有城市化率、交通运输业、公路通车里程和固定资产投资因子。

由于京津冀地区城市化率整体水平较高，城市化率上升幅度有限，但此地区的客运量整体上升较快，因此，形成了城市化率与客运量负相关的趋势；相反，由于山西、内蒙古等省区的城镇化率较低，但是客运量上升显著，因此，这些地区城镇化率与客运量呈现正相关的趋势。

交通运输业是服务业中的重要门类，其对于区域经济社会的发展起着重要的支撑作用，而区域的社会经济发展程度决定着此地区的客运量水平。因此，环渤海各省份中，天津、河北、山西、黑龙江和吉林的交通运输业因子与这些地区的客运量均呈现较为显著的正相关趋势。

从固定资产投资因子来看，环渤海各省份中，河北、山西、内蒙古和山东呈现低水平的负相关，其余省份呈现低水平的正相关，说明固定资产投资对于这些省份的影响是存在的，但这种影响存在两种方向，且影响程度有限。从公路通车里程因子来看，仅北京的公路里程因子与客运量呈现低位负相关，其余省份均呈现正相关趋势。

表2-6 大环渤海地区各省份客运量多元线性回归模型系数矩阵

客运量	北京	天津	河北	山西	内蒙古	黑龙江	吉林	辽宁	山东
（常量）	282 755	−12 886	−768 639	−59 734	−62 689	−1 268 813	61 580	−618 655	−826 505
总人口	−53.67					416.18	3.44	151.33	108.73
城市化率	−1 785.72	−194.19	−2 577.35	97.66	2 583.05	−336.82	−1 658.11	−1 087.57	−2 258.84
人口密度		38.51	2 491.41	443.93	−1 380.69				
人均GDP	2.19	0.04							
第一产业	119.67	−167.89		76.23	48.31	69.95	−1.72	−42.55	12.61
农业总产值	−143.65	32.39	−30.65	−56.56			21.06		
工业	−16.27		−14.55	−4.69	4.93	−47.43		24.45	
建筑业	222.40		150.74		−4.12	−264.96	294.80	−99.37	
第三产业							15.82		
交通运输	−449.55	4.24	161.10	51.56	−15.91	348.54	8.73	−104.59	15.98
信息传输	−58.66	132.84	1 090.21	40.00	−32.36		25.52	−6.98	−287.65
批发零售	504.85	3.97	−102.02		−46.74	−412.27			4.87

续表

客运量	北京	天津	河北	山西	内蒙古	黑龙江	吉林	辽宁	山东
住宿餐饮业	338.16	−26.51	149.60	8.81				429.63	1.53
金融业	−227.65	9.82		−3.10		−192.71	27.97	23.39	−51.22
房地产业	12.20	11.39	−375.92	−33.78	132.37	−88.05	−195.82		11.28
租赁和商务服务			553.55	−217.73	−178.30	−998.19	−445.74	−954.81	−465.64
科学研究		−12.79		105.21	−568.22		482.06	−1 791.55	390.68	1 203.30
其他服务	42.59	−39.65	−30.13			−34.21			39.99
铁路平均密度				−920 435.37		1 052 328.09	933.82		−3 341.71
财政总收入	−86.81	−37.59	4.76	2.02		175.83	−19.22	−1.78	
铁路营运里程	102.92	−1.75	3.05		2.33	−254.51		25.47	−4.57
公路通车里程	−18.36	0.15	0.18	0.17	0.09	0.12	0.00	0.41	0.22
固定资产投资	32.16	10.31	−14.54	−1.82	−1.61	43.17	0.28	0.60	−0.52

二、货运量与经济社会要素相关性分析

(一)大环渤海地区货运量与经济社会要素的相关分析

以大环渤海地区"货运量"为因变量,以其余指标为自变量,进行多元线性回归分析,得到结果如表 2-7 所示。

表 2-7 大环渤海地区货运量多元回归模型系数

	非标准化系数		标准系数	t	Sig.
	B	标准误差	试用版		
(常量)	−290 850.807	1 564 162.595		−0.186	0.859
总人口	−15.327	78.335	−0.094	−0.196	0.851
城市化率	4 187.771	8 760.495	0.077	0.478	0.650
人口密度	1 415.315	2 665.438	0.224	0.531	0.614
农业总产值	−8.149	13.499	−0.232	−0.604	0.568
工业	15.143	8.233	1.369	1.839	0.116
建筑业	61.791	67.653	0.730	0.913	0.396
交通运输	−51.423	28.347	−0.569	−1.814	0.120
批发零售	−27.949	12.389	−0.638	−2.256	0.065
住宿餐饮业	98.502	71.892	0.483	1.370	0.220

续表

	非标准化系数		标准系数	t	Sig.
	B	标准误差	试用版		
金融业	85.219	69.356	0.867	1.229	0.265
房地产业	−22.823	56.476	−0.192	−0.404	0.700
科学研究	−377.934	234.212	−1.160	−1.614	0.158
铁路平均密度	65 055.171	118 491.052	0.199	0.549	0.603
财政总收入	−8.304	18.676	−.282	−0.445	0.672
铁路营运里程	9.897	8.851	0.154	1.118	0.306
公路通车里程	−0.019	0.074	−0.022	−0.262	0.802
固定资产投资	0.606	2.234	0.092	0.271	0.795

$$Y= -15.33X_1+4\ 187.77X_2+1\ 415.32X_3-8.15X_7+15.14X_9$$
$$+61.79X_{10}-51.42X_{12}-27.95X_{14}+98.50X_{15}+85.22X_{16}$$
$$-22.82X_{17}-377.93X_{19}+65\ 055.17X_{21}-8.30X_{22}+9.90X_{23}$$
$$-0.02X_{24}+0.61X_{25}-290\ 850.81 \quad \text{式 2-5}$$

通过构建大环渤海地区货运量与经济社会要素的多元线性回归方程式 2-5 可以看出，大环渤海地区城市化率、人口密度、铁路平均密度、住宿餐饮业和金融业等因子与地区的货运量呈现显著的正相关，与科学研究、交通运输、房地产业等因子呈现显著的负相关。

（二）东北地区货运量与经济社会要素的相关分析

以东北地区"货运量"为因变量，以其余指标为自变量，进行多元线性回归分析，提取东北地区客运量多元回归模型系数，得到回归公式如下：

$$Y=173.14X_1-12\ 866.59X_2+77.89X_6-83.91X_7$$
$$+41.25X_9-275.81X_{10}-19.13X_{12}-52.52X_{14}$$
$$+12.51X_{16}+496.23X_{17}+615.35X_{19}-13\ 819.30X_{21}$$
$$-11.83X_{22}+26.32X_{23}-0.16X_{24}-5.83X_{25} \quad \text{式 2-6}$$

通过构建东北地区货运量与经济社会要素的线性回归模型式 2-6 可以看出，科学研究、房地产业、总人口和第一产业因子与东北地区货运量呈现正相关；城市化率、铁路平均密度、建筑业、批发零售业、财政总收入等因子与货运量呈现负相关。

东北地区作为传统的重工业基地，在转型跨越发展的过程中，应积极发挥科学技术研究对于传统产业，特别是交通运输业的改造，积极发挥服务业在未来产业结构中的先导和支柱作用，促进区域货流和客流的加速流通；此外，由于东北地区人口集中在城市，且人口净迁出在近年逐渐显著，因此，其城镇化率发展缓慢，但货运量增长较快，故而并未呈现明显的相关性。

（三）华北地区货运量与经济社会要素的相关分析

以华北地区"货运量"为因变量，以其余指标为自变量，进行多元线性回归分析，提取华北地区货运量多元回归模型系数，得到回归公式如下：

$$Y=115.24X_1+654.49X_2-515.22X_3+42.23X_7$$
$$-56.97X_{12}-171.37X_{13}-105.43X_{14}-253.14X_{15}$$
$$-97.72X_{16}+83.63X_{17}+444.82X_{18}-25.68X_{20}$$
$$+80\ 520.57X_{21}+49.34X_{22}-5.90X_{23}-0.14X_{24}-4\ 39X_{25} \quad \text{式 2-7}$$

通过华北地区货运量多元回归模型式 2-7 可以看出，铁路平均密度、城镇化率、租赁和商务服务、总人口、财政总收入等因子与货运量呈现显著的正相关；人口密度、住宿餐饮业、信息传输业、批发零售业和金融业因子与货运量呈现出显著的负相关。

华北地区交通网络密度较高，其增速及增幅与此地区的货运量相比较快，因此，呈现较为明显的正相关；此地区为中国北部重要的综合性工业基地，人口聚集地，故而相关性明显。生活型服务业和资本型服务业与货运量呈现负相关的整体趋势。

（四）山东半岛地区货运量与经济社会要素的相关分析

以山东半岛地区"货运量"为因变量，以其余指标为自变量，进行多元线性回归分析，提取山东半岛地区货运量多元回归模型系数，得到回归公式如下：

$$Y=21.44X_1+1\ 123.40X_2-8.23X_6+5.16X_{12}$$
$$-25.65X_{13}-1.58X_{14}+40.14X_{15}-6.51X_{16}$$
$$-15.52X_{17}-333.97X_{18}+633.76X_{19}+65.59X_{20}$$
$$-1\ 586.24X_{21}-1.95X_{23}+0.11X_{24}+0.09X_{25} \quad \text{式 2-8}$$

通过构建山东半岛地区货运量多元回归模型式 2-8 可以看出，城镇化率、科学研究、其他服务业、总人口因子与地区的货运量呈现正相关的趋势。此外，铁路平均密度、租赁和商务服务业等因子与地区的货运量呈现负相关的趋势。

山东半岛城市群具有优越的地理区位，近年来蓝色经济的快速发展更是为区域发展带来新的活力，作为大环渤海地区重要的组成部分，其城镇化的快速推进对于区域货运量的带动显著，同时，服务业水平的快速提升是城镇化质量提升的重要标志，因此，区域服务业因子对于货运量有着重要的影响。

(五) 环渤海各省份货运量与经济社会要素的相关分析

以大环渤海地区"货运量"为因变量，以其余指标为自变量，进行多元线性回归分析，得到大环渤海地区各省份货运量多元线性回归模型系数矩阵（表2-8），可知对环渤海各省份货运量均有影响的因子有城市化率、交通运输业、固定资产投资。

城市化率因子在河北、黑龙江、辽宁为负相关因子，即随着城市化率的提高，此类城市货运量呈现下降的趋势；北京、天津、山西、内蒙古、吉林和山东呈现显著的正相关，即随着城市化率的上升，这类地区的货运量呈现上升的趋势。

从交通运输业增加值因子来看，北京、天津、山西、黑龙江和山东的此因子与货运量呈现正相关的趋势，随着交通运输业增加值的上升，上述省份的货运量呈现出上升的趋势。

固定资产投资因子这一变量在各省份的货运量回归模型中均未被剔除，说明此指标对于各省份的货运量均产生显著的影响；其中，北京、天津、河北、内蒙古、辽宁的此因子与货运量呈现负相关，其余省份固定资产投资因子与货运量呈现正相关的趋势，但是这种正相关趋势并不特别明显。

表2-8 大环渤海地区各省份货运量多元线性回归模型系数矩阵

货运量	北京	天津	河北	山西	内蒙古	黑龙江	吉林	辽宁	山东
（常量）	−73 442.42	−39 483.44	−312 062.00	−14 606.68	−71 884.77	−967 379.62	−24 260.95	−404 963.17	−150 332.47
总人口	12.42					331.98	27.27	97.85	21.49
城市化率	1 865.53	1 423.27	−278.46	445.35	4 140.56	−1 189.26	332.97	−693.25	1 120.37
人口密度		−40.52	1 026.65		687.06	−2 407.53			
人均 GDP	−4.22	0.10							
第一产业	200.67	501.73		82.17	3.22	46.26	−28.09	−55.27	−8.20
农业总产值	79.32	−271.80	15.51	−112.08			15.43		
工业	23.74		−25.55	12.97	34.77	−25.53		29.48	
建筑业	167.12		−50.61		21.50	−511.48	−98.38	115.94	
第三产业						−10.20			
交通运输	227.20	37.72	−114.02	360.74	−182.65	235.72	−22.02	−325.02	5.25
信息传输	17.72	−23.72	724.38	−307.44	−8.32		−4.73	82.41	−25.20
批发零售	−48.29	−25.68	81.50		572.55	−307.86			−1.57
住宿餐饮业	16.71	259.64	−40.52	−46.63				−946.30	40.13
金融业	29.02	20.06			152.46	−125.87	−18.12	56.99	−6.58
房地产业	65.68	−175.34	47.02	−326.50	83.58	−14.55	160.64		−15.23

续表

货运量	北京	天津	河北	山西	内蒙古	黑龙江	吉林	辽宁	山东
租赁和商务服务			545.24	664.12	−541.22	−105.30	325.81	1 916.98	−333.37
科学研究		261.98		1 372.42	304.44	−28.72	588.37	221.52	633.38
其他服务	25.23	31.66	−6.73			23.01			64.51
铁路平均密度				−5 051 217.38		1 021 109.65	−2 352.32		−1 596.04
财政总收入	−7.96	−0.99	46.72	−20.94		154.57	−6.56	5.55	
铁路营运里程	−81.04	19.29	6.89		1.43	−237.79		39.60	−1.96
公路通车里程	1.34	−0.05	0.23	−0.02	0.13	0.05	−0.07	−0.21	0.10
固定资产投资	−32.78	−9.35	−8.39	1.27	−1.73	32.55	0.63	−9.12	0.08

参 考 文 献

[1] 姜晓秋. 中国东北地区发展报告(2016) [R]. 北京: 社会科学文献出版社, 2017.

[2] 陈璐. 京津冀协同发展报告(2017) [R]. 北京: 社会科学文献出版社, 2017.

[3] 刘冰, 高福一. 山东区域经济发展报告[R]. 北京: 经济科学出版社, 2016.

[4] 潘振文. 山东发展统计报告 2016[R]. 济南: 山东大学出版社, 2016.

[5] 李茂盛, 李劲民, 张志仁. 山西省情报告(2016) [R]. 北京: 社会科学文献出版社, 2016.

[6] 内蒙古财经大学资源环境与可持续发展研究所. 内蒙古自治区区域经济发展报告(2016) [R]. 北京: 经济管理出版社, 2017.

[7] 中华人民共和国国家统计局. 中国统计年鉴 2016[M]. 北京: 中国统计出版社, 2017.

[8] 国家统计局城市社会经济调查司. 中国城市统计年鉴 2016[M]. 北京: 中国统计出版社, 2016.

[9] 孙久文. 中国区域经济发展报告: 一带一路战略与新常态下中国区域经济发展(2016) [R]. 北京: 中国人民大学出版社, 2017.

[10] 阎庆民, 张晓朴. 京津冀区域协同发展研究[M]. 北京: 中国金融出版社, 2017.

[11] 王学勤. 中国区域经济发展报告(2017-2018) [R]. 北京: 社会科学文献出版社, 2018.

[12] 刘亚清, 李林鹏. 基于环渤海地区的基础经济结构研究[M]. 北京: 知识产权出版社, 2016.

[13] 杨瑞龙, 姚永玲. 环渤海地区协同中的创新北京[M]. 北京: 经济管理出版社, 2017.

[14] 中国交通年鉴社. 中国交通年鉴 2017[M]. 北京: 中国交通年鉴社, 2017.

[15] 徐宪平. 我国综合交通运输体系构建的理论与实践[M]. 北京: 人民出版社, 2012.

[16] 国家发展改革委综合运输研究所. 中国交通运输发展报告 2017[R]. 北京: 中国市场出版社, 2018.

[17] 李连成. 交通运输 2030: 需求分析•国际经验•供给思路[M]. 北京: 中国市场出版社, 2017.

[18] 金凤君. 东北地区发展的重大问题研究[M]. 北京: 商务印书馆, 2012.

[19] 金凤君, 王娇娥, 杨宇. 新时期东北地区"创新与发展"研究[M]. 北京: 科学出版社, 2018.

[20] 李宝玉. 环渤海现代农业区域比较研究[M]. 北京: 中国农业科学技术出版社, 2014.

[21] 李志强. 山西资源型经济转型发展报告(2017): 深化资源型经济转型改革与发展[R]. 北京: 社会科学文献出版社, 2017.

[22] 陈俊龙, 吕世斌, 李凯. 东北地区和京津冀产业协同发展对策研究[M]. 沈阳: 东北大学出版社, 2018.
[23] 陈吉宁. 环渤海沿海地区重点产业发展战略环境评价研究[M]. 北京: 中国环境出版社, 2013.
[24] 李凯, 易平涛, 王世权. 2016东北老工业基地全面振兴进程评价报告[R]. 北京: 经济管理出版, 2017.
[25] 连玉明. 京津冀协同发展的共赢之路[M]. 北京: 当代中国出版社, 2015.
[26] 理查德·F. 哈斯. 多元广义线性模型[M]. 北京: 格致出版社, 2017.
[27] 王静龙. 多元统计分析[M]. 北京: 科学出版社, 2016.
[28] 方开泰, 张尧庭. 多元统计分析引论[M]. 北京: 科学出版社, 2019.

第三章　BSCC 对中国城市可达性与沿海城市群经济联系格局的影响

第一节　数据来源与研究方法

BSCC 将会打通中国东部沿海快速通道，一方面可以提升华北、东北和整个东部沿海地区的交通可达性，另一方面还可以通过降低交通成本和提升运输能力促进区域的经济发展。

一、研究区域与数据来源

（一）研究区域

本章可达性研究范围是中国大陆（因数据不可获取，故不含港澳台），研究单元是全国城市，时间节点为 2005 年和 2014 年两个年份。2005 年中国共有城市 661 个，其中地级市 283 个，县级市 374 个；2014 年中国城市总数 653 个，其中地级市 288 个，县级市 361 个。期间，有 17 个城市改区，统一合并到所在城市；新成立的 9 个城市中，阿拉山口市、北屯市、共青城市、三沙市、双河市和铁门关市因缺少 2005 年数据不作统计，最终研究单元为 651 个城市。

沿海地区八个城市群包括哈长城市群、辽中南城市群、京津冀城市群、山东半岛城市群、长三角城市群、海峡西岸城市群、珠三角城市群和广西北部湾城市群，各个城市群的范围按国家和省区市发布的相关规划划定，共 95 个地级以上城市（表 3-1，图 3-1）[1,2]。2014 年，沿海八大城市群总面积 112.17 万平方千米，总人口 4.68 亿人，GDP39.39 万亿元。该区域国土面积占全国的 11.68%，却集中了 63.47%的建成区面积，61.94%的 GDP，34.18%的总人口和 51.74%的城市人口[3]。可见，BSCC 影响范围覆盖了全国一半以上的城市人口和 60%以上的 GDP 及建成区面积，将会加强中国沿海城市群之间的相互联系，推进中国沿海经济带的发展[4]。

表 3-1　中国沿海城市群范围

序号	城市群	城市
1	哈长城市群	哈尔滨、长春、延吉、松原、牡丹江、辽源、齐齐哈尔、绥化、大庆、吉林、四平
2	辽中南城市群	沈阳、抚顺、铁岭、本溪、丹东、盘锦、营口、辽阳、大连、葫芦岛、鞍山、锦州
3	京津冀城市群	北京、承德、秦皇岛、天津、保定、石家庄、沧州、廊坊、张家口、唐山
4	山东半岛城市群	济南、威海、东营、淄博、烟台、日照、青岛、潍坊
5	长三角城市群	上海、铜陵、舟山、池州、马鞍山、安庆、宣城、芜湖、湖州、扬州、嘉兴、泰州、绍兴、台州、镇江、南通、滁州、金华、盐城、杭州、常州、合肥、宁波、无锡、南京、苏州
6	海峡西岸城市群	福州、汕尾、温州、厦门、潮州、漳州、汕头、揭阳、莆田、宁德、泉州
7	珠三角城市群	广州、香港、江门、澳门、惠州、中山、肇庆、珠海、佛山、东莞、深圳
8	广西北部湾城市群	南宁、防城港、崇左、钦州、北海、玉林

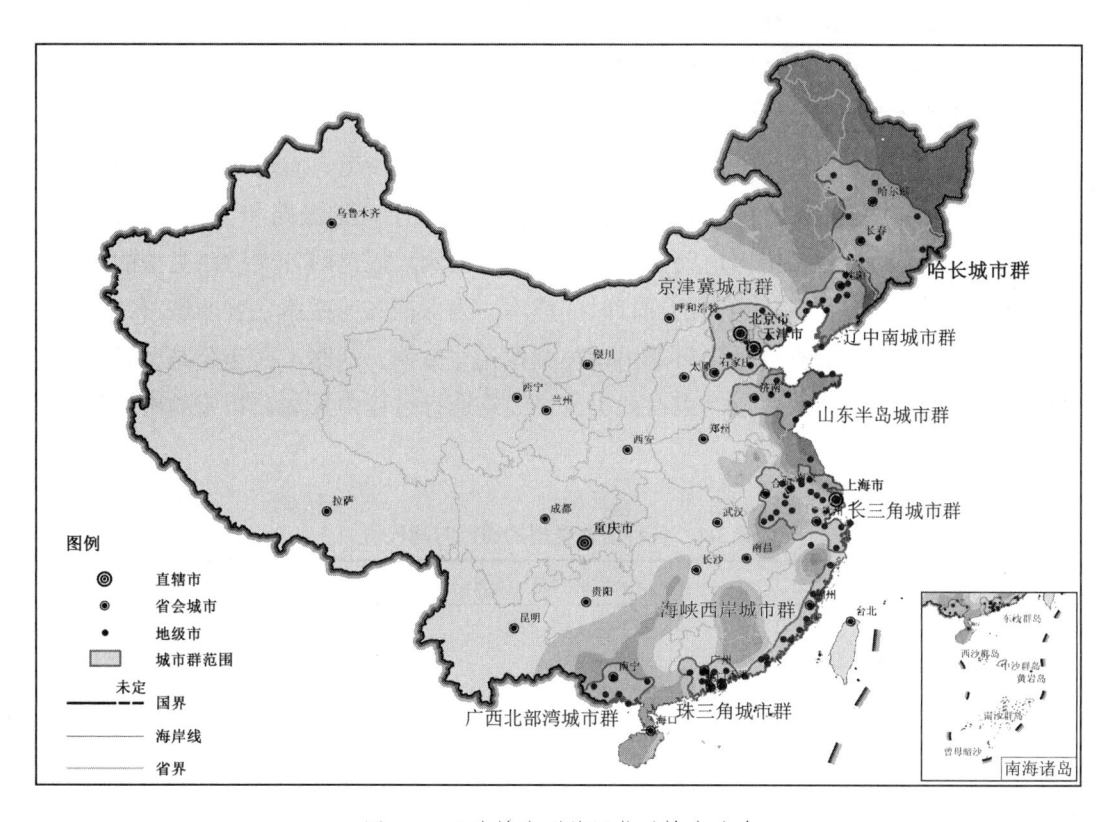

图 3-1　沿海城市群的区位及城市分布

（二）数据来源

空间矢量数据包括自然地理、行政区划和交通网络数据。自然地理数据和行政区划数据来源于1∶400万的国家基础地理信息数据,行政区划数据根据最新的行政区划调整进行了修正[5];2005年的交通网络数据来源于交通运输部1∶400万全国交通地图集[6],2014年交通数据来源于卫星导航系统的电子地图数据;GDP和人口等经济社会数据来源于2006年、2015年中国城市统计年鉴及各省份的统计年鉴[7,8]。

二、研究方法

(一)城市可达性研究方法

本章城市可达性被定义为该城市到达全国任意一点的平均时间成本,称为该城市的可达性指数。指数越低,说明城市交通通达程度越好[9]。基于2005年和2014年全国交通路网矢量数据,借助ArcGIS空间分析平台[10],先后采用Dijkstra单源和多源最短路径算法分别生成无固定出口交通及有固定出口交通的全国城市可达性图层[11],得出考虑多种交通方式的全国城市可达时间分布图[12]。

1. 栅格成本的计算

将所有道路分为两类。一类是无固定出口道路,包括国道、省道、县道;另一类是有固定出口交通,包括高铁和高铁站,普通铁路和火车站,高速公路和出入口。根据《中国道路交通安全法》和《中国道路交通安全法实施条例》规定的各类道路类型的限制通行速度(表3-2),确定各类道路的通行时间成本。为保证高速铁路、普通铁路、高速公路等有固定出口道路的独立性,将非出口类型像元与高铁、铁路、高速公路像元之间的通行时间成本设为无穷大,以约束在此类交通线路通行过程中只能在相应的出口与其他道路图层发生联系[13~16]。

表3-2 各种道路类型的通行时间代价

道路类型	单位像元时间代价(无量纲)	等价通行速度(km/h)
高铁	1	300
普通铁路	2	150
高速公路	3	100
国道	3.75	80
省道	5	60
县道	7.5	40
无道路地区	100	3

2. Dijkstra 最短路径计算

Dijkstra（迪杰斯特拉）算法是典型的单源最短路径算法，用于计算一个节点到其他所有节点的最短路径。主要特点是以起始点为中心向外层扩展，直至扩展到终点为止，最终发现交通网络系统节点之间的最短路径[17]。本研究借鉴 ArcGIS 空间分析平台的 Dijkstra 计算模块，对 2005 年和 2014 年全国两期交通网络数据进行编程处理。计算过程如下。

第一，运用单源 Dijkstra 最短路径方法计算各城市有固定出口道路图层的通达性。计算方法为，相邻像元之间的通行时间成本取相邻两个像元时间成本的均值，而对角线上相邻的两个像元之间的通行时间成本为两个像元时间成本均值的 $\sqrt{2}$ 倍[18]。以高铁为例计算北京的通达指数，需要利用高铁道路时间成本栅格数据，以北京为源点对各个高铁站点到达北京的时间成本进行 Dijkstra 单源最短路径计算。对普通铁路、高速公路进行同样的计算，即可得到各个火车站、高速公路出入口到达北京的时间成本。

第二，将国道、省道、县道等无固定出口道路按时间成本合并为一个图层，每个栅格取代价最小的值作为合并后的栅格值，得到无固定出口交通的时间代价图层。

第三，结合所有高铁、铁路、高速公路出口的通达时间，基于无固定出口交通的时间成本图层，以北京和所有出口为源点计算 Dijkstra 多源最短路径，其中北京源点的通达时间为 0，其余源点通达时间重复以上计算得出。最终得到 BSCC 建成前后的全国城市综合通达指数[19]。

（二）空间相互作用研究方法

空间相互作用是城市和区域之间人员、物质、资金、信息的交换与联系，核心内容包括作用强度和作用方向[20,21]。经济地理学者通常用引力模型来预测区域之间经济联系的强度[22~24]。重力模型既能反映经济中心城市对周围地区的辐射能力，也能反映周围地区对经济中心辐射能力的接受程度。公式如下：

$$L_{ij} = \frac{\sqrt{P_i \times G_i} \times \sqrt{P_j \times G_j}}{T_{ij}^2} \qquad \text{式 3-1}$$

式 3-1 中：L_{ij} 表示两城市对间经济联系强度；P_i、P_j 分别表示 i、j 城市的人口总量，本文采用的是研究区域内城市全国第六次人口普查的城镇人口数据；G_i、G_j 分别表示 i、j 地区的经济总量，本文采用的是研究区域内城市市辖区的 GDP 总量；T_{ij} 表示两城市间的最短旅行时间，本文用小时表示。由于经济联系强度表示的是两个城市之间的空间相互作用，衡量的对象为城市对，因此，本文还设计了城市对外经济联系总量，该指标为

每个城市与其余城市的经济联系强度之和,可以反映每个城市与其他所有城市空间相互作用的总和。具体公式如下:

$$L_{ij} = \sum_{\substack{j=1 \\ j \neq i}}^{n} L_{ij} \qquad \text{式 3-2}$$

式 3-2 中:L_i 表示 i 城市对外经济联系总量。在本文中,n 表示城市 i 的对外联系城市对数量($n–1$)。城市对间经济联系强度衡量的是城市对之间的相互作用,其更多地反映"流"的概念,采用该指标能反映高铁建设对城市对之间相互作用的影响;而城市对外经济联系总量反映的是某一个城市所有对外"流"的总和,更能反映某一个城市在全国城市空间相互作用网络中的地位,采用该概念能反映 BSCC 对某城市"引力"变化的影响[25~28]。

第二节　BSCC 对中国城市可达性的影响

一、BSCC 对城市可达性指数格局的影响

运用 Dijkstra 最短路径方法分别计算 BSCC 建成前后中国城市的可达性指数(图 3-2)。在全国范围来看,BSCC 建成前全国城市的平均可达性指数为 2 263 分钟,变异系数为 0.417;建成后全国城市的平均可达性指数为 2 254 分钟,变异系数为 0.416。可见 BSCC 的建成将全国城市的平均出行时间成本降低了 9 分钟,但城市出行成本的变异系数并没有显著变化,表明 BSCC 对城市出行成本的改善只限于局部地区(图 3-2)。

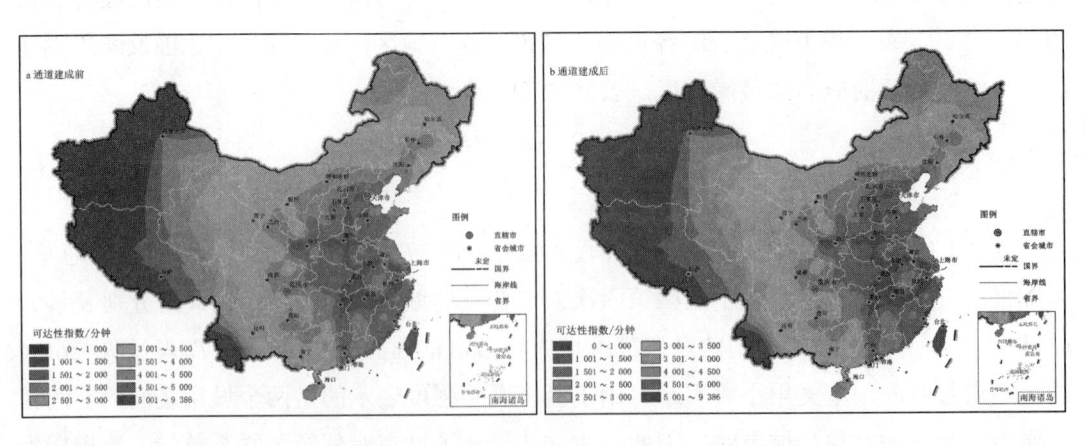

图 3-2　BSCC 建成前后全国城市可达性指数格局

二、BSCC 的影响范围及区域影响幅度

将 BSCC 建成前后的全国城市可达性指数相减，得到 BSCC 的影响范围。结果显示，BSCC 建成后，全国 55.78%的地级以上城市可达性指数得以改善，平均降低时间成本 16 分钟，空间变异系数 1.5，影响范围约为 218 万平方千米，覆盖了东北三省和内蒙古东部地区，以及东部沿海的山东、江苏、上海、安徽和东南地区的浙江、江西、湖南、广东、广西、海南等地区（图 3-3a）。可达性指数降低 40 分钟以上的区域集中在东北地区、山东半岛和江苏沿海，降低 60 分钟以上的区域集中在山东半岛和东北三省的沿海、沿边地区，交通状况改善最大的烟台和大连的可达性指数均降低了 120 分钟以上。可达性指数降低 5~40 分钟的区域可以扩展至安徽、浙江、湖南、江西、广东、广西和海南等华东及华南地区。

将 BSCC 建成后城市降低的时间成本与建成前的时间成本相比，得到各城市时间成本的降低率，表征 BSCC 对不同城市和地区可达性指数的影响幅度。从图 3-3b 可以看出，位于东北三省、山东半岛和长三角地区的 37 个城市时间成本平均降低率在 1%以上，面积达 86.62 万平方千米，BSCC 两端的烟台、大连、威海、丹东等城市时间成本均降低 4%以上；降低 1%以下的区域则扩展至安徽、浙江、湖南、江西、广东、广西和海南等华东和华南地区。

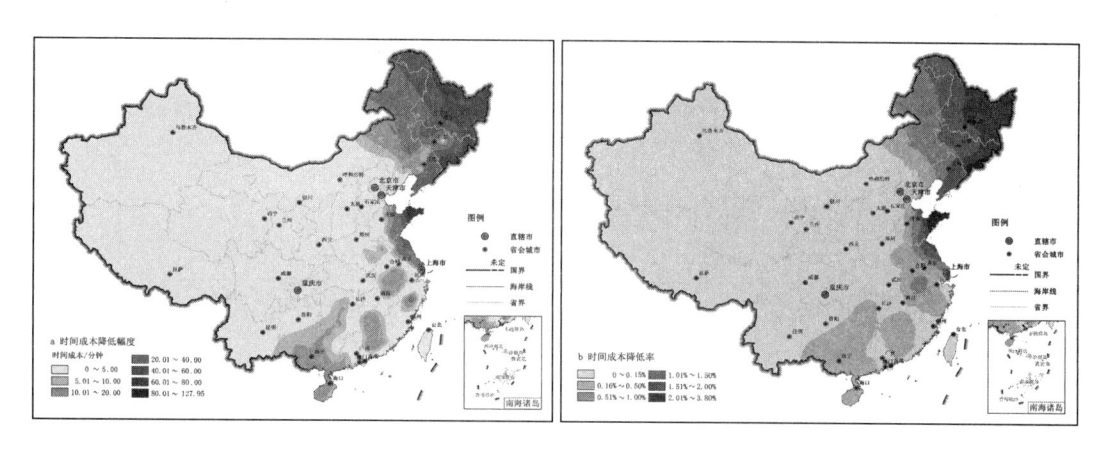

图 3-3　BSCC 的城市时间成本降低幅度与降低率格局

三、BSCC 影响城市间交通的时间成本变化分析

在 BSCC 的显著影响区内，选取哈尔滨、长春、沈阳、大连、秦皇岛、唐山、北京、

天津、石家庄、青岛、济南、烟台、南京、连云港、徐州、杭州、宁波 17 个全国性交通枢纽城市，与通道两端的烟台和大连进行 BSCC 修建前后的通行时间成本的对比分析。如表 3-3 所示，T_0 和 S_0 表示 BSCC 建成前各城市到烟台或大连的时间成本与距离成本；T_1 和 S_1 为 BSCC 建成后各城市到烟台或大连的时间成本与距离成本；ΔT 和 ΔS 为时间成本和距离成本差。结果表明，BSCC 的修建使大连到东部、东南沿海城市的距离以及烟台到东北地区城市的距离和时间成本均有显著降低，并且距离 BSCC 越近，节省的距离越大。其中，烟台与大连的距离减少最多，为 1 229 千米，南京、杭州、宁波等沿海城市到大连的距离减少量均在 700 千米以上，而北京、天津、石家庄等内陆城市减少的距离较小。从时间成本来看，烟台和大连之间的时间成本降低最大，为 603 分钟，青岛为 424 分钟，沈阳为 317 分钟；因整个大陆的中部和西北地区不在 BSCC 的影响范围之内，随着与目标城市空间距离的拉大，烟台到东北地区东部城市节省的时间成本均在 260 分钟以上，向逆时针方向节省的时间成本呈减少趋势，大连到东部和南部沿海省份城市节省的时间成本呈现先降低后增加的趋势，过了长江之后则稳定在 300 分钟以上。

表 3-3　BSCC 对中国东部和东北地区枢纽城市出行时间成本和出行距离的影响

枢纽城市	目标城市	建成前		建成后		节省时间	
		T_0（min）	S_0（km）	T_1（min）	S_1（km）	ΔT（min）	ΔS（km）
哈尔滨	烟台	1 212	1 777	923	1 097	289	681
长春		1 045	1 539	780	857	265	682
沈阳		873	1 236	556	557	317	679
大连		930	1 394	372	165	603	1 229
秦皇岛		616	840	595	70	21	111
唐山		524	712	515	712	0	0
北京		676	727	676	727	0	0
天津	大连	520	820	503	768	17	52
石家庄		520	1 119	483	889	37	230
济南		688	1 141	541	613	147	529
烟台		930	1 394	327	165	603	1 229
青岛		877	1 329	453	390	424	940
连云港		922	1 415	791	602	131	814
徐州		848	1 419	670	794	178	625
南京		1 092	1 695	768	919	324	776
杭州		1 254	1 946	936	1 158	318	787
宁波		1 350	2 034	1 031	1 256	319	778

综合分析以上计算结果，可以发现以下规律：第一，向 BSCC 的东北—西南向延伸轴线两侧呈距离衰减规律；第二，交通枢纽级别越高，节省的时间成本越多；第三，BSCC 打破了东南沿海地区与东北地区之间当前存在的大河水系、山脉等自然水系地貌对中国交通体系整体性的分割，在中国沿海地区开拓了一条东北—西南走向的综合交通干线。

第三节 BSCC 对沿海城市群城市联系强度的影响

BSCC 的影响范围覆盖了中国沿海地区的八个城市群，即哈长城市群、辽中南城市群、京津冀城市群、山东半岛城市群、长三角城市群、海峡西岸城市群、珠三角城市群和广西北部湾城市群，包括 95 个地级以上城市。

一、BSCC 对城市群对外经济联系总量的空间格局影响

BSCC 的修建将会提高沿海城市群城市整体的对外经济联系总量，并且降低城市对外经济联系总量的空间差异。修建前沿海城市群地区对外经济联系总量均值为 168.15×10^8 亿元·万人/h^2，修建后增长为 168.55×10^8 亿元·万人/h^2，城市均值提升了 0.4×10^8 亿元·万人/h^2；BSCC 修建前变异系数为 1.551 9，修建后降为 1.547 6，拉小了区域差距。

BSCC 的修建使城市群内部的空间差异均有降低。长三角城市群的城市对外经济联系总量均值最大，为 327.78×10^8 亿元·万人/h^2，其次为京津冀、珠三角、海峡西岸和山东半岛城市群，均在 100×10^8 亿元·万人/h^2 以上；广西北部湾城市群和哈长城市群较小，分别为 19.12×10^8 亿元·万人/h^2 和 33.44×10^8 亿元·万人/h^2。就变异系数而言，除了海峡西岸城市群、珠三角城市群和广西北部湾城市群在 BSCC 修建前后没有变化之外，其余城市群对外经济联系总量的变异系数均呈减小趋势，其中山东半岛城市群和辽中南城市群减小最为显著，表明城市群内部的空间差异程度均呈减小趋势。

BSCC 的修建使辽中南、山东半岛和哈长城市群的对外经济联系总量较大提升，并且呈现东北—西南向"廊道效应"，也呈现明显的距离衰减规律。BSCC 北端辽中南城市群所辖城市的平均对外经济联系总量增长最多，为 1.94×10^8 亿元·万人/h^2，增长率为 4.25%；南端的山东半岛城市群，城市均值增长 1.02×10^8 亿元·万人/h^2，增长率为 1.48%，位居第二；北部的哈长城市群均值增长了 0.34×10^8 亿元·万人/h^2，增长率为 1.33%。BSCC

的西南延伸方向，随着距离的增加，长三角城市群、海峡西岸城市群、珠三角城市群和广西北部湾城市的城市对外经济联系总量增值依次减少，距离较远的珠三角城市群和广西北部湾城市群均值增长均在 $100×10^4$ 亿元·万人$/h^2$ 之下（表 3-4）。

表 3-4 BSCC 建成前后中国沿海城市群经济联系总量变化

城市群	修建前		修建后		均值变化量	均值变化率（%）
	均值	变异系数	均值	变异系数		
哈长	33.441 7	1.064 5	33.783 5	1.061 2	0.341 8	1.334 2
辽中南	47.423 0	0.960 4	49.365 6	0.945 5	1.942 6	4.245 1
京津冀	226.895	0.827 6	226.922 3	0.827 4	0.027 3	0.040 3
山东半岛	128.392 3	0.700 9	129.411 9	0.622 9	1.019 6	1.481 0
长三角	327.780 9	1.264 9	327.870 1	1.264 6	0.089 2	0.048 4
海峡西岸	131.217 9	0.433 0	131.229 2	0.433 0	0.011 3	0.008 4
珠三角	150.969 9	1.039 2	150.979 1	1.039 1	0.009 2	0.010 0
广西北部湾	19.120 4	0.815 2	19.122 4	0.815 1	0.002	0.012 1
沿海城市群	168.148 5	1.551 9	168.549 1	1.547 6	0.400 6	0.834 4

二、BSCC 对城市对外经济联系总量的空间格局影响

BSCC 促进了沿海地区经济洼地城市的对外经济联系总量，对中国沿海地区的发展具有积极的意义。按对外经济联系总量，发现 BSCC 只对辽东半岛城市群和山东半岛城市群的 11 个城市的排名产生了促进作用，其中大连的排名提升了 4 位，营口和威海的排名提升了 2 位，说明 BSCC 的修建提升了沿海城市群地区以辽中南城市为主的欠发达城市的对外经济联系总量，对东北老工业基地的振兴和沿海地区的均衡发展具有推动意义。

对比 BSCC 建成前后沿海城市对外经济联系总量增长量和增长率的排名，并按差值的大小将城市分为三类。①增长率排名小于增长量排名的城市。共有 36 个城市，可以分为两种类型：一是位于长三角城市群西部的铜陵、池州等和广西北部湾城市群的城市，增长量和增长率基数均较小，排序靠后，排序差值较大（<–15），BSCC 的提升作用不显著；二是位于辽中南城市群和哈长城市群的大部分城市，增长量和增长率的基数较大，排序靠前，排序差值较小（–15～–1），BSCC 的提升作用显著。②增长率排名等于增长量排名的城市。共有 11 个城市，分为两类城市：一是位于京津冀城市群西南部的北京、天津等城市，以及山东半岛城市群北部的东营等城市，BSCC 对其没有提升作用；二是

BSCC 的北桥头堡大连，为最大的受益城市。③增长率排名大于增长量排名的城市。共 48 个城市，分为三个区域：一是山东半岛的烟台、青岛等，辽中南半岛的鞍山、沈阳等，哈长城市群的长春、哈尔滨等，城市对外经济联系总量基数小，但增长量和增长率排名靠前，排序差值较小（1~15），是 BSCC 的核心受益城市；二是长三角的上海、苏州、杭州等，海峡西岸城市群的福州、温州等，珠三角的广州、深圳等城市，基数大，增长量排名居中，增长率排名靠后，排序差值大于 15，是 BSCC 的外围受益城市；三是珠三角的惠州、佛山和海峡西岸的汕头、潮州等城市，城市对外经济联系总量基数较小，增长量和增长率排名均靠后，位序差值较小（1~11），是 BSCC 的边缘受益城市（图 3-4）。

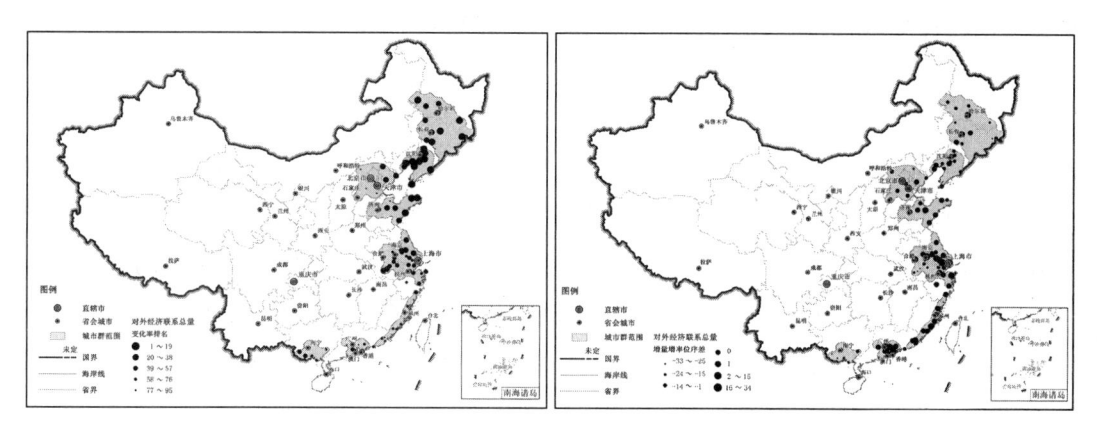

图 3-4　城市对外经济联系总量变化率排名及增量增率位序差分布

三、BSCC 对城市对间经济联系强度的空间格局影响

（一）BSCC 增加了城市对外经济联系城市对的数量

BSCC 增加了渤海南北两端城市群之间城市对的经济联系强度，表现在产生经济联系的城市对数量增多。在沿海地区的八大城市群中，哈长、辽中南、山东半岛、长三角和广西北部湾城市群提升幅度较大。

BSCC 使沿海城市群中 58 个城市共新增城市对 1 150 个，平均每个城市新增 20 个合作城市。不同城市群的城市对增加数量存在较大的差异，通道以北哈长和辽中南两大城市群的城市对增长数量（共 642 个，市均 28 个）显著高于通道以南的城市群（共 502 个，市均 7 个）。其中，哈长城市群新增的城市对数量最多（429），市均增加 39 个，明显高于辽中南城市群（共 213 个，市均 18 个）。就城市而言，牡丹江、绥化和丹东新增城市对数量最多，均为 60 个，松原、齐齐哈尔、大庆、大连、哈尔滨和延吉均增长 40 个以上。BSCC 以南的城市群中，山东半岛城市群增长城市对数量较多，共 167 个，总数低于长三角城市群，但城市平均增加 21 个，显著高于长三角城市群城市平均增加 8 个；广西北部湾共增长 114 个，城市平均 19 个，仅次于山东半岛城市群。珠三角城市群和海峡西岸城市群的城市对增长总数分别为 11 个和 6 个，受 BSCC 的影响较小（图 3-5a）。

（二）BSCC 提升了东北和东部沿海城市群城市对之间的经济联系强度

从增长城市对之间的联系强度看，山东半岛城市群城市对的平均增长强度最高，为 $1\,103×10^8$ 亿元·万人/h^2，八个城市增加的 167 个城市对覆盖了整个东北部地区，其中位于辽中南城市群的城市对平均联系强度高于哈长城市群，与 BSCC 呈现明显的距离衰减规律。以对外经济联系强度增长幅度最高的 BSCC 南桥头堡烟台为例，辽中南城市群增长城市对的平均经济联系强度为 $7\,204×10^8$ 亿元·万人/h^2，哈长城市群增长城市对的平均经济联系强度为 $1\,568×10^8$ 亿元·万人/h^2，京津冀城市群的承德、秦皇岛和唐山城市对平均经济联系强度为 $894×10^8$ 亿元·万人/h^2（图 3-5b）。

辽中南城市群城市对的平均增长联系强度为 $833×10^8$ 亿元·万人/h^2，仅次于山东半岛城市群，12 个城市增加的 213 个城市对主要集中在山东半岛、长三角和广西北部湾城市群，联系强度与 BSCC 呈明显的距离衰减规律。以 BSCC 北桥头堡大连为例，距离最近的山东半岛城市群七个城市对的平均经济联系强度为 $6\,958×10^8$ 亿元·万人/h^2，长三角城市群 13 个城市对平均联系强度 $767×10^8$ 亿元·万人/h^2，珠三角城市群四个城市对平均联系强度 $56×10^8$ 亿元·万人/h^2，而广西北部湾城市群六个城市对平均联系强度为 $100×10^8$ 亿元·万人/h^2（图 3-5c）。

哈长城市群城市对的平均增长联系强度为 $173×10^8$ 亿元·万人/h^2，名列山东半岛和辽中南之后。其 11 个城市增加的 429 个城市对主要集中在山东半岛、长三角和广西北部湾城市群，联系强度与 BSCC 呈现明显的距离衰减规律。以哈尔滨为例，山东半岛城市群六个增长城市对的平均经济联系强度为 $999×10^8$ 亿元·万人/h^2，长三角城市群 11 个城市对平均联系强度 $138×10^8$ 亿元·万人/h^2，珠三角城市群两个城市对平均联系强度 $10×10^8$ 亿元·万人/h^2，而广西北部湾城市群六个城市对平均联系强度为 $8×10^8$ 亿元·万人/h^2（图 3-5d）。

长三角城市群城市对的平均增长联系强度为 $136×10^8$ 亿元·万人/h^2，名列第四。其 13 个城市增加的 205 个城市对主要集中在辽中南和哈长城市群，联系强度与 BSCC 呈现明显的距离衰减规律。以上海为例，哈长城市群九个增长城市对的平均经济联系强度为 $231×10^8$ 亿元·万人/h^2，辽中南城市群五个城市对平均联系强度 $744×10^8$ 亿元·万人/h^2（图 3-5e）。

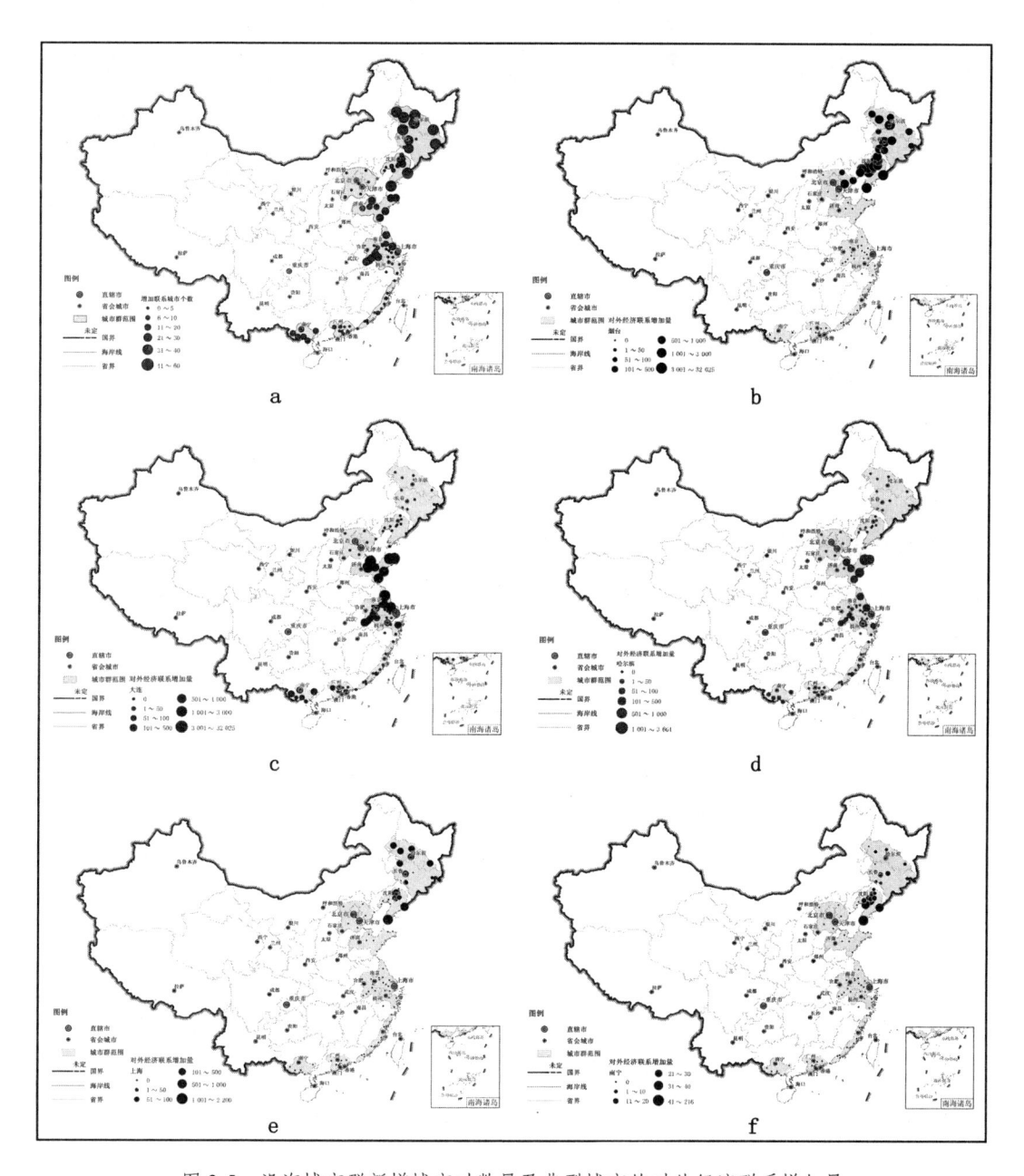

图 3-5 沿海城市群新增城市对数量及典型城市的对外经济联系增加量

海峡西岸城市群受 BSCC 影响较小,只有厦门在哈长城市群增加了六个城市对,城市平均联系强度只有 $1×10^8$ 亿元·万人/h^2。珠三角城市群受 BSCC 影响同样较小,只有香港、江门、肇庆、深圳和广州有城市对增加,城市平均联系强度只有 $18×10^8$ 亿元·万人/h^2。广西北部湾城市群比以上两个城市群稍大,六个城市共增加城市对 114 个,同样集中在辽中南城市群和哈长城市群,但受距离成本较大的影响,城市平均联系强度普遍较小,与 BSCC 的距离衰减规律明显。如南宁在哈长城市群增加九个城市对,平均经济联系强度只有 $7.5×10^8$ 亿元·万人/h^2,辽中南城市群十个城市对平均联系强度也只有 $39×10^8$ 亿元·万人/h^2(图 3-5f)。

(三) BSCC 扩大了城市对外经济联系的空间差异

为全面反映 BSCC 建成前后沿海城市群 95 个城市之间的经济联系强度格局的变化规律,借助 GIS 空间分析模型,以城市群为统计分类标准,按从东北到西南的空间顺序,即哈长—辽中南—京津冀—山东半岛—长三角—海峡西岸—珠三角—广西北部湾城市群,将 95 个城市进行编码排序,绘制了 95×95 的经济联系强度图谱,通过不同的颜色表示经济联系强度的水平(图 3-6,表 3-5)。

沿海城市群在 BSCC 两侧已经形成了较为完整的两大经济联系组团,即北部的京津冀—辽中南—哈长城市群对外经济联系矩形集聚组团和南部的京津冀—山东半岛—长三角—海峡西岸—珠三角城市群对外经济联系矩形集聚组团,渤海海峡对整个沿海地区经济联系的割裂作用明显。两大组团内部已经形成特大城市—大城市—中等城市—小城市共同组成的经济联系体系。京津冀城市群为同属两大组团的核心节点。京津冀城市群与两侧的山东半岛城市群和辽中南城市群均形成了独立的经济联系聚集区,山东半岛城市群和辽中南城市群虽然跨越渤海海峡的距离只有 106 千米,但二者的经济联系基本空白。

在中国沿海地区的南北组团内部具有典型的多中心空间结构特征,城市群范围内和相近城市群的城市对之间具有较强的经济联系强度,并且从城市群的中心城市向外围呈现明显的距离衰减规律。北部组团包括京津冀增长核心、辽中南增长核心和哈长增长核心,其中京津冀增长核心的面积明显较大,而后两者增长核心刚刚有所发育;南部组团已经形成整个东部沿海和东南沿海地区的经济联系体系,即京津冀—山东半岛—长三角—海峡西岸—珠三角城市群对外经济联系矩形集聚组团。该组团已经形成规模不一的五个增长核心,即长三角增长核心、珠三角增长核心、海峡西岸增长核心、山东半岛增长核心和京津冀增长核心。其中,长三角增长核心所辖的城市数量最多,连续性最好,京津冀和珠三角次之,山东半岛和海峡西岸再次之,广西北部湾地区尚未形成增长核心。南部组团,又可以明显分为三个次级组团,长三角显现出较完整的独立性,另外还有珠三角—海峡西岸次级组团和京津冀—山东半岛次级组团,表明这些城市群之间具有较强的对外经济联系强度。BSCC 建设将会打破辽东半岛南部部分地区与山东半岛东部部分地区割裂的格局,一方面促使 BSCC 两端的山东半岛城市群与辽中南城市群和哈长城市群城市对之间的对外经济联系强度显著提升,拉大不同城市群所辖的城市对之间对外经

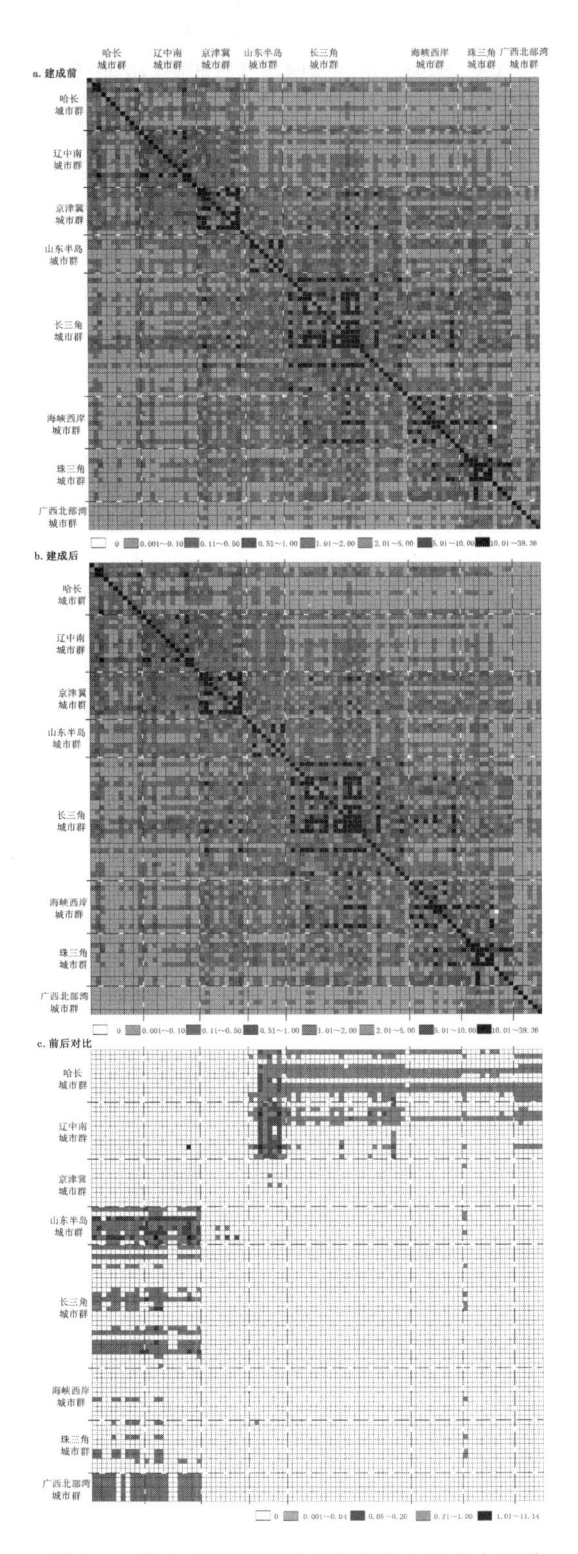

图 3-6 城市对间经济联系强度的空间分布图谱

表 3-5　沿海城市群各城市及其所属城市群编码

城市	城市群	编码	城市	城市群	编码	城市	城市群	编码
大庆	哈长	1	东营	山东半岛	34	舟山	长三角	67
哈尔滨	哈长	2	济南	山东半岛	35	潮州	海峡西岸	68
吉林	哈长	3	青岛	山东半岛	36	福州	海峡西岸	69
辽源	哈长	4	日照	山东半岛	37	揭阳	海峡西岸	70
牡丹江	哈长	5	威海	山东半岛	38	宁德	海峡西岸	71
齐齐哈尔	哈长	6	潍坊	山东半岛	39	莆田	海峡西岸	72
四平	哈长	7	烟台	山东半岛	40	泉州	海峡西岸	73
松原	哈长	8	淄博	山东半岛	41	厦门	海峡西岸	74
绥化	哈长	9	安庆	长三角	42	汕头	海峡西岸	75
延吉	哈长	10	常州	长三角	43	汕尾	海峡西岸	76
长春	哈长	11	池州	长三角	44	温州	海峡西岸	77
鞍山	辽中南	12	滁州	长三角	45	漳州	海峡西岸	78
本溪	辽中南	13	杭州	长三角	46	澳门	珠三角	79
大连	辽中南	14	合肥	长三角	47	东莞	珠三角	80
丹东	辽中南	15	湖州	长三角	48	佛山	珠三角	81
抚顺	辽中南	16	嘉兴	长三角	49	广州	珠三角	82
葫芦岛	辽中南	17	金华	长三角	50	惠州	珠三角	83
锦州	辽中南	18	马鞍山	长三角	51	江门	珠三角	84
辽阳	辽中南	19	南京	长三角	52	深圳	珠三角	85
盘锦	辽中南	20	南通	长三角	53	香港	珠三角	86
沈阳	辽中南	21	宁波	长三角	54	肇庆	珠三角	87
铁岭	辽中南	22	上海	长三角	55	中山	珠三角	88
营口	辽中南	23	绍兴	长三角	56	珠海	珠三角	89
保定	京津冀	24	苏州	长三角	57	北海	广西北部湾	90
北京	京津冀	25	台州	长三角	58	崇左	广西北部湾	91
沧州	京津冀	26	泰州	长三角	59	防城港	广西北部湾	92
承德	京津冀	27	铜陵	长三角	60	南宁	广西北部湾	93
廊坊	京津冀	28	无锡	长三角	61	钦州	广西北部湾	94
秦皇岛	京津冀	29	芜湖	长三角	62	玉林	广西北部湾	95
石家庄	京津冀	30	宣城	长三角	63			
唐山	京津冀	31	盐城	长三角	64			
天津	京津冀	32	扬州	长三角	65			
张家口	京津冀	33	镇江	长三角	66			

济联系强度的空间差异；另一方面，促使沿海城市群城市对外联系范围跨越渤海海峡的限制，使东北地区辽中南城市群和哈长城市群与东南沿海的海峡西岸城市群、珠三角城市群及广西北部湾城市群的城市对外经济联系从小到大，从无到有，对于形成中国沿海城市群完整的东北—西南向对外经济联系辐射轴带具有一定的积极作用。

参 考 文 献

[1] 姚士谋, 周春山, 王德. 中国城市群新论[M]. 北京: 科学出版社, 2018.

[2] 方创琳, 鲍超, 马海涛. 中国城市群发展报告(2016) [M]. 北京: 科学出版社, 2016.

[3] 李涛, 曹小曙. 城市群综合运输效率空间格局演化[M]. 北京: 商务印书馆, 2017.

[4] 刘士林, 刘新静. 中国城市群发展报告2016[M]. 北京: 东方出版中心有限公司, 2016.

[5] 中华人民共和国民政部. 中华人民共和国行政区划简册(2017) [M]. 北京: 中国地图出版社, 2017.

[6] 中图北斗文化传媒(北京)有限公司. 中国交通地图全集[C]. 北京: 中国地图出版社, 2017.

[7] 中华人民共和国国家统计局. 中国统计年鉴(2015) [M]. 北京: 中国统计出版社, 2015.

[8] 国家统计局城市社会经济调查司. 中国城市统计年鉴(2015) [M]. 北京: 中国统计出版社, 2015.

[9] 王振波, 徐建刚, 孙东琪. 渤海海峡跨海通道对中国东部和东北地区交通可达性影响[J]. 上海交通大学学报, 2010, 44(6): 807-811.

[10] 玛丽贝丝·普赖斯. ArcGIS 地理信息系统教程[M]. 北京: 电子工业出版社, 2017.

[11] 蒋海兵, 徐建刚, 祁毅. 京沪高铁对区域中心城市陆路可达性影响[J]. 地理学报, 2010, 65(10): 1287-1298.

[12] Wang, Z., Xu, G., Bao, C. Spatial and economic effects of the Bohai Strait Cross-Sea Chunnel on the transportation accessibility in China[J]. Applied Geography, 2017, 83(2): 86-99.

[13] 曹小曙, 许志桦. 城市群综合交通运输系统研究[M]. 北京: 商务印书馆, 2014.

[14] 约翰-保罗·罗德里格, 克劳德·孔德, 布莱恩·斯莱克. 交通运输地理[M]. 北京: 人民交通出版社, 2014.

[15] 曹晔. 我国综合运输体系优化[M]. 北京: 经济管理出版社, 2018.

[16] 国家发展改革委综合运输研究所. 中国交通运输发展报告 2017[R]. 北京: 中国市场出版社, 2018.

[17] Bunnell, T. G., Coe, N. M. Spaces and scales of innovation [J]. Progress in Human Geography, 2001, 25(4): 569-589.

[18] Falk, M. A gravity model of foreign direct investment in the hospitality industry [J]. Tourism Management, 2016, 55: 225-237.

[19] 孙东琪, 陆大道, 王振波. 渤海海峡跨海通道客货流量预测分析[J]. 地理学报, 2017, 72(8): 1473-1494.

[20] Tinbergen, J. Shaping the World Economy: Suggestions for an International Economic Policy [M]. New York: Twentieth Century Fund. 1962.

[21] Yang, W., Liang, J. Advanced Economic Geography [M]. Perking University Press. 1997.

[22] Fracasso, A. A gravity model of virtual water trade [J]. Ecological Economics, 2014, 108: 215-228.

[23] Head, K., Mayer, T, Ries, J. The erosion of colonial trade linkages after independence [J]. Journal of

International Economics, 2010, 81: 1-14.
[24] 孙峰华, 陆大道, 柳新华, 等. 中国物流发展对渤海海峡跨海通道建设的影响[J]. 地理学报, 2010, 65(12): 1507-1521.
[25] 王姣娥, 焦敬娟, 金凤君. 高速铁路对中国城市空间相互作用强度的影响[J]. 地理学报, 2014, 69(12): 1833-1846.
[26] 骆玲, 刘裕, 曹洪. 高速铁路与城市发展[M]. 重庆: 西南交通大学出版社, 2015.
[27] 段进. 高铁时代的空间规划[M]. 南京: 东南大学出版社, 2016.
[28] 张文新, 杨春志, 朱青. 高铁时代的城市发展与规划[M]. 北京: 中国建筑工业出版社, 2017.

第四章 BSCC 建设对区域交通网络的影响

第一节 区域交通网络规划及数据来源

一、区域交通网络规划

BSCC 地处环渤海区域，交通路网结构变化依托环渤海区域高速公路网和铁路网。高速公路网是区域公路网的主骨架，是区域内部交通与对外联系的主要通道，主要包括区域与周围省份之间、三大城市群之间、主要港口与腹地之间、大中城市之间的重要公路通道，以及京津冀都市圈城际高速公路网；连接所有地市，覆盖主要港口、机场、公路和铁路运输枢纽，形成布局合理、规模适当、能力充分、衔接顺畅的区域高速公路网络[1]。环渤海地区高速公路网规划总里程约 1.53 万千米，其中国家高速公路网 1.1 万千米，地方高速公路约 4 300 千米。按照《国家公路网规划（2013~2030 年）》，BSCC 为 11 条北南纵线之一沈海高速的重要部分，具体线路可参考 2013~2030 年国家高速公路布局方案图。

区域高速铁路近年来发展迅速，规划到 2020 年，我国高速铁路建设里程预计将超过 1.8 万千米，将占世界高速铁路总里程的一半以上，形成"四纵四横"的骨架结构网络，"人便其行，货畅其流"的目标将成为现实。按照《中国铁路中长期发展规划（2014~2020 年）》的"四纵四横"客运专线，BSCC 涉及哈沪线：哈尔滨—扶余—长春—四平南—沈阳—营口—大连—烟台—青岛—日照—连云港（海州）—盐城—南通—上海，可以预见，BSCC 建设与区域铁路网的不断发展将对区域空间结构产生一定影响[2]。

二、数据来源

BSCC 位于环渤海经济圈，两端直连东北物流区域和山东半岛物流区域，如果 2040 年建成，它将使物流区域更加紧密地联系起来，为其经济腹地注入更为长远和持久的推动力，为人们出行提供更加经济快捷的方式。以全国 31 个省（直辖市、自治区）（暂不包括香港、澳门两个特区和台湾省)组合为九大物流区域为研究空间，探讨 BSCC 建设对区域交通网络的影响。研究所用数据来源于 1991~2013 年的《中国统计年鉴》，1991~2013 年 31 个省、直辖市、自治区的统计年鉴，1991~2013 年的《中国交通统计年鉴》，2002~2013 年的《中国物流年鉴》等。城市间的最短旅行时间数据来源于"百度地图"。

第二节 研究方法

一、区域物流量指数

根据现代区位论原理，两区域之间的物流量的大小，受两地的经济发展水平、人口规模、产业结构、进出口贸易以及两地之间的自然地理环境、距离、交通基础设施条件等多种因素的影响。考虑到数据的可获得性，从距离、人口、经济、贸易、城市化水平、第一产业、第二产业、第三产业、铁路营运里程和公路通车里程十个主要因素出发，研究区域之间的物流量。在此重点给出关于人口、经济、贸易的人口物流量指数模型、经济物流量指数模型和贸易物流量指数模型，其他因素的物流量指数模型建立与此相同。以建立人口物流量指数模型为例。

两个区域之间的物流交流量，深受两区域人口规模的影响，两个区域的人口规模越大，物流交流量越大；反之，则越小。因此，把人口因素考虑进去，引入两个新概念"输入人口物流密度"和"输出人口物流密度"。输入（输出）人口物流密度，即一个区域输入（输出）物流量除以单位人口，其单位为万吨/万人。根据重力模型原理[3]，某省份与另一省份的输入（输出）人口物流密度的乘积，除以该两省份之间的距离的 b 次方，得到该两省份之间的输入（输出）人口物流引力。某省份与全国其他所有省份之间的输入（输出）人口物流引力分别除以该省份与全国其他所有省份之间的输入（输出）人口物流引力之和，得到该省份与全国其他所有省份之间的输入（输出）人口物流量指数，其模型为[4]：

$$r_{pi}^{I(E)} = \frac{d_{pi}d_{pj}}{s_{ij}^b} / \sum_{j=1}^{n} \frac{d_{pi}d_{pj}}{s_{ij}^b} \qquad \text{式 4-1}$$

式 4-1 中：$r_{pi}^{I(E)}$ 为输入（输出）人口物流量指数；I 表示输入，E 表示输出；p 表示考虑人口因素，i 表示某省份，$i=1, 2, 3, \cdots, n$；d_{pi} 为 i 省份的输入（输出）人口物流密度；j 表示某省份，$j=1, 2, 3, \cdots, n$；d_{pj} 为 j 省份的输入（输出）人口物流密度；s_{ij} 为 i 省份与 j 省份之间的距离（$i\neq j$，即 i、j 不能同时表示某一省份）；b 为度量距离摩擦性系数；n 为样本数。基本重力模型在此处的应用有明显不足，当两区域之间的距离接近零或过大时，区间物流量严重失真，解决这一问题的方法是通过调整度量距离摩擦性系数 b 进行修正。美国国土面积和中国基本相当，根据美国的经验，所计算的 b 值在 0.5～3.0，且距离越大，采用的 b 值越高[5]。依据美国的经验并结合中国的实际，把 s_{ij}（km）与 b 建立六个对应关系，即：$100 < s_{ij} \leq 1\,000$，$b=0.5$；$1\,000 < s_{ij} \leq 2\,000$，$b=1.0$；$2\,000 < s_{ij} \leq 3\,000$，$b=1.5$；$3\,000 < s_{ij} \leq 4\,000$，$b=2.0$；$4\,000 < s_{ij} \leq 5\,000$，$b=2.5$；$5\,000 < s_{ij}$，$b=3.0$。以此，对上述相关模型进行修正。

以同样原理与方法，建立经济、贸易、城市化水平、第一产业、第二产业、第三产业、铁路营运里程、公路通车里程物流量指数模型。物流量指数精确与否（是否接近客观实际），直接影响到两省份之间物流量计算结果的精确度。为了使物流量指数更加接近客观实际，确保物流量计算结果更加精确，我们计算上述九种物流量指数的均值作为两省份之间的输入（输出）物流量指数，其模型为：

$$r^{I(E)} = 1/9[r_{p-i}^{I(E)} + r_{e-i}^{I(E)} + r_{t-i}^{I(E)} + r_{u-i}^{I(E)} + r_{pr-i}^{I(E)} + r_{se-i}^{I(E)} + r_{te-i}^{I(E)} + r_{r-i}^{I(E)} + r_{h-i}^{I(E)}] \qquad 式\ 4\text{-}2$$

二、加权平均旅行时间

加权平均旅行时间是评价节点 i 到其他各经济节点 j 的时间测度[6~12]。其值越小，说明该节点的可达性越高，与其他节点的经济联系越紧密，反之亦然。被广泛用于交通可达性研究。在此，用 T_i 表示区域内节点 i 的可达性，具体公式为：

$$T_i = \frac{\sum_{j=1}^{n} M_j\, t_{ij}}{\sum_{j=1}^{n} M_j} \qquad 式\ 4\text{-}3$$

式 4-3 中：t_{ij} 为从节点 i 通过交通网络到达经济中心节点 j 所需要的最短时间；M_j 为社会经济发展水平或城市规模，通常为地区 GDP、人口或社会商品销售总额；n 为分析系统内除 i 节点以外的节点总数。

三、可达性水平系数

可达性水平系数为某节点可达性指标与网络内所有节点的可达性指标平均值的比值[13,14]。该指标表征节点在整个交通网络中的可达性状况，其值小于 1 时表示该节点可

达性优于网络平均可达性水平,其值大于 1 时表示节点可达性水平低于平均水平。具体公式为:

$$T^*_i = \frac{T_i}{(\sum_{i=1}^{n} T_i)/n} \qquad \text{式 4-4}$$

式 4-4 中 T^*_i 为节点 i 的可达性水平系数;n 为交通网络中选择的节点总数。

为了分析 BSCC 交通需求与建设的适应度,进行 BSCC 交通量预测分析,采用区域物流量指数,按照公路通道建成来预测 BSCC 的平均日交通量。同时,从交通可达性的角度客观地评价 BSCC 对区域中心城市陆路交通网络的影响,采用加权平均旅行时间与可达性系数等指标,考虑两种情景:2015 年无 BSCC 与 2040 年 BSCC 建成。建设前使用百度地图查询物流区域物流中心城市间的最短时间;建成后,假设区域路网变化不大,BSCC 的建设仅改变直连节点区域路网的连通度,利用 BSCC 的长度导致区域间联系空间距离的减少,在建成前百度地图查询时间的基础上来计算最短时间,并利用该值得到可达性的相关指标值。

第三节 BSCC 建设对区域交通网络变化的影响

BSCC 建成以后,环渤海地区为直接影响的区域。受其影响,该区域整体交通物流体系将产生一定变化,使未来环渤海地区的交通物流格局产生新的变化。

一、陆路交通网络体系的变化

现有国家公路网、铁路网规划在东部区域南北运输大通道中均涵盖 BSCC,但均为轮渡软连接的方式。如果 BSCC 建成,将改变陆路交通网络的现有格局。东北地区、华北地区和山东半岛地区的陆路交通,将由原有的绕渤海湾运输体系,转为海上直达体系;南北交通将通过海上桥隧工程和火车轮渡共同完成;整个东北地区可以由沈大、哈沪等铁路和沈海高速公路网络通过海上通道与华北,甚至华中地区的广大地区相联系[15~17];BSCC 高效便捷的优势,将使东北地区的南北跨区域运输方式由传统的通过辽宁多港口体系出海海运为主的对外出海模式,最大可能地改为直接从大连经 BSCC 运输至华北地区的模式,从而一定程度上缓解区域交通网络的压力,优化交通网络[18,19]。

BSCC 的端点城市大连、烟台,未来也将由于 BSCC 的贯通和南北交通流的带动作用,使当地的经济规模、产业体系和交通基础设施等得到一定发展。大连、烟台在环渤海地区的交通枢纽地位得到有效提高，而天津等海湾内缘城市的交通压力得到缓解，交通聚集程度有所缓和。这就使环渤海区域未来的交通联系越发向多中心、多枢纽方向发展，有利于提升环渤海区域的整体交通能力和对外竞争力。

BSCC 将是世界上规模最大的跨海通道建设项目，建成之后，将成为世界上最为宏伟的跨海通道体系，将带来旅游、经济投资等新的经济活动和物流投入，进而带动区域经济发展，促使经济要素向环渤海地区集聚，也将有效地提升环渤海地区的整体物流量，促进区域第三方物流市场的发展和物流基础设施的建设。

二、海运交通体系及港口体系的变化

BSCC 直接影响的环渤海区域，以其独特的滨海区位和东北亚核心地域的地缘优势，成为我国最主要的出海口之一，海运航线遍布世界各地，是与韩国釜山、仁川等港口体系及日本横滨、东京等港口体系竞争的重要对手，有望在未来成为东北亚地区的航运中心，极大地促进我国的对外经济联系。在东北亚海运体系的组成中，以各地区的港口集群为主要的交通节点，海运航线为网络干线，形成大区范围的物流网络体系。在这一体系的各港口群中，谁能率先成为区域的航运中心并能长久保持其区域枢纽地位，直接决定了在未来东北亚区域经济竞争中能够居于主动地位和领导层次。所以，加强物流网络建设，促进港口群整体实力的升级，是东北亚各国、各地区一直高度重视的焦点问题。

随着国家"一带一路"建设的逐步实施，环渤海区域经济格局发生演变，北方环渤海港口群日益体现出其独特的区位优势，必将担当成为东北亚地区航运中心的重任，加强其港口群整体物流实力势在必行。目前，我国环渤海地区的物流网络，明显地划分为以大连港为核心的辽东港口群、以天津港为核心的天津港口群和以青岛港为核心的山东港口群三大港口体系。多年来，由于三大港口体系之间多以短途海上运输联系为主，缺乏必要的信息共享和交流，彼此之间尤其是核心港口之间竞争多于合作，重复建设现象比较常见。而且对环渤海区域港口龙头这一位置，三大港口体系实力大致相当，始终保持着势均力敌的竞争态势，这一方面导致区域合作的壁垒加剧，不利于物流网络的整合和健康发展，另一方面削弱了我国对外的整体竞争优势。

BSCC 建成以后，加强了港口间的陆上交通联系，使辽东和山东港口群之间的货物流通可以直接以更为便捷的陆运来实现，能够缓解短途海上运输压力，使环渤海港口群把更多的注意力投入在国际航运的发展壮大和加强对外竞争上。同时，由于加强了港口间的联系，更加便于辽东、山东两地原本地理隔绝的港口体系能够通过建立物流节点等途径实现连接和交流,促进港口之间的融合和合作,从而提升环渤海港口体系的整体竞争力[20]。

第四节 BSCC 交通需求分析

BSCC 建设直接压缩了东北物流区域与山东半岛物流区域的时空距离,缩短了部分其他物流区域间的时空距离,提升了城市间的交通可达性,引起了产业在区域和城市之间转移,物流区域空间结构发生重构。根据我国《物流业调整和振兴规划》,将重点发展九大物流区域(表 4-1),建设十大物流通道和一批物流节点城市,优化物流业的区域布局。

表 4-1 九大物流区域

物流区域	物流中心	全国性物流节点	区域性物流节点	物流中心腹地
华北物流区域	北京、天津	北京、天津	包头、呼和浩特、石家庄、唐山、太原	北京、天津、河北、山西、内蒙古
东北物流区域	沈阳、大连	沈阳、大连	哈尔滨、长春	辽宁、吉林、黑龙江
山东半岛物流区域	青岛	青岛、济南		山东
长江三角洲物流区域	上海、南京、宁波	上海、南京、宁波、杭州		上海、江苏、浙江
东南沿海物流区域	厦门	厦门	福州	福建
珠江三角洲物流区域	广州、深圳	广州、深圳	海口	广东、海南
中部物流区域	武汉、郑州	武汉、郑州	合肥、南昌、长沙	河南、安徽、湖北、湖南、江西
西北物流区域	西安、兰州、乌鲁木齐	西安、兰州、乌鲁木齐	西宁、银川	陕西、宁夏、青海、甘肃、新疆
西南物流区域	重庆、成都、南宁	重庆、成都、南宁	昆明、贵阳、拉萨	重庆、四川、贵州、广西、云南、西藏

一、九大物流区域间陆路物流交流量计算

根据本章文献[4]的研究成果,距离 BSCC 越近,时间节省越多,最多可节省 603 分

钟。按照我国九大物流区域划分，区域交通可达性的提高对区域物流发展必然引起新的变化。按照式 4-1 提供的方法，利用现有的资料计算得到 2015 年（BSCC 建成前）物流区域间陆路物流交流量（表 4-2）。BSCC 建设需要 15～20 年才能完成，要探讨建成后东北物流区域与全国其他八大物流区域之间的物流交流量需要预测 31 个省份之间的陆路物流量。依据所掌握的数据和研究内容采用回归预测方法，一般来讲，经济发展和物流量存在线性相关关系，区域输出到其他区域的陆路物流量与区域 GDP 的关系采用相关系数法判别，通过计算，相关系数为 0.92，表明二者线性强相关。通过预测得到 2040 年（BSCC 建成后）全国九大物流区域之间的陆路物流交流总量（表 4-3）。

表 4-2　2015 年九大物流区域间物流交流量（万 t）

物流区域	华北	东北	山东半岛	长江三角洲	东南沿海	珠江三角洲	中部	西北	西南
华北	—								
东北	18 190	—							
山东半岛	19 948	2 892	—						
长江三角洲	10 660	1 611	6 446	—					
东南沿海	586	119	287	3 985	—				
珠江三角洲	937	219	288	1 057	578	—			
中部	17 288	2 780	12 858	35 797	9 605	19 877	—		
西北	5 372	967	3 518	4 621	481	1 037	8 700	—	
西南	2 699	1 279	1 439	2 891	786	19 820	7 677	6 765	—

表 4-3　2040 年九大物流区域间物流交流总量（万 t）

物流区域	华北	东北	山东半岛	长江三角洲	东南沿海	珠江三角洲	中部	西北	西南
华北	—								
东北	41 971	—							
山东半岛	43 895	7 116	—						
长江三角洲	21 548	4 260	16 176	—					
东南沿海	1 055	320	688	8 416	—				
珠江三角洲	1 980	584	695	2 034	1 163	—			
中部	32 434	4 648	18 808	60 454	15 171	31 825	—		
西北	14 108	2 247	6 455	9 527	766	1 975	10 293	—	
西南	5 785	2 548	2 410	6 341	1 313	20 990	16 938	12 410	—

基于表 4-2、表 4-3 数据，可计算出 BSCC 建成前后九大物流区域间物流交流增长系数（表 4-4）。

表 4-4 BSCC 建成前后九大物流区域间物流交流增长系数

物流区域	华北	东北	山东半岛	长江三角洲	东南沿海	珠江三角洲	中部	西北	西南
华北	—								
东北	1.307 4	—							
山东半岛	1.200 5	1.460 6	—						
长江三角洲	1.021 4	1.644 3	1.509 5	—					
东南沿海	0.800 3	1.689 1	1.397 2	1.111 9	—				
珠江三角洲	1.113 1	1.666 7	1.413 2	0.924 3	1.012 1	—			
中部	0.876 1	0.671 9	0.462 7	0.688 8	0.579 5	0.601 1	—		
西北	1.362 4	1.323 7	0.834 8	1.061 7	0.592 5	0.904 5	0.183 1	—	
西南	1.143 4	0.992 2	0.674 8	1.193 4	0.670 5	0.059	1.206 3	0.834 4	—
增长系数平均值	1.103 1	1.344 5	1.119 2	1.144 4	0.981 6	0.961 8	0.658 7	0.887 1	0.846 8

利用表 4-4 数据，借助 TransCAD 中的 GIS 功能直观表现有无 BSCC 条件下九大物流区域物流交流期望线（图 4-1）。可见交通可达网络格局的变化引领区域间经济联系的变化，BSCC 使区域运输网络更加完善，通过 BSCC 两端物流区域的直达连接进而扩大影响范围。BSCC 建设前东北物流区域与其他物流区域交流格局和华北物流通道重叠，建设后格局演变为直达物流通达。BSCC 建设后物流交流强度最为突出的是东北物流区域与长三角物流区域物流交流，依次为与山东半岛、珠三角和东南沿海物流区域。

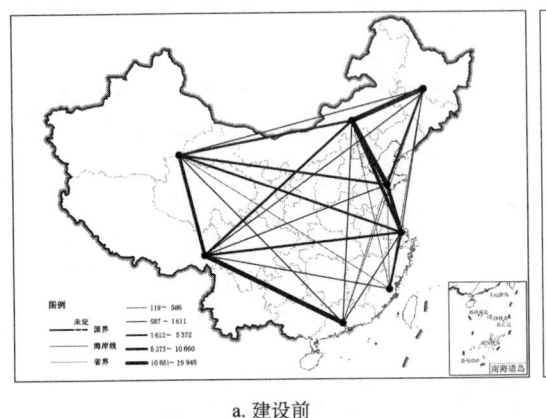

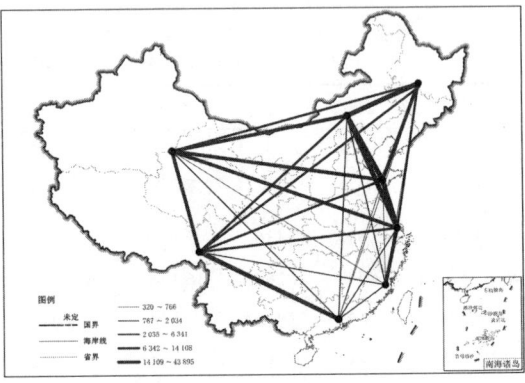

a. 建设前　　　　　　　　　　　　　　　b. 建设后

图 4-1 BSCC 建设前后区域物流交流期望线

灵敏度分析方法包括局部灵敏度分析和全局灵敏度分析，主要用于定性或定量评价系统参数的变化给系统结果带来的影响[21,22]。本文基于一元线性回归方法建立区域间陆路物流量的模型，因此，采用局部灵敏度分析方法来探讨区域间物流交通总量的灵敏度。

局部灵敏度分析即一次变化法，它通过改变模型某一参数的值，同时保持其他参数不变，评价模型结果对该参数发生变化时的敏感程度。该分析方法有两种不同的处理方式：一种是因子变化法，即将要分析的参数增加或减少一定量，如 10%；另一种是偏差变化法，如给预分析的参数增加或减少一个标准偏差。研究采用因子变化法进行灵敏度分析。

$$S_i = \left| \frac{(Q_a - Q_b)/Q_b}{(M_a - M_b)/M_b} \right|$$ 式 4-5

式 4-5 中，S_i 为第 i 物流区域间陆路物流交换量对地区 GDP 的灵敏度系数；Q_a 和 Q_b 分别代表 a 年和 b 年（a>b）的区域间陆路物流交换量；M_a 和 M_b 分别代表 a 年和 b 年的区域 GDP。在文献[21]中对灵敏度进行了详细分级：$|S_i| \geq 1$ 为高灵敏；$0.2 \leq |S_i| < 1$ 为中灵敏；$0.05 \leq |S_i| < 0.2$ 为弱灵敏；$0 \leq |S_i| < 0.05$ 为不灵敏。

假设区域 GDP 变动±5%、±10%、±15%、±20%，利用式 4-5 获得区域 GDP 参数的灵敏度系数（表 4-5）。

表 4-5　灵敏度分析结果

参数	灵敏度系数							
	−20%	−15%	−10%	−5%	+5%	+10%	+15%	+20%
GDP	0.426 1	0.423 2	0.412 0	0.406 4	0.399 1	0.384 5	0.380 7	0.371 5

从表 4-5 看出，S_{GDP} 为中灵敏度参数，其绝对值随着 GDP 的变幅变化(−20%～+20%)而减小，这表明区域间陆路物流交流总量对区域 GDP 的敏感程度逐渐降低；其符号为正，说明区域间陆路物流交流总量与区域 GDP 呈正相关，这与前面的分析结论相吻合。

二、BSCC 陆路交通量预测

若目前 BSCC 第一期工程——公路通道建成，无论从通道两端的腹地、人口、资源、经济规模考虑，还是从通道两端的物流交流量考虑，目前通过该通道的公路物流量主要通过沈海高速完成。

为了将 BSCC 物流交换量进行交通方式划分，我们采用济青高速公路的济潍段（济南—潍坊）高速公路日车流量为标杆，来探讨未来渤海海峡跨海公路通道的交通流量情况。据山东高速集团有限公司 2008 年 1～3 季度济青高速公路统计数据，日均车流量为 39 297 辆。2009 年 6 月 6 日，我们在济青高速公路济南收费站处，对来往车辆进行全天候调查，日车流量达 39 496 辆（受经济危机影响，比预计结果偏低），四类客车、六类货车的结构比例详见表4-6。

表4-6 2009年6月6日济青高速公路车辆类型、流量及结构比例

车辆类型	客车（seats）	货车（t）	客车 流量（辆）	客车 结构比例（%）	货车 流量（辆）	货车 结构比例（%）	总流量（辆）	总结构比例（%）
一类	≤7	≤2	15 647	76.19	10 816	57.05	26 463	67
二类	8~19	2~5	2 219	10.81	3 222	17.00	5 441	14
三类	20~39	5~10	1 613	7.85	578	3.05	2 191	6
四类	≥40	10~15	812	3.95	2 851	15.04	3 663	9
五类		≥15	0	0	948	5.00	948	2
其他			247	1.20	543	2.86	790	2
			20 538	100	18 958	100	39 496	100

注：①一类客车包括轿车；②表中数据是2009年6月6日在济青高速公路济南收费站调查结果。

预测结果表明，BSCC第一期工程——公路通道建成后，通过的公路物流交流量为674万吨。一年按360天计算，日物流交流量为1.88万吨，目前高速公路六类货车日流量平均单车载重量为7吨/辆[23]，通过渤海海峡跨海公路通道的六类货车日流量为2 686辆。若按照目前的客、货车比13：12计算，通过渤海海峡跨海公路通道的四类客车日流量为2 909辆。总计日流量5 695辆。

按照同样的方法可预测2030、2040、2050年的BSCC交通量（表4-7）。

表4-7 2020、2030、2040、2050年BSCC平均日交通量

年份	陆路总量（万t）	标准货车辆（辆）	客运车辆（辆）	车辆总数（辆）	通过BSCC的公路物流交流量（万t）	标准货车辆（辆）	客运车辆（辆）	车辆总数（辆）	通过BSCC的铁路物流交流量（万t）
2020总量	8 501	33 734	36 545	70 279	674	2 674	2 897	5 572	7 827
2030总量	15 022	59 611	64 579	124 190	2 233	8 861	9 600	18 461	12 789
2040总量	18 798	74 595	80 812	155 407	2 793	11 083	12 007	23 090	16 005
2050总量	22 573	89 575	97 040	186 615	3 354	13 309	14 419	27 728	19 219

注：表中的预测结果是一种高方案结果，实际情况可能会低得多。

由于BSCC建设改变了区域交通网络布局结构，存在交通量的诱增。诱增交通量就是BSCC开通后，由于改善了路网结构从而影响了区域经济和产业布局，改善区域的投资环境，改善了区域间的经济可接近性，使BSCC整体通行能力得到较大提高，使BSCC

可吸引区域物流布局发生变化而引发新交通量。对于整个 BSCC 所影响区域而言，诱增交通量具有滞后性、有限性、潜在性、区域性和难区分性等特点。其中，滞后性、潜在性、有限性和区域性是诱增交通量的四个主要特点，在其发展过程中始终体现。滞后性、潜在性和有限性决定了诱增交通量的发展大体要经历三个阶段，即聚集形成阶段、快速增长阶段和逐渐稳定阶段，区域性则体现在不同的区域内。

聚集形成阶段。从时间上划分包括从通道开始建设到通道通车或通车后一段时间，在这一段诱增交通量的产生量很小，主要是诱增交通量的聚集和形成，在通道开通以后诱增交通量就会立即体现出来。

快速增长阶段。随着通道影响区域的开发和原有区域产业结构的进一步调整，诱增交通量的增长速度变快。这个增长速度变快的时间出现的早晚取决于各地区的经济情况。经济发展和路网完整的地区诱增交通量出现快速增长的时间较早。诱增交通量的快速增长要持续一段时间，不同地区快速增长的时段不同。在此阶段诱增交通量增长速度很快，经济发达地区由于经济基础好，从通道通过的诱增交通量快速增长的时间较短，而经济不发达地区则相反。

逐渐稳定阶段。当通道所影响的物流格局调整完成后，导致诱增交通量的增长速度也逐渐变小，到一定程度后就会停止增长。因此，诱增交通量并不是在通道建成后一直都在增加，而是增长到一定程度后就几乎不再发生了。诱增交通量达到稳定阶段的年限各国各地区会有所不同，美国的研究表明，诱增交通量在高速公路通车后 16 年其增长已经很不明显了，在中国这个变化规律是相似的，但在具体年限上可能存在差别。当诱增交通量增长趋于很小以后，诱增交通量将达到一个极值，在不同的地区这个极值的大小也是不同的。诱增交通量的极值取决于通道的影响区域大小和当地的社会经济状况及其物流发达程度。

本研究按照区域间的运行时间距离这一因素，按照有无比较法原则，采用重力模型方法，分为现状区间交通出行量是否为零两种情况计算诱增交通量。

（1）现状区间交通出行量不为零，诱增交通量预测采用如下公式：

$$Q'_{ij} = \left[\left(\frac{D_{ij}}{D'_{ij}}\right)\gamma - 1\right] \cdot Q_{ij} \qquad 式\ 4\text{-}6$$

式 4-6 中：Q'_{ij} 为 i 区到 j 区的诱增交通量；D_{ij} 为无此项目时，i 区到 j 区的运行时间；D'_{ij} 为有此项目时，i 区到 j 区的运行时间；Q_{ij} 为 i 区到 j 区的趋势型交通量；γ 为重力模型参数。

（2）现状区间出行交通量为零时，诱增交通量采用如下公式预测：

$$Q_{ij}'=k·P_i\alpha·A_j\beta·[(1/D_{ij}')\gamma-(1/D_{ij})\gamma]\qquad 式4\text{-}7$$

式 4-7 中：P_i 为 i 区发生交通量；A_j 为 j 区集中交通量；k、α、β、γ 为重力模型参数。诱增分布交通量与正常分布交通量之和即为建设项目总分布交通量。我们按照现状区间交通出行量不为零进行诱增交通量预测。γ 为重力模型参数，当交通阻抗函数为 i 区到 j 区的运行时间 t_{ij} 的 $-\gamma$ 次方时，可取 1。经过计算，得到各特征年份的经 BSCC 诱增的交通量（表 4-8）。

表 4-8 各特征年份东北三省份诱增其他省份之间通过 BSCC 的公路物流量（万 t）

物流区域	2020 诱增物流量	2030 诱增物流量	2040 诱增物流量	2050 诱增物流量
华北物流区域	0	0	0	0
山东半岛物流区域	32.4	43.4	54.4	65.4
长江三角洲物流区域	32.79	43.9	55.1	66.3
东南沿海物流区域	3.09	4.12	5.15	6.18
珠江三角洲物流区域	7.16	9.59	12.02	14.44
中部物流区域	26.75	35.63	44.53	53.54
西北物流区域	2.48	3.3	4.12	4.94
西南物流区域	10.07	13.39	16.68	20.01
总量	114.74	153.33	192	230.81

对于诱增交通量按上述方法计算，BSCC 第一期工程——公路通道建成后，诱增通过的公路物流交流量为 117.41 万吨。一年按 360 天计算，日物流交流量为 0.326 万吨，仍按目前高速公路六类货车日流量平均单车载重量为 7 吨/辆，通过渤海海峡跨海公路通道的六类货车日流量为 465 辆。仍若按照目前的客、货车比 13∶12 计算，通过渤海海峡跨海公路通道的四类客车日流量为 503 辆。总计，日流量 968 辆。

按照同样的方法可预测 2030、2040、2050 年的 BSCC 交通量如表 4-9、表 4-10。

表 4-9 2030、2040、2050 年的 BSCC 诱增交通量

年份	诱增公路总量（万 t）	标准货车辆（辆）	客运车辆（辆）	车辆总数（辆）
2020 总量	117.41	465	503	968
2030 总量	156.87	623	674	1 297
2040 总量	196.41	779	844	1 623
2050 总量	236.1	937	1 015	1 952

表 4-10 2020、2030、2040、2050 年 BSCC 总交通量预测结果

年份	陆路正常趋势交通量			公路正常趋势交通量			公路诱增交通量			公路通道总交通量
	标准货车辆（辆）	客运车辆（辆）	车辆总数（辆）	标准货车辆（辆）	客运车辆（辆）	车辆总数（辆）	标准货车辆（辆）	客运车辆（辆）	总交通量（辆）	
2020 总量	33 734	36 545	70 279	2 674	2 897	5 572	466	505	971	6 543
2030 总量	59 611	64 579	124 190	8 861	9 600	18 461	623	674	1 297	19 758
2040 总量	74 595	80 812	155 407	11 083	12 007	23 090	779	844	1 624	24 714
2050 总量	89 575	97 040	186 615	13 309	14 419	27 728	937	1 015	1 952	29 680

第五节 BSCC 对区域交通可达性的影响

由于可达性与基础设施水平、节点社会经济发展和城市规模水平有关，采用加权平均旅行时间来研究 BSCC 建设前后区域交通可达性空间格局[24]。其中，节点社会经济发展水平用区域 GDP 来表达，物流区域的物流中心可被认为是所在区域的经济质心。建设年各物流区域的 GDP 通过历史数据的年平均增长率外推预测而得。

一、可达性格局与变率

区域交通节点最短旅行时间 BSCC 建设前使用百度地图查询物流区域物流中心城市间的最短时间，建成后，根据《国家公路网规划》和《铁路网规划》中区域路网的变化，BSCC 的建设仅改变直连节点区域路网的连通度，利用 BSCC 的长度导致区域间联系空间距离的减少，在建成前后百度地图查询时间的基础上来计算最短时间（表 4-11、表 4-12）。

表 4-11 BSCC 建设前区域间最短旅行时间（h）

	华北	东北	山东半岛	长三角	东南沿海	珠三角	中部	西北	西南
华北	—	8.0	11.5	22	23	17.5	24.5	28	22.5
东北	8.0	—	17.5	20.5	32	33	21.5	26.0	32
山东半岛	8.5	17.5	—	8.5	20.5	23.5	12.5	22.5	20.5
长三角	14.5	20.5	8.5	—	12.5	13.5	9.5	23.5	23
东南沿海	26	32	20.5	12.5	—	8.5	13	29	22
珠三角	25	33	23.5	13.5	8.5	—	13	29	29

续表

	华北	东北	山东半岛	长三角	东南沿海	珠三角	中部	西北	西南
中部	13.5	21.5	12.5	9.5	13	13	—	17.5	14.5
西北	18.5	26.0	22.5	23.5	29	29	17.5	—	15
西南	22.5	32.0	20.5	23	22	29	14.5	15	—

表 4-12　BSCC 建设后区域间最短旅行时间（h）

	华北	东北	山东半岛	长三角	东南沿海	珠三角	中部	西北	西南
华北	—	8.0	11.5	22	23	17.5	24.5	28	22.5
东北	8	—	9.5	11.5	22	23	17.5	24.5	28
山东半岛	8.5	9.5	—	8.5	20.5	23.5	12.5	22.5	20.5
长三角	14.5	11.5	8.5	—	12.5	13.5	9.5	23.5	23
东南沿海	26	22	20.5	12.5	—	8.5	13	29	22
珠三角	25	23	23.5	13.5	8.5	—	13	29	29
中部	13.5	17.5	12.5	9.5	13	13	—	17.5	14.5
西北	18.5	24.5	22.5	23.5	29	29	17.5	—	15
西南	22.5	28	20.5	23	22	29	14.5	15	—

运用式 4-3 计算 BSCC 建设前后两种运输网络条件下九大物流区域的加权平均旅行时间，测算区域交通可达性水平（表 4-13）。结果显示：BSCC 建设前后各物流区域有效平均旅行时间的平均值分别 18.29h 和 17.00h，减少了 7.1%。东北物流区域、长江三角洲物流区域、珠江三角洲物流区域和东南沿海物流区域平均旅行时间减少率高于平均水平。在 BSCC 建设前，东北物流区域与东部沿海、中部、西南部等物流区域潜在的物流交流量受空间与时间阻力增势较慢，按照区域物流节点间有效平均时间数值越高，其可达性越低这一原则，建设前可达性的排序为：中部物流区域>山东半岛物流区域>长江三角洲物流区域>华北物流区域>东南沿海物流区域>珠江三角洲物流区域>西北物流区域>西南物流区域>东北物流区域。BSCC 建设后，由于可达性的变化，东北物流区域获得了较好的可达性而地位得到提升，可达性排序演变为：中部物流区域>长江三角洲物流区域>山东半岛物流区域>华北物流区域>东北物流区域>东南沿海物流区域>珠江三角洲物流区域>西北物流区域>西南物流区域。建设前，九大物流区域中东北物流区域的有效加权平均旅行时间最高，为 22.02h。而建设后，东北物流区域可达性提升幅度最大，有效平均加权旅行时间减少 23.98%；其次是长江三角洲物流区域和珠江三角洲物流区域，分别减少了 10.69%和 10.59%。

表 4-13　九大物流区域加权平均旅行时间

	华北物流区域	东北物流区域	山东半岛物流区域	长江三角洲物流区域	东南沿海物流区域	珠江三角洲物流区域	中部物流区域	西北物流区域	西南物流区域
建设前	16.09	22.02	14.67	15.00	18.79	20.92	13.65	21.48	21.99
建设后	16.09	16.74	14.38	13.39	17.42	18.71	13.21	21.43	21.60
变化率（%）	0.00	−23.98	−1.91	−10.69	−7.27	−10.59	−3.22	−0.24	−1.80

为了便于二者比较，基于表 4-13 数据在 Trans CAD 中采用四分位法进行分类制图（图 4-2）。根据图 4-2，BSCC 建设后，位于 BSCC 两端的物流区域可达性较大提升，因为 BSCC 能使东北物流区域与山东半岛物流区域、长三角物流区域、珠三角物流区域形成更为便捷的连接；而华北物流区域、西北物流区域等与东北物流区域通过 BSCC 联系的可能性极小，有效加权平均旅行时间基本不变，区域可达性水平变化无明显差异。

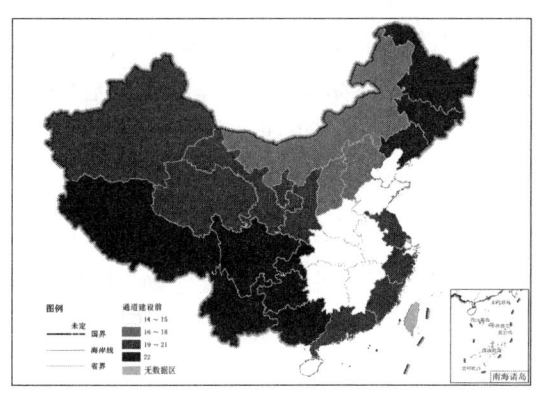

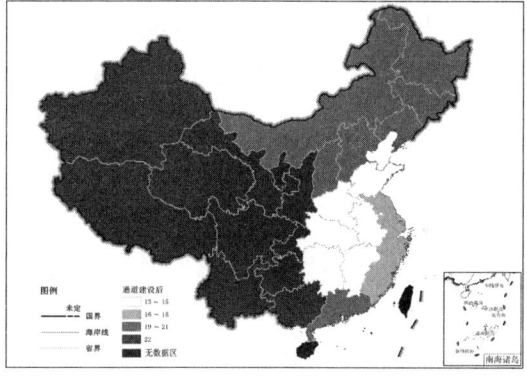

a. 建设前　　　　　　　　　　　　　　b. 建设后

图 4-2　BSCC 建设前后区域物流交流状况

二、可达性系数分析

根据式 4-4，利用加权平均旅行时间将可达性指标换算成九大物流区域的可达性系数（表 4-14）。建设前，华北物流区域、山东半岛物流区域、长三角物流区域和中部物流区域的可达性系数小于 1，可达性较好。建设后，区域可达性系数小于 1 的区域增加了东北物流区域和东南沿海物流区域，珠三角物流区域的可达性系数有所降低，而华北物流区域、西南沿海物流区域和西北物流区域可达性系数降低幅度不大。这说明 BSCC 建设后区域物流时间大幅度压缩，使各区域的交通可达性获得了较大改善。BSCC 建设使九大物流区域各物流区域间交通网络更加均衡，相互间的联系变得更加便捷。

表 4-14　九大物流区域可达性水平系数

	华北物流区域	东北物流区域	山东半岛物流区域	长江三角洲物流区域	东南沿海物流区域	珠江三角洲物流区域	中部物流区域	西北物流区域	西南物流区域
建设前	0.879 6	1.203 9	0.801 8	0.819 9	1.027 4	1.143 9	0.746 4	1.174 4	1.202 5
建设后	0.879 6	0.915 2	0.786 4	0.732 2	0.952 6	1.022 7	0.722 3	1.171 6	1.180 8

三、等时圈特征变化分析

区域交通可达性的变化可用等时圈来表征节点城市与临近区域空间联系的紧密程度，三小时可达时耗通常认为是一日经济交流圈，表征日经济联系可达区[25,26]。根据《中华人民共和国公路工程技术标准》(JTGB/2003)规定的道路设计速度计算时间成本阻抗，结合百度地图查到的时间，基于 Trans CAD 网络分析中等时圈分析功能，进行有无 BSCC 交通网络条件下按照时间成本建立交通网络并通过影响带分析生成等时圈（图 4-3）。鉴于篇幅，这里仅分析 BSCC 建设前后山东半岛物流区域的物流中心城市等时圈的变化，来表征区域交通可达性空间格局的演变。结果表明：BSCC 建设前，等时圈紧凑基本呈同心圆状，12 小时以上的可达范围较小（图 4-3a），山东半岛物流区域与其他物流区域联系时间基本上都在 12 小时以上。BSCC 建设后，等时圈稀疏、演变为条带状，12 小时的可达面积扩大，能覆盖到长江三角洲物流区域、东北物流区域和华北物流区域，等时圈沿 BSCC 向外推移，通道两端物流区域中的节点城市的可达时间明显低于建设前（图 4-3b）。

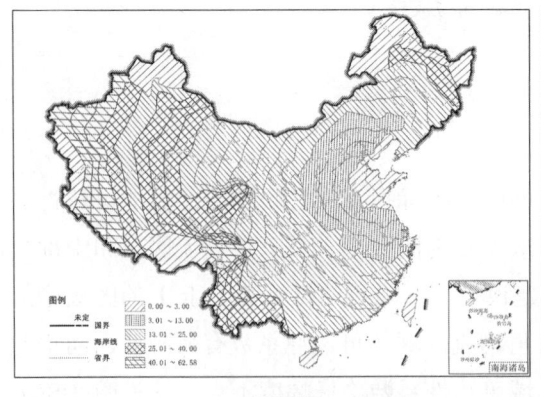

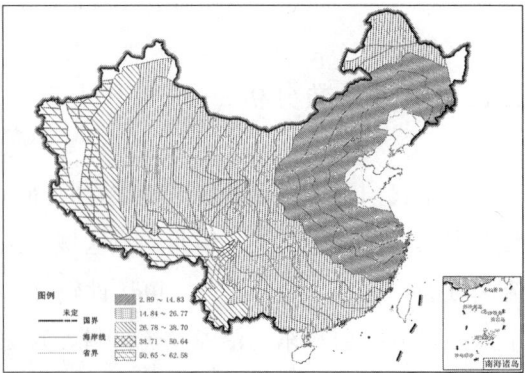

a. 建设前　　　　　　　　　　　　　b. 建设后

图 4-3　BSCC 建设前后山东半岛物流区域物流中心等时圈对比

第六节 BSCC 对区域内城市陆路出行距离的影响

区域交通节点城市间的陆路出行距离与区域交通路网密切关联，提取研究区域各中心城市间的陆路距离，比较 BSCC 建设前后距离缩减效应（表 4-15）。

表 4-15 区域中心城市 BSCC 建设后距离缩减变化

	大连市	济南市	青岛市	淄博市	东营市	烟台市	潍坊市	威海市	日照市
大连市	0	−528.5	−939.54	−569.56	−557.72	−1229.45	−746.98	−1224.36	−878.19
丹东市	0	−219.92	−658.35	−260.98	−253.51	−920.87	−438.4	−915.78	−569.61
四平市	0	−2.09	−422.45	0	−17.61	−900.63	−202.5	−895.55	−333.71
通化市	0	−68.73	−507.16	0	−102.32	−769.68	−287.21	−764.59	−480.57
白山市	0	−68.64	−444.92	0	−102.23	−769.59	−287.13	−764.5	−418.33
鞍山市	0	−60.52	−498.95	0	−94.11	−761.46	−279	−756.38	−410.2
本溪市	0	−30.51	−468.94	−71.57	−64.1	−731.46	−248.99	−726.37	−380.2
辽阳市	0	−30.43	−468.86	0	−64.02	−731.38	−248.91	−726.29	−380.12
大兴安岭地区	0	0	−444.18	0	−103.85	−723.36	−193.5	−714.06	−314.42
牡丹江市	0	0	−431.42	0	−26.58	−693.93	−211.47	−688.84	−342.67
吉林市	0	0	−425.51	0	−20.67	−688.02	−205.56	−682.94	−336.77
抚顺市	0	0	−344.24	0	−19.4	−686.75	−204.29	−614.34	−335.49
黑河市	0	0	−421.59	0	−16.75	−684.11	−201.64	−679.02	−332.85
绥化市	0	0	−421.53	0	−16.69	−684.04	−201.58	−678.95	−332.78
长春市	0	0	−419.8	0	−14.96	−682.31	−199.85	−677.22	−331.05
伊春市	0	0	−419.71	0	−14.87	−682.23	−199.76	−677.14	−330.97
哈尔滨市	0	0	−418.1	0	−13.26	−680.62	−198.15	−675.53	−329.36
铁岭市	0	0	−417.2	0	−12.36	−679.72	−197.25	−674.63	−328.46
辽源市	0	−0.05	−387.05	−29.92	−29.92	−679.49	−197.02	−674.4	−365.96
鹤岗市	0	0	−416.78	0	−11.94	−679.3	−196.83	−674.21	−328.04
鸡西市	0	0	−416.31	0	−11.46	−678.82	−196.36	−673.73	−327.56
沈阳市	0	0	−391.7	−18.76	−6.93	−678.65	−196.19	−673.56	−327.39
七台河市	0	0	−416.11	0	−11.27	−678.62	−196.16	−673.54	−327.37
双鸭山市	0	0	−415.05	0	−10.2	−677.56	−195.1	−672.47	−326.3
佳木斯市	0	0	−408.36	0	−3.52	−670.88	−188.41	−665.79	−319.62
盘锦市	0	−50.56	−378.55	0	0	−641.07	−158.6	−635.98	−289.81
营口市	0	−84.75	−523.18	0	−118.34	−641.02	−303.23	−780.61	−434.44
呼伦贝尔市	0	0	−342.78	0	0	−632.69	−149.93	−627.97	−281.81

续表

	大连市	济南市	青岛市	淄博市	东营市	烟台市	潍坊市	威海市	日照市
齐齐哈尔市	0	0	−369.98	0	0	−632.5	−150.03	−627.41	−281.24
大庆市	0	0	−369.87	0	0	−632.38	−149.92	−627.3	−281.12
松原市	0	0	−362.64	0	0	−625.15	−142.69	−620.06	−273.89
白城市	0	0	−354.7	0	0	−617.22	−134.75	−612.13	−265.96
通辽市	0	0	−325.89	0	0	−615.79	−133.04	−611.08	−264.92
阜新市	0	22.44	−309.54	−122.24	22.44	−572.06	−89.59	−566.97	−220.8
兴安盟	0	0	−196.11	0	0	−486.02	−3.26	−481.3	−135.14
锦州市	0	0	−220.56	−194.64	0	−483.08	−0.61	−477.99	−131.82
朝阳市	0	0	−212.31	0	0	−474.83	0	−469.74	−123.57
延边朝鲜族自治州	0	0	−415.67	0	−10.83	−420.1	−195.72	−673.1	−326.93
葫芦岛市	0	0	−145.39	0	0	−407.91	0	−402.82	−56.65
赤峰市	0	0	0	0	0	−284.68	0	−279.97	0
秦皇岛市	0	0	0	0	0	−110.6	0	−105.88	0
邯郸市	−420.83	0	0	0	0	0	0	0	0
晋城市	−420.18	0	0	0	0	0	0	0	0
长治市	−420.18	0	0	0	0	0	0	0	0
邢台市	−388.02	0	0	0	0	0	0	0	0
临汾市	−353.5	0	0	0	0	0	0	0	0
运城市	−353.02	0	0	0	0	0	0	0	0
衡水市	−285.92	0	0	0	0	0	0	0	0
阳泉市	−236.3	0	0	0	0	0	0	0	0
太原市	−233.99	0	0	0	0	0	0	0	0
晋中市	−233.99	0	0	0	0	0	0	0	0
吕梁市	−233.99	0	0	0	0	0	0	0	0
石家庄市	−230.02	0	0	0	0	0	0	0	0
沧州市	−204.94	0	0	0	0	0	0	0	0
忻州市	−126	0	0	0	0	0	0	0	0
保定市	−116.65	0	0	0	0	0	0	0	0
阿拉善盟	−72.33	0	0	0	0	0	0	0	0
天津	−51.74	0	0	0	0	0	0	0	0
乌海市	−20.11	0	0	0	0	0	0	0	0
朔州市	−10.16	0	0	0	0	0	0	0	0
鄂尔多斯市	−8.44	0	0	0	0	0	0	0	0
廊坊市	−5.93	0	0	0	0	0	0	0	0

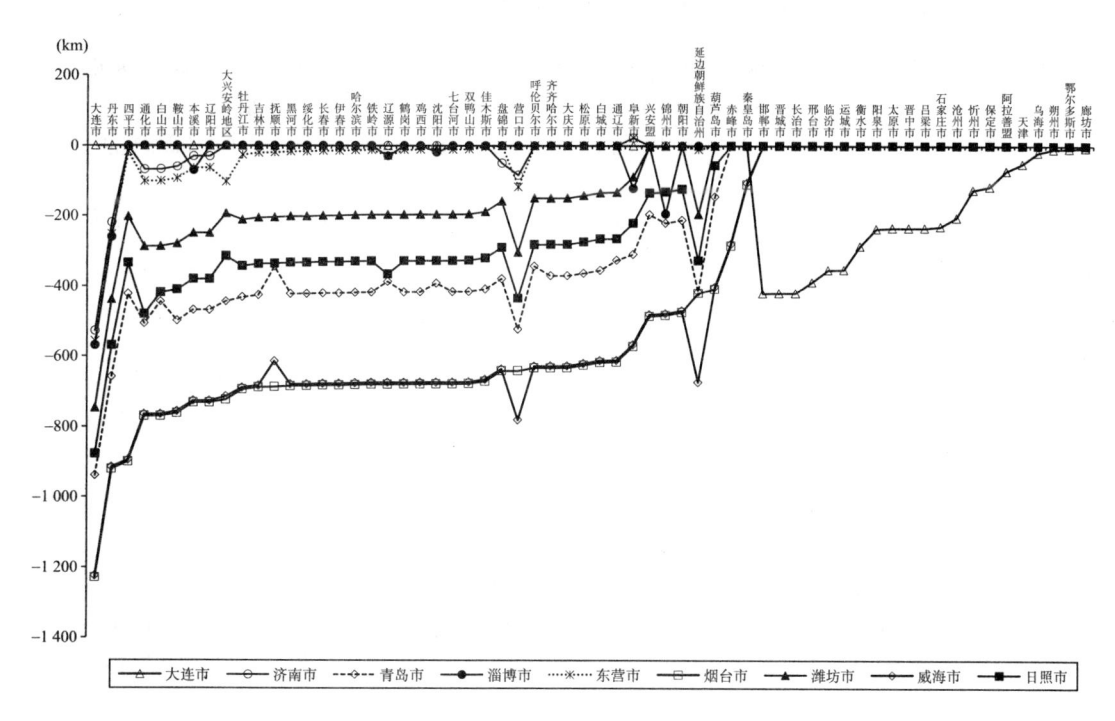

图 4-4 BSCC 通道建设后重要节点城市距离缩减效应分析图

分析结果如图 4-4 所示,结果表明:山东半岛物流区域的物流节点城市与东北物流区域的节点城市间陆路出行距离在 BSCC 建设后缩减明显,距离缩减排序依次为威海、烟台、青岛、大连、日照、潍坊、济南。距离效应缩减最大的是直连城市烟台和大连,距离减少 1 229.45 千米,威海与大连距离缩小 1 224.36 千米。烟台、威海至丹东、四平、通化、白山、鞍山、本溪、辽阳、大兴安岭地区的出行陆路距离缩小在 700 千米以上。BSCC 直连城市大连距离华北物流区域的节点城市邯郸、晋城、长治、邢台和临汾缩短在 300 千米以上。

参 考 文 献

[1] 中国物流与采购联合会, 中国物流学会. 中国公路货运发展报告(2015-2016)[R]. 北京: 中国财富出版社, 2016.

[2] 国家发展改革委综合运输研究所. 中国交通运输发展报告 2017[R]. 北京: 中国市场出版社, 2018.

[3] Hu, J. Traffic Transportation[M]. Beijing: China Communications Press, 2005: 43-44.

[4] 孙峰华, 陆大道, 柳新华, 等. 中国物流发展对渤海海峡跨海通道建设的影响[J]. 地理学报, 2010, 65(12): 1507-1521.

[5] 刘辉, 申玉铭, 孟丹, 等. 基于交通可达性的京津冀城市网络集中性及空间结构研究[J]. 经济地理, 2013, 33(8): 38-45.

[6] Hansen, W. G. How accessibility shapes landuse[J]. Journal of the American Institute of Lanners, 1959, 25(2): 73-76.

[7] Gutierrez Javier, Ana conde-melhorado. Using accessibility indicators and GIS to assess spatial spillovers of transport infrastructure investment[J]. Journal of Transport Geography, 2009, 12(3): 1-12.

[8] Jing Cao, Xiaoyue Cathy Liu, Yinhai Wang, Qingquan Li. Accessibility impacts of China's high-speed rail network[J]. Journal of Transport Geography, 2013, (28): 12-13.

[9] 王振波, 徐建刚, 孙东琪. 渤海海峡跨海通道对中国东部和东北地区交通可达性影响[J]. 上海交通大学学报, 2010, 44(6): 807-811.

[10] 钟业喜, 黄洁, 文玉钊. 高铁对中国城市可达性格局的影响分析[J]. 地理科学, 2015, 35(4): 387-395.

[11] 蒋海兵, 徐建纲, 祈毅. 京沪高铁对区域中心城市陆路可达性影响[J]. 地理学报, 2010, 65(10): 1287-1298.

[12] 冯长春, 丰学兵, 刘思君. 高速铁路对中国省际可达性的影响[J]. 地理科学进展, 2013, 32(8): 1177-1193.

[13] 姜博, 初楠臣, 王媛, 等. 高速铁路影响下的城市可达性测度及其空间格局模拟分析——以哈大高铁为例[J]. 经济地理, 2014, 34(11): 58-62.

[14] 王成金, 程佳佳. 中国高速公路网的可达性格局及演化[J]. 地理科学, 2016, 36(6): 803-812.

[15] 尹鹏, 李诚固, 陈才. 东北地区省际城市可达性及经济联系格局[J]. 经济地理, 2014, 34(6): 68-73.

[16] 陈博文, 白永平, 吴常艳. 基于时空接近的区域经济差异、格局和潜力研究——以呼包鄂榆经济区为例[J]. 经济地理, 2013, 33(1): 27-34.

[17] 白永平, 陈博文, 吴常艳. 关中—天水经济区路网空间通达性分析[J]. 地理科学进展, 2012, 31(6): 724-730.

[18] 刘良忠, 柳新华. 渤海海峡跨海通道建设与蓝色经济[M]. 北京: 经济科学出版社, 2012.

[19] 柳新华, 刘良忠. 渤海海峡跨海通道对环渤海经济发展及振兴东北老工业基地的影响研究[M]. 北京: 经济科学出版社, 2009.

[20] 孙海燕, 孙峰华, 王泽东, 等. 渤海海峡跨海通道建设与环渤海地区国家级新区的互动响应. 经济地理, 2017, 37(1): 8-14.

[21] 杜京浓, 宋汉周, 霍吉祥, 等. 大坝基础渗流数值模拟参数灵敏度探讨[J]. 低温建筑技术, 2014,(11): 90-92.

[22] 王保华, 何世伟. 综合运输体系下快捷货物运输网络资源配置优化模型及算法[J]. 铁道学报, 2017, 39(2): 10-16.

[23] 陈荫三. 高速公路运输量研究[J]. 中国公路学报, 2005, 18(2): 94-98.

[24] 孙海燕, 陆大道, 孙峰华, 等. 渤海海峡跨海通道建设对山东半岛、辽东半岛城市经济联系的影响研究[J]. 地理科学, 2014, 34(2): 147-152.

[25] 陈卓, 金凤君. 北京市等时间交通圈的范围、形态与结构特征[J]. 地理科学进展, 2016, 35(3): 389-398.

[26] 黄翌, 李陈, 欧向军, 等. 城际"1小时交通圈"地学定量研究——以上海主城区为例[J]. 地理科学, 2013, 33(2): 157-166.

第 二 部 分

BSCC 建设对东北、华北和山东半岛经济发展的影响

第五章　对区域经济的影响

第一节　对东北和山东半岛地区城市经济联系的影响

发达的交通网络是区域经济持续快速发展的重要组成部分，是连接各大经济区域之间、城乡之间的动脉，交通运输的发展能强化其对区域经济发展的支持作用，推进区域经济的发展。BSCC 最直接的作用是改善城市经济圈与外部的交流条件，加快区域间的经济循环，缩短城市间的时空距离，提升地区间的交通可达性水平，长远来看将对东北、华北及山东半岛之间的经济合作产生一定的积极作用。

需要说明，在城市经济规模和人口规模研究不变的基础上，变量仅为城市间距离的缩短，理论上，只有山东半岛和东北地区之间的城市距离是变化的，BSCC 建成前后华北到东北以及华北到山东半岛的铁路、公路距离并没有发生重大改变，所以，本研究界定 BSCC 建设影响城市经济联系强度涉及的范围仅为研究区域的东北三省和山东半岛地区，在此背景下对 BSCC 建设前后该区域城市空间经济联系和相互作用进行深入探讨。

一、模型与数据

（一）引力模型

地理学家齐普夫（Zipf）受牛顿万有引力的启示，首次将引力模型引入城市体系空间相互作用的研究中[1,2]，此后该模型成为描述城市空间作用最重要的函数形式之一[3,4]，被广泛运用于距离衰减效应和空间相互作用的研究[5]。

利用引力模型研究 BSCC 建设对东北地区与山东半岛城市间经济联系的影响，考量地区间因大型交通基础设施建设而带来的经济联系变化。考虑到东北地区与山东半岛海陆空间区位，公路、铁路、水运多种交通方式并存；同时，水运运输时间慢，运力相对较低，对于这两个区域之间的经济联系影响相对较小，为此我们忽略水运因素的影响。采用控制变量法，引入两个城市之间的时间距离，基于 BSCC 建设前后时间距离的变化，探讨其对东北地区与山东半岛城市间经济联系的影响。

模型如下：

$$R_{ij} = \frac{\sqrt{P_i G_i}\sqrt{P_j G_j}}{D_{ij}^2} \qquad 式5\text{-}1$$

式 5-1 中，R_{ij} 为 i、j 两城市之间的经济联系强度；P_i、P_j 分别为两城市的市区非农人口数；G_i、G_j 分别为两个城市的地区生产总值；D_{ij} 为城市之间的时间距离。

（二）数据来源

研究 BSCC 建设对东北、山东半岛城市经济联系的影响，需要了解已有的交通通道、运输枢纽及其能力，两区域城市的空间发展格局和经济发展水平[6]。考虑到数据的可得性、研究的可控性、结论的可靠性等，选取城市市区非农人口、地区生产总值等测度指标，数据均来源于相应年份的《山东省统计年鉴》《辽宁省统计年鉴》《吉林省统计年鉴》和《黑龙江省统计年鉴》。城市间时间距离取最短旅行时间，其数据根据航空、公路、铁路、水路数据综合整理，并结合公路和铁路选取旅行时间最短的交通方式计算得出。

二、BSCC 建设对两大地区城市经济联系强度的影响

（一）东北地区与山东半岛城市经济联系强度的测度

在区域经济一体化背景下，城市间日益紧密的经济联系以前所未有的速度与规模向前发展[6,7]。城市在区域经济发展中的地位和作用日益加强，随之带动区内和区际的经济联系不断深化，本研究的基本目标就是寻求 BSCC 在区域城市之间的"空间法则"[8,9]。

基于城市之间的时间距离，利用式 5-1 计算得出 BSCC 建设前后两大区域各城市间的经济联系强度（亿元·万人/h²）。其中，BSCC 建设前，山东半岛与东北各城市间的经济联系现状如表 5-1 所示；BSCC 建设后，通过改变交通距离，山东半岛与东北各城市间的经济联系如表 5-2 所示。根据其经济联系强度前后的变化来判定 BSCC 建设对两大地区的城市经济联系的影响程度。城市间经济联系强度值越大，表示两城市间的经济联系越密切，相互吸引强度越大。

分析经济联系总量不难发现，BSCC 建设后，随着两区域城市经济的发展和可达性提升，城市间的经济联系强度较开通前均得到一定幅度的提升，城市间的经济联系总量由 458 583 经济度增长到 1 958 849 经济度，经济联系强度的平均值由 19 149 经济度增长到 58 041 经济度，增幅达 203%，表明 BSCC 建设在总量上提升了两区域城市间的经济联系，对城市的辐射带动作用不断深化。

表 5-1　BSCC 建设前山东半岛与东北地区城市间经济联系强度

经济联系强度/城市	济南	青岛	淄博	东营	烟台	潍坊	威海	日照
沈阳	20 835	13 861	9 400	4 750	8 382	19 826	3 177	2 554
大连	11 349	8 665	5 577	1 410	5 221	7 874	1 995	1 568
鞍山	6 937	9 680	3 291	438	2 798	4 523	935	852
抚顺	3 857	2 854	1 994	957	1 713	2 570	651	521
本溪	3 287	2 294	1 529	306	1 393	2 114	471	412
丹东	2 161	1 633	1 036	538	1 006	1 462	347	303
锦州	4 028	2 456	1 844	145	1 397	2 446	451	430
营口	4 096	2 234	1 441	1 492	1 790	2 028	594	507
阜新	2 758	1 808	1 298	1 021	1 137	1 744	371	320
辽阳	2 261	1 578	1 087	834	926	1 472	330	282
盘锦	4 894	3 128	2 267	1 785	1 805	2 961	628	557
铁岭	2 761	1 989	1 330	1 008	1 159	1 798	416	370
朝阳	3 790	2 504	1 746	1 402	1 447	2 376	505	444
葫芦岛	4 745	2 759	2 118	1 791	1 570	2 783	535	485
长春	7 999	6 034	5 396	2 887	3 597	5 450	1 447	1 132
吉林	3 670	3 045	1 862	1 316	1 900	2 677	719	550
四平	3 112	2 260	1 465	1 130	1 325	2 063	532	420
辽源	1 246	934	598	451	558	870	222	174
通化	688	515	317	248	313	458	125	99
白山	1 307	1 030	613	469	613	912	246	193
松原	1 946	1 588	917	698	925	1 405	370	290
白城	1 207	978	567	433	568	867	227	178
延边朝鲜族自治州	1 053	955	549	373	607	809	234	175
哈尔滨	6 587	7 440	3 460	1 827	3 372	4 784	1 363	1 020
齐齐哈尔	1 868	1 707	1 018	404	1 047	1 481	391	299
鸡西	673	613	413	222	393	513	183	117
鹤岗	442	388	215	143	252	338	97	72
双鸭山	578	530	297	159	330	442	121	99
大庆	3 333	2 526	1 496	2 054	1 562	2 178	539	518
伊春	524	428	244	291	268	353	95	87
佳木斯	753	682	380	206	437	585	173	130
七台河	315	294	194	105	173	298	87	55
牡丹江	1 157	1 042	600	323	651	885	289	193
黑河	449	415	256	132	277	346	120	79
绥化	1 609	1 356	823	411	826	1 150	361	256
大兴安岭	149	143	85	44	96	117	41	27

表 5-2　BSCC 建设后山东半岛与东北地区城市间经济联系强度

经济联系强度/城市	济南	青岛	淄博	东营	烟台	潍坊	威海	日照
沈阳	19 508	47 298	14 000	6 858	66 595	28 212	15 492	2 440
大连	40 118	156 562	32 986	14 401	664 507	78 433	57 752	3 626
鞍山	7 771	20 139	5 692	2 741	31 647	11 741	6 693	921
抚顺	3 898	9 170	2 771	1 368	12 321	5 525	2 984	500
本溪	3 577	8 645	2 565	1 257	12 108	5 162	2 829	449
丹东	2 322	5 045	1 610	812	6 041	3 121	1 615	320
锦州	2 244	5 280	1 596	788	7 094	3 181	1 718	288
营口	5 172	13 956	3 835	1 828	23 557	8 022	4 681	594
阜新	1 597	3 495	1 109	558	4 227	2 157	1 120	218
辽阳	2 526	6 417	1 839	890	9 744	3 767	2 123	304
盘锦	3 984	9 996	2 890	1 403	14 872	5 893	3 298	485
铁岭	2 718	6 306	1 924	953	8 301	3 818	2 046	353
朝阳	1 776	3 639	1 208	619	4 033	2 295	1 152	258
葫芦岛	2 145	4 901	1 511	752	6 307	2 982	1 585	282
长春	7 566	15 730	5 170	2 639	17 759	9 872	4 992	1 086
吉林	3 660	7 281	2 465	1 274	7 769	4 634	2 291	549
四平	2 928	6 390	2 033	1 024	7 700	3 948	2 048	402
辽源	1 177	2 480	808	411	2 848	1 550	789	167
通化	560	1 099	375	195	1 154	702	345	85
白山	1 494	3 125	1 023	521	3 555	1 957	993	213
松原	1 851	3 658	1 244	644	3 873	2 333	1 150	279
白城	990	1 908	660	344	1 958	1 226	597	153
延边朝鲜族自治州	1 142	2 088	748	396	2 015	1 364	647	187
哈尔滨	6 514	12 526	4 338	2 263	12 824	8 059	3 916	1 011
齐齐哈尔	1 676	3 070	1 098	581	2 970	2 005	951	274
鸡西	1 178	2 272	785	409	2 335	1 460	711	182
鹤岗	427	736	274	147	666	490	226	75
双鸭山	558	961	358	193	868	640	294	98
大庆	2 788	5 161	1 833	966	5 053	3 360	1 602	451
伊春	450	789	290	156	727	522	243	77
佳木斯	727	1 265	468	251	1 156	839	388	126
七台河	304	524	195	105	473	349	160	53

续表

经济联系强度/城市	济南	青岛	淄博	东营	烟台	潍坊	威海	日照
牡丹江	1 113	1 984	722	385	1 862	1 307	612	188
黑河	472	816	303	163	742	542	250	82
绥化	1 540	2 873	1 015	534	2 837	1 866	893	247
大兴安岭	169	286	108	58	253	192	87	30

（二）BSCC 建设对东北和山东半岛城市经济联系的影响

1. BSCC 建设提升两区域城市经济联系强度

BSCC 建设对东北和山东半岛最直接的影响在于提升两区域城市间的交通可达性[10]。分析通道建设前后山东半岛城市经济联系强度及变化结果（表 5-3），从经济联系强度的绝对提升幅度和相对增长率来看，山东半岛绝对提升幅度最高的是烟台，提升幅度达到 897 460 经济度，增长率达到 1 784.65%；提升幅度最高的前五位依次为烟台、青岛、潍坊、威海和淄博，日照、东营和济南的经济联系强度提升幅度明显滞后。由于各市经济联系强度的初始值存在差异，相对增长率最高的前五位依次为烟台、威海、青岛、潍坊和淄博，而日照、济南和东营经济联系强度的相对增长率依然滞后。经济联系强度的极差由现状的 99 870 经济度增至 BSCC 建设后的 931 140 经济度，表明山东半岛与东北三省间经济联系强度的绝对差异增大，反映出两地城市间的经济联系强度因 BSCC 建设而增强。同时，各城市间经济联系总量提升幅度的空间分异特征明显，表现出显著的距离衰减规律。

表 5-3 BSCC 建设前后山东半岛城市经济联系强度及变化

经济联系强度	建设前	建设后	提升幅度	排序	增长率	排序
济南	115 124	135 881	20 757	6	18.03%	7
青岛	89 847	372 758	282 911	2	314.88%	3
淄博	56 244	100 034	43 789	5	77.86%	5
东营	30 168	47 929	17 761	7	58.87%	6
烟台	50 288	947 748	897 460	1	1 784.65%	1
潍坊	82 801	210 201	127 400	3	153.86%	4
威海	18 856	127 690	108 834	4	577.18%	2
日照	15 255	16 608	1 354	8	8.87%	8
极差	99 870	931 140	—	—	—	—

此外，观察山东半岛各城市经济联系强度的初始值，如威海在 BSCC 尚未开通的情况下，与东北三省的经济联系强度是较弱的，但是 BSCC 建设后，增长率居于第二位。而济南是 BSCC 建设前与东北三省经济联系最强的城市，但是 BSCC 开通后，增长率退居第七位。这充分说明，一方面 BSCC 建设对山东半岛城市的经济联系强度均有不同幅度的增加，另一方面反映出 BSCC 建设对城市经济联系强度影响的差异性和选择性。

分析 BSCC 建设前后东北三省城市经济联系强度及变化的结果（表 5-4），从经济联系强度的绝对提升幅度和相对增长率来看，东北三省绝对提升幅度最高的是大连，提升幅度达到 1 004 724 经济度，增长率达到 2 301.28%；提升幅度最高的前五位依次为大连、沈阳、鞍山、营口和长春，而大兴安岭、七台河、朝阳和伊春的经济联系强度提升幅度较低，均在 1 000 以下；同样受各城市经济联系强度初始值的影响，相对增长率前五位的城市依次为大连、营口、辽阳、本溪和鸡西，而朝阳、葫芦岛、阜新、伊春和七台河的经济联系强度的相对增长率显滞后。经济联系强度的极差由现状的 82 643 经济度增至 BSCC 开通后的 1 048 172 经济度，表明东北地区与山东半岛间经济联系强度的绝对差异明显增大，反映出与山东半岛经济联系强度相同的变化趋势。经济联系强度的提升幅度同样符合距离 BSCC 远近的衰减规律。

此外，观察东北各城市经济联系强度的初始值，如辽阳、丹东是 BSCC 尚未开通情况下与山东半岛经济联系强度较弱的两个城市，但 BSCC 建设后，增长率分居第三位和第八位；沈阳、哈尔滨恰好相反，BSCC 建设前与山东半岛经济联系较强，之后增长率退居第 10 位和第 20 位。这也充分反映了 BSCC 建设对东北各城市经济联系强度影响的差异性较为明显，体现出与山东半岛相同的特点。

表 5-4　BSCC 建设前后东北地区城市经济联系强度及变化

经济联系强度	建设前	建设后	提升幅度	排序	增长率	排序
沈阳	82 785	200 401	117 616	2	142.07%	10
大连	43 659	1 048 384	1 004 724	1	2 301.28%	1
鞍山	29 454	87 346	57 893	3	196.56%	6
抚顺	15 116	38 538	23 422	8	154.94%	7
本溪	11 806	36 592	24 787	7	209.96%	4
丹东	8 487	20 886	12 399	14	146.10%	8
锦州	13 198	22 189	8 991	15	68.13%	22
营口	14 182	61 644	47 463	4	334.67%	2
阜新	10 458	14 482	4 024	23	38.48%	34
辽阳	8 770	27 612	18 841	10	214.83%	3
盘锦	18 025	42 820	24 795	6	137.56%	12

续表

经济联系强度	建设前	建设后	提升幅度	排序	增长率	排序
铁岭	10 831	26 419	15 589	11	143.93%	9
朝阳	14 214	14 979	765	34	5.38%	36
葫芦岛	16 785	20 466	3 681	25	21.93%	35
长春	33 943	64 814	30 872	5	90.95%	15
吉林	15 739	29 923	14 183	12	90.12%	16
四平	12 306	26 472	14 166	13	115.12%	13
辽源	5 054	10 229	5 174	20	102.38%	14
通化	2 764	4 515	1 751	29	63.36%	23
白山	5 383	12 881	7 498	16	139.29%	11
松原	8 140	15 032	6 892	18	84.67%	17
白城	5 026	7 835	2 810	27	55.91%	28
延边朝鲜族自治州	4 755	8 586	3 830	24	80.55%	18
哈尔滨	29 851	51 450	21 599	9	72.35%	20
齐齐哈尔	8 215	12 625	4 410	22	53.69%	30
鸡西	3 126	9 332	6 206	19	198.51%	5
鹤岗	1 948	3 042	1 094	32	56.16%	26
双鸭山	2 556	3 970	1 414	30	55.31%	29
大庆	14 208	21 213	7 004	17	49.30%	31
伊春	2 291	3 255	964	33	42.08%	33
佳木斯	3 345	5 220	1 875	28	56.06%	27
七台河	1 522	2 163	641	35	42.15%	32
牡丹江	5 140	8 174	3 033	26	59.01%	25
黑河	2 074	3 371	1 297	31	62.52%	24
绥化	6 792	11 805	5 014	21	73.82%	19
大兴安岭	701	1 184	483	36	68.84%	21

2. BSCC 建设改变两区域城市经济联系空间格局

（1）烟台和大连成为区域经济联系的支点城市

分析表 5-3、表 5-4 发现，BSCC 建设前山东半岛的济南和东北三省的沈阳经济联系强度最高，为两区域之间经济联系的支点，其建设后济南和沈阳的经济联系强度将弱化，山东烟台与辽宁大连取而代之成为新的支点，两城市经济联系强度的提升幅度分别为 897 460 和 1 004 724。除自身的经济发展外，最重要的因素表现在烟台和大连是 BSCC 的登陆点，具有其他城市无法比拟的时空优势。可以预测，未来在 BSCC 开通后，二者有望成为连接两区域乃至整个东北亚地区的交通枢纽，这将进一步强化大连的优势地位，同时有助于烟台从山东半岛交通的末端位置成为环渤海经济圈的重要门户。

（2）经济联系格局向网络化发展

观察 BSCC 建设前后东北和山东半岛城市间经济联系格局，交通格局的变化引领着两区域间经济联系的变化，交通网络、运输技术和运输能力的改善都将影响区域经济联系的范围及强度。

BSCC 建设前研究区域城市间经济联系强度的空间格局相对松散单一，主导经济联系轴线尚未形成，没有明显的层次感；BSCC 建设后整体联系格局趋于均衡，网络化特点显著，城市间经济联系强度在 7 771 经济度以上的线路密度显著增多。连接点大连—烟台形成相对紧密的经济联系带，经济联系强度在 100 万经济度左右。整体来看，BSCC 影响下，区域间经济联系的网络化发展态势初步显现。

（3）BSCC 建设后城市间经济联系呈现出明显的距离衰减规律

通道建设后，根据经济联系强度的强弱，可将两区域的城市分为四个层次：第一层次：烟台、大连；第二层次：青岛、潍坊、沈阳、济南、威海、淄博；第三层次：鞍山、长春、营口、哈尔滨、东营、盘锦、抚顺、本溪、吉林、辽阳、四平、铁岭、锦州、大庆、丹东、葫芦岛；第四层次：其他城市。结合各城市的空间区位分布不难发现，两区域城市间经济联系强弱具有明显的距离衰减特征，两半岛城市间的经济联系强度沿BSCC 干线延伸并呈现随距离的增加而不断减小的空间规律。

第二节　对东北、华北和山东半岛地市空间格局的影响

随着全球经济一体化程度的加深，城市之间的竞争不再仅仅表现为单个城市间的竞争，而是以核心城市为中心的城市群或城市圈之间的竞争。城市群空间结构是城市群发展程度、发展阶段与经济空间联系过程的空间反映，以中心城市为核心，以发达的联系通道为依托，吸引辐射周边城市与区域并促进城市之间的相互联系和协作，带动周边地区社会经济发展，其中发达的公路、铁路、航道设施构成了城市群空间结构的骨架，它通常是区域空间网络结构形成的前提和基础[11]。

点轴理论是由我国著名经济地理学家陆大道院士在中心地理论、空间扩散理论和增长极理论的基础上，结合我国国土开发和经济布局的发展实际首次提出[8]。"点"是指各级中心地或各类集聚点，是空间结构的最基本构成要素，是能够带动周边区域发展的中心城市；"轴"是城市群节点之间相互联系和交流的线性基础设施束，对城市群区域的发展起着至关重要的作用，在城市群空间结构中，"轴"主要是指交通线路所组成的交

通网络。"点"有等级之分，而发展轴线也有不同的规模，不同规模和等级的"点""轴"空间组合构成最基本的空间结构。

东北、华北和山东半岛（以下简称"三大区域"），由于新的重大交通工程——BSCC的建设，具备形成新的经济带或经济走廊的条件，可能产生新兴城市和新兴产业，推动社会经济不断发展。鉴于此，研究通过 BSCC 等交通网络的发展演化，试图分析城市群经济发展走廊及节点的结构变化。

一、BSCC 建设将助推三大区域形成四大城市带

经济带是以综合运输通道为发展主轴，以轴上的城市或其辐射与吸引力区内的城镇为依托，建立在沿线城市与区域经济联系基础上的带状空间地域综合体[12]。所以，未来三大区域经济发展主要轴线一定是城市密集程度大，人流、物流、信息流、金融流畅通所依托的重要综合交通走廊。

相对于全国其他地区而言，三大区域条件相对优越，有漫长的海岸线，拥有众多港口城市，便于对外开放，同时又有发达的铁路、公路及航空体系，便于区内区际之间的联系。但是随着三大区域经济社会的不断发展，现有的交通网络已经不能完全适应区域经济发展的需要，新通道开辟和线路提升成为保障地区经济社会发展的重要抓手。

BSCC 建设后，实现了"烟台大连两城市、山东辽东两半岛、华东东北两经济区"陆海运输的有效连接，无论从时间上还是运输成本上，都会有不同程度的节省。BSCC 建设是三大区域综合运输发展的突破口，通过降低对北京、天津等西部公路铁路运输通道的依赖，带动山东和东北地区经济社会优化发展。

根据点轴空间结构理论，未来 BSCC 建设后，三大区域城市群的一级经济发展轴线基本确定为连接哈尔滨、长春、沈阳、大连、烟台、青岛并贯穿南北的发展轴带——鲁辽（吉黑）城市带。按空间区位将京辽城市带、京鲁城市带和京包城市带划分为三大区域的次级经济发展轴。鲁辽（吉黑）城市带与京鲁城市带、京辽城市带双向衔接，在青岛、沈阳交汇，能够发挥向海、带陆的节点优势；进一步通过京津节点衔接京包城市带，贯通东北、华北和山东半岛的全部发展轴带，盘活三大地区未来发展融合的大棋局，形成三大区域环绕渤海湾的闭合型经济发展格局（图 5-1）。

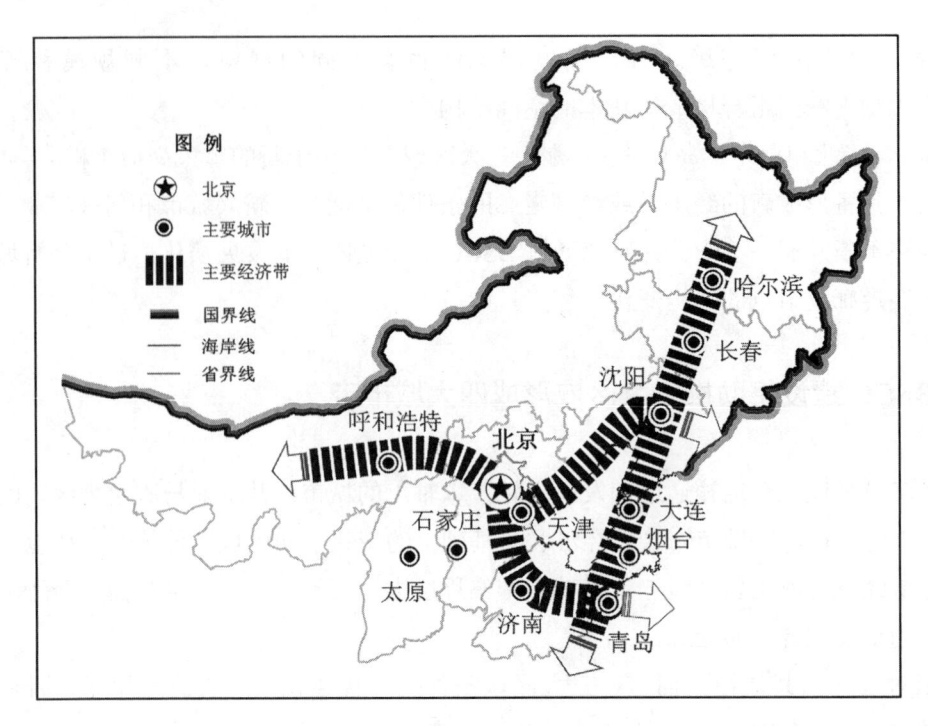

图 5-1　三大区域四大城市带

二、BSCC 建设引导"弓箭形"区域空间发展格局

BSCC 建设将使三大区域交通运输网络得到完善，从点轴模式来看，结合以往研究成果[13]，三大区域城市节点和城市带的布局可以物化为"弓箭形"空间格局（图 5-2）。

（一）"箭头"：京津地区

在这个"弓箭形"格局中，根据中心城市等级体系和居中的区位条件，北京和天津具有得天独厚的优势，在整个区域发展战略中居于核心位置，同时又处在京鲁、京辽、京包等多条经济发展轴线的交会处，能够有效集聚、支配各方资源，因此，将京津作为弓箭模型的"箭头"，决定了东北、华北和山东半岛地区"弓箭"结构的力度，是引领区域前进的发力点。

其中，北京是中国的首都，是政治、文化和国际交往的中心。北京集聚了全国最优质的教育、医疗、科研、资本等资源，在环渤海地区、全国乃至世界都具有举足轻重的地位。从首都放射发散的公路、铁路、航空网络密集，便捷地通达全国各个地区。天津坐拥京畿重地，滨海新区被认为是我国区域发展的"第三极"；天津港是我国北方地区的航运中心，服务和辐射京津冀及中西部地区的 14 个省市自治区，也是蒙古国等内陆国家的主要出海口，航线通达世界 180 多个国家和地区的 500 多个港口。因此，将京津地区作为攻坚破难的"箭头"符合地区发展的实际。

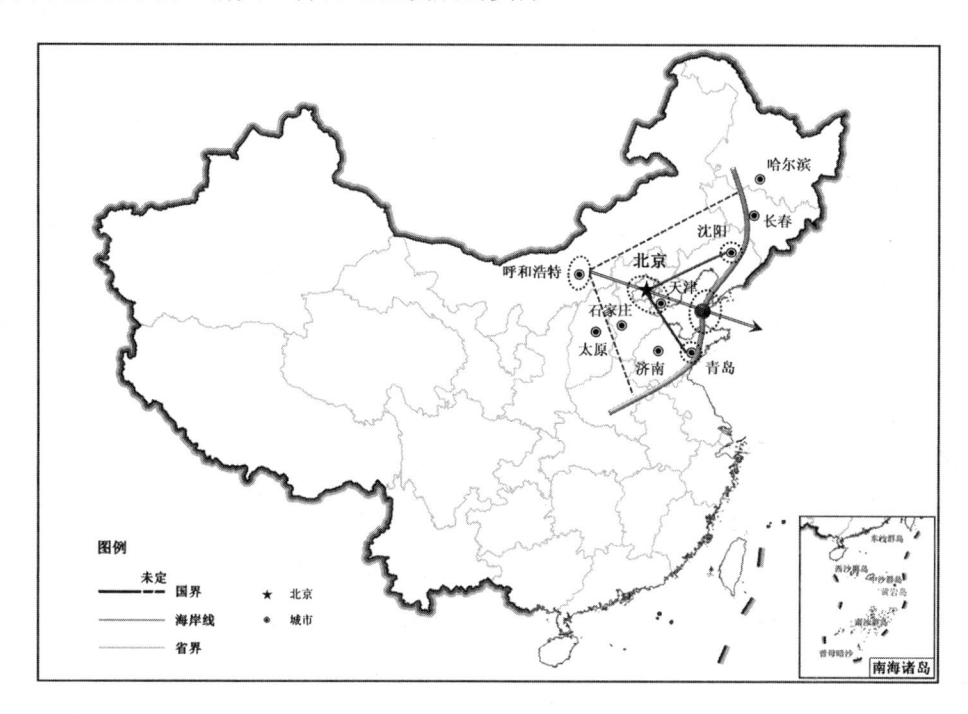

图 5-2　弓箭形区域发展格局

（二）"箭杆"：京包城市带

　　箭头的力度大小与箭杆的长度有很大关系，箭杆越长则蓄积的力量就越大。随着京津冀一体化的快速发展，无论从集聚角度，还是从辐射角度看，都迫切需要加大箭杆的长度。本研究把华北地区纳入核心腹地，将京包城市带作为箭杆。

　　京包城市带连接北京—呼和浩特—包头。京包铁路既是通向中国西北地区的铁路干线，又是与蒙古国、俄罗斯联邦相通的国际线的一部分。京包铁路连接了京津冀和呼包鄂两个城市群及沿途主要经济中心城市，便捷了东部沿海和西部腹地的交通连接，促进地区间经济交流与合作。其中，在京津之外，呼包鄂城市群是该发展轴线的重要支撑。呼包鄂城市群位于内蒙古中西部的核心区，是内蒙古发展最快的工业城市圈，也是我国新兴城市群之一。其中，呼和浩特是内蒙古的政治、文化中心，也是该城市群的核心城市；包头是内蒙古最大的工业城市，是内蒙古地区发展的火车头；鄂尔多斯则是新兴的草原都市，人均经济发达程度堪比东部发达城市。

弓箭形区域发展战略不仅十分重视沿海，同时高度关注内陆，京包城市带这支箭杆能够有效带动广大内陆腹地的资源利用和开发。对于我国内陆腹地深厚、对外交通联系不便的问题，依托重点公路、铁路网络，通过打造京包城市带将沿海和内地真正连接起来，能够有效发挥沿海与内陆的差异化优势，促进全区域的协同发展。

（三）"弓身"：鲁辽（吉黑）城市带

"弓身"的状况如何，直接决定了射出的箭是否有力。长期以来，受渤海海峡天堑限制，东北、华北和山东半岛地区无法实现直接的陆上连接，弓身在渤海海峡两端难以成型，导致我国东部沿海的经济贸易交流受到一定限制，影响了区域的辐射和带动作用。可以说，无法实现渤海海峡的硬着陆，整个弓箭形结构将不复存在。因此，在一定程度上，BSCC 发挥着关键性作用。也正是由于交通连接的限制，三大区域的扩张力和辐射力太小，难以最大程度地优化区域内外资源，提供箭头前进的动力。未来 BSCC 开通，实现大连、烟台两城市，山东半岛和辽东半岛两半岛，东北和华东两经济区的"三连接"，构成我国东部沿海完整的陆上运输通道，形成新的跨海联动型南北经济发展轴线——鲁辽（吉黑）城市带。其中，大连、沈阳和哈尔滨是东北地区的三大经济中心，沿哈大铁路串联分布的哈尔滨、长春、沈阳和大连，无论城市规模还是经济总量上都在地区和全国具有较大的影响力。青岛和烟台是山东省内两大重要的经济中心，随着青烟威荣城际铁路的顺利开通，半岛地区经济和人员的交流变得更加便捷，青烟城市一体化发展正逐步展开。

鲁辽（吉黑）城市带将以 BSCC 为桥梁，南部以青岛、烟台为支撑节点，北部以大连、沈阳、长春、哈尔滨为轴线增长极，构成强有力的"弓身"，南北互动、陆海统筹，加速积蓄经济能量，促进东北地区的振兴，真正铸就环渤海之"弓"。

（四）左右"弓弦"：京辽、京鲁城市带

"弓箭形"战略的形成，还要有强劲粗壮的弦，才能发力把箭射向远方。京津的北翼是左半弓，南翼是右半弓，京辽城市带和京鲁城市带分别为左右弓弦。沿线公路和铁路组成的交通网络，把两段"弓弦"的众多城市联结为有机整体，在这些经济轴线上，既有经济上的增长极核区，又有许多经济上的生长点，利于生产力在空间上合理布局。

其中，京辽城市带连接北京—沈阳。依托京沈铁路连接我国北方最大的经济中心城市和东北地区重要的经济中心城市，该线在东北地区与哈大铁路相交，哈大铁路贯穿东北三省，连接哈尔滨、长春、沈阳和大连，使得整个东北地区与北京紧密的连接在一起。此外，京沈客运专线的建设实施将进一步拓展快速客运网的覆盖面，与京哈铁路、秦沈

客专等联系成网,大幅的提高客货运输能力,这对促进沿线区域经济社会发展具有积极意义。

京鲁城市带连接北京—济南—青岛(烟台)。依托京沪铁路、胶济铁路、济青高铁、济青高速等实现区际交流。其中,京沪铁路在济南与胶济铁路连通,沿线地区经济发达,人口稠密。胶济铁路更是山东半岛乃至山东省的经济发展主轴,便捷了山东省人员和货物运输,促进了经济要素的高效流通。济青高速公路的建成,则把铁路、水路、航空等几种运输方式衔接起来,形成了横贯山东省东西的综合运输大通道,加速了山东省立体交通格局的形成。其延伸线打通了沿海与内地省区,把华东、华北、中原地区以及沿黄流域、西北内陆与青岛港联系起来,使众多内陆省区有了畅通的出海通道。

京辽、京鲁两大成熟的弓弦把东北、华北和山东半岛地区的潜力挖掘出来,贯通东中西部和南北交流,通过吸引、辐射、扩展,能够实现资源优势互补,加速形成更高层级的产业带,给予整个弓箭强大的力量。此外,连接呼包鄂、哈长以及中原城市群的潜在"弓弦"值得高度关注。

第三节 "一带一路"倡议下 BSCC 建设对路桥经济的影响

一、BSCC 建设引发欧亚路桥新格局设想

(一)路桥经济与"一带一路"倡议解读

路桥学说认为,区域经济发展总是有进有退,平衡和不平衡不断转化。不平衡是经济发展的动因,无论经济增长还是经济波动,都必然受到经济非均衡的制约。平衡则是压力、诱导和强制的结果,经济的发展是在平衡与不平衡中前进的[14,15]。我国 30 多年来的不平衡发展催生了众多优先发展区域,逐步呈现出沿河经济→海岸经济→路桥经济的发展路径[16]。就目前而言,路桥经济基本凭借第一、二欧亚大陆桥干线发挥东联西运的通道作用,东联俄罗斯太平洋沿岸及我国东部地区,西达欧洲西部地区,中间穿越中亚、东欧等沿线国家。

2013 年 9 月和 10 月,中国国家主席习近平在出访中亚和东南亚国家期间,先后提出共建"丝绸之路经济带"和"21 世纪海上丝绸之路"(以下简称"一带一路")的重大倡议,得到国际社会高度关注。从时代背景分析,在经济全球化和区域一体化高度强

化的时期，交通对产业经济发展有着重要的拉动作用，交通基础设施及服务体系是产业经济发展的前提和先导[17]。路桥经济以交通联通的姿态担当着区域协同发展的重任，"一带一路"建设则是我国海陆统筹、深化开放的重大抉择，二者同处变革时代，同为区域协调发展、深化国际合作的产物。从联通区域看，"一带一路"贯穿亚欧大陆，一头是活跃的东亚经济圈，一头是发达的欧洲经济圈，中间是经济发展潜力巨大的亚欧腹地国家，这与路桥经济辐射范围高度吻合。在依托线路上，丝绸之路经济带重点畅通中国经中亚、俄罗斯至欧洲（波罗的海）、中国经中亚、西亚至波斯湾、地中海，中国至东南亚、南亚、印度洋的陆上运输大通道，共同打造新亚欧大陆桥、中蒙俄、中国—中亚—西亚、中国—中南半岛等国际经济合作走廊[18]，不仅在线路上与路桥干线有所重叠，还积极拓展了通往其他邻近区域的通道，与路桥新线路的设想不谋而合。"21 世纪海上丝绸之路"重点方向是从中国沿海的上海、天津、宁波—舟山、广州、深圳、湛江、汕头、青岛、烟台、大连、福州、厦门、泉州、海口、三亚等港口过南海到印度洋，延伸至欧洲及南太平洋[18]，其中的连云港、青岛港、烟台港、天津港、大连港等不仅是海上丝绸之路的重要沿海节点，更是以第一、二欧亚大陆桥东端桥头堡的身份存在。所谓"海上丝绸之路"，从某种意义上说就是路桥经济陆海联运一体化的延伸和展布。因此，"一带一路"倡议与路桥经济高度契合、殊途同归[19]。在当前国际国内大背景下，整合"一带一路"倡议与路桥经济战略意义重大。

根据区域经济发展理论，在区域经济由不平衡趋向平衡发展的过程中，发达地区对落后地区的辐射带动作用至关重要，而辐射带动作用的发挥主要沿着线状基础设施展开。同时，"一带一路"发展规划特别提出：基础设施互联互通是"一带一路"建设的优先领域，抓住交通基础设施的关键通道、关键节点和重点工程，优先打通缺失路段，畅通瓶颈路段[18]。可见，实现重大基础设施的互联互通已经成为包括东北、华北、山东等在内的多个区域积极融入"一带一路"并发挥路桥经济优势的关键举措。

进一步讲，"一带一路"与路桥经济的交汇点和支撑点主要在于路桥本身及相关港口。其中，路桥是经济联动的根基，港口则作为开放中转的窗口。目前而言，渤海海峡是横亘在东北亚地区的一道天险，很大程度上分隔了我国东北、俄罗斯远东与我国华北、华东地区的经济联系，作为第一、二欧亚大陆桥东端桥头堡的多个国际性大港也因此成为陆上难以连通的"孤港"，无法有效发挥东北亚港群一体化的应有作用。通过 BSCC 建设整合松散的东北亚港群，将两条路桥干线之间的经济腹地纳入更为紧密的路桥经济体，进而便捷南北路桥间的经济往来和物流中转，不仅强化了时空压缩的概念，而且突显低成本、高效率的路径选择[20]。随着沿桥经济带上升为国家战略，路桥干线的物流运输将大幅提升，推动路桥新线路的设想和建设。

（二）基于 BSCC 建设的欧亚路桥线路新设想

目前，连接欧亚大陆的交通大动脉有两条，即第一欧亚大陆桥（西伯利亚大铁路）和第二欧亚大陆桥（新欧亚大陆桥）。两条线路均西起荷兰鹿特丹港，东岸分别止于俄罗斯符拉迪沃斯托克与我国江苏省连云港。其中，第一欧亚大陆桥于 1971 年正式开始运营，全长 13 000 千米，东连俄罗斯远东地区，横跨俄全境后进入东欧多国，最终到达欧洲西部的鹿特丹港；新欧亚大陆桥 1992 年建成通车，全长 10 870 千米，其中我国境内全长 4 100 余千米，横贯我国东中西部地区，经中亚连通西欧。两条欧亚大陆桥自建成伊始便承担着欧亚货物运输的重任，不仅连通东西方的经贸往来和人文交流，还为沿线地区的经济发展提供强大的资源保障。

但是，两条大陆桥建成通车以来，彼此之间联系不强。尤其是第二欧亚路桥东端桥头堡一直处于群雄纷争的局面。连云港作为第二欧亚路桥的干线桥头堡，因其城市规模不大，港口吞吐能力有限，一直以来难以独自担当东端桥头堡的重任。这也引发了临近地区如日照港、青岛港甚至烟台港的强力竞争。目前而言，两条大陆桥西端点均在鹿特丹港，而东部桥头堡甚多。要真正实现东部桥头堡覆盖地区的南北一体化，有必要建设密切联系东部港口群的交通干线，而 BSCC 就是实现这一目标的关键控制性工程。加之南北路桥之间存在货物分流的事实，构建南北向交通运输动脉，密切联系路桥东端桥头堡间的经济社会协作成为不可逆转的历史潮流。

1. 欧亚大陆桥中干线（烟台方向）设想

"欧亚路桥中干线"的称谓很早就见诸于世，学者已经提出欧亚大陆桥中干线（烟台方向）设想[14]。主干线路是从烟台向西依托即将完工的德龙烟铁路到达山东省德州，转石德、石太最终并入兰新铁路线，从而与第二欧亚大陆桥汇合，构成联系我国东中西部地区的一条铁路大动脉，将烟台港打造成沿路桥出海的新桥头堡。这条线路的重要性关键在于烟台正处在 BSCC 的南部端点，恰好位于路桥东桥头堡沿岸经济辐射带与西向路桥沿线经济带的交汇点，直接扼守 BSCC 这一重点控制性工程，对于东北亚地区的物流运转发挥重要的集散分流作用。此外，烟台港现已开通至日本、韩国、中国香港等国家和地区的 20 余条集装箱航线，并开通了烟台—韩国釜山、烟台—韩国群山、烟台—韩国平泽等三条国际客货班轮航线，在中国和韩国间架起"海上高速路"。自烟台东联威海市，是我国距离日韩最近的区域，地缘上的优势使得中韩海底隧道极有可能选择烟威作为登陆地，这一项目一旦确立，来自日韩的货物流可以直接实现海铁联运，北经 BSCC、西入中干线铁路通往西欧，便捷欧亚大陆两端的经贸联系。烟台也将被推到东联日韩，西达欧洲，北上第一欧亚大陆桥，南通第二欧亚大陆桥的交通十字路口位置。

2. 欧亚大陆桥中干线（青岛方向）设想

受相关学者对欧亚大陆桥中干线（烟台方向）设想的启发，进而提出类似于该线的欧亚大陆桥中干线（青岛方向）设想。未来 BSCC 在蓬莱登陆后南延将直接进入青岛市，与青岛港的距离同样较近，因此，经青岛港中转北上俄罗斯、蒙古国亦是十分便捷。分析表 5-5 和表 5-6 不难看出，中干线（烟台方向）的经济社会辐射能力略低于中干线（青岛方向），在距离上也存在一定劣势，烟台港的综合枢纽能力同样不及青岛港，因此理应合理发挥中干线（青岛方向）以及青岛港的战略优势。初步设想是依托济南、青岛两地沿线通达的交通条件和完备基础设施，将中干线的东部桥头堡设在青岛，向东可接纳来自日韩的海上物流转经中干线或 BSCC 北上蒙古国、俄罗斯以及西欧国家；向西经胶济线（胶济客运专线、济青高铁）到达济南，再经京沪线（京沪高铁）至德州，转而进入石德、石太线，客运可直接通行正在筹划建设中的太（原）青（岛）客专，最后在兰州并入兰新线（兰新高铁）继续西行。同时，从兰州站引出，沿青藏铁路一直延伸到拉萨，将青藏地区的物流纳入青岛港的经济腹地。

表 5-5　2014 年欧亚路桥中干线指标

线路	命名	长度（km）	沿线主要城市	沿线地级市经济总量（亿元）	沿线地级市常住人口总量（万人）
烟台—兰州	中干线（烟台方向）	2 260	烟台、东营、德州、衡水、石家庄、太原、银川、中卫、兰州等	3.81	6 926.17
青岛—兰州	中干线（青岛方向）	2 150	青岛、潍坊、淄博、济南、德州、衡水、石家庄、太原、银川、中卫、兰州等	4.49	7 702.02

注：上述线路有关数据均止于入陇海线城市，不含日韩线路。

表 5-6　2014 年中干线东部桥头堡实力

港口/指标	经济实力（亿元）	人口总量（万人）	城区面积（km²）	港口货物吞吐量（亿 t）	集装箱吞吐量（万 TEU）	生产用码头长度（m）	生产性泊位（个）	保税港区
烟台（港）	6 002.1	700.23	315.7	3.2	235.63	19 041	98，万吨级 59	有
青岛（港）	8 692.1	904.62	490.7	4.77	1 658	23 000	92，万吨级 66	有

事实上，路桥中干线（青岛方向）的设想源于已有的完备基础设施和国家长期规划指导，青岛—济南—石家庄—太原高铁是我国高铁"五纵五横"中的重要一横，青岛到拉萨的运输大通道同样是全国"五横五纵"大通道的重要组成部分。因此，中干线（青

岛方向）的实操性和可行性很强。另外，虽然青岛不是山东半岛距离韩国最近的城市，但青岛港却是省内较早开通与韩国仁川、釜山、群山、平泽和日本东京、横滨、名古屋等航线的港口。青岛港提供的数据显示，2014年青岛港到韩国港口的出口箱量同比实现增长5.8%。从青岛港出口到韩国各港口的贸易箱量同比均呈现不同幅度的增长，其中出口至阳光港和尉山港的重箱量2014年分别实现25.3%和52%的大幅度增长。青岛港对日本港口的贸易量也处在上升阶段。如果中干线（青岛方向）得以实现，来自日韩两国的国际班列转由青岛港登陆运往西欧，实现国际海铁联运，将显著提升中干线（青岛方向）的交通地位。

二、BSCC 建设引发物流响应

BSCC 将使横亘在东北亚地区的天堑顺利打通，无论国际班列还是区域周转，只要是往来于南北方向上的各种"流"都将因时空压缩而普遍受益。BSCC 的落成，将会对我国尤其是东部地区的物流运输系统产生一定的积极作用。

（1）从线路唯一变为并行。BSCC 的建成将打通东北亚地区甚至整个东亚地区的南北向交通经脉，从而使往来于两条欧亚大陆桥之间的客货流获得新的便捷运输线路，形成东西分流的南北两条主动脉的并行不悖的格局。BSCC 北接哈大、滨洲—滨绥铁路线，沈大高速可以直通东北三省，并可外联第一欧亚大陆桥；南连德龙烟、胶济、胶新铁路，沈海、青龙高速可南下华东华南，构成东亚经济区一条完整的南北向运输动脉。这条沿海大通道串联起俄罗斯太平洋地区以及我国东北、华东、华南等地区，一旦中韩铁路轮渡、海底隧道建成，将极有可能把包括日韩在内完整的东亚经济区尽数囊括。

（2）运输成本压缩，效率提升。物流运输周转必然考虑时空所引发的运费成本，事实证明，我国华东、华南甚至西南地区的物流通行 BSCC 相对于通行山海关一线将存在一定的时空压缩效应，相对目前渤海轮渡的时间及运费成本均有一定的优势。最为明显的是 BSCC 建设突破了渤海海峡对山东和东北地区尤其是烟台与大连在人员、物资以及信息等各方面流通的阻隔，加快了人员、商品、信息等各个方面交流的速度，降低包括燃料、原料在内多种要素的流动成本[21]。

（3）分流减荷。BSCC 建设将使来自南北方的物流周转不再完全依赖山海关铁路通道，对华东、华南等地区的吸引力一定程度上增强，使得山海关铁路可以腾出更大运力周转西北西南等地区的物流，也使得北煤南运的压力得到缓解，极有可能起到减荷山海关通道及京广、京九线的目的[22]。

（4）增容提质。"一带一路"的规划实施将路桥经济提升至新的高度，开辟了新的更为便捷的运输大动脉,将可能引发新一轮的贸易热潮。随着"一带一路"倡议的不断深化,我国面向"一带一路"沿线国家和地区的对外贸易必将提升,人文交流也将更为频繁,作为重要依托之一的欧亚路桥因而获得更多的客货流。BSCC 建设的联通作用将有助于东北亚路桥经济覆盖区的物流体系增容提质。

(一) BSCC 建设引发国际物流响应

1. "一带一路"倡议提出前

自 1992 年第二欧亚大陆桥建成通车以后,我国面向欧洲的洲际物流便紧紧依靠南北两条大陆桥的东西联运能力。表面上看,第二欧亚大陆桥连通我国东中西部地区,横贯我国沿黄流域,不仅在线路长度方面占据优势,而且从覆盖面积、便捷程度上也远优于第一欧亚大陆桥,其运输能力也理应强于第一欧亚大陆桥。但是事实并非如此,由于运费高、运输速度慢、口岸通关能力弱、信息服务能力较差的劣势[23],在第二欧亚大陆桥建成的多年里,仍然以短途运输为主,我国中东部地区多省市仍然有超过一半以上的洲际物流要北上第一欧亚大陆桥运往西欧。当物流北上成为华东地区国际班列输出的首选,除了倚仗我国东部地区密集的港口运输网所提供的短途运输,更多的物流班列不可避免地扎堆式挤向了狭窄的山海关通道。虽然第二欧亚大陆桥占据着优越的地理位置,但是由于人为因素阻碍了其实际运输功能的有效发挥,这样的现实造成了我国中东部地区的物流重心一直偏向第一欧亚大陆桥的局面。

2. "一带一路"倡议提出后

"一带一路"倡议的提出,将我国乃至东北亚地区与中亚、俄罗斯以及西欧的陆上联系进一步深化,国际经济走廊建设、路桥沿线的物流转运成为"一带一路"建设的重要切入点。随着边境口岸通关设施条件的改善,边境口岸"单一窗口"的积极建设,使得通关成本大幅降低,通关能力得到显著提升。推进建立统一的全程运输协调机制,促进国际通关、换装、多式联运有机衔接,逐步形成兼容规范的运输规则,是实现国际运输便利化的有效途径。我国东部诸多港口适时启动通关一体化策略,加快内陆港建设,将"码头搬到内陆"。例如目前青岛港已经开始在山东临沂、东营和淄博、河南郑州、陕西西安、新疆布局内陆港,并将触角一直延伸到哈萨克斯坦等中亚国家,还进一步同欧洲第二大港——比利时安特卫普港签署协议,正式建立友好港关系。这些举措多管齐下,使得我国发往西欧的国际班列更趋多元化。自 2013 年习近平总书记"一带一路"倡议提出以来,我国各省市都在积极响应其所带来的新机遇,开通中欧班列的省区、城市迅速增加(表 5-7),几乎囊括了我国整个中东部地区[24,25],运行线路也开始出现向第二欧亚大陆桥倾斜的迹象。随着丝路经济带多条国际经济合作走廊的愿景付诸实践,对

BSCC 的实际需求也在不断变化。

表 5-7　中国发往西欧的国际班列

年份	国际班列
2011 年	渝新欧
2012 年	（武）汉新欧、苏（州）新欧、苏（州）满欧
2013 年	蓉新欧、郑（州）新欧、粤新欧、西（安）新欧
2014 年	义（乌）新欧、甬新欧、合（肥）新欧、湘新欧、湘满欧、鄂满欧、渝满欧、赣新欧
2015 年	鲁新欧、长（春）满欧、辽满欧、滇满欧、厦（门）蓉新欧 等

3. 假定 BSCC 建设后

"一带一路"发展规划一再强调要打通区域联通的关键控制性工程，发挥地域优势，建设向北开放的重要窗口。由于国家战略偏向路桥经济的事实，已建成的南北两条欧亚路桥及其支线工程将成为核心载体，往来于东亚、中亚、西欧的国际班列频次将会大幅提升，东北亚经济协作区呼之欲出，南北路桥所覆盖区域的物流系统将由原本的松散结构整合成为一体化的紧致圈层。很明显，在整个东北亚经济区整合的大背景下，仅仅依靠山海关通道作为联系俄远东、我国沿海乃至东南亚等地区的主导线路远远不够，适时合理地开启 BSCC 的学术及工程建设研究有着积极的意义。未来 BSCC 开通，原本途经山海关通道的中欧班列可以便捷地行驶在 BSCC 之上，"X—山海关—满（洲里）—欧（洲）"将可能转变成"X—BSCC—满—欧"，"X—山海关—新（疆）—欧（洲）"同样变成"X—BSCC—新—欧"。一方面，"一带一路"的深化使得国际通关能力显著增强，行政壁垒被逐步打破，这为国际班列向第二欧亚大陆桥转移提供了人文条件；另一方面，BSCC 建设为中欧班列运行提供了更为高效节省的线路保障，并为班列重心偏向第二欧亚大陆桥奠定了工程条件。一旦"X—BSCC—新（满）—欧"的线路成为运输动脉，东北亚重要经济中心日本、韩国的国际通关物流也会因此受益。

（二）BSCC 建设引发区域物流响应

1. 释放沿海港口中短途海上运力

以往东北、华东地区的陆路物流交换基本凭借山海关通道，而山海关通道的"瓶颈"约束积重难返，因此我国东部沿海地区的港口担当了分流重任，例如东北地区的南北跨区域运输方式主要就是由传统的通过辽宁多港口体系出海海运为主的对外出海模式[26]，这也造成区域港口间短途物流的竞争愈演愈烈。未来 BSCC 开通后，一方面，原本区域物流不必再经行山海关通道，而可以选择更为便捷的 BSCC，间接缓解了山海关通道的铁路压力，释放的运力可以进一步融入到中蒙俄运输大通道的建设中去；更重要的是，BSCC 强化了南北区域的陆上交通联系，使沿海各省市的短途物流运输可以直接以更为便捷的陆运来实现，不必再依赖港口的短途海运，弥补短途海运频繁装卸、时间长、浪费大的弊端，从而释放港口活力，转而投向国际航运的发展壮大和对外竞争[26]。以烟（台）—大（连）铁路轮渡为例，BSCC 建设直接改变了地区物流运输格局，对海上轮渡产生强烈冲击，仅从时间节约的角度考虑，经行 BSCC 将使得两地的客货流由原本轮渡 6 小时缩短到 1 小时便具备极强的竞争优势。另外，在运行可靠性方面，经行 BSCC 不受自然天气的影响，一年四季畅通无阻；海上轮渡却不得不受制于天气状况，一旦天气欠佳，轮渡将无法按时通行，据统计每年有累计一个月的时间处于停航状态，区域间的人流、物流联系不得不因此临时中断，从而带来极大的时间、成本损耗。因而，BSCC 无可比拟的竞争优势腾空了原本烟大轮渡的海上运力，更多的客货滚装船将走向转型发展期。

2. 提升沿途物流园区集散中转能力

随着经济社会的快速发展，我国国际物流系统和区域物流系统均迎来黄金时期，其中省际贸易流动愈加频繁。在此背景下，物流园区应运而生。一方面，物流园区是基础设施集约化和物流运作一体化的产物[27]，只有凭借已建立起来的完善的交通网络，同时具备区域物流运输需求才能产生物流园区；另一方面，一旦物流园区建成，又将惠及沿线省市仓储、配送、信息服务、商贸业等物流相关行业的发展，进而提升基础设施的信息化水平，推动通道、港口、公铁等基础设施的进一步完善，促进区域物流业形成并向专业化、合理化、"互联网+"的方向发展。

物流节点载体（如物流园区）的体系布局和协调发展是保证区域性经济生产流通优化的重要支撑。目前，东北、华北和山东半岛地区（华东）基本形成了包括自贸区物流园区、港口保税区、高新区保税园区、多式联运的综合物流园区、航空港物流园区在内的全方位物流系统，但仍须不断完善。尤其是 BSCC 开通后，使得原本往来于该地区的物流贸易迅速获得时空压缩效益，虽然通道具有即停即走的优势，但短时间内在山东半岛（烟台）和辽东半岛（大连）通过不同运输方式（如国际航线带来的海上运输和通道中转）集聚的物流可能成倍攀升，BSCC 端点的场站设施保障能力以及沿线的物流园区实际存储、中转能力将迎来挑战。因而，一定意义上讲，BSCC 建设直接倒逼烟台、大连两端点的场站设施以及物流转移途径的各物流园区增容提质，向"智慧物流"的方向发展，真正实现"运输环节高效对接，货物转移迅速有序"的目标。其中"增容提质"包含两重含义：其一，目前低配、分散、隔离的物流园区亟待转型升级，打造低碳、高效、"互联网+物流园区"的信息化网络运输平台，实现物流园区质的提升；其二，目前综合性的物流园区普遍存在同质性发展的问题，区域性物流节点的竞争远胜于合作，因此，提升物流园区的集散中转能力重在实现物流运输的专门化、差异化分类及管理，达到物流园区在量上整合的目的。

参 考 文 献

[1] 赵雪雁, 江进德, 张丽, 等. 皖江城市带城市经济联系与中心城市辐射范围分析[J]. 经济地理, 2011, 31(2): 218-223.

[2] 李响. 基于社会网络分析的长三角城市群网络结构研究[J]. 城市发展研究, 2011, 18(12): 80-85.

[3] 周一星. 城市地理学[M]. 北京: 商务印书馆, 1995.

[4] 杨吾扬, 梁进社. 高等经济地理学[M]. 北京: 北京大学出版社, 1997.

[5] Haggett, P. Locational Analysis in Human Geography[M]. London: Edward Arnold Ltd., 1965: 33-40.

[6] 熊剑平, 刘承良, 袁俊. 国外城市群经济联系空间研究进展[J]. 世界地理研究, 2006, 15(1): 63-70.

[7] 陆大道. 中国区域发展的理论与实践[M]. 北京: 科学出版社, 2006.

[8] 陆大道. 区位论及区域研究方法[M]. 北京: 科学出版社, 1988.

[9] 张可远, 欧向军, 沈正平. 江苏省主要经济带产业转换与空间相互作用研究[J]. 地理科学, 2007, 27(5): 648-654.

[10] 孙海燕, 陆大道, 孙峰华, 等. 渤海海峡跨海通道建设对山东半岛、辽东半岛城市经济联系的影响研究[J]. 地理科学, 2014, 34(2): 147-153.

[11] 乔旭宁, 杨德刚, 毛汉英, 等. 基于经济联系强度的乌鲁木齐都市圈空间结构研究[J]. 地理科学进展, 2007, 26(6): 86-95.

[12] 邵士秋, 雷磊, 曹威. 渤海海峡跨海通道对两大半岛城市群经济联系影响分析[J]. 资源开发与市场, 2013, 29(9): 936-939.

[13] 许韶立. 论河南旅游"弓箭式"战略格局[J]. 地域研究与开发, 2010, 29(6): 100-103.

[14] 于会录, 孙峰华. 渤海海峡跨海通道对南北亚欧大陆桥的影响及亚欧大陆桥中干线构想[J]. 经济地理, 2009, 29(7): 1075-1080.

[15] 孙峻岭, 林炳耀, 孙琳琳. 新亚欧大陆桥东端城市群空间结构规划构想[J]. 地理研究, 2012, 31(5): 931-944.

[16] 李纪恒. 论"路桥经济"[J]. 学术论坛, 1999, (6): 56-60.

[17] 于敏. 渤海海峡跨海通道对环渤海地区主要产业影响评价分析[J]. 鲁东大学学报, 2009, 25(4): 29-32.

[18] 国家发展和改革委员会, 外交部, 商务部. 推动共建丝绸之路经济带和 21 世纪海上丝绸之路的愿景与行动[M]. 北京: 外交出版社, 2015.

[19] 廖元和. "一带一路"战略背景下的新欧亚大陆桥建设[J]. 经济体制改革, 2016, (5): 62-66.

[20] 孙海燕, 孙峰华, 王泽东, 等. 渤海海峡跨海通道建设与环渤海地区国家级新区的互动响应[J]. 经济地理, 2017, 37(1): 8-14.

[21] 李凤霞. 渤海海峡跨海通道对烟台市经济发展的影响分析[J]. 公路, 2009, (10): 131-134.

[22] 常红伟, 韩增林. 浅析渤海海峡跨海通道对环渤海地区经济发展的影响[J]. 国土与自然资源研究, 2007, (2): 15-16.
[23] 杜小军, 柳新华, 刘良忠. 渤海海峡跨海通道对环渤海区域经济一体化发展的影响分析[J]. 华东经济管理, 2010, 24(1): 36-39.
[24] 王姣娥, 景悦, 王成金. "中欧班列"运输组织策略研究[J]. 中国科学院院刊, 2017, 32(4): 370-376.
[25] 肖雪. 丝绸之路经济带与欧亚大陆桥商贸流通发展契机分析[J]. 商业经济研究, 2015, (31): 36-38.
[26] 李富佳, 韩增林, 张金忠. 渤海海峡跨海通道建设对环渤海物流系统影响分析[J]. 海洋开发与管理, 2009, 26(1): 101-105.
[27] 李建伟, 段沛佑. 基于蓝色经济区域的物流园区布局规划分析——以山东省为例[J]. 价值工程, 2015, 34(1): 26-27.

第六章 对经济发展水平的影响

第一节 东北、华北和山东半岛经济发展现状分析

一、经济发展总体概况

(一) 东北地区经济发展现状

东北三省经济起步较早,为1949年后中国的发展壮大做出过历史性的贡献,有力地支援了全国的经济建设。近20年来,随着资源损耗和产业结构的逐步调整,东北地区的重工业基地逐步转型,东北三省的经济增长一度滞后于全国经济发展情况。2017年,东北三省经济总量达到54 256.45亿元,占到全国比重的6%左右(图6-1)。

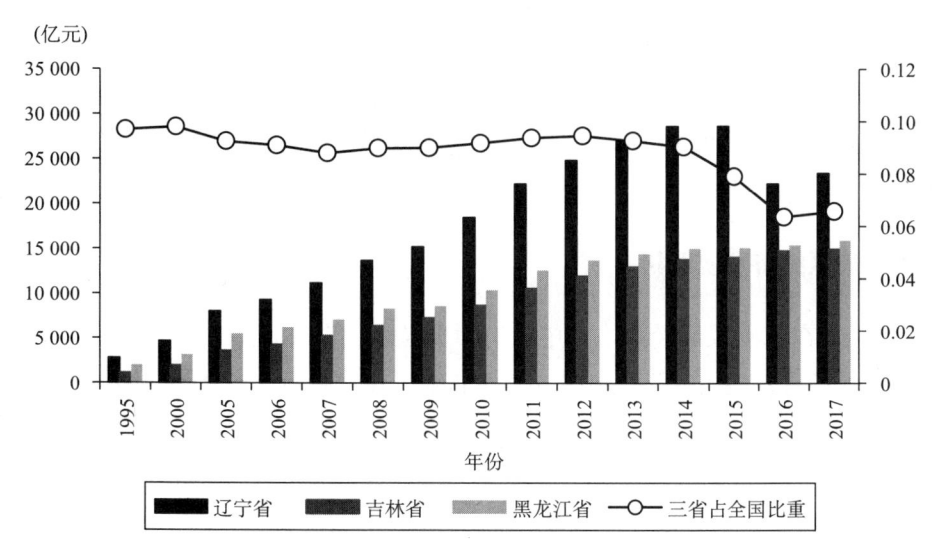

图6-1 1995~2017年东北地区GDP及其占全国的比重

资料来源:1995~2017年相关统计年鉴。

2014年以来,东北三省在中国大陆31个省份GDP排行榜中均处于垫底位置。从2015年上半年来看,辽宁省GDP增速是2.6%,在全国排倒数第一;黑龙江5.1%,吉林是

6.1%，经济增速分别位列全国倒数第三和第四。"十二五"期间，东北三省虽有多项保增长措施出台，但颓势依然不减。从总体来看，东北三省经济增速均低于同期全国平均水平。

从内部发展来看，东北三省经济发展呈现出不同的特征。辽宁省经济发展相对平稳，吉林省经济波动比较明显，而黑龙江省经济在近年来衰退最为明显。1990~2014 年的 25 年间，黑龙江省各地市经济经历了快速发展到缓慢降速，再到快速衰退的过程。2014 年，全省 13 个地市中，仅哈尔滨、黑河、佳木斯和绥化四个地市经济维持了增长状态，其余均出现了不同程度的经济总量下滑萎缩。以七台河市为例，在 20 世纪 90 年代初期，经济快速发展，"八五"期间经济总量翻了一番多，年均增长率在 10%以上，"十五"期间经济增长放缓，而到了"十二五"期间，经济发展出现了快速衰退的趋势。吉林省经济发展由快转慢，各地市经济发展基本处于平稳增长状态，但期间也出现了几次快速增长期和经济低谷期。1992~1996 年是吉林各地市经济高速发展时期，这一阶段，大部分地市的年经济增长速度为 20%~30%；1997 年后，东南亚经济危机出现，经济增速出现回落，各地市保持了年均 10%左右的增速；2002~2008 年，又出现了一波高速发展，这一阶段的年均增长速度大部分突破了 20%，随着 2008 年全球经济危机的到来，经济出现回落；2010~2011 年，吉林省经济强劲反弹，增速达到 30%左右。之后，吉林省经济增速全面回落，目前保持在低位增长阶段。辽宁省经济增速平稳，除去 1993~1994 年、2006~2007 年两个时间段增速在 20%以上以外，其余年份经济增长速度保持在 10%~20%，相对平稳增长。2013 年起，辽宁省经济出现全面降速趋势，各地市的经济增速降低到 10%以内，本溪市在 2014 年甚至出现了经济衰退的现象。

（二）华北地区经济发展现状

华北地区[①]在我国政治经济格局中占有重要位置。其中北京市和天津市为直辖市，也是这一地区经济发展的龙头。2017 年，华北地区经济总量达到 21.2 万亿元，占全国总量的 25.73%（图 6-2）。

从近 20 年的数据来看，北京一直保持 10%左右的发展速度，实现了经济的稳速增长。天津市的国内生产总值增长速度在 10%~17%，并且一直保持高速增长，其中 2003~2012 年一直保持 15%左右的增长速度。内蒙古自治区经济近 20 年来发展速度明显高于其他省份，除 1999、2013、2014 年外，年增长速度均在 10%以上，甚至多个年份超过 20%，2013 年以来随着全国经济的稳速增长，内蒙古的发展速度降低到 10%以内，但仍

---

① 本研究中华北地区指包括北京市、天津市、河北省、山西省和内蒙古自治区共计五个省级行政单位在内的广义范围。

然高于同期其他省份。河北省除 1999~2002 年和 2012 年以后的增速低于 10%之外，其他年份均保持 10%以上的增长，20 年年均增长率超 10%。山西省在 2003~2007 年的五年间经济保持快速增长，之后经济增长逐步放缓甚至低于全国平均水平，至 2014 年，山西省经济增长率位居全国倒数第二，显示出资源大省在经济转型过程中遇到的发展"瓶颈"。

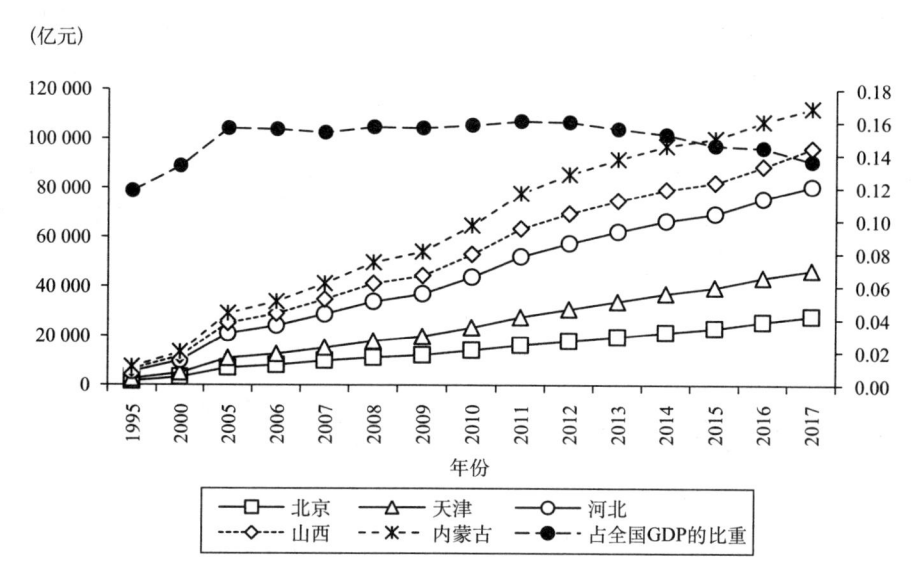

图 6-2　1995~2017 年华北地区 GDP 及其占全国的比重

资料来源：1995~2017 年相关统计年鉴。

从人均 GDP 来看，华北地区省份表现出发展不均的特点。2002 年时，北京的人均 GDP 全国最高，为 30 730 元；天津次之，比其少 9 343 元；其余三个省份中，河北地区相对较高，内蒙古和山西两地的人均 GDP 连北京地区的 1/3 都不到，尤以山西省的人均 GDP 最低，增长得也最慢。2005 年以后，在河北、山西、内蒙古这三个经济相对落后的地区中，内蒙古的经济开始迅速发展，其人均 GDP 超过河北并开始迅速增长，到 2014 年，虽然与北京、天津还存在一定的差距，但差距却在很快缩小，而河北与山西仍然远远落后于京津地区，其中山西省依然处于最落后状态。2014 年，天津人均 GDP 达 105 202 元，居全国第一；北京紧随其后，为 99 995 元；内蒙古 71 044 元，居全国第六；河北省 39 984 元，在全国位列第 16 位，处于中游；山西省 35 064 元，位于中国大陆地区 31 个省区市中的第 23 位。

除北京、天津两个直辖市外，河北省、山西省和内蒙古自治区经济发展的内部地区差异化显著。其中，河北省经济总量最大，经济发展速度也较快。1991~1995 年各地市经济飞速发展，年增长速度一度突破 50%，基本维持在 30%左右。2013 年，经济增长速度降低到10%以下，保定市甚至一度出现经济负增长，其余年份经济增长速度有小幅波动，基本维持在10%~20%。山西省经济发展总体上体现了资源型依赖的特征，总体发展速度不及其他省份。山西省经济的跨越式发展出现在2003~2005年，这期间，各地市的年均增长速度达到20%以上，吕梁市在2004年GDP总量增长了106亿元，实现了接近80%的经济增速，成为山西省经济增长速度最快的地市。2012年起，经济增速明显放缓，大部分地市在10%左右。从2013年起，山西省经济发展速度迅速降低，在2014年有部分地区经济增速基本为零，甚至出现了大范围的负增长，山西省经济发展进入了深度调整阶段。内蒙古自治区经济地域范围广阔，资源丰富，经济总量较高，经济发展速度一直比较平稳，波动情况相比山西省和河北省要小得多。经济增速在2003~2008年出现了快速发展，但增长速度也基本上维持在30%左右的水平。自2013年起，内蒙古的经济增长速度快速下降至个位数，多个地市在2014年增速降低到5%以下，其余年份的经济增速基本在10%~20%波动。

（三）山东半岛地区经济发展现状

山东是中国的经济大省、人口大省。2013年，山东与广东、江苏一起被评为中国最具综合竞争力省区。2017年，山东国内生产总值达到72 624.15亿元（超过东北三省同期GDP总和），列全国第三，占中国GDP总量的8.8%。山东省GDP从1995年的4 953.35亿元开始持续保持8%以上的增长速度，实现了经济的稳定快速增长。

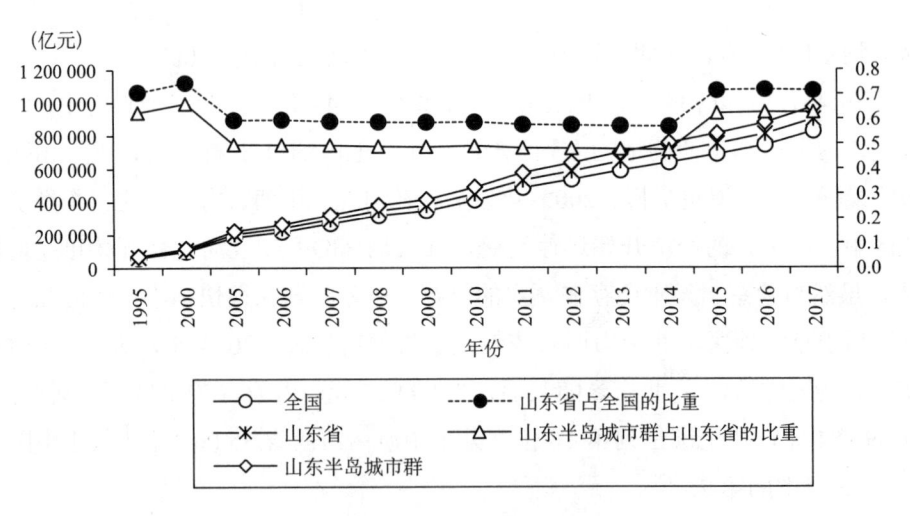

图6-3　1995~2017年山东省和山东半岛城市群GDP及其占全国的比重

资料来源：1995~2017年相关统计年鉴。

山东半岛经济区是山东省经济发展的重要地区，同时也是直接受益于 BSCC 的地区。近 20 年来，山东半岛经济总量从 1995 年的 3 106 亿元增长到 2017 年的 45 482 亿元，一直占山东省经济总量的 60% 以上。其中，2003 年山东半岛蓝色经济区的经济总量占到山东全省的 62.62%，创历史最高水平，随后一路下降。这一现象说明，自 2004 年以来，山东半岛的经济发展速度落后于省内其他地市，这一现象值得进一步关注和探究（图 6-3）。

二、三区经济发展问题分析

（一）三区国有经济比重较高

研究区域内经济成分构成会发现，三区国有经济比重均较高，经济市场化程度不高，这也导致行政干预经济发展的力量比较强，市场力量决定资源配置还相对较弱，中小企业没有形成气候。同时，由于多个国家战略的同步实施，使得三区缺乏协同发展的整体规划和明确可行的战略部署，未能形成优势互补、团结一致、共同发展的合力。工业结构偏"重"，因而从企业规模结构看，大型企业比重略高，中小企业比重相对较小。

（二）地区经济发展水平差距较大

由于地域、历史、资源等方面的原因，三区各省市，尤其是城市间发育程度参差不齐，发展水平区域性差别较大。从空间上看，沿海城市优于内陆城市，东部城市优于西部城市，大城市优于中等城市。如北京、天津、青岛、大连、秦皇岛等城市发展速度较快，发育也已较为成熟，市政建设、经济水平、吸引外资、居民收入水平等，都远高于地处内陆的太原、包头、石家庄、呼和浩特等城市。

（三）地区产业链条交错，产业分工不明晰

由于长期计划程度高于市场调控的体制，各地区都追求利润率较高的产业发展，形成地区间条块分割，三区在项目安排上呈现产业结构趋同的现象。除了大部分省份都有钢铁、煤炭、化工、建材、电力、重型机械、汽车等传统行业外，目前又在竞相发展电子信息、生物制药、新材料等高新技术产业，甚至都有自己的出海口，这不但导致资源的极大浪费，也造成地区之间利益的冲突，进而加剧产业行业间的盲目竞争和恶性竞争，也导致各地区的地方保护主义。近年来，三区各城市制定的产业发展战略趋同，区域内重复建设现象严重。部分城市出现了与国际经济联系的紧密程度大于区内联系的现象，

在对外贸易和招商引资上存在相互竞争的现象。区域壁垒导致产业难以实现优势互补，这已成为困扰三区经济和科技发展的首要矛盾。

（四）缺乏强有力的"龙头"带动

三区天然的中心是首都北京，但是在经济上，北京和区域内的其他地方缺乏紧密的联系，甚至存在竞争和冲突。京津冀地区的辐射半径还没有到达辽东半岛和山东半岛，两个半岛对京津冀地区的依赖和辐射相对更弱。目前看来，三区发展尚缺乏真正的"龙头"带动，国家开发建设天津滨海新区并定位天津为三区的经济中心，就是力求在"龙头"带动方面有所突破。但以大连为主要出海口的辽东半岛地区和以青岛为主要出海口的山东半岛，也对区域"龙头"地位虎视眈眈，在此格局下，相互之间有可能产生激烈竞争，不利于形成统一的区域经济格局。

三、三区经济发展特征分析

（一）东北地区经济发展特征

以重点城市为增长极是东北三省经济发展的典型空间特征。三省都以省会和一两个重点城市为经济主力，带动和辐射区域内的经济发展。黑龙江的哈尔滨、大庆发展水平与其周边城市的发展水平有明显差距；沈阳是辽宁乃至东北地区最大的中心城市，是东北的交通枢纽和经济中心，这决定了沈阳作为中心城市具有较大的积聚和扩散效应。大连作为辽中南城市群中经济发展最快的城市之一，交通发达，连接各地，对周边城市发挥着巨大的辐射和带动作用，成为辽中南城市群经济发展的增长极。鞍山是辽宁第三大城市，也是东北地区最大的钢铁工业基地，经济实力雄厚，对周边地区有很强的辐射和带动作用。各省均表现出偏远地级市落后的经济空间特点。

东北三省是我国重要的重化工业基地，产业聚集度高，辐射区域广。东北老工业基地制造业产业技术基础雄厚，其装备制造业特别是重大装备制造业，曾经为中国做出很大贡献，现在仍具有产业优势和产业实力。金属制品、普通机械制造、专用设备制造、交通运输设备制造、电气机械仪器制造、仪器仪表等行业具有很大的生产能力，主导产品的技术水平和生产规模在全国机械工业中占有重要地位。

从近年东北三省 GDP 数据看，第二产业始终居于核心地位，但下滑趋势明显。2004年以来，东北三省的产业结构存在明显的相似性：三省均以第二产业占比最高，且多数年份超过 50% 的高值，其中，重工业占据绝对优势地位。第二产业增加值指数普遍高于 GDP 增速，也就是说第二产业对 GDP 的贡献更大，是 GDP 保持多年 10% 以上增速的首要功臣；一、三产业增加值虽有提高，但长期低于第二产业，对当地经济发展的贡献率不高。另外，由于产业结构调整，第二产业下滑趋势明显，也直接影响到东北三省经济的增长速度，从2013年开始，东北三省经济增速基本都处于全国倒数的水平。不容忽视的一个重要现象是，这一地区的众多央企对地方资源的依赖虽大，但对地方经济的实际辐射带动作用却相当有限。

（二）华北地区经济发展特征

华北地区一个非常明显的特点是各地经济发展水平差距较大，城乡二元结构现象突出。京津两大核心城市发展水平和潜力要明显高于其他省份，并且没有起到应有的辐射和带动功能，与周边地区在发展上存在发展脱节现象。在科技竞争力、人才竞争力方面，北京和天津居全国前列。北京市处于产业结构的顶端，以金融保险、商贸物流、信息服务为代表的现代服务业已成为北京的支柱产业，占经济总量的70%以上，高科技产业也有相当发展。天津的现代物流业和现代制造业发展迅速。山西绝大部分投资投入煤炭、电力等能源行业，形成了以能源原材料为主的产业结构，但近几年出现了资源枯竭的现象。河北省重化工特别是地方特色产业集群如能源、冶金、化工、装备制造业的大发展，在给本省经济带来效益的同时，也带来了华北地区对环境产业的关注。内蒙古是环渤海经济圈重要的资源接续基地，是向北开放的大通道，内蒙古内接八省区，外邻两国，横跨"三北"，区位优势突出，其经济发展领域主要集中在农畜产品加工业、能源工业、冶金工业、化学工业。内蒙古作为三区唯一与俄罗斯、蒙古接壤的省份，也是中国对俄、蒙过货量最大的口岸。内蒙古还是环渤海经济圈重要的生态屏障。内蒙古的地理位置和生态状况对环渤海经济圈可持续发展起着重要作用，是维系这一区域生态安全最重要的屏障。

（三）山东半岛地区经济发展特征

随着山东半岛蓝色经济区规划的实施，山东半岛以其较高的开放度和较好的发展基础，积极与日韩经济辐射呼应，以机械电子、轻纺、食品、石油和天然气开采、石油加工、化学工业为主导产业，自然资源丰富，农业和海洋产业基础雄厚，劳动密集型产业发达，特别是电子信息和家用电器产业竞争力强，市场化程度较高，是我国重要的对外开放基地，在这三个地区中竞争力优势明显，经济上升速度较快。

第二节　东北、华北和山东半岛经济发展趋势分析

一、研究方法

（一）英吉利海峡隧道经济影响研究方法借鉴

英吉利海峡隧道最早于 1802 年由法国工程师 Albert Mathieu 提出，经过了近 200 年的分析讨论，1988 年动工，1994 年建成并投入使用。期间，出现了大量关于英吉利海峡隧道的经济影响分析研究成果。

20 世纪 90 年代初期，位于英吉利海峡隧道两端的 Kent（英国）和 Nord-Pas-de-Calais（法国）两个地区的经济增长均低于西欧的平均水平，人们寄希望于隧道的开通能为这两个地区的经济注入新的活力。隧道开通的前五年（1995～2000 年），Nord-Pas-de-Calais 经济发展仍然低于所在省份的其他地区，Kent 情况虽然略好，但经济增长也没有达到预期，就业增长率也远低于当时英国东南部 20.5%的水平[1,2]。实际上，Nord-Pas-de-Calais 经济增长缓慢主要因为作为经济支柱的煤炭、钢铁和纺织三大产业出现结构性调整而逐渐萎缩造成的[3]。尤其是原先以煤炭挖掘为主要产业的地区，经济衰退势头未减。随着经济结构调整，1975～1995 年，工业企业岗位减少了 45%，约 25 万个[4]。

这一现象的出现让更多的研究学者关注英吉利海峡隧道开通所产生的经济影响，进而采用了多种方法，试图量化隧道的经济影响当量。基布尔（Keeble）等最先采用经济潜力分析方法试图量化隧道的经济影响水平，他采用城市间最短路径法进行研究，但吉布（Gibb）等的研究表明，这一方法低估了隧道的经济影响[5~7]。大卫（David）等采用城市间最短旅行时间代替旅行距离进行了重新测算发现，海峡隧道对隧道连接的英国地区经济并未产生明显影响，一直以来的研究都高估了隧道的影响力[8]。众多学者采用经济潜力分析方法进行的影响研究都未发现海峡隧道对相关地区的经济影响关系，但同时又不能否认隧道对长远经济的影响。

（二）指数平滑法的采用

本研究在分析众多量化方法的基础上，认为对时间长轴的经济预测采用时间序列预测方法更为合适。同时，经过对时间序列预测方法中的简单序时平均数法、加权序时平均数法、移动平均法、加权移动平均法、趋势预测法、指数平滑法进行测量比较，发现指数平滑法在历史数据序列较长且完整的情况下与现实数据的拟合度最高。本研究在数量预测过程中，采用指数平滑法并对权值采用移动平均的方法进行调整，得出最终的预

测结果。

指数平滑法的一般计算公式为：

$$y_{t+1}=ax_t+(1-a)y_t \quad \text{式 6-1}$$

式 6-1 中，x_t 为时期 t 的实测值；y_t 为时期 t 的预测值；a 为平滑系数，又称加权因子，取值范围为 $0 \leq a \leq 1$。

将 y_t，y_{t-1}，…，y_2 的表达式逐次代入 y_{t+1} 中，展开整理后，得：

$$y_{t+1}=ax_t+a(1-a)x_{t-1}+a(1-a)^2x_{t-2}+…+a(1-a)^{t-1}x_1+(1-a)^t y_1 \quad \text{式 6-2}$$

从式 6-2 中可以看出，一次指数平滑法实际上是以 $a(1-a)^k$ 为权数的加权移动平均。由于 k 越大，$a(1-a)^k$ 越小，所以，越是远期的实测值，对未来时期平滑值的影响就越小。新预测值是根据预测误差对原预测值进行修正得到的。a 的大小表明了修正的幅度。a 值越大，修正的幅度越大；a 值越小，修正的幅度越小。

在测算过程中，通过对 a 值的反复尝试比较，认为 a 为 0.9 比较合适，这也说明了预测期内经济发展具有迅速且明显的变动趋向。

二、三区经济总体发展趋势预测

以 2014 年为基期，根据时间序列分析预测的指数平滑法进行预测，得出结果如表 6-1 所示。随着经济总量的增加和结构调整，各省份的发展速度进一步放缓，到 2030 年，北京、天津、吉林和山东（山东半岛）的经济总量将翻一番，其他省份经济总量无法实现翻倍。

表 6-1　2015～2050 主要年份区域内各省份 GDP 产值预测（亿元）

年份	全国	北京	天津	河北	山西	内蒙古	辽宁	吉林	黑龙江	山东	山东半岛
2015	688 087	23 039	17 158	30 901	13 146	18 756	30 615	14 781	15 748	64 134	33 618
2020	940 541	31 797	24 189	37 660	14 670	23 601	39 773	19 392	19 199	87 731	44 859
2025	1 193 372	40 540	31 230	44 461	16 220	28 451	48 983	24 022	22 656	111 325	56 109
2030	1 446 190	49 284	38 271	51 261	17 770	33 302	58 192	28 651	26 112	134 918	67 358
2035	1 699 009	58 028	45 311	58 061	19 320	38 152	67 400	33 280	29 569	158 512	78 608
2040	1 951 828	66 772	52 352	64 861	20 870	43 003	76 609	37 909	33 026	182 106	89 857
2045	2 204 647	75 516	59 392	71 661	22 420	47 853	85 817	42 538	36 482	205 699	101 107
2050	2 457 466	84 260	66 433	78 460	23 971	52 704	95 026	47 167	39 939	229 293	112 357

从发展速度来看，到 2030 年，全国的平均 GDP 增速将降至 3.6% 左右，而同期，仅北京、天津和山东的经济增速高于全国平均水平，黑龙江、山西、河北低于全国的平均

发展速度，其他省份与全国平均发展水平基本一致。2050年，全国GDP总量将达到245万亿元左右，而山东半岛的GDP将超过11万亿的规模；这时我国经济进入稳步发展阶段，国内GDP年均增长率约2%，各省份的发展速度也基本保持在2%左右（表6-2）。

表6-2 2015～2050主要年份区域内各省份GDP增速测算

年份	全国	北京	天津	河北	山西	内蒙古	辽宁	吉林	黑龙江	山东	山东半岛
2015	8.11%	8.01%	9.13%	5.03%	3.03%	5.55%	6.94%	7.08%	4.71%	7.92%	7.26%
2020	5.68%	5.82%	6.18%	3.74%	2.14%	4.28%	4.84%	5.00%	3.73%	5.68%	5.28%
2025	4.42%	4.51%	4.72%	3.16%	1.95%	3.53%	3.91%	4.01%	3.15%	4.43%	4.18%
2030	3.62%	3.68%	3.82%	2.73%	1.78%	3.00%	3.27%	3.34%	2.72%	3.62%	3.46%
2035	3.07%	3.11%	3.21%	2.40%	1.63%	2.61%	2.81%	2.86%	2.39%	3.07%	2.95%
2040	2.66%	2.69%	2.76%	2.14%	1.51%	2.31%	2.46%	2.50%	2.14%	2.66%	2.57%
2045	2.35%	2.37%	2.43%	1.93%	1.40%	2.07%	2.19%	2.22%	1.93%	2.35%	2.28%
2050	2.10%	2.12%	2.17%	1.76%	1.31%	1.88%	1.98%	2.00%	1.76%	2.10%	2.04%

从经济增长的预测看，到2020年，除河北、山西、黑龙江面临经济结构深度调整导致经济总量不能翻番之外，其他省份经济总量均比2010年翻一番。而到2030年，经济总量较2020年增长约50%。其后，由于经济基数的增加，经济增长速度逐步放缓并趋于稳定（表6-3）。

表6-3 10年间隔的区域内各省份GDP增长情况预测

	全国	北京	天津	河北	山西	内蒙古	辽宁	吉林	黑龙江	山东	山东半岛
2020较2010	130%	125%	162%	85%	59%	102%	115%	124%	85%	124%	110%
2030较2020	54%	55%	58%	36%	21%	41%	46%	48%	36%	54%	50%
2040较2030	35%	35%	37%	27%	17%	29%	32%	32%	26%	35%	33%
2050较2040	26%	26%	27%	21%	15%	23%	24%	24%	21%	26%	25%

三、三区内部经济发展预测与趋势分析

（一）东北地区经济发展预测

东北三省经济预测显示出了巨大的内部差异性。黑龙江省经济总量稳步增加，2020年GDP总量将达到26 000亿元的水平，但地区间差异明显，并且差距进一步扩大。总

体看经济增速进一步放缓，经济增长动能不足。2040 年以后，经济增长趋于稳定，经济总量绝对值变大（表 6-4）。经济增长速度方面，截至 2020 年，黑龙江省除七台河市以外，其他地市经济均企稳回升，增速明显，均实现比 2010 年翻一番的目标。七台河市经济下行压力依然较大，出现大幅度的负增长。到 2030 年，经济发展全面企稳，相比 2020年，所有地市均实现经济总量的增长。2040 年以后，经济增长速度放缓，年均增速维持在 1%左右的水平，并基本保持（表 6-5）。

表 6-4 2015～2050 主要年份黑龙江省各地市 GDP 产值预测（亿元）

年份	大庆	大兴安岭	哈尔滨	鹤岗	黑河	鸡西	佳木斯	牡丹江	七台河	齐齐哈尔	双鸭山	绥化	伊春
2015	4 982	193	5 356	457	463	733	807	1 171	207	1 448	720	1 176	315
2020	7 429	311	7 420	714	719	1 128	1 155	1 639	107	2 150	1 119	1 849	460
2025	9 861	430	9 478	970	975	1 523	1 502	2 103	95	2 849	1 517	2 522	605
2030	12 294	549	11 535	1 226	1 232	1 919	1 850	2 568	109	3 548	1 915	3 196	751
2035	14 726	667	13 593	1 483	1 488	2 314	2 197	3 032	126	4 248	2 312	3 869	896
2040	17 159	786	15 651	1 739	1 744	2 709	2 544	3 497	142	4 947	2 710	4 543	1 042
2045	19 591	904	17 708	1 996	2 000	3 104	2 891	3 962	159	5 647	3 108	5 216	1 187
2050	22 024	1 023	19 766	2 252	2 256	3 499	3 238	4 426	173	6 346	3 506	5 889	1 332

表 6-5 10 年间隔的黑龙江省各地市 GDP 增长情况预测

	大庆	大兴安岭	哈尔滨	鹤岗	黑河	鸡西	佳木斯	牡丹江	七台河	齐齐哈尔	双鸭山	绥化	伊春
2020 较 2010	156%	214%	102%	184%	176%	169%	126%	114%	−65%	144%	183%	152%	128%
2030 较 2020	65%	76%	55%	72%	71%	70%	60%	57%	2%	65%	71%	73%	63%
2040 较 2030	40%	43%	36%	42%	42%	41%	38%	36%	30%	39%	42%	42%	39%
2050 较 2040	28%	30%	26%	29%	29%	29%	27%	27%	22%	28%	29%	30%	28%

吉林省经济总量目前较黑龙江省要低，但经济发展速度稳定。吉林省内部经济表现出的最大特点是长春市一枝独大，GDP 总量占全省总量的 35%，并且会随着经济发展逐步提高到 38%的水平。如果再考虑吉林市的话，长春和吉林两市的 GDP 占整个吉林省的半壁江山还要多，基本维持在 53%的水平。其他地市经济总量较小，发展更加平稳。从增长速度来看，吉林省整体增长速度较为平稳，2020 年比 2010 年 GDP 总量基本翻一番，后续相当长的一段时间将保持稳定发展，2040 年以后，基本保持在 2%的增长速度（表 6-6、表 6-7）。

表 6-6　2015～2050 主要年份吉林省各地市 GDP 产值预测（亿元）

年份	长春	吉林	辽源	松原	白山	通化	延边	四平	白城
2015	5 302	2 717	753	1 730	711	1 063	899	1 280	728
2020	7 420	3 449	1 128	2 127	914	1 511	1 229	1 704	1 024
2025	9 516	4 172	1 499	2 526	1 118	1 954	1 556	2 127	1 319
2030	11 613	4 896	1 871	2 925	1 321	2 397	1 883	2 550	1 613
2035	13 709	5 620	2 242	3 324	1 525	2 840	2 211	2 973	1 908
2040	15 806	6 344	2 613	3 722	1 728	3 284	2 538	3 395	2 203
2045	17 902	7 068	2 985	4 121	1 931	3 727	2 865	3 818	2 497
2050	19 999	7 791	3 356	4 520	2 135	4 170	3 192	4 241	2 792

表 6-7　10 年间隔的吉林省各地市 GDP 增长情况预测

	长春	吉林	辽源	松原	白山	通化	延边	四平	白城
2020 较 2010	123%	92%	175%	93%	111%	141%	130%	119%	130%
2030 较 2020	57%	42%	66%	38%	45%	59%	46%	50%	58%
2040 较 2030	36%	30%	40%	27%	31%	37%	31%	33%	37%
2050 较 2040	27%	23%	28%	21%	24%	27%	24%	25%	27%

辽宁省经济总量现在占东北三省的半壁江山，但近年来经济增速持续降低，未来这一比重略有下降。从内部来看，未来 35 年里，沈阳和大连的双核驱动特征明显，两市的 GDP 总产值占全省的近一半，其他地市的 GDP 产值较低。在 2020 年之前，经济发展相对较快，2020 年较 2010 年来看，大部分地市的 GDP 增长率都超过了 150%，但随着经济转型压力的增大，2030 年后，经济增长速度降低较快，到 2050 年，全省各地市的经济增长速度基本稳定在 2% 左右（表 6-8、表 6-9）。

表 6-8　2015～2050 主要年份辽宁省各地市 GDP 产值预测（亿元）

年份	沈阳	大连	鞍山	抚顺	本溪	丹东	锦州	营口	阜新	辽阳	盘锦	铁岭	朝阳	葫芦岛
2015	8 284	8 747	3 321	1 695	1 549	1 291	1 662	1 814	753	1 287	1 721	1 261	1 233	895
2020	12 429	13 295	4 891	2 713	2 428	1 999	2 615	2 847	1 230	1 986	2 753	1 941	1 968	1 338
2025	16 572	17 840	6 462	3 730	3 307	2 707	3 568	3 880	1 707	2 685	3 785	2 621	2 702	1 780
2030	20 715	22 386	8 032	4 747	4 185	3 415	4 520	4 913	2 183	3 383	4 817	3 300	3 436	2 222
2035	24 858	26 931	9 603	5 764	5 064	4 122	5 473	5 946	2 660	4 081	5 850	3 980	4 170	2 664
2040	29 001	31 477	11 174	6 781	5 943	4 830	6 426	6 979	3 137	4 780	6 882	4 660	4 904	3 107
2045	33 144	36 022	12 745	7 798	6 821	5 538	7 378	8 012	3 613	5 478	7 914	5 339	5 637	3 549
2050	37 287	40 568	14 316	8 814	7 700	6 245	8 331	9 044	4 090	6 177	8 947	6 019	6 371	3 991

表 6-9 10 年间隔的辽宁省各地市 GDP 增长情况预测

	沈阳	大连	鞍山	抚顺	本溪	丹东	锦州	营口	阜新	辽阳	盘锦	铁岭	朝阳	葫芦岛
2020 较 2010	148%	158%	130%	205%	182%	174%	190%	184%	225%	170%	197%	169%	200%	154%
2030 较 2020	67%	68%	64%	75%	72%	71%	73%	73%	77%	70%	75%	70%	75%	73%
2040 较 2030	40%	41%	39%	43%	42%	41%	42%	42%	44%	41%	43%	41%	43%	42%
2050 较 2040	29%	29%	28%	30%	30%	29%	30%	30%	30%	29%	30%	29%	30%	30%

（二）华北地区经济发展预测

本部分着重分析河北、山西和内蒙古三省份内部各省市经济发展预测结果。北京、天津两市经济发展预测分析见前文"三区经济总体发展趋势预测"。

河北省经济整体增长速度不快，到 2020 年，大部分地市相比 2010 年总量未能翻番。2020 年以后，经济增速持续降低，2040 年后经济增速降低到 1%左右的水平。从经济总量上看，石家庄和唐山形成河北省内两个经济增长极点，2030~2035 年两市 GDP 分别先后突破 1 万亿大关。省内的邯郸和保定两市经济增长乏力，经济增速降低较快（表 6-10、表 6-11）。

表 6-10 2015-2050 年主要年份河北省各地市 GDP 产值预测（亿元）

年份	石家庄	唐山	秦皇岛	邯郸	邢台	保定	张家口	承德	沧州	廊坊	衡水
2015	5 060	6 212	1 197	3 077	1 661	2 747	1 353	1 334	3 119	2 043	1 131
2020	6 660	7 104	1 359	3 372	2 006	2 984	1 657	1 728	3 898	2 692	1 461
2025	8 272	7 977	1 521	3 656	2 350	3 237	1 955	2 120	4 669	3 336	1 854
2030	9 884	8 851	1 683	3 941	2 694	3 488	2 253	2 511	5 440	3 980	2 255
2035	11 496	9 724	1 844	4 226	3 038	3 740	2 552	2 903	6 210	4 625	2 667
2040	13 108	10 598	2 006	4 510	3 381	3 991	2 850	3 295	6 981	5 269	3 077
2045	14 720	11 472	2 168	4 795	3 725	4 243	3 149	3 686	7 752	5 914	3 479
2050	16 332	12 345	2 330	5 080	4 069	4 495	3 447	4 078	8 523	6 558	3 884

表 6-11 10 年间隔的河北省各地市 GDP 增长情况预测

	石家庄	唐山	秦皇岛	邯郸	邢台	保定	张家口	承德	沧州	廊坊	衡水
2020 较 2010	96%	59%	46%	43%	66%	46%	71%	94%	77%	99%	87%
2030 较 2020	48%	25%	24%	17%	34%	17%	36%	45%	40%	48%	54%
2040 较 2030	33%	20%	19%	14%	26%	14%	26%	31%	28%	32%	36%
2050 较 2040	25%	16%	16%	13%	20%	13%	21%	24%	22%	24%	26%

山西省经济最大的问题是如何走出一条资源依托型的模式，近几年来，省内大部分地市经济出现了大幅度的衰退。在模型预测中，半数以上城市的第二产业产值下降严重，在对模型进行修正处理后，结果见表6-12。从该表可以看出，山西省内各地市经济增长都较为乏力，到2020年经济很难实现比2010年翻一番，但在2020年以后，经济发展逐步趋稳，经济增长态势趋好。到2021年左右，经济发展低谷出现，之后经济发展逐步恢复增长。2040年以后，经济发展基本达到2%的稳态（表6-13）。从经济发展总量看，山西省很难出现GDP超万亿的地市，各地市之间的经济发展差距不明显。

表6-12 2015~2050年主要年份山西省各地市GDP产值预测（亿元）

	太原	朔州	晋城	阳泉	长治	晋中	大同	临汾	吕梁	运城	忻州
2015	2 518	677	1 035	616	1 331	1 039	998	1 282	1 279	1 201	1 005
2020	3 102	830	1 108	664	1 454	1 184	1 184	1 571	1 583	1 587	1 008
2021	3 281	861	1 165	697	1 456	1 252	1 221	1 628	1 642	1 665	1 043
2025	4 021	982	1 398	837	1 834	1 530	1 370	1 855	1 877	1 974	1 188
2030	4 940	1 134	1 712	1 009	2 340	1 894	1 555	2 140	2 171	2 361	1 409
2035	5 832	1 286	2 099	1 172	2 847	2 314	1 855	2 424	2 465	2 749	1 689
2040	6 859	1 437	2 544	1 378	3 335	2 777	2 169	2 708	2 759	3 136	1 970
2045	7 731	1 589	2 918	1 572	3 785	3 136	2 526	2 992	3 053	3 523	2 233
2050	8 627	1 741	3 324	1 740	4 248	3 505	2 916	3 277	3 347	3 910	2 459

表6-13 10年间隔的山西省各地市GDP增长情况预测

	太原	朔州	晋城	阳泉	长治	晋中	大同	临汾	吕梁	运城	忻州
2020较2010	74%	24%	52%	55%	58%	55%	70%	77%	87%	92%	130%
2030较2020	59%	37%	54%	52%	61%	60%	31%	36%	37%	49%	40%
2040较2030	39%	27%	49%	37%	42%	47%	39%	27%	27%	33%	40%
2050较2040	26%	21%	31%	26%	27%	26%	34%	21%	21%	25%	25%

内蒙古经济整体发展稳定，经济体量逐步增大。内蒙古经济发展最突出的特点是波动性较小。2020年较2010年经济总量翻番以后，经济保持持续稳定增长，但增长速度明显放缓，既不会出现衰退下滑，也不会有高速发展。到2040年，鄂尔多斯经济总量有望突破万亿元关口。2040年后，各地市盟经济增速基本稳定在2%左右（表6-14、表6-15）。

表 6-14　2015～2050 年主要年份内蒙古各地市盟 GDP 产值预测（亿元）

	鄂尔多斯	阿拉善	包头	乌海	呼和浩特	锡林郭勒	通辽	呼伦贝尔	巴彦淖尔	赤峰	乌兰察布	兴安
2015	4 138	455	3 620	597	2 872	936	1 878	1 512	864	1 768	868	454
2020	5 397	532	4 612	767	3 953	1 228	2 371	1 997	1 071	2 325	1 102	664
2025	6 644	610	5 587	938	5 029	1 514	3 019	2 481	1 276	2 877	1 335	878
2030	7 891	687	6 563	1 109	6 105	1 801	3 730	2 965	1 480	3 429	1 567	1 091
2035	9 139	764	7 539	1 280	7 182	2 088	4 548	3 450	1 685	3 981	1 800	1 304
2040	10 386	841	8 515	1 451	8 258	2 375	5 336	3 934	1 890	4 533	2 032	1 517
2045	11 634	918	9 491	1 622	9 334	2 662	6 060	4 418	2 095	5 086	2 265	1 731
2050	12 881	995	10 467	1 793	10 410	2 949	6 692	4 902	2 300	5 638	2 497	1 944

表 6-15　10 年间隔的内蒙古各地市盟 GDP 增长情况预测

	鄂尔多斯	阿拉善	包头	乌海	呼和浩特	锡林郭勒	通辽	呼伦贝尔	巴彦淖尔	赤峰	乌兰察布	兴安
2020 较 2010	104%	74%	87%	96%	112%	107%	102%	114%	77%	114%	94%	154%
2030 较 2020	46%	29%	42%	44%	54%	47%	57%	48%	38%	48%	42%	64%
2040 较 2030	32%	22%	30%	31%	35%	32%	43%	33%	28%	32%	30%	39%
2050 较 2040	24%	18%	23%	24%	26%	24%	25%	25%	22%	24%	23%	28%

（三）山东半岛地区经济发展预测

山东半岛经济在未来的 35 年中仍将保持稳健的增长速度。但随着山东省经济的整体快速增长，山东半岛经济在全省的比重逐渐下降。2021 年之前，山东半岛经济总量占全省的 65%以上，2022～2040 年，经济总量占比下降到 62%左右，之后山东半岛经济在全省的比重下降到 61%左右，并保持相对稳定。到 2045 年，除日照市外，其他七地市 GDP 总量都将跨越万亿级别。从经济增速来看，2020 年相比 2010 年，山东半岛 GDP 将翻一番。但内部各市发展情况差别较大，其中烟台市和淄博市经济增长速度较慢，但从持续到 2050 年的预测结果看，东营市的经济增速衰减较快。到 2040 年以后，山东半岛各地市 GDP 增速基本稳定在 2%左右的水平，经济规模较大（表 6-16、表 6-17）。

表6-16 2015~2050主要年份山东半岛GDP产值预测（亿元）

年份	山东省	济南市	青岛市	烟台市	威海市	潍坊市	淄博市	东营市	日照市	山东半岛占全省的比重
2015	58 900	6 237	9 389	6 360	3 014	5 182	4 270	3 657	1 745	68%
2020	82 488	8 702	12 855	8 206	4 164	7 105	5 452	4 706	2 372	65%
2021	87 207	9 192	13 548	8 574	4 393	7 490	5 689	4 917	2 498	65%
2022	91 925	9 684	14 242	8 942	4 623	7 876	5 925	5 128	2 624	64%
2025	106 082	11 157	16 322	10 047	5 311	9 032	6 635	5 761	3 001	63%
2030	129 675	13 613	19 788	11 889	6 459	10 958	7 818	6 816	3 631	62%
2035	153 269	16 069	23 255	13 730	7 606	12 885	9 001	7 870	4 260	62%
2040	176 863	18 525	26 722	15 572	8 754	14 811	10 185	8 925	4 890	61%
2045	200 456	20 981	30 189	17 414	9 901	16 738	11 368	9 980	5 519	61%
2050	224 050	23 437	33 656	19 255	11 049	18 664	12 551	11 034	6 149	61%

表6-17 10年间隔的辽宁省内各地市GDP增长情况预测

	山东省	济南市	青岛市	烟台市	威海市	潍坊市	淄博市	东营市	日照市	山东半岛
2020较2010	111%	123%	127%	88%	114%	130%	90%	99%	131%	112%
2030较2020	57%	56%	54%	45%	55%	54%	43%	45%	53%	51%
2040较2030	36%	36%	35%	31%	36%	35%	30%	31%	35%	34%
2050较2040	27%	27%	26%	24%	26%	26%	23%	24%	26%	25%

四、三区经济发展趋势分析

（一）东北地区经济发展趋势

从经济总量看，辽宁省GDP占据东北三省的半壁江山。到2020年，与2010年经济总量相比较，辽宁省GDP增长1.15倍，吉林省增长1.24倍，黑龙江省增长0.85倍。可以看出，吉林省的经济增速将略高于辽宁省，而明显高于黑龙江省。这一趋势前提下，辽宁省经济总量虽然进一步增长，但增长速度优势不明显，而黑龙江省却难以快速摆脱经济增长乏力的局面。

究其原因，与东北三省经济结构和转型密切相关。东北三省经济结构均以重化工和装备制造为主，互补性相对较差，区域内企业开展经济合作的内在动力明显不足。东北地区资源富集，但多数以未经加工或简单加工的产品输出，精深加工能力不足，高附加值产品相对较少；产业链条较短，不能在大企业周边形成强大的产业集群，也就使得加快技术进步、提高劳动生产效率和提升产业竞争力动力不足，经济活力不够。要依靠科技创新推动产业结构优化升级，完善现代产业体系：一是要推进传统优势产业转型升级；二是要培育发展战略性新兴产业；三是要加快发展现代服务业。

同时，东北三省地处东北亚，毗邻俄罗斯、朝鲜、韩国、日本等国家，这些国家在资源、市场、资本、技术和管理经验等方面各有所长，因其劳动力素质、产业配套能力、科技研发等优势，东北三省将成为国际产业转移承转辐射的节点，促进这一区域接受韩日产业转移并在区域内实现梯度转移。

（二）华北地区经济发展趋势

华北地区经济发展存在显著的内部差异。北京、天津两大直辖市经济发展速度较快且较为稳定，尤其是天津，其经济增长速度明显高于全国水平。而河北、内蒙古和山西经济发展速度均低于全国平均水平。

随着北京相关经济职能的外溢和京津冀一体化的快速推进，河北省在未来一段时期内将承接相关产业并进一步发展自身经济。但同时囿于环境发展，河北省在经济发展过程中，重化工产业和重型机械制造业等相关产业无法承担地区工业化阶段应有的职能，所以河北省经济发展在一定程度上仍然受到较大的限制。

山西和内蒙古都属于资源型省份。山西面临资源枯竭的现状，经济发展速度显著降低，如果没有外界的干预和内部新兴产业的造血功能，到2030年，其经济增长速度将降低到1.78%左右，仅为全国平均增速的一半。内蒙古有着广阔的地域和丰富的生态资源，在转型过程中，新能源产业将成为重要的发展方向，其经济增长速度在略低于全国平均水平的基础上徘徊。

华北地区经济发展水平的不同，使得该地区经济发展梯度结构明显，经济结构调整存在巨大空间，相关产业转移可以实现内部统筹。这为该地区的经济发展提供了良好的基础条件。随着首都经济圈、天津滨海新区、河北曹妃甸工业区等的快速发展，其辐射功能将逐渐显现，会带动周边地区经济的快速发展。

（三）山东半岛地区经济发展趋势

山东半岛蓝色经济区不同于其他经济区的显著特征，就是其拥有丰富的海洋资源和海岸线资源，可以大力发展海洋经济。发展包括港口、海洋工矿业、海洋渔业、海洋运输业、海洋休闲业等，是山东半岛经济发展的最大特色。

从经济发展预测来看，山东半岛经济的发展速度略低于山东省的经济发展速度，经济总量在全省的比重也逐步下降。2014年，山东半岛GDP约占全省的53%，到2020年，这一比例将下降到 51%，2030 年将进一步下降到 50%。由此可以看出，山东半岛经济的发展需要注入新的活力，以便推动其经济快速发展。

山东半岛经济发展的着力点在于，能够快速的实现区内经济结构的调整，把发展方向集中在海洋能源、现代服务业、高新技术产业、海洋生物产业、海洋装备制造业、临港重化工业、盐化工及海洋化工产业、信息服务、现代海洋渔业、生态环保产业、交通运输业、海洋工程建筑业、海洋生态环保产业、现代农业、海底矿产勘探开发开采输送加工、海洋文化旅游业等方面，完成产业的升级换代，实现经济的可持续发展。

第三节　BSCC 影响下的经济发展趋势分析

一、BSCC 的经济拉动能力分析

（一）空间可达性

城市经济联系的强度和格局在很大程度上取决于地域的空间可达性，在 BSCC 建设的背景下，三区城市间的空间可达性随之变化，增强了城市间联系的便捷程度，即交通方式的技术创新决定了区域的空间可达性[9~12]。山东半岛城市到东北主要城市的陆路通道距离将大大缩短[13]。烟台至辽东半岛各城市间的陆路运输距离大多能够缩短 1 000 千米以上，其中至大连之间的陆路通道运输距离缩短达到 1 500 千米以上，烟台至沈阳的运输距离缩短 900 千米以上[14,15]。同时，烟台到长春和哈尔滨的陆路运输距离也将缩短近 1 000 千米（表 6-18）。

BSCC 建设大幅提升了沿线（尤其是 BSCC 南北两侧）城市的经济联系强度[16]，同时又呈现出明显的距离衰减规律[17]。而城市经济联系的格局沿重要交通基础设施集聚的原因，在于经济联系总是沿着经济运行成本最节约的方向进行[18~20]，由于 BSCC 建设使两半岛交通网络结构和功能得到极大改善，节约了城市经济联系的交通成本，能够吸引城市经济联系向 BSCC 沿线集中，烟台和大连的门户地位凸显[21~24]。因此，BSCC 建设对两半岛城市经济联系强度和格局的影响，主要是通过改变空间可达性来实现的。

（二）经济拉动效应

BSCC 对各城市陆路运输距离的缩短量各有不同，所产生的经济拉动效应相应不同。根据陆路运输距离的缩短量和隧道所在位置，将研究区内的城市分为显著影响城市、一般影响城市、弱影响城市三大类。

表 6-18 BSCC 使山东半岛城市与东北主要城市陆路运输距离缩短距离测算（km）

	烟台	威海	青岛	潍坊	淄博	日照	东营	济南
大连	1 555	1 452	1 429	1 246	1 146	—	875	—
沈阳	923	815	581	319	124		124	
鞍山	1 016	903	221	83	—		183	—
抚顺	667	667	575	338	92		138	
本溪	1 005	918	660	403	198		198	
丹东	1 005	918	660	403	198		198	
锦州	667	667	301	39	—		—	—
营口	1 031	1 031	895	638	438		319	
阜新	656	548	290	28	—		—	—
辽阳	1 016	903	650	388	183		188	
盘锦	862	754	496	234	29		733	—
铁岭	961	961	583	316	121		92	
朝阳	77	77	143	—	—		—	
吉林	920	836	578	321	121		116	
长春	961	812	583	316	116		92	
哈尔滨	961	812	309	333	92		92	

注：陆路运输距离根据现有铁路运输距离测算，在青连铁路建成之前，日照到东北的陆路运输距离不会因为隧道而缩短。

根据表 6-19，对部分城市的经济发展预测数据进行修正。由于 BSCC 建设带来的陆路交通便利性，主要影响到以产品运输为主的第一产业和第二产业的物流成本，并为第三产业创造一定量的工作岗位。根据相关研究文献的经验系数，预测过程中对显著影响城市 GDP 分别调高 0.1% 的增长率，对一般影响城市调高 0.05% 的增长率。本研究预计 2040 年 BSCC 建成投入使用，投入使用后 10 年内对相关省份 GDP 的带动作用详见表 6-20。可见，BSCC 建成后，对区域总体 GDP 的拉动在 4 000 亿元左右。

表 6-19 区域内城市对 BSCC 经济拉动的响应程度分类

类别	城市
显著影响	烟台、威海、青岛、东营、潍坊、淄博、大连、营口、鞍山、丹东、盘锦、锦州、葫芦岛、朝阳、承德、唐山、沧州、秦皇岛、天津
一般影响	济南、日照、本溪、抚顺、阜新、辽阳、沈阳、铁岭、通化、四平、赤峰、通辽、保定、邯郸、衡水、廊坊、石家庄、邢台、张家口、北京
较弱影响	大庆、哈尔滨、鹤岗、黑河、鸡西、佳木斯、牡丹江、七台河、齐齐哈尔、双鸭山、绥化、伊春、长春、吉林、辽源、白山、松原、白城、延边朝鲜族自治州、阿拉善、巴彦淖尔、包头、鄂尔多斯、呼和浩特、呼伦贝尔、乌海、乌兰察布、锡林郭勒、兴安、大同、晋城、晋中、临汾、吕梁、朔州、太原、忻州、阳泉、运城、长治

表 6-20　BSCC 对相关省份 GDP 产生的拉动效应（亿元）

年份	北京	天津	河北	内蒙古	辽宁	吉林	山东	山东半岛	合计
2040	334	524	324	22	575	38	965	899	3 679
2041	343	538	331	22	588	39	990	921	3 772
2042	351	552	338	22	602	40	1 015	944	3 864
2043	360	566	345	23	616	41	1 040	966	3 956
2044	369	580	352	23	630	42	1 065	989	4 049
2045	378	594	358	24	644	43	1 090	1 011	4 141
2046	386	608	365	24	657	43	1 115	1 034	4 234
2047	395	622	372	25	671	44	1 140	1 056	4 326
2048	404	636	379	25	685	45	1 165	1 079	4 418
2049	413	650	386	26	699	46	1 190	1 101	4 511
2050	421	664	392	26	713	47	1 215	1 124	4 603

二、BSCC 拉动下的三区经济发展趋势

（一）闭环交通网络，形成经济增长极

交通运输是实现经济圈内部与外部以及经济圈内部之间经济联系的物质手段，发达的交通网络对区域经济发展具有至关重要的作用。区域经济的发展更多的得益于区域运输条件的改善，只有各种路网实现了无缝紧密连接，才能真正实现区际间安全、快捷、高效的运输目标。

研究区域空间跨度较大，区内具备增长极条件的区域中心城市较多，完善的交通网络对这一地区的发展具有重要的现实意义。BSCC 的建成将形成发达健全的环渤海交通网络体系，为消除阻碍区域一体化发展的地理因素和串联起环渤海的交通网络而发挥积极的作用[25]。

目前，由于渤海海峡的阻隔，环渤海区际间的快速通道还未建立起来，不利于区域经济一体化的发展。这一地区已经形成多个中心城市带领的经济圈，但规模和发展空间有限。其中，以北京为中心，正在建设形成辐射天津、石家庄、秦皇岛、张家口、唐山、德州、塘沽的"一小时经济圈"，是这一区内最重要的经济圈。而京津冀与山东、辽宁，以及山东与辽宁之间的联系还不够密切。以青岛为中心辐射烟台、威海、潍坊、日照的"一小时经济圈"、以济南为中心的经济圈、以大连为中心的经济圈、以沈阳为中心的经济圈、以长春—吉林为中心的经济圈和以哈尔滨为中心的经济圈，无论从规模还是发

展辐射能力方面，都需要大力培育和发展。而 BSCC 的建设将为上述经济圈的发展打破空间限制，实现地区间物流、人流、信息流的高速有效互动。多中心的形成，一方面活跃了地区经济，另一方面又制约了区域增长极的形成，无法形成具有产业领导优势的增长极。BSCC 的建设，可以促进北京、青岛、大连三个增长极的快速发展，最终会形成以北京为第一增长极，大连和青岛为次级增长极的空间结构。

BSCC 将有力地提高环渤海交通网络衔接效率，拓展区域内城市市场腹地。BSCC 建成后，会形成一条现代化环渤海大通道。经此大通道，东北至山东和长江三角洲的运距，比原绕道沈山、京山、京沪、胶新、陇海等缩短 400~1 000 千米，大大节省了运费及时间。在 BSCC 建设之前，山东省已经建设与内陆省份完整连接的高速公路运输网络，修建了高速公路省际通道，并形成与京津塘都市圈、长三角经济区、中原经济区和西北地区之间的便捷通道；BSCC 建成后，东北的陆路运输网络通过与山东的运输网络无缝连接，实现了东北运输流向华东输出，比现有交通运输方式节约了时间和成本。BSCC 使得山东和辽宁之间的交通要道连接了起来，这样就使得山东省的经济腹地向华北、东北拓展，辽宁的经济腹地就可以向华北、华东地区延伸，使得京津冀、山东和辽宁的经济腹地相互叠加，三大地区延展到其经济腹地的交通要道就逐渐地对接起来，形成相互衔接的一体化交通网络。

（二）生产要素自由流动，区域配置趋于合理

生产要素在区域内的自由流动对区域内各类资源的有效合理配置具有重要意义。要素的自由流动有助于消除区域间的行政壁垒，有利于产业的优势互补，推动经济一体化的进程。三区区际间生产要素的自由流动受到很大限制，特别是一些短缺要素的流动，如资金、人才、技术流动更是受到很大制约，这在很大程度上阻碍了区域内要素市场的一体化进程，不利于区域经济的协调发展。BSCC 缩短了区域间的时空距离，拉近了人们的心理距离，加速了三区统一生产要素市场的形成。

BSCC 势必对山东和辽宁的交流活动起到促进作用。BSCC 的建设，将从根本上改变这一区域间人流、物流的组织流通方式。东北地区进入华东地区的人流将更大程度地选择经过山东半岛，山东半岛前往东北地区的客流势必选择这一通道，这直接影响了两地间交通组织方式的配置，陆路交通将成为主流，航空和海运都将受到一定影响。同时，地区间的物流也更多的通过这一通道运输，物流编组、储运等站场随之出现变化。华东地区对原材料采购、产品销售市场等有了更大的自主性和选择，中间环节趋于减少，交易成本进一步降低。

要素流通渠道的拓展使物流时间和成本有效降低。东北地区土地资源丰富，粮食生

产的优势明显，是我国粮食生产和安全保障的重要基地。虽然东北是我国铁路运输最发达、路网最密集的地区，渤海海峡北岸布有京沈线、京锦线、京通线和哈大线，但直接进出东北的铁路通道只有一个出口——山海关。山海关是连接关内和关外的唯一陆上铁路通道，通过能力十分有限。而粮食属于大宗货物运输，运输方式绝大多数以铁路为主，由于铁路运力不足，每年最多只能满足 30%的实际需求，运输旺季仅为 20%。处于渤海海峡南岸的山东省，同样属于农业大省，农产品资源丰富。如山东半岛的苹果、梨、葡萄、草莓、大樱桃等水果，面临难以快捷北上的困境。就其他产品而言，以辽宁为首的东北地区矿产资源丰富，形成了以钢铁、机械、石油、化学工业为主导，包括煤炭、电力、建材、森工和纺织、造纸、制糖等比较完整的工业体系，是我国重要的重工业基地。而京津冀和山东等沿海地区在轻工、食品、电子等方面具有优势，可以加强与东北地区的交流。

渤海海峡南北两侧，囿于目前的地理位置和封闭的环境，直接妨碍了信息、资金、技术、产品、资源等市场要素的南北流动。BSCC 直线取道海上捷径，绕过山海关这处"瓶颈"，开辟了东北地区至山东省及东部沿海地区的最短运输通道，真正实现了三区人流、物流的闭合环状通道，从根本上改变了渤海海峡南北的铁路和公路运输路线，缩短沿线地区这些农产品储运的时间，加速农产品的流通和农业信息的交流，改变农产品的市场环境和需求状况，扩大了市场空间，加快了粮食产销区的衔接，有力地推动了农贸市场的发展。

第四节 BSCC 建设的经济意义

一、将加速三区产业间的分工协作，促进环渤海经济圈形成

BSCC 直接连接隔海相望的大连和烟台，将华东铁路网与东北铁路网连接起来，结束了陆路交通在此隔海相望的格局。这一连接使得断头路网发展成为一体化交通网络，向北延伸贯通营口、鞍山和沈阳，直至长春、吉林、哈尔滨，向南贯通威海和青岛，进而扩展至华东、华北广大区域。这一交通格局的改变，使得烟台、大连都有成长为区域经济增长极的可能，同时，以青岛、沈阳为核心的两个经济圈具备了更大的发展潜力。区域内城市的增长极"点"效应辐射范围逐步扩大，"点"之间逐步形成组合倍数效应的以这条通道为主轴线的"轴"。

BSCC 形成以沈阳—大连—烟台—青岛为轴线的南北交通大动脉，同时实现了沿海交通大动脉与内陆地区的衔接，能吸引资本、人员、技术、产业等进入这些区域，比如

将钢铁、石化、电力等重化工业布局逐步向沿海转移、向临港聚集，从而在沈阳、大连、烟台、青岛等基础较优越的沿海交通出入口形成新的工业走廊。

多个"点—轴"型系统的组合形成"点—轴—圈"综合效应。以沈阳—大连为双核心的经济圈辐射功能逐渐增强，形成辽东半岛经济圈；以青岛为核心的经济圈逐步扩大至山东半岛区域，成长为山东半岛经济圈；以北京为核心的首都经济圈逐渐辐射至河北相关城市，北京和天津的首位城市功能更加突出。同时，更大的点轴系统开始发育，以京哈铁路、京沈铁路为依托，形成沈阳—锦州—葫芦岛—秦皇岛的轴线，与京津冀相接，最终发展为京津辽产业带；在山东以黄烟铁路、胶济铁路、威乌高速、青银高速为依托，形成烟台—青岛—潍坊—淄博—济南—聊城的发展轴线，向北与京津冀相通，并发展为京津鲁产业带。这两个轴线发展带，与沈阳—大连—烟台—青岛轴线一起形成一个有多个发展极协同作用的"经济圈"，环渤海经济圈从机理上发展成熟，成长为我国最大的经济圈。

二、将改善三区的交通状况，促进东北亚自贸区的经济合作

BSCC 的兴建将会缓解南北运输、港口运输等矛盾，对优化地区间运输结构、提高路网运输效能具有重要意义。目前，我国东部地区承担南北向过境交通的高速公路主要有京沈、京沪、京港、沈海等高速公路，由于沈海高速并未跨越渤海海峡，所以京沈高速公路是目前唯一的高速公路通道。渤海湾北部地区铁路运能高达上亿吨，但进出关运输仍然不堪重负。虽然水上运输港口较多，但是仍然要求陆路运输能力大幅度提高加以配套才能实现物流的快速转运。BSCC 的建设，对多种运输方式协调发展、优势互补、缓解通道运输压力将发挥巨大的推动作用。它可大大缓解三区的铁路"瓶颈"约束，大量分流京沈、京沪、京广干线的运输压力。辽东半岛与胶东半岛之间，可实现"点对点"直达运输，会极大地改善三区的交通状况。

BSCC 建设对东北亚自由贸易区的形成具有重要意义。BSCC 通过山东半岛经即将建设的中韩铁路轮渡，将会连接中国的环渤海与韩国的西海岸，最终扩大到日本的西南岸，对中韩自贸区和中日韩经济自贸区的形成具有现实推动作用。同时，BSCC 把我国的东北、俄罗斯远东、蒙古国直接纳入韩国和日本的贸易腹地。同时也打开了俄罗斯远东地区资源南下的陆上通道，使西伯利亚大陆桥与新亚欧大路桥实现了对接和联网。地域中心一旦形成，城市的聚集效应、规模效应、乘数效应将带来空前的机会利益[7]。山东半岛和辽东半岛也具备了成长为东北亚自贸区核心地区的条件，两大半岛城市群将成为东北亚经济增长的核心地区和动力引擎。在交通干线要素的驱动下，我国东北和华北地区更加便利地加强与日本和韩国在技术和资金上的进一步合作，加强与俄罗斯远东地

区的能源、矿产等方面的合作。这样就会形成新一轮国际产业的转移和集聚，新的产业对三区原有产业带来强有力的冲击，使得原有产业在功能、配套等方面重新整合，形成更有利于区域经济一体化发展的产业链条，推动东北亚经济圈的形成和发展。

三、逐步明确环渤海中心城市和次区域，形成新经济增长点

发达的交通网络是城市群发展的必要条件之一。发达的交通网络不仅将城市群内各城市联成一体，同时也保证了城市群与外部的社会经济文化联系，保证了资金、信息、物质、人口的交换与汇流。城市群中的中心城市对其他副中心起到辐射、联络作用，经济技术集中在中心城市，整个地区是一个体系。BSCC 的建成，使得山东半岛和辽东半岛对接，将两个城市群连为一体，并以 BSCC 为依托，形成鲁—辽经济带，加强了山东半岛城市群、京津冀城市群和辽中南城市群三大城市群间的经济联系，推动城市群功能的分工与协作，奠定了城市群协同发展的基础。

城市群之间的经济联系进一步加强。目前，处于渤海海峡两岸的山东半岛城市群和辽中南城市群经济活动更多的集中在省内城市之间进行，两个城市群之间的相互联系和作用很弱。如果 BSCC 建成，两大城市群之间的铁路和公路距离将大大的缩短，为要素的自由、快速流动提供了现实基础，特别是烟台、青岛、威海与大连的距离缩短，空间可达性大大增强，使得两地的经济联系强度得到很大的提升。

BSCC 将积极促进全国大市场形成，并且增强了与国际市场的联系。BSCC 在我国东北地区、华北地区、华东地区、长三角、珠三角等经济区域和俄罗斯东部地区的连接线上，融入东北亚地区庞大的市场网络，有利于我国东北地区及俄罗斯重工、木材、化肥、粮食等物资与我国内地的交流，有利于华东地区轻工、食品、电子等物资与东北及俄罗斯的交流，增强华北地区煤炭南下北上能力，加强区域间信息、科技和人才交流，为实现市场经济一体化创造必要条件。

参 考 文 献

[1] Thomas. Images and economic development in the cross-Channel Euroregion [J]. Geography, 2006, (1) : 13-20.

[2] Kent County Council. Kent Economic Report [R]. Maidstone: Economic Development Unit, 2003.

[3] P. Flatrès. Atlas et géographie du Nord et de la Picardie [M]. Paris: Flammarion, 1980.

[4] Bruyelle, P., S. Dormard, D. Paris, P. J. Thumerelle. Le devenir de la France du Nord: réflexions prospectives pour 2015 [J]. Hommes et Terres du Nord, 1996, (3): 166-175.

[5] Clark, C., Wilson, F., Bradley. Industrial location and economic potential in Western Europe [J].

Regional Studies, 1960, (3): 197-212.

[6] Keeble, D., Owens, P. E., Thompson. Economic potential and the Channel Tunnel [J]. Area, 1982, (2): 97-103.

[7] Keeble, D., Owens, P. E., Thompson. Reginal accessibility and economic potential in the European Community[J]. Regional Studies, 1982, (6): 319-432.

[8] David, D. R. G. The Channel Tunnel and regional economic development [J]. Journal of Transport Geography, 1994, (3): 178-189.

[9] 王梦恕. 渤海海峡跨海通道战略规划研究[J]. 中国工程科学, 2013, (12): 4-9+2.

[10] 顾九春, 孙峰华, 柳新华, 等. 渤海海峡跨海通道对区域交通可达性的影响[J]. 经济地理, 2016, (3): 65-71.

[11] 单良, 武少杰. 渤海海峡跨海通道对辽宁省可达性的影响研究[J]. 长春理工大学学报(社会科学版), 2012, (6): 75-78.

[12] 王振波, 徐建刚, 孙东琪. 渤海海峡跨海通道对中国东部和东北地区交通可达性影响[J]. 上海交通大学学报, 2010, (6): 807-811.

[13] 陆大道. 关于渤海海峡跨海通道规划建设的几个问题[J]. 鲁东大学学报(哲学社会科学版), 2009, (2): 8-9.

[14] 孙峰华, 陆大道, 柳新华, 等. 中国物流发展对渤海海峡跨海通道建设的影响[J]. 地理学报, 2010, (12): 1507-1521.

[15] 孙海燕, 陆大道, 孙峰华, 等. 渤海海峡跨海通道建设对山东半岛、辽东半岛城市经济联系的影响研究[J]. 地理科学, 2014, (2): 147-153.

[16] 张云伟, 韩增林. 渤海海峡跨海通道建设对环渤海区域的经济社会影响[J]. 海洋开发与管理, 2009, (9): 80-81.

[17] 沈航, 田小勇. 交通运输对区域经济增长影响的实证研究[J]. 武汉理工大学学报(交通科学与工程版), 2012, 36 (4): 795-798.

[18] 渤海海峡跨海通道研究课题组. 渤海海峡跨海通道研究[M]. 北京: 中国计划出版社, 2003.

[19] 刘艳军, 李诚固, 孙迪. 城市区域空间结构: 系统演化及驱动机制[J]. 城市规划学刊, 2006(6): 73-78.

[20] 李娟, 胡长顺. 中国区域经济研究[M]. 北京: 经济科学出版社, 2007.

[21] 刘良忠, 柳新华, 杜世纯. 渤海海峡跨海通道对长岛经济发展影响及对策探讨[J]. 海洋开发与管理, 2013, (10): 103-108.

[22] 邵士秋, 雷磊, 曹威. 渤海海峡跨海通道对两大半岛城市群经济联系影响分析[J]. 资源开发与市场, 2013, (9): 936-939.

[23] 杜小军, 柳新华, 刘良忠. 渤海海峡跨海通道对环渤海区域经济一体化发展的影响分析[J]. 华东经济管理, 2010, (1): 36-39.

[24] 柳新华, 刘良忠. 渤海海峡跨海通道对环渤海经济发展及振兴东北老工业基地的影响研究[M]. 北京: 经济科学出版社, 2009.

[25] 马慧强, 韩增林, 单良. 渤海海峡跨海通道建设对环渤海区域发展助推探讨[J]. 资源开发与市场, 2013, 30(5): 30-34.

第七章 对产业结构的影响

第一节 东北、华北和山东半岛产业结构现状分析

一、产业结构分析的相关理论基础

产业是社会生产力发展和社会分工的结果,当社会分工专业化程度和社会生产力水平提高时,产业也会相应的变化和发展。从宏观层面上定义产业,产业就是以社会分工为基础,把某些生产经营特征相同的企业或单位集合在一起形成的经济社会物质生产部门,而产业结构则是研究国民经济各部门中不同产业之间的比例关系和内部联系。

目前经济学界普遍认同三次产业分类法,是英国统计学家克拉克(Colin Clark)在费歇尔(A. G. B. Fisher)研究的基础上提出的。该分类法对产业结构发展水平的衡量,可以从三次产业的构成、内部构成和三次产业的技术水平及盈利能力三个方面来进行[1]。

产业结构的演进是指产业结构逐渐从低级向高级演进和发展的趋势,这种演进和发展是有规律性的,目前有关产业结构演进的理论主要包括:配第-克拉克定理、库兹涅茨产业结构论、钱纳里"标准模式"理论以及霍夫曼定理。本研究主要以三次产业产值所占比重为指标对产业结构发展水平进行衡量[2,3]。

工业化阶段是一个国家或地区经济发展过程中必不可少且最为重要的阶段,如何判断工业化的进程异常重要,却一直没有一个公认的标准。通常情况下,会根据不同的指标值将工业化进程划分为工业化初期、工业化中期、工业化后期和后工业化阶段[1]。目前对工业化进程的量化测评研究一般是从工业结构、产业结构、从业结构、人均收入水平、城镇化率等方面进行测度,本研究报告主要从产业结构演进的角度展开,为研究区域的经济发展提供直观的评价[4,5]。

美国经济学家西蒙·库兹涅茨(Simon Kuznets)研究认为,工业化作为产业结构变动最迅速的时期,其演进阶段也通过产业结构的变动过程表现出来:从三次产业 GDP 结构的变动看,在工业化起点,第一产业的比重较高,第二产业的比重较低;由于市场经济国家在工业化开始时市场化已得到较大进展,以商业、服务业为基础的第三产业的

比重较高。随着工业化的推进，第一产业的比重持续下降，第二产业的比重迅速上升，而第三产业的比重只是缓慢提高。当第一产业的比重降低到 20% 以下、第二产业的比重上升到高于第三产业而在 GDP 结构中占最大比重时，工业化进入中期阶段；当第一产业的比重再降低到 10% 左右、第二产业的比重上升到最高水平时，工业化就到了结束阶段[6]。

赛尔昆（Syrquin）与钱纳里（Chenery）等人研究认为，产业结构变动具有一定的规律性：从三次产业 GDP 结构的变动看，在前工业化阶段，第一产业的比重较高，第二产业的比重较低；在工业化初期，第一产业的比重持续下降（大于 20%），第二产业的比重迅速上升，但低于第一产业的比重，而第三产业的比重缓慢提高；当第一产业的比重降低到 20% 以下、第二产业的比重上升到高于第三产业而在 GDP 结构中占最大比重时，工业化进入中期阶段；当第一产业的比重再降低到 10%左右、第二产业的比重上升到最高水平时，工业化进入后期阶段[1]。

二、三区产业结构比较分析

从工业化发展的阶段来看，具体到三区产业结构的演进比较而言，各区工业化进程还很不平衡。2017 年，北京市三次产业结构比为 0.4：19.0：80.6，第三产业比例最高，后工业化阶段特征明显；天津市三次产业结构比为 0.9：40.9：58.2，处于工业化后期阶段，已经向后工业化阶段演进。华北地区其他三省份，第二产业比例在 40%左右，第三产业比例在 50%左右，显示这些地区正处于工业化中期阶段（表 7-1）。

表 7-1　2017 年东北和华北和山东半岛产业生产总值及构成

地区	地区生产总值（亿元）	第一产业（亿元）	第二产业（亿元）	第三产业（亿元）	构成（地区生产总值=100）		
					第一产业（%）	第二产业（%）	第三产业（%）
北京	28 014.94	120.42	5 326.76	22 567.76	0.40	19.00	80.60
天津	18 549.19	168.96	7 593.59	10 786.64	0.90	40.90	58.20
河北	34 016.32	3 129.98	15 846.21	15 040.13	9.20	46.60	44.20
山西	15 528.42	719.16	6 778.89	8 030.37	4.60	43.70	51.70
内蒙古	16 096.21	1 649.77	6 399.68	8 046.76	10.20	39.80	50.00
辽宁	23 409.24	1 902.28	9 199.80	12 307.16	8.10	39.30	52.60
吉林	14 944.53	1 095.36	6 998.51	6 850.66	7.30	46.80	45.80
黑龙江	15 902.68	2 965.25	4 060.60	8 876.83	18.60	25.50	55.80
山东省	72 634.15	4 832.71	32 942.84	34 858.60	6.70	45.40	48.00
山东半岛	45 481.70	2 318.6	20 986.78	22 276.33	4.00	46.50	49.50

注：山东半岛数据包括济南、青岛、烟台、威海、潍坊、淄博、日照和东营 8 个市。

资料来源：各省市 2017 年国民经济和社会发展统计公报。

从产业演进过程来看，华北地区各省份差异巨大。北京市自1995年第三产业超过第二产业成为城市主导产业以后，其所占比重一直在增加，而同期第二产业产值所占比重下降了一半。天津市第一产业比重持续降低，但第三产业比重却未持续增加，而是呈现出波动增长的态势，一直到2014年，天津市第二产业所占比重仍然高于第三产业，2017年第三产业比重58.2%，位居三产之首。河北省第一产业比重持续降低，第二产业比重呈现波动提高的特点，第三产业呈现波动式发展但未出现明显的提高或降低，可见河北省第二产业在经济结构中的主导地位很难动摇。山西省第一产业比重持续降低，第二产业和第三产业呈现此消彼长的波动式发展态势。内蒙古自治区第一产业所占比重在28年间降低了75%，第二产业所占比重持续增高，进入工业化中期阶段（表7-2）。

表7-2 1990～2017年华北各省区市生产总值构成

年份	北京			天津			河北			山西			内蒙古		
	一产	二产	三产	一产	二产	三产	一产	二产	三产	一产	二产	三产	一产	二产	三产
1990	8.8	52.4	38.8	8.8	58.3	32.9	25.4	43.2	31.3	18.8	48.9	32.2	35.3	32.1	32.7
1991	7.6	48.7	43.7	8.5	57.4	34.1	22.1	42.9	35.0	14.7	50.4	34.9	32.6	34.5	32.9
1992	6.9	48.8	44.3	7.4	56.8	35.9	20.1	44.8	35.1	15.0	49.0	35.9	30.1	36.2	33.7
1993	6.1	47.3	46.6	6.6	57.2	36.2	17.8	50.1	32.0	14.3	49.2	36.5	27.9	37.8	34.3
1994	5.9	45.2	48.9	6.4	56.6	37.0	20.7	48.1	31.2	15.0	48.0	37.0	30.0	36.6	33.4
1995	4.9	42.8	52.3	6.5	55.6	37.8	22.2	46.4	31.4	15.7	46.0	38.4	30.4	36.0	33.6
1996	4.2	39.9	55.9	6.0	54.3	39.7	20.3	48.2	31.5	15.3	46.5	38.2	30.6	35.7	33.8
1997	3.7	37.6	58.6	5.5	53.5	41.0	19.3	48.9	31.8	13.0	47.9	39.1	28.0	36.6	35.4
1998	3.3	35.4	61.4	5.4	50.8	43.8	18.6	49.0	32.5	12.9	47.3	39.9	27.1	36.3	36.6
1999	2.9	33.9	63.2	4.7	50.5	44.7	17.9	48.5	33.7	9.6	47.1	43.3	24.9	37.0	38.1
2000	2.5	32.7	64.8	4.3	50.8	44.9	16.3	49.9	33.8	9.7	46.5	43.7	22.8	37.9	39.4
2001	2.2	30.8	67.0	4.1	50.0	45.9	16.6	48.9	34.6	8.4	47.1	44.5	20.9	38.3	40.8
2002	1.9	29.0	69.1	3.9	49.7	46.4	15.9	48.4	35.7	8.5	48.8	42.7	19.3	38.9	41.8
2003	1.7	29.7	68.6	3.5	51.9	44.6	15.4	49.4	35.2	7.5	51.3	41.2	17.6	40.5	41.9
2004	1.4	30.7	67.8	3.4	54.2	42.4	15.7	50.7	33.5	7.7	53.7	38.5	17.2	41.0	41.8
2005	1.3	29.1	69.7	2.9	54.7	42.5	14.0	52.7	33.4	6.2	55.7	38.1	15.1	45.4	39.5
2006	1.1	27.0	71.9	2.3	55.1	42.6	12.7	53.3	34.0	5.7	56.5	37.8	12.8	48.0	39.1
2007	1.0	25.5	73.5	2.1	55.1	42.8	13.3	52.9	33.8	5.2	57.3	37.5	11.9	49.7	38.4
2008	1.0	23.6	75.4	1.8	55.2	43.0	12.7	54.3	33.0	4.3	58.0	37.7	10.7	51.5	37.8
2009	1.0	23.5	75.5	1.7	53.0	45.3	12.8	52.0	35.2	6.5	54.3	39.2	9.5	52.5	38.0
2010	0.9	24.0	75.1	1.6	52.5	46.0	12.6	52.5	34.9	6.0	56.9	37.1	9.4	54.6	36.1
2011	0.8	23.1	76.1	1.4	52.4	46.2	11.9	53.5	34.6	5.7	59.0	35.2	9.1	56.0	34.9

续表

年份	北京			天津			河北			山西			内蒙古		
	一产	二产	三产	一产	二产	三产	一产	二产	三产	一产	二产	三产	一产	二产	三产
2012	0.8	22.7	76.5	1.3	51.7	47.0	12.0	52.7	35.3	5.7	55.6	38.7	9.1	55.4	35.5
2013	0.8	22.3	76.9	1.3	50.6	48.1	12.4	52.2	35.5	6.1	53.9	40.0	9.5	54.0	36.5
2014	0.7	21.3	77.9	1.3	49.4	49.3	11.7	51.1	37.2	6.2	49.7	44.1	9.2	51.9	39.0
2015	0.60	19.7	79.7	1.3	46.6	52.2	11.5	48.3	40.2	6.10	40.7	53.2	9.10	50.5	40.5
2016	0.50	19.3	80.2	1.2	42.3	56.4	10.9	47.6	41.5	6.0	38.5	55.5	9.0	47.2	43.8
2017	0.4	19.0	80.6	0.9	40.9	58.2	9.20	46.6	44.2	4.6	43.7	51.7	10.2	39.8	50.0

山东半岛八地市 2017 年总体产业结构比例为 4.0:46.5:49.5，从演进过程上看，2006 年山东半岛第二产业比例达到最高，约为 60%，成为工业化中期阶段结束的标志，之后第三产业比例逐渐升高，第一产业比重维持在 10%以下，整体处于工业化后期阶段（图 7-1）。

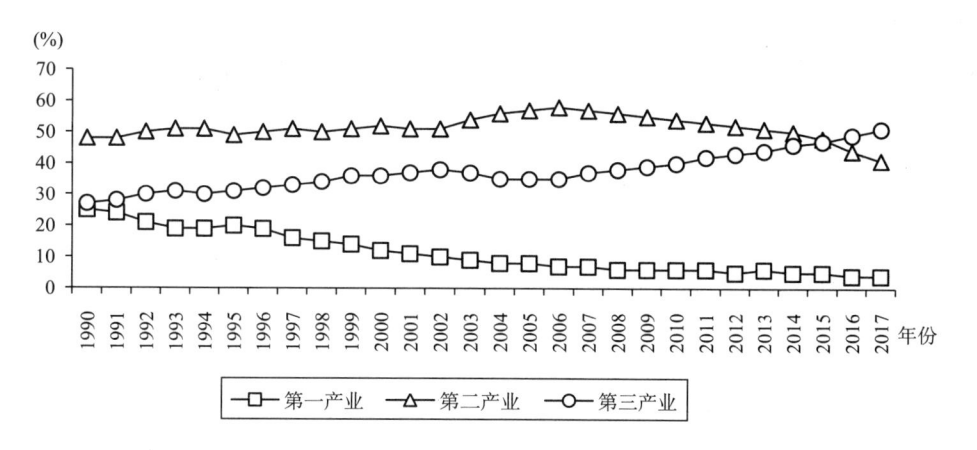

图 7-1　1990～2017 年山东半岛城市群产业结构发展变化

东北三省产业结构差异明显。2017 年，辽宁第三产业比例最高，为 52.6%；吉林第二产业比例最高，为 46.8%；黑龙江省第一产业比例较高，且第二产业比例低于第三产业比例。但比较三省份产业结构的演进过程可以发现，三省份所处的工业化时期有所差异。辽宁省第二产业所占比例在 2011 年达到高点后第三产业比例上升明显，第一产业比重持续下降到 10%以下，处于工业化中后期；吉林省第二产业比例明显高于第三产业且第三产业比例增长不明显，第一产业比重仍在 10%以上，处于工业化中期；黑龙江省 2011 年后第二产业产值出现急剧下滑，且第一产业比例相对较高，同样处于工业化中期阶段，并且经济呈现不稳定增长的状态（表 7-3）。

表 7-3 1990-2017 年东北三省产业生产总值构成（%）

年份	辽宁			吉林			黑龙江		
	一产	二产	三产	一产	二产	三产	一产	二产	三产
1990	15.9	50.9	33.2	27.7	42.6	29.7	22.4	50.7	26.9
1991	15.1	49.2	35.8	27.7	42.6	29.7	18.0	50.3	31.7
1992	13.2	50.4	36.4	27.7	42.6	29.7	17.4	51.4	31.2
1993	13.0	51.7	35.3	27.7	42.6	29.7	16.6	54.2	29.2
1994	13.0	51.1	35.9	27.7	42.6	29.7	19.0	53.0	28.0
1995	14.0	49.8	36.2	27.7	42.6	29.7	18.6	52.7	28.7
1996	15.0	48.7	36.3	28.1	40.6	31.3	18.7	53.6	27.7
1997	13.2	48.7	38.1	25.4	39.8	34.8	17.3	53.7	29.0
1998	13.7	47.8	38.5	27.6	38.3	34.1	15.5	53.4	31.1
1999	12.5	48.0	39.5	25.4	40.2	34.4	13.2	54.3	32.5
2000	10.8	50.2	39.0	21.9	43.9	34.2	12.2	54.9	32.9
2001	10.8	48.5	40.7	20.1	43.3	36.5	12.8	52.3	34.8
2002	10.8	47.8	41.4	19.9	43.6	36.6	13.0	50.7	36.3
2003	10.3	48.3	41.4	19.3	45.3	35.4	12.4	51.4	36.2
2004	12.0	45.9	42.1	19.0	46.6	34.4	12.5	52.4	35.2
2005	11.0	48.1	41.0	17.3	43.7	39.1	12.4	53.9	33.7
2006	10.1	49.1	40.8	15.7	44.8	39.5	12.1	54.2	33.7
2007	10.2	49.7	40.2	14.8	46.8	38.3	12.9	52.0	35.1
2008	9.5	52.4	38.1	14.3	47.7	38.0	13.1	52.0	34.9
2009	9.3	52.0	38.7	13.5	48.7	37.9	13.4	47.3	39.3
2010	8.8	54.1	37.1	12.1	52.0	35.9	12.6	50.2	37.2
2011	8.6	54.7	36.7	12.1	53.1	34.8	13.5	50.3	36.2
2012	8.7	53.2	38.1	11.8	53.4	34.8	15.4	44.1	40.5
2013	8.6	52.7	38.7	11.6	52.8	35.5	17.5	41.1	41.4
2014	8.0	50.2	41.8	11.0	52.8	36.2	17.7	37.2	45.1
2015	8.3	45.5	46.2	11.4	49.8	38.8	17.5	31.8	50.7
2016	9.8	38.7	51.5	10.1	47.4	42.5	17.4	28.6	54.0
2017	8.1	39.3	52.6	7.3	46.8	45.8	18.6	25.5	55.8

从东北、华北和山东半岛内部结构看，产业结构比重明显有差异。北京和黑龙江第三产业比重均高于第二产业，但却处于工业化的不同阶段。其他地区经济结构一直呈现"二、三、一"工业化结构特征，即第二产业占主要地位，第三产业次之，第一产业位

居第三位。从三区产业构成看，占最大比重的第二产业中重化工业比重较大、国有制经济比重较高，这与我国经济建设初期布局的以重化工业为主体的国有大中型企业关系密切。从产业的空间布局上，这一区域形成了东北、华北和山东半岛三个产业带。东北产业带是以重型机械、造船、化工等为主体的重型工业基地；华北产业带是以石油化工、钢铁冶金、机械电子为主导的综合型工业带，工业结构偏重于重工业；山东半岛产业带是以电子、机械、石化、轻纺、食品等工业为主的轻型工业带[7]。

三、三区产业结构特点分析

东北、华北和山东半岛三区在产业结构上，基本上呈现"二、三、一"的工业化结构特征，即第二产业占主要地位，工业化程度较高。以2017年东北、华北和山东半岛产业生产总值构成为例（表7-1），可以看出，北京第三产业生产总值比例较高，其他省份的地区生产总值中，第三产业所占比重均在升高，均在50%左右。三地区的经济增长和产业结构变化主要是由第二产业的增长所拉动，这从各省份的支柱产业也可以看出，东北三省的支柱产业为装备制造、冶金、石化和农产品加工业等产业；天津市的支柱产业为信息产业、汽车、化工、冶金、医药、新能源及环保等产业；河北省的支柱产业为钢铁、冶金、煤炭、石油、化工等产业；山西省的支柱产业为煤炭、炼焦、冶金、电力、煤化工、装备制造、材料等产业；内蒙古的支柱产业为采煤业、稀土矿、火电、林业、牧业、运输等产业；山东省的支柱产业以钢铁、煤炭、化工、造纸、机械制造、房地产、旅游等产业为主。因此，从产业的发展状况看，东北、华北和山东半岛已在各自区域内部形成较为完备的工业体系。

三区产业结构内部差异较大，经济发展不均衡。根据表7-1中的数据，可以看到2017年北京市的第三产业生产总值比重已经达到80.6%，在三个地区中位居第一，而吉林省与河北省分别只有45.8%和44.2%，是最低的两个省区。从第二产业生产总值所占比重看，北京最低，只有19.0%，其他省份除了黑龙江外都在40%左右。北京、天津第一产业生产总值比重分别为0.4%和0.9%，而河北、内蒙古和黑龙江却分别高达9.2%、10.2%和18.6%，超过全国平均水平。数据显示，东北、华北和山东半岛地区产业结构内部差异程度巨大。

四、三区产业结构共性分析

三区产业结构都在向着"三、二、一"的方向演进，总体上逐步趋于合理，但内部结构有待进一步调整。其中北京以发展现代服务业为主,最先实现了"三、二、一"的产业结构;天津随着滨海新区的建设,高端装备制造业、生物制药、高新技术产业为经济做出的贡献较大,到 2014 年,第二产业比重还以微弱的优势领先于第三产业。黑龙江、内蒙古都刚刚进入工业化中期阶段,产业结构内部比重与其他省份有明显的差异。

目前,三区中的采矿业、钢铁工业、重化工业、原材料工业和装备制造业等传统重工业仍发挥着重要的作用,重工业比重明显大于轻工业,资源依托型工业占据主导地位,高新技术产业、高端制造业等在工业结构中所占的比重较小[8]。从当前的状况来看,区内各省市区都在积极推动发展诸如生物制药、电子信息、新材料、海洋科技等高新技术产业,但在区域层面缺少统一规划和协调发展,产能和市场有一定程度的脱节,好在总体上在第二产业内部所占份额仍然偏低,未形成明显的区域内竞争态势。

同时,三区间产业结构趋同严重,互补性较差,进行分工协作具有一定的难度。东北、华北、山东半岛各省市区的共同特点就是国有经济比重较大,市场灵活性不足,在产业项目发展方面趋同现象严重,尤其在钢铁、化工、汽车、机械等传统制造行业方面的重复建设和相互竞争严重,在发展诸如电子信息、新材料等高新技术产业时也未进行有效协调和分工。

第三产业发展较快,但仍然存在较大成长空间。近 10 年来,各省份的第三产业都出现了快速发展,这与我国经济从生产性服务向居民服务的方向转变密切相关。但从目前的结构看,除北京和黑龙江呈现为"三、二、一"以外,其他所有地区均呈现"二、三、一"结构,批发零售业、交通运输、餐饮业等传统产业占据第三产业中的主导地位,而信息传输和信息服务、金融保险、物流、商务服务等现代服务业所占比重过小。但从各省份内部结构来看,同样的产业结构并不代表处于相同的发展阶段。比如北京和黑龙江,虽然都是"三、二、一"的产业结构,但两者所处的工业化阶段截然不同,北京处于后工业化阶段,而黑龙江刚刚进入工业化中期阶段。

第二节 东北、华北和山东半岛产业结构调整方向

一、三区产业结构调整的政策环境

2007 年,《北京市产业结构调整指导意见》提出,北京市产业结构调整的目标是打造以现代服务业和高新技术产业为双引擎、以现代制造业和基础服务业为双支撑、以都市型工业和现代农业为重要补充的产业格局,进一步提高创新能力,转变经济发展方式,

调整产业结构，优化空间布局，提升产业综合竞争能力，完善城市综合服务功能，实现首都经济全面协调可持续发展。重点调整产业包括大力发展金融、文化创意、旅游会展等优势服务业，着力培育商务服务、体育休闲等新兴服务业，稳步提升物流、商贸、房地产等基础服务业，大力发展软件、研发、信息服务等高技术服务业，重点发展移动通信、计算机及网络、集成电路、光电显示、生物产业等高技术制造业；适度发展现代制造业，着力提升汽车、装备等优势产业，积极培育生物医药、新能源和环保产业等潜力产业，优化发展都市工业、石化新材料等基础产业等等。同时印发《北京市产业结构调整指导目录（2007年本）》，之后每年对这一指导目录进行更新和修订。十年来，北京产业结构调整的政策力度在逐步增大，尤其是2015年提出"疏解北京非首都功能，推进京津冀协同发展"以后，北京市对一般性制造业、区域性物流基地和区域性批发市场、部分教育医疗等公共服务功能以及部分行政性、事业性服务机构四类功能进行疏解，并严格按照2015年更新的《新增产业的禁止和限制目录》的要求，禁止或限制如建材、造纸、纺织等一般制造业，燃煤发电，区域性物流基地、区域性专业市场等。

天津市近年来为产业结构调整多次出台相关措施。2012年，天津市政府印发"关于印发天津市发展和改革委员会《关于贯彻落实〈产业结构调整指导目录（2011年本）〉的实施意见》的通知"；2015年，天津市政府印发"天津市人民政府办公厅转发市发展改革委《关于加快发展生产性服务业促进产业结构调整升级实施意见》的通知"，提出了加快产业结构调整的一系列重大部署，以构筑三高产业结构、打造高端产业高地为目标，大力发展包括航空航天、石油化工、装备制造、电子信息、生物医药、新能源新材料、轻纺产业和国防科技产业在内的八大支柱产业。同时，内部结构不断优化，大力发展金融、租赁和商务、科技、信息等高端服务业，形成一批具有国内影响力的品牌企业。现代服务业产业集聚程度明显提高，初步建成一批特色鲜明、主业突出、功能完善、配套齐全的服务业集聚区。

2008年1月，河北省人民政府《关于推进经济结构调整的若干意见》，提出大力发展现代农业，推进农业产业化，做大做强工业支柱产业，积极培育高新技术产业，全面振兴现代服务业，推动三次产业协调发展；以大产业、大基地、大园区、大项目建设为载体，努力提高对内对外开放的层次和水平，加快引进战略投资者，打造沿海经济隆起带，培育内陆增长极；强化政策引导和规划指导，大力发展循环经济，推进节能减排，促进经济发展方式转变。科学、合理发展第二产业，继续发挥包括信息产业、冶金、医药、建材、化工、机械、纺织、食品等产业的支柱作用，推进制造业生产技术信息化、推动制造业技术创新系统信息化、加速推进制造业企业管理信息化。

山西省省委、省政府先后出台了《关于实施行业结构调整的意见》《山西省行业结构调整方案》和《山西省行业结构调整实施办法》，提出了在山西国民经济中处于重要地位和具有广阔发展前景的特色农业、煤炭、焦炭、冶金、电力、化工、机械、轻工、医药、新材料、旅游、文化、房地产 13 个行业和信息化、环境保护两个领域的调整和发展任务，从行业的角度对鼓励什么、限制什么进行了规制。山西省的产业结构是以高度依赖煤炭资源、原材料工业为主，具有典型资源型、初级化特征的产业结构，经过多年的转型发展，今后应适度放慢第二产业尤其是工业的发展速度，如适度限制采掘业，重点转换工业经济的增长方式和提高其经济效益，发展高新技术产业，加快对传统产业的改造。要重点发展附加值高的产业如：保险、通讯、房地产、信息、咨询等，提高第三产业在总产出中的比重，还要重点加强旅游业的开发投入，尽快实现旅游资源向优势的转化。

内蒙古自治区人民政府出台《内蒙古自治区人民政府关于产业结构调整的指导意见》，提出稳定发展农业，大力发展畜牧业，推进农牧业现代化，巩固农牧业基础地位；转变能源工业发展方式，做大做强做优有色金属生产加工产业，严格控制钢铁、水泥、平板玻璃新增产能，推进钢铁产品结构调整，立足特色农畜产品资源，依托龙头企业和知名品牌，提高农畜产品精深加工水平，大力发展战略性新兴产业，推进新型工业化，促进工业结构转型升级；突出发展生产性服务业，积极发展生活性服务业，加快发展高技术服务业，推进服务业集聚区建设，提高服务业比重和发展水平；调整优化产业布局，促进区域产业协调发展等等。

2014 年，《关于近期支持东北振兴若干重大政策举措的意见》指出，东北地区产业结构调整的策略主要包括：做强传统优势产业，加快培育新兴产业，推进工业化与信息化融合发展，大力发展现代服务业。在此之前，黑龙江省专门成立了产业结构调整专项资金，用于扶持鼓励发展的优选项目，推动光伏、新材料、生物、新能源装备、新型农机装备、交通运输装备、绿色食品、矿产钢铁、煤化石化、林纸等十项重点产业的发展。2015 年，吉林省人民政府颁发《关于加快发展生产性服务业，促进产业结构调整升级的实施意见》，提出生产性服务业与工农业协同发展、跨界发展、创新发展，依托汽车、石化、农产品加工等支柱和优势产业，大力发展本地区优势明显、成长性强、产业关联度高、综合效益好、与重点行业发展相关的生产性服务业，提高生产性服务业的支撑作用。建立与国际接轨的专业化生产性服务业体系，鼓励企业开展科技创新、产品创新、管理创新、市场创新和商业模式创新，发展新兴生产性服务业态。促进生产性服务业与现代农业、先进制造业深度融合，引导农业、工业产业调整升级。2016 年，辽宁省颁布《优化产业布局和结构调整的指导意见》，进一步提出"以市场需求为导向，加快发展现代农业，巩固加强第一产业；推进传统产业技术改造，加快发展战略性新兴产业，促进第二产业提质增效；提升传统服务业发展的质量和水平，大力发展现代服务业，推动服务业加快发展，逐步形成以战略性新兴产业为先导、农业为基础、传统工业为支撑、服务业全面发展的产业格局"。

对于山东半岛产业结构的调整，主要是根据山东省政府出台的一系列相关产业结构调整意见，如《山东省农业产业结构调整实施意见》等，加强对传统产业的市场化重组，通过重组后的价格协同和市场协同来促进生产协同，促进产和销的平衡；拉长产业链条、完善产业体系来促进产业升级，解决产能过剩的问题；对于新兴产业，要在市场发挥决定性作用的前提下，大力培育；支持企业加强产业链高端产品研发，加快推动科技成果资本化和产业化；重视发展新能源、新材料、生物制药、新一代信息技术、高端装备制造、海洋开发等产业，力争在节能环保、石油装备、集成电路、物联网、云计算、大数据等重点领域实现新突破；推动服务业的跨域发展，打破行业垄断，鼓励社会资本投向银行、保险、铁路、民航、教育、医疗、养老、健康等服务业。各级政府产业扶持和结构调整资金，要全面向服务业倾斜，重点培育那些处于初创时期或幼稚阶段的产业行业；加快培育电子商务、连锁经营、物流配送等新兴业态，大力发展服务贸易、服务外包；加强旅游公共服务设施建设，提升"好客山东"品牌，推进旅游业升级转型。

二、三区产业结构发展趋势预测

（一）预测方法

通过预测各产业经济增长再测算产业结构的方式进行预测。经济增长预测采用指数平滑法，并对加权值采用移动平均的方法进行调整，得出最终的预测结果。

指数平滑法的一般计算公式为：

$$y_{t+1}=ax_t+(1-a)y_t \quad \text{式 7-1}$$

式 7-1 中，x_t 为时期 t 的实测值；y_t 为时期 t 的预测值；a 为平滑系数，又称加权因子，取值范围为 $0 \leqslant a \leqslant 1$。

将 $y_t, y_{t-1}, \cdots, y_2$ 的表达式逐次代入式 7-1 中，展开整理后，得：

$$y_{t+1}=ax_t+a(1-a)x_{t-1}+a(1-a)^2x_{t-2}+\ldots+a(1-a)^{t-1}x_1+(1-a)^ty_1 \quad \text{式 7-2}$$

在测算过程中，通过对 a 值的反复尝试比较，认为 a 为 0.9 比较合适，这也说明了预测期内经济发展具有迅速且明显的变动趋向。

以 2014 年作为基期年份，依据 1990～2014 年共 25 年的时间序列数据作为分析的基础数据，采用指数平滑法预测 2015～2050 年各省份一、二、三产业未来的产值，然后根据产值的比例关系测定相关地市的产业结构构成。通过指数平滑法预测的产业结构变动表现出了不同的特征。

（二）预测结果分析

东北三省在产业结构演变过程中的共性是第一产业的比例均逐渐降低。其中，辽宁省第三产业在产业结构构成中的比重显著增长，到 2018 年前后，三产的比重将超越二产，进入工业化中后期；到 2021 年，第三产业比重超过 50%，取代第二产业占据主导地位；到 2050 年，三产比重将达到 61.9%，而同时一产比重下降至 4.3%。吉林省仍然处于工业化中期阶段，第二产业增加值在预测期内一直占据 50% 以上，是经济发展的主导产业，期间三产比重逐渐提高，到 2050 年提高至 42% 左右。黑龙江省出现了比较特殊的情况，由于近几年黑龙江省第二产业增加值下滑严重，经济总量增长缓慢，在长轴时间序列预测方面，如果下滑趋势一直延续，那么第二产业将降低到不合理的低位，因此预测过程必须加以纠正。本研究参考同期全国及东北地区第二产业经济增长的速率，对黑龙江省第二产业预测结果进行了相应纠偏，到 2050 年，黑龙江第二产业的比重达到 38.8%，第一产业比重降低到 16.4%，第三产业比重在 45% 至 53% 之间反复。值得注意的是，黑龙江省第三产业增加值所占比重虽然超过第二产业增加值，但却没有跨越工业化中期阶段，黑龙江省特殊的产业发展条件使其在工业化中期表现出了不同于其他地区的产业特征（表 7-4）。

表 7-4　2015～2050 年东北地区产业结构构成预测（%）

预测期	辽宁			吉林			黑龙江		
	一产	二产	三产	一产	二产	三产	一产	二产	三产
2015	7.8	49.2	43.0	10.8	52.5	36.7	18.8	34.2	47.0
2016	7.4	47.7	44.8	10.4	52.4	37.2	19.4	31.2	49.5
2017	7.2	46.7	46.1	10.2	52.3	37.6	20.1	28.5	51.4
2018	6.9	45.6	47.4	9.9	52.2	37.9	20.1	28.0	51.9
2019	6.7	44.7	48.5	9.7	52.1	38.3	20.2	27.6	52.2
2020	6.5	43.9	49.6	9.5	52.0	38.6	20.2	27.3	52.5
2025	5.8	40.6	53.6	8.7	51.6	39.7	20.1	26.8	53.1
2030	5.3	38.4	56.3	8.1	51.3	40.5	19.5	28.4	52.1
2035	4.9	36.8	58.3	7.8	51.1	41.1	18.8	30.8	50.5
2040	4.6	35.6	59.8	7.5	51.0	41.5	18.0	33.2	48.7
2045	4.4	34.6	60.9	7.2	50.9	41.9	17.3	35.8	46.9
2050	4.3	33.9	61.9	7.1	50.8	42.1	16.4	38.8	44.7

注：黑龙江第二产业的时间序列产值数据下滑严重，本测算根据同期全国及东北第二产业增长率做了相应调整。

辽宁省将率先进入后工业化时代，吉林省进入工业化后期阶段，而黑龙江省的第一产业比重降低较慢，单纯根据产业结构的变动判断其工业化阶段有失偏颇。黑龙江省的第二产业比重一直偏低，其并未遵循工业化演进的一般规律，目前应该处于工业化中期阶段，但如果产业结构调整得当，经济发展速度和经济结构可能都会得到相应的优化，有可能会实现向后工业化阶段的跨越式发展。通过横向比较会发现，辽宁省和吉林省的第一产业基本会以相同的速度降低在产业结构中的占比，辽宁到2050年会降低到4%左右，而吉林则会降低到7%左右；黑龙江省却出现了比较特殊的情况，一产比重在2017年会上升到20%以上，十年后，到2027年重新降低到20%以下，之后所占比重缓慢降低，到2050年降到16%左右。第二产业所占比重的变化预测分化更加严重，其中吉林省第二产业所占比重基本保持稳定，保持在51%左右，辽宁省二产比重则出现下降趋势，工业化后期特征明显，黑龙江省第二产业比重则持续提升，迈入工业化中期。辽宁和吉林两省的第三产业所占比重都在稳步增加，但辽宁第三产业比重提升速度较快，黑龙江第三产业所占比重则出现缓慢降低的趋势。

华北地区各省份产业结构比例进一步分化。北京市后工业化特征明显，第一产业比重持续降低到0.1%左右，到2050年第二产业比重约为16%，第三产业比重高达85%。这也体现了北京以金融、技术服务、教育、技术创新等现代服务业为产业支柱的新格局。天津市第一产业比重在2050年降低至1%左右，第二产业比重约为41%，第三产业约为58%；这一比例关系说明，天津市依托滨海新区的航天航空、机械制造等大型工业持续增长，保持了第二产业较高的比重，但以港口服务、金融创新、物流通信、会议展览、科教卫生等为主体的现代服务业发展迅速，天津市进入工业化后期。河北省第一产业比重缓慢降低、第二产业降速明显，第三产业地位快速提高。到2050年，河北省三产结构比例为8.6∶40.3∶51.1，这一时期河北省工业产值持续增加，但面临较大的内部结构调整，重化工业比例持续降低，服务于首都经济圈的现代服务业快速发展，整体进入工业化后期。内蒙古自治区第一产业比重变化不大，第二产业比重快速降低，第三产业比重相应提高，到2050年三产结构为8.4∶32.4∶59.2，内蒙古进入工业化后期阶段。山西省由于资源枯竭现象突出，在产业结构调整过程中，第二产业产值一度快速下滑，通过纠偏后，山西省到2050年第二产业的比重稳定在39%左右，第三产业比重达到55.6%，进入工业化后期（表7-5）。

表 7-5　2015～2050 年华北地区产业结构构成预测（%）

	北京			天津			河北			山西			内蒙古		
	一产	二产	三产	一产	二产	三产	一产	二产	三产	一产	二产	三产	一产	二产	三产
2015	0.7	20.8	78.5	1.3	48.6	50.2	11.7	50.4	37.9	6.4	47.2	46.4	9.2	50.5	40.3
2016	0.7	20.2	79.1	1.2	47.8	51.0	11.4	49.6	39.0	6.5	44.1	49.4	9.1	49.1	41.8
2017	0.6	19.8	79.5	1.2	47.2	51.6	11.2	49.0	39.8	6.7	41.5	51.8	9.1	47.9	43.1
2018	0.6	19.4	80.0	1.2	46.6	52.2	11.0	48.4	40.6	6.8	38.8	54.4	9.0	46.7	44.3
2019	0.6	19.1	80.3	1.2	46.1	52.7	10.9	47.9	41.3	7.0	36.3	56.7	9.0	45.7	45.3
2020	0.6	18.8	80.7	1.2	45.7	53.1	10.7	47.3	41.9	6.9	36.1	57.0	8.9	44.7	46.4
2025	0.5	17.6	81.9	1.2	44.1	54.8	10.1	45.3	44.6	6.4	36.0	57.5	8.8	40.9	50.4
2030	0.4	16.8	82.7	1.1	43.1	55.8	9.6	43.7	46.6	5.9	38.1	56.0	8.6	38.2	53.2
2035	0.4	16.3	83.3	1.1	42.4	56.5	9.3	42.6	48.1	5.6	38.8	55.6	8.5	36.2	55.3
2040	0.4	15.9	83.7	1.1	41.9	57.0	9.0	41.7	49.3	5.4	40.1	54.5	8.5	34.6	56.9
2045	0.3	15.6	84.0	1.1	41.5	57.4	8.8	40.9	50.3	5.3	39.4	55.2	8.4	33.4	58.2
2050	0.3	15.4	84.3	1.1	41.2	57.7	8.6	40.3	51.1	5.3	39.2	55.6	8.4	32.4	59.3

注：山西省第二产业的时间序列产值数据下滑严重，本测算根据同期全国及东北第二产业增长率来作相应调整。

到 2050 年，整体来看，华北五省市区产业结构均呈现"三、二、一"的大格局，但第三产业的比重徘徊在 50%～60%（北京除外），工业增加值仍然是这一地区经济的有力支撑。这一地区的产业表现出高端化、服务化、集聚化、融合化、低碳化、深加工化、技术集约化等特征，形成以金融业、制造业、批发零售业、航空航天、石油化工、装备制造、电子信息、生物医药、新能源新材料、轻纺和国防、信息传输、计算机服务和软件业、租赁和商务服务业等产业支撑的经济体系。

山东半岛整体的产业结构从 2021 年开始进入"三、二、一"格局，到 2050 年一、二、三产的比例关系为 5.5∶40.6∶53.9，进入到工业化后期阶段。除东营市以外，山东半岛其他六地市的产业结构比例基本一致。依托港口和便利的陆路交通条件，青岛市现代服务业发展迅速，到 2050 年三次产业比例为 2.9∶37.3∶59.8。烟台、威海、潍坊、日照四地市的三产结构比重相差不大，第一产业比重在 8%左右，第二产业占 40%左右，第三产业占 52%左右，可以看出，这四个地市同处于工业化后期阶段，工业比重仍然较高，第三产业仍有进一步发展的空间。东营市的产业结构比较特殊，由于油气田资源丰富，东营市油气开采及重化工业将是其重要的产业支柱，到 2050 年，东营的三次产业比例为 4.0∶56.6∶39.4，仍然处于工业化中期。淄博市重化工业一直是其支柱产业，到 2025 年前后，淄博第三产业增加值将超过 50%，真正意义上开始迈入工业化后期阶段（表 7-6）。

从产业部门来看，山东半岛加工制造业优势明显。近几年来，山东半岛地区的家电制造、车辆制造、机械制造等高附加值制造业发展速度较快,并且形成了规范的质量管理体系,并且具有成本领先的竞争优势。在增强经济联系的过程中,物流业是山东半岛重要的现代服务业组成部分,同时布局了诸如商业、医疗、交通、金融、教育、科技、通讯等服务业,使得服务业内部结构得以优化和提升[9~11]。

表 7-6 2015～2050 年山东半岛产业结构构成预测(%)

预测期	青岛			烟台			威海			潍坊		
	一产	二产	三产	一产	二产	三产	一产	二产	三产	一产	二产	三产
2015	4.1	43.9	52.0	7.5	52.3	40.3	7.7	49.4	42.9	9.5	49.6	41.0
2016	4.0	43.3	52.7	7.4	51.3	41.3	7.6	48.6	43.8	9.3	48.6	42.0
2017	3.9	42.8	53.4	7.5	50.3	42.2	7.6	47.8	44.6	9.2	47.8	43.0
2018	3.8	42.3	54.0	7.5	49.4	43.1	7.5	47.2	45.3	9.2	47.0	43.8
2019	3.7	41.8	54.5	7.5	48.7	43.8	7.5	46.6	46.0	9.1	46.3	44.6
2020	3.6	41.5	54.9	7.5	48.0	44.5	7.4	46.1	46.5	9.0	45.7	45.2
2025	3.4	40.0	56.6	7.5	45.2	47.2	7.3	44.2	48.6	8.8	43.5	47.7
2030	3.2	39.1	57.7	7.6	43.3	49.1	7.2	42.9	49.9	8.6	42.1	49.3
2035	3.1	38.5	58.4	7.6	41.9	50.5	7.1	42.1	50.8	8.5	41.1	50.4
2040	3.0	38.0	59.0	7.6	40.9	51.5	7.0	41.4	51.5	8.4	40.4	51.2
2045	3.0	37.6	59.4	7.6	40.0	52.3	7.0	40.9	52.1	8.4	39.8	51.8
2050	2.9	37.3	59.8	7.6	39.3	53.0	7.0	40.5	52.5	8.3	39.3	52.3

预测期	日照			东营			淄博			山东半岛		
	一产	二产	三产	一产	二产	三产	一产	二产	三产	一产	二产	三产
2015	3.6	54.5	41.8	3.7	67.4	29.0	8.6	49.2	42.1	6.0	51.0	43.0
2016	3.6	53.5	42.9	3.7	66.5	29.8	8.6	48.0	43.4	5.9	50.1	43.9
2017	3.6	52.4	44.0	3.7	65.7	30.6	8.5	47.0	44.4	5.9	49.3	44.8
2018	3.6	51.5	44.9	3.7	65.0	31.3	8.5	46.1	45.3	5.9	48.6	45.6
2019	3.6	50.7	45.7	3.8	64.3	31.9	8.5	45.4	46.1	5.8	47.9	46.3
2020	3.6	50.0	46.4	3.8	63.8	32.5	8.4	44.7	46.8	5.8	47.3	46.9
2025	3.7	47.0	49.4	3.9	61.5	34.7	8.3	42.1	49.5	5.7	45.1	49.2
2030	3.7	44.9	51.5	3.9	59.9	36.2	8.2	40.4	51.2	5.6	43.6	50.8
2035	3.7	43.4	53.0	4.0	58.7	37.3	8.2	39.2	52.5	5.6	42.5	51.9
2040	3.7	42.2	54.2	4.0	57.8	38.2	8.2	38.3	53.4	5.6	41.7	52.8
2045	3.7	41.3	55.1	4.0	57.1	38.8	8.1	37.6	54.1	5.5	41.1	53.4
2050	3.7	40.5	55.8	4.0	56.6	39.4	8.1	37.0	54.7	5.5	40.6	53.9

三、三区产业结构调整方向分析

（一）东北地区产业结构调整方向

东北三省区位条件不同、资源禀赋不同、产业基础不同，各省经济发展呈现的态势分化明显。吉林省已经初步恢复到与全国平均增长速度趋同的态势，黑龙江省增速依然偏低，辽宁省增长波动幅度较大。针对三省的实际省情，在产业结构调整方向上，应该采取不同的政策措施。

近五年以来，辽宁省规模以上工业增加值增速逐年降低，2011~2014 年分别为14.9%、9.9%、9.6%和4.8%，2015 年则为-4.8%。同期，由于工业增速的降低，2015 年第二产业增加值占地区生产总值的比重下降了3.6 个百分点，服务业占比上升了3.3 个百分点。作为老工业基地的辽宁省，经济发展处于工业化的中后期，第二产业比重下降，第三产业比重提高，体现了产业机构调整的趋势和方向。但在推进产业结构调整的过程中，谨慎对待制造业，尤其是高端装备制造业快速衰退所带来的风险是重中之重。世界经济发展经验表明，由于财富生产的效率差异，在短时期内制造业的持续下降和服务业的快速上升，会影响地区或国家经济发展的稳定性，辽宁省近年来经济增速的大幅下降与之不无关系。从产业内部结构来看，装备制造业是辽宁省经济的基石，是辽宁经济稳定发展的核心所在。装备制造业需向高端装备制造业转型，重视技术创新和新产品研发，增强自主创新能力，把握核心技术，提高产品附加值，培育骨干企业，打造知名品牌。同时，要合理布局，形成区域联动效应和规模经济效应，构筑高端制造业产业带。辽宁产业结构调整应紧跟工业 4.0 的发展趋势，以智能制造为突破口，抓住制造业科技革命和产业变革的机遇，推进自身产业结构的优化升级，加快全省制造业的发展速度，实现经济的稳定快速发展。2018 年 1~11 月，辽宁规模以上工业增加值同比增长 9.7%，增速排名全国第三位。

吉林省产业结构表现比较稳定，近五年来一直呈现"二、三、一"的结构，且第二产业的比重占到50%以上。2015 年，吉林省一、二、三产业占比分别为 11.2%、51.4%、37.4%。从产业内部构成看，吉林工业部门以汽车制造业为主导，是绝对的优势产业，这也导致吉林省经济发展严重依赖于汽车产业的发展。加快构建现代产业体系是吉林省产业结构调整的重要方向。工业转型升级势在必行，在提高汽车制造业自主创新能力、打造具有世界级竞争力的汽车产业集群的同时，要加快培育新的支柱产业，提高工业的竞争力和增长的稳定性。要注重产业链条的延伸，加快发展以生产性服务业为主导的现代服务业，把单一型的产业转变成为产业集群，形成围绕汽车工业和新兴机械制造业的产业组团，完善吉林省经济发展的特色产业结构。

黑龙江省产业结构调整的方向是由资源依托向工业深加工和服务业转型。近五年来，黑龙江省第一产业占地区生产总值的比重不断提高，第二产业比重快速下降，2015年一、二、三产业占比分别为17.5%、31.8%、50.7%。从黑龙江产业内部构成可以看出，各产业对资源和能源的依赖度都非常高，其中能源业对全省工业增加值的贡献度超过70%。而随着各地产业结构的转型升级，能源产业发展速度逐渐降低，这严重影响了黑龙江经济的增长，也在很大程度上影响了黑龙江工业的发展。加快新技术在能源产业的运用，实现能源的节约利用和高附加值产品研发，加快工业化过程，发展资源精深加工业及制造业，着力提升工业在三次产业中的比重，优化工业内部结构是黑龙江省工业产业结构调整的方向。从第一产业来看，要着重发展现代农业、生态农业，推广"互联网＋农业"的产业发展模式，构建现代农业生产基地和原材料基地，降低第一产业在国民经济中的地位。第三产业要围绕能源开发和资源开发展开，提升现代服务业的服务能级，提高第三产业的结构比例。

（二）华北地区产业结构调整方向

华北地区包含河北、山西两个省，北京、天津两个直辖市，以及内蒙古一个自治区，共五个省级行政单位，它们的资源禀赋和产业基础差异巨大，不同地区之间产业调整的基础也存在巨大差异，不可一概而论。

近年来北京产业结构持续调整，一、二、三次产业的比重分别由2010年的0.9%、23.6%、75.5%，调整为2015年的0.6%、19.6%、79.8%。北京产业结构调整主要是在京津冀协同发展的基础上，有序疏解北京非首都功能，严格控制增量并疏解存量，实现产业的地区间转移，构建高精尖的产业体系。北京着力改造传统行业、培育战略性新兴产业和新的业态及商业模式、发展服务业，郊县承接产业转移中疏解出来的服务业，如金融服务业、生活性服务业等。技术研发和试验创新成为北京产业结构调整的中坚力量，不断提高现代服务业在地区生产总值中的比重，优化现代服务业内部结构，形成以生活消费性服务业为主导的现代服务业体系。同时，北京还注重发展生物科技、节能环保、新能源、航空航天等高端装备制造业。

2015年，天津市三次产业结构为1.3∶46.7∶52.0，服务业增加值比重首次超过50%，取代工业而成为经济发展的主导产业。创新发展在天津产业结构调整中具有重要地位，主要集中体现在高新技术产业、高端装备制造业、新能源、节能环保、生物医药、电子信息、新材料和国防科技等领域。在保持科技研发等优势的基础上，现代服务业继续向生活性服务业调整，包括批发零售业、电子商务、金融业、交通运输和邮政服务、住宿餐饮、会展旅游业和房地产业等。工业制造业内部结构进一步优化调整，装备制造业继续向高端化发展，向航空航天、汽车制造、电气机械等方向转变，其他制造业逐步优化升级，逐步降低粗钢、生铁、水泥、平板玻璃等的产量，增加文娱用品、家具制造等的产值。第一产业向现代都市型农业方向发展，进一步调整农业种养殖结构，发展观光农业和生态农业。

五年来，河北省三次产业发展迅速，产业结构不断调整。其中，第一产业基本保持稳定，第二产业比重持续降低，而第三产业比重持续提升。2015年，河北省一、二、三产业增加值占全省生产总值的比重分别为11.5%、48.3%和40.2%。河北省第一产业结构调整应放在农业发展方式转变上，建设现代农业园区，推动农业发展优质、高效、安全，推动农业标准化和农业科技创新，延伸产业链条，与二产、三产联动发展，提高农业的附加值。第二产业内部结构调整着重在提升传统产业发展水平，加快淘汰落后技术工艺、生产设备，化解过剩产能的方向上，推动钢铁产业高端化、装备制造产业智能化、化工产业精细化、建材产业绿色化发展，重点发展战略性新兴产业，包括高端装备制造、信息技术、生物医药、新能源和新材料、节能环保、新能源汽车等。第三产业以现代服务业为主体，推动生产性服务业向专业化和价值链高端延伸、生活性服务业向精细化和高品质转变，加快发展物流业、商贸业、旅游会展业[12]。

由于资源枯竭和发展方式的转变，山西省面临的产业结构调整任务在全国范围内都是相对较重的。2015年，山西省第一、二、三产业增加值占生产总值的比重分别是6.2%、40.8%和53.0%。从三次产业内部结构调整来看，第一产业向高效农业、特色农业、现代农业方向转变，实现农业的现代化；第二产业主要关注推动传统煤炭资源型产业的发展，整合煤矿资源，加大煤炭资源的深加工利用，发展煤化工产业，推动煤电一体化，合理发展钢铁产业，布局装备制造、新能源、新材料、节能环保等新兴产业项目；第三产业注重培育现代服务业，发展商贸物流、旅游会展、科技教育等产业。

2015年，内蒙古三次产业的比重分别为9%、51%和40%，第二产业占据主导地位。在产业结构转型方面，内蒙古需坚持推进工业转型升级，推动现代煤化工产业、装备制造产业、高新技术产业、有色金属工业和农畜产品加工业快速发展，大力发展风能、太阳能等绿色能源产业；坚持鼓励发展现代服务业，推动电子商务、旅游观光、休闲度假、商贸会展等服务业态，积极发展面向居民的生活性服务业；加快发展现代农牧业，建设优质粮食生产基地，推进绿色、无公害农牧产品及有机食品认证，提高农牧产品增加值。

（三）山东半岛地区产业结构调整方向

相比较而言，山东半岛产业结构调整的方向主要集中在现代化农业、商贸物流、新材料、海洋科技、生物制药、高端制造业、金融服务业、海洋装备制造业、文化旅游产业、居民服务业等方面。山东半岛第二产业基础雄厚，第三产业已经具备相当好的发展条件，结构调整过程中主要是产业内部结构的调整和地区间产业协作关系的梳理[13,14]。

2015年青岛市第一产业增加值占国民生产总值的比重为3.9%，第二产业为43.3%，第三产业为52.8%。青岛产业结构的调整方向应该突出自身优势，稳步发展高端装备制造业、家电制造业、食品工业等，推动蓝色经济发展，大力发展海洋生物医药、海洋新材料、海洋工程、远洋渔业等产业，鼓励发展金融业、海洋旅游业、海洋科技创新产业、海洋环境保护产业等新兴服务业态，合理发展现代农业，推进国家现代农业示范区、全国农业农村信息化示范基地建设。

烟台市三次产业结构从2010年的7.7：58.9：33.4调整为2015年的6.8：51.6：41.6，第三产业比重快速提高。从后续内部结构调整来看，一、二、三产业应该各有侧重，与区域内其他城市形成错位竞争。第二产业的内部升级主要围绕石油装备、核电装备、海洋科技、生物医药、节能环保、智能制造、机器人和3D打印、新材料、新能源、无线供电等领域，着力培育产业集群。第三产业主要从商贸金融、电子商务和以云计算、大数据、物联网、移动互联网为代表的新一代信息技术服务方面着手，以生产性服务业为主，兼顾发展旅游、养老、文化、体育等生活性服务业。第一产业着重培育新型农业经营主体，促进农业健康发展，保障粮食安全。

2015年，威海市一、二、三次产业占地区生产总值的比例分别为7.2%、47.4%和45.4%。优化产业布局，调整组织结构，促进制造业高端化、高效化是威海市第二产业内部结构调整的关键。依托机械制造、食品加工、运输设备、纺织服装四大传统优势产业的升级改造，大力发展新信息、新医药与医疗器械、新材料及制品三大战略性新兴产业，同时注重培育发展智能装备、海洋生物、物联网三大产业，实施产业集群战略，是威海第二产业内部结构调整的主要方向。依托第二产业，发展以技术研发、信息服务、教育科研为主导的现代服务业体系，同时大力发展工业旅游、文化旅游和渔业旅游，是第三产业调整的突破口。第一产业着力向现代农业和远洋渔业方向发展。

2015年，潍坊市三次产业增加值在地区国民生产总值中的占比为8.8：48.2：43，第二产业占据优势地位。潍坊市第二产业内部结构调整确定的方向是稳步发展机械装备、汽车制造、纺织服装、食品加工、造纸包装等传统优势产业，大力发展电子信息、节能环保、生物医药、智能装备、新能源汽车、海洋动力装备等战略性新兴产业。第三产业则以总部经济、创意设计、现代物流、金融服务、健康养老、旅游、信息消费、服务外包、社区服务等为发展重点，加快发展现代服务业。第一产业则是以品牌农业为抓手，推动现代农业的质量和整体发展水平的提升。

淄博市2015年第一、二、三产业的比例为3.5：54.0：42.5，第二产业主导优势明显。

淄博市第二产业以化工产业为主,未来需要加快发展以高技术产业和装备制造业为主体的现代制造业,在稳步增长的前提下,逐步减少重化工产业、基础化工产业和化工原材料产业,实现工业内部结构的优化调整。第三产业要加快发展现代服务业,着力发展金融业、现代物流业、旅游会展业等业太,稳步发展批发零售业、交通运输仓储和邮政业、住宿和餐饮业等传统服务业,提升第三产业的增加值。第一产业以现代农业为抓手,积极推进农业设施现代化,发展设施农业。

东营市 2015 年第一产业增加值占 GDP 的比重为 3.4%,第二产业占比 64.7%,第三产业占比 31.9%。东营市处于工业化的中期阶段,产业结构调整的任务较重。在稳定经济增长的前提下,第二产业着重改造提升石油化工、橡胶轮胎、有色金属、纺织、造纸、农副食品加工等传统产业,加快发展汽车配件及装备制造业,积极培育新能源、新材料、现代医药、信息技术等新兴产业,构建结构优化、技术先进、清洁安全、内生动力较强的现代工业体系。第三产业着力发展现代服务业,包括金融业、现代物流业、旅游会展业和健康养老产业等。第一产业主要培育特色农业,推动农业现代化。

2015 年,日照市三次产业比例为 8.4∶48.7∶42.9。第二产业内部结构需要加大调整力度,逐步降低钢铁、水泥、发电、石化等重工业在工业内部的产值占比,积极发展临港产业,推进新材料、新能源、电子信息、生物制药、高端装备制造等战略性新兴产业发展。第三产业则重点推进全域旅游发展,用旅游业带动现代服务业转型升级。第一产业则推动设施农业发展,实现农业现代化。

第三节　BSCC 建设的产业结构影响预测

一、BSCC 对产业结构的潜在影响

BSCC 为区域产业的协调发展创造了机遇和条件。BSCC 建设将结束山东半岛和辽宁半岛隔海相望的地理格局,使得华北、东北、山东半岛相互串联起来,形成一个有机整体[15,16]。这一整体的形成,对物流、人流和信息流方面都有重要影响。东北、华北和山东半岛三地长期以来一直呈现各自发展的态势,拥有各自的经济中心,难以实现区域经济一体化发展,难以形成完整、连续、统一的经济圈。BSCC 建设构筑起一体化的交通体系,把华北经济区、山东城市群和东北经济区连接起来,进而与长三角经济圈进行互动沟通,与东北亚经济圈紧密衔接,扩大沿海经济区的带动辐射作用,起到协调区域间经济发展的作用[17,18]。

BSCC 为区域产业合作和优势互补提供了便利条件。BSCC 把不同的行政区域连接在一起,改变了原先行政区经济的版图,有利于在重大资源开发与规划和重大项目选址落地时进行更加合理有效的区域分工协调,做到优势互补、最大化利用各项资源;扩大了华东及东部的经济腹地,将东北亚经济圈与华东、华南有效连接在一起,在空间上形成太平洋西岸经济带,打通了亚欧大陆东侧贯穿南北的大通道大动脉,有利于各个产业集群之间分工合作,充分发挥各自的产业辐射和带动功能,实现区域经济均衡协调可持续发展[15, 18, 19]。

BSCC 推动了高新技术产业、文化创意产业等的进一步发展和集聚。对东北、华北和山东半岛而言,产业结构进一步调整的方向就是大力发展高新技术产业、文化创意产业等先导性产业。这一地区拥有一大批全国一流的科研机构和高等院校,科技创新实力位居全国前列。BSCC 的建设会使这一区域内的人才合理流动,凸显人才优势、创新优势,为科技创新和文化创意提供发展的基础。

二、BSCC 影响产业结构的预测分析

根据陆路运输距离的缩短量和隧道所在位置,将研究区内的城市分为显著影响城市、一般影响城市、弱影响城市三大类(见第六章)。BSCC 开通对不同省区市的一、二、三产业产生的影响也不同,通过测算不同产业增加值受影响的份额,进而推算受影响后的三产结构比例,与未修正前的三产结构比例进行比较。结果发现:BSCC 对产业结构的影响主要存在于北京、天津、河北、辽宁、吉林和山东半岛区域,而黑龙江、内蒙古和山西产业结构受到的影响很小,基本可以忽略不计。对北京的影响主要表现在对第二产业的带动作用,变化值约为 0.8%;对天津的带动作用则与北京相反,体现在第三产业带动上,变化值约为 0.57%;对河北的产业结构产生作用较大,对第二产业能产生 0.2%的推动作用,对第三产业能产生 0.5%的作用,相应的第一产业地位相对下降;对辽宁产业结构的影响主要体现在对第三产业 0.6%和第一产业 0.02%的带动作用;对吉林则产生对第一产业 0.04%和第三产业 0.21%的带动作用;对山东半岛的作用主要体现在对第三产业 0.53%和对第一产业 0.03%的带动方面(表 7-7)。

表 7-7　海底隧道对不同省区市产业结构变动的影响(%)

预测期	北京			天津			河北		
	一产	二产	三产	一产	二产	三产	一产	二产	三产
2040	0.00	0.08	-0.08	0.00	-0.57	0.57	-0.70	0.21	0.49
2041	0.00	0.08	-0.08	0.00	-0.57	0.57	-0.70	0.21	0.50

续表

预测期	北京			天津			河北		
	一产	二产	三产	一产	二产	三产	一产	二产	三产
2042	0.00	0.08	-0.08	0.00	-0.57	0.57	-0.70	0.21	0.50
2043	0.00	0.08	-0.08	0.00	-0.57	0.57	-0.71	0.21	0.50
2044	0.00	0.08	-0.08	0.00	-0.57	0.57	-0.71	0.21	0.50
2045	0.00	0.08	-0.08	0.00	-0.57	0.57	-0.71	0.20	0.50
2046	0.00	0.08	-0.08	0.00	-0.57	0.57	-0.71	0.20	0.50
2047	0.00	0.08	-0.08	0.00	-0.58	0.58	-0.71	0.20	0.51
2048	0.00	0.08	-0.08	0.00	-0.58	0.58	-0.71	0.20	0.51
2049	0.00	0.08	-0.08	0.00	-0.58	0.58	-0.71	0.20	0.51
2050	0.00	0.08	-0.08	0.00	-0.58	0.58	-0.71	0.20	0.51

预测期	辽宁			吉林			山东半岛		
	一产	二产	三产	一产	二产	三产	一产	二产	三产
2040	0.02	-0.62	0.60	0.04	-0.25	0.21	0.03	-0.56	0.53
2041	0.02	-0.62	0.60	0.04	-0.25	0.21	0.03	-0.56	0.53
2042	0.02	-0.63	0.60	0.04	-0.25	0.21	0.03	-0.56	0.53
2043	0.02	-0.63	0.61	0.04	-0.25	0.21	0.03	-0.56	0.53
2044	0.02	-0.63	0.61	0.04	-0.25	0.21	0.03	-0.56	0.53
2045	0.02	-0.63	0.61	0.04	-0.25	0.21	0.03	-0.56	0.53
2046	0.02	-0.63	0.61	0.04	-0.25	0.21	0.03	-0.56	0.54
2047	0.02	-0.64	0.61	0.04	-0.25	0.21	0.03	-0.56	0.54
2048	0.02	-0.64	0.62	0.04	-0.25	0.21	0.03	-0.56	0.54
2049	0.02	-0.64	0.62	0.04	-0.25	0.21	0.03	-0.57	0.54
2050	0.02	-0.64	0.62	0.04	-0.25	0.21	0.03	-0.57	0.54

总体上看，BSCC 建设将会对东北、华北和山东半岛相关省市区的产业结构产生一定的影响，主要表现在对现代服务业的推动方面，第三产业所占比重带动作用明显。作为现代服务业重要组成的物流业、信息技术、教育科研、旅游会展、商贸等，都会因为 BSCC 的建成而得到快速发展。辽宁省、吉林省和山东半岛的第一产业也会因为 BSCC 开通而得到较快发展，所占比重有所上升。通过预测还发现，BSCC 对北京和河北第二产业的发展有一定程度的推动作用。

第四节　BSCC影响下的产业结构调整分析

一、BSCC影响下的产业结构调整方向

充分利用立体交通网络优势，发展物流运输等现代服务业。BSCC的兴建将会缓解进出关运输，南北运输和沿海港口运输等三大矛盾，对优化地区间运输结构，提高路网运输能力和服务水平具有重要意义。目前，东北地区承担过境交通的高速公路主要有京沈、京沪、京港、沈海和唐津等高速公路，2006年烟大火车轮渡开通，但受制于自然条件等难以克服的弱点，运力有限，无法从根本上解决运输需求和运能短缺之间的矛盾。区内港口众多，配合完善的陆路交通网络，环渤海地区将成为我国北方重要的物流集散中心。BSCC有利于形成合理的地区间运输结构，可以放大港口效应、机场效应，协调发展、优势互补，形成立体化的交通网络，为物流运输等现代服务业提供发展基础。

依托交通干线网络，构建产业集群，优化产业空间布局。充分发挥京津冀的文化优势和科技教育优势，发挥东北三省的资源优势，发挥山东半岛的工业、制造业基础优势，在京津冀地区发展以现代服务业、高新技术产业、旅游业和钢铁石化产业为主导产业的首都圈产业集群，在山东半岛发展机械制造、家电电子、石油化工、轻纺、食品加工、旅游和物流为主导产业的山东半岛产业集群，在沈大城市群发展以装备制造业、原材料产业、物流和旅游业为主导产业的辽东半岛产业集群。

充分发挥交通区位优势，鼓励技术创新发展高新技术产业。产业结构的调整升级是在一定经济基础上实现的，第三产业比重的提升必须建立在坚实的第二产业产品价值创造基础之上。从产业结构优化的角度来说，除了发展第三产业，对于第二产业实现资源依赖型向技术依赖型转变也是世界经济发展的必然趋势，尤其是资源型产业[20,21]。东北老工业基地第二产业基础雄厚，在产业结构调整过程中要重点关注技术创新和新技术应用对传统工业制造业的造血功能，发挥技术优势实现经济增长。华北地区是我国文化科教中心，一流的知识资源要充分转化成为科学技术资源，建立技术创新基地和新技术应用孵化中心，为新技术和产业发展搭建桥梁，鼓励新技术产业集群发展。山东半岛传统制造业优势明显，在区位优势凸显的前提下，有效地扩大了自身的经济腹地，运用新技术提升产品附加值，提升服务流通环节的增加值，是实现经济稳定增长、产业结构调整优化的必要选择[22]。

二、BSCC 影响下的三区产业结构走势

根据 1990~2017 年共 28 年的经济数据预测 2018~2050 年 33 年的经济发展趋势，进一步转换成产业结构关系，并把 BSCC 影响后的 2040 年相关数据代入，可以发现，华北、东北和山东半岛城市群的经济结构演化都呈现各自不同的特点，省份之间的演化趋势各有不同。

东北三省的产业结构演化趋势存在较大的差异。辽宁省第二产业比重降低明显，第三产业比重上升，两者呈现"剪刀差"形态；吉林省呈现"二、三、一"结构并逐步趋向稳定；黑龙江省则呈现二产三产交替发展的趋势，两者比重关系先扩大后随之缩小，最终呈现"三、二、一"结构并趋于稳定（图 7-2）。

到 2050 年，华北地区五个省份产业结构均呈现"三、二、一"结构，但第三产业比重超过第二产业比重的时间却大不相同。北京在 1994 年第三产业超过第二产业后便快速发展，迅速完成了工业化阶段进入后工业化时期，第三产业比重最终稳定在 80% 以上；天津在 2015 年第三产业比重首次超越第二产业，之后缓慢增长，最终第三产业比重稳定在 60% 左右；河北将在 2026 年前后第三产业比重超越第二产业，一直到 2050 年，两者之间的差距仍在持续扩大；山西在 2016 年第三产业比重首次超过第二产业，之后第三产业比重在 55% 左右趋于稳定；内蒙古第三产业比重在 2001 年首次超过第二产业，但 2005 年第二产业重新超越第三产业，到 2020 年前后，第三产业比重将再次超过第二产业，之后保持"三、二、一"结构，第三产业比重在 2050 年达到 60% 左右（图 7-2）。

山东半岛城市群的"三、二、一"产业结构将在 2021 年前后出现，之后第二产业和第三产业的比重差距逐渐加大，到 2050 年，第三产业的比重达到 54.5%，第二产业比重为 40%，两者的差距达到 14.5%（图 7-3）。

综合分析可见，由于 BSCC 建设对东北、华北和山东半岛城市群三区的交通格局、经济联系、产业结构优化等发挥了一定的作用，三区未来产业结构的演变将会打破目前的"二、三、一"格局，逐渐呈现出"三、二、一"的发展态势，即第一产业会得到进一步巩固，第二产业会得到进一步调整和升级且在国民经济中的比重降低，第三产业则会得到快速发展，最终超过第二产业。

从空间分布来看，第一产业在华北地区的内蒙古、河北以及东北地区具有明显的区位优势，第二产业在三个地区的区位分布呈现出较为鲜明的地域分工关系，比较优势的差异性较为明显，第三产业在华北地区的北京、天津，东北地区的辽宁和山东半岛城市群都具有相对发展优势。

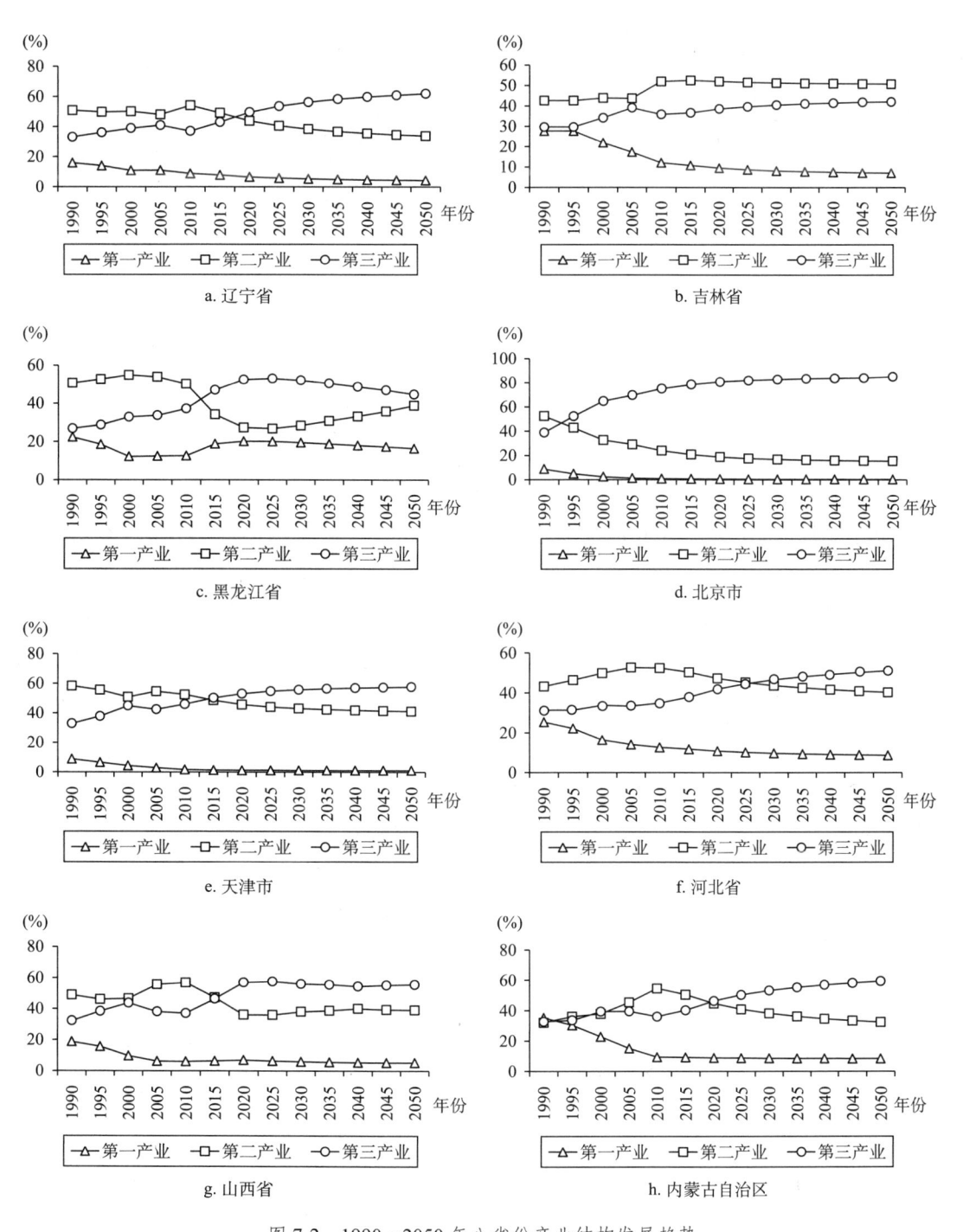

图 7-2　1990～2050 年八省份产业结构发展趋势

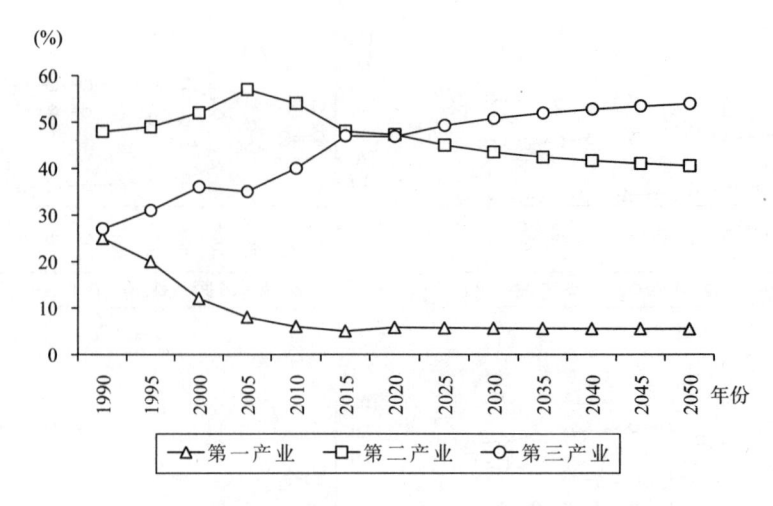

图 7-3 1990～2050 年山东半岛城市群产业结构演化趋势

就三个地区三次产业结构演化的总体趋势而言，第一产业的比重基本维持不变，第二产业比重下降，第三产业比重提升。这一变化的原因主要有：重化工业、资源型产业的附加值相对固定且随技术创新而提高；高附加值的现代服务业，如金融、物流运输、旅游等产业发展迅速，产业增加值增加速度较快。可以预见，未来一些战略性新兴产业的支柱地位将会进一步提升，对产业结构调整的推动作用也显著增强。信息技术、新材料、生物科技、节能环保、新能源、新能源汽车、航空航天、高端装备制造等领域将会随着科技的创新，呈现出跨越式的发展态势。

参 考 文 献

[1] Chenery, H., M. S. Ahluwalia, C. L. G. Bell, et al. Redistribution With Growth [M]. Oxford: Oxford University Press, 1974.

[2] Griffin, J. M., Andrew Karolyi, G. Another look at the role of the industrial structure of markets for international diversication strategies [J]. Journal of Financial Economics, 1998, (1): 351-373.

[3] Chow, H. K., Choy, K. M. Forecasting the global electronics cycle with leading indicators: a Bayesian VAR approach[J]. Int. J. Forecast, 2006, (22): 301-315.

[4] F. X. Diebold. Elements of Forecasting With Economic Applications(3rd ed.) [M]. Thomson Learning EMEA, Ltd., 2003.

[5] Oladunjoye, O. Market structure and price adjustment in the U. S. wholesale gasoline markets [J]. Energy Economics, 2008, (3): 937-961.

[6] Kuznets, S. Modern economic growth: findings and reflections [J]. American Economic Review, 1971, (3): 247-258.

[7] 李诚固, 黄晓军, 刘艳军. 东北地区产业结构演变与城市化相互作用过程[J]. 经济地理, 2009, (02): 231-236.

[8] 刘艳军, 李诚固. 东北地区产业结构演变的城市化响应机理与调控[J]. 地理学报, 2009, (2): 153-166.

[9] 李福柱, 孙明艳, 历梦泉. 山东半岛蓝色经济区海洋产业结构异质性演进及路径研究[J]. 华东经济管理, 2011, (3): 12-14.

[10] 栾贵勤, 刘文. 山东半岛产业转移与结构优化路径探析[J]. 技术与创新管理, 2009, (3): 341-344.

[11] 胡水炜. 山东半岛城市群产业结构与竞争力研究[J]. 中国集体经济, 2010, (3): 45-46.

[12] 陈刚, 康振虎. 华北五省(区)市的区域经济合作——基于经济差异性的分析[J]. 经济与管理, 2010, (2): 70-73.

[13] 徐成龙, 任建兰, 巩灿娟. 产业结构调整对山东省碳排放的影响[J]. 自然资源学报, 2014, (2): 201-210.

[14] 张云伟, 韩增林. 渤海海峡跨海通道建设对环渤海区域的经济社会影响[J]. 海洋开发与管理, 2009, (9): 80-81.

[15] 陆大道. 关于渤海海峡跨海通道规划建设的几个问题[J]. 鲁东大学学报(哲学社会科学版), 2009, (2): 8-9.

[16] 王梦恕. 渤海海峡跨海通道战略规划研究[J]. 中国工程科学, 2013, (12): 4-9.

[17] 孙海燕, 陆大道, 孙峰华, 等. 渤海海峡跨海通道建设对山东半岛、辽东半岛城市经济联系的影响研究[J]. 地理科学, 2014, (2): 147-153.

[18] 邵士秋, 雷磊, 曹威. 渤海海峡跨海通道对两大半岛城市群经济联系影响分析[J]. 资源开发与市场, 2013, (9): 936-939.

[19] 沈航, 田小勇. 交通运输对区域经济增长影响的实证研究[J]. 武汉理工大学学报(交通科学与工程版), 2012, 36 (4): 795-798.

[20] 董锋, 龙如银, 周德群, 等. 产业结构、技术进步、对外开放程度与单位GDP能耗——基于省级面板数据和协整方法[J]. 管理学报, 2012, (4): 603-610.

[21] 戴子刚. 产业结构变化对能耗强度影响的实证研究[J]. 生态经济, 2011, (11): 105-107.

[22] 柳新华, 刘良忠. 渤海海峡跨海通道对环渤海经济发展及振兴东北老工业基地的影响研究[M]. 北京: 经济科学出版社, 2009.

第八章 对城市化水平的影响

第一节 城市化及其影响因素

一、城市化及其发展水平测度

城市化（或称城镇化）是当今世界最重要的社会、经济现象之一，是包括中国在内的广大发展中国家实现由传统农村、农业社会向现代非农社会转变的重要途径和手段。同时，城市化又是一种内涵极丰富、涉及面极广的社会经济变迁过程，既包括人口和非农业活动向城镇的转型、集中、强化和分异以及城镇景观的地域推进，同时也包括城镇经济、社会、技术变革在城镇体系及乡村地区的扩散[1]。美国学者弗里德曼（J. Friedmann）曾把城市化过程区分为城市化Ⅰ和城市化Ⅱ。认为城市化Ⅰ包括人口和非农业活动在规模不同的城市环境中的地域集中过程、非城市型景观转化为城市型景观的地域推进过程；而城市化Ⅱ则包括城市文化、城市生活方式和价值观念在农村的地域扩张过程[2]。

城市化是一个复杂的地域、人口、社会、经济转型过程，其内容涉及社会生产与生活的各个方面，对这一过程的理解，不同学科存在很大差别。社会学家认为，城市化是一个农村社区的生产、生活方式向城市社区的生产、生活方式转化的过程；经济学认为城市是人类从事非农业生产活动的中心，城市化就是人口经济活动由乡村向城市、由农业活动向非农业活动的转移、转化过程；人口学从人口"乡—城"迁移的角度解释城市化的动力机制，因而认为城市化就是人口由乡村向城市集中的过程；地理学从地理要素的空间分布出发，强调城市化的地域空间转化过程，认为城市化是指"人口向城市地区集中和农村地区转变为城市地区（或变农业人口为非农业人口）的过程"。其结果是城市数目增多、城市规模扩大、城市人口比重提高[3]。按照《中华人民共和国国家标准城市规划术语》的定义，城市化是"人类生产与生活方式由农村型向城市型转化的历史过程，主要表现为农村人口转化为城市人口以及城市不断发展完善的过程"。概括地讲，城市化至少包括以下五层含义：①城市数量的增加、规模的扩大、建设质量的提高；②城市产业结构提升，城市空间结构和形态结构的不断变化；③城市经济总量的扩大，生产、生活方式的转变和生活质量的提高;④城市中心作用的不断加强和充分发挥;⑤城市体系的形成和逐步完善以及城乡关系的协调发展[4]。

　　城市化作为传统社会向现代社会的转型过程,其发展程度的高低可以通过城市化水平来测度。根据采用的指标多少,城市化水平测度方法大体可以分为主要指标法和复合指标法两种类型。主要指标法,顾名思义就是采用某一单一指标对区域城市化发展程度进行测算,主要包括人口比重指标法和土地利用指标法。人口比重指标法反映的是人口城市化的变化情况,该指标又分为城镇人口比重和非农业人口比重。前者是用城镇人口占地区总人口的比重来表征区域城市化水平,这是国际上比较通用的一种做法,也是我国学术界常用的一种测度方法。该指标的优点显而易见:一是简单明了,易用易学;二是城乡人口分布清楚,界定清晰,便于统计。非农业人口比重指标法,就是指用非农业人口占总人口的比重来表示一个地区的城市化水平。虽然该方法用人口职业构成(实际是户口性质)替代地域构成,与城市化的内在含义及其本质特征有所偏离,但该指标体现了人口在经济活动上的结构关系,在一定程度上反映了地区生产力水平高低以及生产、生活方式的变化情况,较准确地把握了城市化的经济意义及其内在动因[5,6]。加之改革开放以前我国对人口的统计,长期以来就是以农业和非农业人口进行划分的,因此该指标仍然具有一定的实用性。土地利用指标法,是从土地性质和地域范围上来说明城市化水平的一种方法。该方法主要是统计一定时期内非城市建设用地转变为城市建设用地的比率[7]。这一指标从土地利用结构入手,着眼于城市的空间扩展,在一定程度上反映了城市化过程中的城市发展状况。但该指标只反映了城市化过程中城镇空间扩张量的增长,未能反映作为城市化主体人的生活水平的提高及生活方式的改变情况。其次,在不同的发展阶段,城市化的表现形式不尽相同。在城市化的初期和中期阶段,城市发展以空间扩张为主,而在城市化趋于成熟阶段时,城市的发展已经转变为以内部重组为主,此时利用该指标进行测度,很有可能会出现城市化水平不升反降的情况[8]。同时,数据的难以获得,亦在一定程度上降低了该指标的应用价值。复合指标法就是根据城市化的内涵,从人口、经济、社会和土地或地域景观等方面,选取多个指标构建城市化水平综合评价指标体系,并结合主成分分析法、层次分析法和线性加权法、熵值法等方法计算出城市化的综合评价值。

二、影响城市化发展水平的因素

　　影响城市化发展水平的因素很多,总体来看,学术界的研究经历了一个从一元到多元的演变过程。改革开放之初,周一星研究了经济发展与城市化水平之间的关系[9]。此后，有学者开始从二元的视角对中国城市化发展的动力机制进行解析，认为影响中国城市化发展的动力因素可以归结为自上而下和自下而上的两种力量[10,11]。在此基础上，有学者进一步提出了多元化的观点。宁越敏认为，20世纪90年代以来，中国展现了一种新城市化进程：以多元城市化动力替代以往单一的或以二元为主的城市化动力[12]。曹广忠提出，经济发展、工业、第三产业、乡村工业化、外资在推动中国城市化发展中发挥着重要作用[13]。盛广耀在《城市化模式及其转变研究》中，将影响中国城市化发展的因素归结为农业基础、工业化、第三产业、政策因素、市场机制五个方面[14]，认为：农业发展是城市发展的基础，是城市化的初始动力；工业化是推动近现代城市，尤其是工业城市发展的根本动力，是城市化发展的核心力量；第三产业是继工业之后推动城市发展的另一重要力量，是推进城市化进程的现代产业基础；政府政策对城市化进程起着直接且重要、甚至决定性的作用；市场力是促进农村人口和资源向城市加速聚集的基础性机制，是城市化过程的基础性动力。欧向军等人认为，城市化发展受经济、社会、政治等诸多因素的影响，不同阶段各个因素对推动区域城市化的作用大小各有不同，并通过实证研究，对城市化的主要动力进行比较分析，具体概括为行政力、外向力、市场力和内源力四个方面[15]。本文综合各方面的观点，将影响城市化水平的因素归纳为经济发展水平、政府因素、市场力量、乡村工业化以及外资五个方面。

（一）经济发展水平

在众多影响城市化发展水平的因素当中，经济发展水平无疑是一个最重要、最直接的因素，是城市化的最根本动力[16]。大量的实证研究结果表明，城市化水平与人均经济产出之间存在着密切的内在关系。随着劳动生产率的不断提高，人均收入水平增长，第二、三产业的产值份额和就业构成份额都会增加，随着产值和就业结构的变化，农村人口伴随这一过程不断向城市地区集中，由此形成城市化。城市化本质上是满足人口对城市工作和城市生活需要的过程，主要表现为人口、土地和产业从农村向城市的集中[17]。

（二）政府因素

中国地域辽阔，人口众多，城乡经济发展存在较大差距，大量人口分散在面积广阔的农村地域，将农村大量剩余劳动力转移到城市是实现城市化不可或缺的一步[18]，而进行如此大规模的人口流动与迁移需要政府的参与及调控。同时，城市化进程中必然要进行大量城市基础设施及服务设施建设，如城市道路、桥梁、通信系统、城市绿地等基础设施及消防、公安、环卫等服务设施，均属于外部经济性很强的公共产品，处于现代经济学认定的"市场失灵"的边界之内，市场这只"看不见的手"并非总是能有效地提供市政基础设施等公共产品。因此,城市发展需要政府参与调节提供必要的制度安排[19]。此外,政府掌握着土地、财政资金等巨大的公共社会资源,城市化的发展离不开土地、资金等资源的大量投入,即城市化的发展需以政府的城建投资为基础。

(三)市场力量

众多研究城市化进程中政府与市场行为的学者认为,在我国城市化进程中,政府曾起着决定性的作用,但随着城市化进程的推进,政府要逐步让位于市场。市场因素、市场机制通过"看不见的手"配置城镇化进程中的资本、劳动力和其他生产要素,提高生产效率,增加收入水平,凸显城镇集聚功能,使生产者和消费者获得更多的城镇化发展带来的实惠。众所周知,经济发展是城市化进程的第一动力。目前,我国非公有制经济 GDP 所占的比重超过 60%,税收贡献率超过 50%,就业贡献率超过 80%。非公有制经济已成为我国经济发展的重要力量。因此,在城市化进程中,市场和非公有制经济起着重要作用。为此,在发挥政府导向作用的同时,应减少"包揽"痕迹,在一些领域,凡市场能发挥作用的应让位于市场,处理好让位、占位的关系,调整主导方向,促进全国经济结构调整和产业结构层次快速提升,实现优势产业高端化和特色产业集群化,使城市化向着绿色、环境友好的城市化方向发展。

(四)乡村工业化

这里主要是指乡镇、村各级政府发动和农民自主推动的各类乡镇企业。乡镇企业对城市化的影响不容小觑。与国有企业不同,乡镇企业大部分利润可以返回地方,用于地方经济建设,在市场化运行机制、经营方式、对市场的灵敏度等方面也都优于国有企业。此外,地方的经济发展状况直接影响政府干部的工作业绩。因此,地方干部更注重于本土乡镇企业的发展,并通过社区政府协调与外部(上下级、其他企业单位)的关系,调用本地财力和担保贷款,提供土地与税收等各种优惠政策,依本地状况执行上级政策等手段,推动本土乡镇企业发展。除此之外,本土企业在创造产值推动经济增长的同时,也会对城镇化进程中就业需求、社会服务、生态环境保护等方面产生直接影响。因此,我国城市化除了外资推动外,更需要来自基层和民间的乡村工业化的驱动。

(五)外资

20 世纪 70 年代以来,世界进入全球化时代,全球化对中国的发展产生了深远影响,随着中国改革开放政策的实行以及成功加入 WTO,中国经济发展得到明显推动,外资成为影响我国城市化进程的重要外部因素。通过大量引进外资,形成外商直接投资的聚集效应，资本形成的条件得以改善，进而带动技术、贸易、产业结构和就业结构的不断完善，提高技术和管理水平，促进了区域经济的增长和城市化水平的提高[20]。而全球产业结构重组与转移又为中国制造业的发展提供了良好的机遇，进一步推动了中国的工业化和城市化进程。外资的大量引进使得外商直接投资的聚集效应成为影响我国城市经济发展的重要元素之一。

三、城市化水平与经济发展水平的关系

城市化与经济发展之间相互促进、互为条件、互为因果。钱纳里等人对 1965 年世界 90 个国家和地区工业化、城市化之间的关系进行了研究。结果表明，人均国民生产总值越高、工业化水平越高，城镇化水平也越高[21]。詹姆斯·杜森贝里（James Dusenberry）通过对 95 个国家 43 个变量的主成分分析测度出城市化水平与经济发展水平具有高度相关性。为促进研究的深化，美国学者保罗·L. 诺克斯（Paul L. Knox）对城市化与经济总量进行了研究，认为城市化水平差异的 60%～70%可由经济增长水平的差异因素予以解释，30%～40%归因于工业化、经济类型等其他因素；同时，查尔斯·J. 莫莫（Charles J. Moomaw）和沙特（Shatter）通过回归分析发现，城市化随人均 GDP、工业化程度的提升而增加，随农业生产水平的提高而下降。定性看来，城市化水平（用城市人口比重表示）的增长有一个固定的上限（100%），而经济发展水平（用人均产值或人均 GDP 度量）则没有明确的上限。因此，城市化水平相应于经济发展水平的增长率最终会越来越小。这样，如果以人均经济产值为自变量，以城市化水平为因变量，建立函数关系，则可得到一条后半段弧形上凸的曲线。能够给出这种曲线的函数有许多，包括对数函数、双曲线函数、二类指数函数、Logistic 函数，如此等等[22]。目前，学术界应用较多的是对数函数。该模型一般表示为：

$$Y = b \lg X - a \qquad \text{式 8-1}$$

式 8-1 中，Y 表示城市化水平（用城镇人口占总人口比重表示）；X 表示人均产值（或人均国民生产总值、人均国内生产总值）；a、b 为大于 0 的参数。梁进社曾经基于经济学思想论证了这个模型的理论基础[23]。周一星曾对 1977 年世界 157 个国家和地区的资料作了统计分析，除了 20 个国家受特殊原因影响，其余 137 个国家和地区城市化水平与人均国民生产总值符合对数曲线关系，相关系数达到 0.960 9，他提出的模型为：

$$Y = 40.55 \lg X - 74.96 \qquad \text{式 8-2}$$

研究结果表明：①各国城市化水平和国民经济发展水平之间有很大的一致性，城市

化水平高的国家，经济发展水平也较高；经济发展水平低的国家，城市化水平也较低。②各国的城市化水平与人均总值（美元/人）的对数值之间大致呈正比例增长关系。许学强和朱剑如根据美国人口普查局公布的 1981 年 151 个国家的资料，也得出类似的结论，再次证明城市化与人均 GDP 的对数曲线关系，相关系数为 0.81；蔡孝箴认为城市化发生作用于经济增长，成为经济增长的重要助推力；杨小凯和张永生认为城市化导致城市经济的专业化分工，能够进一步促进经济增长。

第二节 东北、华北和山东半岛城市化发展现状

东北、华北和山东半岛地处渤海周边，是 BSCC 建成后受影响最大、最为直接与明显的地区。三大地区土地总面积 238 万平方千米，占全国国土面积的 24.8%。2017 年年底总人口 3.26 亿，其中城镇人口 2.08 亿，城市化率 63.89%，高出全国平均水平 5.37 个百分点。三大地区当中，以东北城市化水平最高，2017 年东北三省城市化平均水平为 61.18%；华北为三区之首，为 68.76%；山东半岛城市群 2017 年城市化水平为 68.6%，高于全国 58.52%的平均水平。

一、东北地区城市化发展现状

东北地区包括黑龙江、吉林、辽宁三省。2017 年底东北总人口 10 875 万人，约占全国总人口的 7.82%。同年三省实现地区生产总值 5.43 万亿元，约占全国的 6.58%；人均地区生产总值 49 891 元，略高于全国的平均水平。东北是 1949 年后重点建设的老工业基地，工业化水平高，国有经济占有比较重要的地位。国家建设、行政力量推动的城市化特征显著，因而城市化水平较高（图 8-1）。

二、华北地区城市化发展现状

华北地区包括北京、天津、河北、山西及内蒙古自治区等五省（市、区），面积 156 万平方千米，占全国总面积的 16.2%。华北是中国北方的经济重心，工农业生产在全国占重要地位，已形成能源、钢铁、电子、机械、水泥、化工、纺织为支柱的完整工业体系。2017 年，五省市区共实现国内生产总值 112 205.08 亿元，占全国 13.6%；人均地区

生产总值 79 830 元，相当于全国平均水平的 1.3倍。全区总人口 17 479 万，约占全国总人口的 12.57%；城市化率 68.76%，高出全国平均水平 10.24 个百分点。新世纪以来，华北五省市区城市化水平提高很快，2017 年五个省级地区中，有四个城市化率超过 50%（图 8-2）。

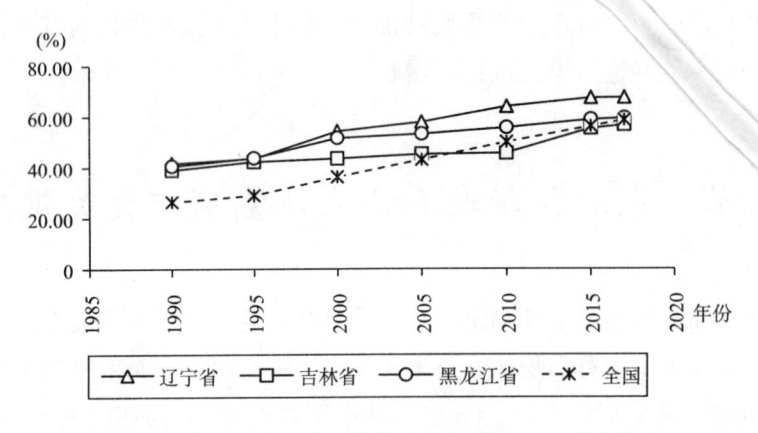

图 8-1 东北三省主要年份城市化率及其与全国的比较

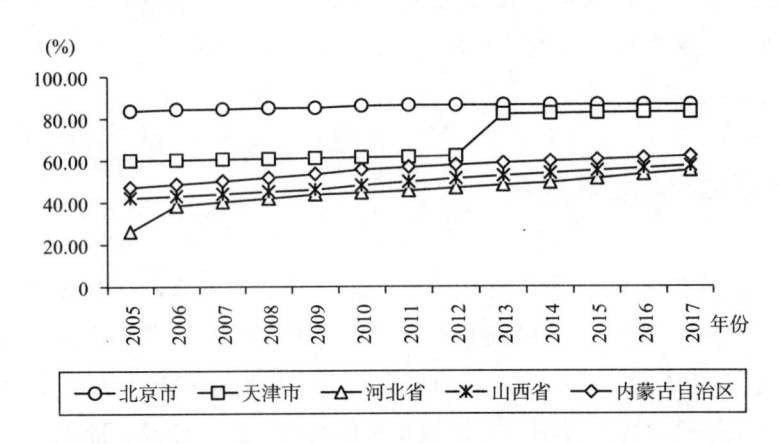

图 8-2 华北地区五省市区主要年份城市化率演化轨迹

三、山东半岛城市群城市化发展现状

山东半岛位于华北地区东部，有大、小山东半岛之分。小山东半岛指胶莱河以东的胶东半岛，大山东半岛指的是从寿光小清河口到日照岚山头苏鲁交界的绣针河口。行政单元涵盖威海、烟台、青岛、日照、潍坊五市，济南、淄博和东营在自然地理上不属于山东半岛，但属于胶济、蓝烟铁路沿线城市带和邻近地区。因此，山东半岛一般包括济南、淄博、潍坊、青岛、烟台、威海、日照、东营八市。

山东半岛城市群是中国东部沿海六大城市群之一，西北接京津冀城市群，南邻江淮城市群和长三角城市群，西部与中原城市群为邻，北隔渤海海峡与辽中南城市群相望。面积 7.3 万平方千米，占山东省的 46.6%，2017 年人口 4 567 万，其中城镇人口 3 038.81 万，城市化率 68.6%，高出山东省 8.02 个百分点，比全国平均水平高 10.08 个百分点。山东半岛城市群资源丰富、区位优越、城镇密集，是山东省社会经济发展水平最高的地区，也是全省最具发展潜力和活力的地区。2017 年八市共实现生产总值 45 482 亿元，占全省的 62.62%。人均地区生产总值 99 588 元，相当于全省平均水平的 1.38 倍。

第三节　BSCC 建设对东北、华北和山东半岛区域城市化发展的影响

渤海海峡是指辽东半岛南端，老铁山角与胶东半岛蓬莱登州头之间的峡湾海域，它西面与渤海相连，东面与黄海毗邻，是渤海与黄海的天然分界线。在中国的版图上，渤海海峡正处于"雄鸡"的"咽喉"处，被辽东半岛到山东半岛"C"形的海岸三面环绕。BSCC 工程的建设，将打破渤海南北两岸物流"瓶颈"并使渤海经济圈与胶东乃至长三角经济圈紧密结合，形成环渤海经济圈闭合环状交通路线以及纵贯中国南北的交通大动脉[24]，一定程度上会促进相关地区的社会经济与城市化水平的发展。具体体现在以下三个方面。

一、促进相关地区经济增长，推动城市化水平的提高

BSCC 建设对经济的直接拉动作用主要表现为传递效应，即在一个部门投资需求增加的基础上，通过产业之间的产业链关系使与其相关的其他产业投资需求增加，这就是经济学所讲的投资乘数效应[25]。投资乘数的作用过程可以描述为：当一个部门的投资增加时，首先会引起对资本品需求的增加，这样导致资本品生产的增加和资本品部门就业和收入增加；其次，在资本品生产增加的基础上，对消费品的需求也会增加，消费品部门的就业和收入也将随之增加；再次，在资本品和消费品部门收入增加的基础上，必然促进服务业经营规模的扩大；最终，资本品、消费品和服务业经营扩大必然引起投资的进一步增加，如此反复循环将带来国民经济的成倍增长。BSCC 的建设首先会引起与其相关的生产部门，如水泥、钢材、沥青等生产部门投资需求的增加，然后在这些部门收入增加的基础上再引起消费品生产部门收入的增加，如此循环最终导致国民经济成倍的

增长。其次，BSCC 是影响相关地区产业结构调整的一个重要因素，在 BSCC 的建设与使用过程中，产业结构也将随之调整。作为一个统一的产业结构整体，交通运输业与其他产业在社会再生产过程中共同构成一个有机的投入产出关系。以与工业生产的关系为例，BSCC 的建设，一方面通过增加人与物空间位移的规模和效率来促进工业生产与商品流通；另一方面，BSCC 的建设与使用也需要物质基础，这些物质基础的消耗构成对工业生产的具体要求，强烈刺激着工业生产的扩展。如 BSCC 的修建可以促进建筑业的发展，对钢筋、水泥的需求可以促进采矿和冶金工业的发展。同时影响相关地区产业结构的不断升级，从而容易导致产业结构失衡，主导产业难以发挥带动效应，相关辅助产业也难以更好发展，最终将限制经济总量的扩张和产业结构演进的速度。因此可以说，BSCC 的建设对推进相关地区内以及企业间的专业化分工协作，促进生产要素合理流动与配置，推动相关地区经济增长及城市化水平的提高有一定的积极作用。

二、BSCC 建设将改善三大地区城市经济联系空间格局

BSCC 建设对三大地区城市经济联系强度和格局的影响主要是通过改变空间可达性[26]来实现的。可以预测，未来在 BSCC 开通后，将发展成为连接两半岛、东北老工业基地和华东地区乃至纵贯我国南北交通大动脉的交通枢纽，这将进一步强化大连的经济地位，也有助于烟台从山东半岛交通的末端位置一跃而成为环渤海经济圈的门户[27]，城市地位将得到极大提升。这一格局变化说明 BSCC 建设能够较为明显的提升两市的经济联系强度，也印证了 BSCC 建设带来的两半岛城市间经济联系格局的最大变化。在 BSCC 建设的背景下，两半岛城市间的空间可达性随之变化，提高了城市联系的便捷度，即交通方式的技术创新决定了区域的空间可达性，BSCC 建设提升了沿线城市的经济联系强度，同时又呈现出明显的距离衰减规律[28]。而城市经济联系的格局沿重要交通基础设施集聚的原因在于经济联系总是沿着经济运行成本最节约的方向进行，由于 BSCC 建设使两半岛交通网络结构和功能得到改善，节约了城市经济联系的交通成本，能够吸引城市经济联系向 BSCC 沿线集中。

三、提升三大地区城市联系强度，加快推进城市群一体化进程

从世界经济看，高度一体化发展的城市群（如欧盟）是支撑发达国家或区域综合竞争力的主要载体[29]。在地理位置上，环渤海城市群环海相拥，山东半岛、辽东半岛和京津冀分别处于三个顶点上，地理位置相隔较远，尤其是两大半岛之间隔海相望，导致三

大地区间联系不够密切,城市群之间在资源的分配与产业的互补上存在明显的不足。此外,由于三大地区间交通网络体系难以衔接,经济规划与城市群的发展水平存在明显的差异,使得资源要素流通不畅,产业分工不明确,经济贸易的需求较弱,不利于三大地区的整体融合,进而影响城市群一体化进程[30]。BSCC 的建设使哈大和沿海发展轴线连为一体,形成了中国东部贯通南北的交通大通道,打破渤海南北岸物流"瓶颈"。与此同时,BSCC 的建设缩短了东北与山东半岛城市群之间的运输时间,加强了各城市间的联系,使得山东半岛城市群和辽东半岛城市群连成一体,在此基础上,通过山东半岛和辽东半岛中心城市的带动,以环渤海地区"O"形交通网络为依托,逐渐实现三大地区城市群的对接与融合,推动环渤海城市群一体化的发展。

第四节　东北、华北和山东半岛区域城市化发展水平预测

一、2015～2050 年东北、华北和山东半岛城市化水平预测

(一)研究内容与方法

1. 研究内容与思路

根据国家发展改革委"渤海海峡跨海通道战略规划研究项目组"的《渤海海峡跨海通道战略规划研究总报告》(2012 年)及中国工程院重点咨询项目《渤海海峡跨海通道战略规划研究总报告》(2014 年)研究成果,初步预测开工建设时机选择在 2025 年比较理想,按建设工期为 15 年估算,预计到 2040 年建成。为此,在进行 BSCC 建设对东北、华北和山东半岛城市化水平的影响分析时,将研究对比的起始年份设定在 2040 年,通过 2040、2045、2050 年三个年份的对比分析,把握通道建设对上述地区城市化水平的影响,并以 2040 年为分界点,向前每隔五年预测一次城市化水平。其基本研究思路是,首先根据 1999～2013 年各城市经济发展水平与城市化水平之间的相关关系建立回归模型,在此基础上,根据 2015～2050 年 80 个城市的经济发展水平预测值,对各城市 2015、2020、2025、2030、2035、2040、2045 年和 2050 年八个年份的城市化水平进行预测(关于 2015～2050 年 80 个城市的经济发展水平预测值采用《渤海海峡跨海通道建设对东北、华北及山东半岛区域经济关系格局的影响》的研究结果)。假定 2040 年 BSCC 建成通车,通车以后某些城市间受时空压缩效应的影响,距离缩短,运输成本降低,经济水平会有所提高。据此,再对 2040、2045、2050 年的城市化水平进行预测,通过通车前后城市化水平

的变化，对 BSCC 建设效应进行剖析。

2. 数据来源与预测方法

（1）数据来源

BSCC 建设对东北、华北和山东半岛城市化水平的影响主要体现在该区域的 80 个地级市城市化水平的变化上。由于城市化水平跟经济发展水平具有极强的关联性，而人均 GDP 是经济发展水平的代表，所以选取人均 GDP 与城市化水平两组数据进行城市化水平预测分析。所需的基础数据主要依赖于各相关省份和城市 1999~2013 年共 15 年的地区生产总值，具体来源为黑龙江、吉林、辽宁、河北、山西、内蒙古六省份和北京、天津二直辖市以及山东半岛城市群共 80 个城市的统计年鉴。

（2）预测方法

目前学术界对城市化发展水平预测的方法主要采用 Logistic 模型、时间序列分析模型、城市化与经济发展相关关系模型等方法。根据东北、华北和山东半岛 1999~2013 年 GDP 数据的结构分布与城市化水平发展特点，认为采用对数模型较为合理。对数模型预测是在充分掌握历史数据的基础之上，分析目标对象随着人均 GDP 改变的发展规律，从而预测其未来的变化情况，相比其他预测模型更具有准确性。本研究运用 SPSS.20 数据分析平台，将 80 个城市 1999~2013 年人均 GDP 作为自变量，城市化水平作为因变量，用对数模型进行曲线估计，建立回归方程并进行拟合优度（Goodness of Fit）检验。拟合优度检验是指回归直线对观测值的拟合程度，度量拟合优度的统计量是可决系数（亦称确定系数）R^2，R^2 的取值范围是 [0, 1]，R^2 的值越接近 1，说明回归直线对观测值的拟合程度越好；反之，R^2 的值越接近 0，说明回归直线对观测值的拟合程度越差。经检验 80 个城市的 R^2 值全部在 0.8 以上，说明预测模型选择比较合理，预测结果可信。各城市的对数模型与拟合优度检验值如表 8-1 所示。

表 8-1 东北、华北和山东半岛各城市城市化水平预测回归方程及显著性检验

三大地区	省份	市（地区、自治州、盟）	回归方程	R^2
东北地区	黑龙江	哈尔滨市	y=0.964 19*ln（x）+38.108 07	0.834
		齐齐哈尔市	y=26.506 31+1.023 31*ln（x）	0.979
		鸡西市	y=2.881 438*ln（x）+34.614 92	0.865
		鹤岗市	y=65.980 07+6.463 73*ln（x）	0.813
		双鸭山市	y=−0.224 1+6.286 7*ln（x）	0.816
		大庆市	y=5.052 16+3.920 86*ln（x）	0.928
		伊春市	y=69.912 06+1.679 41*ln（x）	0.801
		佳木斯市	y=13.332 05+3.701 93*ln（x）	0.837

续表

三大地区	省份	市（地区、自治州、盟）	回归方程	R^2
东北地区	黑龙江	七台河市	y= −0.409 84+5.735 12*ln（x）	0.892
		牡丹江市	y=14.502 960*ln（x）−94.154 254 4	0.958
		黑河市	y= −8.551 75+6.794 57*ln（x）	0.847
		绥化市	y=9.765 5*ln（x）−55.859	0.865
		大兴安岭地区	y=8.443 19*ln（x）+3.241 04	0.878
	吉林	长春市	y=6.039 59+3.746 75*ln（x）	0.942
		吉林市	y=37.258 4+1.228 08*ln（x）	0.934
		四平市	y=29.852 297+0.762 458 8*ln（x）	0.954
		辽源市	y=37.644 4+0.727 10*ln（x）	0.970
		通化市	y=22.497 94+2.655 948 8*ln（x）	0.976
		白山市	y=50.431 86+1.766 82*ln（x）	0.933
		松原市	y=8.301 17+1.906 4*ln（x）	0.962
		白城市	y=32.588 66+0.867 36*ln（x）	0.983
		延边自治州	y=37.454 54+2.933 34*ln（x）	0.969
	辽宁	沈阳市	y=35.067 539 4+3.620 16*ln（x）	0.892
		大连市	y= −32.108 45+8.342 20*ln（x）	0.975
		鞍山市	y=46.624 212+ 0.398 330 8*ln（x）	0.922
		抚顺市	y=37.775 67+2.591 7*ln（x）	0.853
		本溪市	y=16.069 94+5.193 35*ln（x）	0.808
		丹东市	y=29.730 09+1.253 93*ln（x）	0.824
		锦州市	y=11.733 020+2.743 917*ln（x）	0.960
		营口市	y= −0.359 64+ 4.528 7*ln（x）	0.947
		阜新市	y = 8.077 1*ln（x）− 27.024	0.886
		辽阳市	y=32.651 62+1.063 29*ln（x）	0.898
		盘锦市	y = 10.488*ln（x）−52.61	0.908
		铁岭市	y=20.259 85+1.220 1*ln（x）	0.822
		朝阳市	y=9.496 03+1.997 89*ln（x）	0.963
		葫芦岛市	y=6.020 50+ 2.547 10*ln（x）	0.947
华北地区	北京		y=7.166 20*ln（x）+5.162 10	0.939
	天津		y=2.221 30*ln（x）+36.644 00	0.969
	河北	石家庄市	y=14.035 00*ln（x）−103.190 00	0.837
		唐山市	y=4.228 90*ln（x）−12.037 00	0.892
		秦皇岛市	y=14.496 00*ln（x）−104.450 00	0.829

续表

三大地区	省份	市（地区、自治州、盟）	回归方程	R^2
华北地区	河北	邯郸市	y=15.243 00*ln（x）–114.910 00	0.927
		邢台市	y=9.826 80*ln（x）–69.514 00	0.902
		保定市	y=9.404 00*ln（x）–65.061 00	0.802
		张家口市	y=8.109 90*ln（x）–44.668 00	0.898
		承德市	y=6.158 80*ln（x）–32.434 00	0.924
		沧州市	y=9.827 90*ln（x）–70.082 00	0.923
		廊坊市	y=10.357 00*ln（x）–74.912 00	0.807
		衡水市	y=11.179 00*ln（x）–85.821 00	0.834
	山西	太原市	y=50.124 64+3.035 91*ln（x）	0.949
		大同市	y= –46.189 05+10.098 6*ln（x）	0.960
		阳泉市	y= –63.744 49+12.008 30*ln（x）	0.918
		长治市	y= –58.201 9+9.905 96*ln（x）	0.892
		晋城市	y= –99.816 160 2+14.528 2*ln（x）	0.809
		朔州市	y= –44.735 73+8.729 72*ln（x）	0.844
		晋中市	y= –51.428 75+9.625 93*ln（x）	0.904
		运城市	y= –86.782 4+12.88*ln（x）	0.945
		忻州市	y= –45.169 5+8.840 24*ln（x）	0.829
		临汾市	y= –66.347 14+10.764 87*ln（x）	0.936
		吕梁市	y= –48.741 19+8.671 95*ln（x）	0.907
	内蒙古	呼和浩特市	y= –12.066 71+6.648 76*ln（x）	0.899
		包头市	y= –2.096 65+7.176 30*ln（x）	0.912
		乌海市	y=58.079 06+3.245 21*ln（x）	0.942
		赤峰市	y= –1.645 927+5.362 93*ln（x）	0.986
		通辽市	y = 3.146*ln（x）+ 2.291 4	0.925
		鄂尔多斯市	y= –92.881 75+13.519 59*ln（x）	0.824
		呼伦贝尔市	y= –43.899 2+11.757 3*ln（x）	0.982
		巴彦淖尔市	y= –6.069 26+4.603 27*ln（x）	0.997
		乌兰察布市	y= –135.102 226+20.111 68*ln（x）	0.978
		兴安盟	y= –15.806 7+6.011 9*ln（x）	0.983
		锡林郭勒盟	y= –3.433 33+5.685 6*ln（x）	0.913
		阿拉善盟	y=22.023 79+4.852 32*ln（x）	0.975

续表

三大地区	省份	市（地区、自治州、盟）	回归方程	R^2
山东半岛		济南市	y= −280.739 3+32.758 5*ln（x）	0.979
		青岛市	y= −78.860 57+11.173 6*ln（x）	0.886
		淄博市	y= −28.398 31+6.637 70*ln（x）	0.944
		东营市	y= −92.635 97+13.033 2*ln（x）	0.978
		烟台市	y= −84.599 44+12.1513*ln（x）	0.916
		潍坊市	y= −140.871 75+18.174 64*ln（x）	0.954
		威海市	y = −69.382 14+10.759 0*ln（x）	0.884
		日照市	y= −56.929 62+9.027 3*ln（x）	0.899

注：Y 为城镇人口占地区总人口的比重（%）；X 为该城市（地区）人均国内生产总值（万元/人）。

（二）预测结果

运用 SPSS 统计分析软件，将年份与区域生产总值（GDP）作为两组变量建立回归方程，预测得出东北、华北和山东半岛地区 2015～2050 年的地区生产总值，通过该数据与这三大地区 2015～2050 年人口预测数的比值，得到 2015、2020、2025、2030、2035、2040、2045、2050 年八个时间节点的各城市自变量因子人均 GDP 的预测值。通过运用 SPSS 软件建立起来的 80 个城市的回归方程，将 2015、2020、2025、2030、2035、2040、2045、2050 年八个时间节点的各城市自变量因子人均 GDP 的预测值带入回归方程，得到因变量城市化水平的预测值（表 8-2）。

表 8-2　2015～2050 年东北、华北和山东半岛各城市城市化水平预测值（%）

三大地区	省份	市（地区、自治州、盟）	2015 年	2020 年	2025 年	2030 年	2035 年	2040 年	2045 年	2050 年
东北地区	黑龙江	哈尔滨市	48	48	49	49	49	49	50	50
		齐齐哈尔市	36	37	37	38	38	38	42	45
		鸡西市	64	65	65	66	67	68	69	70
		鹤岗市	82	84	85	86	87	88	90	91
		双鸭山市	66	68	70	72	74	76	78	80
		大庆市	51	52	54	55	56	58	59	60
		伊春市	86	87	87	88	88	89	89	90
		佳木斯市	51	52	54	55	57	58	60	62

续表

三大地区	省份	市（地区、自治州、盟）	2015年	2020年	2025年	2030年	2035年	2040年	2045年	2050年
东北地区	黑龙江	七台河市	58	60	61	63	64	66	68	70
		牡丹江市	60	60	62	63	64	65	65	66
		黑河市	58	60	62	65	67	69	71	74
		绥化市	43	45	48	49	50	52	53	55
		大兴安岭地区	90	90	92	92	93	94	95	95
		全省总计	58	59	60	61	62	63	64	65
	吉林	长春市	47	48	49	50	51	52	53	54
		吉林市	51	51	52	52	53	53	53	54
		四平市	38	38	38	38	39	39	39	39
		辽源市	46	46	46	46	46	47	47	47
		通化市	51	52	53	54	55	56	57	58
		白山市	70	70	71	71	72	72	73	73
		松原市	29	30	31	31	32	33	34	35
		白城市	41	42	42	42	42	42	43	45
		延边自治州	68	69	71	72	73	74	75	77
		全省总计	56	57	58	59	60	62	64	66
	辽宁	沈阳市	78	79	80	81	83	84	85	86
		大连市	66	68	71	73	75	78	80	82
		鞍山市	51	51	51	51	52	52	52	52
		抚顺市	66	67	68	69	70	71	73	74
		本溪市	75	76	78	80	82	84	86	89
		丹东市	43	44	44	44	45	45	46	46
		锦州市	41	42	43	44	45	46	47	48
		营口市	50	51	53	54	56	57	59	60
		阜新市	55	57	58	59	60	62	65	66
		辽阳市	44	45	45	45	46	46	47	47
		盘锦市	60	61	64	66	67	68	70	71
		铁岭市	33	33	34	34	35	35	35	36
		朝阳市	30	31	32	32	33	34	34	35
		葫芦岛市	32	32	33	34	35	35	36	36
		全省总计	66	68	70	72	73	75	76	82

续表

三大地区	省份	市（地区、自治州、盟）	2015年	2020年	2025年	2030年	2035年	2040年	2045年	2050年
华北地区		北京	88	89	91	92	93	95	95	96
		天津	63	63	64	64	65	66	66	67
	河北	石家庄市	47	51	54	56	62	65	70	72
		唐山市	36	38	39	40	41	43	44	45
		秦皇岛市	50	53	57	61	64	68	72	77
		邯郸市	45	48	53	57	61	66	70	75
		邢台市	30	32	35	38	41	44	47	50
		保定市	31	34	37	40	43	46	49	52
		张家口市	39	42	44	47	49	52	55	57
		承德市	32	34	36	38	40	42	44	46
		沧州市	36	38	41	44	47	50	53	56
		廊坊市	37	40	43	46	49	52	55	59
		衡水市	27	29	32	35	38	41	44	48
		全省总计	49	53	58	62	66	70	74	76
	山西	太原市	84	84	85	86	87	88	89	89
		大同市	66	68	71	73	76	79	82	85
		阳泉市	66	69	72	76	79	83	86	90
		长治市	48	51	54	57	60	63	66	69
		晋城市	58	62	67	71	76	80	85	89
		朔州市	53	56	60	63	65	68	71	74
		晋中市	49	51	54	57	59	62	64	67
		运城市	42	44	47	50	56	56	60	63
		忻州市	44	47	50	53	56	59	62	65
		临汾市	45	47	49	52	55	58	61	64
		吕梁市	43	46	49	52	54	57	60	62
		全省总计	53	56	62	65	68	71	73	75
	内蒙古	呼和浩特市	64	66	68	70	72	75	77	80
		包头市	83	85	87	89	92	93	94	95
		乌海市	92	93	93	94	94	95	95	96
		赤峰市	55	57	59	61	63	65	67	70
		通辽市	50	51	52	54	56	58	59	60
		鄂尔多斯市	73	74	75	76	77	78	79	80
		呼伦贝尔市	84	84	85	86	88	88	89	90

续表

三大地区	省份	市（地区、自治州、盟）	2015年	2020年	2025年	2030年	2035年	2040年	2045年	2050年
华北地区	内蒙古	巴彦淖尔市	43	45	47	48	50	52	53	55
		乌兰察布市	70	71	72	72	73	74	75	75
		兴安盟	45	47	49	52	54	56	59	61
		锡林郭勒盟	61	63	66	68	70	72	74	77
		阿拉善盟	82	83	85	87	88	90	93	94
		全区统计	60	61	68	70	75	76	81	83
	山东	济南市	70	72	75	76	78	80	81	82
		青岛市	52	55	58	61	64	68	72	76
		淄博市	46	48	50	52	54	56	57	59
		东营市	61	65	69	72	76	79	82	86
		烟台市	51	55	59	63	66	70	73	77
		潍坊市	52	59	65	71	70	72	74	75
		威海市	51	54	56	59	61	64	66	69
		日照市	40	44	47	50	53	56	59	62
		全区总计	50	52	54	56	58	60	65	70

注：由于个别地级市在统计年鉴中表达城市化率的方式以及统计口径等方面存在差异，所以表中个别城市的城市化水平预测值在基于经济发展水平预测值的基础上进行了适当调整。

（三）结果分析

预测结果表明，在不考虑 BSCC 影响的情况下，2015~2050 年，东北、华北和山东半岛地区的城市化发展呈现出不同的增长速度与空间发展特征。

（1）从各省级行政区看，城市化水平的空间差异较为明显。2015 年，城市化水平最高的是北京，达 88%，其次是辽宁省，为 66%，天津第三，为 63%，河北省最低，为 49%，最高的北京和最低的河北省相差 39 个百分点。2015~2050 年，城市化水平提高最快的是河北省，35 年提高了 27 个百分点，年均提高 0.7 个百分点。其次是内蒙古自治区，提高了 23 个百分点，年均提高 0.66 个百分点。以下依次为山西省，增长幅度 22 个百分点，年均增幅 0.63 个百分点；山东半岛城市群提高 20 个百分点，年均提高 0.57 个百分点；辽宁省增长幅度 16 个百分点，年均提高 0.46 个百分点；吉林省增长幅度 10 个百分点，年均提高 0.29 个百分点；北京市增长幅度 8 个百分点，年均提高 0.23 个百分点；黑龙江省提高 7 个百分点，年均提高 0.2 个百分点；天津市提高 4 个百分点，年均提高 0.11 个百分点。

（2）从各个城市来看，2015 年城市化水平最高的城市是内蒙古自治区的乌海，城市化率高达92%，其次是黑龙江省的大兴安岭地区，城镇人口占整个地区总人口的90%，第三位的是北京，城市化率88%，第四至十位的分别为伊春86%、呼伦贝尔市84%、太原84%、包头83%、阿拉善盟82%、鹤岗82%、沈阳78%。2015 年城市化水平最低的城市是河北省的衡水市，城市化率为27%，与最高的乌海市相比，相差65 个百分点；城市化率最低的是吉林省的松原市，为29%；其他一些城市化率较低的城市还包括辽宁省的朝阳市（30%），河北省的邢台市（30%）、保定市（31%）、承德市（32%），辽宁省的葫芦岛市（32%）、铁岭市（33%）等。各城市间城市化水平差异最显著的省份是黑龙江省，城市化率最高的大兴安岭与最低的齐齐哈尔市之间相差54 个百分点，其次是内蒙古自治区，为49 个百分点，辽宁为48 个百分点，相差最小的是河北省，最高的秦皇岛市和最低的衡水市之间，相差23 个百分点。2015～2050 年，城市化水平提高幅度最大的城市是山西省的晋城市，提高幅度达31 个百分点，年均提高0.89 个百分点；其次是河北省的邯郸市，35 年提高了30 个百分点，年均提高0.86 个百分点；提高幅度较大的其他城市还包括山东半岛地区的烟台市（26 个百分点）、东营市（25 个百分点），河北省的石家庄市（25 个百分点），山西省的阳泉市（24 个百分点），山东半岛地区的青岛市（24 个百分点）、潍坊市（23 个百分点），河北省的秦皇岛市（22 个百分点）、廊坊市（22 个百分点），山东半岛的日照市（22 个百分点）等。到2050 年，除四平市、松原市、铁岭市、朝阳市以及葫芦岛市的城市化水平在40%以下外，其他所有城市的城市化水平都超过45%。其中城市化水平在70%以上的城市有36 个，占城市总量的45%；80%以上的城市有20 个，占城市总量的25%；城市化率在90%以上的城市有9 个，占城市总量的11.25%。其中，北京和乌海的城市化水平高达96%，包头达95%，大兴安岭地区95%，阿拉善盟94%，鹤岗市91%，伊春市90%，阳泉市90%，呼伦贝尔市90%。

二、BSCC 建成后东北、华北和山东半岛城市化水平格局演化

（一）研究思路与方法

将2040 年暂作为BSCC 建成通车的起始年份，BSCC 建成通车后，部分地区和城市受时空距离压缩效应影响，节省了运输时间和费用，在一定程度上会促进经济的发展，但对于一个相当大的空间地域来说，并不会因此产生明显的大空间尺度经济效应。也就是说，BSCC 建成前后，（同一时间节点）整个东北、华北和山东半岛地区的经济总量保持不变，只是在各个城市之间进行了重新分配。有鉴于此，我们在对2040、2045、2050 年东北、华北和山东半岛地区80 个城市的城市化水平进行预测时，基于城市化水平与经

济发展水平之间的相关关系，仍然采用上一节拟合出的东北、华北和山东半岛地区各个城市城市化水平与人均 GDP 的对数方程进行预测，而对 BSCC 建成后的 2040、2045、2050 年三个时间节点的各个城市 GDP 的预测是按如下思路展开的。根据前述研究，假定 2040、2045、2050 年三个时间节点，东北、华北和山东半岛地区的经济总量与不考虑通车时的上述三个节点年份的经济总量保持不变，只是在各个城市之间进行了重新分配，在进行经济总量的分配时，其主要依据是各个城市之间联系强度的强弱以及 BSCC 建成前经济规模的大小。预测具体方法和步骤如下。

第一，借助万有引力模型，测算 BSCC 建成前后区域经济联系系数。引力模型在城市间引力及城市产业间经济联系方面引用广泛，其一般形式如下：

$$F_{ij} = K \frac{Q_i Q_j}{d_{ij}^r} \qquad \text{式 8-3}$$

式 8-3 中，F_{ij} 为 i 城市和 j 城市之间的引力大小；K 为引力常数（这里取 1）；Q_i 和 Q_j 分别为 i、j 两个城市的城市发展质量（GDP）；d_{ij} 为两个城市间的距离；r 为度量时间摩擦性系数。因时间成本的计算是各类出行方式的综合，可视为同一运输方式，故令 $r=2$。

第二，构建区域尺度下各地级城市经济联系指数模型。以某一地级城市与区域内其他地级城市间经济联系强度之和占所有城市之间总联系强度的比重，为区域背景尺度下各地级城市的经济联系指数。

$$B_i = F_i / D \qquad \text{式 8-4}$$

式 8-4 中，B_i 为地级城市 i 的经济联系指数；F_i 为 i 地级市与区域内其他所有地级市经济联系强度之和；D 为各地级城市与区域内其他所有地级城市经济联系强度的总和。

第三，构建 BSCC 建成之前区域尺度下各地级城市经济规模指数模型。

$$G_{i1} = \frac{Q_{i1}}{Q} \qquad \text{式 8-5}$$

式 8-5 中，G_{i1} 表示 BSCC 建成前 i 地级市经济总量占整个地区经济总量的比重，即 i 城市的经济规模指数；Q_{i1} 表示 BSCC 建成前 i 地级市的经济规模；Q 表示 BSCC 建成前整个地区的经济总规模。

第四，测算 BSCC 建成后城市经济规模指数。基于 BSCC 建成前的城市经济规模指数，以及 BSCC 建成前后的经济联系指数，计算 BSCC 建成之后的城市经济规模指数。

$$G_{i2} = \frac{G_{i1} \times B_{i2}}{B_{i1}} \qquad \text{式 8-6}$$

式 8-6 中，G_{i2} 表示 BSCC 建成之后 i 地级市经济总量占整个地区经济总量的比重，即 i 城市的经济规模指数；B_{i2} 为 BSCC 建成之后 i 城市的经济联系指数；B_{i1} 为 BSCC 建成之前 i 城市的经济联系指数。

第五，测算 BSCC 建成影响下的城市经济规模水平。

$$Q_{i2} = G_{i2} \times Q = \frac{G_{i1} \times B_{i2}}{B_{i1}} \times Q = Q_{i1} \times \frac{B_{i2}}{B_{i1}} \qquad \text{式 8-7}$$

式 8-7 中，Q_{i2} 表示 BSCC 建成后 i 地级市的城市经济规模水平（GDP）；Q_{i1} 表示 BSCC 建成前的经济发展水平（GDP）；Q 表示整个地区的经济总规模（BSCC 建成前后各相应年份，80 个城市的经济总规模保持不变）；G_{i1} 表示 BSCC 建成前 i 城市的经济规模指数；G_{i2} 表示 BSCC 建成之后 i 城市的经济规模指数；B_{i1} 为 BSCC 建成之前 i 城市的经济联系指数；B_{i2} 为 BSCC 建成后的经济联系指数。

第六，计算 BSCC 建成影响下的城市经济发展水平。

$$x = \frac{Q_{i2}}{H_i} \qquad \text{式 8-8}$$

式 8-8 中，x 表示城市经济发展水平（人均 GDP）；Q_{i2} 表示 BSCC 建成后 i 地级市的城市经济规模水平（GDP）；H_i 表示 i 地级市的人口。

第七，根据前述（表 8-1）拟合出的 80 个城市经济发展水平（人均 GDP）和城市化水平之间的对数关系，预测各个城市的城市化水平。

（二）预测结果

根据上述方法和步骤，利用《渤海海峡跨海通道建设对东北、华北及山东半岛区域经济关系格局的影响》中 BSCC 建成通车后 2040、2045、2050 年各个城市的经济发展规模数据，采用上述建立的 80 个城市的城市化水平与人均 GDP 的回归方程（表 8-1），对 BSCC 通车后的各个城市 2040、2045、2050 年的城市化水平进行预测，其结果如表 8-3 所示。

（三）结果分析

BSCC 建成通车后，由于整个东北、华北和山东半岛地区的经济总规模与通车前的同一时间节点相比并未发生变化，仅仅是在区域内部各个地区、省域及其城市之间发生了变化（重新分配），因此，城市化的发展受此影响呈现出新的发展态势。

表 8-3　2040、2045、2050 年 BSCC 建成通车后东北、华北和山东半岛城市化水平预测（%）

三大地区	省份	市（地区、自治州、盟）	2040 年 建成前	2040 年 建成后	2045 年 建成前	2045 年 建成后	2050 年 建成前	2050 年 建成后
东北地区	黑龙江	哈尔滨市	48	50	50	51	52	55
		齐齐哈尔市	37	40	39	41	39	42
		鸡西市	65	69	69	70	70	72
		鹤岗市	70	71	72	75	76	78
		双鸭山市	76	77	78	80	80	81
		大庆市	58	60	59	63	60	65
		伊春市	89	86	89	86	90	86
		佳木斯市	58	53	60	53	62	54
		七台河市	66	56	68	56	70	56
		牡丹江市	65	70	68	72	70	75
		黑河市	60	61	64	65	66	68
		绥化市	25	30	28	34	30	36
		大兴安岭地区	76	79	79	81	80	82
	吉林	长春市	52	53	53	54	54	56
		吉林市	53	55	53	54	54	55
		四平市	39	38	40	39	43	41
		辽源市	47	45	49	46	50	48
		通化市	56	57	57	58	58	60
		白山市	72	73	73	75	73	76
		松原市	33	35	34	36	35	38
		白城市	42	45	43	46	45	48
		延边自治州	74	76	75	78	77	80
	辽宁	沈阳市	80	83	83	84	86	88
		大连市	78	84	80	84	82	86
		鞍山市	52	51	55	52	57	53
		抚顺市	71	73	73	74	74	76
		本溪市	84	80	86	82	89	87
		丹东市	43	45	46	47	47	48
		锦州市	46	48	47	50	48	51
		营口市	57	58	59	61	60	62
		阜新市	45	47	47	48	49	50
		辽阳市	46	45	47	46	50	47
		盘锦市	45	48	47	49	50	54
		铁岭市	33	32	35	34	36	35
		朝阳市	34	35	34	36	35	37
		葫芦岛市	35	33	36	34	36	35

续表

三大地区	省份	市（地区、自治州、盟）	2040年		2045年		2050年	
			建成前	建成后	建成前	建成后	建成前	建成后
华北地区		北京	93	92	95	94	97	96
		天津	66	66	66	62	67	66
	河北	石家庄市	66	64	70	64	74	64
		唐山市	43	43	44	43	45	45
		秦皇岛市	68	65	72	64	77	64
		邯郸市	66	67	70	71	75	75
		邢台市	44	44	47	48	50	52
		保定市	46	49	49	50	52	53
		张家口市	52	54	55	56	57	59
		承德市	42	40	44	41	46	41
		沧州市	50	48	53	50	56	53
		廊坊市	52	57	55	60	59	62
		衡水市	41	42	44	47	48	52
	山西	太原市	84	85	86	87	88	89
		大同市	79	80	82	84	85	87
		阳泉市	83	85	86	87	90	93
		长治市	63	65	66	68	69	70
		晋城市	80	81	85	86	89	80
		朔州市	68	69	71	72	74	76
		晋中市	62	60	64	63	67	65
		运城市	56	48	60	51	63	56
		忻州市	59	60	62	64	65	68
		临汾市	58	60	61	62	64	67
		吕梁市	57	59	60	61	62	64
	内蒙古	呼和浩特市	75	69	77	70	80	71
		包头市	78	78	80	79	82	81
		乌海市	70	70	73	74	76	76
		赤峰市	65	65	67	66	70	72
		通辽市	45	48	50	51	52	55
		鄂尔多斯市	84	83	85	85	86	87
		呼伦贝尔市	53	53	56	56	60	61
		巴彦淖尔市	52	53	53	54	55	56
		乌兰察布市	75	75	78	77	80	80
		兴安盟	56	57	59	60	61	61
		锡林郭勒盟	72	71	74	73	77	76
		阿拉善盟	75	80	77	81	80	82

续表

三大地区	省份	市（地区、自治州、盟）	2040 年		2045 年		2050 年	
			建成前	建成后	建成前	建成后	建成前	建成后
山东半岛		济南市	60	61	62	64	65	66
		青岛市	68	70	72	75	76	78
		淄博市	56	59	57	59	59	59
		东营市	79	78	82	78	86	77
		烟台市	70	75	73	77	77	81
		潍坊市	82	81	87	85	89	86
		威海市	64	67	66	69	69	72
		日照市	56	58	59	60	62	63

（1）从三大地区来看，2040、2045、2050 年东北三省和山东半岛地区大部分城市的城市化水平在 BSCC 通车后较通车前的同一年份均有所提高，说明 BSCC 建设对东北地区和山东半岛的城市化水平影响比较明显，在一定程度上会促进两大地区的城市化水平的提高。而华北五省份的城市化水平较之通车之前变化不大，表明通道建设对华北地区的影响有限。

（2）从各省级行政区来看，在东北和华北所属的八个省级行政区及山东半岛地区中，辽宁省和山东半岛在 BSCC 建成通车后城市化水平呈明显的提升态势，而其余省份的城市化水平变化不大，说明 BSCC 的建设只是对辽宁和山东半岛地区城市化水平的提高起到促进作用，而对其余省份影响不大。其中，作为 BSCC 建设的两个端点地区，辽宁 2040 年 BSCC 通车后与通车前相比，全省的城市化水平将会提高 5 个百分点左右，2045 年城市化水平进一步提高，将达到 60%左右，2050 年通车后与通车前相比城市化规模达到 67%。与之相比，山东半岛地区基于 BSCC 影响的城市化水平效应要小得多，2040 年该地区的城市化水平约为 65%，增幅为 3%，2045 年约为 69%，增长幅度为 3.12%，2050 年城市化水平约为 75%，增幅 3.68%。而其余七省份 BSCC 建成后与建成前相比变化幅度不大。

（3）从城市层面来看，BSCC 建成通车后获益最大的城市是大连市，2040 年未考虑 BSCC 影响时的城市化水平为 78%，BSCC 通车后，大连与山东半岛城市间经济联系强度加强，城市化水平也随之有较大幅度的提高，将达到 84%，增长幅度达 6 个百分点。随着整个地区经济的发展，虽然大连的 BSCC 效应有所下降，但 2045 年和 2050 年增长幅度仍然达到 4 个百分点。烟台受益程度仅次于大连，在不考虑 BSCC 影响时的 2040、2045、2050 年的城市化水平分别为 70%、73%、77%，BSCC 通车后城市化水平分别提升了 5%、4%、4%，达到 75%、77%、81%。分列第三至第五位的分别是：威海，2040年的通车后与通车前相比，城市化水平增长了 3%；青岛，增长 2%；丹东，增长 2%。BSCC 建成后受影响最小的十个城市分别是乌兰察布、包头、鄂尔多斯、北京、呼和浩特、乌海、承德、唐山、大同和赤峰。

参 考 文 献

[1] 周一星. 城市地理学[M]. 北京：商务印书馆, 1995.
[2] 许学强, 周一星, 宁越敏. 城市地理学[M]. 北京：高等教育出版社, 1997.
[3] 李旭旦. 人文地理学(中国大百科全书·地理学)[M]. 北京：中国大百科全书出版社, 1984.
[4] 景春梅. 城市化、动力机制及其制度创新[M]. 北京：社会科学文献出版社, 2010.
[5] 都沁军, 武强. 基于指标体系的区域城市化水平研究[J]. 城市发展研究, 2006, 13(5): 5-8.
[6] 姜爱林. 城镇化水平的五种测算方法分析[J]. 中央财经大学学报, 2002, (8): 76-80.
[7] 邹农俭. 中国农村城市化研究[M]. 南宁：广西人民出版社, 1998.
[8] 侯学英. 中国城市化进程时空差异分析[M]. 北京：经济科学出版社, 2008.
[9] 周一星. 城市化与国民生产总值关系的规律性探讨[J]. 人口与经济, 1982, (1): 28-33.
[10] 崔功豪, 马润潮. 中国自上而下城市化的发展及其机制[J]. 地理学报, 1999, 54(2): 106-114.
[11] 辜胜阻, 李正友. 中国自下而上城镇化的制度分析[J]. 中国社会科学, 1998, (2): 60-70.
[12] 宁越敏. 新城市化进程：90年代中国城市化动力机制和特点探讨[J]. 地理学报, 1998, 53(5): 470-477.
[13] 曹广忠, 刘涛. 中国省区城镇化的核心驱动力演变与过程模型[J]. 中国软科学, 2010, (9): 86-95.
[14] 盛广耀. 城市化模式及其转变研究[M]. 北京：中国社会科学出版社, 2008.
[15] 欧向军, 甄峰, 秦永东. 区域城市化水平综合测度及其理想动力分析——以江苏省为例[J]. 地理研究, 2008, 27(5): 993-1002.
[16] 赵可, 张安录. 城市建设用地、经济发展与城市化关系的计量分析[J]. 中国人口·资源与环境, 2011, 21(1): 7-12.
[17] 陈云. 城市化本质与中国城市化实现途径[D]. 中共中央党校, 2004.
[18] 景勤娟, 孙希爱, 李昌明, 等. 浅析我国农村剩余劳动力与城市化的关系[J]. 科技情报开发与经济, 2008, 18(7): 125-126.
[19] 陈明森, 李金顺. 中国城市化进程的政府推动与市场推动[J]. 东南学术, 2004, (4): 30-36.
[20] 甘颖慧. 城市化与外商直接投资关系的实证研究[D]. 湖南大学, 2011.
[21] 霍利斯·钱纳里, 莫尔塞斯·塞尔昆. 发展的格局(1950~1970). 北京：中国财政经济出版社, 1989.
[22] 陈彦光. 城市化与经济发展水平关系的三种模型及其动力学分析[J]. 地理科学, 2011, 31(1): 1-6.
[23] 梁进社. 城市化与国民经济发展之关系的理论分析[J]. 自然资源学报, 1999, 4(4): 351-354.
[24] 孙海燕, 陆大道, 孙峰华. 渤海海峡跨海通道建设对山东半岛、辽东半岛城市经济联系的影响研究[J]. 地理科学, 2014, 34(2): 147-153.
[25] 李凤霞, 吴爱华, 柳新华. 渤海海峡跨海通道建设投资的经济贡献分析[J]. 公路, 2007, (6): 118-121.
[26] 刘艳军, 李诚固, 孙迪. 城市区域空间结构：系统演化及驱动机制[J]. 城市规划学刊, 2006, (6): 73-78.

[27] 王肖惠, 杨海娟, 王超. 重新发现烟台地理位置的价值——基于渤海海峡跨海通道的建立[J]. 地下水, 2011, 33(3): 193-196.

[28] 王振波, 徐建刚, 孙东琪. 渤海海峡跨海通道对中国东部和东北地区交通可达性影响[J]. 上海交通大学学报, 2010, (6): 807-811.

[29] 章群. 关于推进半岛城市群一体化发展的思考[J]. 青岛科技大学(社会科学版), 2005, 21(2): 30-32.

[30] 杜小军, 柳新华, 刘良忠. 渤海海峡跨海通道对环渤海区域经济一体化发展的影响分析[J]. 华东经济管理, 2010, 24(1): 36-39.

第九章　对区域经济关系格局的影响

第一节　交通条件的功能与 BSCC 的区域关联性

一、交通条件对区域经济发展的功能

交通条件是影响人类经济活动区位选择的重要因素，在一个国家和地区的经济发展与空间结构演变中发挥着重要作用。交通运输既是国民经济发展的结果，同时也是国民经济发展的基础命脉和先行部门[1]。一方面，交通运输是生产的必要条件，离开交通运输，生产便无法进行；另一方面，交通运输又是生产在流通领域的继续，是联系产业、地区和城市的桥梁与纽带。交通运输条件直接影响着经济活动区位的选择和产业布局模式的演变，影响乃至决定着区域空间结构和城市经济地理位置的变化。

（一）交通条件影响经济活动区位的选择

生产和消费的空间分离是现代经济活动的一个重要特征，尽可能地减少成本支出是一切经济活动追求的根本目标，也是厂商和消费者安排生产活动和消费活动的基本准则。区位理论认为，运费是影响经济活动区位的重要因子，最大限度地节省运费是古典区位理论选择生产区位的一条重要准则。

杜能（Thünen）的农业区位论依据与中心城市的距离以及不同农产品运费率的差异，将"孤立国"分为六大圈层，每一圈层由于同中心城市远近不同，在运输过程中所产生的运费高低不等，只能通过不同的农业生产经营方式来满足利润最大化的目的。西方工业区位理论奠基人韦伯（Weber）认为，任何一个理想的工业区位，都应选择在生产成本和运费最小的点上，并据此提出了工业布局理论中的最小运费原理。经过筛选，韦伯将运费、劳动费、集聚（分散）作为影响工业布局的三大一般区位因子，并将运费列为三大区位因子之首。认为运费是影响工业生产基本格局的基础性因素。在生产过程不可分割、原料地和消费地均各有一个的情况下，以最小运费为目标的工业区位指向为：①原料指数>1 时，工厂应建于原料地；②原料指数<1 时，工厂应建于消费地；③原料指

数＝1 时，工厂既可建于原料地，亦可建在消费地（即自由区位）。美国经济学家胡佛（Hoover）认为，运费作为影响人类经济活动区位选择的重要因素，其本身可以分为终端费和运行费两部分。由于前者与运输距离无关，而后者随运距的增加呈正比例增长，因而单位距离的运费（运费率）是随距离的增大逐渐降低的；不同的运输方式，因为终端费和运行费在总运费中所占比例不同，因而各自有着不同的最适宜的运输距离。并进而提出，在产业布局中，为了节省运费、提高效益，应尽量避免原料和产品的多次中转。廖什（Lösch）的市场区位理论以寻求最大利润化点为目标，由于利润等于收入与成本之差，因而运费仍然对产业区位产生着直接、重要的影响。上述经典理论表明，运费作为交通成本直接影响着经济活动区位的选择[2]。

（二）交通条件影响区域空间结构

区域空间结构是在多种力量的综合影响下形成和发展的。其中，交通运输条件发挥着重要的基础性作用。在极核式空间结构中，交通沿线上的某些节点（城镇）由于区位优越、交通便利、运费成本较低而成为工业布点的首选之地和地区经济发展的"增长极"；在点轴式空间结构中，相当一部分的轴线本身就是各种交通线（铁路线、公路线、内河航线），随着这些交通线路的建设，一方面进一步强化了轴线上各"增长极"的发展，另一方面，由于改善了沿线地区的区位条件，刺激了沿线地区的经济发展，于是沿线地区逐渐成为区域发展所依托的轴线[3]。在网络式空间结构中，区域中的交通网络往往是区域空间网络结构的前提和基础。作为区域空间结构骨架的节点、线路（轴线）和网络，通过支配效应、乘数效应、极化和扩散效应，与周围地区发生经济联系，推动区域空间结构从均衡走向非均衡，并最终走向更高水平的均衡。可见，交通条件的改善可以有效降低各区域之间的互动成本，并进而影响区域空间结构的形成与发展。

（三）交通条件影响城市经济地理位置

经济地理位置指的是某一事物与具有经济意义的其他事物（如城市、经济区、工业区、原燃料产地、交通设施等）的空间关系。城市经济地理位置反映了一个城市在国内外劳动地域分工中的地位，它从属于社会历史范畴，随着社会经济条件的发展发生变化，其发展变化速度很快。影响一个城市经济地理位置的因素很多，交通运输条件是最重要的基础要素之一。位置条件往往由于交通条件的变化而变化，交通条件的改善可以促进城市经济地理位置重要性的提高，并进而影响城市的经济发展甚至是决定着城市的荣辱兴衰；经济地理位置好亦可以诱导交通条件的改善，增强与其他城市和地区间的交流，提高地理及经济可进入性，二者相互依存、互为条件。

二、BSCC 的区域关联性

交通运输是联系地理空间中社会经济活动的纽带[3]，交通运输条件的改善直接推动着区域社会经济的发展，影响着区域空间结构的演变。环渤海地区作为我国继珠三角和长三角之后的区域经济增长的"第三极"，在全国未来经济发展版图上占有极其重要的地位。但由于渤海海峡的天然阻隔，东北、华北地区（东部）和山东、东北地区之间的客货运输，只能绕道京哈、京广、京沪和胶济等铁路长距离运输，绕行距离达 600～2 000 千米[4]，延长了运输时间，增加了运输成本。BSCC 建设的基本设想是：利用渤海海峡的有利地形，在辽东半岛和山东半岛之间以海底隧道或海底隧道与跨海大桥相结合的形式，建成全天候、多功能、便捷通达、连接渤海南北两岸的交通运输干线，全面沟通环渤海高速公路网、铁路网，形成一条北连东北、南接长三角和广大华南地区的现代化综合交通运输体系[5]。BSCC 建成后，东北和华北（东部）至山东及长三角的运输时间和费用将大大压缩，对中国东部地区的经济发展和空间结构演变将会产生一定的积极作用。

东北、华北和山东半岛呈"C"形环绕在渤海周边，是 BSCC 建设受益最大的地区。BSCC 建设对东北、华北和山东半岛的区域经济关联性起着纽带作用，尤其是对东北和山东半岛的区域经济联系起着直接的积极作用。

第二节　BSCC 建设对东北、华北和山东半岛的影响

渤海地处中国大陆东部的最北端，是一个近乎封闭的内海。它一面临海，三面环陆，北、西、南三面分别与辽宁、河北、天津和山东三省一市毗邻，东面经渤海海峡与黄海相通，辽东半岛和山东半岛犹如伸出的双臂将其合抱，构成首都北京的海上门户。渤海海峡位于辽东半岛南端，老铁山角与山东半岛北岸蓬莱角之间，南北两端最短距离约 109 千米，其西面与渤海相连，东面与黄海毗邻，是渤海与黄海的天然分界线。从辽东半岛到山东半岛，三面大陆环绕，形如英文字母 C，渤海海峡横亘在两大半岛之间，成为山东乃至华东到东北地区的天堑。

一、加强了东北、华北城市与山东半岛城市群之间的联系

东北三省和山东之间的交往源远流长，尤其是清咸丰年间东北地区开禁以后，山东

大量的破产农民潮水般涌入东北,开启了中国人口迁移史上的"闯关东"的序幕。1949年以后,随着社会主义经济建设的不断推进,区域分工日渐深化,地区间的交流与合作不断加强,两地间的联系愈加频繁。但由于渤海海峡的天然阻隔,往来于两地之间的铁路、公路等陆路运输只得绕行山海关,路程均在 1 600 千米以上,延长了运输时间,降低了运输效率,增大了运输成本。从大连到烟台,海上距离只有 165 千米,但陆路交通要围绕渤海绕行一个"C"字形,横穿四个省级行政区,距离长达 1 394 千米,相当于海上运距的 8.45 倍。海路运输虽然路途较近,但也要 6~8 个小时,并且受天气等因素的影响很大,无法全天候航行;由于渤海的阻隔,山东半岛和辽东半岛两大半岛之间的铁路与公路运输需绕行 1 000 千米以上,运输效率低、成本高[6],直接影响了东北、华北东部各城市与山东半岛城市群之间的联系。

BSCC 建成后,可使东北三省各城市至山东半岛城市群主要城市间的距离大大缩短。据统计,在东北三省 36 个地级行政区的区域中心城市与山东半岛城市群 8 个区域性中心城市所形成的 288 个城市对中,BSCC 建成后,距离缩短的有 223 对,占两地总城市对数的 77.4%。缩短的总里程数高达 87 268.82 千米,平均每对城市之间可缩短距离近 400千米。其中,缩短的里程数超过 600 千米的城市对数达 65 对,超过 700 千米的城市对数有 20 对。在这当中,大连和烟台、大连和威海,每对城市间的距离缩短数均超过 1 200千米。大连和日照、大连和青岛、四平至烟台、四平至威海之间的里程缩短数也都在 800千米以上(表 9-1)。可以说,BSCC 建成后,辽东半岛与胶东半岛之间可实现"门对门"直达运输,改善了环渤海地区的交通状况,不仅节约大量的运输时间、运输费用和运输能源,产生经济效益,而且拉近了两大半岛城市群之间的时空距离,对于促进区域之间原料、信息、劳动力等生产要素的流动,促进东北地区与山东半岛城市群各城市间的经济、社会、文化等方面的联系有着积极意义。

表 9-1　BSCC 建成后东北三省各城市与山东半岛八城市间距离缩短里程(km)

省份	城市	济南	青岛	淄博	东营	烟台	潍坊	威海	日照
黑龙江省	哈尔滨	0	418.10	0	13.26	680.62	198.15	675.53	329.36
	齐齐哈尔	0	369.98	0	0	632.50	150.03	627.41	281.24
	鸡西	0	416.31	0	11.46	678.82	196.36	673.73	327.56
	鹤岗	0	416.78	0	11.94	679.30	196.83	674.21	328.04
	双鸭山	0	415.05	0	10.20	677.56	195.10	672.47	326.30
	大庆	0	369.87	0	0	632.38	149.92	627.30	281.12
	伊春	0	419.71	0	14.87	682.23	199.76	677.14	330.97
	佳木斯	0	408.36	0	3.52	670.88	188.41	665.79	319.62

续表

省份	城市	济南	青岛	淄博	东营	烟台	潍坊	威海	日照
黑龙江省	七台河	0	416.11	0	11.27	678.62	196.16	673.54	327.37
	牡丹江	0	431.42	0	26.58	693.93	211.47	688.84	342.67
	黑河	0	421.59	0	16.75	684.11	201.64	679.02	332.85
	绥化	0	421.53	0	16.69	684.04	201.58	678.95	332.78
	大兴安岭	0	444.18	0	103.85	723.36	193.50	714.06	314.42
吉林省	长春	0	419.8	0	14.96	682.31	199.85	677.22	331.05
	吉林	0	425.51	0	20.67	688.02	205.56	682.94	336.77
	四平	2.09	422.45	0	17.61	900.63	202.50	895.55	333.71
	辽源	0.05	387.05	29.92	29.92	679.49	197.02	674.40	365.96
	通化	68.73	507.16	0	102.32	769.68	287.21	764.59	480.57
	白山	68.64	444.92	0	102.23	769.59	287.13	764.50	418.33
	松原	0	362.64	0	0	625.15	142.69	620.06	273.89
	白城	0	354.70	0	0	617.22	134.75	612.13	265.96
	延边	0	415.67	0	10.83	420.10	195.72	673.10	326.93
辽宁省	沈阳	0	391.70	18.76	6.93	678.65	196.19	673.56	327.39
	大连	528.5	939.54	569.56	557.72	1 229.45	746.98	1224.36	878.19
	鞍山	60.52	498.95	0	94.11	761.46	279	756.38	410.20
	抚顺	0	344.24	0	19.40	686.75	204.29	614.34	335.49
	本溪	30.51	468.94	71.57	64.10	731.46	248.99	726.37	380.20
	丹东	219.92	470.25	297.03	329.64	667.76	408.34	592.71	346.45
	锦州	0	220.56	194.64	0	483.08	0.61	477.99	131.82
	营口	84.75	523.18	0	118.34	641.02	303.23	780.61	434.44
	阜新	−22.44	309.54	122.24	−22.44	572.06	89.59	566.97	220.80
	辽阳	30.43	468.86	0	64.02	731.38	248.91	726.29	380.12
	盘锦	50.56	378.55	0	0	641.07	158.6	635.98	289.81
	铁岭	0	417.20	0	12.36	679.72	197.25	674.63	328.46
	朝阳	0	212.31	0	0	474.83	0	469.74	123.57
	葫芦岛	0	145.39	0	0	407.91	0	402.82	56.65

注：0 表示 BSCC 建成前后距离无变化；正数表示 BSCC 建成后相较于之前两城市之间距离缩短的千米数；负数表示走原来的陆路比走 BSCC 少绕行的千米数。

同东北与山东半岛之间的交通状况相比，BSCC 的建设对华北各城市与东北及山东半岛八城市间交通运输的影响要小得多。从表 9-2 不难看出，BSCC 建成后华北地区仅有个别城市与大连、丹东以及与山东半岛城市群各主要城市间的距离有所缩短，且缩短的里程数很小，其中缩短最为显著的呼伦贝尔与烟台间的里程数亦只有 632 千米。在所有涉及距离有所变化的各城市所组成的 250 对城市对中，BSCC 建设前后里程数未发生变化的多达 207 对，占 82.8%。余下的 43 对城市，缩短的总里程数只有 10 791.91 千米，平均每对城市之间缩短的里程数仅有 251 千米。在 43 对城市中，缩短里程数超过 500 千米的只有 4 对，仅占 9.3%。而缩短里程数不足 200 千米的有 14 对，占 32.56%。有 6 对城市缩短的里程数不足 100 千米，最短的兴安盟与潍坊之间缩短的里程数仅有 3 千米。总体来说，华北地区各城市受 BSCC 建设的影响不大，且空间差异较为明显。华北东部（主要是内蒙古自治区东部）各城市与山东半岛城市群间的运输距离在 BSCC 建成后，缩短较为明显，如通辽、呼伦贝尔（海拉尔）、兴安盟（乌兰浩特市）与烟台、威海、青岛、日照等城市间的距离均可缩短 100~600 千米。而河北、山西两省的主要城市以及天津，在 BSCC 建成后主要体现在与大连的运输距离有缩短趋势。其中，河北的邯郸、山西的长治、晋城与大连之间均可缩短 400 千米左右。

表 9-2　BSCC 建成后华北地区各城市与大连、丹东及山东半岛八城市间距离缩短里程（km）

省份	城市	大连	丹东	济南	青岛	淄博	东营	烟台	潍坊	威海	日照
天津市		51.74	0	0	0	0	0	0	0	0	0
河北省	石家庄	230.02	0	0	0	0	0	0	0	0	0
	秦皇岛	0	0	0	0	0	0	110.60	0	105.88	0
	邯郸	420.83	0	0	0	0	0	0	0	0	0
	邢台	388.02	0	0	0	0	0	0	0	0	0
	保定	116.65	0	0	0	0	0	0	0	0	0
	沧州	204.94	0	0	0	0	0	0	0	0	0
	廊坊	5.93	0	0	0	0	0	0	0	0	0
	衡水	285.92	0	0	0	0	0	0	0	0	0
山西省	太原	233.99	0	0	0	0	0	0	0	0	0
	阳泉	236.30	0	0	0	0	0	0	0	0	0
	长治	420.18	109.77	0	0	0	0	0	0	0	0
	晋城	420.18	109.77	0	0	0	0	0	0	0	0
	朔州	10.16	0	0	0	0	0	0	0	0	0
	晋中	233.99	0	0	0	0	0	0	0	0	0
	运城	353.02	42.61	0	0	0	0	0	0	0	0
	忻州	126	0	0	0	0	0	0	0	0	0
	临汾	353.50	43.10	0	0	0	0	0	0	0	0
	吕梁	233.99	0	0	0	0	0	0	0	0	0

续表

省份	城市	大连	丹东	济南	青岛	淄博	东营	烟台	潍坊	威海	日照
内蒙古自治区	乌海	20.11	0	0	0	0	0	0	0	0	0
	赤峰	0	0	0	0	0	0	284.68	0	279.97	0
	通辽	0	0	0	325.89	0	0	615.79	133.04	611.08	264.92
	呼伦贝尔	0	0	0	342.78	0	0	632.69	149.93	627.97	281.81
	兴安盟	0	0	0	196.11	0	0	486.02	3.26	481.30	135.14
	阿拉善盟	72.33	0	0	0	0	0	0	0	0	0

注：0 表示 BSCC 建成前后距离无变化；正数表示 BSCC 建成后相较于之前两城市之间距离缩短的千米数；负数表示走原来的陆路比走 BSCC 少绕行的千米数；表中没有的城市，表示其与山东半岛八个城市以及大连、丹东间的距离在 BSCC 建设前后距离无变化。

二、影响区域空间结构的演变

（一）促进烟台由终端城市向门户城市转变，使烟台获得更多的发展机会

烟台地处山东半岛中部，渤海海峡南端，与辽东半岛及日本、韩国隔海相望，是沟通中日韩三国的枢纽，山东对外开放的前沿和面向东北三省及东北亚地区发展投资、贸易与合作的主要门户。从国内视角来看，烟台位于环渤海经济圈等多个经济圈的交汇和结合部，地缘优势得天独厚，在山东省的"三个突破"战略、"一体两翼"战略实施中承担着重大的任务。烟台虽然有良好的区位优势，但是交通基础设施建设却无法满足城市发展的需求。在港口方面，烟台港的航线少、费用高，航线结构也较单一，远远落后于青岛、大连等周边港口；在航空方面，青岛和济南飞往其他城市的航线明显多于烟台[7]；铁路方面，目前烟台境内只有一条蓝烟铁路，承担着西向的交通运输，这使得烟台成为陆路的末端，极大地限制了城市的规模发展。BSCC 建成之后，为烟台开辟了一条北上的通道，烟台将从原来陆路的交通末梢，一跃变为陆路中间的一个节点，从而具有了全新的门户功能[8]。烟台将不再只是山东半岛的区域中心城市，烟台的影响范围将越过渤海海峡向北扩展至辽东半岛，成为环渤海区域新的交通枢纽。沟通华东与东北，贯通欧亚陆路联系的交点位置将使其成为新的世界性综合运输枢纽[9,10]。烟台将实现由终端城市向重要枢纽城市、门户城市的转变，获得更多的发展机会，并结束长期以来的半岛经济现象，促进经济发展。

（二）有利于新的增长极点的形成与发展

增长极理论认为，区域中存在的若干经济活动集聚的点，由于行业构成、资源基础、

区位条件等方面存在差别，由此会带来发展潜力的不同。因而它们之间的经济发展就会出现快慢之分。个别经济发展比较好的点如果得到良好的发展机遇，比如开辟了通往区外的交通线路，该地的经济发展就会进入"快车道"，在众多的点中异军突起，成为区域发展中的"增长极"[3]。BSCC 北连旅顺，南接蓬莱，建成后，随着二者，尤其是蓬莱通道"端口"地位的确立，这里将集海底隧道端口、国际机场、海运港口以及经德龙烟铁路、烟潍一级公路、蓬栖接沈海高速公路、蓬烟（南站）接青烟威荣高铁轻轨线站等交通枢纽于一身，构建起陆海空全方位的立体交通网络，成为环渤海区域重要的人流、物流、商流集散中心，凸显独特的通道经济魅力[11]。优越的自然地理条件、舒适的人居环境、相对低廉的生活居住成本以及通道所引发的产业集聚带来的充裕的就业机会，会吸引周边，尤其是东北地区的居民来此定居、发展，蓬莱的人口会出现"爆炸式"的增长。随着 BSCC 的建设，蓬莱将成为环渤海地区的一个新的重要的增长极点[11]。

（三）使哈大和沿海发展轴线连为一体，形成中国东部贯通南北的交通大通道

东北地区资源丰富，是我国重要的粮食生产和供应基地，大量农产品需要调运出关供应其他地区；同时东北地区也是我国重要的老工业基地，采掘业和原材料工业在全国占有十分重要的地位。长期以来，东北地区与关内各省的联系一直面临"进关难"和"出关难"的困境，原因在于直接进出东北的铁路只有山海关一个出口，这里也是连接关内和关外的唯一陆上铁路通道，通货能力十分有限。BSCC 直线取海上捷径，绕过山海关这处"瓶颈"，开辟了东北地区至烟台及东部沿海地区的最短运输通道，改善了环渤海南北交通状况[12]。BSCC 向北与哈大铁路直接相连，并通过京沈线、滨州、滨绥线等与东北、华北铁路网相接，向南经蓝烟线、胶济线、胶新线、桃威线及山东半岛青烟威荣成际铁路与华东、华南地区铁路网相连，形成一条贯通中国东部南北的交通大通道。随着该条交通大动脉的贯通，哈（尔滨）大（庆）齐（齐哈尔）经济带、哈（尔滨）大（连）经济带、胶济·蓝烟经济带将连为一体，对推进区域空间结构的均衡发展将会起到积极的支撑作用。哈大齐经济带以哈大齐工业走廊为依托，以哈尔滨为龙头，以大庆和齐齐哈尔为骨干，包括沿线肇东、安达等市在内，长 200 千米，面积超过 2 万平方千米，规划建设用地总面积为 837 平方千米。该工业走廊是我国重要的装备制造业基地、新型原材料和能源保障基地、国家重要商品粮和农牧业生产基地以及国家生态安全的重要保障区[13]。哈大交通经济带以哈尔滨和大连两个城市为端点，以大连、沈阳、长春、哈尔滨四个副省级城市为主体，包括四平、铁岭、辽阳、鞍山、抚顺、本溪、营口等地级市和五常、双城、阿城、德惠、九台、公主岭、盖州、大石桥、普兰店、开原、海城等十余个县级市，以哈大铁路、102 国道、202 国道、沈大、哈大（高速）公路、庆铁—铁

大输油管道和国家光缆干线为主动脉连接而成[14]。哈大经济带是连接东北地区南部沿海与北部内陆的中枢纽带,是东北各地进行区际联系与对外交往的最便捷走廊,长期以来一直承担着内引外联的重要作用[15]。BSCC 建成后,哈大齐经济带、哈大交通经济带、胶济·蓝烟交通经济带自北向南将连成一体,并有望与沪宁杭经济带相接,成为纵贯中国北部和东部的产业集聚区和经济带,对中国东部的区域空间结构将会产生积极影响。

(四)促进京津冀、辽中南及山东半岛城市群的融合,推动环渤海经济圈的形成与发展

尽管环渤海地区被称为继珠三角经济圈、长三角经济圈之后中国经济发展的第三个"增长极",但由于渤海及渤海海峡的空间阻隔,整个地区被分隔成了京津冀、山东半岛和辽东半岛"三大板块",环渤海经济圈并没能形成为真正意义上的圈层经济。从地理条件上看,长三角和珠三角经济圈的形成是以长江三角洲和珠江三角洲为基础,城市密集,产业关联度强,交通便利,联系紧密。而环渤海经济圈则环抱渤海,京津冀、辽中南和山东半岛分别位于三个顶点上,地理位置相隔较远,在"C"形空间结构上,东西之间没有形成现代化的交通走廊,南北又隔海相望,导致各大板块间联系不够密切,分别以各自区域内的中心城市为依托,形成了独立的产业布局,产业的同构性较强,差异性和互补性不明显[16]。此外,由于三大板块间交通网络体系难以衔接,行政区域与经济规划不协调,使得要素流动不畅,产业分工的成本较高,各主要地区之间难以形成分工合理的产业链,进而导致相互之间的贸易需求较弱,产业体系的雷同势必导致各板块之间的激烈竞争,不利于三大板块间的整体融合[17]。BSCC 的建设将会首先使得山东半岛城市群和辽东半岛城市群连成一体,进而将山东半岛和辽东半岛两大板块连为一体,形成鲁—辽城市群和鲁—辽经济带。在此基础上,依靠山东半岛和辽东半岛两个次级区域中心城市的带动,以环渤海地区"O"形交通网络为依托,逐渐推进鲁—辽城市群和京津冀城市群的对接与融合,使三大城市群真正地融为一体,最终形成统一的环渤海城市群和环渤海经济圈[18]。

三、影响区域经济发展

(一)缩短了运输时间,降低了物流成本,对推动东北、华北东部及山东半岛的经济发展有一定的积极作用

交通运输条件是影响产业布局与经济发展的基本因素。交通运输业的基本职能就是以最短的时间、最快的速度、最低的成本将原料及产品从生产地运到消费地,满足社会生产和人民生活的需要。缩短运输时间、降低运输费用是国民经济大系统对交通运输业

的基本要求，同时也是交通运输业服务社会、提升自身竞争力的关键所在。BSCC 将打通辽东半岛至山东半岛的最短路径，大大缩短了东北区（含东北三省和内蒙古东四盟）与山东、江苏、浙江、上海等省市之间的距离，节省了大量运输时间，降低了运输成本，增强了运输的时效性、安全性和通达性。

据统计，BSCC 建成后，仅东北三省、华北五省份和山东半岛所涉及的 80 个地级及以上行政区的中心城市中，通过通道通行比绕道渤海湾，距离缩短的就有 266 对，总里程缩短了 98 060.73 千米。按平均时速 100 千米计算，可节约运行时间 981 小时。降低了生产成本，提高了生产效率。另据研究，未来 BSCC 建成后，东北地区从沈阳通过此通道到达济南，与从沈阳绕渤海湾到达济南与其他相关省区进行物流交流，公路里程可缩短 121 千米，铁路里程可缩短 142 千米。按公路货运价格 0.233 元/吨公里、铁路货运价格 0.090 5 元/吨公里计算，2040 年通过 BSCC 的公路物流交流量 1 409 9 万吨，铁路物流交流量 4 699 万吨。仅运费一项，每年可节省 45.8 亿元，其中公路运费 39.76 亿元，铁路运费 6.04 亿元[19]。如果考虑到运输时间缩短，资金周转加快带来的经济效益，通道建设对经济发展的推动作用将更加显著。

（二）有助于东北老工业基地的振兴

东北是我国重要的工业，尤其是重工业生产基地，采掘业、原材料工业占有重要地位，产业重型化特征明显，社会经济的发展对交通运输的依赖性很强。2000 年全国每万元 GDP 和工业产值产生的货运量分别为 13.62 吨和 15.86 吨，而东北三省平均每万元 GDP 和万元工业总产值产生的货运量远远大于全国平均水平。其中，辽宁省每万元 GDP 和万元工业总产值产生的货运量分别为 17.91 吨和 19.67 吨，分别高出全国平均水平 31.5%和 24%；吉林省每万元 GDP 和万元工业总产值产生的货运量分别为 15.09 吨和 17.53 吨，高出全国平均水平 10.8%和 10.7%；黑龙江省每万元 GDP 和万元工业总产值产生的货运量分别为 18.15 吨和 23.25 吨，高出全国平均水平 33.26%和 46.6%。2000 年以后，包括东北三省在内的全国万元 GDP 货运量和万元工业总产值货运量均呈下降趋势，说明全国的产业，尤其是工业继续在向深加工方向发展，经济转型和产业结构调整绩效日趋显著。较之于全国，东北三省万元 GDP 货运量和万元工业总产值货运量下降得更快。即便如此，至 2010 年，辽宁、黑龙江两省的单位工业产值的货运量仍高于全国平均水平，说明两省工业的重型化特征仍然较为明显，国民经济对交通运输业的依赖性依然较强。

从目前看，影响东北地区经济发展的一个重要因素，依然是交通问题。山海关作为联系关内、外陆路交通的唯一卡口，长期以来一直困扰着东北地区与关内各地的联系，跨区域的经济交流不足，严重制约了东北经济发展。BSCC 南北连接辽东半岛和山东半岛，将辽中南城市群和山东半岛城市群融为一体，向北进一步延伸至吉林的长白城市群和黑龙江的哈大齐城市群，向南通过山东和江苏两省的沿海交通通道与长三角城市群、海峡西岸城市群直至珠三角城市群连为一体，将推动东北地区与东部沿海发达地区之间的联系和交流，使东北真正融入全国的大市场，对于实现东北老工业基地的振兴起到积极的支撑作用[20]。

第三节　BSCC建设前后东北、华北和山东半岛经济发展水平预测

一、2020~2050年东北、华北和山东半岛经济发展水平预测

（一）研究内容与方法

1. 研究内容与思路

BSCC建设是一项宏伟的世界级工程，需要15~20年才能完成。从交通需求、工程技术和社会经济效益等主要方面分析评价，初步预测，2020年环渤海既有跨海通道运输供需基本平衡，2025年以后，既有跨海通道交通基础设施的规划设计能力缺口逐渐加大，而轮渡能力也难以大幅增加，难以满足经济发展的需求。据此，可以认为，开工建设时机选择2025年比较理想；按建设工期15年计划，预计到2040年建成。为此，在进行BSCC建设对东北、华北和山东半岛经济发展关系格局的影响分析时，将研究对比的起始年份设定在2040年，通过2040、2045、2050年三个年份的对比分析，了解和把握通道建设对上述地区经济发展的影响。以2040年为界点，向前每隔五年预测一次三大地区、九个省级行政区、80个城市的地区生产总值。其基本研究思路是，首先根据各地区（城市）1990~2017年的经济发展数据，分别预测2020、2025、2030、2035、2040、2045年和2050年的地区生产总值。在此基础上，假定2040年BSCC建成通车，再对通车以后各城市（区域）的生产总值进行测算，通过通车前后经济规模的变化，对通道建设的经济效应进行剖析。

2. 数据来源与方法

（1）数据来源

对东北、华北和山东半岛所涉及的各省级区域和80个城市2020~2050年的经济发展水平进行预测，所需的基础数据主要依赖于各相关省份和城市1990~2017年共28年的地区生产总值。具体来源为黑龙江、吉林、辽宁、河北、山西、内蒙古六省份和北京、

天津二直辖市及山东半岛地区共 80 个城市 1990~2017 年的相关统计年鉴。

（2）研究方法

目前学术界对经济发展水平预测的方法主要有 BP 神经网络及其改进模型、组合预测模型、时间序列预测模型、回归预测模型、指数平滑方法等[21,22]。根据东北、华北和山东半岛 1990~2017 年 GDP 数据的结构分布，考虑到该地区 GDP 涉及"中长期预测"的现实特点，认为采用时间序列模型预测较为合理。时间序列模型预测是在充分掌握历史数据的基础之上，分析目标对象随着时间改变的发展规律，从而准确预测其未来的变化情况，其在本质上属于"外推法"，即通过对时间序列的处理来研究目标变化，然后利用外推机制将内在规律推演到未来，相比其他预测方法具有较强的准确性和数据适应性。本研究运用 SPSS.20 数据分析平台，对全国 31 个省份（不含港澳台）以及东北、华北和山东半岛地区 80 个城市 1990~2017 年的 GDP 数据进行曲线拟合，得到未来各区域的经济总量，预测过程中所有曲线的 R^2 值均达到 0.9 以上，说明预测模型选择比较合理，预测结果可信。

（二）预测结果分析

根据东北、华北和山东半岛各省级区域、80 个城市 1990~2017 年的经济发展水平数据，采用如上预测方法，对上述区域和城市 2020、2025、2030、2035、2040、2045、2050 年的生产总值进行预测，其结果如表 9-3 所示。

表 9-3　2020~2050 年东北、华北和山东半岛各城市地区生产总值预测（亿元）

三大地区	省（自治区、直辖市）	市（地区、自治州、盟）	2020 年	2025 年	2030 年	2035 年	2040 年	2045 年	2050 年
东北地区	黑龙江省	哈尔滨市	5 918	7 829	10 457	13 727	18 097	23 929	31 709
		齐齐哈尔市	1 441	1 916	2 571	3 389	4 485	5 950	7 907
		鸡西市	693	920	1 232	1 621	2 142	2 837	3 765
		鹤岗市	430	579	784	1 040	1 383	1 842	2 456
		双鸭山市	726	996	1 365	1 829	2 450	3 281	4 393
		大庆市	4 999	6 684	9 003	11 898	15 769	20 943	27 855
		伊春市	311	403	530	688	899	1 180	1 556
		佳木斯市	900	1 207	1 630	2 159	2 867	3 814	5 079
		七台河市	387	515	692	913	1 207	1 601	2 126
		牡丹江市	1 390	1 895	2 589	3 458	4 623	6 182	8 269
		黑河市	449	600	808	1 067	1 414	1 877	2 497
		绥化市	1 299	1 724	2 308	3 034	4 005	5 301	7 030
		大兴安岭地区	171	227	305	403	535	710	945
		全省总计	19 113	25 494	34 274	45 227	59 876	79 448	105 589

续表

三大地区	省（自治区、直辖市）	市（地区、自治州、盟）	2020年	2025年	2030年	2035年	2040年	2045年	2050年
东北地区	吉林省	长春市	6 410	8 702	11 844	15 771	21 024	28 049	37 441
		吉林市	3 561	4 957	6 870	9 272	12 492	16 807	22 590
		四平市	1 648	2 258	3 094	4 141	5 543	7 419	9 930
		辽源市	951	1 336	1 862	2 523	3 409	4 596	6 188
		通化市	1 318	1 830	2 531	3 412	4 592	6 174	8 293
		白山市	933	1 304	1 813	2 453	3 310	4 459	5 999
		松原市	2 416	3 395	4 732	6 413	8 664	11 681	15 727
		白城市	940	1 314	1 825	2 468	3 329	4 483	6 029
		延边自治州	1 114	1 545	2 136	2 879	3 874	5 208	6 997
		全省总计	19 290	26 640	36 707	49 332	66 237	88 875	119 193
	辽宁省	沈阳市	9 479	13 002	17 832	23 885	31 988	42 836	57 357
		大连市	10 041	13 824	19 007	25 505	34 205	45 853	61 450
		鞍山市	3 525	4 763	6 462	8 586	11 427	15 226	20 305
		抚顺市	1 707	2 335	3 198	4 280	5 729	7 670	10 268
		本溪市	1 642	2 271	3 133	4 214	5 663	7 604	10 203
		丹东市	1 421	1 948	2 672	3 581	4 797	6 426	8 607
		锦州市	1 768	2 436	3 353	4 505	6 047	8 114	10 882
		营口市	2 039	2 840	3 936	5 312	7 156	9 627	12 938
		阜新市	814	1 143	1 594	2 162	2 923	3 944	5 314
		辽阳市	1 405	1 924	2 636	3 528	4 722	6 322	8 463
		盘锦市	1 652	2 231	3 028	4 025	5 359	7 143	9 530
		铁岭市	1 451	2 026	2 815	3 806	5 134	6 915	9 304
		朝阳市	1 383	1 947	2 719	3 691	4 994	6 741	9 086
		葫芦岛市	942	1 249	1 672	2 200	2 905	3 848	5 106
		全省总计	39 269	53 939	74 057	99 277	133 049	178 268	238 813
华北地区	北京市		28 442	38 562	52 424	69 736	92 882	123 819	165 171
	天津市		21 400	29 832	41 368	55 850	75 246	101 231	136 052
	河北省	石家庄市	6 836	9 184	12 405	16 424	21 796	28 973	38 560
		唐山市	9 590	13 237	18 233	24 499	32 890	44 128	59 178
		秦皇岛市	1 691	2 239	2 992	3 929	5 182	6 853	9 083
		邯郸市	4 741	6 443	8 775	11 691	15 590	20 805	27 779
		邢台市	2 244	2 960	3 943	5 164	6 793	8 965	11 860
		保定市	3 880	5 130	6 844	8 974	11 815	15 604	20 654

续表

三大地区	省（自治区、直辖市）	市（地区、自治州、盟）	2020年	2025年	2030年	2035年	2040年	2045年	2050年
华北地区	河北省	张家口市	1 931	2 637	3 605	4 819	6 443	8 618	11 528
		承德市	1 986	2 761	3 824	5 159	6 947	9 344	12 556
		沧州市	4 568	6 260	8 578	11 479	15 361	20 555	27 506
		廊坊市	2 786	3 790	5 168	6 892	9 199	12 286	16 415
		衡水市	1 365	1 751	2 282	2 935	3 803	4 955	6 484
		全省总计	41 617	56 391	76 649	101 964	135 820	181 087	241 603
	山西省	太原市	3 652	4 966	6 766	9 018	12 029	16 056	21 441
		大同市	1 411	1 906	2 585	3 434	4 570	6 089	8 120
		阳泉市	913	1 250	1 712	2 290	3 063	4 098	5 482
		长治市	2 097	2 902	4 004	5 385	7 234	9 709	13 024
		晋城市	1 573	2 165	2 976	3 991	5 350	7 168	9 603
		朔州市	1 658	2 351	3 297	4 488	6 083	8 221	11 090
		晋中市	1 568	2 151	2 949	3 947	5 283	7 071	9 464
		运城市	1 680	2 260	3 054	4 045	5 369	7 137	9 499
		忻州市	992	1 379	1 908	2 573	3 463	4 654	6 251
		临汾市	1 867	2 520	3 415	4 532	6 025	8 019	10 683
		吕梁市	2 034	2 861	3 991	5 410	7 312	9 860	13 275
		全省总计	19 445	26 710	36 657	49 112	65 779	88 083	117 933
	内蒙古自治区	呼和浩特市	3 823	5 338	7 407	10 004	13 481	18 139	24 379
		包头市	5 058	7 101	9 893	13 400	18 096	24 391	32 828
		乌海市	828	1 170	1 637	2 223	3 010	4 063	5 477
		赤峰市	2 325	3 265	4 550	6 165	8 330	11 232	15 124
		通辽市	2 536	3 578	5 003	6 795	9 196	12 416	16 734
		鄂尔多斯市	5 895	8 431	11 891	16 248	22 087	29 922	40 436
		呼伦贝尔市	1 962	2 746	3 820	5 169	6 978	9 402	12 652
		巴彦淖尔市	1 152	1 591	2 193	2 947	3 958	5 310	7 122
		乌兰察布市	1 155	1 601	2 211	2 978	4 003	5 377	7 218
		兴安盟	532	734	1 012	1 360	1 826	2 451	3 288
		锡林郭勒盟	1 265	1 788	2 502	3 400	4 604	6 219	8 384
		阿拉善盟	674	963	1 358	1 856	2 522	34 17	4 618
		全区总计	27 205	38 305	53 475	72 545	98 092	132 339	178 259

续表

三大地区	省（自治区、直辖市）	市（地区、自治州、盟）	2020年	2025年	2030年	2035年	2040年	2045年	2050年
山东半岛		济南市	7 600	10 245	13 872	18 398	24 448	32 532	43 332
		青岛市	11 864	16 173	22 073	29 450	39 315	52 507	70 149
		淄博市	5 732	7 773	10 572	14 069	18 745	24 996	33 355
		东营市	4 962	6 772	9 249	12 344	16 483	22 017	29 417
		烟台市	8 591	11 667	15 881	21 147	28 188	37 602	50 187
		潍坊市	6 479	8 835	12 065	16 106	21 513	28 746	38 422
		威海市	3 554	4 705	6 285	8 251	10 876	14 378	19 049
		日照市	2 259	3 122	4 303	5 783	7 764	10 416	13 967
		半岛地区总计	51 041	69 292	94 300	125 547	167 331	223 194	297 878

预测结果表明，在不考虑 BSCC 建设影响的情况下，2020~2050 年，东北、华北和山东半岛地区的 GDP 总量从 266 862 亿元增长到 1 600 492 亿元，30 年增长了 6 倍，年平均增长率为 2.18%，不同地区的经济发展呈现出不同的增长态势和空间格局特征。

二、BSCC 建成后东北、华北和山东半岛经济关系格局的演化

（一）研究思路与方法

BSCC 建成通车后，个别地区和城市受时空距离压缩效应影响，节省了运费，在一定程度上会促进经济的发展，但对于一个相当大的空间地域来说，并不会因此产生明显的大空间尺度经济效应。有鉴于此，我们在对 BSCC 影响下的各省级区域和 80 个城市的经济规模进行预测时，其研究思路是：假定 2040、2045、2050 年三个时间节点，东北、华北和山东半岛城市群区的经济总量与不考虑通车时的上述三个节点年份的经济总量保持不变，而仅仅是该区域 80 个城市所形成的众多"城市对"之间，由于某些"城市对"通行距离缩短，经济发展水平会在原来基础上有所提高，而且这种"通道效应"在空间上呈现出一定的距离递减趋势，即距离通道愈近的城市，"通道效应"愈明显，愈远则愈弱。未受到通道影响的城市其经济总规模则会相较于不考虑通道影响时的同期规模有所减小。也就是说，通道建成前后，（同一时间节点）整个东北、华北和山东半岛城市群区的经济总量保持不变，只是在各个城市之间进行了重新分配。为此，第一，本研究借助万有引力模型，构建通道建成前后区域（城市）经济联系指数，将某地级市与区域内其他所有地级市经济联系强度总和占所有城市之间总联系强度的比重视为本地级市在整

个区域中的经济联系指数。由于在前期数据处理过程中利用曲线拟合方法对通道建成后数据进行预测，很大程度上掩盖了 BSCC 建设对于区域经济结构的重塑作用，而这种重塑作用又是客观存在的（以厄勒海峡为例），要将这种由通道建设而产生的空间发展重塑效应体现出来，必须通过通道建设所产生的可达性影响作为桥梁。因此，这里引入万有引力模型，通过构建基于可达性和万有引力定律的综合方法，对通道建成后区域经济空间格局和空间发展水平进行预测。

引力模型在城市间引力及城市产业间经济联系方面应用广泛，其一般形式如下：

$$F_{ij} = K \frac{Q_i Q_j}{d_{ij}^r} \qquad \text{式 9-1}$$

式 9-1 中，F_{ij} 为 i 城市和 j 城市之间的引力大小；K 为引力常数（这里取 1）；Q_i 和 Q_j 分别为 i、j 两个城市的城市发展质量（GDP）；d_{ij} 为两个城市间的距离，r 取 2。

第二，构建区域尺度下各地级城市经济联系指数模型。以某一地级城市与区域内其他地级城市间经济联系强度之和占所有城市之间总联系强度的比重为区域背景尺度下各地级城市的经济联系指数。

$$B_i = F_i / D \qquad \text{式 9-2}$$

式 9-2 中，B_i 为地级城市 i 的经济联系指数；F_i 为 i 地级市与区域内其他所有地级市经济联系强度之和；D 为各地级城市与区域内其他所有地级城市经济联系强度的总和。

第三，构建通道建成之前区域尺度下各地级城市经济规模指数模型。

$$G_{i1} = \frac{Q_{i1}}{Q} \qquad \text{式 9-3}$$

式 9-3 中，G_{i1} 表示通道建成前 i 地级市经济总量占整个地区经济总量的比重，即 i 城市的经济规模指数；Q_{i1} 表示通道建成前 i 地级市的经济规模；Q 表示通道建成前整个地区的经济总规模。

第四，测算通道建成后城市经济规模指数。基于通道建成前的城市经济规模指数以及通道建成前后的经济联系指数，计算通道建成之后的城市经济规模指数。

$$G_{i2} = \frac{G_{i1} \times B_{i2}}{B_{i1}} \qquad \text{式 9-4}$$

式 9-4 中，G_{i2} 表示通道建成之后 i 地级市经济总量占整个地区经济总量的比重，即 i 城市的经济规模指数；B_{i2} 为通道建成之后 i 城市的经济联系指数；B_{i1} 为通道建成之前 i 城市的经济联系指数。

第五，测算通道建成影响下的城市经济发展水平（GDP）。

$$Q_{i2} = G_{i2} \times Q = \frac{G_{i1} \times B_{i2}}{B_{i1}} \times Q = Q_{i1} \times \frac{B_{i2}}{B_{i1}} \qquad 式9\text{-}5$$

式 9-5 中，Q_{i2} 表示通道建成后 i 地级市的经济发展水平（GDP）；Q_{i1} 表示通道建成前的经济发展水平（GDP）；Q 表示整个地区的经济总规模（通道建成前后各相应年份，80 个城市的经济总规模保持不变）；G_{i1} 表示通道建成前 i 城市的经济规模指数；G_{i2} 表示通道建成之后 i 城市的经济规模指数；B_{i1} 为通道建成之前 i 城市的经济联系指数；B_{i2} 为通道建成后的经济联系指数。

（二）预测结果分析

遵循上述思想，依据前述预测的 80 个城市 2040、2045、2050 年的 GDP 数据，以及通道建成前、后各城市的经济联系指数，根据上述研究方法对东北、华北和山东半岛 80 个地级及以上城市基于 BSCC 影响的经济规模（GDP）进行测算，预测结果如表 9-4 所示。

表 9-4　2040、2045、2050 年通道建成后东北、华北和山东半岛各城市生产总值（亿元）

三大地区	省（自治区、直辖市）	市（地区、自治州、盟）	2040 年		2045 年		2050 年	
			建成前	建成后	建成前	建成后	建成前	建成后
东北地区	黑龙江省	哈尔滨市	18 097	17 210	23 929	22 756	31 709	30 156
		齐齐哈尔市	4 485	4 259	5 950	5 651	7 907	7 510
		鸡西市	2 142	2 029	2 837	2 688	3 765	3 567
		鹤岗市	1 383	1 312	1 842	1 747	2 456	2 329
		双鸭山市	2 450	2 329	3 281	3 119	4 393	4 176
		大庆市	15 769	14 977	20 943	19 891	27 855	26 457
		伊春市	899	858	1 180	1 126	1 556	1 485
		佳木斯市	2 867	2 720	3 814	3 618	5 079	4 819
		七台河市	1 207	1 148	1 601	1 522	2 126	2 021
		牡丹江市	4 623	4 422	6 182	5 914	8 269	7 910
		黑河市	1 414	1 358	1 877	1 803	2 497	2 398
		绥化市	4 005	3 799	5 301	5 028	7 030	6 668
		大兴安岭地区	535	515	710	684	945	910
		全省总计	59 876	56 934	79 448	75 547	105 589	100 406

续表

三大地区	省（自治区、直辖市）	市（地区、自治州、盟）	2040年		2045年		2050年	
			建成前	建成后	建成前	建成后	建成前	建成后
东北地区	吉林省	长春市	21 024	20 047	28 049	26 744	37 441	35 698
		吉林市	12 492	11 894	16 807	16 003	22 590	21 509
		四平市	5 543	5 292	7 419	7 083	9 930	9 480
		辽源市	3 409	3 246	4 596	4 377	6 188	5 893
		通化市	4 592	4 436	6 174	5 963	8 293	8 009
		白山市	3 310	3 183	4 459	4 288	5 999	5 768
		松原市	8 664	8 230	11 681	11 096	15 727	14 939
		白城市	3 329	3 158	4 483	4 253	6 029	5 720
		延边自治州	3 874	3 713	5 208	4 992	6 997	6 706
		全省总计	66 237	63 201	88 875	84 799	119 193	113 723
	辽宁省	沈阳市	31 988	30 558	42 836	40 919	57 357	54 788
		大连市	34 205	65 771	45 853	87 993	61 450	117 727
		鞍山市	11 427	10 941	15 226	14 577	20 305	19 438
		抚顺市	5 729	5 421	7 670	7 257	10 268	9 716
		本溪市	5 663	5 397	7 604	7 247	10 203	9 724
		丹东市	4 797	4 930	6 426	6 602	8 607	8 841
		锦州市	6 047	5 783	8 114	7 759	10 882	10 406
		营口市	7 156	7 072	9 627	9 513	12 938	12 784
		阜新市	2 923	2 802	3 944	3 781	5 314	5 093
		辽阳市	4 722	4 475	6 322	5 991	8 463	8 020
		盘锦市	5 359	5 174	7 143	6 896	9 530	9 199
		铁岭市	5 134	4 869	6 915	6 559	9 304	8 824
		朝阳市	4 994	4 784	6 741	6 458	9 086	8 704
		葫芦岛市	2 905	2 764	3 848	3 661	5 106	4 858
		全省总计	133 049	160 743	178 268	215 213	238 813	288 123
华北地区	北京市		92 882	87 193	123 819	116 240	165 171	155 065
	天津市		75 246	70 677	101 231	95 089	136 052	127 800
	河北省	石家庄市	21 796	20 514	28 973	27 270	38 560	36 295
		唐山市	32 890	30 876	44 128	41 427	59 178	55 557
		秦皇岛市	5 182	4 879	6 853	6 452	9 083	8 552
		邯郸市	15 590	14 711	20 805	19 633	27 779	26 216
		邢台市	6 793	6 398	8 965	8 443	11 860	11 170
		保定市	11 815	11 103	15 604	14 663	20 654	19 410

续表

三大地区	省（自治区、直辖市）	市（地区、自治州、盟）	2040 年		2045 年		2050 年	
			建成前	建成后	建成前	建成后	建成前	建成后
华北地区	河北省	张家口市	6 443	6 049	8 618	8 090	11 528	10 823
		承德市	6 947	6 522	9 344	8 772	12 556	11 788
		沧州市	15 361	14 451	20 555	19 338	27 506	25 878
		廊坊市	9 199	8 636	12 286	11 534	16 415	15 411
		衡水市	3 803	3 582	4 955	4 668	6 484	6 109
		全省总计	135 820	127 719	181 087	170 292	241 603	227 208
	山西省	太原市	12 029	11 301	16 056	15 084	21 441	20 144
		大同市	4 570	4 290	6 089	5 716	8 120	7 623
		阳泉市	3 063	2 877	4 098	3 849	5 482	5 150
		长治市	7 234	6 822	9 709	9 156	13 024	12 283
		晋城市	5 350	5 046	7 168	6 761	9 603	9 058
		朔州市	6 083	5 712	8 221	7 719	11 090	10 413
		晋中市	5 283	4 962	7 071	6 641	9 464	8 889
		运城市	5 369	5 064	7 137	6 733	9 499	8 962
		忻州市	3 463	3 253	4 654	4 374	6 251	5 874
		临汾市	6 025	5 680	8 019	7 560	10 683	10 072
		吕梁市	7 312	6 881	9 860	9 280	13 275	12 495
		全省总计	65 779	61 886	88 083	82 874	117 933	110 963
	内蒙古自治区	呼和浩特市	13 481	12 656	18 139	17 028	24 379	22 887
		包头市	18 096	16 988	24 391	22 898	32 828	30 819
		乌海市	3 010	2 825	4 063	3 815	5 477	5 142
		赤峰市	8 330	7 465	11 232	10 069	15 124	13 560
		通辽市	9 196	8 843	12 416	11 938	16 734	16 089
		鄂尔多斯市	22 087	20 735	29 922	28 090	40 436	37 962
		呼伦贝尔市	6 978	6 802	9 402	9 163	12 652	12 329
		巴彦淖尔市	3 958	3 715	5 310	4 985	7 122	6 687
		乌兰察布市	4 003	3 758	5 377	5 048	7 218	6 776
		兴安盟	1 826	1 851	2 451	2 483	3 288	3 330
		锡林郭勒盟	4 604	4 322	6 219	5 838	8 384	7 871
		阿拉善盟	2 522	2 370	3 417	3 210	4 618	4 339
		自治区区总计	98 092	92 329	132 339	124 566	178 259	167 791

续表

三大地区	省（自治区、直辖市）	市（地区、自治州、盟）	2040年 建成前	2040年 建成后	2045年 建成前	2045年 建成后	2050年 建成前	2050年 建成后
山东半岛		济南市	24 448	23 189	32 532	30 858	43 332	41 106
		青岛市	39 315	40 604	52 507	54 245	70 149	72 490
		淄博市	18 745	17 784	24 996	23 718	33 355	31 651
		东营市	16 483	15 745	22 017	21 033	29 417	28 104
		烟台市	28 188	36 215	37 602	48 409	50 187	64 722
		潍坊市	21 513	20 921	28 746	27 959	38 422	37 375
		威海市	10 876	11 501	14 378	15 212	19 049	20 162
		日照市	7 764	7 669	10 416	10 291	13 967	13 802
		地区总计	167 331	173 628	223 194	231 726	297 878	309 412

由表 9-4 可以看出，BSCC 建成通车后，整个东北、华北和山东半岛城市群区的经济总规模与通车前的同一时间节点相比并未发生变化，仅仅是在区域内部各个地区、省域及其城市之间发生了变化（重新分配）。

2040、2045、2050 年东北三省和山东半岛地区的经济规模在通道通车后均较通车前的同一年份有所增长，说明 BSCC 建设对东北地区和山东半岛的经济影响比较明显，在一定程度上会促进两大地区的经济发展；而华北五省份的经济规模较之通车之前有所缩减，表明通道建设对华北地区的影响不大。从测算结果来看，东北三省受益最大，2040年，通车后与通车前相比，经济规模增长了 8.38%，2045 年增长了 8.36%，2050 年增长了 8.34%；山东半岛受其正向效应影响次之，2040 年通车后八个设区城市的经济总规模与通车前相比，增加了 6 297 亿元，增长幅度达 3.76%，2045 年增长了 3.82%，2050 年增长了 3.87%；华北地区的经济规模在通车后则出现了一定程度地萎缩，说明通道建设对华北地区基本没有影响（表 9-5）。

表 9-5　BSCC 建成前后三区经济规模变化情况（亿元）

地区	2040年 通车后增长	2040年 增长的百分比	2045年 通车后增长	2045年 增长的百分比	2050年 通车后增长	2050年 增长的百分比
东北	21 715	8.38%	28 967	8.36%	38 658	8.34%
华北	−28 014	−5.99%	−37 499	−5.99%	−50 192	−5.98%
山东半岛	6 297	3.76%	8 532	3.82%	11 534	3.87%

通道建成通车后，同一时间节点各城市与其自身通车前相比，经济规模的变化幅度存在着明显的差异。也就是说，BSCC 效应存在较明显的空间差异。大连和烟台，作为连接通道的两个端点城市，受通道影响最明显，影响程度都在 20%以上，其中大连更是高达 90%以上。总的来说，海峡以北以大连为中心、以南以烟台为中心，距离此二城市愈近，通车后的通道正效应愈强，愈远则愈弱（图 9-1）。这一空间分布状况符合社会经济客体在地理空间中的影响力随距离扩大而减小的距离衰减规律，说明 BSCC 等重大基础设施对区域发展的影响也存在较明显的距离递减现象。

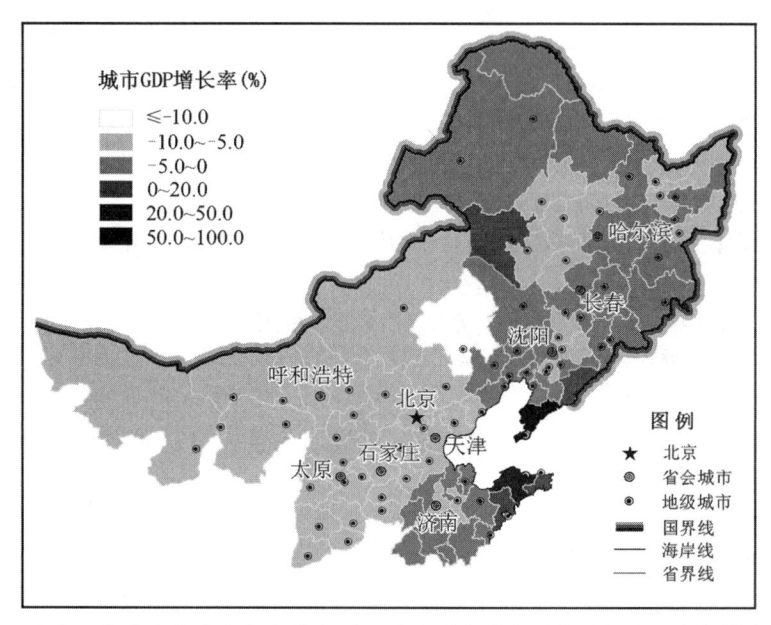

图 9-1　东北、华北和山东半岛各城市通道建成通车后与通车前相比经济规模变化幅度

从城市经济规模的变化情况看，每个城市 2040、2045、2050 年通车后与各该城市同一时间节点通车前相比，其增减幅度均变化不大。从测算结果看，山东半岛城市群各城市基本随时间推移呈增长趋势，其余城市则总体呈逐年下降态势。例如，烟台 2040 年通车后与通车前相比城市经济规模增长了 28.48%，到 2045 年通车后与通车前相比则增长了 28.74%，至 2050 年则进一步增长至 28.96%；威海 2040 年通车后与通车前相比城市经济规模增长了 5.75%，到 2045 年通车后与通车前相比则增长了 5.80%，至 2050 年则进一步增长至 5.84%；青岛 2040 年通车后与通车前相比城市经济规模增长了 3.28%，到 2045 年通车后与通车前相比则增长了 3.31%，至 2050 年则进一步增长至 3.34%；大连则呈逐年下降之态势，2040 年通车后与通车前相比城市经济规模增长了 92.29%，到 2045 年通车后与通车前相比则仅增长了 91.90%，至 2050 年该比例进一步下降至 91.58%；丹东 2040 年通车后与通车前相比城市经济规模增长了 2.78%，到 2045 年通车后与通车前

相比则仅增长了 2.74%，至 2050 年该比例进一步下降至 2.71%；兴安盟 2040 年通车后与通车前相比城市经济规模增长了 1.38%，到 2045 年通车后与通车前相比则仅增长了 1.31%，至 2050 年该比例进一步下降至 1.29%。

参 考 文 献

[1] 杨万钟. 经济地理学导论[M]. 上海: 华东师范大学出版社, 1999.
[2] 金凤君, 武文杰. 铁路客运系统提速的空间经济影响[J]. 经济地理, 2007, 27(6): 888-891.
[3] 李小建. 经济地理学[M]. 北京: 高等教育出版社, 2006.
[4] 王振波, 徐建刚, 孙东琪. 渤海海峡跨海通道对中国东部和东北地区交通可达性影响[J]. 上海交通大学学报, 2010, 44(6): 807-811.
[5] 柳新华, 宋长虹. 关于兴建渤海海峡跨海通道的思考[J]. 经济研究参考, 2006, (82): 44-48.
[6] 邵士秋. 渤海海峡跨海通道对两大半岛城市群空间联系影响研究[D]. 辽宁师范大学, 2014.
[7] 李婷, 汪健. 近年来烟台经济发展评价及发展对策研究[J]. 科技信息(科学教研), 2008, 13: 128-129.
[8] 马慧强, 韩增林, 单良. 渤海海峡跨海通道建设对环渤海区域发展助推探讨[J]. 海洋开发与管理, 2013, 5: 30-34.
[9] 李凤霞. 渤海海峡跨海通道对烟台市经济发展的影响分析[J]. 公路, 2009, 10: 131-134.
[10] 于会录, 孙峰华. 渤海海峡跨海通道对南北亚欧大陆桥的影响及亚欧大陆桥中干线构想[J]. 经济地理, 2009, 29(7): 1075-1080.
[11] 姚中杰, 杨鸿章, 尹建中. 通道经济: 蓬莱未来发展的新机遇——基于蓬(莱)—旅(顺)海底隧道项目的前景[J]. 价值工程, 2013, 36: 18-20.
[12] 王肖惠, 杨海娟, 王超. 重新发现烟台地理位置的价值——基于渤海海峡跨海通道的建立[J]. 地下水, 2011, 3: 193-196.
[13] 姜博, 初楠臣, 孙雪晶, 等. 哈大齐城市密集区空间经济联系测度及其动态演进规律[J]. 干旱区资源与环境, 2015, 29(4): 59-64.
[14] 张云伟, 韩增林. 渤海海峡跨海通道建设对环渤海区域的经济社会影响[J]. 海洋开发与管理, 2009, 26(9): 80-82.
[15] 张文尝, 金凤君, 樊杰. 交通经济带[M]. 北京: 科学出版社, 2002.
[16] 蔡德林. 谈区域经济发展中的"桥梁效应"[J]. 商业经济研究, 2008(6): 103-104.
[17] 于敏. 渤海海峡跨海通道对环渤海地区主要产业影响评价分析[J]. 鲁东大学学报(哲学社会科学版), 2009, 4: 29-32.
[18] 刘良忠, 柳新华, 徐清照. 环渤海区域经济一体化发展创新模式——山东和辽东半岛次区域优先发展带动战略探讨[J]. 兰州商学院学报, 2009, 25(4): 43-50.
[19] 孙峰华, 陆大道, 柳新华, 等. 中国物流发展对渤海海峡跨海通道建设的影响[J]. 地理学报, 2010, 65(12): 1507-1521.
[20] 刘良忠, 柳新华. 从日本青函隧道促进北海道开发看渤海海峡跨海通道对振兴东北的作用[J]. 理论探讨, 2014, (4): 99-102.
[21] 刘常宝. 市场调查与预测[M]. 北京: 机械工业出版社, 2017.
[22] 杨健. 定量分析方法[M]. 北京: 清华大学出版社, 2018.

第十章　对客货运量的影响

第一节　研究区域、数据来源和研究方法

一、研究区域与数据来源

BSCC 建设影响最大的地区就是东北、华北和山东半岛地区，东北地区包括辽宁、吉林和黑龙江三个省份，华北地区包括北京、天津、河北、山西和内蒙古，山东半岛包括济南、青岛、潍坊、淄博、东营、烟台、威海、日照八个市。除了北京、天津不再分区外，其余六省一区，下辖 78 个次级行政单位，共 80 个不同行政级别的行政区域。

本研究所用数据来源：国家统计局颁布的 1990~2015 年《中国统计年鉴》《中国城市统计年鉴》，1990~2015 年北京、天津、河北、山西、内蒙古、辽宁、吉林、黑龙江和山东的统计年鉴，以及上述各省份下辖地级市的统计年鉴，山东半岛各地级市（济南、青岛、淄博、东营、烟台、潍坊、威海和日照）相关年份的统计年鉴。

二、研究方法

发达国家由于交通区位理论研究及现代物流理念发展的比较早，提出了许多客货运量的预测方法，如生命周期评估法[1]、最小二乘回归法[2]、神经网络[3~7]、自回归移动平均[8]等。20 世纪 80 年代初，我国交通运输地理开始研究客货运量与运输联系，主要的研究方法有时间序列预测方法[9]、 Rough Set 理论[10]、节点重要度区位法[11,12]、"轴—辐"物流网络[13~15]、灰色模型预测方法[16,17]等，本文的研究方法主要有以下几种。

（一）基于时间序列的客货运量预测方法

以 1990~2015 年相关数据为基础，采用时间序列法对 2020、2025、2030、2035、2040、2045、2050 年数据进行测算，通过多种时间序列法对数据进行反复模拟测算，最后确定采取一元线性、二次函数、复合函数模型、S 型曲线模型等时间序列曲线估计模

型进行预测，通过模拟检验，这几种模型的 R^2 均在 0.9 以上，其模型预测结果可靠性高。

（二）交通可达性研究方法

国外普遍采用网络分析法来测算节点最短时间距离，然后以节点可达性值插值，从而得到区域可达性地图，在计算区域面状二维空间中任意点的距离时，多采用插值方法进行统一处理[18~22]。因此，这里采用 ArcGIS 空间分析技术中的距离分析模块对研究区的可达性进行分析，并以此为依据进行交通网络变化引起的客货运量的变化，其公式为：

$$t_c = \frac{1}{v} \times 60 \quad \text{式 10-1}$$

式 10-1 中：t_c 为出行的时间成本；v 为各种不同运输方式和出行方式所规定的时速[23,24]。

（三）建立物流量指数模型

根据重力模型原理[25~28]，某省区与另一省区输入（输出）人口物流的乘积，除以两省区之间距离的 b 次方，得到两省区之间的输入（输出）人口物流引力。某省区与东北、华北和山东半岛其他所有省区之前的输入（输出）人口物流引力，分别除以该省区与东北、华北和山东半岛其他省区之间的输入（输出）物流引力之和，得到该省区与东北、华北和山东半岛其他所有省区之间的输入（输出）人口物流量指数，其模型为：

$$r_{p-i}^{I(E)} = \frac{d_{pi}d_{pj}}{s_{ij}^b} / \sum_{j=1}^{n} \frac{d_{pi}d_{pj}}{s_{ij}^b} \quad \text{式 10-2}$$

式 10-2 中：$r_{p-i}^{I(E)}$ 为输入（输出）人口物流量指数；I 表示输入，E 表示输出；P 表示人口因素，i 表示某省区，$i=1, 2, 3, \cdots, n$；d_{pi} 为省区输入（输出）人口物流密度；j 表示某省区，$j=1, 2, 3, \cdots, n$；d_{pj} 为 j 省区的输入（输出）人口物流密度；S_{ij} 为 i 省区与 j 省区之间的距离（$i \neq j$，即 i、j 不能同时表示某一省区）；b 为度量距离摩擦性系数；n 为样本数[29]。

以同样的原理与方法，建立经济、人口、第一产业、第二产业、第三产业、交通、仓储和邮政业、铁路营业里程和公路通车里程物流量指数模型，其输入（输出）物流量指数分别为：r_{e-i}^{IE}、r_{p-i}^{IE}、r_{pr-i}^{IE}、r_{se-i}^{IE}、r_{te-i}^{IE}、r_{t-i}^{IE}、r_{r-i}^{IE}、r_{h-i}^{IE}。

当两区域之间的距离接近零或过大时，应用模型就会出现明显不足，区间物流量严重失真，要通过调整摩擦性系数 b 进行修正来解决这一问题。根据美国 20 世纪 50 年代的经验，所计算的 b 值在 0.5～3.0，且距离越大，采用的 b 值越高。物流量指数模型中的 S_{ij}（km）与 b 建立六个对应的关系，即 $S_{ij} \leq 500$，$b=0.5$；$500 < S_{ij} \leq 1\ 000$，$b=0.75$；

$1\,000 < S_{ij} \leqslant 1\,500$，$b=1$；$1\,500 < S_{ij} \leqslant 2\,000$，$b=1.25$；$2\,000 < S_{ij} \leqslant 2\,500$，$b=1.5$；$2\,500 < S_{ij} \leqslant 3\,000$，$b=1.75$；$3\,000 < S_{ij} \leqslant 3\,500$，$b=2$；$3\,500 < S_{ij} \leqslant 4\,000$，$b=2.25$；$4\,000 < S_{ij} \leqslant 4\,500$，$b=2.5$；$4\,500 < S_{ij} \leqslant 5\,000$，$b=2.75$；$S_{ij} > 5\,000$，$b=3$，对模型进行修正。

物流量指数影响两省之间的物流量计算结果的精确度，将上述八种物流量指数的均值作为两省物流量指数，其模型为：

$$r^{I(E)} = 1/9[r_{e-i}^{IE} + r_{p-i}^{IE} + r_{pr-i}^{IE} + r_{se-i}^{IE} + r_{te-i}^{IE} + r_{t-i}^{IE} + r_{r-i}^{IE} + r_{h-i}^{IE}] \qquad \text{式 10-3}$$

预测出 2020、2025、2030、2035、2040、2045 年和 2050 年东北、华北和山东半岛地区省市客货运量，利用八种物流量指数模型，计算出各个年份某省区与其他省区输入（输出）物流量指数。

第二节 东北、华北和山东半岛出境客货运量现状

一、东北出境客货运量现状

（一）东北出境客运量现状

东北地区是 1949 年后建成的第一个重工业基地，经济起步较早，在东北地区增长的人口很大一部分是外部移入人口，但现在东北地区人口外流情况很严重，人们认为东北地区生活环境、发展机遇都不如其他地区，也是东北地区经济结构性问题的一种外在表现，与东北地区经济发展的停滞有很大关系。2015 年东北地区铁路、公路出境客运量如 10-1 所示。

表 10-1 2015 年东北地区铁路、公路出境客运量

	铁路出境客运量（万人）	占东北地区铁路出境客运量比例（%）	公路出境客运量（万人）	占东北地区公路出境客运量比例（%）
辽宁	5 155.86	48.04	53 406.36	62.62
吉林	2 844.09	26.50	17 277.10	20.26
黑龙江	2 732.43	25.46	14 602.21	17.12
东北地区	10 732.37	100	85 285.67	100

从表 10-1 可以看出，2015 年东北地区铁路出境客运量为 10 732.37 万人，辽宁铁路出境客运量为 5 155.86 万人，吉林为 2 844.09 万人，黑龙江为 2 732.43 万人，分别占出

境客运量的 48.04%、26.50%、25.46%。东北公路出境客运量为 85 285.67 万人，辽宁公路出境客运量 53 406.36 万人，吉林为 17 277.10 万人，黑龙江为 14 602.21 万人，分别占出境客运量 62.62%、20.26%、17.12%。

（二）东北出境货运量现状

东北地区是我国最大的商品粮基地和林业基地，农业机械化水平程度高。2002 年年底国家提出振兴东北老工业基地的战略构想，东北三省经济有所发展，但与全国特别的发达的东部沿海地区相比较还是有很大的差距。2015 年东北地区铁路、公路出境货运量如表 10-2 所示。

表 10-2　2015 年东北地区铁路、公路出境货运量

	铁路出境货运量（万 t）	占东北地区铁路出境货运量比例（%）	公路出境货运量（万 t）	占东北地区公路出境货运量比例（%）
辽宁	1 822.11	41.62	17 002.17	60.31
吉林	603.13	13.78	4 014.47	14.24
黑龙江	1 952.83	44.60	7 173.43	25.45
东北地区	4 378.07	100	28 190.07	100

从表 10-2 中可以看出，2015 年东北地区铁路出境货运量为 4 378.07 万吨，辽宁铁路出境货运量为 1 822.11 万吨，吉林为 603.13 万吨，黑龙江为 1 952.83 万吨，辽宁、吉林和黑龙江分别占东北铁路出境货运量的 41.62%、13.78%、44.60%。东北地区公路出境货运量为 28 190.07 万吨，辽宁公路出境货运量为 17 002.17 万吨，吉林为 4 014.47 万吨，黑龙江为 7 173.43 万吨，辽宁、吉林和黑龙江分别占东北地区公路出境货运量的 60.31%、14.24%、25.45%。

二、华北出境客货运量现状

（一）华北出境客运量现状

从 1990~2015 年，华北地区人口由 13 091 万人增长到 17 206 万人，增长了 0.31 倍，25 年间年均增长 171.5 万人。2015 年华北地区铁路、公路出境客运量如表 10-3 所示。

表 10-3　2015 年华北地区铁路、公路出境客运量

	铁路出境客运量（万人）	占华北地区铁路出境客运量比例（%）	公路出境客运量（万人）	占华北地区公路出境客运量比例（%）
北京	5 220.11	24.83	45 440.50	30.47
天津	1 458.93	6.94	9 517.74	6.38
河北	5 488.07	26.10	41 259.04	27.66
山西	2 924.60	13.91	25 930.45	17.39
内蒙古	5 934.26	28.22	27 001.32	18.10
华北地区	21 025.96	100	149 149.04	100

从表 10-3 中可以看出，2015 年华北地区铁路出境客运总量为 21 025.96 万人，北京铁路出境客运量为 5 220.11 万人，天津为 1 458.93 万人，河北为 5 488.07 万人，山西为 2 924.60 万人，内蒙古为 5 934.26 万人，天津、河北、山西、内蒙古分别占华北铁路出境客运量 24.83%、6.94%、26.10%、13.91%、28.22%。

华北地区公路出境客运量为 149 149.04 万人，北京公路出境客运量为 45 440.50 万人，天津为 9 517.74 万人，河北为 41 259.04 万人，山西为 25 930.45 万人，内蒙古为 27 001.32 万人，分别占华北公路出境客运量的 30.47%、6.38%、27.66%、17.39%、18.10%。

（二）华北出境货运量现状

随着产业结构的调整，华北地区形成了能源、化工、冶金、汽车等产业，并以教育资源、科技资源带动高新技术产业的发展。2014 年提出的京津冀协同发展重大国家战略，调整经济结构和空间结构，成为继珠江三角洲、长江三角洲后支撑国民经济发展的新的"增长极"。2015 年华北地区铁路、公路出境货运量如表 10-4 所示。

表 10-4　2015 年华北地区铁路、公路出境货运量

	铁路出境货运量（万 t）	占华北地区铁路出境货运量比例（%）	公路出境货运量（万 t）	占华北地区公路出境货运量比例（%）
北京	142.18	1.18	2 691.82	7.83
天津	1 224.33	10.19	3 316.91	9.65
河北	1 203.45	10.02	9 542.38	27.77
山西	5 112.19	42.56	6 585.44	19.16
内蒙古	4 330.77	36.05	12 227.01	35.58
华北地区	12 012.93	100	34 363.56	100

从表10-4中可以看出，2015年华北地区铁路出境货运总量12 012.93万吨，北京为142.18万吨，天津为1 224.33万吨，河北为1 203.45万吨，山西为5 112.19万吨，内蒙古为4 330.77万吨，北京、天津、河北、山西和内蒙古分别占华北铁路出境货运量1.18%、10.19%、10.02%、42.56%、36.05%。

华北地区公路出境货运量为34 363.56万吨，北京公路出境货运量为2 691.82万吨，天津为3 316.91万吨，河北为9 542.38万吨，山西为6 585.44万吨，内蒙古为12 227.01万吨，北京、天津、河北、山西和内蒙古分别占华北公路出境货运量7.83%、9.65%、27.77%、19.16%、35.58%。

三、山东半岛出境客货运量现状

（一）山东半岛出境客运量现状

1990~2015年，山东半岛人口由2 064.7万人增长到3 499.8万人，增长了0.7倍，年均人口增长35万人。

2015年，山东半岛铁路出境客运量为2 497.02万人，济南铁路出境客运总量为1 383.65万人，占山东半岛出境客运的55.41%，青岛、淄博、潍坊、烟台、威海、日照和东营出境客运量分别占山东半岛的比例为15.90%、7.95%、7.14%、7.11%、3.83%、1.83%和0.84%。

2015年，山东半岛公路出境客运量为55 489.83万人，烟台公路出境客运量为11 974.56万人，占山东半岛总量的21.58%，淄博、潍坊、青岛、威海、济南、日照和东营公路出境客运分别占山东半岛的比例为21.18%、16.41%、15.03%、10.29%、8.75%、4.25%和2.69%。

（二）山东半岛出境货运量现状

山东海洋经济已经形成海洋渔业、海洋运输业、船舶工业、石油化工业、滨海旅游业等一、二、三产业相互促进，产业链条不断延伸的发展格局。山东半岛海洋运输业、船舶工业主要分布在青岛、威海、烟台等地，海洋渔业与高新技术产业主要在青岛、威海、烟台、日照等地。

2015年，山东半岛铁路出境货运量为1 544.62万吨，其中济南铁路出境货运量为773.23万吨，济南、青岛、日照、淄博、烟台、潍坊、威海、东营铁出境货客运量分别占山东半岛总量的50.06%、15.96%、12.78%、9.98%、4.77%、4.11%、1.45%和0.90%。

2015年，山东半岛公路出境货运量为12 494.94万吨，淄博公路出境货运量为2 356.67

万吨,占山东半岛公路出境货运量的 18.86%,潍坊、青岛、济南、烟台、日照、东营和威海公路出境货运量占山东半岛的比例分别为 18.79%、16.95%、13.94%、13.18%、8.63%、5.09%和 4.56%。

四、东北、华北和山东半岛出境客货运量的空间格局

在东北、华北和山东半岛 2015 年出境客货运量的基础上,运用 ArcGIS 空间分析方法中自然断点分级法对东北、华北和山东半岛三区、八省市区和山东半岛以及下辖的 80 个市三个尺度出境客货运量进行空间分布分析。

(一)东北、华北和山东半岛出境客运量空间格局

1. 铁路出境客运量空间格局

从图 10-1 来看,2015 年东北、华北和山东半岛铁路出境客运量,华北地区明显大于东北地区与山东半岛地区;从八省市区和山东半岛铁路出境客运量来看,内蒙古铁路出境客运量高于其他地区,其次是河北、北京和辽宁;从 80 个市铁路出境客运量来看,北京、天津、沈阳、济南等铁路出境客运量高于其他市,铁路出境客运量 450 万人以上有 12 个城市,其中大部分城市都集中在华北地区,由于华北地区人口比较密集,铁路干线贯通全国,所以铁路出境客运量较大。

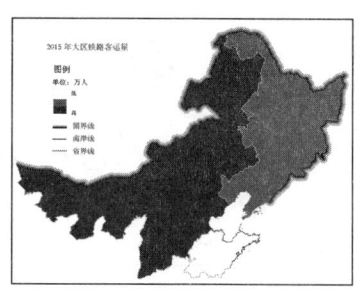

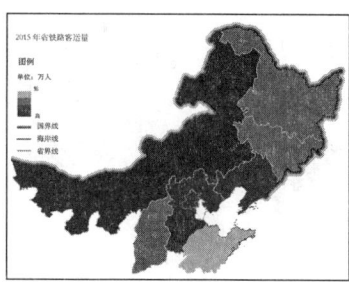

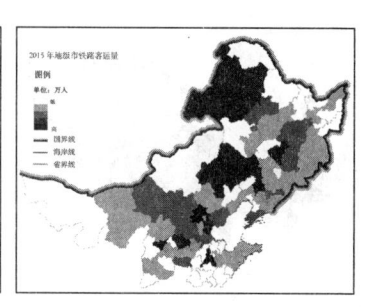

图 10-1　2015 年东北、华北和山东半岛铁路出境客运量空间格局

2. 公路出境客运量空间格局

从图 10-2 可以看出,华北地区公路出境客运量远远高于东北地区和山东半岛,东北三个省的公路出境客运量比山东半岛公路出境客运量高出不多;在省级尺度下山东半岛公路出境客运量高于其他省份,其次是辽宁和北京。在 80 个市公路出境客运量中,北京最多,其次为烟台、淄博、大连、天津等,山东半岛地级市公路出境客运

量都比较高。

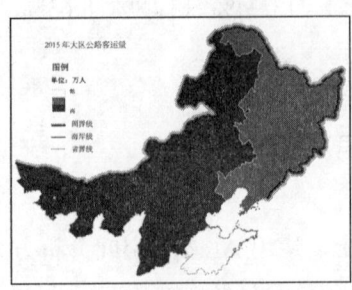

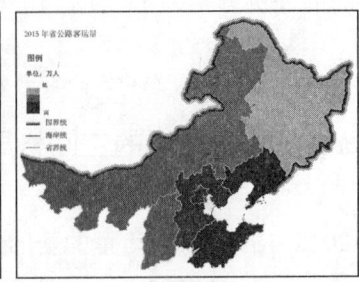

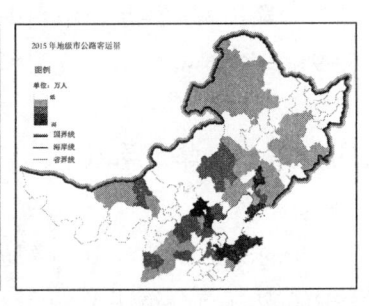

图 10-2　2015 年东北、华北和山东半岛公路出境客运量空间格局

（二）东北、华北和山东半岛出境货运量空间格局

1. 铁路出境货运量空间格局

从图 10-3 可以看出，大区铁路出境货运量中，华北地区远高于其他地区；在省级铁路出境货运量中山西和内蒙古铁路出境货运量高于其他省份，北京铁路出境货运量最低，并且呈现出由东北、华北和山东半岛西部向东部及东北部递减的趋势。在 80 个市中，铁路出境货运量最高的城市为天津，其次为大同、包头、鄂尔多斯等城市。由于山西和内蒙古煤炭及矿产资源丰富，煤炭运输需要铁路，因此铁路出境货运量较高。

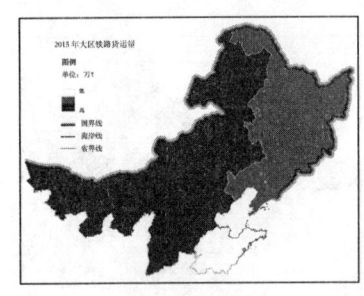

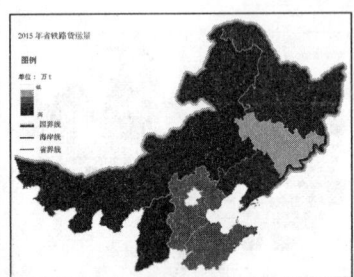

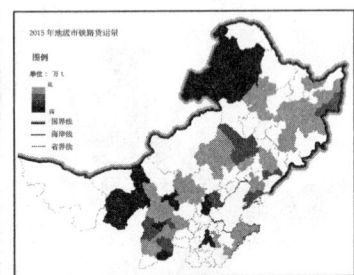

图 10-3　2015 年东北、华北和山东半岛铁路出境货运量空间格局

2. 公路出境货运量空间格局

从图 10-4 中可以看出，在大区公路出境货运量中，华北地区高于东北地区和山东半岛地区，但东北地区与华北地区相差不大。在省级出境货运量中，辽宁公路出境货运量高于其他省份，其次是山东半岛和内蒙古。在 80 个市公路出境货运量中，大连公路出境货运量最大，其次为天津、沈阳、北京等。

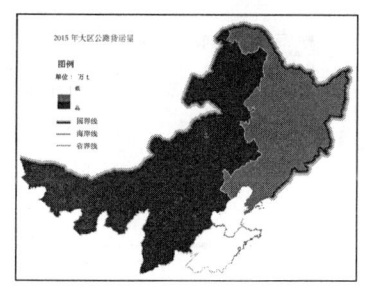

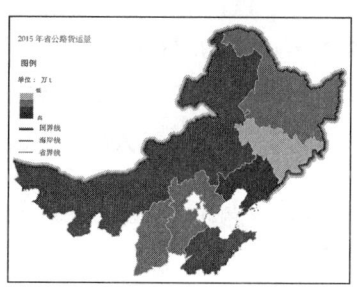

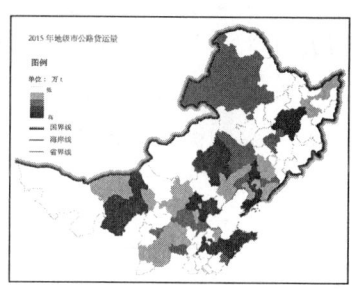

图 10-4　2015 年东北、华北和山东半岛公路出境货运量空间格局

第三节　BSCC 建设前东北、华北和山东半岛交通网络与客货运量

一、东北、华北和山东半岛铁路网络与客货运量

铁路运输作为我国重要陆路运输方式之一，一直沿用客货共线的运输方式，铁路在长途运输市场中占有主导地位，在国民经济建设中起到了重要作用。

（一）东北、华北和山东半岛铁路网络与客运量

从表 10-5 中可以看出，2015 年东北地区铁路客运量为 19 618.93 万人，铁路通车里程为 15 669.4 千米，铁路每千米客运量 1.25 万人/千米，小于全国铁路每千米客运量 2.11 万人/千米。其中辽宁铁路每千米客运量为 1.59 万人/千米，吉林铁路每千米客运量为 0.87 万人/千米，黑龙江铁路每千米客运量为 1.25 万人/千米。

表 10-5　2015 年东北地区铁路每千米客运量

	铁路客运量（万人）	铁路通车里程（km）	铁路每千米客运量（万人/km）
辽宁	8 155.90	5 129.6	1.59
吉林	3 929.36	4 520.5	0.87
黑龙江	7 533.67	6 019.3	1.25
东北地区	19 618.93	15 669.4	1.25
全国	235 704.00	111 821.1	2.11

从表 10-6 中可以看出，2015 年华北地区铁路客运量为 29 337.26 万人，铁路通车里程为 23 553.2 千米，铁路每千米客运量 1.25 万人/千米，小于全国铁路每千米客运量 2.11

万人/千米。其中北京铁路每千米客运量为 11.41 万人/千米,天津铁路每千米客运量为 2.17 万人/千米,河北铁路每千米客运量为 1.00 万人/千米,山西铁路每千米客运量为 0.94 万人/千米,内蒙古铁路每千米客运量为 0.34 万人/千米(表 10-6)。

表 10-6　2015 年华北地区铁路每千米客运量

	铁路客运量(万人)	铁路通车里程(km)	铁路每千米客运量(万人/km)
北京	12 821.00	1 124	11.41
天津	2 107.62	970.9	2.17
河北	6 274.93	6 252.8	1.00
山西	4 657.13	4 979.5	0.94
内蒙古	3 476.58	10 226.0	0.34
华北地区	29 337.26	23 553.2	1.25
全国	235 704.00	111 821.1	2.11

从表 10-7 中可以看出,2015 年山东半岛地区铁路客运量为 9 371.94 万人,铁路通车里程为 111 821.1 千米,铁路每千米客运量 5.47 万人/千米,大于全国铁路每千米客运量 2.11 万人/千米。其中济南铁路每千米客运量为 24.22 万人/千米,青岛铁路每千米客运量为 5.26 万人/千米,东营铁路每千米客运量为 3.73 万人/千米,威海、烟台、淄博、潍坊和日照铁路每千米客运量分别为 2.94、2.51、2.35、1.90、1.23 万人/千米。

表 10-7　2015 年山东半岛铁路每千米客运量

	铁路客运量(万人)	铁路通车里程(km)	铁路每千米客运量(万人/km)
济南	5 193.20	214.4	24.22
青岛	1 489.79	283.0	5.26
淄博	744.89	317.0	2.35
东营	78.27	21.0	3.73
烟台	666.09	265.0	2.51
潍坊	669.32	353.0	1.90
威海	358.95	122.0	2.94
日照	171.43	139.0	1.23
山东半岛	9 371.94	1 714.4	5.47
全国	235 704.00	111 821.1	2.11

（二）东北、华北和山东半岛铁路网络与货运量

从表 10-8 中可以看出，2015 年东北地区铁路货运量为 42 690.81 万吨，铁路通车里程为 15 669.4 千米，铁路每千米货运量 2.72 万吨/千米，小于全国铁路每千米货运量 3.41 万吨/千米。其中辽宁铁路每千米货运量为 3.67 万吨/千米，吉林铁路每千米货运量为 1.56 万吨/千米，黑龙江铁路每千米货运量为 2.79 万吨/千米。

表 10-8　2015 年东北地区铁路每千米货运量

	铁路货运量（万 t）	铁路通车里程（km）	铁路每千米货运量（万 t/km）
辽宁	18 833.72	5 129.6	3.67
吉林	7 061.41	4 520.5	1.56
黑龙江	16 795.68	6 019.3	2.79
东北地区	42 690.81	15 669.4	2.72
全国	381 334.00	111 821.1	3.41

从表 10-9 中可以看出，2015 年华北地区铁路货运量为 152 784.9 万吨，铁路通车里程为 23 553.2 千米，铁路每千米货运量 6.49 万吨/千米，大于全国铁路每千米货运量 3.41 万吨/千米。其中北京铁路每千米货运量为 0.89 万吨/千米，天津铁路每千米货运量为 10.48 万吨/千米，河北铁路每千米货运量为 3.20 万吨/千米，山西铁路每千米货运量为 15.50 万吨/千米，内蒙古铁路每千米货运量为 4.34 万吨/千米。

表 10-9　2015 年华北地区铁路每千米货运量

	铁路货运量（万 t）	铁路通车里程（km）	铁路每千米货运量（万 t/km）
北京	1 004.00	1 124	0.89
天津	10 170.20	970.9	10.48
河北	20 016.87	6 252.8	3.20
山西	77 185.78	4 979.5	15.50
内蒙古	44 408.08	10 226	4.34
华北地区	152 784.90	23 553.2	6.49
全国	381 334.00	111 821.1	3.41

从表 10-10 中可以看出，2015 年山东半岛地区铁路货运量为 12 400.16 万吨，铁路通车里程为 1 714.43 千米，铁路每千米货运量 7.23 万吨/千米，高于全国铁路每千米货运量 3.41 万吨/千米。其中济南铁路每千米货运量为 28.95 万吨/千米，日照铁路每千米货运量

为 11.40 万吨/千米，青岛铁路每千米货运量为 6.99 万吨/千米，东营、淄博、烟台、威海和潍坊铁路每千米货运量分别为 5.29、3.90、2.23、1.47、1.44 万吨/千米。

表 10-10　2015 年山东半岛铁路每千米货运量

	铁路货运量（万 t）	铁路通车里程（km）	铁路每千米货运量（万 t/km）
济南	6 207.48	214.43.00	28.95
青岛	1 979.06	283.00	6.99
淄博	1 237.02	317.00	3.90
东营	111.05	21.00	5.29
烟台	591.05	265.00	2.23
潍坊	509.61	353.00	1.44
威海	179.91	122.00	1.47
日照	1 584.80	139.00	11.40
山东半岛	12 400.16	1 714.43	7.23
全国	381 334.00	111 821.10	3.41

二、东北、华北和山东半岛公路网络与客货运量

（一）东北、华北和山东半岛公路网络与客运量

从表 10-11 中可以看出，2015 年东北地区公路客运量为 136 582.99 万人，公路通车里程为 373 935 千米，公路每千米客运量 0.37 万人/千米，小于全国公路每千米客运量 0.43 万人/千米。其中辽宁公路每千米客运量为 0.55 万人/千米，吉林公路每千米客运量为 0.38 万人/千米，黑龙江公路每千米客运量为 0.22 万人/千米。

表 10-11　2015 年东北地区公路每千米客运量

	公路客运量（万人）	公路通车里程（km）	公路每千米客运量（万人/km）
辽宁	63 365.81	115 430	0.55
吉林	36 873.37	96 041	0.38
黑龙江	36 343.81	162 464	0.22
东北地区	136 582.99	373 935	0.37
全国	1 908 198.00	4 463 913	0.43

从表 10-12 中可以看出，2015 年华北地区公路客运量 177 891.67 万人，公路通车里程为 529 762 千米，公路每千米客运量 0.34 万人/千米，小于全国公路每千米客运量 0.43 万人/千米。其中北京公路每千米客运量为 2.28 万人/千米，天津市公路每千米客运量为 0.87 万人/千米，河北公路每千米客运量为 0.37 万人/千米，山西公路每千米客运量为 0.21 万人/千米，内蒙古公路每千米客运量为 0.11 万人/千米。

表 10-12　2015 年华北地区公路每千米客运量

	公路客运量（万人）	公路通车里程（km）	公路每千米客运量（万人/km）
北京	49 931.00	2 188	2.28
天津	14 014.66	16 110	0.87
河北	65 912.04	179 200	0.37
山西	28 952.99	140 436	0.21
内蒙古	19 080.98	172 167	0.11
华北地区	177 891.67	529 762	0.34
全国	1 908 198.00	4 463 913	0.43

从表 10-13 中可以看出，2015 年山东半岛地区公路客运量为 24 008 万人，公路通车里程为 110 184 千米，公路每千米客运量 0.22 万人/千米，小于全国公路每千米客运量 0.43 万人/千米。其中威海公路每千米客运量为 0.35 万人/千米，日照公路每千米客运量为 0.28 万人/千米，青岛公路每千米客运量为 0.27 万人/千米，烟台、济南、潍坊、东营和淄博公路每千米客运量分别为 0.26、0.24、0.22、0.06、0.05 万人/千米。

表 10-13　2015 年山东半岛公路每千米客运量

	公路客运量（万人）	公路通车里程（km）	公路每千米客运量（万人/km）
济南	3 114	13 104	0.24
青岛	4 372	16 290	0.27
淄博	564	11 214	0.05
东营	563	9 040	0.06
烟台	4 822	18 846	0.26
潍坊	5 754	26 269	0.22
威海	2 528	7 147	0.35
日照	2 291	8 271	0.28
山东半岛	24 008	110 184	0.22
全国	1 908 198	4 463 913	0.43

(二) 东北、华北和山东半岛公路网络与货运量

从表 10-14 中可以看出，2015 年东北地区公路货运量为 286 868.02 万吨，公路通车里程为 373 935 千米，公路每千米货运量 0.76 万吨/千米，大于全国公路每千米货运量 0.75 万吨/千米。其中辽宁公路每千米货运量为 1.54 万吨/千米，吉林公路每千米货运量为 0.49 万吨/千米，黑龙江公路每千米货运量为 0.38 万吨/千米。

表 10-14　2015 年东北地区公路每千米货运量

	公路货运量（万 t）	公路通车里程（km）	公路每千米货运量（万 t/km）
辽宁	177 822.74	115 430	1.54
吉林	47 241.19	96 041	0.49
黑龙江	61 804.09	162 464	0.38
东北地区	286 868.02	373 935	0.76
全国	3 332 838.00	4 463 913	0.75

从表 10-15 中可以看出，2015 年华北地区公路货运量为 468 114.9 万吨，公路通车里程为 529 798 千米，公路每千米货运量 0.88 万吨/千米，高于全国公路每千米货运量 0.75 万吨/千米。其中北京公路每千米货运量为 0.87 万吨/千米，天津公路每千米货运量为 1.96 万吨/千米，河北公路每千米货运量为 1.04 万吨/千米，山西公路每千米货运量为 0.74 万吨/千米，内蒙古自治区公路每千米货运量为 0.73 万吨/千米。

表 10-15　2015 年华北地区公路每千米货运量

	公路货运量（万 t）	公路通车里程（km）	公路每千米货运量（万 t/km）
北京	19 044.00	21 885	0.87
天津	31 604.93	16 110	1.96
河北	186 738.98	179 200	1.04
山西	104 318.91	140 436	0.74
内蒙古	126 408.08	172 167	0.73
华北地区	468 114.90	529 798	0.88
全国	3 332 838.00	4 463 913	0.75

从表 10-16 中可以看出，2015 年山东半岛地区公路货运量为 109 402 万吨，公路通车里程为 110 184 千米，公路每千米货运量 0.99 万吨/千米，高于全国公路每千米货运量 0.75 万吨/千米。其中济南公路每千米货运量为 1.48 万吨/千米，淄博公路每千米货运量

为 1.39 万吨/千米，青岛公路每千米货运量为 1.16 万吨/千米，威海、烟台、日照、潍坊和东营公路每千米货运量分别为 0.89、0.85、0.84、0.82、0.52 万吨/千米。

表 10-16　2015 年山东半岛公路每千米货运量

	公路货运量（万 t）	公路通车里程（km）	公路每千米货运量（万 t/km）
济南	19 359	13 104	1.48
青岛	18 900	16 290	1.16
淄博	15 587	11 214	1.39
东营	4 660	9 040	0.52
烟台	15 990	18 846	0.85
潍坊	21 631	26 269	0.82
威海	6 333	7 147	0.89
日照	6 942	8 274	0.84
山东半岛	109 402	110 184	0.99
全国	3 332 838	4 463 913	0.75

第四节　BSCC 建成后对东北、华北和山东半岛客货运量的影响

一、BSCC 建设的时间评估

根据国家发展改革委牵头的"渤海海峡跨海通道战略规划研究项目组"及中国工程院 BSCC 战略规划研究项目组《渤海海峡跨海通道战略规划研究报告》（2012、2014）等前期研究成果，从交通需求、工程技术、社会效应等多方面综合考量，初步预测 2020 年环渤海既有的运输供需基本平衡，2025 年后 BSCC 基础设施规划设计能力缺口逐渐加大，轮渡能力增幅有限，因此，若通道的开工建设时机选择 2025 年，按照工期 15 年进行计算，到 2040 年建成。本研究按照此设想，以 1990~2014 年数据为基准，选取 2020、2025、2030、2035、2040、2045、2050 年七个时间点的数据对客货运量进行测算。

二、BSCC 建设对东北、华北和山东半岛交通可达性的影响

BSCC 建设的交通可达性对比研究，首先需要建立区域综合交通运输网络数据库，并以此为基础，根据式 10-1，在 ArcGIS 平台中通过成本距离算法对研究区 BSCC 建设前后的交通通达性进行分析。本章根据已有的研究成果，针对各类出行方式和运输方式的时间成本差异，对各类空间出行方式的出行时间成本进行设定（表 10-17）。

表 10-17 主要出行方式的时间成本设定

出行方式	陆地	水域	公路				铁路		轮渡	BSCC
			高速	国道	省道	其他	高速	普通		
v(km/h)	5	1	120	80	60	60	200	90	35	100
t_c(min)	12	60	0.5	0.75	1	1	0.3	0.67	1.71	0.6

为保障出行方式的最优化，即"经济人"原理，利用镶嵌工具对各图层进行镶嵌处理，栅格计算过程中选择镶嵌方式为"Minimum"，这样就能保障出行方式的最优化，最终生成通道建设前和建设后的两个时间成本栅格（图 10-5）。

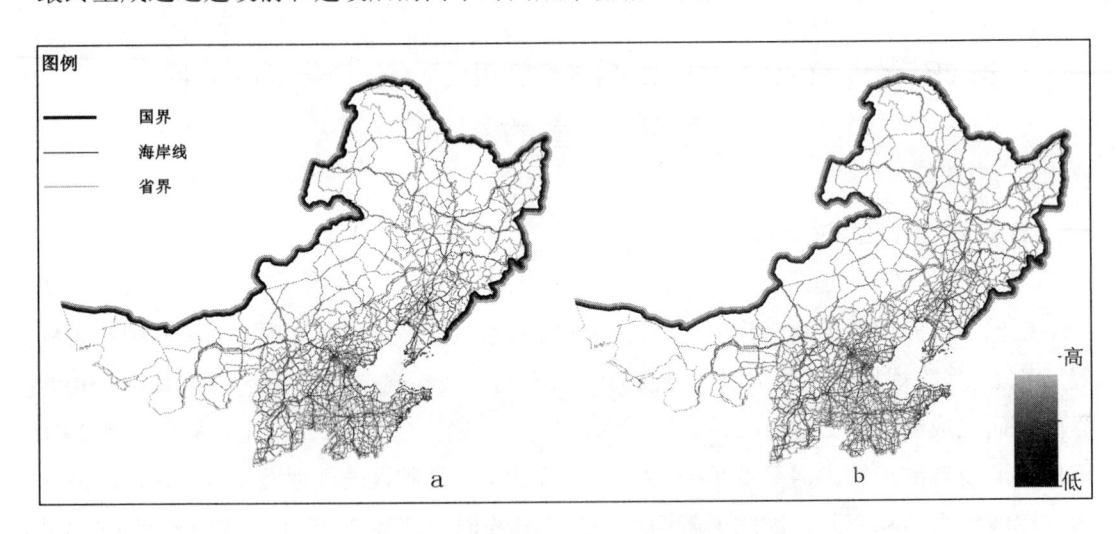

图 10-5 研究区 BSCC 建设前后时间成本栅格

如图 10-5，a 为 BSCC 建成前的时间成本栅格，将其命名为 cost_0，b 为 BSCC 建成后的时间成本栅格，命名为 cost_1，图中颜色越深，其通行的时间成本越低，相反颜色越淡，其出行成本越高。在 ArcGIS 平台中，利用距离分析工具，以成本栅格图为基础，选取 BSCC 两端的烟台市和大连市为目标基点，分别进行通道建成前后东北、华北和山

东半岛区域交通可达性分析。在栅格计算器中分别用以烟台、大连为基点生成的可达性分布图进行计算,得到图10-6。

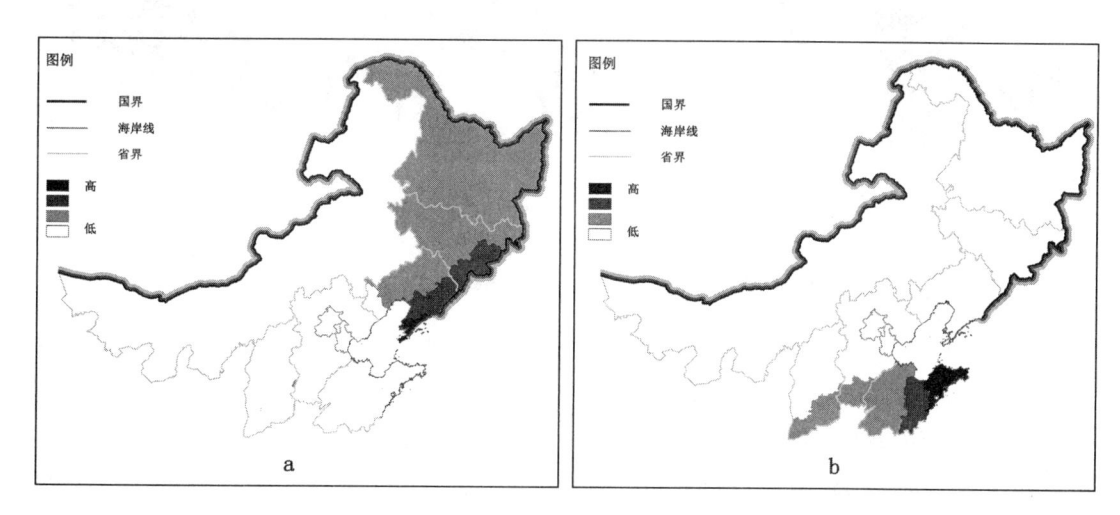

图 10-6　BSCC 建设对烟台市和大连市空间可达性影响

BSCC 建设之前,不对区域交通可达性产生影响,建成之后,对某些区域交通可达性产生明显影响。图 10-6a 为以烟台市为目标点 BSCC 建成后可达性变化区域,可以看出东北地区通达性影响最为显著区域。图 10-6b 为以大连市为目标点 BSCC 建设后影响最为显著区域在山东半岛,山东全域和河北省、山西省南部区域影响较大。

三、BSCC 建设对东北、华北和山东半岛客运量的影响

(一) BSCC 建成后对东北、华北和山东半岛铁路客运量的影响

根据式 10-2 和式 10-3,结合预测得到东北、华北和山东半岛相关区域的客运量,通过 Spatial Analyst 工具得到 BSCC 建成后 2040、2045、2050 年东北、华北和山东半岛客运量分布格局,以此分析 BSCC 建设对东北、华北和山东半岛客运量的影响。

1. BSCC 建成后对三区铁路客运量的影响

从图 10-7 可以看出,BSCC 建成后铁路客运量影响最大的为华北地区,其次为东北地区,BSCC 建成后铁路客运量影响最小的为山东半岛地区。华北地区铁路客运量三个时间点年份(2040、2045、2050)的增加量最大,三区的铁路客运量都在增长。

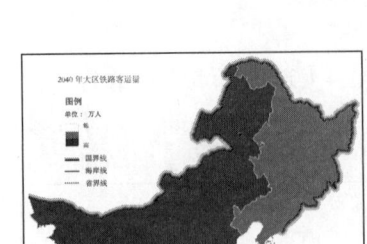

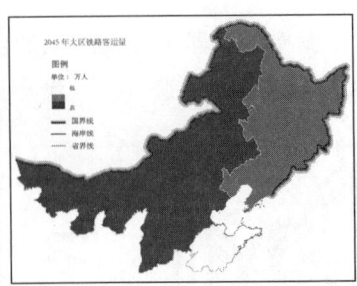

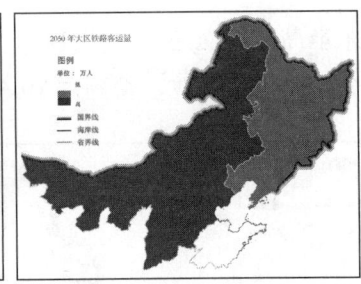

图 10-7　BSCC 建成后三区铁路客运量空间分布

2. BSCC 建成后对八省市区和山东半岛铁路客运量的影响

如图 10-8 所示，2040 年铁路客运量影响最大的为北京，其次为辽宁、内蒙古、吉林和山东半岛等；2045 年 BSCC 建设影响最大的为北京，其次为辽宁、内蒙古、吉林和山东半岛；2050 年 BSCC 建成后铁路客运量影响最大的是北京，其次为辽宁、吉林、内蒙古和山东半岛，2050 年黑龙江铁路客运量超过内蒙古。

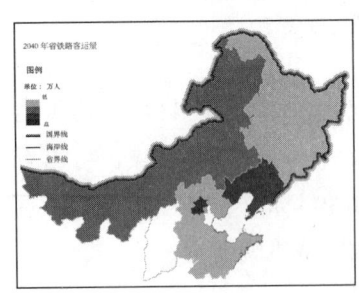

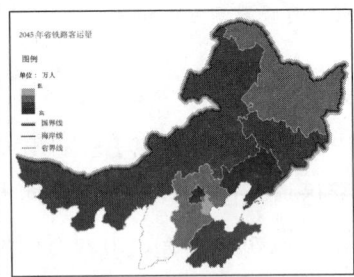

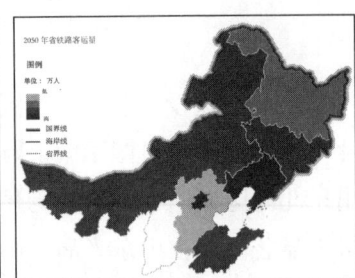

图 10-8　BSCC 建成后八省市区和山东半岛铁路客运量空间分布

（二）BSCC 建成后对东北、华北和山东半岛公路客运量的影响

1. BSCC 建成后对三区公路客运量的影响

从图 10-9 中可以看出，BSCC 建成后公路客运量影响最大的区域为华北地区，其次为东北地区，公路客运量每年在小幅度下降；山东半岛公路客运量每年都在增加，2050

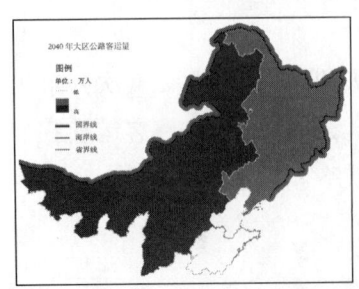

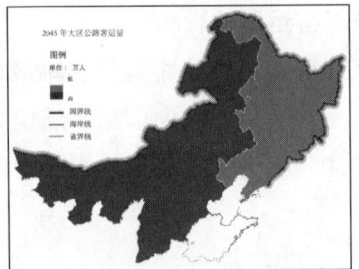

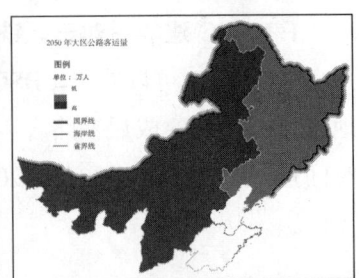

图 10-9　BSCC 建成后三区公路客运量空间分布

年比 2045 年有较大的增加。2040、2045 和 2050 年公路客运量空间分布格局基本不变，华北地区公路客运量影响最大，其次为东北地区及山东半岛。

2. BSCC 建成后对八省市区和山东半岛公路客运量的影响

从图 10-10 可以看出，BSCC 建成后对公路客运量影响最大的是山东半岛，其次为北京、辽宁和河北，2040、2045 和 2050 年 BSCC 对八省市区和山东半岛公路客运量空间分布格局的影响基本不变。同时可以看出，2045 年河北公路客运量增加最大，其次为北京、天津、山西和山东半岛，2050 年公路客运量增加最大的为山东半岛地区，其次为北京、山西和黑龙江。

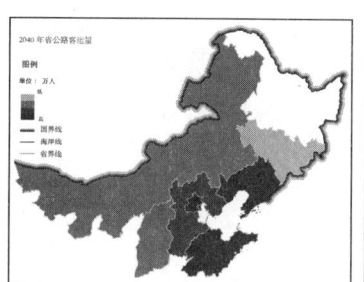

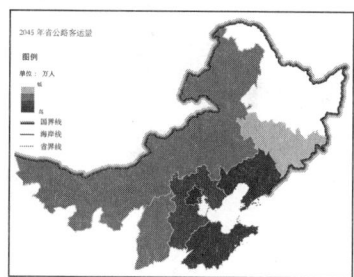

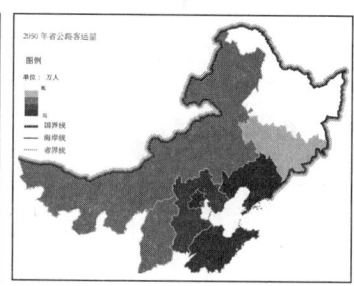

图 10-10　BSCC 建成后八省市区和山东半岛公路客运量空间分布

四、BSCC 建设对东北、华北和山东半岛货运量的影响

（一）BSCC 建成后对东北、华北和山东半岛铁路货运量的影响

1. BSCC 建成后对三区铁路货运量的影响

从图 10-11 可以看出，BSCC 建成后铁路货运量影响最大的是华北地区，其次为东北地区和山东半岛，三区的铁路货运量都是在逐年下降，其中华北地区下降最大。2040、2045 和 2050 年铁路货运量空间分布格局基本不变。

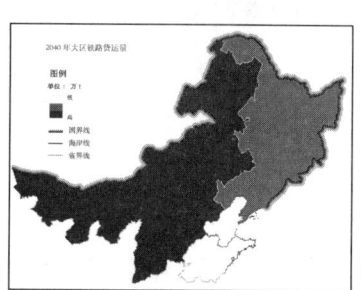

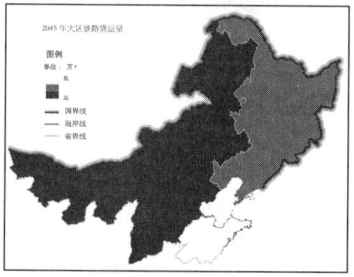

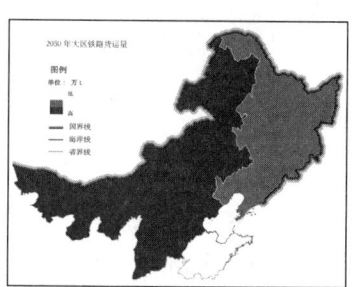

图 10-11　BSCC 建成后三区铁路货运量空间分布

2. BSCC 建成后对八省市区和山东半岛铁路货运量的影响

从图 10-12 来看，BSCC 建成后对八省市区和山东半岛铁路货运量影响最大的是山西，其次为内蒙古、山东半岛地区、黑龙江、天津等。由于山西和内蒙古矿产资源较丰富，铁路运输需求量相对较大，因此铁路货运量除了受通道建设影响外，还有其本身经济发展的影响。八省市区和山东半岛铁路货运量逐年下降，山西和内蒙古下降最大，随着经济社会的发展，矿产资源越来越匮乏，因此铁路货运量将会下降。

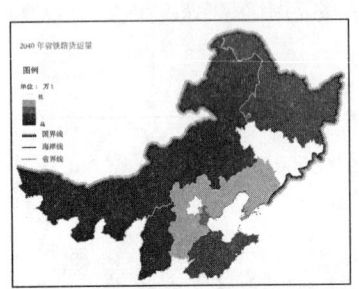

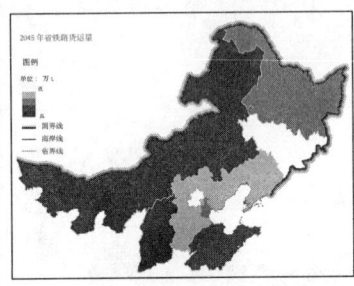

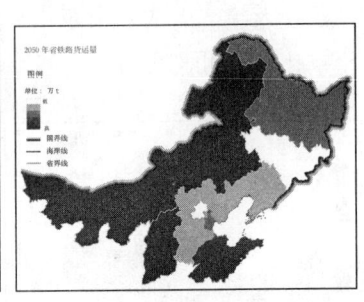

图 10-12 　BSCC 建成后八省市区和山东半岛铁路货运量空间分布

（二）BSCC 建成后对东北、华北和山东半岛公路货运量的影响

1. BSCC 建成后对三区公路货运量的影响

从图 10-13 中可以看出，公路货运量受通道建设影响最大的为华北地区，其次为东北地区和山东半岛，且公路货运量都在逐年下降。山东半岛下降较慢，其他两个地区下降幅度较大，且八省市区和山东半岛公路货运量空间分布格局基本不变。

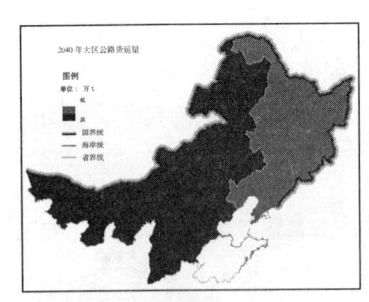

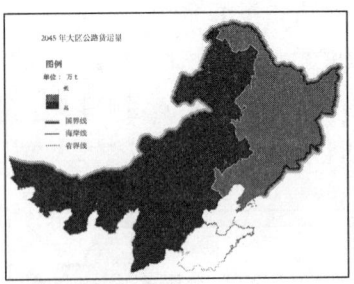

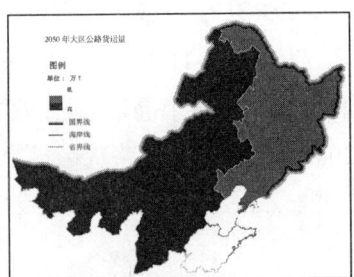

图 10-13 　BSCC 建成后三区公路货运量空间分布

2. BSCC 建成后对八省市区和山东半岛公路货运量的影响

从图 10-14 中可以看出，通道建成后对八省市区和山东半岛公路货运量影响最大的是山东半岛，其次是辽宁、内蒙古、河北和黑龙江等。八省市区和山东半岛公路货运量随时间推移都在下降，其中下降幅度最大的为内蒙古，其次为辽宁。

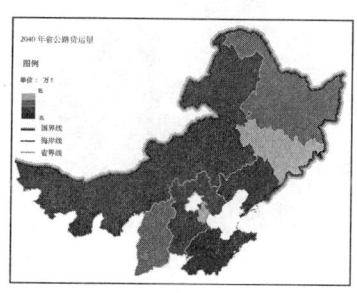

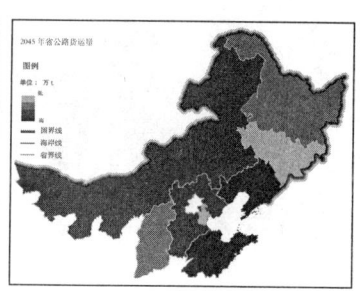

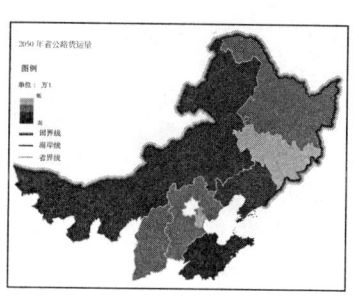

图 10-14　BSCC 建成后八省市区和山东半岛公路货运量空间分布

第五节　BSCC 建设前后东北、华北和山东半岛客货运量对比

利用上述空间分析方法计算得到东北、华北和山东半岛客货运量空间分布格局,并预测得到各个时间节点客货运量的数据,选择 2015、2035 与 2045 年进行客货运量分析。

一、BSCC 建成前后三区客货运量对比

(一) BSCC 建成前后三区铁路客运量对比

从图 10-15 来看,2015、2035 和 2045 年三区铁路客运量空间分布格局没有太大变化,都是华北地区最大,其次为东北地区与山东半岛。

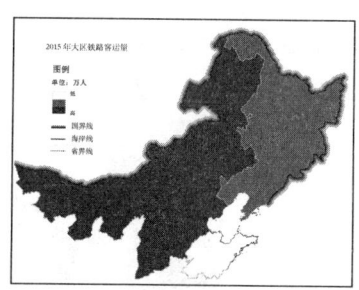

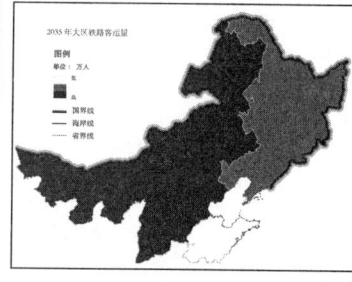

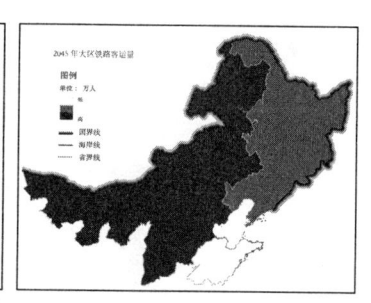

图 10-15　BSCC 建成前后三区铁路客运量空间分布

(二) BSCC 建成前后三区公路客运量对比

从图 10-16 可以看出,2015、2035 和 2045 年公路客运量最大的地区均为华北地区,其次为东北地区和山东半岛,公路客运量空间分布格局基本不变。

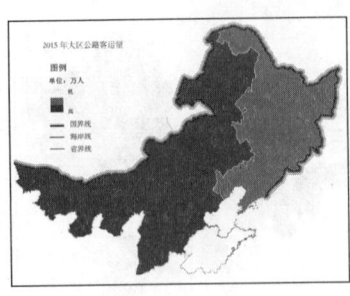

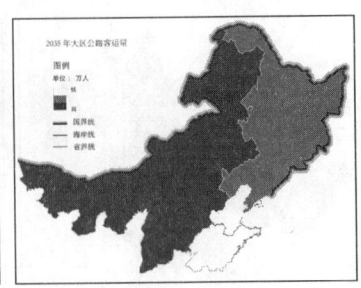

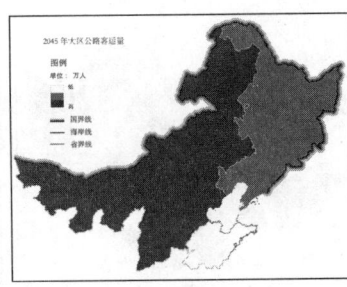

图 10-16　BSCC 建成前后三区公路客运量空间分布

（三）BSCC 建成前后三区铁路货运量对比

从图 10-17 中可以看出，2015、2035 和 2045 年三区铁路货运量最大的为华北地区，其次为东北地区和山东半岛，这三个时间点年份铁路货运量空间分布格局基本变化不大。

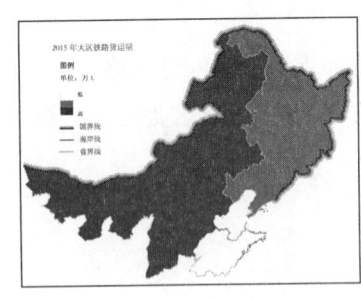

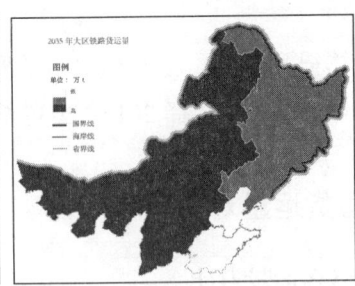

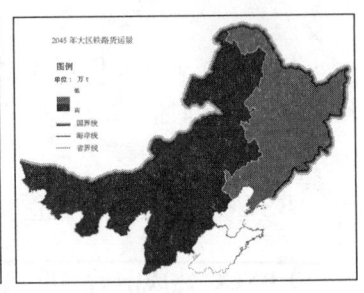

图 10-17　BSCC 建成前后三区铁路货运量空间分布

（四）BSCC 建成前后三区公路货运量对比

从图 10-18 中可以看出，2015、2035 和 2045 年三区公路货运量最大的为华北地区，其次为东北地区和山东半岛，这三个时间点年份公路货运量空间分布格局基本一致。

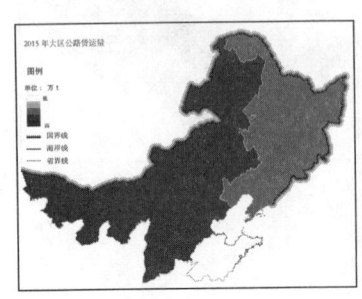

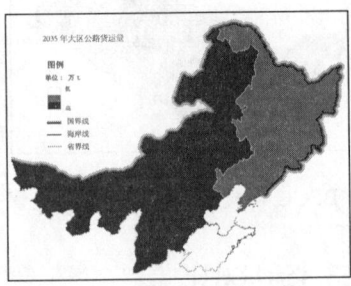

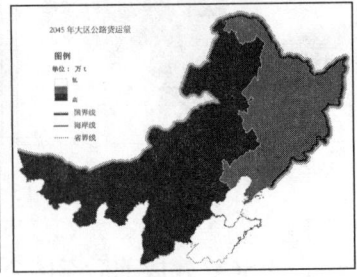

图 10-18　BSCC 建成前后三区公路货运量空间分布

二、BSCC 建成前后八省市区和山东半岛客货运量对比

（一）BSCC 建成前后八省市区和山东半岛铁路客运量对比

从图 10-19 可以看出，2015 年铁路客运量中最大的为内蒙古，其次为河北、北京和辽宁；2035 年铁路客运量中最大的为北京，其次为辽宁、内蒙古、河北等；2045 年铁路客运量最大的为北京，其次为辽宁、内蒙古、吉林等。2015 年与 2045 年对比可以看出，铁路客运量中最大由内蒙古变为北京，而 2035 年与 2045 年铁路客运量分布基本不变。

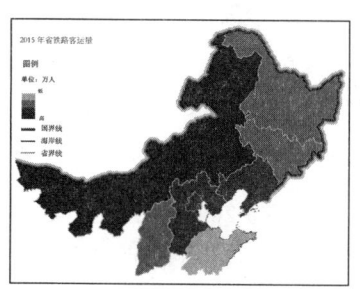

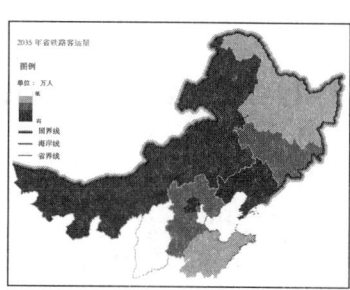

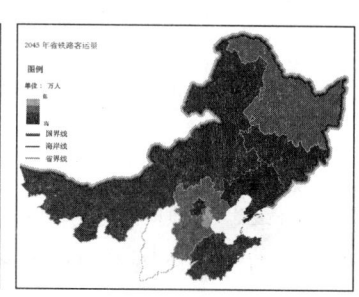

图 10-19　BSCC 建成前后八省市区和山东半岛铁路客运量空间分布

（二）BSCC 建成前后八省市区和山东半岛公路客运量对比

从图 10-20 中可以看出，2015 年公路客运量中最大的为山东半岛地区，其次为辽宁、北京、河北；2035 年公路客运量最大的为山东半岛地区，其次为北京、辽宁、河北等；2045 年公路客运量最大的为山东半岛地区，其次为北京、吉林、河北等。

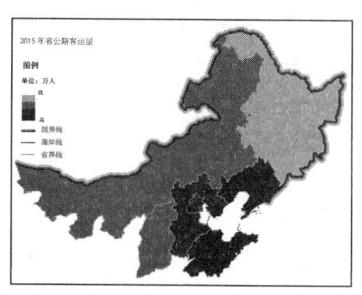

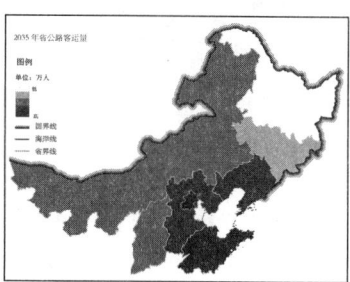

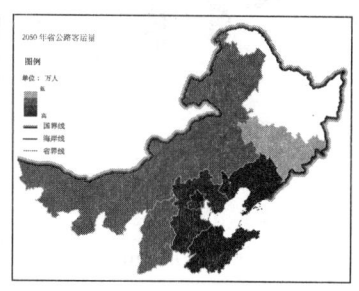

图 10-20　BSCC 建成前后八省市区和山东半岛公路客运量空间分布

（三）BSCC 建成前后八省市区和山东半岛铁路货运量对比

从图 10-21 中可以看出，2015 年铁路货运量中最大的为山西，其次为内蒙古、黑龙江、辽宁等；2035 年铁路货运量最大的为山西，其次为内蒙古、山东半岛、黑龙江等；

2045年铁路货运量最大的为山西，其次为内蒙古、山东半岛地区、黑龙江等。

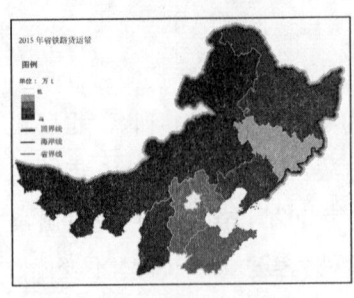

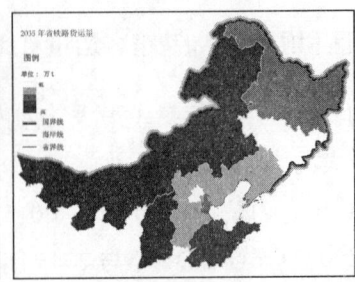

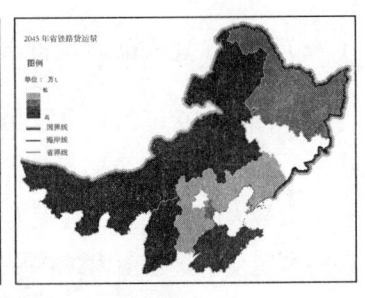

图 10-21　BSCC 建成前后八省市区和山东半岛铁路货运量空间分布

（四）BSCC 建成前后八省市区和山东半岛公路货运量对比

从图 10-22 来看，2015 年、2035 年和 2045 年三年公路货运量中最大的为辽宁，其次为山东半岛地区、内蒙古、河北等，2015 年和 2045 年、2035 年与 2045 年公路货运量空间分布对比可以看出，八省市区和山东半岛公路货运量空间分布格局基本不变。从 2015 年与 2045 年、2035 年与 2045 年对比可以看出，公路货运量增幅最大的为山东半岛，其次为辽宁、内蒙古、河北等。

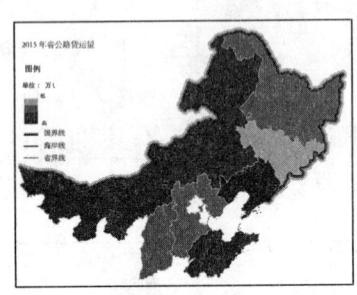

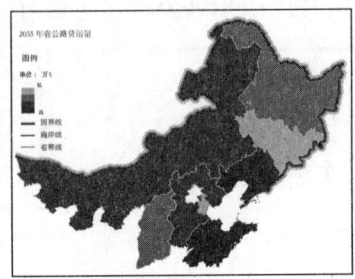

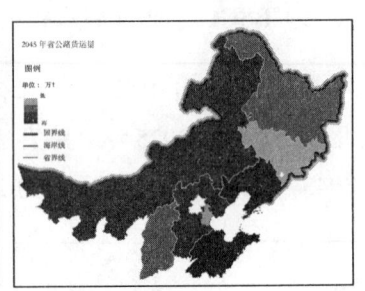

图 10-22　BSCC 建成前后八省市区和山东半岛公路货运量空间分布

参 考 文 献

[1] Banar, M, Özdemir, A. An evaluation of railway passenger transport in Turkey using life cycle assessment and life cycle cost methods[J]. Transportation Research Part D: Transport & Environment, 2015, 41: 88-105.

[2] Yang, Y., Yu, C. Prediction models based on multivariate statistical methods and their applications for predicting railway freight volume[J]. Neurocomputing, 2015, 158(C): 210-215.

[3] Wei, Y., Chen, M. C. Forecasting the short-term metro passenger flow with empirical mode decomposition and neural networks[J]. Transportation Research Part C: Emerging Technologies, 2012, 21(1): 148-162.

[4] W. Zhu, Foresting railway freight volume based on improved BP neural network model[J]. Journal of Shijiazhuang Tiedao Vniversitg (Naturo Science Edition), 2014, 27(2): 79-82.

[5] Tsai, T. H., Lee, C. K., Wei, C. H. Neural network based temporal feature models for short-term railway passenger demand forecasting[J]. Expert Systems with Applications, 2009.

[6] Park, B., Messer. C. J. Thomas Urbana Ⅱ. Short-Term Freeway Traffic Volume Forecasting Using Radial Basis Function Neural Network[J]. Transportation Research Record Journal of the Transportation Research Board, 1998, 1651(1): 39-47.

[7] Klodzinski, J. Al-Deek, H. M. Transferability of an intermodal freight transportation foresting model to major florida seaports[J]. Transportation Research Record, 2003, 1820: 36-45.

[8] Kirby, H. R., Watson, S. M, Dougherty M. S. Should we use neural networks or statistical models for short-term motorway traffic forecasting?[J] International Journal of Forecasting, 1997, 13(96): 43-50.

[9] 王革新, 王立强, 张静源. 面向交通运输体系构建的货运量定量预测方法研究[J]. 黑龙江科技信息, 2011, (22): 41.

[10] 李红启, 刘凯. 基于 Rough Set 理论的铁路货运量预测[J]. 铁道学报, 2004, 26(3): 1-7.

[11] 康文庆, 晏启鹏, 许世雄. 重要度联合区位市域干线公路网布局法[J]. 公路交通科技, 2006, 23(4): 99-102.

[12] 胡列格, 程立勤. 基于节点重要度交通区位布局法的城市群公路网布局研究[J]. 铁道科学与工程学报, 2008, 5(1): 87-90.

[13] 戴特奇, 金凤君, 王姣娥. 空间相互作用与城市关联网络演进——以我国 20 世纪 90 年代城际铁路客流为例[J]. 地理科学进展, 2005, 24(2): 80-89.

[14] 金凤君, 王成金, 王姣娥, 等. 新中国交通运输地理学的发展与贡献[J]. 经济地理, 2009, 29(10): 1588-1593.

[15] 王鑫磊, 刘耀彬. 基于交通运输成本的环鄱阳湖区"轴—辐"物流网络构建研究[J]. 长江流域资源与环境, 2013, 22(7): 838-845.

[16] 林晓言, 陈有孝. 基于灰色—马尔可夫链改进方法的铁路货运量预测研究[J]. 铁道学报, 2005, 27(3): 15-19.

[17] 曹旭平, 何玉宏, 陈广平. 江苏交通运输业与地区经济发展的灰色关联分析: 1999～2008[J]. 南通航运职业技术学院学报, 2010, 9(4): 1-4.

[18] Lao, X. Zhang, X. Shen, T. et al. Comparing China's city transportation and economic networks[J]. Cities, 2016, 53: 43-50.

[19] 吴威, 曹有挥, 梁双波, 等. 中国铁路客运网络可达性空间格局[J]. 地理研究, 2009, 28(5): 1389-1400.

[20] 蒋海兵, 徐建刚, 祁毅. 京沪高铁对区域中心城市陆路可达性影响[J]. 地理学报, 2010, 65(10): 1287-1298.

[21] 孟德友, 陆玉麒. 高速铁路对河南沿线城市可达性及经济联系的影响[J]. 地理科学, 2011, (5): 537-543.

[22] 邓羽, 蔡建明, 杨振山, 等. 北京城区交通时间可达性测度及其空间特征分析[J]. 地理学报, 2012, 67(2): 169-178.

[23] 徐建斌. 交通网络变化与区域经济关系演化的规律研究[D]. 鲁东大学, 2016.
[24] 王振波, 徐建刚, 孙东琪. 渤海海峡跨海通道对中国东部和东北地区交通可达性影响[J]. 上海交通大学学报, 2010, 44(6): 807-811.
[25] 胡思继. 交通运输学(精)[M]. 北京: 人民交通出版社, 2005.
[26] 杨吾扬. 交通运输地理学[J]. 北京: 商务印书馆, 1986
[27] 陈锐, 王宁宁, 赵宇, 等. 基于改进重力模型的省际流动人口的复杂网络分析[J]. 中国人口·资源与环境, 2014, 24(10): 104-113.
[28] 郑清菁, 戴特奇, 陶卓霖, 等. 重力模型参数空间差异研究——以中国城市间铁路客流为例[J]. 地理科学进展, 2014, 33(12): 1659-1665.
[29] 孙峰华, 陆大道, 柳新华, 等. 中国物流发展对渤海海峡跨海通道建设的影响[J]. 地理学报, 2010, 65(12): 1507-1521.

第十一章 对物流发展的影响

第一节 物流相关的基础理论研究

一、物流业影响因素的综述性研究

物流是物品从供应地向接收地的实体流动过程中,根据实际需要,将运输、储存、采购、装卸搬运、包装、流通加工、配送、信息处理等多种功能有机结合起来实现用户要求的过程。

关于影响物流发展的因素研究,孟操对该问题进行过系统综述并概括为七个方面[1,2]。其中,经济发展类因素包括 GDP、人均 GDP、居民收入、三次产业的产值以及工业总产值。经济发展水平对物流量的增加具有显著的促进作用。经济发展决定了地区或区域对物流的需求总量和结构。经济发展程度还影响社会对物流产业的供给[3]。

在产业结构方面,生产性企业的物流需求是物流业的重要货流来源[4],而三大产业对物流需求的结构是不同的。第一产业为主导的地区,低附加值、运量较大的物流需求占绝对优势,如主要产粮区的粮食运输。第二产业为主导的地区,除运输仓储得到充分发展以外,物流的其他环节如配送、包装等也将获得充分的发展。运输的货物将以工业原材料、半成品、制成品为主。当第三产业服务业占据地区经济主导地位时,物流产业的增加值将大大增加,服务水平也将得到进一步提高。物流运输的货物将以高附加值的终端销售商品为主。

物流基础设施的建设也将对物流业的发展产生重要影响[5]。交通运输网络的影响首当其冲。交通运输网络是否完善、合理,直接决定了物流成本的高低,甚至物流活动究竟是否能够发生。物流成本过高将导致城市与区域间的合作变得不经济,从而中断联系。当然,物流基础设施还包括仓储设施等其他配套设施的发展。

除此之外,物流的发展还有赖于物流相关人力资源的发展状况、政府政策以及技术水平[6]。

二、物流预测方法

物流量的预测就是利用历史的及现有的统计资料和市场信息，对未来物流量的发展进行科学的预测与估算。

1. 时间序列预测法

根据预测目标的历史统计数据可以推知未来发展趋势。但由于我国物流业统计制度的不完备，相关连续时间序列的直接物流数据难以获取。所以，该预测多适用于短期的预测和仅需要了解大致发展趋势的预测。

2. 回归预测法

通过对与物流量发展相关性较强的因素值的历史数据的收集，来实现对物流量的预测。主要用于历史数据较为完备的情况以及物流系统发展较为稳定的情况。

3. 非线性预测法

非线性预测方法主要包括灰色系统方法以及神经网络分析方法[7]。灰色系统理论是由邓聚龙提出的一种处理动态系统的方法[8]。神经网络分析方法则是从神经心理学和认知科学的研究成果出发，应用数学方法发展起来的一种具有高度并行计算能力、自学能力和容错能力的处理方法。神经网络研究方法并不过多纠缠于各因素与因变量之间确定的相互关系的探讨，而是将其视为一种刺激与反映的模式。通过定性或定量的方法分析确定因变量的影响因素后，即可通过系统对刺激与反映的模式进行大量的训练，从而由自变量的值预测因变量的值。尤其适用于影响因素多样且因素之间存在复杂相互作用的情形[9]。

综上，由于物流量的影响因素多种多样，且因素之间还存在着相互作用，本研究采用神经网络来进行物流量的预测。

三、区域物流格局的研究方法

现有物流格局的研究多聚焦于物流量的空间属性分布，对节点属性的空间表达与测度是主要的研究方法。随着世界城市网络研究的兴起，采用网络视角对物流联系格局进行探讨的研究逐渐多见。复杂网络，尤其是社会网络分析方法是运用较多的方法。

本研究借助社会网络分析软件（Ucinet）实现对环渤海各城市间物流联系格局研究，并运用核心—边缘结构分析、小团体分析对不同时间断面的网络进行纵向对比研究，可以直观地展现 BSCC 建设前后对于环渤海城市物流联系网络的影响。

四、空间相互作用的拟合

重力模型（也称引力模型）长久以来都是城市地理学、交通地理学、商业零售地理学等计算空间联系量、引力区范围最主要的方法[10,11]。在无法获取联系主体间实际流量的情况下，重力模型拟合是最为常用的拟合方法[12]。

重力模型是由著名地理学家塔菲（E. F. Taaffe）提出来的[13,14]。他认为两个城市或区域间的经济联系强度与它们各自的人口规模成正比，与两者之间的距离成反比。其经典公式为：

$$T_{ij} = K \frac{P_i P_j}{d_{ij}^b} \quad (i \neq j;\ i=1,2,\cdots,n;\ j=1,2,\cdots,m) \qquad 式\ 11\text{-}1$$

式 11-1 中，T_{ij} 是城市 i 与城市 j 之间的引力；n 为特定城市体系内的城市的数量；P_i 和 P_j 是两个城市的人口规模；d_{ij} 为两个城市之间的距离；b 为距离摩擦系数。

当然，该模型是建立在一系列假设的基础上的。首先，各城市的经济活动类型要彼此雷同，城市范围内的经济现象高度集中于代表城市的"点"上[14]；其次，城市间的联系方式要彼此相同；最后，在城市之间不存在其他制度障碍、文化隔阂、行政区的障碍等。

在此后的研究中，学者们从距离的修正、交通时间替代交通距离、影响联系的因素修正以及增加约束条件四个方面对该经典重力模型的公式进行了修正。如朱道才采用人口数、地区生产总值、社会消费品零售总额、进出口总额四个指标构建城市质量指标来进行综合判断[15]。

第二节　研究区物流业发展的现状与问题

一、研究范围界定

从宏观尺度来看，本研究主要涉及东北、华北和山东半岛地区。从省域尺度来看，主要涉及辽宁省、吉林省、黑龙江省、北京市、天津市、河北省、山西省、内蒙古自治区和山东省的山东半岛城市群。因此，就研究范围来看，本研究区比通常意义上的环渤海地区还要庞大，可称之为"泛环渤海地区"。

由于研究需要，本研究将研究单元设定在地级市层次，即将一个地级市作为一个城市主体。但由于数据可获性的限制,本研究将区域内的两个直辖市作为一个城市主体来看待。此外,研究区内所有的地级城市以及地区、盟、州也视为一个城市主体。

由于神经网络研究所需的长时间跨度,部分地区、州及盟的数据不符合要求,且部分数据无法查证,因此,将大兴安岭地区、延边朝鲜族自治州、阿拉善盟、锡林郭勒盟以及兴安盟剔除。

综上,本研究的基本单元包括上述九个省级行政区内的两个直辖市、七个省会城市、两个副省级计划单列市(青岛、大连)以及64个地级中(或相当于地级的州、盟),共计75个城市单元。

二、研究区物流业发展现状

研究区物流业目前属于快速增长期,区域物流市场已经初步形成并呈现开放式格局。外资物流企业大量涌入并逐步走向独资发展。

物流业的发展是以社会的巨大需求为前提的。张茜曾从社会物流需求、商品零售物流需求、进出口所引发的物流需求三个方面进行了探讨。

1. 社会物流需求

从产业来看,研究区制造业较为发达,工业规模十分庞大。钢铁、电子、石化等产业在工业总产值中的比重较高,而上述产业对于物流发展的需求最高,客观上为物流业的发展提供了先天的优势。2011年,整个环渤海地区社会货运量达到76亿吨,比2010年增加了12.3%。占全国的比重始终处于较高水平,达到20.6%。

2. 商品零售物流需求

研究区商品市场较为发达,市场潜力巨大。2011年,整个环渤海地区批发总额占全国的31.3%,零售总额达到26.2%,商品物流的发展规模占全国的1/3。

3. 进出口物流需求

研究区港口条件较好,临近日韩,外向型经济发展迅速。大批外资企业在环渤海地区遍地开花。2011年,整个环渤海地区进出口总额占全国的19.8%,其中出口总额占全国的15.76%,进口总额则占到了全国的24.4%。

三、存在的主要问题

(一)交通网络结构欠合理

本研究区的交通网络由于自然地理方面的局限,而呈现类似半月形的"C"形网络。

只有京津冀才是真正意义上的地理临近，而半月形的两端，即辽东半岛与山东半岛则分别处于渤海海峡的两端，两者之间的沟通必须绕行京津冀，从而大大降低了物流效率，提高了物流成本，为区域合作造成无形障碍。此外，由于无谓的绕行，也使原本就运力紧张的京津冀地区不堪重负，导致物流效率进一步下降。

（二）基于产业链的区域分工与合作尚不多见

从地域格局来看，研究区仍然可分为三个较为独立的部分，即京津冀都市圈、东北地区、山东半岛。基于产业内的区域合作关系并未有效建立，制造业是本区具有垄断地位的主导产业，但不同地区间产业雷同度较高，原本可以建立有效合作关系的区域之间，由于行政因素、交通因素以及其他制度性的障碍，而不能够建立合作关系。

特别是在东北三省和山东半岛之间，历史上的人口迁移，使得两地之间的人员往来较为频繁，区域合作的社会障碍较少。在产业方面，山东半岛与辽东半岛之间存在制造业合作的巨大潜力。而吉林和黑龙江也存在扩大自身的资源型产品输出范围的巨大冲动。如山东纺织业的主要资源供给地就是吉林。但是黑龙江、吉林的广大资源供给区并不分布在"哈大"发展轴的附近，而是位于长白山与大小兴安岭的腹地。上述地区对山东的产业进行资源输出时面临绕行京津、转由胶济线方能到达资源需求地的巨大物流成本考验，这给原本就附加值不高的资源型产品输出带来了巨大障碍。

（三）物流业发展的统筹规划程度不高

行政区经济普遍存在，产业的地方割据严重，地方保护主义大行其道。物流业呈现无序发展，同质竞争的状态。例如，区域的各个城市都提出"以港兴市"的战略口号，港口货运资源在一定程度上甚至出现了过剩的问题。自 2010 年起，环渤海主要港口均掀起铁矿石码头建设高潮。曹妃甸先后建设四座 25 万吨铁矿石码头，年通过能力高达 6 700 万吨；天津港也将在南疆港区建成 30 万吨兼顾 40 万吨接卸的铁矿石码头。2010 年 3 月，烟台港宣布开工建设 30 万吨级、20 万吨级矿石泊位各一个，建设工期 24 个月。即使陆上最靠近青岛港和日照港的河北黄骅港，也于 2012 年初确定将建设至少四座 20 万吨铁矿石码头。如今环渤海几乎每个亿吨大港都建有矿石专用码头。而不少港口"门可罗雀"，生存问题突出。

因此，从区域乃至国家层面，对本研究区内的物流产业等相关领域进行统一规划势在必行。

第三节 BSCC 建设对研究区物流格局的影响预测

一、研究区当前主要的物流类型判定

结合本研究的具体实际，BSCC 所影响到的物流业态主要是航空物流、公路物流和铁路物流。由于海运物流涉及的主要是远洋物流，因此研究区区域内部采用海运组织的物流运输总量并不大。而航空物流运量小，结合区域物流的实际，该类型在区域物流中的比重微乎其微，而且根据前述研究，目前环渤海区域内部各城市之间运输的内容以矿石原料、重工业产品、轻工业产品以及农产品为主，因此采取航空运输的可能性非常小。综上所述，本研究将高速公路物流运输和铁路物流运输作为研究的重点。

二、BSCC 建设对研究区铁路物流格局的影响预测

（一）影响铁路物流发展因素的确定

相比高速公路物流，铁路物流更适合进行长途运输。运费也相对较低。运输的产品也以低附加值的大宗原料型产品和农产品为主，服务的行业主要为第二产业的相关部门。因此，本研究将影响铁路物流发展的因素归结为五个方面。

1. 第二产业产值与工业总产值

第二产业的生产流程决定了其对物流量的需求非常大。原料的运输、不同生产工序与流程间的组织、产品制成品运输均是当前物流业服务的重要对象。结合环渤海城市间物流内容的实际，第二产品的原料运输是铁路物流的重要任务，第二产业产值的大小一定程度上反映对铁路物流的需求程度。

2. 农业总产值

大宗农产品运输也是传统的铁路运输内容之一。

3. 城市化水平

城市化水平反映城市基础设施建设与非农人口的规模，城市建设所需的水泥、钢材等建筑材料的运输也强烈依赖于铁路物流运输。

4. 批发零售业

批发零售业的发展规模与大宗商品的运输有直接关联。特别是附加值相对较小的商品运输主要依赖铁路运输。

(二)未来各城市铁路物流总量预测

根据上述对影响铁路物流因素的分析,首先采用所能收集到的最大连续时间序列的因素值,利用 matlab 进行回归预测分析,计算出 2020~2050 年每五年间隔的时间断面因素值。通过 matlab 进行 BP 神经网络计算,预测 2020~2050 年每五年间隔的铁路运输总量值,并通过后续的物流量指数模型所得的物流量指数计算各城市在七个时间断面的联系矩阵。

(三)城市间空间相互作用模型的修正

本研究根据前文对影响物流量因素的分析,构建物理量指数模型。前文已述,铁路物流量主要与第二产业产值、工业总产值、农业总产值、城市化水平以及批发零售业相关。由于两地间的物流量与人口因素密切相关,因此,将每个因素(人均 GDP 以及城市化水平除外)除以常住人口,得到用于计算的基础数据。

利用重力模型求得影响铁路物流发展的四个因素的物流引力,除以该城市的物流联系总量,便得到每个因素的物流指数。分别对影响铁路物流发展的物流指数取平均值,便得到 a 城市与 b 城市间的物流指数。

$$r_T = \frac{\dfrac{d_{pi}d_{pj}}{s_{ij}^b}}{\sum_{j=1}^{n}\dfrac{d_{pi}d_{pj}}{s_{ij}^b}} \qquad 式 11\text{-}2$$

式 11-2 中,r_T 为铁路物流指数;p 表示考虑人口因素;i、j 为不同的城市;s_{ij} 为 i 城市与 j 城市之间的铁路路网距离;b 为摩擦系数,取值范围一般为 0.5~3.0,根据铁路与公路运输的不同经济运距,在摩擦系数的选取方面有所差别。铁路运输方面,结合铁路运输的特点和经济运距,将城市间铁路路网距离与 b 建立七个对应关系,即 0<S≤100,b=3;100<S≤1 000,b=0.5;1 000<S≤1 500,b=1;1 500<S≤2 000,b=1.5;2 000<S≤2 500,b=2;2 500<S≤3 000,b=2.5;3 000<S,b=3。

城市之间的铁路距离的计算,需要先将中国地图数字化[①],再通过 ArcGIS 10.1 的网络分析功能来实现。建立环渤海 75 个城市主体间的铁路交通矢量网络。首先利用 ArcGIS 10.1 网络分析模块(Network Analyst),计算各城市在未修建 BSCC 时铁路网距离矩阵(A75*75);其次,修改矢量地图,将大连与烟台直接建立路网联系;最后,计算城市在 BSCC 建成时铁路路网距离矩阵(B75*75)。

---

① 《中华人民共和国地图》,成都地图出版社,2014 年 1 月,第 15 版。

（四）数据来源与处理

本研究所采用数据均来自于官方统计数据，包括研究区所涉及的七个省以及两个直辖市 1990～2012 年的统计年鉴。此外，由于部分数据不可获，本研究参照 1991～2013 年《中国城市统计年鉴》进行了数据补充。

（五）BSCC 建设对铁路物流的影响范围测定

通过 ArcGIS 的网络距离测量模块，分别将研究区现有城市之间的铁路路网距离矩阵和公路路网距离矩阵，与 BSCC 建成之后各城市间的铁路路网距离矩阵和公路路网距离矩阵进行矩阵减法运算，得到 BSCC 建设所影响到的城市联系。

由图 11-1 可知，BSCC 建成后烟台、威海、青岛、潍坊、日照等位于胶东半岛的城市其对外联系距离成本大大下降。大连、营口、鞍山、辽阳、沈阳、铁岭等哈大发展轴沿线的城市也有较大影响。其中，辽东半岛各城市受到的影响相对更为显著。北京、天津、保定、张家口、廊坊、呼和浩特、包头、乌海、乌兰察布、巴彦淖尔、大同、朔州的对外联系则不受到 BSCC 的影响。

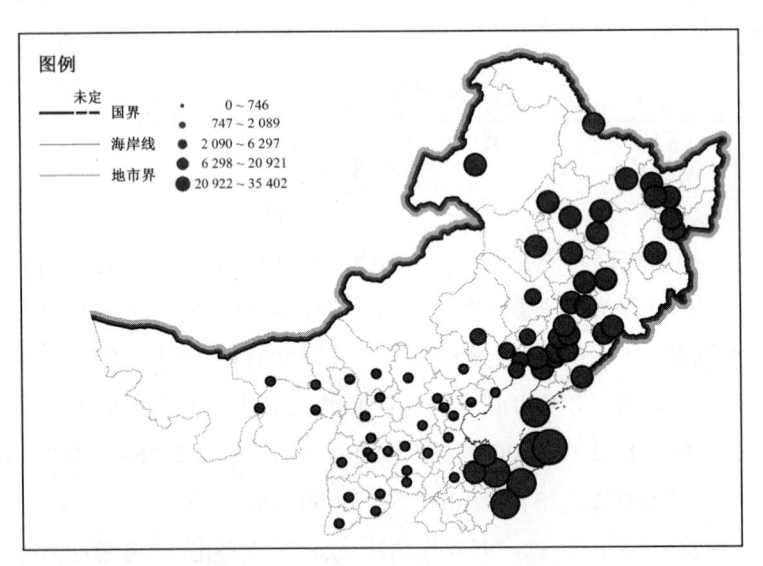

图 11-1 BSCC 建设所导致的各城市铁路联系距离缩减程度

（六）BSCC 未建与已建情况下区域铁路物流分布及增长状况

1. 区域铁路物流分布状况

（1）未建情况下

通过引力模型及路网距离，测算研究区内各城市基于铁路物流的联系数据。分别对各城市接收物流量和发出物流量进行统计并求和，对 2020~2050 年的统计量求均值，得到在 BSCC 未修建的情况下 2020~2050 年区域中主要的物流源发地和物流集散地（表 11-1）。结果显示：2020 年区域中主要的铁路物流发出地集中于山西、内蒙古等资源富集度比较高的城市，以及区域内主要的制造业中心，如天津、青岛、济南等城市，而接收物流量比较大的城市在东部的发达地区，主要分布在环渤海湾附近。因此，主要的铁路物流的基本流向是自西向东的，这与区域现状基本类似。

表 11-1 BSCC 未建情况下 2020~2050 年研究区主要的物流源发地和物流集散地（万 t）

排序	城市	发出量均值	排序	城市	接收量均值	排序	城市	总量均值
1	鄂尔多斯	47 330.57	1	乌兰察布	15 369.88	1	鄂尔多斯	59 634.66
2	朔州	44 737.86	2	天津	15 335.27	2	朔州	52 863.99
3	包头	23 503.00	3	呼和浩特	14 068.35	3	包头	32 545.50
4	通辽	22 148.00	4	鄂尔多斯	12 304.09	4	济南	31 787.93
5	济南	21 540.86	5	东营	11 564.45	5	通辽	25 347.17
6	青岛	11 912.00	6	北京	11 166.71	6	天津	24 656.13
7	大同	11 154.29	7	乌海	11 136.91	7	青岛	16 192.64
8	吕梁	10 575.71	8	济南	10 247.07	8	呼和浩特	16 156.28
9	呼伦贝尔	9 930.00	9	唐山	10 054.18	9	乌兰察布	15 868.60
10	天津	9 320.86	10	盘锦	9 351.77	10	唐山	15 790.21
11	忻州	8 713.11	11	巴彦淖尔	9 324.11	11	大同	15 117.06
12	鞍山	7 940.57	12	阳泉	9 200.98	12	乌海	14 850.98
13	晋中	7 766.56	13	包头	9 042.50	13	吕梁	14 558.99
14	日照	7 616.56	14	淄博	8 345.49	14	阳泉	14 220.79
15	太原	7 328.56	15	朔州	8 126.13	15	晋中	13 630.19
16	晋城	6 713.87	16	秦皇岛	7 320.52	16	太原	13 366.02
17	唐山	5 736.03	17	廊坊	6 492.23	17	东营	13 103.92
18	烟台	5 107.99	18	大庆	6 125.00	18	忻州	12 863.59
19	阳泉	5 019.81	19	太原	6 037.46	19	晋城	12 563.80
20	本溪	4 694.64	20	晋中	5 863.63	20	北京	12 262.36

注：由于篇幅有限，排名 20 位以后的省略未显示。

（2）已建情况下

通过引力模型及 BSCC 建成后的路网距离矩阵，测算研究区内各城市基于铁路物流的联系数据。分别对各城市接收物流量和发出物流量进行统计并求和，对 2035~2050 年的统计量求均值，得到在 BSCC 已修建情况下 2035~2050 年区域中主要的物流源发地和物流集散地（表11-2）。通过与未建情况进行对比发现：①从物流输出量来看，鞍山、本溪由于 BSCC 的建设而跻身区域前 20 名；②从物流接收量来看，大连、沈阳均跻身区域前 20 名；③从物流总量来看，鞍山跻身前 20 名。可见，BSCC 的建设使辽宁省，特别是大连—沈阳轴带附近的城市物流量大大增加。

表 11-2　BSCC 建成情况下 2035～2050 年研究区主要的物流源发地和物流集散地（万 t）

排序	城市	发出量均值	排序	城市	接收量均值	排序	城市	总量均值
1	鄂尔多斯	66 113.50	1	乌兰察布	21 429.32	1	鄂尔多斯	79 484.51
2	朔州	50 165.00	2	天津	17 238.55	2	朔州	59 718.73
3	通辽	31 723.25	3	呼和浩特	16 826.74	3	包头	39 414.00
4	包头	29 577.50	4	鄂尔多斯	13 371.01	4	济南	38 407.88
5	济南	27 021.75	5	乌海	13 271.54	5	通辽	35 265.99
6	青岛	14 767.75	6	东营	12 748.57	6	天津	27 732.80
7	吕梁	13 135.75	7	北京	12 444.46	7	乌兰察布	21 987.83
8	大同	11 052.00	8	巴彦淖尔	11 920.36	8	青岛	19 943.68
9	天津	10 494.25	9	盘锦	11 842.64	9	呼和浩特	19 420.19
10	呼伦贝尔	10 280.50	10	唐山	11 416.44	10	唐山	18 179.24
11	鞍山	9 790.50	11	济南	11 386.13	11	吕梁	18 034.51
12	忻州	9 214.33	12	阳泉	10 185.53	12	乌海	17 542.31
13	晋中	8 860.28	13	包头	9 836.50	13	大同	15 807.47
14	太原	7 625.08	14	朔州	9 553.73	14	阳泉	15 719.73
15	日照	7 403.58	15	淄博	9 427.10	15	晋中	15 524.88
16	晋城	7 144.08	16	秦皇岛	8 600.28	16	鞍山	14 798.33
17	唐山	6 762.80	17	大连	7 550.52	17	东营	14 643.57
18	烟台	6 304.80	18	廊坊	7 317.71	18	太原	14 398.86
19	本溪	5 922.50	19	沈阳	7 122.39	19	忻州	14 213.92
20	长春	5 782.68	20	太原	6 773.79	20	晋城	13 798.60

注：由于篇幅有限，排名 20 位以后的省略未显示。

2. 区域物流量增长状况

首先，从物流总量来看，物流输出量、输入量以及总量的最大值分别比 BSCC 未建设的情况增长了 39.68%、39.42%、33.29%。

其次，通过对各城市 2020 年（未建）与 2050 年（已建）两个时间断面的物流量增长率进行统计，得到表 11-3。由表可知，从输出物流增长率来看，潍坊、牡丹江、长春、丹东、伊春、鞍山、济南、本溪、青岛、烟台、东营等受到 BSCC 建设影响的城市其增长率均位列前 20 名；从输入物流增长率来看，铁岭、丹东、白山、通化、本溪、佳木斯、七台河、营口等增长率位列前 20 位；从物流总量来看，牡丹江、长春、丹东、潍坊、本溪、四平、七台河、铁岭、烟台、青岛等城市均增长率较高。

这其中不少属于原本交通区位不佳、发展程度较低的东北东部地区。可见，BSCC 的建设对提升哈大发展轴以及哈大发展轴以外的东北东部地区在环渤海物流圈的地位有较大促进作用。

表 11-3 BSCC 建成情况下各城市物流量增长率排序（%）

排序	城市	发出增长率	排序	城市	接收增长率	排序	城市	总量增长率
1	鄂尔多斯	754.12	1	乌兰察布	575.67	1	乌兰察布	539.30
2	通辽	684.92	2	呼伦贝尔	264.42	2	通辽	504.81
3	潍坊	661.68	3	巴彦淖尔	250.05	3	鄂尔多斯	411.78
4	牡丹江	592.65	4	铁岭	220.40	4	牡丹江	281.61
5	长春	410.38	5	忻州	208.45	5	巴彦淖尔	243.47
6	四平	260.70	6	丹东	196.49	6	长春	238.29
7	丹东	259.67	7	吕梁	193.04	7	丹东	204.57
8	伊春	205.32	8	白山	190.54	8	潍坊	198.21
9	鞍山	204.93	9	长治	190.07	9	鞍山	187.82
10	济南	193.65	10	运城	179.53	10	吕梁	187.76
11	本溪	190.03	11	通化	179.24	11	本溪	180.30
12	包头	189.14	12	秦皇岛	172.42	12	四平	175.05
13	吕梁	185.78	13	抚顺	169.71	13	济南	172.21
14	七台河	181.10	14	本溪	169.29	14	七台河	167.68
15	沧州	180.81	15	辽源	163.99	15	铁岭	157.42
16	青岛	178.82	16	大同	162.32	16	烟台	155.75
17	烟台	178.68	17	佳木斯	161.40	17	临汾	154.79
18	东营	168.22	18	七台河	159.43	18	秦皇岛	152.49
19	呼和浩特	167.43	19	临汾	157.83	19	佳木斯	149.43
20	临汾	150.80	20	营口	157.80	20	青岛	149.39
平均增长率		113.13	平均增长率		140.20	平均增长率		129.94

注：由于篇幅有限，排名 20 位以后的省略未显示。

三、BSCC 建设对研究区高速公路物流格局的影响预测

(一) 影响高速公路物流发展因素的确定

当前关于影响高速公路物流因素的研究，多集中于对高等级公路（尤其是高速公路）路网结构对物流的影响研究[16]。而若从高速公路物流的物流需求来源来分析，则不难发现：相比铁路物流，高速公路物流的运输货物的价值相对较高。经济运距显然比铁路运输要近得多。这与公路运输的属性息息相关。本研究综合相关研究并结合数据可获性的限制，将影响研究区内高速公路物流发展的因素归结为五个方面。

1. 人均 GDP

人均 GDP 可以反映某一地区的收入水平和生活水平。生活水平与消费产品的供给有很大关联性。

2. 社会消费品零售总额

该指标是指批发和零售业、住宿和餐饮业以及其他行业直接售给城乡居民和社会集团的消费品零售额。因此，该指标可以反映某一地区各类消费品市场的总量情况。而消费品数量与公路货流量之间存在正相关关系。商贸服务业，尤其是零售业的盈利空间相对较大，运输时效性的要求比较高。因此，可以克服公路运输的运费相对较高的限制。

3. 第三产业产值

第三产业的发展程度与地区居民的生活水平以及生产性服务业的发展程度相关性较强，因此，第三产业的发展水平在很大程度上影响地区高速公路物流量的发展。

4. 非农业人口总量

非农业人口对消费产品的消费需求远远超过农业人口，因此，非农人口总量对高速公路物流的影响不容小觑。

5. 公路总里程

该指标是反映公路建设与发展水平的重要指标，也是公路物流发展的基础性指标。

(二) 未来各城市高速公路物流总量预测

根据上述对影响高速公路物流因素的分析，首先采用所能收集到的最大连续时间序列的因素值，利用 matlab 进行回归预测分析，计算出 2020～2050 年每五年间隔的时间断面因素值。通过 matlab 进行 BP 神经网络计算，预测 2020～2050 年每五年间隔的高速公路运输总量值，并通过后续的物流量指数模型所得的物流量指数计算各城市在七个时间断面的联系矩阵。

（三）城市间空间相互作用模型的修正

本研究根据前文对影响高速公路物流量因素的分析，构建物流量指数模型。前文已述，高速公路物流量主要与人均 GDP、社会消费品零售总额、第三产业产值、非农业人口和公路总里程相关。由于两地间的物流量与人口因素密切相关，因此，将每个因素（人均 GDP 以及城市化水平除外）除以常住人口，得到用于计算的基础数据。

利用重力模型求得影响高速公路物流发展的五个因素的物流引力，除以该城市的物流联系总量，便得到每个因素的物流指数。分别对影响物流发展的物流指数取平均值，得到 a 城市与 b 城市间的物流指数。

$$r_H = \frac{\dfrac{d_{pi}d_{pj}}{s_{ij}^b}}{\sum\limits_{j=1}^{n}\dfrac{d_{pi}d_{pj}}{s_{ij}^b}} \qquad \text{式 11-3}$$

式 11-3 中，r_H 为高速公路物流指数；p 表示考虑人口因素；i、j 为不同的城市；S_{ij} 为 i 城市与 j 城市之间的高速公路路网距离；b 为摩擦系数，取值范围一般为 0.5～3.0，根据铁路与公路运输的不同经济运距，在摩擦系数的选取方面有所差别。公路运输方面，将城市间公路路网距离与 b 建立六个对应关系，即 0＜S≤500，b=0.5；500＜S≤1 000，b=1；1 000＜S≤1 500，b=1.5；1 500＜S≤2 000，b=2；2 000＜S≤2 500，b=2.5；2 500＜S，b=3。

城市之间的距离的获取是通过在 ArcGIS 10.1 中数字化中国地图[①]，建立环渤海 75 个城市主体间的公路矢量网络。首先利用 ArcGIS 10.1 网络分析模块（Network Analyst），计算各城市在未修建 BSCC 时公路路网距离矩阵（C75*75）；其次，修改矢量地图，将大连与烟台直接建立路网联系；最后，计算城市在 BSCC 建成时公路路网距离矩阵（D75*75）。

（四）数据来源与处理

本研究所采用数据均来自于官方统计数据。包括研究区所涉及的七个省以及两个直辖市 1990～2012 年的统计年鉴。此外，由于部分数据不可获，本研究参照 1991～2013 年《中国城市统计年鉴》进行了数据补充。

---

① 《中华人民共和国地图》，成都地图出版社，2014 年 1 月，第 15 版。

（五）BSCC 建设对高速公路物流的影响范围测定

由图 11-2 可知，BSCC 建成后烟台、威海、青岛、日照、潍坊等位于胶东半岛的城市其对外联系距离成本大大下降。其中，烟台、威海的距离缩减最为显著，均达到 27 408 千米。青岛距离缩减达到 15 256 千米。东北三省各城市对外联系距离普遍减少。其中，位于辽东半岛的辽宁省各城市受到的影响更为显著。大连在东北三省的城市中距离缩减最大，达到 9 639 千米。丹东次之，达 5 221 千米。黑龙江和吉林各城市距离缩减较平均，北京、天津，河北省除秦皇岛、邯郸、邢台以外的其他城市、内蒙古除赤峰、通辽、呼伦贝尔以外的其他城市，山西省绝大多数城市的对外联系均不受 BSCC 的影响。

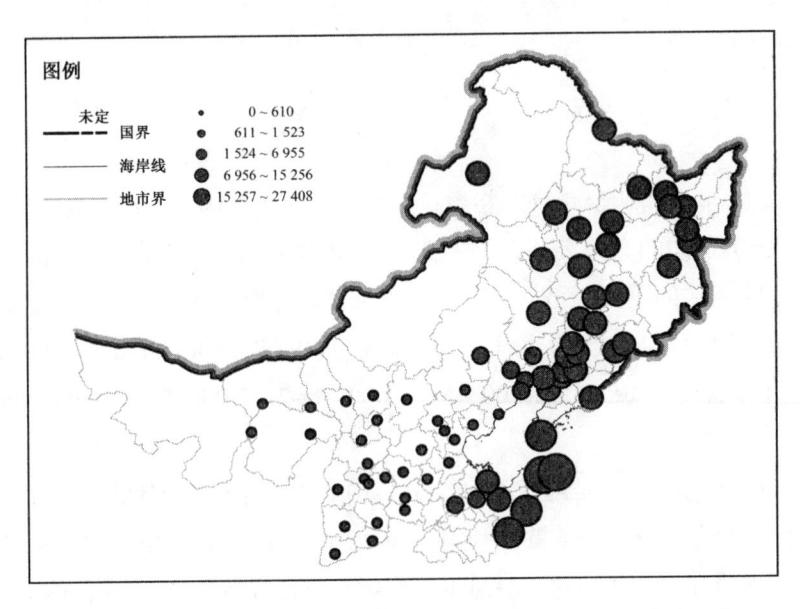

图 11-2　BSCC 建设所导致的各城市高速公路联系距离衰减程度

（六）BSCC 未建与已建情况下区域高速公路物流分布及增长状况

1. 区域高速公路物流分布状况

（1）未建情况下

通过引力模型及路网距离，测算环渤海各城市基于高速公路物流的联系数据。分别对各城市接收物流量和发出物流量进行统计并求和，对 2020~2050 年的统计量求均值，得到在 BSCC 未修建的情况下 2020~2050 年区域中主要的物流源发地和物流集散地（表 11-4）。结果显示：2020 年区域中主要的高速公路物流发出地集中于本区域的东部发达地区，如北京、唐山、邯郸等。这主要与其对外输入附加值相对较高的产品，以及可以在一定程度上承受高速公路物流相对较高的运费有关。接收物流量比较大的城市主要在东部的发达地区，如济南、北京、天津、沈阳等城市。高速公路物流的总量分布特征与上述特征类似，也主要分布于东部发达地区。

（2）已建情况下

通过引力模型及 BSCC 建成后的路网距离矩阵，测算研究区各城市基于铁路物流的联系数据。分别对各城市接收物流量和发出物流量进行统计并求和，对 2035～2050 年的统计量求均值，得到在 BSCC 已修建的情况下 2020～2050 年区域中主要的物流源发地和物流集散地（表 11-5）。通过对未建 BSCC 的情况进行对比，发现：①从物流输出量来看，鞍山、本溪由于跨海大桥的建设而跻身区域前 20 名；②从物流接收量来看，大连、沈阳均跻身区域前 20 名；③从物流总量来看，鞍山跻身前 20 名。可见，BSCC 的建设使辽宁省，特别是大连—沈阳轴带沿线的城市物流量大大增加。

表 11-4　渤海通道未建情况下 2020～2050 年研究区主要的物流源发地和物流集散地（万 t）

排序	城市	发出量均值	排序	城市	接收量均值	排序	城市	总量均值
1	唐山	65 316.71	1	济南	54 866.77	1	北京	93 155.79
2	邯郸	64 132.86	2	东营	46 496.63	2	唐山	86 431.68
3	北京	55 265.57	3	淄博	44 555.18	3	淄博	82 300.61
4	保定	43 885.43	4	北京	37 890.22	4	济南	74 975.48
5	鄂尔多斯	40 663.71	5	阳泉	35 541.73	5	邯郸	72 585.43
6	烟台	37 773.00	6	潍坊	33 443.41	6	鄂尔多斯	60 795.30
7	淄博	37 745.43	7	天津	32 838.4	7	青岛	57 808.72
8	鞍山	37 002.43	8	沈阳	30 989.89	8	鞍山	56 982.35
9	沧州	35 908.57	9	晋中	30 479.41	9	烟台	55 962.03
10	青岛	35 472.14	10	盘锦	27 713.84	10	石家庄	55 884.93
11	大连	31 567.71	11	呼和浩特	26 039.12	11	保定	54 902.35
12	石家庄	30 824.29	12	石家庄	25 060.65	12	东营	54 758.56
13	临汾	26 239.29	13	威海	25 028.69	13	沈阳	54 489.32
14	营口	26 093.57	14	包头	23 979.64	14	沧州	52 235.63
15	长治	25 928.57	15	忻州	23 944.85	15	呼和浩特	50 836.12
16	包头	25 925.14	16	廊坊	23 763.14	16	潍坊	50 177.41
17	呼和浩特	24 797.00	17	乌兰察布	22 775.19	17	包头	49 904.79
18	沈阳	23 499.43	18	秦皇岛	22 650.53	18	大连	46 925.38
19	太原	21 061.29	19	青岛	22 336.57	19	天津	45 478.40
20	长春	20 183.14	20	朔州	21 252.51	20	营口	44 960.36

注：由于篇幅有限，排名 20 位以后的省略未显示。

2. 区域物流量增长状况

首先，从物流总量来看，物流输出量、输入量以及总量的最大值分别比 BSCC 未建设的情况增长了 28.21%、19.33%、23.96%。

表 11-5　BSCC 建成情况下 2035～2050 年研究区主要的物流源发地和物流集散地（万 t）

排序	城市	发出量均值	排序	城市	接收量均值	排序	城市	总量均值
1	邯郸	83 742.50	1	济南	65 470.59	1	北京	115 477.01
2	唐山	80 874.75	2	东营	53 270.16	2	唐山	106 089.18
3	北京	70 729.25	3	淄博	51 931.73	3	淄博	97 813.88
4	保定	57 222.50	4	北京	44 747.76	4	邯郸	93 587.14
5	鄂尔多斯	48 907.00	5	阳泉	44 215.14	5	济南	88 420.59
6	烟台	48 314.00	6	潍坊	41 168.35	6	烟台	76 628.07
7	青岛	46 414.75	7	天津	39 511.35	7	青岛	72 747.06
8	淄博	45 882.75	8	晋中	38 372.22	8	鄂尔多斯	70 189.50
9	鞍山	45 480.75	9	沈阳	34 370.29	9	保定	70 049.22
10	沧州	42 851.50	10	盘锦	33 926.84	10	鞍山	69 567.76
11	大连	36 131.50	11	大连	32 422.95	11	大连	68 554.45
12	石家庄	35 782.00	12	威海	31 235.62	12	石家庄	66 070.82
13	长治	33 386.25	13	石家庄	30 288.82	13	沧州	62 031.10
14	临汾	33 044.00	14	忻州	30 009.80	14	东营	62 019.53
15	营口	32 054.25	15	乌兰察布	29 925.35	15	沈阳	59 091.79
16	呼和浩特	29 138.00	16	廊坊	29 251.52	16	潍坊	58 429.85
17	太原	26 872.25	17	呼和浩特	28 853.86	17	呼和浩特	57 991.86
18	沈阳	24 721.50	18	烟台	28 314.07	18	长治	57 116.51
19	本溪	24 692.75	19	包头	28 276.28	19	营口	56 323.84
20	日照	24 517.00	20	秦皇岛	27 284.26	20	阳泉	53 256.74

注：由于篇幅有限，排名 20 位以后的省略未显示。

其次，通过对各城市 2020 年（未建）与 2050 年（已建）两个时间断面的物流量增长率进行统计，得到表 11-6。由表可知，从输出物流增长率来看，青岛、北京、烟台、辽阳、伊春、鞍山、本溪等受到 BSCC 建设影响的城市其增长率均位列前 20 名；从输入物流增长率来看，大连、烟台、潍坊、威海、济南、丹东、淄博、日照等增长率位列前 20 位；从物流总量来看，烟台、青岛、威海、日照等城市均增长率较高。

可见，受到 BSCC 建设的影响，山东的胶东半岛和辽宁的辽东半岛高速公路物流量增长率较高。与铁路物流不同，BSCC 的建设所激发的区域铁路物流格局演化进程中，除原本沈大发展轴增长较快外,东北东部地区也获益匪浅。而 BSCC 的建设所激发的区域高速公路物流格局演化进程中,受益较大的主要是发达地区。也就是说,铁路物流对落后地区的促进作用大于高速公路物流。这与运输产品的价格承受能力有关。

表 11-6　BSCC 建成情况下各城市物流量增长率排序(%)

排序	城市	发出增长率	排序	城市	接收增长率	排序	城市	总量增长率
1	朔州	1 098.85	1	乌兰察布	323.48	1	朔州	344.48
2	邯郸	295.74	2	大连	288.58	2	邯郸	262.36
3	青岛	294.57	3	烟台	231.44	3	长治	249.81
4	保定	293.64	4	晋中	216.06	4	晋城	244.17
5	晋城	289.4	5	长治	212.76	5	保定	239.32
6	长治	281.66	6	运城	211.96	6	烟台	232.03
7	北京	248.94	7	潍坊	206.95	7	青岛	213.43
8	张家口	243.95	8	忻州	206.13	8	乌兰察布	198.5
9	烟台	232.37	9	晋城	203.84	9	临汾	196.31
10	承德	225.57	10	吕梁	200.88	10	忻州	185.95
11	太原	222.18	11	威海	199.62	11	北京	185.06
12	邢台	206.84	12	阳泉	192.94	12	太原	184.34
13	临汾	204.55	13	廊坊	176.31	13	廊坊	180.57
14	通辽	203.63	14	临汾	175.1	14	晋中	178.86
15	辽阳	194.08	15	济南	172.21	15	邢台	174.97
16	廊坊	186.69	16	朔州	164.97	16	威海	174.64
17	唐山	184.28	17	丹东	161.86	17	唐山	171.46
18	伊春	182.99	18	淄博	158.7	18	承德	169.27
19	鞍山	168.72	19	秦皇岛	153.56	19	阳泉	168.62
20	本溪	166.46	20	日照	149.06	20	日照	158.81

注:由于篇幅有限,排名 20 位以后的省略未显示。

四、未来通过渤海海峡的物流运输量预测

(一)通过量最小值预测

假设未来在研究区范围内 BSCC 未建成(城市间运输距离维持现状,不考虑由于运距减少所激发产生额外的物流联系需求)的前提下,影响区域的物流联系量即是可能通过现有渤海铁路轮渡实现运输的物流量。

对 2020、2025、2030、2035、2040、2045 和 2050 年的联系网络矩阵进行提取。对上述运距矩阵减法所得的矩阵进一步进行处理,将联系量不为 0 的数据变为 1,并分别与七个时间断面的联系矩阵对应位置的数据相乘,得到 BSCC 建设影响区域的物流联系量(表 11-7)。

表 11-7 2020~2050 年 BSCC 通过量最小值预测(万 t)

物流运量	2020	2025	2030	2035	2040	2045	2050
铁路	1 819.499	2 220.763	2 661.969	3 088.449	3 500.541	3 912.422	4 321.916
公路	699.715	838.113	992.557	1 158.356	1 331.363	1 510.216	1 692.631
总计	2 519.215	3 058.876	3 654.526	4 246.805	4 831.903	5 422.637	6 014.547

2020~2050 年,BSCC 最小物流量需求大约每五年增长 600 万吨(2020~2025 年略少)。

由此可见,2020 年可能通过现有跨海铁路轮渡的运输量为 2 519.22 万吨,而据相关研究,现有渤海跨海铁路轮渡在规划期内(12 对货物列车)的最大吞吐量仅为 2 480 万吨(双向)[17]。显然,2025 年跨海铁路轮渡通过提高运输效率尚可能基本完成 2 519.22 万吨的运输量。而在 2025 年 3 058.87 万吨的货运量是现有跨海铁路轮渡所无法胜任的。物流运输量与基础设施供给能力之间的矛盾将比较突出。

(二)运距减少的激发效应所产生的通过量预测

按照先期研究,BSCC 的建设周期长达 15 年,因此,即便是即刻开工建设,最早也只能在 2030 年建成。为方便计算,本研究假设 2030 年 BSCC 可以建成,由此计算 2030~2050 年五个时间断面上的物流量(表 11-8)。

表 11-8 2030~2050 年 BSCC 建成后通过量预测(万 t)

物流运量	2030	2035	2040	2045	2050
铁路	17 786.46	20 704.49	23 565.46	26 379.47	29 104.87
公路	34 848.98	40 938.68	47 351.67	54 087.35	61 010.65
总计	52 635.44	61 643.17	70 917.13	80 466.82	90 115.53

由此可见,若将 BSCC 建设所导致的运距减少所激发的潜在物流需求考虑在内,未来经过 BSCC 运输的物流量规模则更为惊人。2030 年即可达到 5.26 亿吨。2050 年则高达 9.01 亿吨。与现有渤海跨海铁路轮渡的运输量相比,无疑是天文数字。这也显现了

BSCC 建设所能激发的巨大潜在经济、社会效益。

此外，对比图 11-4 与图 11-5，可以发现：BSCC 建设所激发的物流运输需求中公路运输需求的增加占了绝大多数。

第四节　BSCC 建设对研究区城市间物流关联格局的影响

一、研究区城市间铁路物流关联网络的演化

（一）研究区各城市经由 BSCC 运输的货运量

将各城市在 2050 年需通过 BSCC 的物流联系量汇总，得到图 11-3。由图可知，大连、营口、烟台、鞍山、盘锦等辽东半岛和胶东半岛的城市对 BSCC 建设的需求最为迫切。结合前文对城市间联系距离矩阵的影响，虽然在交通条件改善方面，胶东半岛的区位改善程度明显更甚于辽东半岛，但从物流量的绝对值来看，辽东半岛的物流量规模更大，而且辽东半岛的上述城市还呈现出物流量大小与距离 BSCC 的空间距离远近的显著负相关。

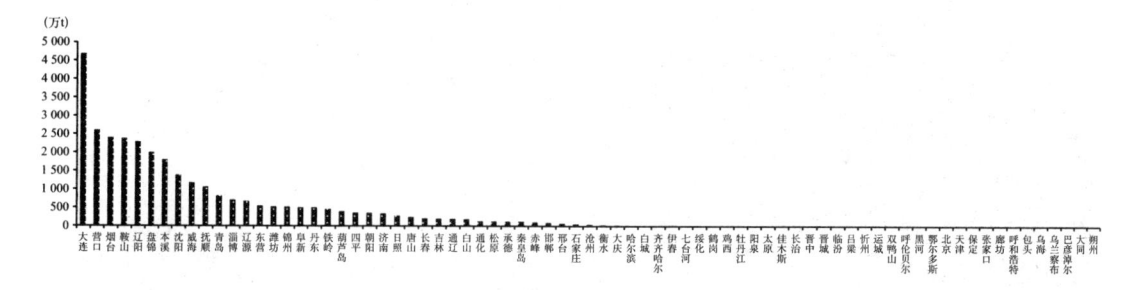

图 11-3　研究区各城市经由 BSCC 的铁路物流量

（二）基于社会网络分析的城市铁路物流关联物流分析

1. 关联网络的联系密度

将 2050 年 BSCC 建成前后的城市关联网络进行简化，去除联系量小于 100 的城市联系，并采用 Ucinet 进行可视化表达（图 11-4）。由图可知，BSCC 的建设使研究区内的城市关联网络更加致密，关联结构更趋合理化，可以有效地促进区域经济网络的均衡化发展。

a. 建设前

b. 建设后

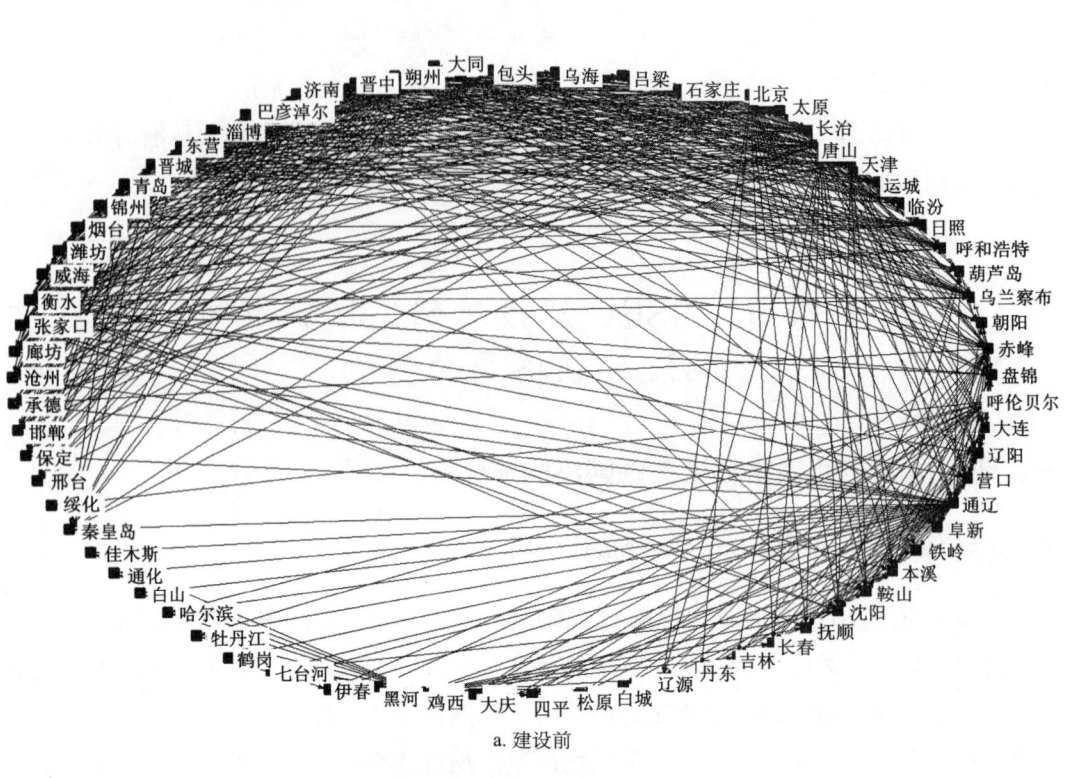

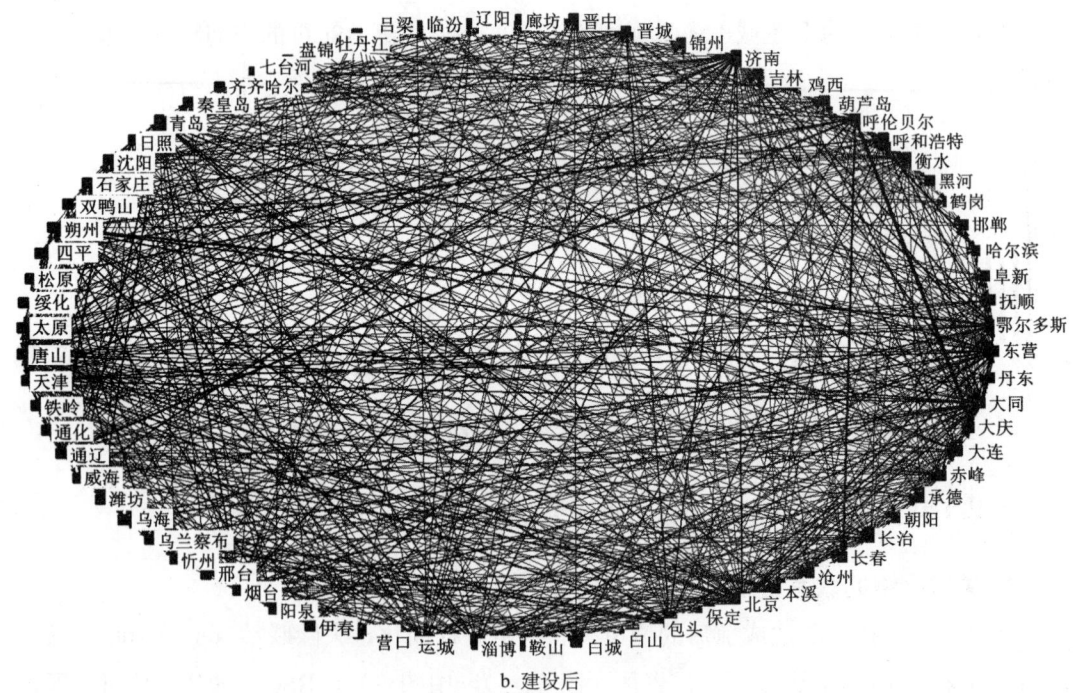

图 11-4 2050 年 BSCC 建成前后的城市关联网络密度

2. 中心性

利用 Ucinet 对 BSCC 建成前后联系量大于 100 的简化网络计算各城市的弗里格曼中心度。由图 11-5 可知，辽宁省各城市中心性有显著提高，特别是大连市，位序提前了 16 位。山东半岛各城市则无显著提高。中心性排序下降最显著的是威海、潍坊、廊坊、天津等。究其原因，山东半岛的城市中心性位序下降的原因主要是由于 BSCC 的建设所带来的通道效应，使原本以潍坊、威海等城市为目的地的物流联系得以延伸，因此，上述城市过境物流增多而导致中心性下降。河北省的廊坊等以及天津的中心性下降主要是部分物流联系取道 BSCC，从而导致其中心性下降。

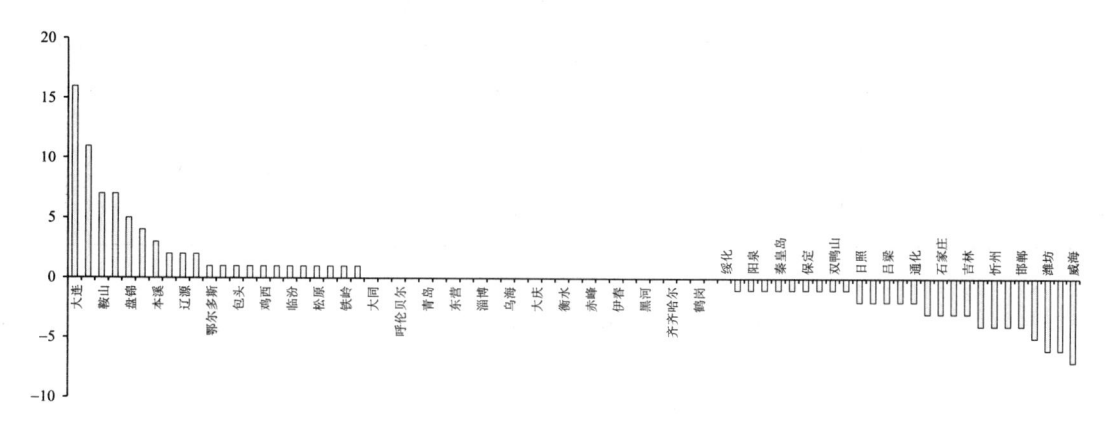

图 11-5　BSCC 建成前后研究区城市铁路网络中心度变化

3. 核心边缘结构

利用 Ucinet 计算 2050 年 BSCC 建成前后各城市关联网络中核心—边缘结构（表 11-9）。经对比发现：BSCC 建设对环渤海地区城市关联网络中的核心—边缘结构影响不大。无论 BSCC 建成与否，环渤海地区的核心城市仍为京、津及其周边资源供给城市，山东半岛的胶济铁路沿线城市。值得关注的是，烟台在 BSCC 建成后反而离开了核心城市的序列，这应该与其在 BSCC 修建后更多承担物流通道的职能有关。呼和浩特却跻身核心城市行列。

4. 最大联系流格局

（1）最大向心流格局

根据 2050 年 BSCC 建设前后关联网络联系量，从中提取最大向心流联系，利用 Netdraw 分别绘制最大联系流网络（图 11-6）。由图可知，在 BSCC 修建前，研究区可以清晰地识别出八个区域性的铁路物流联系圈。对外物流输出中心分别是呼伦贝尔、通辽、大同、青岛、朔州、包头、鸡西、济南。区域经济的破碎化比较严重。而 BSCC 建成

表 11-9 BSCC 建成前后关联网络核心—边缘结构变化

	建成前		建成后
核心城市	北京、天津、唐山、大庆、包头、呼伦贝尔、鄂尔多斯、济南、青岛、淄博、东营、烟台、太原、大同、阳泉、晋城、朔州	核心城市	北京、天津、唐山、呼和浩特、包头、乌海、呼伦贝尔、鄂尔多斯、济南、青岛、淄博、东营、太原、大同、阳泉、晋城、朔州
边缘城市	石家庄、秦皇岛、邯郸、邢台、保定、张家口、承德、沧州、廊坊、衡水、哈尔滨、齐齐哈尔、鸡西、鹤岗、双鸭山、伊春、佳木斯、七台河、牡丹江、黑河、绥化、长春、吉林、四平、辽源、通化、白山、松原、白城、沈阳、大连、鞍山、抚顺、本溪、丹东、锦州、营口、阜新、辽阳、盘锦、铁岭、朝阳、葫芦岛、呼和浩特、乌海、赤峰、乌兰察布、通辽、巴彦淖尔、潍坊、威海、日照、长治、忻州、晋中、临汾、运城、吕梁	边缘城市	石家庄、秦皇岛、邯郸、邢台、保定、张家口、承德、沧州、廊坊、衡水、哈尔滨、齐齐哈尔、鸡西、鹤岗、双鸭山、大庆、伊春、佳木斯、七台河、牡丹江、黑河、绥化、长春、吉林、四平、辽源、通化、白山、松原、白城、沈阳、大连、鞍山、抚顺、本溪、丹东、锦州、营口、阜新、辽阳、盘锦、铁岭、朝阳、葫芦岛、赤峰、乌兰察布、通辽、巴彦淖尔、烟台、潍坊、威海、日照、长治、忻州、晋中、临汾、运城、吕梁

后，研究区被整合成为三个区域性的物流联系圈。虽然上述区域性的物流输出中心仍然存在，但已实现了一定程度上的整合。特别是原属辽东物流联系圈实现了与山东半岛物流联系圈的整合。

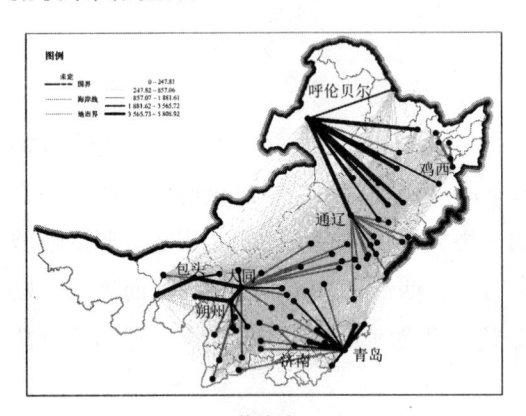

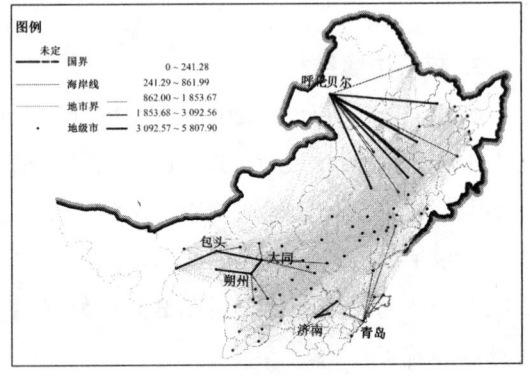

a. 修建前　　　　　　　　　　　　　　b. 修建后

图 11-6 BSCC 建成前后铁路关联网络最大向心流格局

（2）最大离心流格局

根据 2050 年 BSCC 建设前后关联网络联系量，从中提取最大离心流联系，利用 Netdraw 分别绘制最大联系流网络（图 11-7）。由图可知，在 BSCC 修建前后，最大离心流联系格局没有显著的变化。但渤海海峡两岸的大连市与烟台市、威海市实现了物流圈的整合。

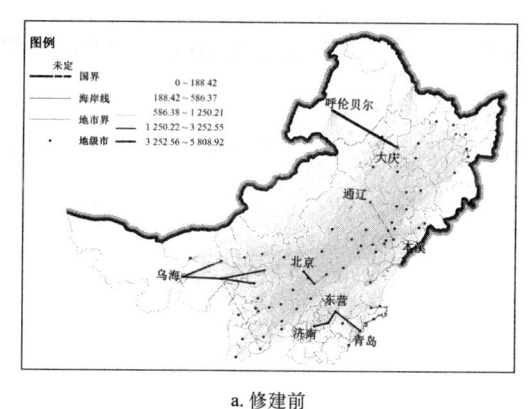

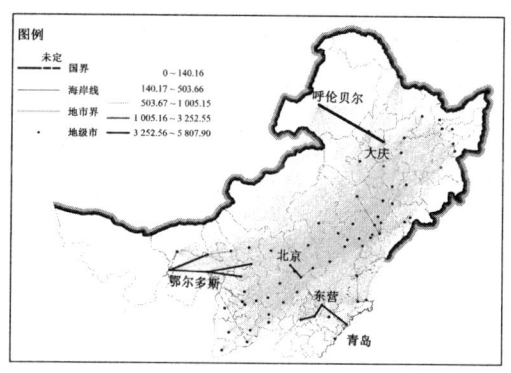

a. 修建前　　　　　　　　　　　b. 修建后

图 11-7　BSCC 建成前后铁路关联网络最大离心流格局

综上所述可以看出：①BSCC 建设将对促进胶东半岛与辽东半岛的物流联系圈的形成起到一定的促进作用，BSCC 假设将促进研究区内区域经济均衡化发展，辽宁部分老工业基地以及东北东部地区的一些资源输出型城市将从中获益；②在 2050 年，现有渤海铁路轮渡不能满足物流量增长的需要；③山东半岛的物流通道作用将进一步强化。BSCC 的建设应与山东半岛"青烟威"地区的铁路物流枢纽建设同步，才能在最大程度上发挥 BSCC 的带动作用。BSCC 的建设对以资源型产品输出为主要职能的东北三省城市（尤其是位于辽东半岛的城市）的物流量提升将起到显著促进作用。而对山东半岛部分城市的工业原料以及低端工业产品的输出则有可能造成一定的冲击。因此，在促进该 BSCC 建设的同时，胶东半岛城市应加快物流、仓储、金融等配套生产性服务业发展，实现工业经济向服务经济的转型，才能适应新形势的发展需要。

二、研究区城市间高速公路物流关联网络的演化

（一）研究区各城市经由 BSCC 运输的货运量

将 BSCC 建设后的高速公路货运联系矩阵与建设前的高速公路货运矩阵进行矩阵减法的运算，得到基于网络节点层面的运输量变化（图 11-8）。

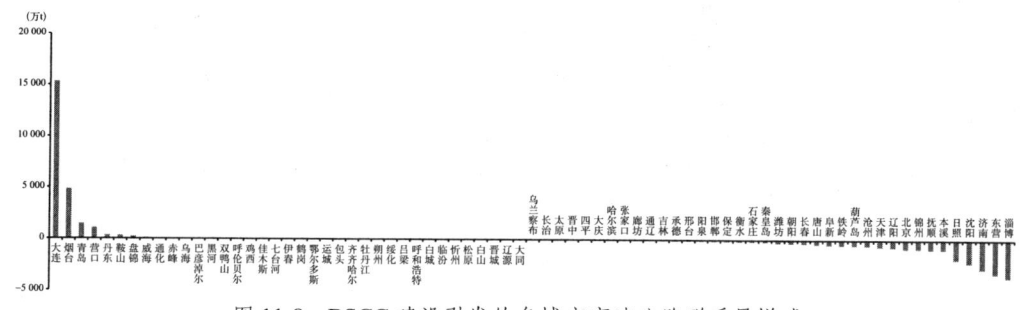

图 11-8　BSCC 建设引发的各城市高速公路联系量增减

由图 11-8 可知，在假设联系总量不增加的前提下，网络联系量在 BSCC 的两端，即烟台和大连高度集聚。尤其是大连市的联系量激增，达到了 15 319.61 万吨。而排名第二的烟台却仅有 4 831.49 万吨的联系增量。青岛则更逊于烟台，仅为 1 475.33 万吨。值得注意的是，货运量减少的城市同样主要分布于山东半岛和辽东半岛。淄博的联系减少最

a. 修建前

b. 修建后

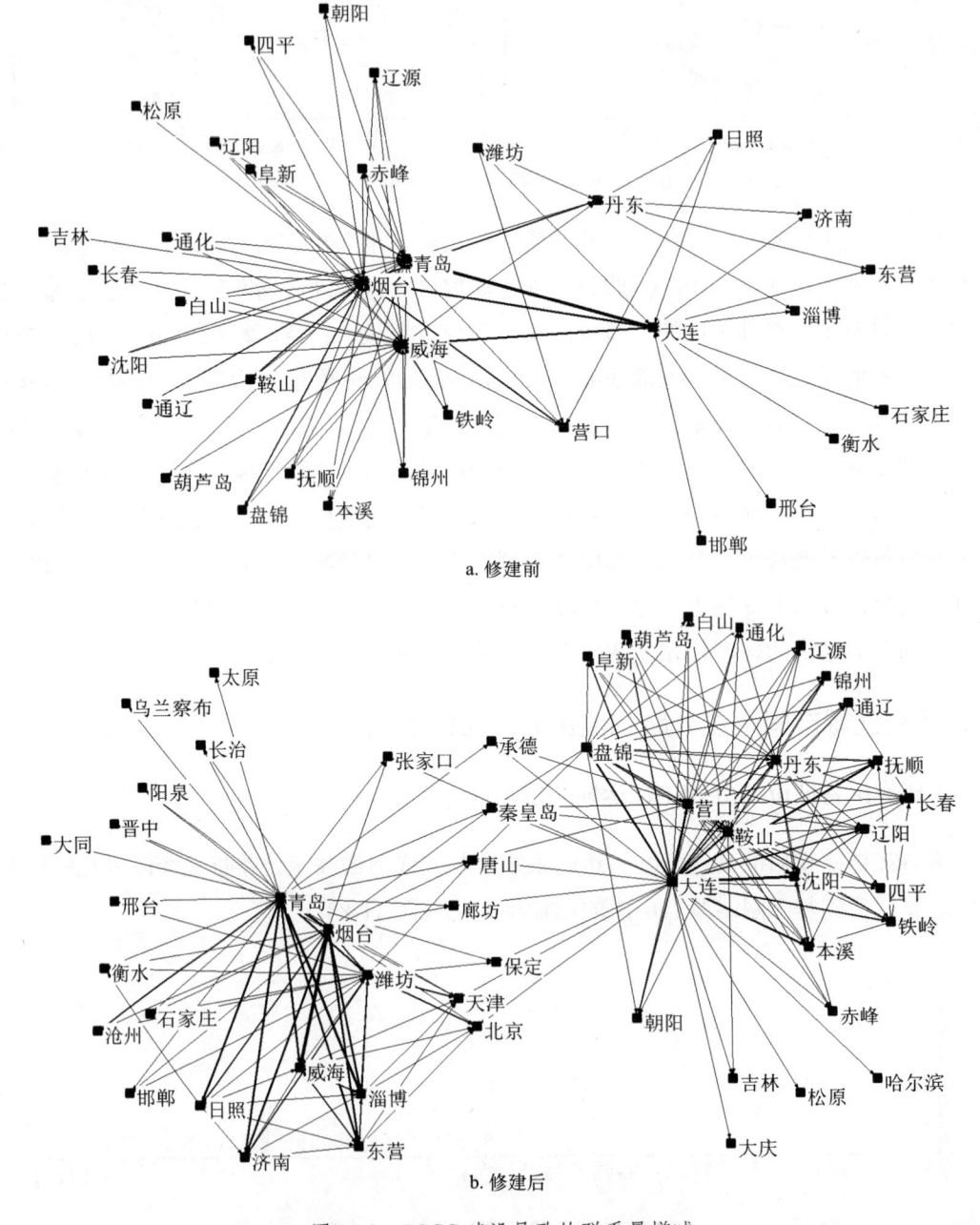

图 11-9 BSCC 建设导致的联系量增减

多,达到 3 642.20 万吨。东营、济南、日照则分别达到 3 261.34、2 799.69 以及 1 885.98 万吨。传统扼守东北物流门户的沈阳市联系减少量也达到 2 223.03 万吨。可见,由于 BSCC 大建设对传统入关门户的影响非同小可。

基于节点层面的联系量统计不能深入揭示网络联系量增减空间格局的变化。将运输量变化幅度较大城市的网络联系进行提取并进行可视化表达,得到基于网络联系的联系量空间变化(图 11-9)。

由图 11-9 可知,BSCC 建设所导致的网络联系量的增加,主要体现在青岛与大连、烟台与大连、威海与大连、大连与潍坊、烟台与鞍山、烟台与丹东、烟台与盘锦的联系量增加方面。而反观网络联系量的减少主要体现在山东半岛内部各城市间、辽宁省各城市间、各半岛与河北省传统承担中介联系作用的各城市联系上。

(二)基于社会网络分析的城市高速公路物流关联物流分析

将各节点按照方向分别提取最大向心联系和最大离心联系,构建最大向心流网络和最大离心流网络。

1. 最大向心流网络

从图 11-10 可以发现,BSCC 修建前后最大向心流网络格局的变化主要体现在以青岛为中心的山东半岛空间联系集群与以大连为中心的辽东半岛、鸭绿江一线空间联系集群的"联姻"上。山东半岛的对外辐射能力大大增强。辽东半岛的绝大多数城市的最大向心流均来自山东半岛。

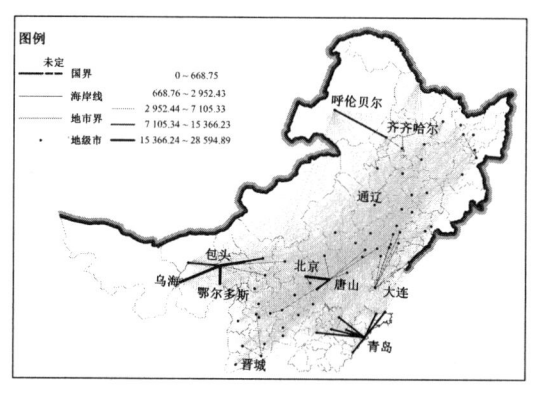

a. 修建前　　　　　　　　　　b. 修建后

图 11-10　BSCC 修建前后高速公路最大向心流网络

2. 最大离心流网络

由图 11-11 可知，BSCC 建设对最大离心流网络的影响比较有限，微小的变化主要体现在烟台、威海、大连物流联系组团的形成。

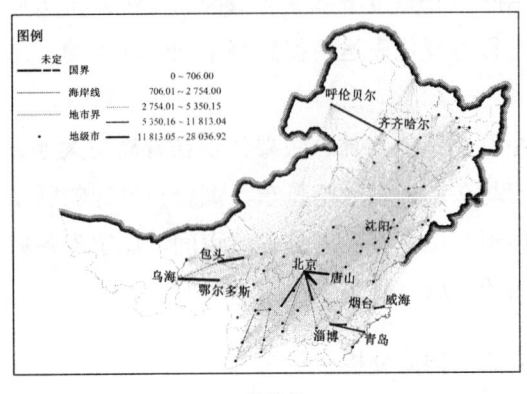

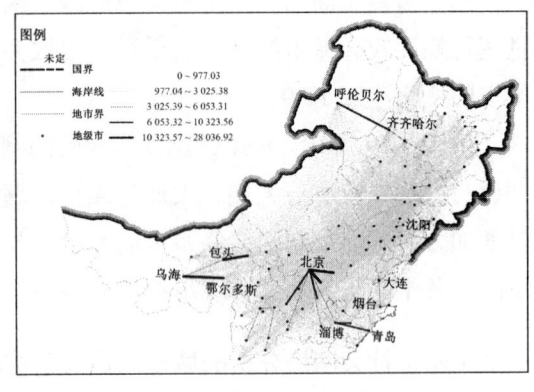

a. 修建前　　　　　　　　　　　　　　b. 修建后

图 11-11　BSCC 修建前后高速公路最大离心流变化

此外，综合最大向心流网络与最大离心流网络，可以清楚地识别出研究区现有的五个相对稳定的经济联系圈：以北京、天津、唐山、石家庄为中心的环首都联系圈；以青岛为中心的山东半岛联系圈；以沈阳、大连为中心的辽东半岛联系圈；以哈尔滨、齐齐哈尔、呼伦贝尔、大庆为中心的联系圈；以包头、呼和浩特、乌海、鄂尔多斯为中心的内蒙古联系圈。而 BSCC 的建设则极大地促进了以大连、青岛、烟台、威海、丹东等城市为核心的城市联系圈的形成。从长远来看，通过大连港口职能以及疏港交通的辐射作用，将极大促进东北传统哈大发展轴与山东半岛的整合发展。此外，通过丹东以及与其联通的东北东部铁路，将进一步促进东北第二条发展轴的形成。

参 考 文 献

[1] 孟操. 山西省物流业发展影响因素研究[D]. 山西师范大学硕士学位论文, 2013.
[2] 张诚, 张广胜. 中部六省物流产业效率分析及政策建议[J]. 江西社会科学, 2013, (2): 57-61.
[3] 吴旭晓. 经济大省物流业效率动态演化及其影响因素[J]. 中国流通经济, 2015, (3): 25-31.
[4] 刘南, 李燕. 现代物流与经济增长的关系研究——基于浙江省的实证分析[J]. 管理工程学报, 2007, 21(1): 151-154.
[5] 谢守红, 蔡海亚. 长江三角洲物流业发展的时空演变及影响因素[J]. 世界地理研究, 2015, 24(3): 118-125.
[6] 李青峻, 张干. 基于灰色理论的重庆市现代物流业影响因素分析[J]. 2011, 30 (2): 94-95.
[7] 林晓言, 陈有孝. 基于灰色—马尔科夫链改进方法的铁路货运量预测研究[J]. 铁道学报, 2005,

27(3): 15-19.

[8] 慎旭阳. 基于组合预测的中国物流业规模研究[J]. 中国商贸, 2013, (5): 111-114.

[9] 关宏志, 陈艳艳. 地区间货物运输量预测方法谱系[J]. 土木工程学报, 2003, 36(7): 47-52.

[10] 何涛, 钱智. 我国城市间经济联系的研究进展[J]. 上海师范大学学报(自然科学版), 2010, 39(6): 653-657.

[11] 陈彦光, 刘继生. 基于引力模型的城市空间互相关和功率谱分析——引力模型的理论证明、函数推广及应用实例[J]. 地理研究, 2002, 21(6): 742-752.

[12] 李响. 基于社会网络分析的长三角城市群网络结构研究[J]. 城市发展研究, 2011, 18(12): 80-85.

[13] Edward J. Taaffe. The urban hierarchy: An air passenger definition [J]. Economic Geography, 1962, 38(1): 1-4.

[14] 顾朝林, 庞海峰. 基于重力模型的中国城市体系与层域划分[J]. 地理研究, 2008, 27(1): 1-11.

[15] 王欣, 吴殿廷, 王红强. 城市间经济联系的定量计算[J]. 城市发展研究, 2006, 13(3): 55-59.

[16] 朱道才, 陆林, 晋秀龙, 蔡善柱. 基于引力模型的安徽城市空间格局研究[J]. 地理科学, 2011, 31(5): 551-556.

[17] 宋现震. 高速公路对区域物流影响研究[D]. 西南交通大学硕士学位论文, 2006.

第十二章 对区域间贸易的影响

第一节 区域间贸易的基础理论及研究区现状

一、关于区域间贸易的相关理论

(一) 区域贸易的本质与效用

区域贸易是指一个地区与其他地区之间进行的各种类型和形式的(有形或无形的)商品交换活动。(区域贸易可以使某一区域在区域以外的地区引入本区域发展所需要的要素与产品,同时也可以扩大本区域自产商品的市场范围,从而达到促进区域协调发展的目标。)

(二) 区域贸易的缘起

区域间贸易的产生机理是区域经济学界长久不衰的热门话题。关于贸易问题的探讨,最早起源于对国际贸易问题的探讨,大致经历了200多年的发展,不同时期的学者根据其所处历史时期国际贸易的特点先后建构了具有阶段性和时代特征的理论。本研究通过对相关文献进行梳理,将相关理论的发展大致划分为古典区域贸易理论、新古典贸易理论以及现代贸易理论三个阶段。

1. 古典贸易理论

古典贸易理论的代表性理论是绝对优势理论和比较优势理论[1]。简言之,正是比较优势的存在导致了贸易的产生。绝对优势理论探讨的是相对简单和纯净的假设环境下区域间贸易的产生。但比较优势理论认为,即便是在任何商品的生产方面都具有优势的国家,也会选择其相对优势最大的产品进行生产。国家之间仍然会存在贸易的可能性。

该阶段亚当·斯密(Adam Smith)、大卫·李嘉图(David Ricardo)、埃利·赫克歇尔(Eli Heckscher)与贝蒂儿·俄林(Bertil Ohlin)等是具有代表性的学者。

亚当·斯密提出绝对优势理论来解释区域贸易的产生。而大卫·李嘉图则将其假设的条件进一步扩大为比较优势理论。他认为即使两个区域中的一个在每一种行业上都比另一个具有较高的绝对效率,若生产不同的产品上两个区域之间存在相对的效率差异,也有可能产生区域贸易。也就是说绝对优势可以看作是相对优势理论的一种特殊情况。

2. 新古典贸易理论

新古典贸易理论的代表性理论是要素禀赋理论。该理论认为,要素丰裕度的不同是国际贸易产生的基础。在影响区域间商品价格差异的因素中,生产要素的禀赋(也就是丰裕度)的差异是产生比较优势的根本性因素。在区域贸易体系中,每个区域都将本区域相对丰裕、便宜的要素密集型商品用于出口,而进口那些本区域相对稀缺、昂贵的要素密集型商品。该理论聚焦于资源、要素在地理空间上的分布差异,并将此作为解释区域贸易的基础。当然该理论所解释的区域贸易仅局限于对生产要素消耗量较大的产业门类。

3. 现代贸易理论

(1) 新要素学说

传统贸易理论关注的生产要素仅限于土地、劳动、资本三种。而随着贸易的发展,生产要素的内涵在发生变化,决定一个地区比较优势的要素拓展至技术、人力资本(人才)、信息、管理、规模经济等。这些新要素在新经济(如知识经济)的背景下,成为诱发区域间发生贸易的重要因素。

(2) 产品生命周期理论

该理论将动态的技术变化作为贸易的诱发因素,从动态的视角刻画贸易格局的变化。

技术差距理论由波斯纳(Porsner)和哈佛鲍尔(Hufbauer)在20世纪60年代提出[2]。他们认为,由于技术创新速度和发展阶段不同,国家与地区之间的技术差距普遍存在。发达国家和地区凭借技术优势,可以垄断某类产品的生产,因此会导致该技术产品的贸易。当技术差距由于贸易而逐渐消失时,该类产品的贸易就基本停止了。该理论在解释发展阶段差距较大的国家与地区之间的贸易行为时比较有效。

(3) 产业内贸易理论

该理论是随着贸易新现象的出现而诞生的,即发达国家之间存在的既进口同时也出口同类产品的现象。格林纳威(D. Greenway)、格鲁贝尔(W. H. Grubel)、劳埃德(L. Loyd)、迪克西特(A. Dixit)以及克鲁格曼(P. Kurgman)都是该理论的典型模型。

具体而言,关于产业内贸易产生的基础主要有三种观点。①主要考虑产品的同质性、异质性与产业内贸易。同质产品引起的贸易由如下几种情形导致:国家或区域所在的区位、市场时间、转口贸易、有意倾销、政府鼓励出口的政策以及跨国公司的内部贸易(intra-firm trade);而异质产品的产业内贸易可以分为水平差异产业内贸易、技术差异产业内贸易和垂直差异产业内贸易。水平差异主要指同类产品相同属性的不同组合而产生的差异，烟草、服装及化妆品等行业普遍存在这类差异。技术差异产业内贸易主要是指新产品的出现带来的差异。处于不同生命周期的同类产品间产生了产业内贸易。垂直差异产业内贸易是指产品在质量上的差异，如汽车行业普遍存在着这种差异。②规模经济。大规模的生产可以充分利用自然资源、交通运输、通信设施等良好的条件，提高厂房的利用率和劳动生产率，达到降低成本的目的。③需求偏好相似或重叠。瑞典经济学家林德（S. Linder）提出了偏好相似理论，他认为产业内贸易是由需求相似导致的，由于各地区的需求结构不同，某一区域过剩的产品可能恰恰是另一区域稀缺的产品。因此，符合这种情形的两个地区间即便是生产同一产品的生产成本完全一样，也可能由于需求的不同而产生区域间的贸易。该理论对贸易产生的解释视角是从消费、需求入手，与以往的理论仅仅聚焦生产成本相比，显然是一个较大的进步。

（4）国家竞争优势理论

该理论的主要代表性学者是迈克尔·波特（Michael Porter），该理论的产生是以美国国际经济地位的变化为背景。他从微观竞争机制、中观竞争机制和宏观竞争机制三个层面来解释，论述了企业竞争、产业竞争和国家竞争。该模型由四个基本决定因素和两个辅助因素组成，四个决定因素分别为：生产要素、需求状况、相关产业和支持性产业、企业的战略结构和竞争对手。两个辅助因素是机遇和政府，这就是经典的"钻石模型"。

（5）战略性贸易理论

它是指在不完全竞争和规模经济的条件下，一个国家的政府运用政策干预手段，把国外垄断企业的一部分垄断利润，转移给本国企业或消费者的贸易政策理论。该理论由布朗德（Brander）和斯潘塞（Spencer）提出。当然，政府扶植的产业必须是具有规模经济的产业。

总之，贸易理论发展至今，无论是哪种理论都承认一个基本观点：差异是贸易产生的根本因素。无论这种差异是分工的原因还是分工的结果，也无论这种差距是表现在劳动生产率的差异还是外生的生产要素禀赋，也无论这种差异是体现在区域经济的整体层面还是体现在企业等微观个体层面。因此，区域间差异的度量和影响因素的探讨是区域间贸易研究中必须解决的问题。

（三）区域贸易的类型

一般而言，对贸易类型的划分有三种方法。

1. 按照商品的移动方向

①进口贸易，将国家或区域以外的产品输入本地市场的贸易类型；②出口贸易，将本地生产的产品输出至其他国家或地区的贸易类型；③过境贸易，甲国家或地区生产的

商品经由乙国家或地区运至丙国销售，则对乙国而言，该贸易就属于过境贸易。

2. 按照商品的形态划分

①有形贸易，是指有实体形态的商品的进出口贸易，比如机器、设备、家具等；②无形贸易，是指没有实体形态的技术和服务的进出口，比如专利使用权、旅游、金融保险等。

3. 按照生产者和消费者在贸易中的关系划分

①直接贸易，是指商品生产国和消费国不通过第三国进行买卖商品的行为；②间接贸易指商品生产国与商品消费国通过第三国进行商品买卖的行为。

（四）区域贸易的影响因素

1. 微观影响因素

（1）区域间产业结构的互补性

差异性是区域间贸易的根本原因，或者说提供了区域间贸易活动的可能性，但最终能否发生贸易的行为还受到一系列相关因素的制约。地理学中关于空间相互作用是否能够发生有经典的描述，即互补性（区域间差异）、可达性（空间阻力）以及干扰机会。

互补性在上述关于贸易产生的理论中已经讨论，在此不再赘述。互补性的大小决定了空间相互作用的大小与强度，本部分将重点探讨可达性与干扰机会对区域间贸易的影响。

（2）区域间的可达性

可达性，顾名思义即是区域之间进行商品、资金、人口、技术、信息等传输的可能性。

首先，贸易可能性的首要因素就是两者之间是否具有空间上的可达性，而且这种可达性是否是经济的。假设 A 地与 B 地在空间上存在着交通运输通道，也就具备了理论上的空间可达性。但是 A 地与 B 地之间未必会发生实际的贸易行为。这取决于两地之间的距离成本有多少，而且由于不同贸易产品的附加值和本身固有属性的不同，对于距离成本的承受能力也差别较大。因此需要根据具体问题对成本进行核算，若超出了该产品对交通运输成本的承受范围，贸易同样不能发生。

其次，被传输客体的可运输性。运输时间成本也是贸易能否发生的重要影响因素。比如产品的保险周期较短，无法承受长时间的运输，这势必也会影响该产品的贸易范围。

最后，文化障碍、政治障碍也会影响可达性。文化和制度的鸿沟是制约国家之间发生贸易行为的重要因素。市场经济国家与非市场经济国家之间在经贸制度对接方面存在一定的限制性因素。政治制度之间的障碍也足以阻碍国与国之间的贸易行为。如朝鲜与韩国之间，语言沟通不存在障碍，产业结构存在明显的互补性，可政治制度方面的不同却能够阻断两国之间经贸联系的发生。当然就本研究而言，环渤海地区各省份之间的贸易活动不存在文化和政治制度的障碍。

（3）干扰机会

两个区域之间发生相互作用的可能性受到来自其他区域的干扰，即存在可以进行替代的第三方。在区域经贸活动中，可能的情况是两地之间原本维持着良好的经贸联系，由于新建交通线路、文化制度障碍的解除、产业结构与产品属性的改变等原因导致第三方脱颖而出，从而取代原有交易的一方，形成新的交易伙伴。

2. 宏观影响因素

（1）国外经济环境

在经济全球化的背景下，任何国家内部的区域分工和贸易都必将受到其他国家和地区经济发展情况的影响。对我国而言，由于区域经济发展水平和科技发展的不平衡，不同区域接受国外转移产业的能力和科技创新能力各异，使原有区域间资源—加工型的垂直分工格局逐渐解体，而技术—劳动力型水平分工格局逐渐占据主导的位置[3]。

就当前经济形势而言，随着2008年全球金融危机的不断蔓延，导致中国对外出口受到很大程度的抑制，众多依靠外单生产加工为主的制造业企业面临利润缩水与发展模式的转型，许多外贸制造业企业纷纷将市场关注重点由外销转为内销，将国内市场作为未来市场开拓的重要方向，从而导致中国区域间贸易的内容发生变化。

（2）国内区域经济制度变迁

众所周知，区域合作的实现有赖于制度的创新。就我国而言，各个区域的市场化改革进展不一，机制转换滞后。行政区成为阻碍区域经济合作的重要障碍，随着未来投融资体制与产权制度、区域行政绩效考核体系的改革，企业主导型区域经济合作将逐步取代政府主导型区域经济合作，成为区域经济合作的主要形式[4]。就目前而言，行政区经济广泛存在，地方保护主义在某些地区仍非常盛行，基于属地管理的行政绩效考核制度的存在制约了跨行政区间贸易和区域合作的顺利推进。

（3）区域发展阶段的变化

贸易主体间发展阶段的变化将影响区域贸易的内容和形式。在区域发展初期，原料及其他附加值较低的要素的贸易是主要形式。而在发展的中后期，输出产品的附加值将逐渐增加。这种情况在解释我国东中西三大地带之间的贸易行为时较为有效[5]。

综上，就本研究而言，阻碍环渤海地区各省份之间经贸联系的主要因素是可达性与互补性。新建的BSCC将渤海海峡两岸城市的联系距离最多缩短1 000千米。将使山东半岛与东北地区的联系阻力大大降低。产业结构的互补性还需要进一步进行科学测算。

(五)区域贸易的外在表现

史密斯(Smith)与提姆布莱克(Timberlake)于1995年将城市间的联系进行了分类(表12-1)。当然,该种分类是基于西方经济社会背景的,具体一些流的种类与我国的实际情况还有些出入,但大类基本是相同的,即人口流、物质流与信息流是城市与区域间流的主要内容。

表12-1 城市之间流的种类与内容

	人口流	物质流	信息流
经济联系	劳动力 管理者 咨询专家 律师	资本 商品	商务电话/传真 电信信息 技术转移 广告
政治联系	军队 外交官 社会工作者	军用物资 国际援助	条约 政治威胁
文化联系	交换学生 表演团体 摇滚音乐会 剧院演出	绘画作品 雕塑作品 艺术品	电影 电视节目 唱片
社会联系	家庭 红十字组织 社区组织	汇寄 国际援助	明信片 电话通话

区域经济学者通过对区域经济系统之间联系的解构也证明了劳动力流动、产品流动以及资本流动是区域经济主体间交流的主要内容(图12-1)[6]。

王士君认为,"如果不考虑其有序与无序过程及正向与反向效果,则城市相互作用可归纳出三种表现形式:第一种是人物对流。主要以人和物质的移动为特征,如产品、原材料在生产地和消费地之间的运输,邮件、包裹的输送及人口的移动等;第二种是市际贸易。主要以簿记程序和货币流转为特征;第三种是信息与技术转移。主要以新思维、新理念、新技术、新信息的形成、接受、消化吸收和传递为特征"[7]。

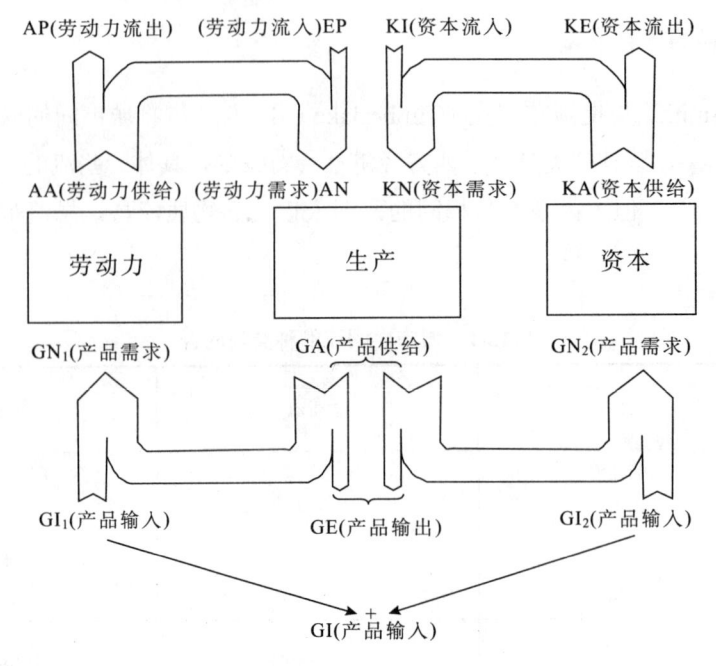

图 12-1　区域经济主体间的重要联系[8]

注：GA 表示生产部门的产出，即区域内的产品供给；EP 表示劳动力流入；AP 表示劳动力流出；KI 表示资本的流入；KE 表示资本的流出；GE 表示产品流出；GI 表示产品流入。

综上，支撑城市与区域空间相互作用的流，种类无外乎实体流与虚拟流。据相关的研究与调查，环渤海地区目前通过烟大轮渡上行输出物流主要是木材、粮食、钢铁、石油、矿石等，下行输入物流主要是煤炭、粮食、矿石、矿建、钢铁等[9]。考虑到环渤海地区的经济发展实际，实体流应该是区域经贸联系的主要形式，也是本研究关注的焦点。

（六）区域贸易的拟合、测度与预测

1. 直接测度法

区域间经贸联系理论上可以通过货物运输量进行测度。而国与国之间的经贸联系由于必须经由海关部门进行进出口报关，因此经贸联系数据可以通过海关统计年鉴来获得。而环渤海地区各省份之间的联系数据却没有专门的统计（尤其是缺乏点对点的关系数据）。而若采取上述直接测度的方法，由于研究对象的数量惊人，显然超出人力所能及的范围，而若采用抽样调查的方式，样本数量少则不具备研究的意义，样本数量大则导致工作量过大，研究时间和精力均无法保证。因此，本研究选择拟合方法来进行研究。

2. 拟合与替代法

对区域间经贸联系量的拟合与替代方法主要有如下四种方法。

（1）引力模型法

简单引力模型：

$$T_{ij} = K\frac{P_i P_j}{d_{ij}^b} \quad (i \neq j;\ i=1,2,\cdots,n;\ j=1,2,\cdots,m) \qquad 式\ 12\text{-}11$$

式 12-1 中，T_{ij} 是城市 i 与城市 j 之间的引力值；n 为特定城市体系内的城市的数量；P_i 和 P_j 是两个城市的人口规模；d_{ij} 为两个城市之间的距离；b 为距离摩擦系数[10]。

最早将引力模型用于研究国际贸易的是丁伯根（Tinbergen，1962）和波伊豪宁（Poyhonen，1963），他们分别独立使用引力模型研究分析了双边贸易流量，并得出了相同的结果：两国双边贸易规模与他们的经济总量成正比，与两国之间的距离成反比。林勒曼（Linnemannn，1966）在引力模型里引入了人口变量，他认为两国之间的贸易规模与人口有很大关联，人口的多少与贸易规模成正相关关系。博斯坦（Berstrand，1989）用人均收入替代了人口数量指标。由于引力模型所需要的数据可获性比较强，拟合效果也被证实可信度较高，因此其应用越来越广泛，成为国际贸易流量的主要实证研究工具。该模型也被形象地称为"双边贸易流量实证研究的驮马（Workhorse）"。

在后续的贸易引力模型扩展中，研究者主要是依据特定研究的重点，按照影响双边贸易流量的主要因素设置不同的解释变量，来分析这些因素的影响方向和影响大小，并对贸易潜力进行测算。

（2）客货车发车班次近似替代

陈伟劲、马学广等借用客运班次信息表征珠三角城市联系的空间格局特征[11]。钟业喜将列车始发车数量作为属性数据，判定我国城市等级体系。

（3）对联系流的调查抽样

通过对区域联系所依托的企业进行抽样调查。如李王鸣采用向代表性企业和政府部门发放抽样调查数据的形式进行拟合。但该方法工作量较大，一般采用的较少。

（4）公司网络拟合

在借助公司网络拟合区域联系格局方面，王成金借助物流公司的空间组织网络拟合城市关联网络，并以大连远征物流为例进行了实证研究[12]。金钟范借用企业的内部组织网络探讨了中韩城市之间联系格局[13]。傅燕利用汽车 4S 店的空间组织网络对东北地区的城市关联网络进行了初步研究[14]。路旭、马学广利用 99 家国际生产性服务业公司的组织网络拟合珠三角城市网络格局[15]。武前波对电子信息产业中的中国企业和跨国公司的公司结构进行分析，分别拟合地方化网络和全球化网络[16]。

综上，由于研究所涉及的区域范围较大，出于数据的可获性、统计口径、连续性方面的考虑，本研究决定采用贸易量引力模型进行环渤海贸易关系的拟合。

二、研究区基本概况与区域间贸易现状

（一）研究范围的界定

本研究的主要目的在于探讨 BSCC 的建设对区域贸易格局的影响。根据相关研究可知，由于 BSCC 的建设所导致的运输距离缩减的范围局限于东北三省和山东半岛，对华北地区的影响甚微，为简化研究，突出研究重点，将华北地区剔除。此外，考虑到数据的可获性，未将山东半岛的数据从山东省单独提取。因此，本研究将辽宁省、吉林省、黑龙江省和山东省四个省作为研究范围，探讨 BSCC 建设对上述四省造成的影响（图 12-2）。

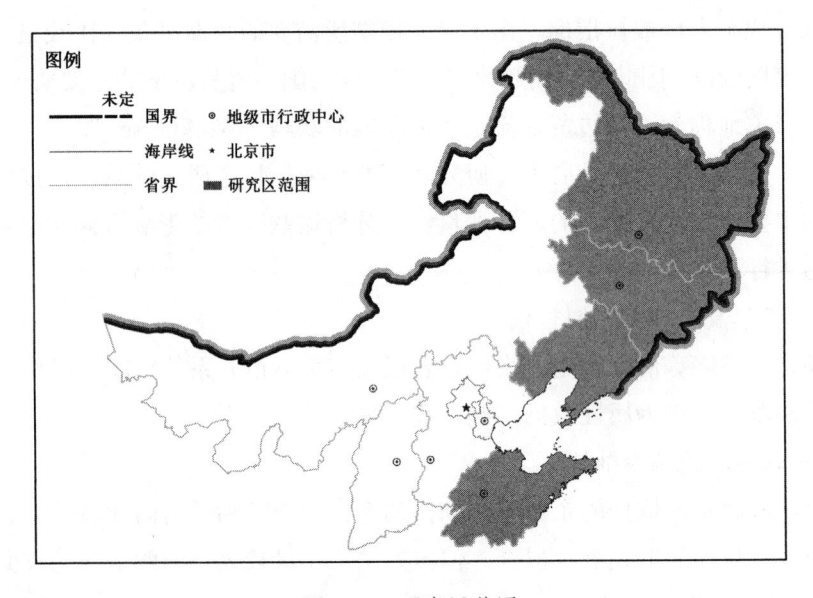

图 12-2 研究区范围

（二）研究区概况

东北三省及山东省是环渤海地区的重要组成部分。本研究区以冲积平原和低山丘陵为主，交通建设条件优越，有广阔的海岸线，大连、青岛、丹东、烟台、威海等都是本区拥有的天然良港。本地区处于东北亚经济圈的中心位置，南临长江三角洲，东临日韩，北邻蒙古和俄罗斯远东地区，无论是经济区位还是地缘政治区位都十分优越。

自然资源方面，本地区拥有丰富的海洋资源、矿产资源、油气资源、煤炭资源等能

源与资源。陆上资源方面，后备能源比较充足。原油产量约占全国总产量的43%，煤炭探明储量占全国总储量的60%以上[17]。黑色金属矿藏和有色金属矿藏资源蕴藏量较大，主要有铁、锰、铜、铅、锌、钼、铝等[18]。海洋资源中，渔业资源、油气资源、盐业资源较为丰富。海盐年产量占全国产量的50%以上。

本研究区的发展条件中，水资源是主要的限制性因素，必将成为未来限制该地区发展的重要"瓶颈"之一。

（三）区域间贸易现状

环渤海地区内部所涉及的七个省以及两个直辖市的经济发展水平和产业结构存在巨大差异。内蒙古以及山西能源基地为华北与东北地区的发展提供了坚实的资源基础。北京、天津、青岛、济南等中心城市是华北城市群制造业的重要分布地区。在东北地区，"哈大线发展轴"沿线的沈阳、大连、长春、哈尔滨是制造业集中的地区，而东北东部地区（包括牡丹江、双鸭山、鸡西等黑龙江东部地区，吉林省白山、通化等城市，以及辽宁本溪、丹东等城市）则是传统的能源、资源提供者。因此，环渤海地区的次级区域集团内部存在着产业协作关系。

东北地区与华北地区的沟通主要依托经由山海关的传统运输线路完成。然而巨大的运输量使山海关成为两大区域联系的"瓶颈"。区际经贸联系常常得不到满足，货物滞留、积压导致经贸联系受到很大程度的限制[19]。

目前，集团内部的联系是环渤海地区经贸联系的主要形式[20]。

第二节　研究区产业发展的现状分析

一、基于区位熵研究区内各城市主导产业分析

关于区域中各城市的主导产业的分析，区位熵是最常用的方法。赵东霞曾采用中心性指数①、区位熵和波士顿矩阵方法对环渤海地区各地级市的产业地域分工的基本格局进行过较为深入的探讨[21]。本研究从中提取山东省、辽宁省、黑龙江省以及吉林省的相

---

① 中心性指数是用来衡量城市中心地位的指标。计算方法如下：假设针对 n 个城市进行基于 m 个指标的综合评价，其指标集矩阵为 x_{ij}，则第 i 个城市的第 j 项指标中心性计算公式为 $C_{ij} = X_{ij} \bigg/ \dfrac{1}{n}\sum_{i=1}^{n} X_{ij}$。

关数据进行相关分析与探讨。

（一）研究区范围内城市中心性等级体系

赵东霞根据非农业人口、GDP 总量、固定资产投资额、社会消费品零售总额、实际利用外资五项指标对环渤海地区的各城市进行基于中心性的等级划分。选取本研究区所涉及的城市进行归纳，基本显示了研究区内的城市层级结构（表12-2）。由此可知，研究区范围内一级中心城市是四个省份的省会城市外加辽宁省的大连市以及山东省的青岛市。二级城市是围绕在一级经济中心城市周边进行配套和协作的城市，主要是山东省胶东半岛的烟台、潍坊等城市以及吉林省和黑龙江省的次中心城市吉林市、大庆市。顶层的一、二级经济中心城市多集中于渤海湾附近。而远离渤海湾的吉林省及黑龙江省其所辖城市多处于三级和四级中心，处于城市体系的底层。

表 12-2　研究区城市中心性层级结构

等级结构	城市
一级经济中心	大连、沈阳、青岛、哈尔滨、长春、济南
二级经济中心	烟台、潍坊、吉林、淄博、大庆、临沂、济宁、鞍山
三级经济中心	威海、盘锦、泰安、滨州、齐齐哈尔、东营、营口、德州、聊城、松原、丹东、牡丹江、菏泽、抚顺、枣庄、绥化、锦州、四平、通化、日照、延边
四级经济中心	本区的其他城市，主要位于吉林省和黑龙江省

（二）研究区范围内各城市的主导产业

赵东霞确定了五类具有明显产业优势的城市：农业主导型城市、农矿业主导型城市、矿业—制造业主导型城市、制造业主导型城市和服务业主导型城市（表12-3）。可为本研究分析贸易格局提供一定的参考。由表可知，研究区范围内的城市主要以制造业和采掘业等第二产业以及第一产业为主。专业服务功能较强的城市仅限于旅游服务，且服务水平相对较低。因此，符合上述对于研究区整体产业结构偏重第二产业制造业，第三产业发展相对滞后的总体判断。农业及矿业主导型城市主要以黑龙江省所辖城市为主。矿业—制造业主导型城市主要是辽宁省原有的资源型城市和山东省的西部内陆城市。制造业为主的城市主要分布于渤海湾的山东半岛、辽东半岛以及东北传统的"哈大"发展轴上（图12-3）。

表 12-3 研究区城市特色产业分类

类型	城市
农业主导型城市	伊春、白城、黑河、佳木斯、锦州、绥化、辽阳、四平
农矿业主导型城市	鹤岗、双鸭山、七台河、白山
矿业—制造业主导型城市	鸡西、辽源、盘锦、松原、阜新、枣庄、莱芜、抚顺、本溪、大庆、临沂、淄博、济宁
制造业主导型城市	威海、滨州、葫芦岛、营口、德州、日照、通化、齐齐哈尔、烟台、鞍山、吉林、潍坊、青岛、长春、大连、哈尔滨、沈阳

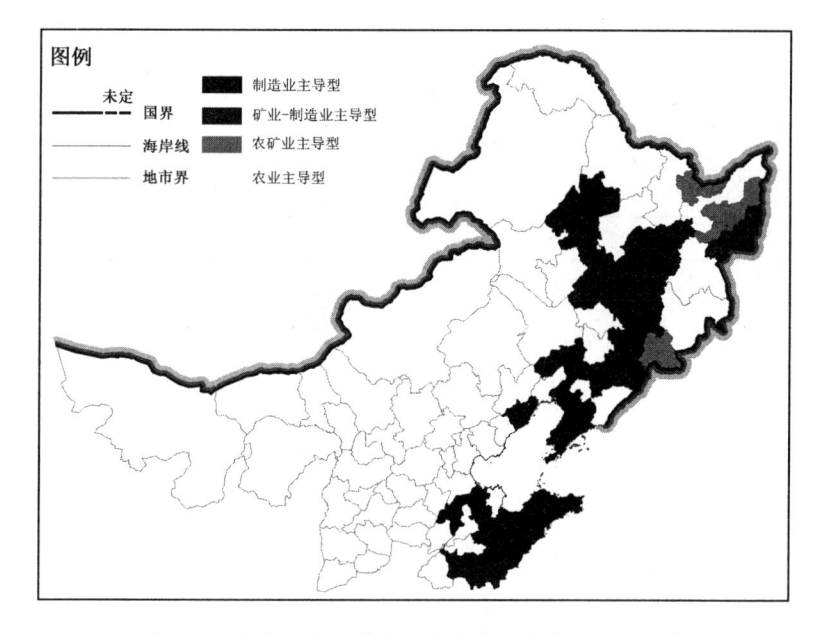

图 12-3 东北三省及山东省各城市主导产业空间分异

本研究区范围内城市的产业结构是以制造业为主导，以矿产采掘业及农业种植业为支撑。第三产业发展相对滞后。东北三省内部基本形成以距渤海湾以及"哈尔滨—大连"发展轴带远近为基础的产业梯度分布，形成较为显著的层级体系。山东省内部形成以距黄渤海和"济南—青岛"发展轴带远近为基础的产业梯度分布。两大体系的核心部分即胶东半岛的青烟威地区与辽中南地区。正是由于依赖自然资源为主的制造业在本研究区内广泛布局并成为建构城市体系的基本动力，本区内的各产业对于交通运输条件的优劣较为敏感。这客观上也为 BSCC 建设的必要性和紧迫性提供了佐证与依据。

二、基于投入产出表的研究区各省份产业影响力与区域感应度分析

本部分分析基于石敏俊、张卓颖等对中国各省份投入产出模型的构建及其对区际经济联系拟合的相关成果[22],将本研究所涉及的山东省、辽宁省、黑龙江省以及吉林省的数据进行专门提取,以期对四省份间的经贸联系格局形成基本的认识。

(一)研究区产业的区域影响力分析

通过将石敏俊对各省份对区域影响力①统计结果进行提取[22],并将研究区内的四个省份产业影响力前十位的产业进行排序,得到表12-4。结果表明,研究区内各省的产业

表12-4 研究区各省产业影响力系数排名前十位的产业门类[22]

排序	山东省 产业门类	IC_j^S	辽宁省 产业门类	IC_j^S	吉林省 产业门类	IC_j^S	黑龙江省 产业门类	IC_j^S
1	其他交通运输设备制造业	1.66	船舶及浮动装置制造业	1.23	水泥、玻璃和陶瓷	2.75	汽车制造业	1.32
2	电机及家电制造业	1.59	金属制品业	1.20	木材与竹材采运业	1.59	燃气生产和供应业	1.28
3	钢铁及有色金属冶炼加工	1.53	汽车制造业	1.19	文化、办公用机械制造业	1.24	汽车零部件及配件制造业	1.24
4	汽车制造业	1.50	汽车零部件及配件制造业	1.18	食品加工业	1.20	金属制品业	1.22
5	道路运输业	1.33	锅炉及其他设备专用设备制造业	1.14	旅游业	1.17	建筑业	1.22
6	建筑业	1.32	化学工业	1.14	仓储业	1.15	其他工业	1.22
7	煤炭开采及洗选业	1.31	铁路运输设备制造业	1.13	建筑业	1.13	锅炉及其他设备专用设备制造业	1.19
8	石油加工业及炼焦	1.31	其他交通运输设备制造业	1.12	航空旅客运输业	1.12	纺织服装、皮革	1.19
9	锅炉及其他设备专用设备制造业	1.31	电机及家电制造业	1.12	航空货运业	1.12	船舶及浮动装置制造业	1.18
10	汽车零部件及配件制造业	1.30	钢铁及有色金属冶炼加工	1.12	钢铁及有色金属冶炼加工	1.11	金融业和保险业	1.18

---

① 区域产业影响力系数:$IC_j^S = \dfrac{\sum_R b_{ij}^{RS}}{\dfrac{1}{m \times n}\sum_R \sum_S \sum_i \sum_j b_{ij}^{RS}}$。

其中,IC_j^S 为 S 地区 j 产业的区域产业影响力系数;b_{ij}^{RS} 为 R 地区 i 部门对 S 地区 j 产业的列昂惕夫逆系数,m 为地区数;n 为每个地区的产业数。该系数可以表征该产业所产生的生产波,即影响水平相对平均水平的程度。因此,值越大,表明该产业对生产拉动作用越大。

部门影响力较高的产业均集中于制造业（交通运输设备制造、家电制造、船舶设备制造、汽车制造）、石化、金属冶炼、建筑业及建筑材料等。这表明制造业是对区域产业贡献或区域发展拉动作用最显著的产业。山东省居首，各类制造业对区域其他产业拉动作用较大，且制造业内部发展水平较为平均，汽车及其他交通设备制造业、电机及家电制造业、钢铁及有色金属冶炼加工影响力系数均处高位且相差甚微。辽宁省产业区域影响力系数普遍不高，无论是所有产业门类还是前十位的产业门类影响力均值均低于黑龙江省。可见，作为老工业基地的辽宁省，其制造业发展水平由于未能及时转型升级，区域影响力并不高，对区域发展的拉动作用有限。相反，作为制造业基础相对薄弱的黑龙江省，却由于汽车制造业和能源产业的拉动作用较大，而表现出较高的区域影响力。吉林省由于对外输出水泥、木材、食品等初级原料而使得特定产业具有较高的区域影响力。如水泥、玻璃和陶瓷产业，其区域影响力在研究区的四个省份中是最高的。但单纯的初级产品输出对区域发展的拉动作用究竟有多大？是否能为区域发展提供源源不断的持续动力，是值得反思的问题。

（二）研究区产业感应度系数分析

通过将石敏俊对各省区对区域感应度系数①统计结果进行提取[22]，并将研究区内的四个省份产业感应度系数前十位的产业进行排序，得到表12-5。结果表明，就山东省而言，区域对其需求依赖较大的仍然是各类制造业（交通设备、仪器仪表、通信及电子计算机、家具加工制造）。与影响力系数所不同的是，纺织业与家具制造成为区域需求较大的产业门类。对辽宁省而言，纺织、服装、食品加工是其区域对其依赖性较大的产业门类。黑龙江省的金属加工产业、船舶设备制造、建筑业、锅炉设备制造等产业的区域需求较大。吉林省的产业感应度系数与上述影响力系数类似，均是水泥、玻璃和陶瓷、木材、旅游业、建筑业、船舶设备制造的区域需求较大，总体而言，还是对外输出初级产品或资源型产品。

通过对研究区内四个省份各产业区域影响力和区域感应度的分析，可以得出如下结

---

① 感应度系数：$RC_i^R = \dfrac{\sum_S \sum_j b_{ij}^{RS}}{\dfrac{1}{m \times n} \sum_R \sum_S \sum_i \sum_j b_{ij}^{RS}}$。

其中，RC_i^R 为 R 地区 i 部门的区域产业感应度系数；b_{ij}^{RS} 为 R 地区 i 部门对 S 地区 j 产业的列昂惕夫逆系数，m 为地区数；n 为每个地区的产业数。该系数可以反映，当前国民经济各部门均增加一个单位最终使用时，对区域某一部门产生的全部需求影响。因此，该系数越大，表明其他部门对该产业的需求依赖越大。

表 12-5　研究区各省产业感应度系数排名前十位的产业门类[22]

排序	山东省 产业门类	RC_i^R	辽宁省 产业门类	RC_i^R	吉林省 产业门类	RC_i^R	黑龙江省 产业门类	RC_i^R
1	其他交通运输设备制造业	2.13	纺织服装、皮革	2.05	水泥、玻璃和陶瓷	4.61	金属制品业	2.56
2	仪器仪表制造业	2.07	纺织业	1.74	木材及竹材采运业	2.46	船舶及浮动装置制造业	2.14
3	通信设备、电子计算机制造业	1.84	食品加工业	1.71	旅游业	2.18	建筑业	2.06
4	木材加工及家具制造业	1.83	通信设备、电子计算机制造业	1.66	建筑业	2.07	锅炉及其他设备专用设备制造业	1.91
5	纺织服装、皮革	1.79	住宿业和餐饮业	1.64	文化、办公用机械制造业	2.04	其他工业	1.87
6	电机及家电制造业	1.70	木材加工及家具制造业	1.45	船舶及浮动装置制造业	2.01	铁路运输设备制造业	1.73
7	汽车制造业	1.65	汽车零部件及配件制造业	1.38	钢铁及有色金属冶炼加工	1.94	电机及家电制造业	1.72
8	文化、办公用机械制造业	1.61	畜牧业	1.37	金属制品业	1.88	水泥、玻璃和陶瓷	1.70
9	纺织业	1.59	仪器仪表制造业	1.35	电机及家电制造业	1.76	汽车零部件及配件制造业	1.64
10	船舶及浮动装置制造业	1.59	金属制品业	1.27	锅炉及其他设备专用设备制造业	1.58	汽车制造业	1.52

论。①制造业仍是对本研究区发展拉动作用最大的产业门类,因此,制造业发展程度的高低直接决定了区域影响力的高低。但不得不指出的是,研究区内山东省制造业的区域影响力较高,但产业感应度系数却并不理想,表明产品的对外输出还存在一定的局限,或者现有产品出口比例较高,国内贸易的比重相对较低。辽宁省的制造业转型仍然举步维艰,并未实现新的突破,其产业影响力和区域感应度均不高,均值甚至低于黑龙江省。黑龙江省的制造业作为后起之秀,其崛起速度是有目共睹的,其区域影响力和感应度系数均相对较高。②资源型产品及初级产品输出仍是重要的区域发展路径。吉林省的资源型产品(如农产品、木材)以及初级产品(如水泥、玻璃、陶瓷)的区域影响力和区域感应度均是本区域最高的。这在一定程度上可以解释黑龙江经济赶超吉林经济,从而形成东北地区"哑铃状"(即"哈大"发展轴两头发展程度高,中间发展程度较低)区域发展格局的成因。③本研究区内产业影响力系数和产业感应度系数均相对偏低。通过对四

个省份的产业影响力系数求均值,结果表明,产业影响力系数只有山东省和黑龙江省勉强超过均值,辽宁省和吉林省均低于均值水平。此外,通过对四个省份的产业感应度求均值,结果表明,山东省、黑龙江省、吉林省与平均值持平,而辽宁省则低于平均值。这种情况一定程度上或许与山东省、辽宁省一部分制造业企业的出口导向型政策有关,国内贸易受到忽视。但不得不承认的是,在全球经济危机的大背景下,国内贸易将是未来研究区产业发展的主要动力和市场来源,如何扩展国内市场,从而在更大程度上促进区域内与区域外的国内贸易将是摆在东北三省和山东省产业发展的首要问题。

第三节 BSCC建设对地区间贸易量的影响预测

一、研究思路与设计

(一)总体思路

前文已述,产业的互补性是省区间贸易的基本动力。本研究拟首先测度环渤海海峡两岸四省之间的产业互补性强弱,测度它们之间的经贸联系潜力;其次,利用贸易量引力模型对BSCC建设所影响到的黑龙江、吉林、辽宁、山东四省之间的贸易量进行科学测算。

(二)研究设计

1. 产业互补性

本研究借鉴工业结构相似系数,对两个地区的产业互补性构建产业结构互补系数。从第一产业、第二产业以及第三产业中选取十个有代表性且具备连续大时间跨度数据可获性的指标:农业增加值,林业增加值,牧业增加值,渔业增加值,工业增加值,建筑业增加值,交通运输、仓储和邮政业增加值,批发、零售贸易和餐饮业增加值,房地产业增加值,金融业增加值。

$$S_{ij} = \frac{\sum(x_{in} \times x_{jn})}{\sqrt{(\sum x_{in}^2) \times (\sum x_{jn}^2)}} \qquad 式12\text{-}2$$

式12-2中,i、j为两省份;n为特定的产业部门;x_{in}及x_{jn}分别是n产业在i省和j省所占的GDP比重。很显然,S_{ij}的值介于0与1之间,该值越接近于1,说明两地产业结构越相似;该值越接近于0,说明两地产业结构差异越大。

2. 贸易量测算

经典的贸易量引力模型多将 GDP 与人口作为引力模型分析的主要指标。本研究将继续沿用上述两个指标，但若将上述计算得到的产业结构互补系数加入，则更能体现出产业结构的差异性对区域间联系的影响。借鉴朱道才的相关研究，引入区域质量的概念：

$$Q_i = \sqrt[2]{i_{\text{GDP}} \times i_{\text{p}}} \qquad \text{式 12-3}$$

式 12-3 中，Q_i 是 i 省的区域质量；i_{GDP} 是 i 省的 GDP；i_{p} 是 i 省的地区户籍人口总数。

则两省间贸易引力模型为：

$$T_{ij} = \frac{Q_i Q_j}{d_{ij}^b} \times (1 - S_{ij}) \times 1\,000 \qquad \text{式 12-4}$$

式 12-4 中，T_{ij} 为 i、j 两省的贸易引力；S_{ij} 为产业结构相似系数；d 为距离，在本研究中将采用省会城市之间的公路路网距离与铁路路网距离的平均值①。摩擦系数一般选取最为常见的 2。但由于 BSCC 的修建使山东省对外联系距离减少，因此摩擦系数在 BSCC 建成后会减少。根据相关研究，目前经过跨海铁路轮渡的货物主要为农产品、矿石、石油等大运量、低附加值类的产品，该类产品对运输的时间成本要求较低，对运费比较敏感，因此，摩擦系数的减少应与距离的减少呈现等比关系。

$$\frac{d_{\text{未建}}}{2} = \frac{d_{\text{建成}}}{b_{\text{建成}}} \qquad \text{式 12-5}$$

因此，研究中将根据如下公式计算摩擦系数：

$$b_{\text{建成}} = (d_{\text{建成}} \times 2) / d_{\text{未建}} \qquad \text{式 12-6}$$

3. 数据来源与处理

研究中所涉及的农业增加值，林业增加值，牧业增加值，渔业增加值，工业增加值，建筑业增加值，交通运输、仓储和邮政业增加值，批发、零售贸易和餐饮业增加值，房地产业增加值，金融业增加值等数据均来自于黑龙江、吉林、辽宁、山东四省 1994~2014 年的统计年鉴。预测数据均利用 matlab 软件，运用线性回归分析模型预测得到。

---

① 考虑到山东省和辽宁省经济发展的"双中心"特征，在山东省，将大致处于济南市和青岛市中间位置的潍坊市作为路网距离选取基点。在辽宁省，将大致处于沈阳市和大连市中间位置的营口市作为路网距离选取基点。近似测量两省份之间的路网距离。

二、省份间的产业互补性分析

分别计算黑龙江、吉林、辽宁、山东四省之间 2020~2050 年每两个省份间的相似系数。由表 12-6 可知，辽宁与黑龙江、辽宁与山东、吉林与山东、吉林与黑龙江、黑龙江与山东之间的相似系数呈现下降态势，表明产业结构差异化程度将提高，贸易量增加前景乐观。而辽宁与吉林之间的相似系数却呈现上升态势，因此贸易量增加前景不乐观。

总体而言，山东与东北三省之间的相似系数均呈现下降态势，表明未来渤海海峡两侧间的贸易潜力非常巨大。也就是说 BSCC 的建设可以在很大程度上满足山东与东北三省产业互补性增强、贸易潜力巨大的具体实际需要。这恰为 BSCC 的建设提供了一定的佐证。

表 12-6　2020~2050 年研究区内四省份间产业结构相似系数变化

年份	省份	省份	相似系数	省份	省份	相似系数	省份	省份	相似系数
2020	辽宁	黑龙江	0.980 248	辽宁	山东	0.998 135	辽宁	吉林	0.994 072
2025	辽宁	黑龙江	0.978 780	辽宁	山东	0.997 901	辽宁	吉林	0.994 216
2030	辽宁	黑龙江	0.977 714	辽宁	山东	0.997 726	辽宁	吉林	0.994 303
2035	辽宁	黑龙江	0.976 908	辽宁	山东	0.997 592	辽宁	吉林	0.994 361
2040	辽宁	黑龙江	0.976 271	辽宁	山东	0.997 487	辽宁	吉林	0.994 403
2045	辽宁	黑龙江	0.975 763	辽宁	山东	0.997 400	辽宁	吉林	0.994 433
2050	辽宁	黑龙江	0.975 339	辽宁	山东	0.997 329	辽宁	吉林	0.994 456
年份	省份	省份	相似系数	省份	省份	相似系数	省份	省份	相似系数
2020	吉林	山东	0.994 439	吉林	黑龙江	0.991 240	黑龙江	山东	0.985 663
2025	吉林	山东	0.994 433	吉林	黑龙江	0.989 936	黑龙江	山东	0.984 675
2030	吉林	山东	0.994 411	吉林	黑龙江	0.988 969	黑龙江	山东	0.983 964
2035	吉林	山东	0.994 386	吉林	黑龙江	0.988 224	黑龙江	山东	0.983 430
2040	吉林	山东	0.994 363	吉林	黑龙江	0.987 633	黑龙江	山东	0.983 007
2045	吉林	山东	0.994 342	吉林	黑龙江	0.987 160	黑龙江	山东	0.982 674
2050	吉林	山东	0.994 323	吉林	黑龙江	0.986 763	黑龙江	山东	0.982 395

三、不同省份间联系值的变化

根据 BSCC 建设前后的路网距离的变化，分别得到建设前后区域贸易网络的格局。

(一) BSCC 建设前

1. 空间联系总量格局

由表 12-7 可知, 在 BSCC 建设前, 东北三省内部由于辽宁省与黑龙江省、吉林省存在较大的产业结构差异, 其贸易量相当可观。黑龙江省地区贸易量较大, 其贸易量占区域总贸易量的比重一直在 38% 以上, 2050 年甚至达到 39.2%, 吉林省次之, 其贸易量占区域总贸易量的比重稳定在 31% 以上, 辽宁省再次之, 其贸易量占区域总贸易量的比重在 25% 上下浮动, 略有下降。这与前文对于环渤海区域贸易现状的分析不谋而合。山东省与东北三省的贸易, 由于需要绕行山海关, 空间距离的阻碍因素较大, 因此贸易量相对最小, 最多不超过 4.4%。可见, 若研究区交通路网格局不进行优化, 山东省在区域贸易格局的地位没有大的改善, 不能发挥山东省作为制造业高地的区域发展带动作用。

表 12-7 BSCC 建成前四省贸易量矩阵

2020 年	辽宁	黑龙江	吉林	山东	区域占比（%）
辽宁	0	5 829.01	4 496.68	385.65	28.7
黑龙江	5 829.01	0	7 029.04	564.66	35.9
吉林	4 496.68	7 029.04	0	379.50	31.9
山东	385.65	564.66	379.50	0	3.6
2025 年	辽宁	黑龙江	吉林	山东	区域占比（%）
辽宁	0	7 776.13	5 480.09	544.55	27.0
黑龙江	7 776.13	0	10 035.46	1 233.01	37.3
吉林	5 480.09	10 035.46	0	476.99	31.3
山东	544.55	1 233.01	476.99	0	4.4
2030 年	辽宁	黑龙江	吉林	山东	区域占比（%）
辽宁	0	9 810.11	6 510.33	714.53	26.3
黑龙江	9 810.11	0	13 217.05	1 557.01	38.0
吉林	6 510.33	13 217.05	0	580.28	31.3
山东	714.53	1 557.01	580.28	0	4.4
2035 年	辽宁	黑龙江	吉林	山东	区域占比（%）
辽宁	0	11 923.25	7 579.60	894.05	25.8
黑龙江	11 923.25	0	16 549.68	1 895.11	38.4
吉林	7 579.60	16 549.68	0	688.51	31.4
山东	894.05	1 895.11	688.51	0	4.4

续表

2040 年	辽宁	黑龙江	吉林	山东	区域占比（%）
辽宁	0	14 116.74	8 686.81	1 081.77	25.4
黑龙江	14 116.74	0	20 018.71	2 247.85	38.7
吉林	8 686.81	20 018.71	0	801.19	31.4
山东	1 081.77	2 247.85	801.19	0	4.4
2045 年	辽宁	黑龙江	吉林	山东	区域占比（%）
辽宁	0	16 381.18	9 831.32	1 278.38	25.2
黑龙江	16 381.18	0	23 602.48	2 613.38	39.0
吉林	9 831.32	23 602.48	0	918.52	31.4
山东	1 278.38	2 613.38	918.52	0	4.4
2050 年	辽宁	黑龙江	吉林	山东	区域占比（%）
辽宁	0	18 724.04	11 011.19	1 482.99	24.9
黑龙江	18 724.04	0	27 319.60	2 993.04	39.2
吉林	11 011.19	27 319.60	0	1 040.03	31.5
山东	1 482.99	2 993.04	1 040.03	0	4.4

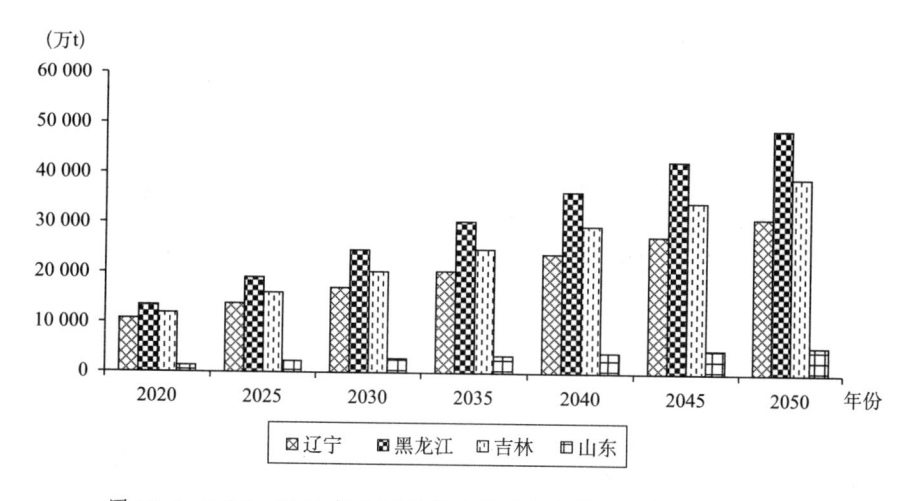

图 12-4　2020～2050 年 BSCC 修建前环渤海地区四省份贸易量对比

2. 联系格局

首先，通过对研究区各省份的贸易份额演化趋势进行分析，可以发现：黑龙江省、吉林省、山东省的区域贸易份额均呈现缓慢增长态势，而唯有辽宁省呈现下降态势（图 12-5）。

其次，若将研究区内两两省份间在 2020～2050 年的联系值取平均数，得到图 12-6。

由图可知，在 BSCC 未修建的情况下，山东省在研究区联系网络中起到的作用微乎其微。主要联系都存在于东北三省内部。

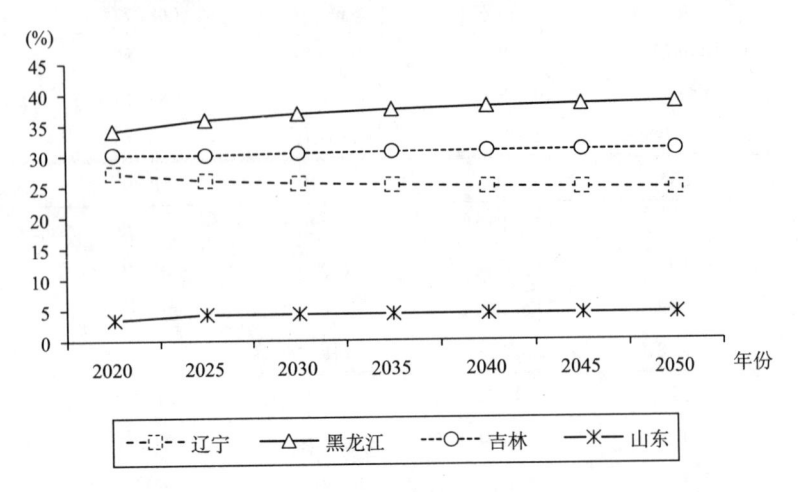

图 12-5　2020～2050 年环渤海地区四省份贸易量份额

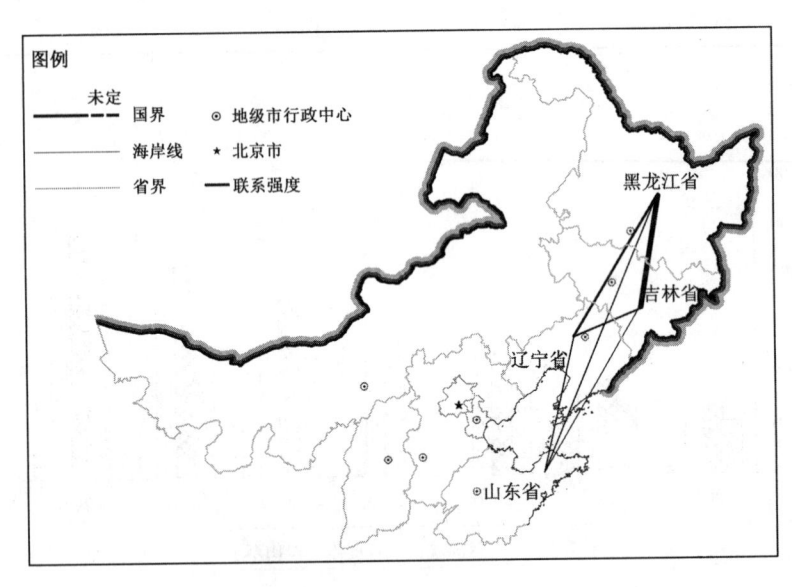

图 12-6　BSCC 未建设 2020～2050 年研究区平均联系强度

（二）BSCC 建设后

1. 空间联系总量格局

根据先前研究结论，BSCC 的建设需要长达 15 年的建设周期，即便是 2015 年即开始建设，最早也只能在 2030 年建成。因此，BSCC 建设后的讨论只涉及 2030 年之后的情况。

在 BSCC 建成以后,山东省的贸易量在区域贸易的占比有较大程度提高。虽然贸易总量的绝对值在四个省份中仍居于末端,但 2030~2050 年贸易总量平均是 BSCC 未建设情况下的 5.04 倍。由此可见,BSCC 对于山东省贸易增长有显著推动作用(表 12-8,图 12-7)。

表 12-8 BSCC 建成后四省贸易矩阵

2030 年	辽宁	黑龙江	吉林	山东
辽宁	0	9 810.11	6 510.33	6 223.30
黑龙江	9 810.11	0	13 217.05	6 191.20
吉林	6 510.33	13 217.05	0	1 803.73
山东	6 223.30	6 191.20	1 803.73	0
2035 年	辽宁	黑龙江	吉林	山东
辽宁	0	11 923.25	7 579.60	7 786.84
黑龙江	11 923.25	0	16 549.68	7 535.61
吉林	7 579.60	16 549.68	0	2 140.14
山东	7 786.84	7 535.61	2 140.14	0
2040 年	辽宁	黑龙江	吉林	山东
辽宁	0	14 116.74	8 686.81	9 421.76
黑龙江	14 116.74	0	20 018.71	8 938.23
吉林	8 686.81	20 018.71	0	2 490.39
山东	9 421.76	8 938.23	2 490.39	0
2045 年	辽宁	黑龙江	吉林	山东
辽宁	0	16 381.18	9 831.32	11 134.22
黑龙江	16 381.18	0	23 602.48	10 391.68
吉林	9 831.32	2 3602.48	0	2 855.08
山东	11 134.22	10 391.68	2 855.08	0
2050 年	辽宁	黑龙江	吉林	山东
辽宁	0	18 724.04	11 011.19	12 916.26
黑龙江	18 724.04	0	27 319.60	11 901.34
吉林	11 011.19	27 319.60	0	3 232.79
山东	12 916.26	11 901.34	3 232.79	0

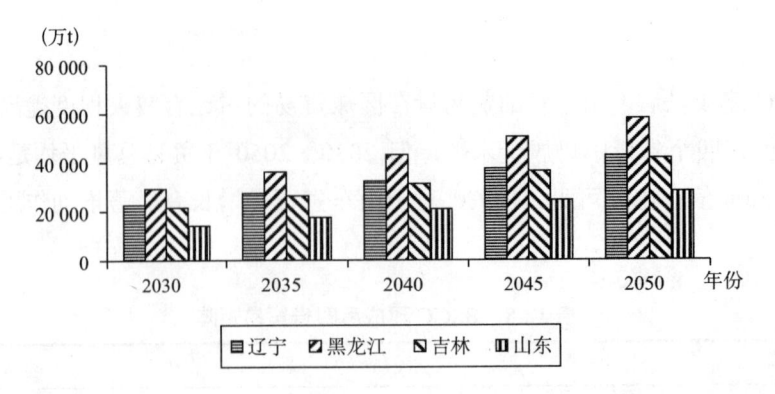

图 12-7　2030～2050 年 BSCC 建成后环渤海地区四省份贸易量对比

2. 联系格局

首先，在 BSCC 建成以后，山东省的贸易份额也有逐年增长的态势。但总的贸易格局未发生较大改变。可能是由于东北地区长期固有的社会经济联系圈相对稳固的原因。山东省的贸易份额仍是最小的，最高仅为 16.28%，但较之 BSCC 未建成的情况（不足 5%），已经有了翻天覆地的变化（图 12-8）。

其次，在 BSCC 建成以后，将研究区内两两省份间在 2020～2050 年的联系值取平均数，得到图 12-9。由图可知，山东省在研究区中的网络地位有显著提高，与东北三省的联系大幅度加强，特别是与辽宁省与黑龙江省之间的联系值较 BSCC 未修建的情况提升最大。

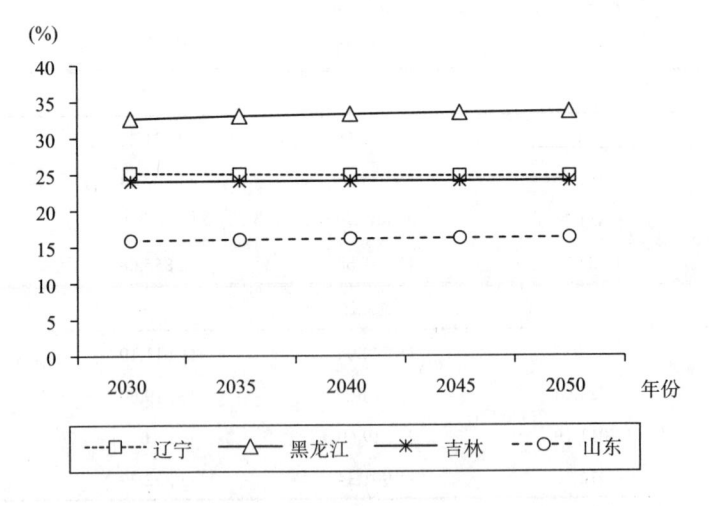

图 12-8　2030～2050 年环渤海地区四省份贸易量份额

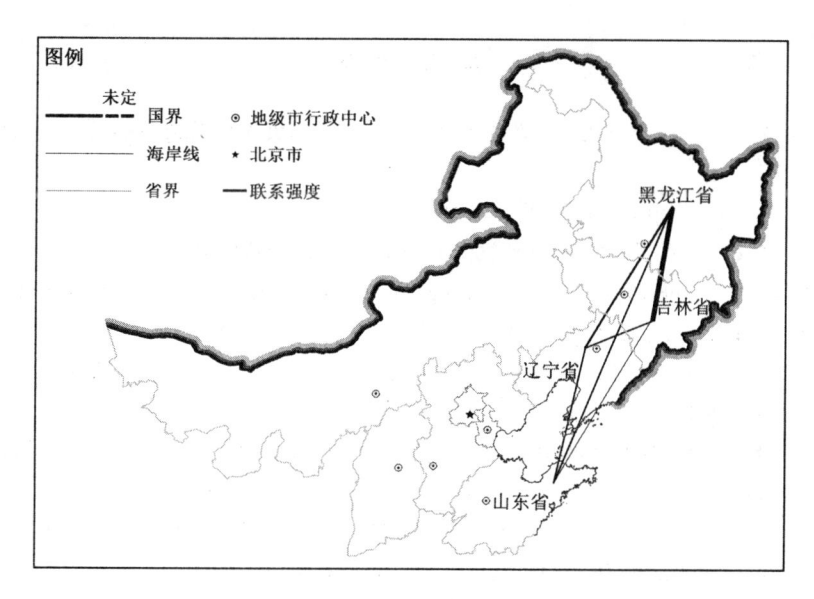

图 12-9　BSCC 建成后 2030~2050 年研究区平均联系强度

若对山东省与其他三个省份的贸易份额构成在 BSCC 建设前后的变化进行进一步分析，可以发现：BSCC 对辽宁省的贸易份额提升作用最明显。2030 年之后，BSCC 的修建将使辽宁省在山东省贸易伙伴份额达到并超过黑龙江的份额（图 12-10）。而若不修建 BSCC，则山东省与黑龙江省的贸易占山东省总体贸易的份额则是最高的。

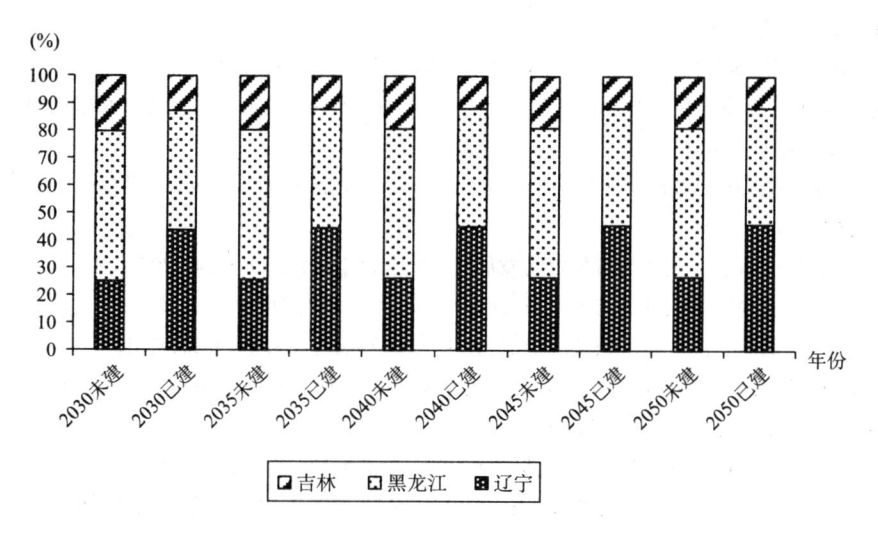

图 12-10　2030~2050 年山东省与东北三省在 BSCC 建设前后贸易份额构成变化

参 考 文 献

[1] 彭徽. 国际贸易理论的演进逻辑: 贸易动因、贸易结构和贸易结果[J]. 国际贸易问题, 2012, (2): 169-176.

[2] 陈永富. 国际贸易理论[M]. 北京: 科学出版社, 2007.

[3] 陈秀山, 孙久文. 中国区域经济问题研究[M]. 北京: 商务印书馆, 2007.

[4] Smith, D. A., M. Timberlake. Conceptualising and mapping the structure of the world system's city system[J]. Urban Studies, 32(2): 287-302.

[5] 刘焱. 区域一体化进程中的改革与创新——兼论天津滨海新区功能区与行政区联动体制机制[D]. 华东师范大学, 2008.

[6] 武前波, 宁越敏. 中国城市空间网络分析——基于电子信息企业生产网络视角[J]. 地理研究, 2012, 31(2): 207-209.

[7] 王士君. 城市空间相互作用与整合发展的理论与实证研究[D]. 东北师范大学, 2003.

[8] 陈秀山, 张可云. 区域经济理论[M]. 北京: 商务印书馆, 2010.

[9] 陈航, 张文尝. 中国交通地理[M]. 北京: 科学出版社, 2000: 233-234.

[10] 顾朝林, 庞海峰. 基于重力模型的中国城市体系空间联系与层域划分[J]. 地理研究, 2008, 27(1): 1-11.

[11] 陈伟劲, 马学广, 蔡莉丽, 等. 珠三角城市联系的空间格局特征研究基于城际客运交通流的分析[J]. 经济地理, 2013, 33(4): 48-55.

[12] 王成金. 中国物流企业的空间组织网络[J]. 地理学报, 2008, 63(2): 135-146.

[13] 金钟范. 基于企业母子联系的中国跨国城市网络结构——以中韩城市之间联系为例[J]. 地理研究, 2010, 29(9): 1670-1682.

[14] 傅燕. 基于汽车4S店的东北地区城市网络研究[D]. 东北师范大学, 2011.

[15] 路旭, 马学广, 李贵才. 基于国际高级生产者服务业布局的珠三角城市网络空间格局研究[J]. 经济地理, 2012, 32(4): 50-54.

[16] 武前波, 宁越敏. 中国城市空间网络分析——基于电子信息企业生产网络视角[J]. 地理研究, 2012, 31(2): 207-219.

[17] 张晗. 环渤海区域经济发展与对外贸易发展[J]. 社会科学论坛, 2008, (4): 207-208.

[18] 张文慧. 环渤海地区产业分工与合作研究[D]. 山东师范大学, 2013.

[19] 王朝华. 对环渤海地区开展区域合作的思考[J]. 中国发展, 2008, 8(3): 116-121.

[20] 魏礼群, 柳新华, 刘良忠等. 渤海海峡跨海通道对环渤海经济发展及振兴东北老工业基地的影响研究[M]. 北京: 经济科学出版社, 2009.

[21] 赵东霞. 环渤海地区产业地域分工的基本格局[J]. 经济地理, 2015, 35(6): 8-16.

[22] 石敏俊, 张卓颖等. 中国省区间投入产出模型与区际经济联系[M]. 科学出版社, 2012.

第三部分
BSCC 建设前后东北、华北和山东半岛经济发展的空间差异

第十三章 交通网络的空间差异性

第一节 区域交通网络与经济发展

一、研究区域及数据

为了揭示交通网络建设，尤其是公路建设发展与区域经济发展的演化规律，分析 BSCC 直接影响的环渤海经济圈为主要研究区域，研究分析东北、华北和山东半岛物流区域之间的空间差异及变化特征。采用二级经济区域划分方法，将 BSCC 直接辐射的三大物流区域作为一个空间单元，根据各区域内省级行政区的差别，将各省级行政区作为独立的空间单元。划分如图 13-1 所示。

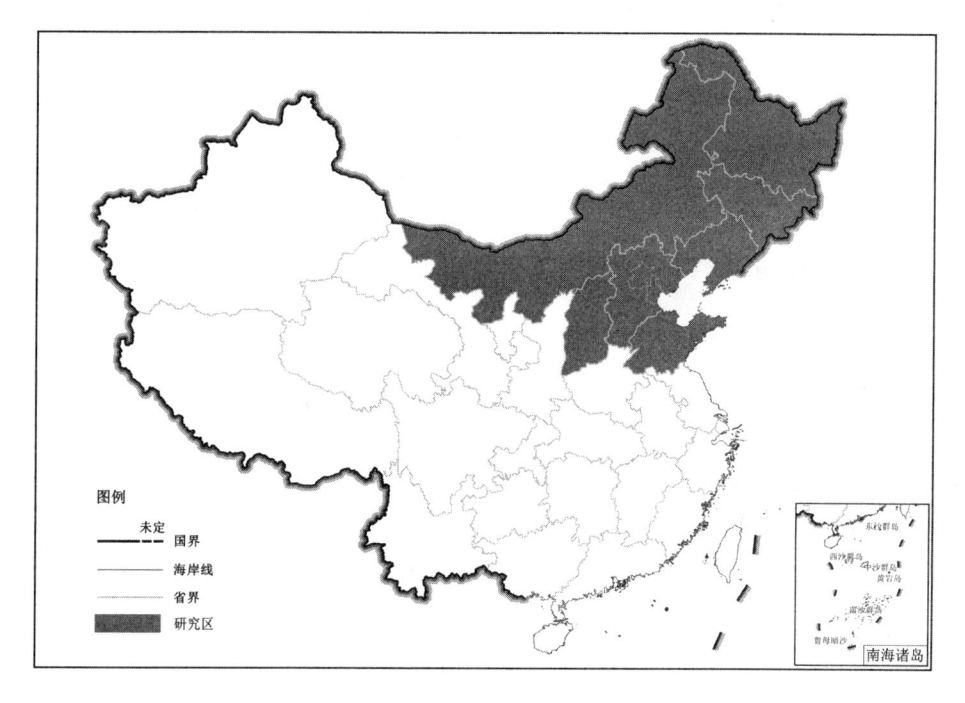

图 13-1 研究区域空间单元划分

本研究以 BSCC 直接影响区域东北、华北和山东半岛这三大物流区域为研究区域[1~4]，探讨 BSCC 建设前后交通的空间差异。本研究所用数据来源于 1991~2007 年的《中国统计年鉴》，1991~2007 年 31 个省、直辖市、自治区（后面文中出现的省份，如不作特别说明均含直辖市和自治区）的统计年鉴，1991~2007 年的《中国交通统计年鉴》，2007年《中国第三产业统计年鉴》，2002~2007 年的《中国物流年鉴》。

二、研究方法

为了揭示 BSCC 建设与交通网络空间发展的演化规律，分析各直接影响区域间差异及变化特征，本研究采用塞尔指数和基尼系数对区域经济区的交通网络空间差异进行分析。

1. 塞尔指数

塞尔指数又称塞尔熵，最早由塞尔等人在 1967 年首次提出。主要用于研究收入差距，衡量个人之间或者地区之间收入差距，该指标同时可以衡量区域内部和区域之间的差距对总差距的贡献程度。该数值越小说明区域间不均衡程度越小。在此将塞尔指数通过一定的变形应用于 BSCC 建设前后区域经济及交通网络的差异测度[5~9]。计算公式为：

$$T_h = \sum \frac{y_j}{Y} \cdot \log \frac{\frac{y_j}{Y}}{\frac{x_j}{X}} \qquad \text{式 13-1}$$

式 13-1 中，T_h 为公路发展塞尔指数；j 为省、直辖市和自治区的个数；x_j 和 y_j 分别是第 j 个经济区的公路里程和人口总数；Y 和 X 分别代表各区域人口总数和公路里程。

$$T_{\text{GDP}} = \sum \frac{y_j^*}{Y^*} \cdot \log \frac{\frac{y_j^*}{Y^*}}{\frac{x_j}{X}} \qquad \text{式 13-2}$$

式 13-2 中，T_{GDP} 为经济发展的塞尔指数；y_j^* 是第 j 个经济区的 GDP；Y^* 代表东北、华北和山东及全区域的 GDP。

以 BSCC 直接影响区：东北物流区域、华北物流区域和山东半岛物流区域为基本区域单元，则表示三个区域之间的总体差异的塞尔指数计算为：

$$T_{h-c} = \sum_i \sum_j \frac{y_{ij}}{Y} \cdot \log \frac{\frac{y_{ij}}{Y}}{\frac{x_{ij}}{X}} \qquad \text{式 13-3}$$

式 13-3 中，T_{h-c} 为公路发展区际差异；i 为三个区域的编号；x_{ij} 和 y_{ij} 分别是第 i 个区域 j 个省区的人口总数和公路里程；Y 和 X 分别代表各区域人口总数和公路里程。

$$T_{GDP-c} = \sum_i \sum_j \frac{y^*_{ij}}{Y^*_i} \cdot \log \frac{\frac{y^*_{ij}}{Y^*_i}}{\frac{x_{ij}}{X}} \qquad \text{式 13-4}$$

式 13-4 中，T_{GDP-c} 为经济发展区际差异；i 为三个区域的编号；y^*_{ij} 是第 i 个区域 j 个经济区的 GDP；Y^*_i 代表东北、华北和山东及全区域的 GDP。

采用三大区域为基本空间单元，分析各经济区域间总体差异，差异可表示为：

$$T_h = T_{inter-h} + \sum (\frac{Y_j}{Y}) \cdot T_{i(intra-h)} \qquad \text{式 13-5}$$

$$\text{或} \quad T_{GDP} = T_{inter-GDP} + \sum \frac{Y^*_j}{Y^*} \cdot T_{i(intra-GDP)} \qquad \text{式 13-6}$$

式 13-5 中，$T_{inter-h}$，$T_{inter-GDP}$ 为三大经济区的塞尔指数，$\sum (\frac{Y_j}{Y}) \cdot T_{i(intra-h)}$ 或 $\sum \frac{Y^*_j}{Y^*} \cdot T_{i(intra-GDP)}$ 是经济区域内部差异的加权平均。其中 $Y_i = \sum Y_j$，$Y^*_i = \sum Y^*_j$，$j=1,2,3$。

$$T_{inter-h} = \sum (\frac{Y_i}{Y}) \cdot \log \frac{\frac{Y_i}{Y}}{\frac{X_i}{X}} \qquad \text{式 13-7}$$

$$T_{intra-h} = \sum (\frac{y_j}{Y_i}) \cdot \log \frac{\frac{y_j}{Y_i}}{\frac{x_j}{X_i}} \qquad \text{式 13-8}$$

$$\text{或者} \quad T_{inter-GDP} = \sum (\frac{Y^*_i}{Y^*}) \cdot \log \frac{\frac{Y^*_i}{Y^*}}{\frac{X_i}{X}} \qquad \text{式 13-9}$$

$$T_{intra-GDP} = \sum (\frac{y^*_j}{Y^*_i}) \cdot \log \frac{\frac{y^*_j}{Y^*_i}}{\frac{x_j}{X_i}} \qquad \text{式 13-10}$$

2. 基尼系数

基尼系数常用于描述人口收入分配的差异性，判断收入分配公平程度，是从总体上衡量一定范围内居民收入分配不均等程度的相对量统计指标，其值为[0,1]。基尼系数可反映经济社会现象在空间分布的集中程度，基尼系数越高，则空间集中度越高，空间分布越不均衡。本文对于 BSCC 建成前后区域交通网络的基尼系数 G_t 和经济发展的基尼系数 G_{GDP} 采用矩阵方法计算。将三大经济区各省人口数量占区域总人口数量的比例计算出后，按照万人均公路里程（或人均 GDP）从小到大顺序进行排列作为 P 矩阵。将三大经济区公路里程占全区域公路总里程的比例（或各物流区 GDP 占全区域 GDP 的比例）按照各区万人均公路里程（或人均 GDP）由小到大顺序进行排列作为 I。Q 是上方为+1，下方为–1，对角是 0 的方阵，PQI 三矩阵相乘的值就是基尼系数。

三、三大物流区域经济交通发展现状

BSCC 的建设直接压缩了环渤海经济区内东北物流区域与山东半岛物流区域的时空距离，覆盖华北物流区域，大大缩短了其他物流区域间的时空距离，提升城市间的交通可达性，引起产业在区域和城市之间转移，物流区域交通网络在空间结构发生重构[10~15]。其重点影响的三大物流区域（表 13-1）基本状况如下。

表 13-1　三大物流研究区域

物流区域	物流中心	全国性物流节点	区域性物流节点	物流中心腹地
华北物流区域	北京、天津	北京、天津	包头、呼和浩特、石家庄、唐山、太原	北京、天津、河北、山西、内蒙古
东北物流区域	沈阳、大连	沈阳、大连	哈尔滨、长春	辽宁、吉林、黑龙江
山东半岛物流区域	青岛	青岛、济南		山东

注：暂不考虑其他物流区域。

（一）华北物流区域

华北物流区域包括物流中心城市北京、天津，区域性物流节点城市包头、呼和浩特、石家庄、唐山、太原。2015 年区域经济总量达到 99 956.89 亿元，公路通车里程 539 322 千米，铁路营业里程 26 466.6 千米。具体发展情况如表 13-2 所示。

表 13-2 华北物流研究区域经济交通发展情况

年份	总人口 (万人)	GDP (亿元)	人均 GDP (元)	铁路营业里程 (km)	公路通车里程 (km)	万人均铁路里程 (km/万人)	万人均公路里程 (km/万人)
1990	13 190.59	2 456.664	1 862.436 479	11 711.2	131 353	0.887 845	9.958 084
1991	13 348.65	2 841.79	2 128.896 93	11 737.1	134 227	0.879 272	10.055 47
1992	13 483.32	3 371.44	2 500.452 411	11 728.5	137 207	0.869 853	10.176 05
1993	13 619.04	4 334.197	3 182.454 038	11 964.9	140 571	0.878 542	10.321 65
1994	13 753.99	5 587.398	4 062.383 005	12 010	143 079	0.873 201	10.402 73
1995	13 991.61	7 222.284	5 161.867 945	12 114	146 081	0.865 805	10.440 61
1996	14 107.45	8 679.3	6 152.281 276	12 609	152 149	0.893 783	10.785 01
1997	11 958.48	9 925.017	8 299.563 846	12 648	166 637	1.057 66	13.934 63
1998	14 288.34	10 881.43	7 615.598 639	12 656	181 086	0.885 757	12.673 69
1999	14 396.21	11 740.35	8 155.168 934	12 669.5	196 462	0.880 058	13.646 79
2000	14 658.94	13 292.38	9 067.761 903	12 683.2	204 452	0.865 219	13.947 26
2001	14 741.19	14 887.2	10 099.046 86	14 805.3	213 554	1.004 349	14.486 89
2002	14 843.19	16 749.78	11 284.487 33	14 958.9	219 418	1.007 795	14.782 4
2003	14 936.79	19 750.12	13 222.466 24	15 088.9	227 269	1.010 184	15.215 38
2004	15 053.14	24 234.24	16 099.126 16	15 146.4	237 131	1.006 195	15.752 93
2005	15 190.31	29 022.81	19 106.132 98	15 040.8	291 682	0.990 158	19.201 85
2006	15 363.65	33 871	22 046.190 58	16 017.9	417 289	1.042 584	27.160 8
2007	15 555.38	41 154.51	26 456.767 73	16 302.7	438 029	1.048 043	28.159 32
2008	15 790.94	49 657.58	31 446.877 32	16 737.9	453 965	1.059 969	28.748 45
2009	16 007.72	54 008.89	33 739.278 63	18 727.6	465 291.3	1.169 911	29.066 68
2010	16 501.5	64 605.18	39 151.095 35	19 118.88	479 928	1.158 615	29.083 9
2011	16 689.16	77 672.37	46 540.612 39	19 573.82	489 278.1	1.172 846	29.317 12
2012	16 929.75	85 414.33	50 408.996	19 748.3	501 462	1.166 485	29.620 17
2013	17 048	92 267.6	54 122.243 08	22 323.767	518 832.3	1.309 465 45	30.433 616 85
2014	17 206	97 003.4	56 377.658 96	23 714	529 762	1.378 240 15	30.789 375 8
2015	17 318	99 956.89	57 718.495 21	26 466.6	539 322	1.528 271 16	31.142 279 71

(二)东北物流区域

东北物流区域包括物流中心城市沈阳、大连,区域性物流节点城市哈尔滨、长春。2015 年区域经济总量达到 57 815.82 亿元,公路通车里程 380 924 千米,铁路营业里程 17 059.9 千米。具体发展情况如表 13-3 所示。

表 13-3　东北物流研究区域经济交通发展情况

年份	总人口（万人）	GDP（亿元）	人均 GDP（元）	铁路营业里程（km）	公路通车里程（km）	万人均铁路里程（km/万人）	万人均公路里程（km/万人）
1990	9 900.5	2 203.18	2 225.322	12 028.9	113 781	1.214 979	11.492 45
1991	9 973.2	2 485.87	2 492.55	12 032.8	114 493	1.206 513	11.480 07
1992	10 039.9	2 990.76	2 978.874	12 025	116 620	1.197 721	11.615 65
1993	10 119	3 927.78	3 881.589	11 973.1	118 035	1.183 23	11.664 69
1994	10 194.8	5 004.43	4 908.806	11 987	120 700	1.175 796	11.839 37
1995	10 285.9	5 922.03	5 757.425	11 991	123 574	1.165 771	12.013 92
1996	10 363.9	6 874.99	6 633.594	11 990	124 838	1.156 9	12.045 47
1997	10 428.2	7 714.34	7 397.576	11 996	126 747	1.150 342	12.154 25
1998	10 466.6	8 233.15	7 866.117	11 980	128 061	1.144 593	12.235 21
1999	10 511.3	8 720.07	8 295.901	12 119.9	129 464	1.153 035	12.316 65
2000	10 569.6	9 772.01	9 245.392	12 137.6	131 047	1.148 35	12.398 48
2001	10 595.1	10 543.55	9 951.345	1 2854	149 329	1.213 202	14.094 16
2002	10 617.8	11 443.94	10 778.07	12 866.6	152 192	1.211 795	14.333 67
2003	10 635.2	12 721.98	11 962.14	13 219.6	159 226	1.243 004	14.971 6
2004	10 651.7	14 544.61	13 654.73	13 294.1	166 491	1.248 073	15.630 46
2005	10 678.6	17 181.27	16 089.44	13 217.9	170 906	1.237 793	16.004 53
2006	10 712.9	19 791.46	18 474.42	13 056.3	321 565	1.218 746	30.016 62
2007	10 751.7	23 552.95	21 906.26	13 398.8	324 455	1.246 203	30.177 09
2008	10 781.6	28 407.06	26 347.72	13 240	339 088	1.228 018	31.450 62
2009	10 801.5	31 078.25	28 772.16	13 519	341 017	1.251 585	31.571 26
2010	10 808.9	37 493.48	34 687.6	13 698	343 927	1.267 289	31.818 86
2011	10 838	45 377.53	41 868.91	13 867	351 372	1.279 48	32.420 37
2012	10 780.3	50 477.03	46 823.59	15 162	356 950	1.406 454	33.111 32
2013	10 976	56 062.97	51 077.778 79	15 523.384	364 469	1.414 302 5	33.205 994 9
2014	10 976	56 056.4	51 071.793	15 669.4	373 935	1.427 605 7	34.068 422 01
2015	10 767	57 815.82	53 697.241 57	17 059.9	380 924	1.584 461 8	35.378 842 76

（三）山东半岛物流区域

山东半岛物流区域包括物流中心城市青岛，全国性物流节点城市青岛、济南。2015年区域经济总量达到 4 495.82 亿元，公路通车里程 110 184 千米，铁路营业里程 1 714.43 千米。具体发展情况如表 13-4 所示。

表 13-4　山东半岛物流研究区域经济交通发展情况

年份	总人口（万人）	GDP（亿元）	人均 GDP（元）	铁路营业里程（km）	公路通车里程（km）	万人均铁路里程（km/万人）	万人均公路里程（km/万人）
1990	3 656.13	904.05	2 472.685	1 638.83	22 519.72	0.240 316	6.159 448
1991	3 684.36	1 056.46	2 867.426	1 638.83	23 438.25	0.238 273	6.361 558
1992	3 698.44	1 351.28	3 653.647	1 638.83	24 363.78	0.237 863	6.587 585
1993	3 711.38	1 844.94	4 971.05	1 638.83	24 210.80	0.236 982	6.523 402
1994	3 726.08	2 505.19	6 723.386	1 638.83	26 445.50	0.236 19	7.097 41
1995	3 751.92	3 105.56	8 277.239	1 638.83	27 800.10	0.235 267	7.409 558
1996	3 773.42	3 599.92	9 540.202	1 638.83	28 995.00	0.299 84	7.684 016
1997	3 799.91	4 081.20	10 740.24	1 638.83	29 875.00	0.309 732	7.862 023
1998	3 824.66	4 458.39	11 656.95	1 638.83	32 356.20	0.300 747	8.459 881
1999	3 843.34	4 874.03	12 681.73	1 638.83	33 066.00	0.300 799	8.603 444
2000	3 862.80	5 526.62	14 307.28	1 638.83	34 713.20	0.296 988	8.986 528
2001	3 879.48	6 165.71	15 893.12	1 638.83	35 000.30	0.299 635	9.021 902
2002	3 897.42	6 935.54	17 795.21	1 646.83	36 438.00	0.298 282	9.349 267
2003	3 912.83	8 218.42	21 003.8	1 646.83	37 667.70	0.354 63	9.626 723
2004	3 941.36	9 972.98	25 303.4	1 714.43	37 365.30	0.364 706	9.480 309
2005	3 966.40	12 015.15	30 292.33	1 714.43	39 568.10	0.367 863	9.975 821
2006	3 989.54	14 229.53	35 667.1	1 714.43	80 450.70	0.365 775	20.165 41
2007	4 010.56	16 739.65	41 738.99	1 714.43	89 555.60	0.360 734	22.329 98
2008	4 021.08	19 932.97	49 571.18	1 714.43	92 819.50	0.353 51	23.083 22
2009	4 030.77	21 705.90	53 850.53	1 714.43	95 798.20	0.382 26	23.766 74
2010	4 041.40	25 222.57	62 410.53	1 714.43	97 136.80	0.400 146	24.035 46
2011	4 055.01	28 752.17	70 905.23	1 714.43	98 908.80	0.433 434	24.391 73
2012	4 430.08	31 647.89	71 438.64	1 714.43	102 391.50	0.444 605	23.112 79
2013	4 451.1	34 372.65	77 222.82	1 714.43	105 962	0.385 17	23.805 8
2014	4 475.74	37 113.96	82 922.511	1 714.43	108 386	0.383 05	24.216 33
2015	4 495.82	39 270.16	87 348.159	1 714.43	110 184	0.381 339	24.508 1

（四）三大物流区域经济交通发展比较

三大经济区中山东半岛物流区域经济社会发展水平均高于华北物流区域和东北物流区域，且山东半岛物流区域人均 GDP 增长速度均高于华北物流区域和东北物流区域。三大经济区内，东北物流区域人均 GDP 低于区域平均水平（图 13-2）。

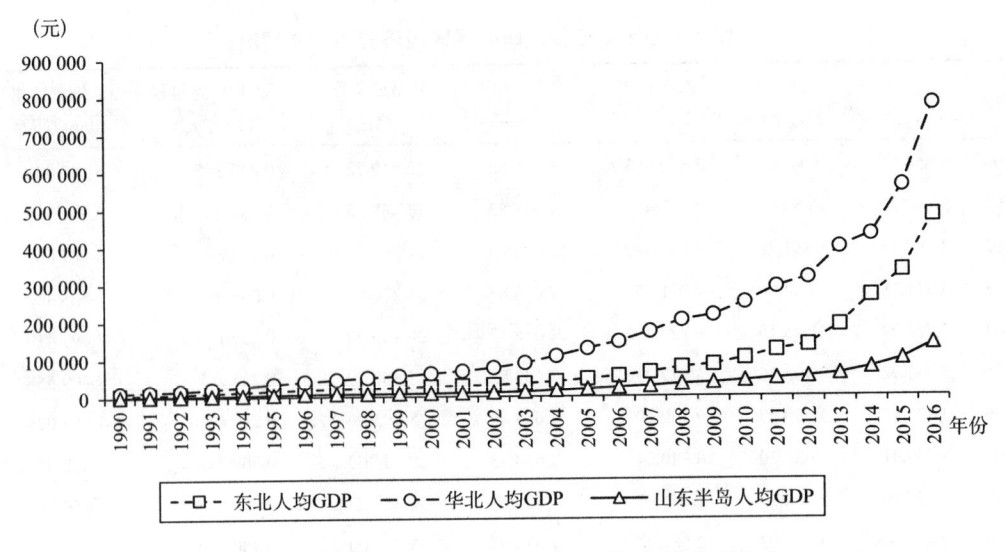

图 13-2　1990～2016 年三大物流区域间经济发展变化

三大物流区域中，2015 年前公路交通发展的排序为华北物流区域、东北物流区域和山东半岛物流区域，2015 年三大区域公路交通发展迅速。之后，东北物流区域发展水平高于华北物流区域和山东半岛物流区域（图 13-3）。

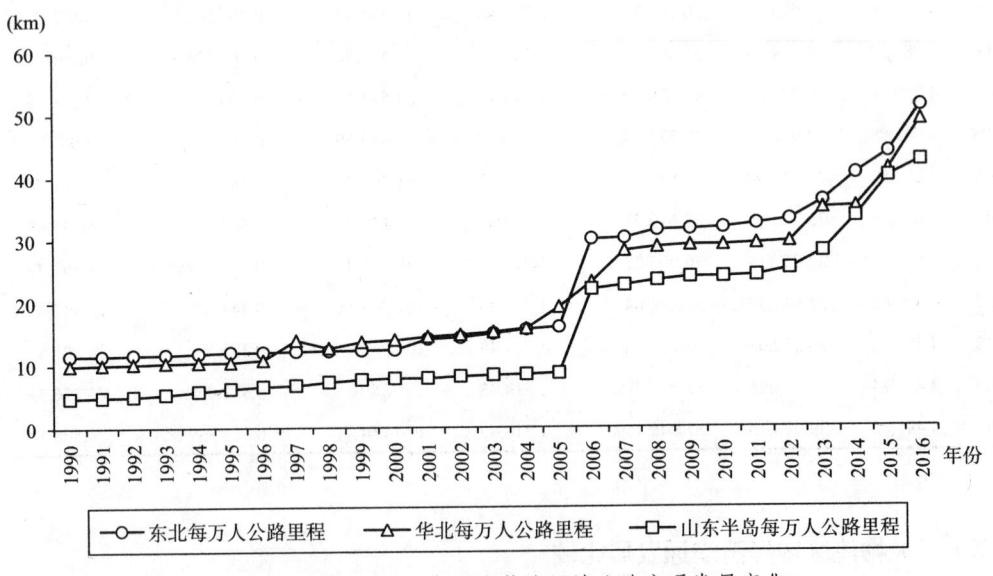

图 13-3　1990～2016 年三大物流区域公路交通发展变化

三大物流区域的铁路交通发展，历年来一直是东北物流区域高于华北物流区域和山东半岛物流区域，总体发展趋势均为稳步发展，而山东半岛物流区域相对于其他两大物流区域发展相对不完善（图 13-4）。

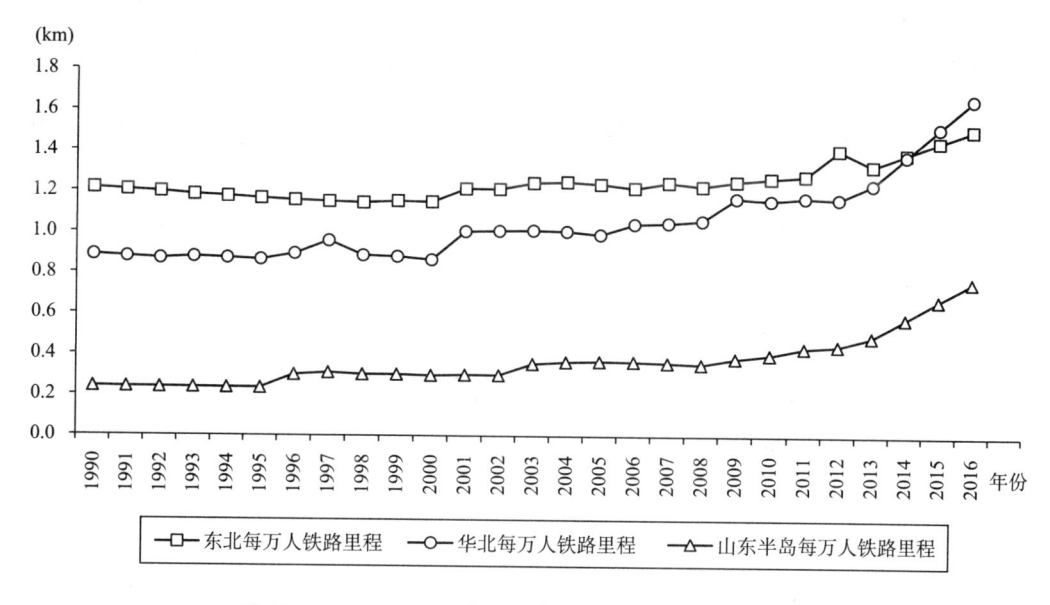

图 13-4　1990~2016 年三大物流区域铁路交通发展变化

四、区域交通经济趋势分析

（一）BSCC 建设前

BSCC 建设将串联起山东半岛城市群和辽中南城市群（以沈阳、大连为中心），向北延伸到长吉城市群（以长春、吉林市为中心）、哈大齐城市群（以哈尔滨、大庆、齐齐哈尔为中心），将东北经济区和山东经济区联成一体。同时，将两地陆路交通距离由 1 600 千米缩短为 107 千米，时间缩短 2 小时以上，加速促进两区与京津冀融为一体。如果 2040 年前不进行 BSCC 建设，按三大物流区经济发展历史数据，可预测得到 2020、2030、2040 年经济及交通发展状况（表 13-5）。

表 13-5　BSCC 建设前三大物流区域社会经济及交通发展趋势

年份	华北人均GDP（万元）	东北人均GDP（万元）	山东半岛人均GDP（万元）	华北万人均公路里程（km/万人）	东北万人均公路里程（km/万人）	山东半岛万人均公路里程（km/万人）	华北万人均铁路里程（km/万人）	东北万人均铁路里程（km/万人）	山东半岛万人均铁路里程（km/万人）
2020	59.6	24.9	10.0	64.93	53.05	52.03	1.24	1.33	0.49
2030	110.0	46.6	18.6	114.14	87.44	93.51	1.38	1.39	0.58
2040	176.0	75.3	29.9	179.15	131.83	147.99	1.52	1.45	0.67
2050	257.8	111.0	43.9	259.96	186.22	215.47	1.66	1.51	0.76

(二) BSCC 建设后

假设 2030 年 BSCC 开始启动建设,按照海底铁路通道方案初步匡算总投资约 3 000 亿元,参照日本跨海通道投资乘数 2.25 来测算,BSCC 的建设可增加 GDP 6750 亿元,这对 BSCC 两端的东北、山东半岛以及覆盖的华北地区而言,将产生一定积极的经济拉动作用。其经济拉动作用因区域间交通的直达效应诱发。因此,按照区域交通可达性水平提升效应预测 BSCC 建设后经济发展水平。BSCC 距离约为 160 千米,通道建设使大连至烟台陆路距离 1 985 千米缩短为 160 千米,缩短 1 825 千米,路网通车里程增加,对山东半岛物流区域和东北物流区域陆路交通网络连通度和优势度的提升有一定积极作用(表 13-6)。

表 13-6 BSCC 建设前三大物流区域社会经济及交通发展趋势

年份	华北人均 GDP (万元)	东北人均 GDP (万元)	山东半岛人均 GDP (万元)	华北万人均公路里程 (km/万人)	东北万人均公路里程 (km/万人)	山东半岛万人均公路里程 (km/万人)	华北万人均铁路里程 (km/万人)	东北万人均铁路里程 (km/万人)	山东半岛万人均铁路里程 (km/万人)
2020	60.1	24.9	10.0	64.93	53.05	52.03	1.24	1.33	0.49
2030	110.5	54.6	26.6	114.14	87.44	93.51	1.38	1.39	0.58
2040	176.5	87.3	41.9	179.15	132.07	52.15	1.52	1.57	0.91
2050	258.3	121.0	53.9	259.96	186.46	93.63	1.66	1.63	1.00

(三) BSCC 建设前后交通与经济发展基本格局

采用万人均公路里程和人均 GDP 分别分析 BSCC 建设前后三大物流区域交通建设发展和区域经济发展[16~18]。分别选取 2016 年 BSCC 建设前和 2040 年 BSCC 建设后进行考察比较,图 13-5a 和图 13-5b 分别为通道建设前后三大物流区域公路交通建设水平,可以看出,BSCC 建设后,东北物流区域公路交通网络发展水平由建设前的第二位变化到第一位,空间格局发生变化。图 13-6a 和图 13-6b 分别为 BSCC 建设前后三大物流区域经济发展水平,可以看出,由于 BSCC 实现了东北物流区域与山东半岛物流区域的陆路直达,东北物流区域和山东半岛物流区域人均 GDP 增幅提高。

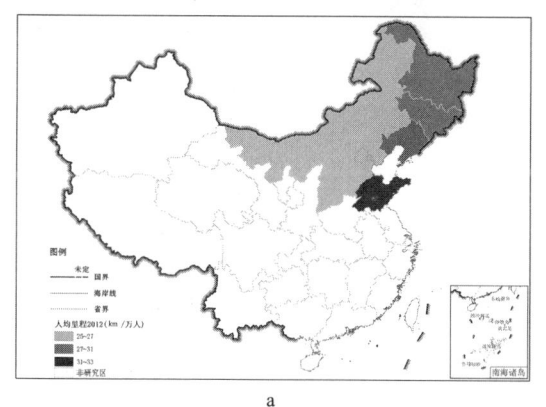

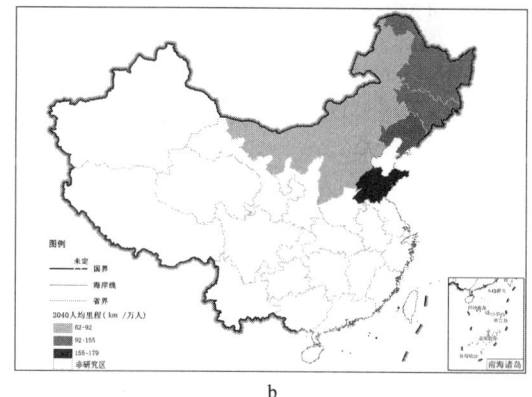

图 13-5　BSCC 建设前后三大物流区域公路交通建设水平

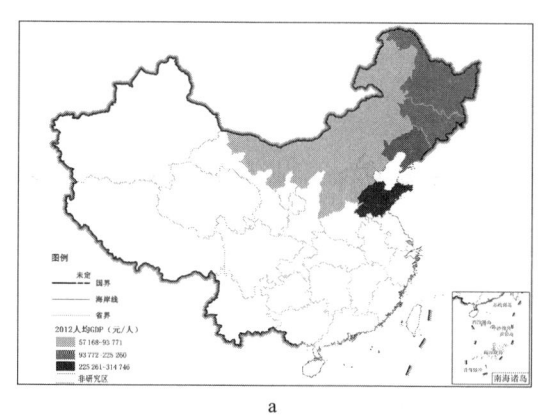

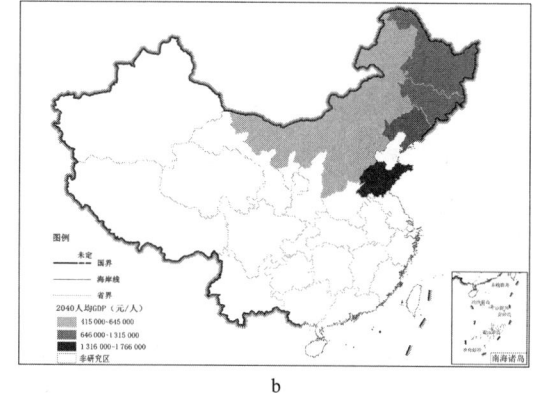

图 13-6　BSCC 建设前后三大物流区域人均 GDP 分布

第二节　区域交通网络发展与经济空间差异尺度

一、塞尔指数计算

以 BSCC 建设直接影响的三大物流区域：东北物流区域、华北物流区域和山东半岛物流区域为基本空间单元，分别计算出期内三大物流区域、东北物流区域、华北物流区域和山东半岛物流区域间及区域内公路发展和经济发展塞尔指数的自然对数值，它能较好反映以物流区域为基本空间单元的区域及区域内部东北、华北和山东半岛经济区间相对差异的变化趋势。图 13-7～10 分别为区域、东北、华北和山东半岛的公路交通发展与经济发展塞尔指数。

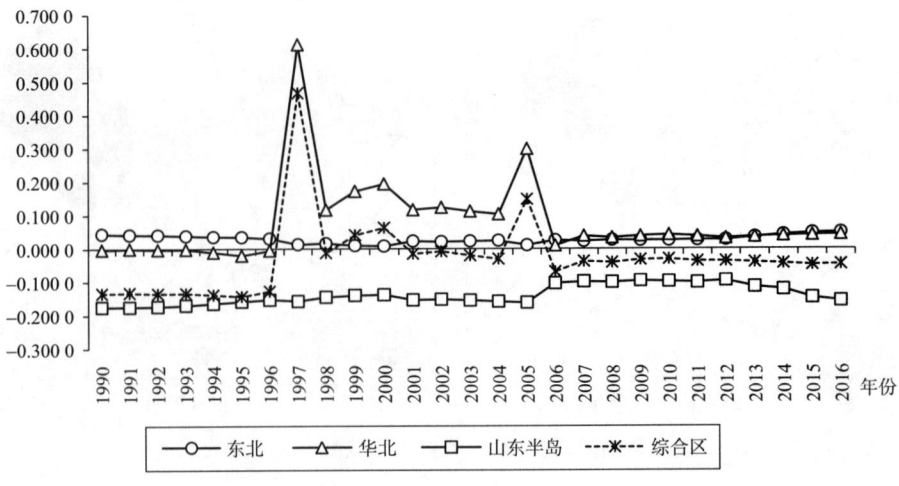

图 13-7　三区及三大物流区域间公路发展塞尔指数

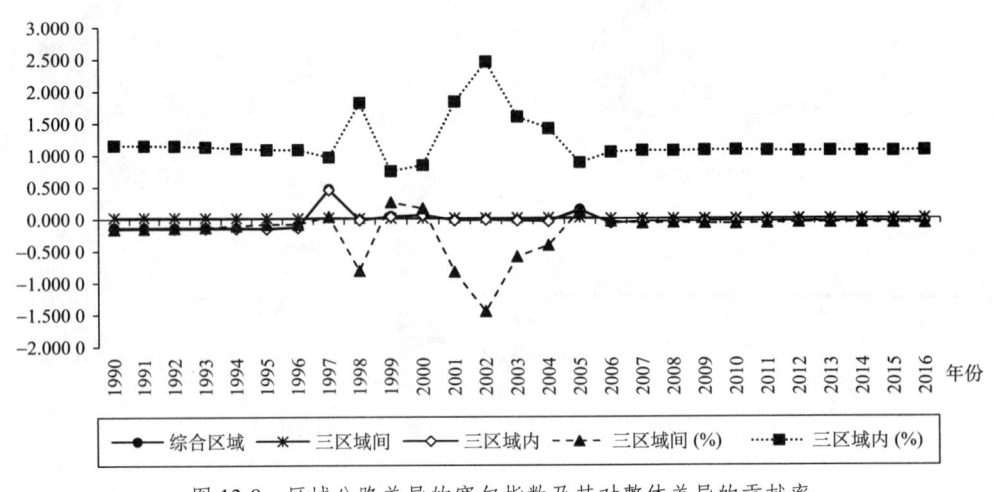

图 13-8　区域公路差异的塞尔指数及其对整体差异的贡献率

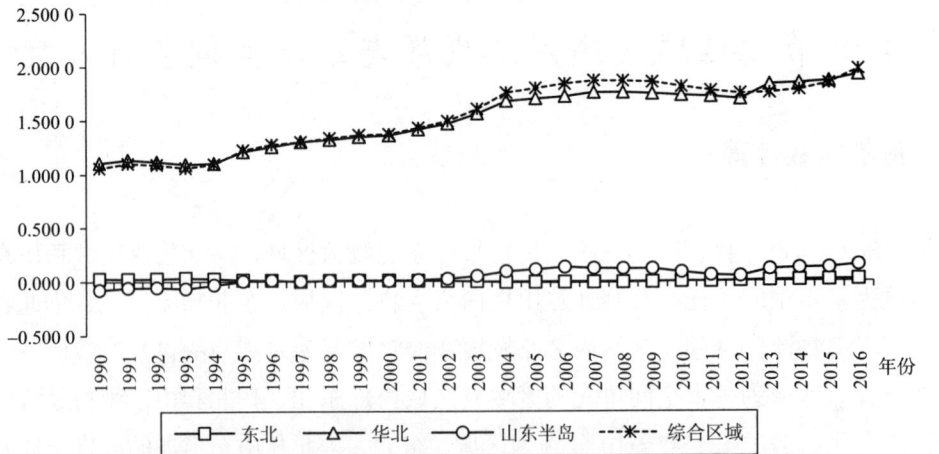

图 13-9　区域及三大物流区域间经济发展塞尔指数

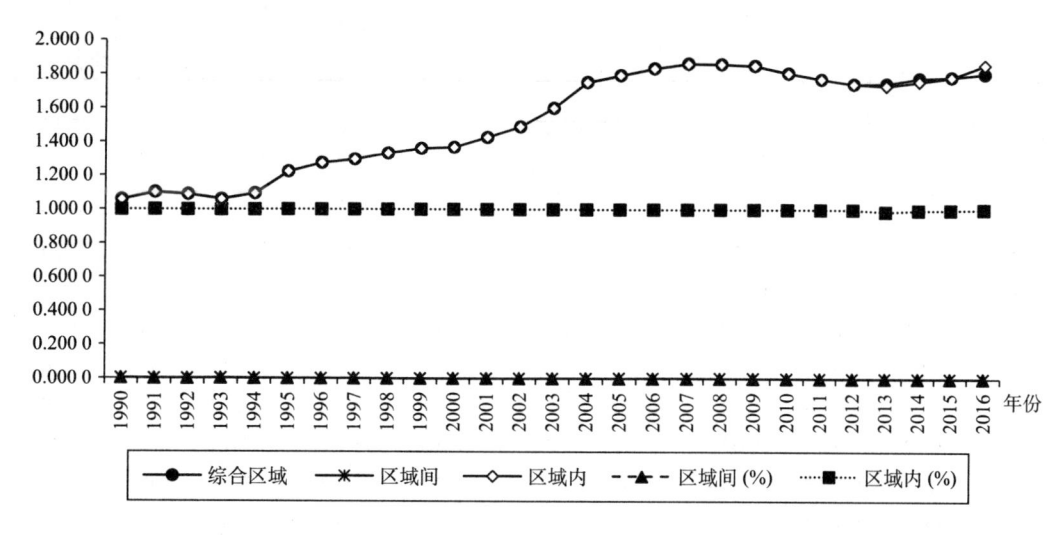

图 13-10 区域经济差异的塞尔指数及其对整体差异的贡献率

从整体上来看，东北、华北和山东半岛区域公路交通发展差异较大，山东半岛物流区域和东北物流区域差异较小，华北物流区域差异较大。华北物流区域的差异性导致区域公路发展差异性增大，与华北物流区域变化高度一致。但 2006 年以后区域间差异性缩小，均衡性显著提高。

表 13-7　三区区域间和区域内差异的塞尔指数分解对整体差异的贡献（1990～2016）

年份	公路塞尔指数					GDP 塞尔指数				
	区域	区域间	区域内	区域间（%）	区域内（%）	区域	区域间	区域内	区域间（%）	区域内（%）
1990	−0.133 7	0.021 0	−0.154 7	−15.71	115.71	1.057 6	0.001 9	1.055 7	0.18	99.82
1991	−0.132 4	0.020 2	−0.152 7	−15.28	115.28	1.100 0	0.001 3	1.098 8	0.11	99.89
1992	−0.135 0	0.019 7	−0.154 7	−14.59	114.59	1.088 5	0.001 4	1.087 1	0.13	99.87
1993	−0.133 8	0.017 4	−0.151 2	−13.02	113.02	1.059 6	0.001 9	1.057 7	0.18	99.82
1994	−0.138 5	0.014 6	−0.153 1	−10.55	110.55	1.093 3	0.001 4	1.091 9	0.13	99.87
1995	−0.143 3	0.012 3	−0.155 6	−8.60	108.60	1.222 5	0.000 6	1.221 9	0.05	99.95
1996	−0.127 8	0.010 9	−0.138 7	−8.50	108.50	1.273 6	0.000 4	1.273 2	0.03	99.97
1997	0.466 8	0.016 2	0.450 6	3.48	96.52	1.295 7	0.000 7	1.295 0	0.05	99.95
1998	−0.012 6	0.010 3	−0.022 9	−81.39	181.39	1.332 3	0.000 1	1.332 2	0.01	99.99
1999	0.040 8	0.010 5	0.030 3	25.73	74.27	1.360 2	0.000 0	1.360 2	0.00	100.00
2000	0.063 3	0.010 2	0.053 1	16.18	83.82	1.368 1	0.000 0	1.368 1	0.00	100.00
2001	−0.014 7	0.012 2	−0.026 9	−82.99	182.99	1.427 1	0.000 0	1.427 1	0.00	100.00
2002	−0.008 0	0.011 6	−0.019 6	−145.40	245.40	1.489 4	0.000 1	1.489 3	0.01	99.99
2003	−0.020 1	0.011 9	−0.032 0	−59.33	159.33	1.600 5	0.000 5	1.600 1	0.03	99.97

续表

年份	公路塞尔指数					GDP 塞尔指数				
	区域	区域间	区域内	区域间(%)	区域内(%)	区域	区域间	区域内	区域间(%)	区域内(%)
2004	-0.030 9	0.012 8	-0.043 7	-41.40	141.40	1.752 8	0.001 3	1.751 5	0.07	99.93
2005	0.147 8	0.018 3	0.129 4	12.42	87.58	1.793 8	0.001 6	1.792 3	0.09	99.91
2006	-0.068 7	0.002 9	-0.071 6	-4.19	104.19	1.834 8	0.001 9	1.832 9	0.10	99.90
2007	-0.037 5	0.002 5	-0.040 0	-6.79	106.79	1.863 4	0.001 8	1.861 6	0.10	99.90
2008	-0.041 0	0.002 6	-0.043 6	-6.33	106.33	1.861 1	0.001 7	1.859 4	0.09	99.91
2009	-0.032 3	0.002 3	-0.034 6	-7.12	107.12	1.851 8	0.001 6	1.850 2	0.08	99.92
2010	-0.030 8	0.002 4	-0.033 1	-7.65	107.65	1.808 1	0.000 9	1.807 2	0.05	99.95
2011	-0.036 9	0.002 5	-0.039 4	-6.79	106.79	1.772 2	0.000 5	1.771 6	0.03	99.97
2012	-0.036 9	0.002 1	-0.039 0	-5.78	105.78	1.744 5	0.000 3	1.744 1	0.02	99.98
2013	-0.037 6	0.002 2	-0.041 0	-5.97	10.621	1.746 8	0.000 4	1.733 8	0.04	98.75
2014	-0.037 9	0.002 4	-0.038 0	-6.14	10.598	1.778 5	0.000 6	1.757 9	0.03	99.64
2015	-0.039 7	0.002 8	-0.042 0	-6.47	10.607	1.786 3	0.000 5	1.784 3	0.06	99.83
2016	-0.041 3	0.002 9	-0.038 6	-7.28	10.685	1.805 2	0.000 7	1.857 1	0.05	100.21

分析期内，三大区域经济发展的不均衡非常明显，东北物流区域和山东半岛物流区域差异较小，均衡发展。但华北物流区域差异性显著，可以看出区域经济发展差异主要来自于经济间的差异。因此，今后可通过交通的大力发展来着重减少三大物流区域间的发展差异。BSCC 的建设可缩小发展差异，有利于实现均衡发展。

二、基尼系数的计算

1990～2016 年公路和经济发展的基尼系数变化曲线如图 13-11 和图 13-12 所示。基尼系数的绝对值没有成熟的判别标准，根据相关资料将 0.4 视为差距的警戒线，若基尼系数低于 0.2 表示绝对平均；0.2～0.3 表示比较平均；0.3～0.4 表示相对合理；0.4～0.5 表示差距较大；0.6 以上表示差距悬殊。

计算期内，东北物流区域、华北物流区域和山东半岛物流区域的公路交通发展基尼系数均小于 0.25，这表明从人口数量角度来看公路交通发展较公平。从 2006 年以后的数据来看，三大物流区域中，只有华北物流区域出现增长趋势，东北物流区域和山东半岛物流区域的空间均衡性变化不大。

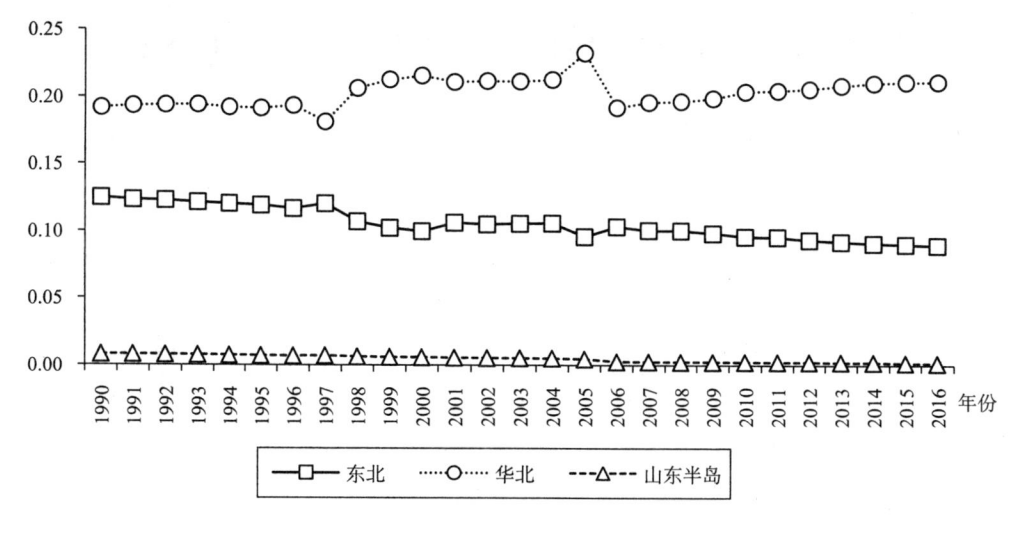

图 13-11　三大物流区域公路发展基尼系数

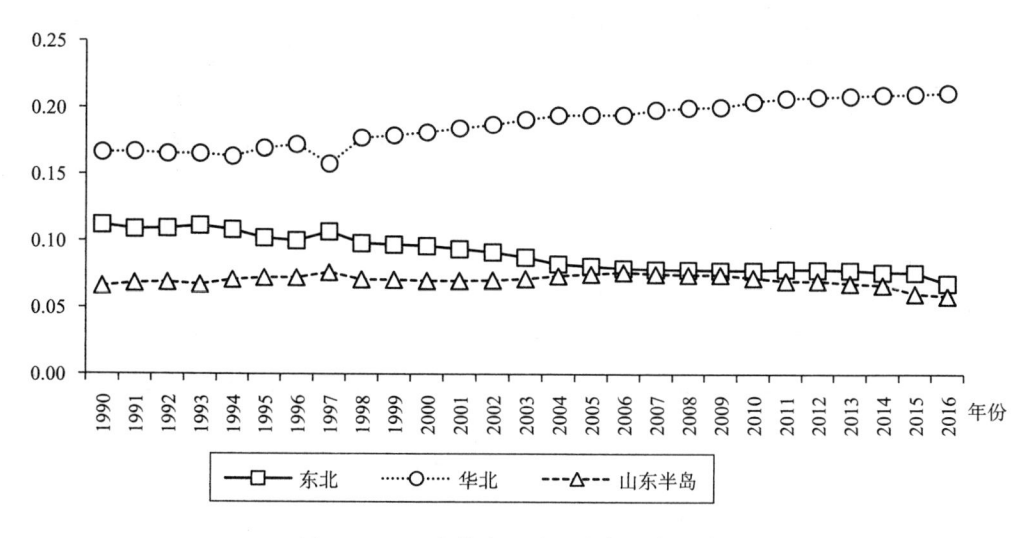

图 13-12　三大物流区域经济发展基尼系数

三大物流区域计算期内人均 GDP 的基尼系数低于 0.21，可以看出区域经济发展比较公平。但这不能完全反映出经济发展差异，各个区域均有高中低收入人群。但可惜的是东北物流区域和山东物流区域 2006 年以后出现稳步下降趋势，其中山东半岛是三个经济区中差异最小的一个区域，而华北物流区域一直保持增长趋势，差异逐渐加大，需要从区域经济一体化的角度实现经济协调发展。

第三节　BSCC 建设前后空间差异尺度分析

一、不建设 BSCC

随着京津冀经济一体化、蓝黄两区融合发展、"一带一路"倡议的逐步深入落实，从空间发生过程看，区域物流主要表现为三大物流区域中节点城市通过现代信息平台对物流发展要素如载体、流量、流向等的优化调控，以实现全区域整体物流服务效益最大化。区域交通基础设施作为物流发展的重要影响因素之一，一些交通设施完善、交通网络优势度较好的区域物流城市就会因生产要素的黏结、集聚而成为重要的物流节点，反之则会导致区域经济发展的缓慢和诱发物流中心偏移，使物流要素在空间集中和分散产生差异[19~25]。如果 2050 年不建设 BSCC，根据 1990~2012 年已收集的历年数据进行统计分析，对三大物流区域的人口、GDP 和公路通车里程进行预测后，再通过公式 13-1~10 分别计算公路交通发展塞尔指数和经济发展塞尔指数（表 13-8、表 13-9）。

表 13-8　三大物流区域 BSCC 未建设公路交通塞尔指数

年份	东北	华北	山东	区域整体
2020	−0.002 98	0.554 726	0.011 217	0.757 451 797
2030	−0.017 37	0.861 214	0.022 050	1.243 963 304
2040	−0.023 49	1.097 034	0.029 413	1.627 991 532
2050	−0.026 35	1.281 302	0.034 932	1.932 697 824

表 13-9　三大物流区域 BSCC 未建设经济发展 GDP 塞尔指数

年份	东北	华北	山东	区域整体
2020	0.010 467	2.153 113	0.006 581	2.295 269
2030	0.012 828	2.138 410	0.009 534	2.283 841
2040	0.016 445	2.128 999	0.012 005	2.278 394
2050	0.020 311	2.122 075	0.014 144	2.275 447

从表 13-8 可以看出，不建设 BSCC，2020~2050 年区域整体及华北物流区域塞尔系数各不相同且差距较大，东北和山东半岛物流区域差异较小。华北物流区域公路交通发展指数由 2020 年的 0.554 726 上升到 2050 年的 1.281 302，增幅较为明显。东北和山东物流区域公路交通发展差异变化相对平缓，山东半岛物流区域塞尔指数由 2020 年的 0.011 217 上升到 2050 年的 0.034 932，东北物流区域的差异为负数，是因为东北与华北

物流区域 GDP 相差较大，计算时 LOG 函数后二者之比小于 1，才产生负数。这不代表东北物流区域没有差异。从区域整体来看，区域公路交通塞尔指数由 2020 年的 0.757 5 上升到 2050 年的 1.932 7，区域公路交通发展整体差异逐步提高。

从表 13-9 可以看出，不建设 BSCC 2020~2050 年区域整体 GDP 差异逐步缩小，呈小幅下降趋势，塞尔指数由 2020 年的 2.295 2 下降为 2050 年的 2.275 5。华北物流区域 GDP 塞尔系数下降趋势平稳，而东北物流区域和山东半岛物流区域差异逐步加大。东北物流区域 GDP 发展指数由 2020 年的 0.010 5 上升到 2050 年的 0.02，增幅较为明显，山东半岛物流区域 GDP 塞尔指数由 2020 年的 0.006 581 上升到 2050 年的 0.014 144，差异扩大非常明显。这由于交通网络基础设施布局和经济格局差异的集聚机制引发区域空间差异，区域经济发展进入成熟期后，扩散不再起主导作用，这需要的新的交通格局变化促进区域经济均衡协调发展。

二、假设 2040 年建成 BSCC

BSCC 的建设将通过乘数效应带动国民收入一轮一轮地增加，对交通、物流、商贸、旅游的拉动有一定积极作用，从而促使经济结构空间差异逐步均衡，区域经济协调发展。BSCC 的建设直接连接烟台和旅顺物流节点，压缩了东北物流区域与山东半岛物流区域的时空距离，提升了区域交通可达性，引起产业在区域和城市之间转移，物流区域空间结构发生重构。如果 2025 年开始建设 BSCC，到 2040 年通道建成使用，根据 1990~2016 年已收集的历年数据进行统计分析，对三大物流区域的人口、GDP 和公路通车里程进行预测后，再加上 2025 年修建 BSCC 引起的 GDP 和交通网络的变化，对预测数据进行修正，然后通过公式 13-1~10 分别计算公路交通发展塞尔指数和经济发展塞尔指数（表 13-10、表 13-11）。

表 13-10　三大物流区域 BSCC 建设后公路交通塞尔指数

年份	东北	华北	山东	区域整体
2020	−0.002 98	0.554 726	0.011 217	0.757 451 797
2030	−0.017 38	0.861 165	0.022 123	1.244 708 534
2040	−0.023 51	1.095 272	0.029 453	1.626 023 290
2050	−0.026 37	1.279 575	0.034 965	1.930 693 225

表 13-11　三大物流区域 BSCC 建设后经济发展 GDP 塞尔指数

年份	东北	华北	山东	区域整体
2020	0.010 467	2.153 113	0.006 581	2.295 269
2030	0.073 148	1.104 284	0.079 914	1.531 566
2040	0.080 269	1.096 754	0.083 419	1.530 746
2050	0.087 126	1.091 414	0.086 482	1.532 061

从表 13-10 可以看出，建设 BSCC 2020～2050 年区域整体交通发展差异逐步缩小，变化平缓，山东物流区域和东北物流区域差异较小，华北物流区域公路交通发展塞尔指数由 2020 年的 0.554 7 上升为 2050 年的 1.279 5，差异变化较未建设变化平缓。从区域整体来看，区域公路交通塞尔指数由 2020 年的 0.757 5 上升到 2050 年的 1.930 6，区域公路交通发展整体差异逐步提高。

从表 13-11 可以看出，2025 年开始建设 BSCC，2030 年开始，区域整体经济发展塞尔指数从 2.295 269 下降为 1.531 566，降幅较大，这说明通道建设的乘数效应开始发挥，区域经济发展更加协调。同时，东北物流区域和山东物流区域差异平稳变化。BSCC 建设引起新的经济发展扩散作用，交通格局引领区域经济发展。

三、BSCC 建设前后比较分析

BSCC 以大连、烟台为桥头堡，通过通道实现了沈—大高速和济—烟、烟—青高速连为一体，形成连接沈阳、大连、烟台、济南（青岛）的 BSCC 交通轴线，也打通了哈沪铁路的陆海直连。建成后，公路贯通沈海高速，铁路贯通东部沿海通道，三大物流区域交通路网形成一个环形结构，捷径增多。虽然，BSCC 的建设使区域交通可达性大大提高，烟台、大连的交通枢纽地位进一步提升，但通道长度约 160 千米，对于公路交通发展的区域路网引起效应与区域通车里程相比影响甚微。综合上述分析结果，如图 13-13，BSCC 建设前后三大物流区域公路交通发展差异略有下降，区域整体发展塞尔指数 2050 年下降了 0.002，差异有所改善。

BSCC 的建设将山东半岛城市群和辽中南城市群连在一起，加快了环渤海经济区域一体化发展，也促进了东北、华北和山东半岛物流区域的均衡协调发展。BSCC 对区域经济的发展主要通过乘数效应得以体现，在建设过程中，由于对投资、工程、机械、设备、建筑材料、劳动力等方面有巨大需求，从而带动相关行业快速发展，对经济增长和

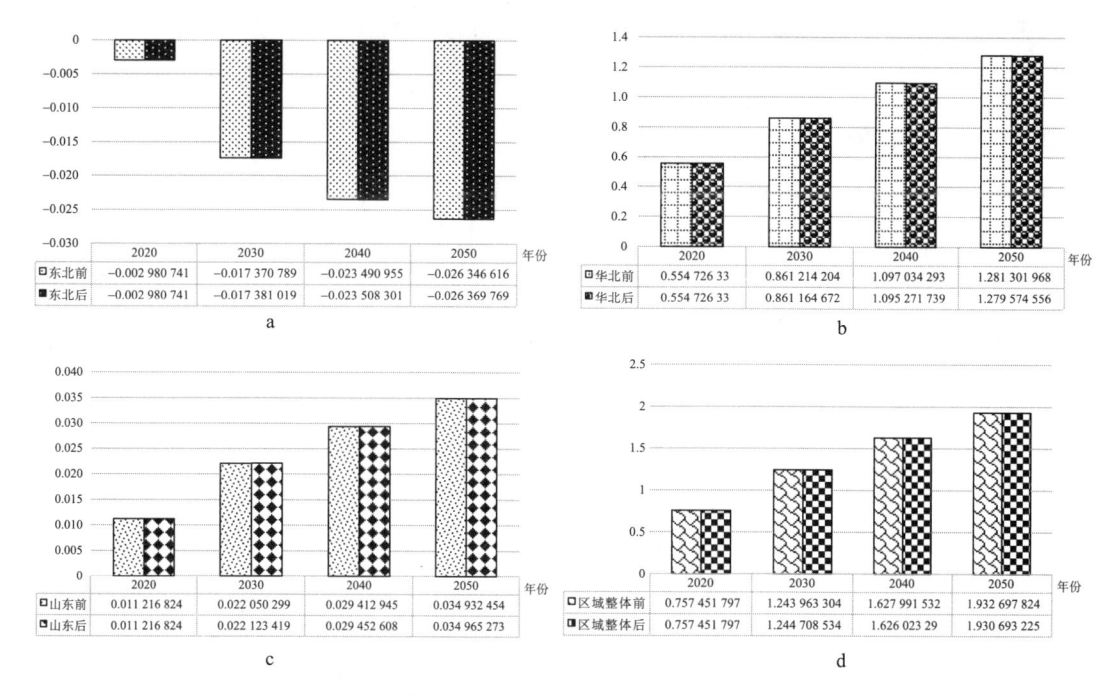

图 13-13　三大物流区域 BSCC 建设前后公路交通塞尔指数比较

年份	2020	2030	2040	2050
东北前	−0.002 980 741	−0.017 370 789	−0.023 490 955	−0.026 346 616
东北后	−0.002 980 741	−0.017 381 019	−0.023 508 301	−0.026 369 769

a

年份	2020	2030	2040	2050
华北前	0.554 726 33	0.861 214 204	1.097 034 293	1.281 301 968
华北后	0.554 726 33	0.861 164 672	1.095 271 739	1.279 574 556

b

年份	2020	2030	2040	2050
山东前	0.011 216 824	0.022 050 299	0.029 412 945	0.034 932 454
山东后	0.011 216 824	0.022 123 419	0.029 452 608	0.034 965 273

c

年份	2020	2030	2040	2050
区域整体前	0.757 451 797	1.243 963 304	1.627 991 532	1.932 697 824
区域整体后	0.757 451 797	1.244 708 534	1.626 023 29	1.930 693 225

d

国民收入增加有一定积极作用。通过对三大物流区域 BSCC 建设前后经济发展塞尔指数的计算对比（图 13-14），结果表明 BSCC 建设前后华北物流区域 GDP 发展塞尔指数大幅下降，由 2020 年的 2.153 下降为 1.091，下降 49.3%，这表明 BSCC 建设后华北物流区域差异大幅下降；东北物流区域和山东半岛物流区域 2050 年的区域 GDP 塞尔指数分别由 BSCC 建设前的 0.020 3、0.014 1 上升到建设后的 0.087 1、0.086 4，呈现扩大趋势，这表明 BSCC 的建设初期，物流区域内相关节点的集聚效应增加，短期呈差异增大的趋势；从区域整体发展来看，2030~2050 年区域整体 GDP 塞尔指数建设后下降明显，2050 年 GDP 塞尔指数由建设前的 2.275 4 下降为建设后的 1.532 1，区域经济发展总体差异呈明显下降态势，经济发展的空间差异较交通发展的空间差异性更大。

为了便于二者比较，基于表 13-9、表 13-11 数据在 TransCAD 中采用八分位法进行分类制图。据图 13-15，BSCC 建设后，位于通道两端的物流区域经济发展差异性扩大，因为通道能使东北与山东半岛物流区域及南部物流区域形成更为便捷的连接，经济发展增幅有差别，但随着通道效应的逐步扩散，两区域差异发生转折趋于缩小。反而华北物流区域受 BSCC 建设物流的转移，差异缩小。

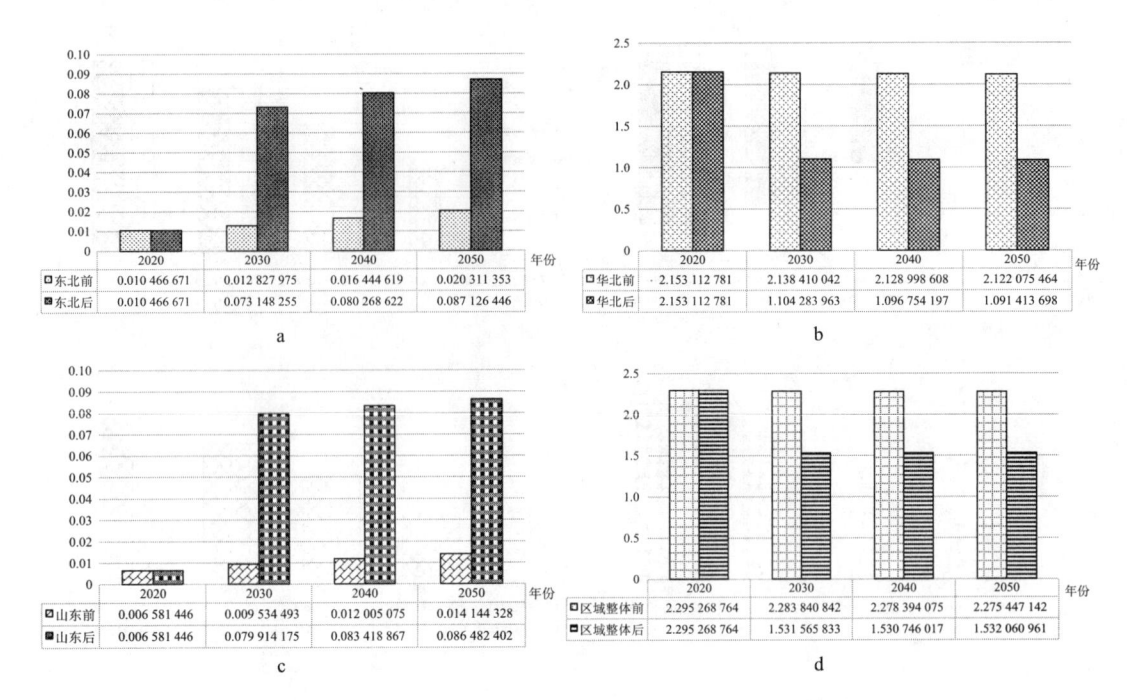

	2020	2030	2040	2050
东北前	0.010 466 671	0.012 827 975	0.016 444 619	0.020 311 353
东北后	0.010 466 671	0.073 148 255	0.080 268 622	0.087 126 446

a

	2020	2030	2040	2050
华北前	2.153 112 781	2.138 410 042	2.128 998 608	2.122 075 464
华北后	2.153 112 781	1.104 283 963	1.096 754 197	1.091 413 698

b

	2020	2030	2040	2050
山东前	0.006 581 446	0.009 534 493	0.012 005 075	0.014 144 328
山东后	0.006 581 446	0.079 914 175	0.083 418 867	0.086 482 402

c

	2020	2030	2040	2050
区域整体前	2.295 268 764	2.283 840 842	2.278 394 075	2.275 447 142
区域整体后	2.295 268 764	1.531 565 833	1.530 746 017	1.532 060 961

d

图 13-14　三大物流区域 BSCC 建设前后经济发展塞尔指数比较

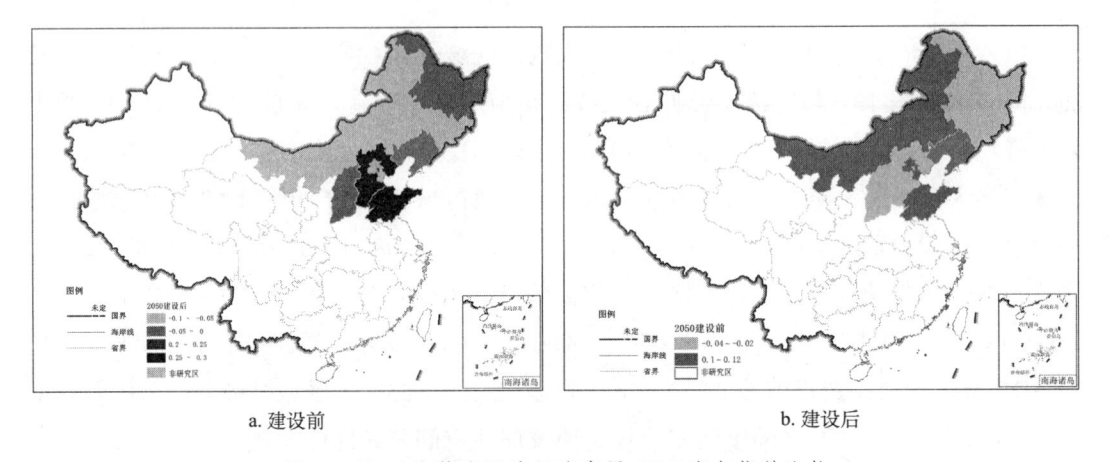

a. 建设前　　　　　　　　　　　　　　b. 建设后

图 13-15　三大物流区域经济发展 GDP 塞尔指数比较

我们采用基尼系数同时对比分析 BSCC 建设前后公路交通和经济发展空间的差异，分析情景如下：如果 2050 年不建设 BSCC，根据 1990~2012 年已收集的历年数据进行统计分析，对三大物流区域的人口、GDP 和公路通车里程进行预测后，再通过矩阵法分别计算公路交通发展塞尔指数和经济发展塞尔指数。如果 2025 年开始建设 BSCC，到 2040 年建成使用，考虑 2025 年修建 BSCC 引起的 GDP 和交通网络的变化，对预测数据进行修正，然后通过矩阵法分别计算公路交通发展塞尔指数和经济发展塞尔指数。

计算期内，从表 13-12 和图 13-16 可以看出，东北物流区域、华北物流区域和山东半岛物流区域的公路交通发展基尼系数均小于 0.27，三大物流区域在 BSCC 建设前后公路交通发展差异几乎无变化，山东半岛物流区域和东北物流区域在通道建设前后基尼系数基本不变，通道建设不会影响交通网络重构，缩短了山东半岛区域和东北物流区域时间空间距离，减轻了华北物流区域交通负载，也不会引起三大物流区域公路交通发展不公平。

表 13-12 三大物流区域 BSCC 建设前后公路交通发展基尼系数比较

年份	东北		华北		山东半岛	
	前	后	前	后	前	后
2020	0.062 0	0.062 0	0.233 3	0.233 3	0.001 8	0.001 8
2030	0.051 8	0.051 8	0.247 0	0.247 0	0.001 3	0.001 3
2040	0.045 8	0.045 9	0.257 0	0.256 9	0.001 1	0.001 1
2050	0.041 9	0.041 9	0.264 9	0.264 8	0.000 9	0.000 9

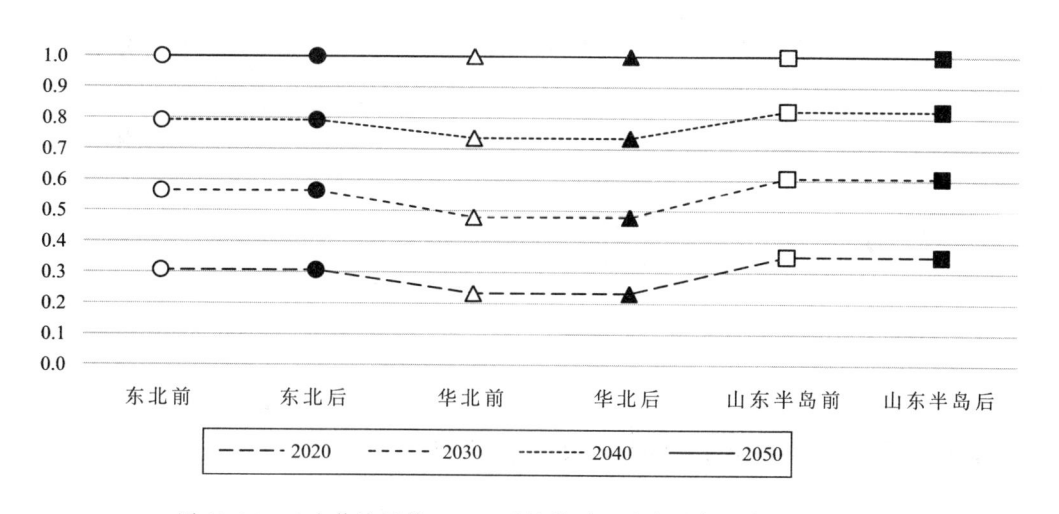

图 13-16 三大物流区域 BSCC 建设前后公路交通发展基尼系数比较

从表 13-13 和图 13-17 可以看出，三大物流区域计算期内 BSCC 建设前人均 GDP 的基尼系数低于 0.25，建设后低于 0.23。BSCC 建设后华北物流区域经济发展差异缩小，人均 GDP 基尼系数由 2050 年建设前的 0.247 6 下降为建设后的 0.161 4，可以看出通道建设对促使华北物流区域经济公平发展有一定积极作用。而东北物流区域和山东半岛物流区域经济发展空间不均衡性有所增加，山东半岛物流区域人均 GDP 基尼系数由 2050 年建设前的 0.064 2 上升到建设后的 0.094 2，东北物流区域人均 GDP 基尼系数由 2050 年建设前的 0.061 6 上升到建设后的 0.074 0，可以看出通道建设使直连区域的空间集中度提高，短期引起空间分布不均衡，随着 BSCC 长期投入使用后，区域交通路网将随之优化完善，经济扩散发展，地区经济将趋于均衡发展。

表 13-13　三大物流区域 BSCC 建设前后经济发展基尼系数比较

年份	东北		华北		山东半岛	
	前	后	前	后	前	后
2020	0.066 1	0.066 1	0.231 1	0.231 1	0.067 8	0.067 8
2030	0.064 4	0.077 3	0.237 3	0.154 9	0.066 5	0.097 7
2040	0.062 9	0.075 5	0.242 8	0.158 4	0.065 3	0.095 8
2050	0.061 6	0.074 0	0.247 6	0.161 4	0.064 2	0.094 2

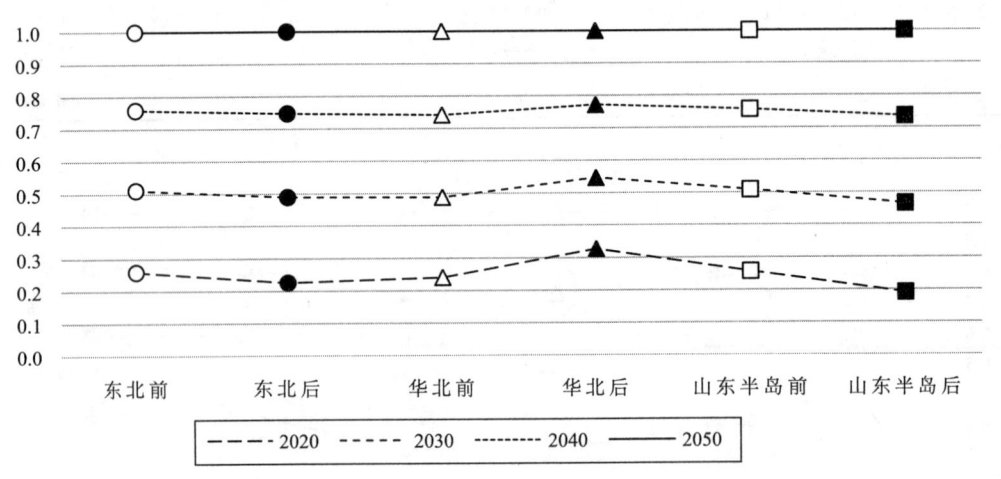

图 13-17　三大物流区域 BSCC 建设前后经济发展基尼系数比较

四、BSCC 建设前后区域内外差异及演化特征

按照 BSCC 所依托的环渤海物流区域，以东北物流区域、华北物流区域和山东半岛物流区域为基本空间单元，由公式 13-1～10 计算 BSCC 建设前后区域间、区域内公路交通发展塞尔指数（表 13-14、表 13-15）和经济发展 GDP 塞尔指数（表 13-16、表 13-17）。计算结果显示，建设后区域整体公路发展塞尔指数由 2020 年 0.757 5 上升到 2050 年的 1.930 7，因 BSCC 较短，两端直连的东北物流区域和山东半岛物流区域交通网络基本完善，通道建设不会大幅引起差异缩小。建设后区域整体经济发展塞尔指数由 2020 年 2.295 3 下降到 2050 年的 1.532 1，较建设前大幅下降，BSCC 建设使三大物流区域公路交通发展差异下降明显，差异缩小。

表 13-14 三大物流区域 BSCC 建设后公路交通发展差异分解（不建设 BSCC）

年份	公路交通塞尔指数（不建设 BSCC）				
	区域整体	区域间	区域内	区域间（%）	区域内（%）
2020	0.757 5	0.004 7	0.752 7	0.62	99.38
2030	1.244 0	0.009 4	1.234 6	0.75	99.25
2040	1.628 0	0.012 7	1.615 3	0.78	99.22
2050	1.932 7	0.015 0	1.917 7	0.78	99.22

表 13-15 三大物流区域 BSCC 建设后公路交通发展差异分解（2040 年建成 BSCC）

年份	公路交通塞尔指数（2040 年建成 BSCC）				
	区域整体	区域间	区域内	区域间（%）	区域内（%）
2020	0.757 5	0.004 7	0.752 7	0.62	99.38
2030	1.244 7	0.009 4	1.235 3	0.76	99.24
2040	1.626 0	0.012 7	1.613 4	0.78	99.22
2050	1.930 7	0.015 0	1.915 7	0.78	99.22

表 13-16 三大物流区域 BSCC 建设后经济交通发展差异分解（不建设 BSCC）

年份	经济发展 GDP 塞尔指数（不建设 BSCC）				
	区域整体	区域间	区域内	区域间（%）	区域内（%）
2020	2.295 3	0.002 8	2.292 5	0.12	99.88
2030	2.283 8	0.002 0	2.281 8	0.09	99.91
2040	2.278 4	0.001 7	2.276 7	0.07	99.93
2050	2.275 4	0.001 5	2.273 9	0.07	99.93

表 13-17 三大物流区域 BSCC 建设后经济交通发展差异分解（2040 年建成 BSCC）

年份	经济发展 GDP 塞尔指数（2040 年建成 BSCC）				
	区域整体	区域间	区域内	区域间（%）	区域内（%）
2020	2.295 3	0.002 8	2.292 5	0.12	99.88
2030	1.531 6	0.027 9	1.503 7	1.82	98.18
2040	1.530 7	0.031 1	1.499 7	2.03	97.97
2050	1.532 1	0.034 0	1.498 1	2.22	97.78

（一）建设前后区域间发展差异变化不大，但公路发展与经济发展差异存在差别

表 13-14～17 数据显示，2020～2050 年，BSCC 建设前后，区域间公路交通差异趋

势基本没有发展变化。其中，表征区域间差异的塞尔指数均由 2020 年的 0.002 8 上升到 0.015 0，对区域整体差异的贡献份额较小，由 0.62%上升到 0.78%。表 13-16 和表 13-17 数据显示，2020～2050 年，BSCC 建设前后，区域间经济发展差异由下降趋势转变为上升趋势。其中，表征区域间差异的塞尔指数建设前由 2020 年的 0.002 8 下降为 2050 年的 0.001 5，建设后由 2020 年的 0.002 8 上升为 2050 年的 0.034。从区域间发展绝对差异看，BSCC 建设后经济发展差异比公路交通发展差异改变要明显，其中，2050 年 BSCC 建设前后区域经济发展塞尔指数的绝对差值达到 0.032 5，可以看出 BSCC 建设前后区域间差异不是构成区域差异的重要组成部分。

（二） 建设前后区域内发展差异较大

表 13-14～17 数据显示，2020～2050 年，BSCC 建设前后，区域内公路交通差异趋势基本也没有发展变化。区域内公路交通发展差异总体上呈上升趋势，通道建设使区域内公路交通发展差异缩小。其中，2050 年区域内公路交通发展塞尔指数由 1.917 7 下降为 1.915 7，下降绝对值 0.002，贡献率为 99.22%。三大物流区域各自的内部差异在 BSCC 建设前后，均是引起区域整体差异的主要部分。表 13-16 和 13-17 数据显示，2020～2050 年，BSCC 建设前后，区域间经济发展差异较大，呈大幅下降趋势。由于 BSCC 建设的经济乘数效应，2025 年启动通道建设后，区域内经济发展塞尔指数由 2020 年的 2.292 5 下降为 2040 年建成后的 1.503 7，发展差异大幅下降。区域内经济发展的差异一直处于 90%以上水平，对总差异的贡献率相对较高，通道建设后，对总差异的贡献率由 2020 年的 99.88%下降为 97.78%，降幅达 2.1%。

参 考 文 献

[1] 孙峰华, 陆大道, 柳新华, 等. 中国物流发展对渤海海峡跨海通道建设的影响[J]. 地理学报, 2010, 65(12): 1507-1521.

[2] 渤海海峡跨海通道研究课题组. 渤海海峡跨海通道研究[M]. 北京: 中国计划出版社, 2003.

[3] 柳新华, 刘良忠. 渤海海峡跨海通道对环渤海经济发展及振兴东北老工业基地的影响研究[M]. 北京: 经济科学出版社, 2009: 3-6.

[4] 魏礼群等. 世界渤海海峡跨海通道比较研究[M]. 北京: 社会科学文献出版社, 2005.

[5] 于江霞. 中国公路交通与经济发展空间差异及相关性分析[J]. 交通运输系统工程与信息, 2015, 15(1): 11-16.

[6] 曹小曙, 张利敏, 薛德升, 等. 中国城市交通运输发展水平等级差异变动特征[J]. 地理学报, 2007, 62 (10): 1034-1040.

[7] 于江霞, 冯欣, 张丹, 等. 我国公路货运与制造业重心的空间分布和演变[J]. 公路交通科技, 2014, 31 (1): 145-151.

[8] 王建伟, 毛韬, 付鑫. 基于 ESDA 的西北地区公路网分布空间差异分析[J]. 干旱区地理, 2013, 36(2): 329-336.
[9] 徐璐, 毛文彦, 张玮洁. 基于塞尔指数的环境税税率差异化与税负公平性分析[J]. 企业导报, 2014, 1(11): 100-103.
[10] 王成金, 金凤君. 中国交通运输地理学的研究进展与展望[J]. 地理科学进展, 2005, 4(6): 66-78.
[11] 王成金. 现代港口地理学的研究进展及展望[J]. 地理科学进展, 2008, 23(3): 243-251.
[12] 曹有挥, 曹卫东, 金世胜, 等. 中国沿海集装箱港口体系的形成演化机理[J]. 地理学报, 2003, 58(3): 424-432.
[13] 韩增林, 安筱鹏, 王利, 等. 中国国际集装箱运输网络的布局与优化[J]. 地理学报, 2002, 57(4): 479-488.
[14] 陈修颖. 区域空间结构重组: 理论基础、动力机制及其实现[J]. 经济地理, 2003, 23(4): 445-450.
[15] 王成金, 金凤君. 中国海上集装箱运输的组织网络研究[J]. 地理科学, 2006, 26(4): 392-401.
[16] 欧向军, 沈正平, 朱传耿. 江苏省区域经济差异演变的空间分析[J]. 经济地理, 2007, 27(1): 78-83.
[17] 欧向军, 沈正平, 王荣成. 中国区域经济增长与差异格局演变探析[J]. 地理科学, 2006, 26(6): 641-648.
[18] 韩增林, 许旭. 中国海洋经济地域差异及演化过程分析[J]. 地理研究, 2008, 7(3): 613-617.
[19] 王会宗. 交通运输与区域经济增长差异——以中国铁路为例的实证分析[J]. 山西财经大学学报, 2011, 33(2): 61-68.
[20] 杨发相, 雷加强, 李江华, 等. 新疆公路自然区划探讨[J]. 干旱区地理, 2007, 30(4): 614-619.
[21] 吴玉鸣, 徐建华. 中国区域经济增长集聚的空间统计分析[J]. 地理科学, 2004, 24(6): 654-659.
[22] 易军伟, 李林波, 吴兵, 等. 区域公路网规模预测研究[J]. 交通科, 2011, 244(1): 100-103.
[23] 韩国杰. 甘肃公路自然环境评价指标及分区研究[D]. 西安: 长安大学, 2008.
[23] 蒲英霞, 葛莹, 马荣华, 等. 基于 ESDA 的区域经济空间差异分析——以江苏省为例[J]. 地理研究. 2003, 24(6): 966-974.
[25] 金凤君, 王成金, 李秀伟. 中国区域交通优势的甄别方法及应用分析[J]. 地理学报, 2008, 63(8): 787-798.

第十四章 经济关系格局的时空差异性

第一节 东北、华北和山东半岛经济关系格局

一、主要经济圈和经济区

东北、华北和山东半岛地区具有显著的发展优势。区域内煤、铁、石油等自然资源丰富；区位优越，便于内外经济联系与交流；形成密集的海、陆、空立体交通网络，港口、高速公路、铁路、航空运输发达；拥有京津塘、辽中南等实力雄厚的工业基地；拥有全国政治、文化中心，具有强劲的教育、科研实力。在此基础上，区域内形成环渤海经济圈，又进一步形成京津冀、山东半岛和辽东半岛经济区。

（一）环渤海经济圈

环渤海经济圈是环绕渤海及黄海的部分沿海地区组成的 C 形区域，包括北京、天津、河北、山东、辽宁五省市组成的三个经济区（表 14-1）。2017 年，地区 GDP 总量超过 21 万亿元，占全国的 25.7%[1]。环渤海经济圈于珠三角、长三角之后，是中国第三大区域制造中心，拥有能源、化工、冶金、建材、机械、汽车、纺织、食品八大支柱产业，同时拥有电子信息、生物制药、新材料为主的高新技术产业，在港口经济、船舶制造、钢铁等方面也有明显优势。

表 14-1 环渤海经济圈

经济区	京津冀	山东半岛	辽东半岛
行政范围	北京、天津、石家庄、唐山等十城市	济南、青岛、淄博、东营等八城市	大连、鞍山、丹东、营口等七城市
中心城市	北京、天津	济南、青岛	大连
主要港口	天津港（2015年吞吐量3.6亿t）	青岛（4.3亿t）	大连（3.4亿t）
重点产业	电子、文化、新材料、新能源、石油化工、海洋化工、海港物流	石油化工、电子、家电、机械制造、新材料、海港物流	装备制造、石油化工、船舶机械、电子、海港物流
科技园区	中关村软件园、顺义临空经济区、天津滨海新区	青岛经济开发区、青岛高新技术产业区、烟台经济开发区	大连经济开发区、大连保税区、长兴岛临港工业区

从人均 GDP 水平来看，环渤海经济圈形成三个发展梯度。2017 年北京和天津的人均 GDP 超 12.38 万元，属于中等富裕程度城市，为第一梯度；山东和辽宁超过 5 万元，为第二梯度；河北人均 GDP 为 4.5 万元，发展相对缓慢，为第三梯度[1]。

从产业结构来看，环渤海经济圈的主导产业为第二产业，第三产业比重增加低于长三角和珠三角地区。北京以第三产业发展为主，除此之外其他省市仍以第二产业比重增加为主。同时，外向型经济推动了环渤海地区的高速发展。2013 年，区域总体进出口额为 8 468 亿美元，占全国的 21.35%[2]。

（二）京津冀、山东半岛、辽东半岛经济区

京津冀经济区包括北京、天津以及河北省秦皇岛、唐山、廊坊、保定等。近年来该区域加强协同发展，整合打造成为环渤海经济圈核心区。在基础设施、自然资源、旅游资源、产业对接等多方面建立合作和共享机制，有序推动北京非首都功能疏解，实现城乡一体化、经济一体化、交通一体化和环保一体化。京津冀经济区形成了钢铁、能源、化工、建材、机械、汽车等产业集群，电子信息、生物制药、新材料等产业也有突出优势。

经济区内部综合交通网络基本成型，形成了以北京为中心的路、空交通网和以天津港、秦皇岛港为中心的海运航线。铁路干线 17 条，通车里程近 4 000 千米；形成了以北京为中心，天津、石家庄为枢纽的高速公路骨架，辐射十个中心城市、三个港口和两个煤炭基地；海运条件便利，拥有秦皇岛港、京唐港、天津港及建设中的黄骅港；拥有北京、天津、石家庄等枢纽机场和其他支线机场，首都机场 2015 年吞吐量近 9 000 万人次。

山东半岛经济区主要包括山东半岛城市群八市，物资、人员、产品的流动主要沿胶济铁路方向进行。该经济区以机械、石油化工、纺织等为支柱产业，并形成了以消费电子和工业电子为龙头的产业集群。围绕海尔、海信、澳柯玛、双星、青岛啤酒、胜利油田、齐鲁石化等重点企业形成了制造业带，并且通过企业研发合作、生产基地建设、农副产品供给和劳务输出等方式，积极开展与京津冀、辽东半岛的合作。

经济区内部具有较为完善的交通体系。京沪、京九铁路纵贯南北，胶济、兖石铁路横跨东西；高速公路通车里程、密度位居全国前列；建成机场 12 个，包括济南、青岛、烟台、威海四个国际空港，可直达日本、韩国、新加坡、中国香港等国家和地区。

辽东半岛经济区以东北地区为依托，包括辽宁省的大连、鞍山、丹东、营口等七市。形成了以重型机械、船舶制造、石油化工为基础的产业集群，高新技术领域的新材料、电子信息和先进制造业等也成为主导产业，将发展成为现代装备制造业基地和重要原材料工业基地。同时，辽东半岛经济区通过环渤海经济圈区域合作的契机，加快国有大中型企业的调整改造，促进东北地区老工业基地振兴发展。

东北地区庞大的交通网络为区域内的经济联系提供便利。铁路运输网包括 70 余条干支线，形成以哈大线为纵轴、滨绥线为横轴的 T 字形骨架；公路运输方面，102、201、202 号等多条国道经过，以各省省会为中心的省级公路通道也较为完善；形成了以大连、营口为中心，丹东、锦州为两翼的港口群分布；管道运输和内河运输通道也较为发达[3]。

二、与长三角、珠三角经济圈的对比

（一）经济发展水平

尽管环渤海经济圈的区域经济一体化进程成果显著，但相比长三角、珠三角①等发育成熟的区域，存在较大的差距，仍处于发展中阶段（表 14-2）。从经济总量来看，2017年，环渤海经济圈的京津冀、山东半岛经济区 GDP 为 75 000 亿元和 45 482 亿元，低于长三角，与珠三角相差不大；GDP 增长率除了京津冀较低（5.67%）外，其余相差不大，都保持在 8%左右。人均 GDP 京津冀最低，山东半岛和珠三角相当。山东半岛和京津冀的工业总产值低于长三角和珠三角，说明工业是其发展的主要推动力量。从固定资产投资来看，

表 14-2　2017 年珠三角、长三角、京津冀、山东半岛主要经济指标

指标	珠三角	长三角	京津冀	山东半岛
土地面积（km²）	41 698	110 115	182 501	73 859
城市数量	9	26	13	8
总人口（万人）	5 874	15 000	11 000	4 567
GDP（亿元）	68 000	147 000	75 000	45 482
GDP 增长率（%）	7.9	8.2	5.67	7.49
人均 GDP（元）	115 764	98 000	68 181	107 108
工业总产值	25 752	63 987	23 172	18 317
固定资产投资（亿元）	28 624	80 562	45 203	32 916
社会消费品零售总额（万元）	28 957	59 296	30 913	20 263
进出口总额（亿美元）	51 675	85 477	30 685	2 158
外商直接投资（亿美元）	108	234	119	72

资料来源：中国统计年鉴[4]；相关各市 2017 年国民经济和社会发展统计公报。

---

① 长江三角洲，包括上海，江苏的南京、苏州、无锡、常州、扬州、镇江、南通、泰州，以及浙江的杭州、宁波、湖州、嘉兴、绍兴、舟山、台州，共 16 市 59 县。珠江三角洲，包括广州、深圳、珠海、佛山、江门、中山、东莞、惠州市区、惠东县、博罗县、肇庆市区、高要市、四会市，共 7 市 12 县（区）。

京津冀和山东半岛高于珠三角,低于长三角。社会消费品零售总额与珠三角相当,低于长三角。京津冀和山东半岛的进出口总额、外商直接投资额较小,说明其对外经济落后于长三角和珠三角。

(二)产业经济联系

区域内的产业经济联系代表了区域发展一体化程度,可以用城市流强度模型来分析区域内部产业经济联系。选取京津冀、辽中南①、山东半岛 28 市的从业人员、GDP、人均 GDP 等指标,测度其城市流强度,并与长三角、珠三角 25 市相比较[5]。从图 14-1 可以看出,京津冀的城市流强度位于环渤海经济圈首位,其次是辽中南,最后是山东半岛。京津冀要强于珠三角,但比长三角弱。辽中南、山东半岛与长三角和珠三角仍有较大差距。各区域的城市流强度基本呈上升状态,而山东半岛总体呈下降趋势,并且下降幅度较大。因此,长三角、珠三角和京津冀的区域内产业经济联系水平较高,而山东半岛尚处于成长阶段,区域内部联系较为松散。总体来看,与长三角和珠三角相比,环渤海经济圈内部分化比较严重,产业经济联系不紧密,区域一体化程度较低。

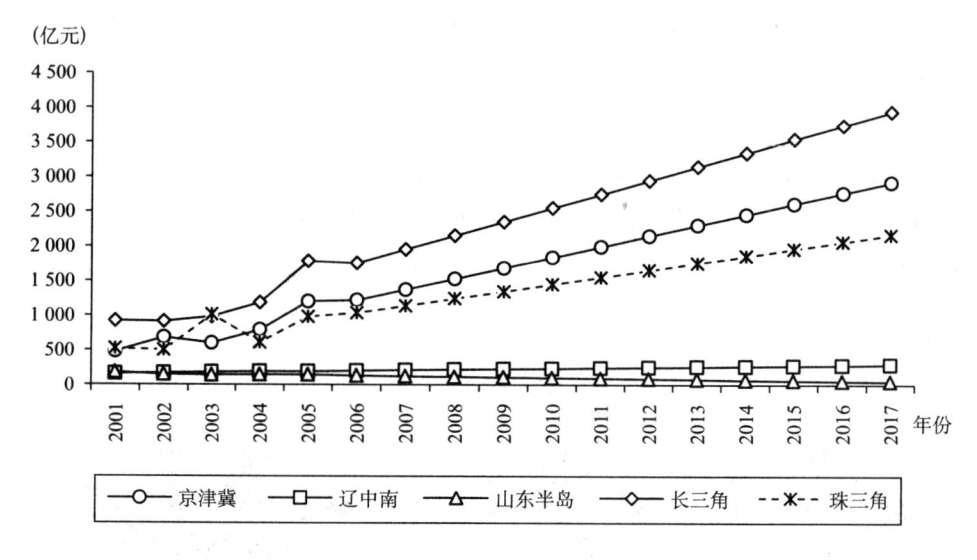

图 14-1 2001~2017 年五大城市群城市流强度

资料来源:根据姜博等[5]论文数据模拟。

---

① 辽中南城市群以沈阳、大连为中心,包括鞍山、抚顺、本溪、丹东、辽阳、营口、盘锦等城市,辐射区为朝阳、葫芦岛二市。

第二节　BSCC 对经济关系格局的影响

一、对空间格局的影响

BSCC 的建设可以提升东北、华北和山东半岛地区的经济合作与交流，进而改变整个区域的空间网络结构（图 14-2）。BSCC 的建设连接了山东的烟台市和辽宁的大连市，会形成以烟台—大连为中心的区域增长轴。原本被海峡阻隔的东北和山东半岛地区通过 BSCC 得以连接，两地区的空间距离得到重新配置，时间成本大大压缩。BSCC 建设地区聚集铁路、公路、港口等多种交通形式，作为人员、物资、产品等频繁流通的新的交通走廊，发展成为重要的经济增长轴。

空间联系成本的减少带来了地区间的频繁往来，各地区和城市获得更多合作发展的机遇，区域整体经济活力得以提升。随着合作和交流的深入，人流、物资、信息等资源要素频繁流动，并在区域重新配置，促进了区域空间网络的再组织。作为通道衔接城市的烟台和大连来说，将会改变边缘区位，成为交通网络体系中的重要枢纽和区域发展格局中的核心城市。BSCC 关联区将成为核心区域。原本相对独立的地区因 BSCC 而结成联系密切的经济合作区。同时，原本沿渤海海岸的带状发展模式也会通过跨海发展而趋于网络化。

不过，虽然 BSCC 的建设可以促进资源、要素的流通，带动边缘城市区位的提升，但另一方面，也可能会强化中心城市的经济磁场效应。随着中心城市市场可达性的提高，更多资源向中心城市及其周边地域集中，边缘地区仅作为资源供给地，并没有获得切实的经济利益[6]。

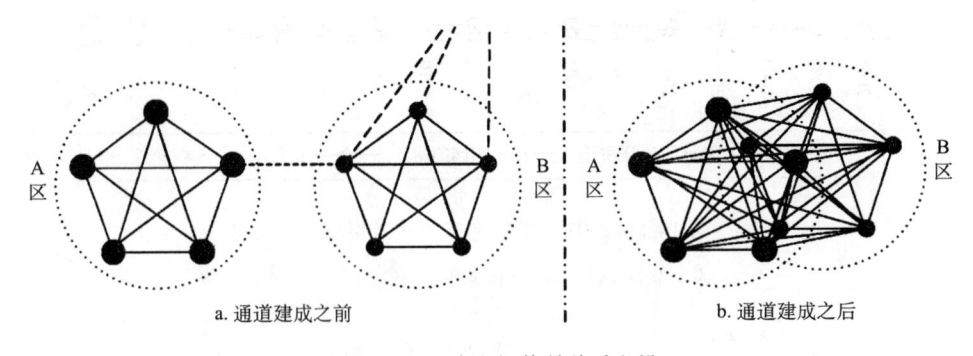

a. 通道建成之前　　　　　　b. 通道建成之后

图 14-2　区域空间格局的重组[6]

二、对交通通达性的影响

BSCC 的建设，有助于缓解环渤海地区的进出关运输、南北运输和沿海港口运输矛盾。位于渤海海峡南北两岸的大连旅顺和烟台蓬莱，直线距离为 106 千米，通道建成后，可以大大缩短两岸的交通联系成本，辽东半岛和山东半岛之间实现"2 小时经济圈"。东北至山东和长三角的运距，相比绕道沈山、京山、京沪、胶新、陇海线，可以缩短 400~1 000 千米[7]。原来绕渤海的 C 形线路变为闭合的 O 形线路，将会分流京沈、京沪、京广干线的压力，缓解京津冀地区交通运力紧张的局面。

同时，BSCC 的建设有助于促进区域交通网络的完善和交通一体化进程。交通网络衔接不畅在一定程度上造成三大地区的相互分隔，经济腹地相互分割，从而自成体系。山东正在修建七大省际高速公路，促进与京津冀、长三角、中原经济区和西北地区的联系；河北通过综合交通体系建设连接沿海与腹地，加强京津与山西、陕西、内蒙古、鲁北和豫北的连通；辽宁在积极推进内蒙古东部、吉林和黑龙江的联系[8]。BSCC 形成山东和辽宁之间的交通要道，从而进一步实现三大地区经济腹地交通网络的对接，形成相互连通、一体化的综合交通体系。

BSCC 的建设对于优化海运交通体系和港口布局也有重要的促进作用。通道建设之前，三大地区形成三大港口体系，即以大连港为核心的辽东港口群，以天津港为核心的天津港口群和以青岛港为核心的山东港口群。三大港口体系之间势均力敌，以短途海上运输联系为主，保持竞争状态。通道的建设将加强港口间的陆上交通联系，缓解短途海上运输压力。同时，通过促进港口之间的交流与合作，提升整体竞争力，实现港口体系的区域整合[9]。

三、对区域经济的影响

BSCC 作为投资近 2 000 亿元的重大工程，其建设本身会带动周边区域的工业、建筑业、服务业等的发展，进而促进区域经济的增长。运用乘数理论和投入产出法评估通道建设对区域经济的影响效应，结果表明，投资的产出乘数为 2.58，投资乘数为 1.28，就业乘数为 750，影响力系数为 1.15[10]。

BSCC 的建设可以促进三大地区间生产要素流动和交流。可以带动形成更广泛的人才交流，提高北京作为教育科研中心的辐射作用。北京高校和科研机构的人才到山东、东北工作更加便利，地区之间的学术交流更加频繁，东北和山东的劳动力到京津就业更加方便，从而实现人力资源的合理配置。同时，可以促进地区间原材料、产品等的运输和流通。比如东北的粮食、山东的农产品，辽宁的钢铁、机械、石油化工等重工业产品，京津冀和山东的食品、电子、轻工业产品，原来的运输都要经过山海关这一陆上出口，运输能力受限，只能满足30%左右的需求，通过新的 BSCC 可以缩短储运时间，加速产品和原材料的运输[8]。

BSCC 的建设可以带动产业升级和布局优化。为了实现要素的集聚和优化配置，根据区域自身条件进行优化组合，带动产业分工协作和一体化发展。比如钢铁、石油化工、电力等重工业向沿海地区转移，形成以沈阳、大连、烟台、青岛为基础的临港工业走廊；利用人才、技术、信息资源优势，服务业、高新技术产业向京、津地区集聚，并进一步带动和辐射周边地区，形成相关配套产业。通过交通成本的降低和集聚经济效应，最终实现资源有效流通、产业优势互补、协作发展的经济一体化格局。

四、对旅游业的影响

由于渤海海峡的阻隔，以环渤海地区为核心的东北、华北、山东半岛地区，其旅游资源开发方面未能产生较强的区域合力，并且地区间、城市间旅游发展水平极不均衡（表14-3）。从入境游客来看，北京、天津、大连、青岛等具有明显优势；从国内游客来看，北京、天津、丹东、大连、秦皇岛、唐山、潍坊、烟台、威海、青岛、日照、济南等接待人数较多；从旅游总收入来看，北京、天津、大连、青岛、烟台、济南、潍坊等位于前列。总的来说，与东北地区相比，北京、天津与山东半岛城市的旅游业发展较为突出。

表14-3 2017年环渤海地区主要城市旅游发展指标

城市	入境游客（万人次）	国内游客（万人次）	旅游总收入（亿元）
丹东	13.7	4 534	407
大连	106	8 410	1 280
营口	7.8	2 400	236
盘锦	12	2 625	220
锦州	9.6	2 630	195
葫芦岛	14	2 231	188
秦皇岛	30.7	5 223	658
唐山	11.7	5 591	853
沧州	3.3	1 829	163
北京	393	29 000	5 469

续表

城市	入境游客（万人次）	国内游客（万人次）	旅游总收入（亿元）
天津	345	20 769	3 312
东营	6.2	1 694	168
潍坊	34.8	6 756	776
烟台	63.8	7 094	962
威海	49.2	4 262	597
青岛	144.4	8 672	1 640
日照	27.6	4 484	361
济南	37.6	7 248	971

资料来源：相关各市 2017 年国民经济和社会发展统计公报。

BSCC 的建设将促进旅游客源在三大地区间的均衡流动。根据相关统计，2011 年山东半岛的东北地区客源仅占 6.3%，辽东半岛的山东游客所占比重也仅有 10%。交通距离的缩减将有助于改善这一局面。同时，旅游收入也会随 BSCC 建设大大提高。据估算，BSCC 建成后每年客流量达到 1 261 万人（列车 8 节车厢，每节车厢载客 60 人，每天运行 36 车次，每年 365 天，双轨道运行），在现有游客基础上增加了 2 倍，预计为辽东半岛增加 69 亿元的旅游收入，为山东半岛增加 85 亿元的旅游收入[11]。再者，BSCC 的建设可以促进三大地区旅游资源的整合发展。各地区利用优势资源，协同合作，提升旅游资源水平和竞争优势。联合推广营销，共同进行市场开发，促进旅游产业一体化发展。

五、对东北亚经济合作的影响

BSCC 的建设对东北亚地区的经济合作也有深远影响。山东半岛与韩国即将建设中韩铁路轮渡。通过 BSCC 与中韩铁路轮渡通道，东北、华北、山东半岛地区可以连通韩国西海岸，并进一步扩展到日本西南岸。同时，BSCC 建设打开了俄罗斯远东地区南下的陆上通道，实现了西伯利亚大陆桥与新欧亚大陆桥的对接。

环渤海地区逐渐成为中国与东北亚经贸合作的枢纽，可以促进东北、华北、山东半岛地区与日本、韩国、俄罗斯远东、蒙古的贸易往来与经济一体化。可以通过环渤海地区，与日本和韩国在技术、资金方面加强合作，与俄罗斯在能源和矿产方面加强合作，进一步推动国际产业整合与集聚[12]。

第三节　BSCC建设前后经济关系格局的时空差异

一、东北、山东半岛经济联系的时空差异

（一）引力模型和回归预测

对于东北地区和山东半岛来说，BSCC的建设能够大大缩短两地区之间的距离，提升交通可达性，进而促进其人员、物质、信息和资金等的流动和沟通，改善经济关系格局。为了实证研究BSCC开通前后经济关系格局的演变，引入城市引力模型来测算两地区各地级市之间的经济联系强度变化。

引力模型假设城市之间的经济联系强度与经济、人口等指标成正比，与距离指标成反比。测算值越大，表示城市间的经济联系越频繁，经济联系规模和程度越大。同时，还可以反映经济中心城市对周围地区的辐射能力，以及周围地区对经济中心辐射能力的接受程度。本章选择计算公式如下：

$$E_{ij} = \frac{\sqrt{G_i P_i G_j P_j}}{D_{ij}^2} \quad \text{式 14-1}$$

式14-1中，E_{ij}为城市之间的经济联系强度；G_i、G_j为城市的GDP总量；P_i、P_j为城市的总人口；D_{ij}为城市之间的距离。在此，D_{ij}用两地级市间的最短铁路旅行时间来表示，如果没有直达列车，用最短中转时间加和来确定。旅行时间来源于城市间火车运行时间数据，GDP和人口数据来源于相关年份的中国城市统计年鉴。

为了对比BSCC开通前后东北和山东半岛地区经济联系的变化，选取2015年相关数据测算开通前的经济联系强度。开通年份预定为2040年，开通后城市间旅行时间的变化主要涉及烟台和大连。假定BSCC长120千米，烟台和大连之间的旅行时间缩短为0.6小时。2040年经济联系强度的测算还需要人口和GDP数值的预测。

在此，利用线性回归模型来预测各城市的人口和GDP。构建方程如下：

$$Y = a + bX \quad \text{式 14-2}$$

式14-2中，Y为因变量（GDP或人口）；X为自变量（年份）。利用东北和山东半岛地区各城市2002~2015年的GDP和人口数据，分别代入SPSS软件，构建线性回归方程，得到各自的a、b值。此外，各回归方程的R^2都大于0.95，相关性显著。然后，将X=2 040代入公式14-2，得到各城市2040年GDP和人口的预测值。

最后，将2015、2040年各城市GDP、人口和城市间旅行时间相关数据代入式14-2，得到BSCC开通前后东北和山东半岛地区的经济联系强度（篇幅所限，表略）及其变化值（表14-4）。

表 14-4　2015～2040 年东北和山东半岛经济联系强度的变化值（亿元·万人/h²）

变化值	济南	青岛	淄博	东营	烟台	潍坊	威海	日照	总和
沈阳	282 717	357 591	345 809	87 020	2 906 281	716 541	760 614	97 808	5 554 380
大连	641 934	639 378	800 978	145 915	33 649 250	1 790 335	4 032 564	161 366	41 861 719
鞍山	129 354	161 408	161 542	38 911	1 559 782	339 421	387 855	43 998	2 822 272
抚顺	14 122	29 437	21 340	7 721	109 667	45 074	36 081	9 341	272 783
本溪	29 905	42 711	36 542	10 739	216 098	74 060	64 754	12 186	486 995
丹东	62 829	74 599	70 340	18 297	500 990	140 526	136 751	19 891	1 024 223
锦州	27 085	68 498	58 687	17 109	506 969	135 698	142 651	21 447	978 144
营口	96 533	115 201	119 631	27 518	1 340 802	252 873	312 523	30 920	2 296 002
阜新	23 996	29 168	22 692	7 596	83 631	40 906	27 475	7 625	243 090
辽阳	57 766	71 524	71 201	17 266	664 257	148 783	167 034	19 460	1 217 290
盘锦	47 437	66 318	65 332	16 040	646 244	140 865	162 367	18 657	1 163 260
铁岭	8 395	25 778	16 652	6 956	85 982	36 878	29 275	8 703	218 619
朝阳	68 507	85 655	78 125	21 207	516 017	156 233	145 681	23 238	1 094 663
葫芦岛	14 721	45 181	36 763	11 427	299 926	86 107	87 282	14 479	595 887
长春	149 764	198 363	165 018	50 404	832 946	320 895	257 576	54 896	2 029 863
吉林	61 819	83 103	64 707	21 544	270 022	122 165	88 111	23 076	734 546
四平	54 697	71 831	60 971	18 145	326 105	119 452	99 038	19 823	770 063
辽源	15 440	21 139	16 385	5 485	68 859	31 094	22 511	5 920	186 832
通化	11 729	16 125	10 701	4 411	29 439	18 669	10 590	4 439	106 103
白山	5 155	7 311	4 641	2 028	11 907	8 016	4 367	2 038	45 463
松原	48 187	61 028	47 040	15 913	177 445	86 009	58 575	16 373	510 571
白城	10 511	14 922	10 091	4 047	30 610	18 080	10 866	4 200	103 328
哈尔滨	155 312	202 931	163 303	52 111	729 965	310 185	232 662	55 722	1 902 190
齐齐哈尔	42 039	56 287	42 060	14 792	154 884	77 500	52 060	15 535	455 156
鸡西	4 468	6 561	4 074	1 830	10 443	7 075	3 857	1 865	40 172
鹤岗	3 420	4 948	3 138	1 371	8 287	5 472	3 035	1 397	31 068
双鸭山	4 485	6 498	4 022	1 817	10 022	6 924	3 710	1 828	39 306
大庆	69 902	91 480	70 309	23 847	273 998	130 281	90 393	24 994	775 204
伊春	3 082	4 459	2 866	1 229	7 818	5 035	2 847	1 264	28 601
佳木斯	8 971	12 714	8 239	3 501	22 308	14 400	8 099	3 554	81 786
七台河	2 666	3 823	2 318	1 079	5 398	3 924	2 018	1 062	22 287
牡丹江	13 135	18 505	12 385	5 038	36 109	21 976	12 907	5 184	125 239
黑河	2 588	3 810	2 266	1 080	5 241	3 844	1 971	1 075	21 875
绥化	38 583	52 257	39 022	13 728	145 391	72 244	48 856	14 516	424 598
总和	2 211 253	2 750 540	2 639 191	677 124	46 243 092	5 487 542	7 506 960	747 877	

(二) 经济联系及其演化

从表 14-4 看出, BSCC 开通前后, 城市间经济联系强度值变化最大的是烟台—大连, 变化值高达 33 649 250。其次分别为威海—大连、烟台—沈阳、潍坊—大连、烟台—鞍山和烟台—营口, 这些城市之间的变化值都达到百万级。此外, 烟台—长春、淄博—大连、烟台—哈尔滨、烟台—辽阳、烟台—盘锦、济南—大连、青岛—大连和烟台—朝阳的变化值也比较突出, 都超过了 50 万。从变化值总量来看, 山东半岛的烟台、威海、潍坊和东北的大连、沈阳、鞍山、营口、长春、哈尔滨的增加值较大, 说明 BSCC 建设对这些城市的规模带动效应较为明显。

(三) 经济关系格局及其演化

为了进一步反映 BSCC 建设对东北和山东半岛地区经济关系格局的影响, 选取 2015 年经济联系强度大于 30 000 的城市组和 2040 年经济联系强度大于 250 000 的城市组, 利用 GIS 分析软件做出经济联系地图 (图 14-3、图 14-4)。

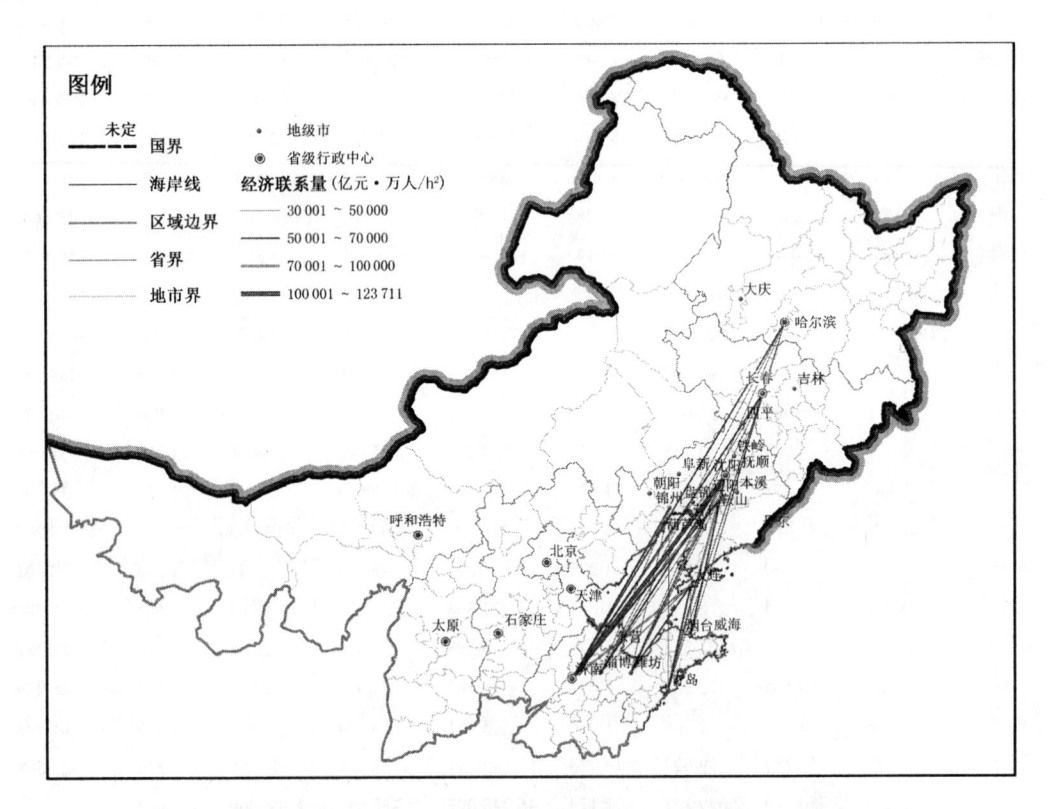

图 14-3 2015 年 BSCC 开通前东北和山东半岛经济关系格局

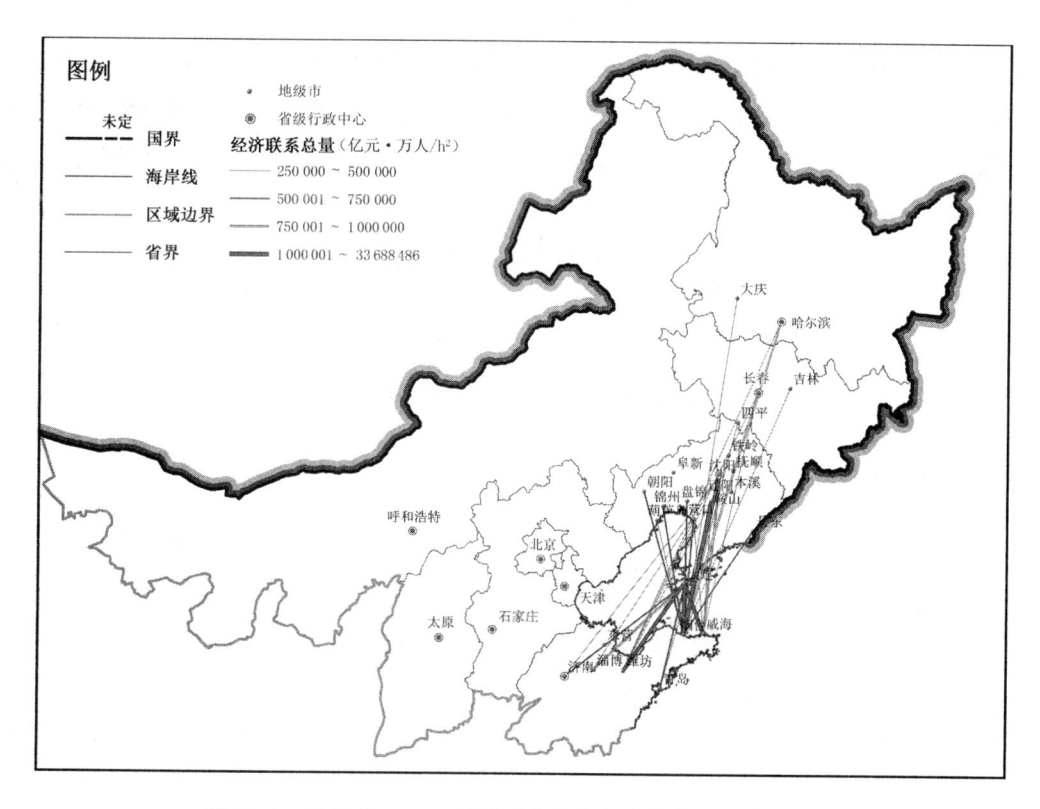

图 14-4　2040 年 BSCC 开通后东北和山东半岛经济关系格局

从图 14-3 可以看出，BSCC 开通前，根据联系强度大小，城市间经济联系形成四个等级。济南—沈阳为一级经济联系，联系强度在 100 000 以上。同时存在济南—长春、济南—哈尔滨、济南—锦州、青岛—大连、潍坊—大连等多个二级经济联系，联系强度为 70 001~100 000，主要存在于省会城市之间。另外有少量的三级经济联系，如潍坊—鞍山、济南—大连，联系强度为 50 001~70 000。剩余大批城市属于四级经济联系，联系强度为 30 001~50 000。哈尔滨、长春等省会城市由于交通距离较远，与山东半岛部分城市之间也存在四级经济联系。总的来说，BSCC 建设前的东北和山东半岛地区的经济关系格局以济南和沈阳为双中心，形成发展主轴，但次级发展轴不明显。发展主轴的辐射影响也较弱，整体经济联系较为松散，没有形成显著的层级关系。

从图 14-4 可以看出，BSCC 开通后，城市间经济联系大幅提升。烟台—大连为一级经济联系，联系强度达 30 000 000 以上；烟台—沈阳、威海—大连、潍坊—大连的经济联系也非常突出，达 10 000 000 以上。以烟台、大连为中心，形成了烟台—葫芦岛、烟台—鞍山、大连—济南、大连—青岛等多个二级经济联系，联系强度为 750 001~10 000 000。以烟台、威海为中心，形成了烟台—长春、烟台—哈尔滨、威海—沈阳等三级经济联系，联系强度为 500 001～750 000，长春、哈尔滨与山东半岛的联系有明显提升。属于四级经济联系的城市数量明显增多，如大庆、吉林等与山东半岛的联系程度明显增强，联系强度为 250 001～500 000。总的来说，BSCC 建设后的东北和山东半岛地区的经济关系格局以烟台—大连为双中心，形成发展主轴，烟台—沈阳、威海—大连、潍坊—大连为次级发展轴。在发展主轴和次级发展主轴的带动下，经济联系等级搭配合理，层级关系明显，整体经济联系向网络化和复杂化发展。

二、东北、华北和山东半岛经济关系格局的时空差异

（一）经济联系及其演化

BSCC 的建设可以大大缩短东北与山东半岛之间的旅行时间，从而促进两地区经济联系强度的飞跃式增长。而对于东北和华北、东北和山东半岛，由于没有交通通达性的改变，可以假定 BSCC 对其经济联系强度的改善影响较小。不过，为了综合判别 BSCC 对东北、华北和山东半岛经济联系的影响效应，可以通过地区间比较的方式进行。即比较东北、华北地区城市对于山东半岛城市的经济联系强度总量在 BSCC 开通前后的变化来进行区域总体演化趋势的分析（表 14-5）。同样，可以比较华北、山东半岛地区的城市对于东北地区城市的经济联系强度总量的变化（表 14-6）。为了进行经济联系强度的测算，华北地区城市 2015 年 GDP、人口数据从《中国城市统计年鉴 2016》[13]获取，2040 年数据根据前述方法进行回归预测，假定华北与东北、华北与山东半岛城市间的火车旅行时间在 BSCC 开通前后没有变化。

表 14-5　东北、华北对山东半岛的经济联系强度演化

经济联系强度	开通前	位序	开通后	位序	变化值	位序	变化率	位序
沈阳	461 372	10	6 015 753	6	5 554 380	5	12.04	7
大连	327 503	13	42 189 222	1	41 861 719	1	127.82	1
鞍山	206 397	18	3 028 668	10	2 822 272	9	13.67	5
抚顺	95 495	34	368 278	39	272 783	39	2.86	40
本溪	75 707	38	562 703	31	486 995	30	6.43	17
丹东	70 502	39	1 094 725	23	1 024 223	19	14.53	4
锦州	215 100	17	1 193 244	19	978 144	20	4.55	25
营口	127 495	26	2 423 496	11	2 296 002	11	18.01	2
阜新	14 296	58	257 386	45	243 090	41	17.00	3
辽阳	89 575	36	1 306 866	17	1 217 290	16	13.59	6

续表

经济联系强度	开通前	位序	开通后	位序	变化值	位序	变化率	位序
盘锦	112 047	28	1 275 308	18	1 163 260	17	10.38	9
铁岭	106 629	30	325 248	41	218 619	43	2.05	67
朝阳	96 131	33	1 190 794	20	1 094 663	18	11.39	8
葫芦岛	156 061	21	751 948	27	595 887	27	3.82	29
长春	262 033	15	2 291 895	12	2 029 863	12	7.75	14
吉林	111 138	29	845 685	26	734 546	26	6.61	15
四平	93 059	35	863 122	25	770 063	25	8.27	11
辽源	30 751	51	217 583	48	186 832	46	6.08	19
通化	18 682	55	124 785	53	106 103	52	5.68	20
白山	10 206	60	55 669	59	45 463	59	4.45	26
松原	51 275	47	561 846	32	510 571	28	9.96	10
白城	22 293	54	125 621	52	103 328	53	4.64	22
哈尔滨	243 148	16	2 145 338	13	1 902 190	13	7.82	12
齐齐哈尔	69 408	41	524 564	34	455 156	32	6.56	16
鸡西	11 645	59	51 817	60	40 172	60	3.45	32
鹤岗	7 988	62	39 056	62	31 068	62	3.89	28
双鸭山	10 034	61	49 340	61	39 306	61	3.92	27
大庆	99 589	31	874 793	24	775 204	24	7.78	13
伊春	7 585	63	36 185	63	28 601	63	3.77	30
佳木斯	17 904	56	99 690	57	81 786	56	4.57	24
七台河	4 866	67	27 153	65	22 287	64	4.58	23
牡丹江	26 890	53	152 129	50	125 239	50	4.66	21
黑河	6 346	64	28 221	64	21 875	65	3.45	33
绥化	69 526	40	494 124	35	424 598	34	6.11	18
北京	6 327 493	2	20 921 223	3	14 593 730	4	2.31	63
天津	8 668 468	1	27 943 520	2	19 275 052	2	2.22	65
石家庄	966 647	7	3 423 123	9	2 456 476	10	2.54	52
唐山	1 749 314	4	6 042 791	5	4 293 477	6	2.45	56
秦皇岛	334 924	12	1 131 679	22	796 755	23	2.38	62
邯郸	532 928	9	2 130 436	14	1 597 508	14	3.00	38
邢台	361 796	11	1 317 294	16	955 498	21	2.64	45
保定	1 166 367	6	4 027 746	8	2 861 378	8	2.45	57
张家口	196 192	19	694 682	28	498 489	29	2.54	53
承德	118 426	27	438 998	38	320 571	37	2.71	42

续表

经济联系强度	开通前	位序	开通后	位序	变化值	位序	变化率	位序
沧州	5 703 914	3	20 394 821	4	14 690 907	3	2.58	51
廊坊	1 572 767	5	5 468 818	7	3 896 051	7	2.48	55
衡水	647 398	8	2 099 438	15	1 452 040	15	2.24	64
太原	310 831	14	1 186 645	21	875 814	22	2.82	41
大同	67 034	42	240 065	46	173 031	47	2.58	50
阳泉	131 292	25	448 521	37	317 229	38	2.42	60
长治	33 063	49	119 514	55	86 451	55	2.61	47
晋城	30 112	52	103 470	56	73 359	57	2.44	59
朔州	51 375	46	214 285	49	162 909	48	3.17	35
晋中	174 126	20	634 695	29	460 569	31	2.65	44
运城	132 206	24	461 338	36	329 133	36	2.49	54
忻州	96 558	32	346 682	40	250 124	40	2.59	48
临汾	147 170	22	533 161	33	385 991	35	2.62	46
吕梁	142 154	23	576 579	30	434 425	33	3.06	37
呼和浩特	86 621	37	310 915	42	224 294	42	2.59	49
包头	66 798	43	227 897	47	161 098	49	2.41	61
赤峰	58 830	45	273 703	43	214 873	44	3.65	31
通辽	32 913	50	120 069	54	87 156	54	2.65	43
鄂尔多斯	34 250	48	141 711	51	107 462	51	3.14	36
呼伦贝尔	6 295	65	21 682	66	15 388	66	2.44	58
乌兰察布	65 152	44	272 579	44	207 427	45	3.18	34
兴安盟	5 584	66	17 609	67	12 025	67	2.15	66
锡林郭勒盟	16 079	57	62 633	58	46 554	58	2.90	39

对于东北、华北地区城市（表14-5），BSCC开通之前，与山东半岛地区联系紧密的城市主要是华北地区的北京、天津和河北的沧州、唐山、廊坊等；而山西省的位序呈两极分化状态，内蒙古的位序整体位于末位；东北地区除沈阳、大连、锦州、长春、哈尔滨等少数城市排在前列之外，大部分城市与山东半岛的联系都比较弱。BSCC开通之后，东北地区的大连与山东半岛的联系位列第一，其他城市的位序都有不同程度的提高；尤其是辽宁省大部分城市，位序超过河北省居于前列；山西、内蒙古的城市位序整体有所下降。从变化值来看，北京、天津及河北的大部分城市变化值都较大，山西和内蒙古的城市变化值较小；山东半岛的烟台、威海、潍坊的变化值总量比较突出。从变化率来看，东北地区占有绝对优势，大部分城市位于前列。总的来看，与华北地区相比，BSCC的

建设对于促进东北和山东半岛的联系有着显著成效。

对于华北、山东半岛城市（表14-6），BSCC开通之前，与东北地区联系紧密的城市主要是华北地区的北京、天津和河北的唐山、秦皇岛、石家庄、保定、廊坊等城市；山西和内蒙古的城市与东北的联系整体较弱；山东半岛除日照、威海之外，与东北地区的联系较为紧密。BSCC开通之后，山东半岛的烟台与东北地区的联系位列第一，其他城市的位序都有不同程度的提高；尤其是威海和日照，从中下游位序上升到前列；不过，济南的位序有所下降；河北的部分城市位序也有小幅上升，山西、内蒙古的城市位序整体不变。从变化值来看，东北地区呈分化状态，辽宁的大连、沈阳、鞍山、营口、辽阳、盘锦，吉林的长春，以及黑龙江的哈尔滨、大庆排在前列，其他大部分城市位于中间和末位序列；华北地区的北京、天津，河北的沧州、唐山、沧州、廊坊、石家庄等位于前列，山西和内蒙古的大部分城市位于末位序列。从变化率来看，山东半岛城市的经济联系强度变化率都位于前列，提升幅度显著。总的来看，BSCC对于山东半岛、京津冀地区与东北地区的联系有明显的提升效应。

表14-6 华北、山东半岛对东北的经济联系强度演化

经济联系强度	开通前	位序	开通后	位序	变化值	位序	变化率	位序
北京	3 535 656	2	12 038 262	3	8 502 606	3	2.40	37
天津	3 910 262	1	13 112 323	2	9 202 061	2	2.35	39
石家庄	1 072 577	5	3 841 143	8	2 768 566	8	2.58	26
唐山	3 070 260	3	10 827 581	4	7 757 321	4	2.53	30
秦皇岛	1 450 546	4	4 956 186	7	3 505 640	7	2.42	34
邯郸	642 982	9	2 587 409	14	1 944 427	14	3.02	13
邢台	426 627	15	1 565 435	17	1 138 808	17	2.67	19
保定	981 627	6	3 445 732	9	2 464 105	11	2.51	31
张家口	217 292	19	773 503	21	556 211	22	2.56	29
承德	142 726	25	529 921	27	387 195	26	2.71	17
沧州	871 024	7	3 261 145	11	2 390 121	12	2.74	16
廊坊	572 933	12	2 061 023	15	1 488 090	15	2.60	23
衡水	231 610	18	768 495	22	536 885	23	2.32	40
太原	298 017	17	1 147 127	18	849 110	18	2.85	15
大同	92 479	31	330 488	33	238 008	33	2.57	28
阳泉	104 622	30	361 951	32	257 330	32	2.46	33
长治	75 484	35	270 899	36	195 415	36	2.59	24
晋城	44 318	41	151 232	41	106 913	41	2.41	35

续表

经济联系强度	开通前	位序	开通后	位序	变化值	位序	变化率	位序
朔州	62 147	39	258 746	37	196 599	35	3.16	9
晋中	172 162	20	631 825	25	459 663	25	2.67	18
运城	152 966	24	534 274	26	381 308	27	2.49	32
忻州	105 481	29	379 734	30	274 253	31	2.60	22
临汾	140 752	27	511 302	28	370 550	28	2.63	20
吕梁	158 506	23	644 328	24	485 822	24	3.07	12
呼和浩特	107 294	28	384 143	29	276 849	30	2.58	27
包头	80 373	34	272 985	35	192 611	37	2.40	38
赤峰	159 088	22	736 120	23	577 032	21	3.63	8
通辽	543 754	13	1 968 422	16	1 424 668	16	2.62	21
鄂尔多斯	75 219	36	308 411	34	233 192	34	3.10	11
呼伦贝尔	63 000	38	214 640	38	151 640	38	2.41	36
乌兰察布	88 545	33	367 698	31	279 153	29	3.15	10
兴安盟	67 160	37	210 332	39	143 172	40	2.13	41
锡林郭勒盟	51 866	40	200 416	40	148 550	39	2.86	14
济南	854 789	8	3 066 042	13	2 211 253	13	2.59	25
青岛	598 049	11	3 348 589	10	2 750 540	9	4.60	6
淄博	484 994	14	3 124 185	12	2 639 191	10	5.44	5
东营	160 047	21	837 171	20	677 124	20	4.23	7
烟台	393 479	16	46 636 571	1	46 243 092	1	117.52	1
潍坊	603 493	10	6 091 035	6	5 487 542	6	9.09	3
威海	142 344	26	7 649 303	5	7 506 960	5	52.74	2
日照	91 480	32	839 357	19	747 877	19	8.18	4

（二）经济关系格局及其演化

为了探讨 BSCC 建设对于东北、华北和山东半岛地区经济关系格局的影响效应，根据三大地区的经济联系强度，采用聚类分析的方法划分不同等级。首先，根据东北、华北对山东半岛的经济联系，划分东北、华北地区的城市等级。以 2015 年东北、华北城市与山东半岛各城市的经济联系强度为变量进行多次聚类分析，将东北、华北地区的城市分成一至六级，等级越高，代表该城市与山东半岛的经济联系越紧密并用图 14-5 表示。同样，根据 2040 年与山东半岛城市的经济联系强度，将东北、华北的城市划分不同等级并用图 14-6 表示。因为 2040 年的经济联系强度总体都有大幅提高，因此将最高等级定为特级，其他依次为一至五级。其次，采用同样的方法得到华北、山东半岛对东北的经济格局演化图（图 14-7、图 14-8）。

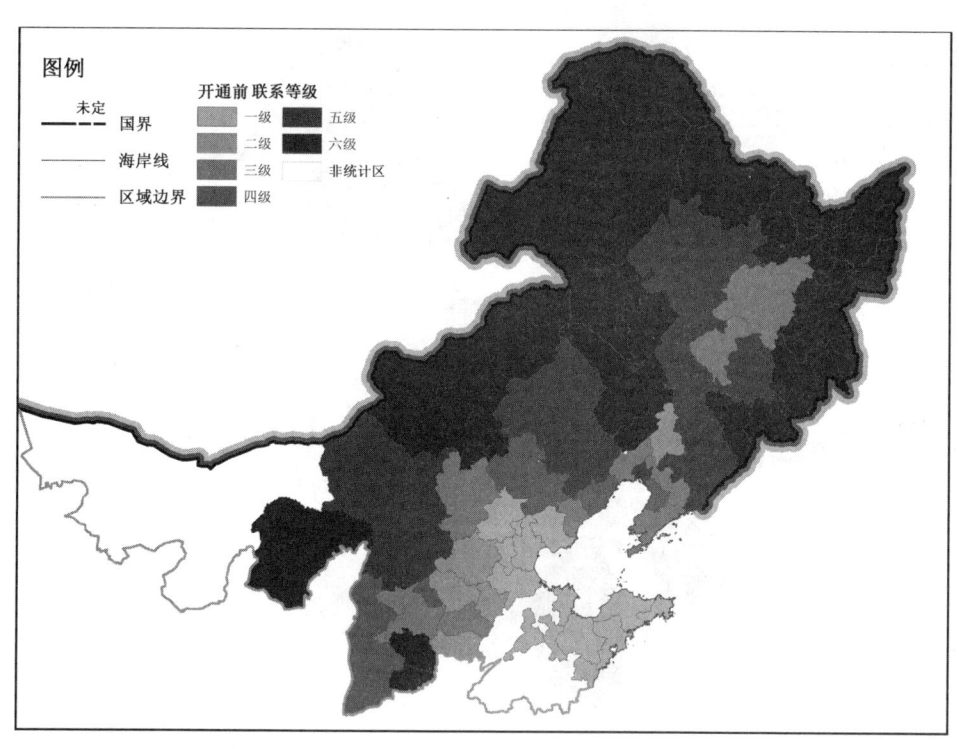

图 14-5　2015 年 BSCC 开通前东北、华北城市与山东半岛城市的经济关系格局

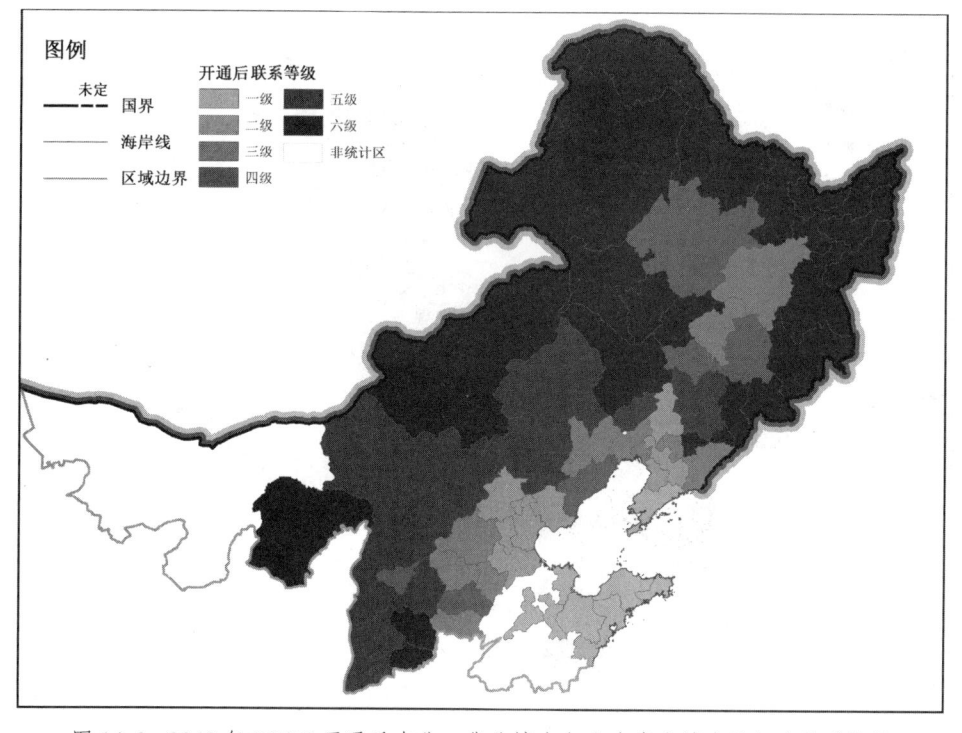

图 14-6　2040 年 BSCC 开通后东北、华北城市与山东半岛城市的经济关系格局

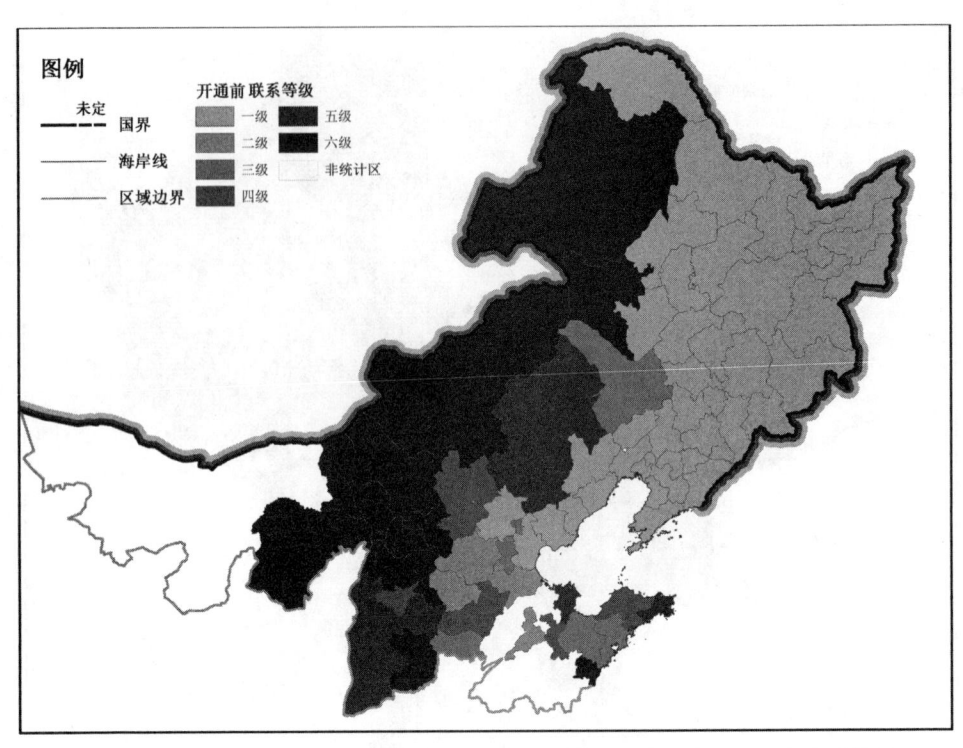

图 14-7　2015 年 BSCC 开通前华北、山东半岛城市与东北城市的经济关系格局

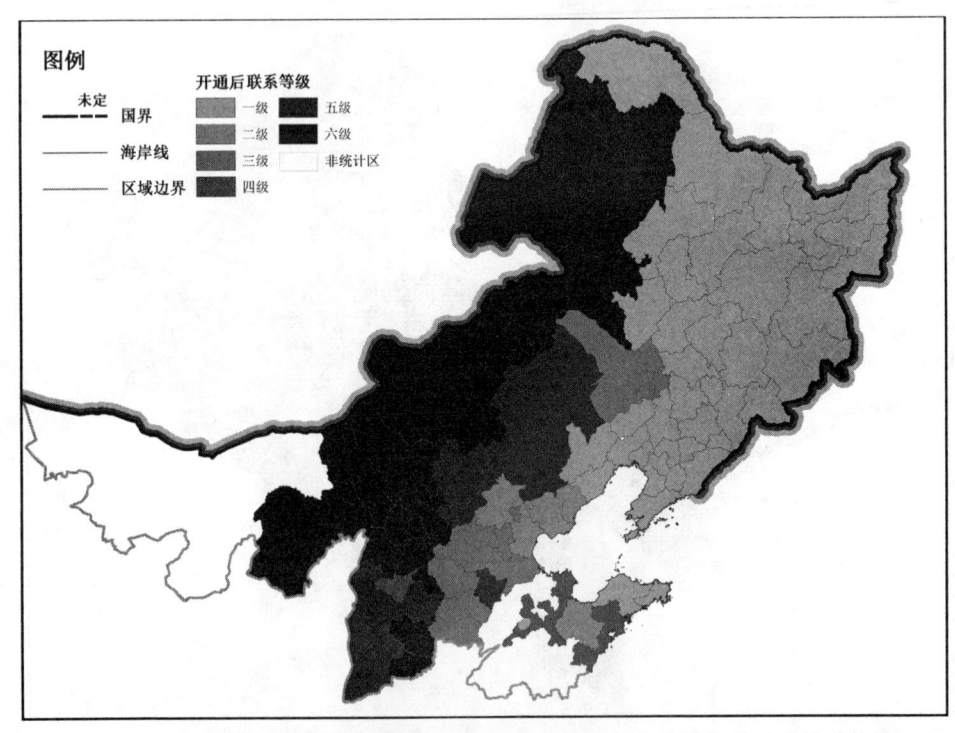

图 14-8　2040 年 BSCC 开通后华北、山东半岛城市与东北城市的经济关系格局

从图14-5可以看出，BSCC开通之前，华北地区与山东半岛的联系最为紧密。北京、天津、河北的唐山、廊坊、沧州为一级区域，河北的石家庄、邯郸、保定为二级区域。以一、二级区域为中心，分别向西南、西北、东北方向，都呈经济联系依次递减的趋势。东北地区只有沈阳属于二级区域，辽宁中南部的大连、鞍山、锦州和吉林长春、黑龙江哈尔滨属于三级区域，大部分城市与山东半岛经济联系较弱。总的来说，BSCC开通前，与山东半岛的经济关系呈现京津冀为核心，向周边地区圈层递减的格局；东北地区出现零星分布的联系紧密的飞地，总体来说经济联系水平不高。

从图14-6可以看出，BSCC开通之后，东北、华北地区与山东半岛的联系都大幅提升。大连与山东半岛的联系最为紧密，成为特级区域。同时，相比华北地区，东北地区与山东半岛的经济联系整体水平提升显著。沈阳、鞍山、营口成为一级区域，丹东、锦州、辽阳、盘锦、朝阳、长春、哈尔滨成为二级区域，其他城市也有不同程度提升。总的来说，BSCC开通后，与山东半岛的经济关系呈现大连为核心，以大连—沈阳—长春—哈尔滨为轴线，向周边圈层递减的格局；京津冀为次核心，呈现向周边地区圈层递减趋势。

从图14-7可以看出，BSCC开通之前，华北地区东北部与山东半岛的联系最为紧密。北京、天津、河北的唐山、秦皇岛为一级区域，河北的石家庄、保定、沧州为二级区域。以一、二级区域为中心，分别向西、西南、东北方向，呈经济联系依次递减的趋势。与华北地区相比，山东半岛与东北地区的联系较为薄弱，济南为二级区域，青岛、潍坊为三级区域，其他城市的关系水平较低。总的来说，BSCC开通前，与东北地区的经济关系呈现京—津—冀东北为核心，向周边地区圈层递减的格局；山东半岛整体经济联系水平不高。

从图14-8可以看出，BSCC开通之后，华北、山东半岛与东北地区的联系都大幅提升。烟台、威海与东北地区的联系最为紧密，成为特级区域。同时，相比华北地区，山东半岛与东北地区的经济联系整体水平显著增强。潍坊成为一级区域，淄博、东营、日照成为三级区域。总的来说，BSCC开通后，与东北地区的经济关系呈现以烟台—威海为核心，向山东半岛西北、东南方向递减的格局；京—津—冀东北成为次核心，向周边地区圈层递减。

参 考 文 献

[1] 中国国家统计局. 中国城市统计年鉴2018[M]. 北京: 中国统计出版社, 2018.
[2] 王学勤. 中国区域经济发展报告(2017-2018) [M]. 北京: 社会科学文献出版社, 2018.
[3] 常红伟. 渤海海峡跨海运输通道系统优化及其区域效应研究[D]. 辽宁师范大学硕士学位论文,

2008.

[4] 中国国家统计局. 中国统计年鉴(2018) [M]. 北京: 中国统计出版社, 2018.

[5] 姜博, 修春亮, 赵映慧. "十五"时期环渤海城市群经济联系分析[J]. 地理科学, 2009, 29(3): 347-352.

[6] 孙东琪, 陆大道, 孙峰华, 等. 国外跨海通道建设的空间社会经济效应[J]. 地理研究, 2013, 32(12): 2270-2280.

[7] 魏礼群. 世界跨海通道比较研究[M]. 北京: 社会科学文献出版社, 2005.

[8] 杜小军, 柳新华, 刘良忠. 渤海海峡跨海通道对环渤海区域经济一体化发展的影响分析[J]. 华东经济管理, 2010, 24(1): 36-39.

[9] 李富佳, 韩增林, 张金忠. 渤海海峡跨海通道建设对环渤海物流系统影响分析[J]. 海洋开发与管理, 2009, 26(1): 101-105.

[10] 孙峰华, 陆大道, 柳新华. 中国物流发展对渤海海峡跨海通道建设的影响[J]. 地理学报, 2010, 65(12): 1507-1521.

[11] 赵林, 吴小芳. 渤海海峡跨海通道与胶东、辽东半岛旅游一体化发展[M]. 北京: 经济科学出版社, 2014: 167-175.

[12] 毕剑, 李锐铮, 江海旭, 等. 渤海海峡跨海通道背景下环渤海旅游圈发展研[J]. 海洋开发与管理, 2014, (11): 115-119.

[13] 中国国家统计局. 中国城市统计年鉴(2016) [M]. 北京: 中国统计出版社, 2016.

第十五章 物流的空间差异性

第一节 空间差异性

一、静态的空间差异性

空间差异性是地理研究的重要内容，其包含两个重要的地理属性：空间—格局性和差异—层级性。在实际研究过程中，基本围绕上述两个属性展开，一方面，关注特定事物在特定空间的地域分布；另一方面，通过事物内在的某种属性或多种属性对地理空间进行有目的、有层级的划分，以表现该属性在不同空间的分布格局。我们认为这种"对在一定时间尺度上具有相对稳定性的研究对象进行纯粹的地理空间化表达式研究"是静态的空间差异性研究。这一研究的最大特点是能够给研究对象赋予良好的空间感知与层级分异特征。例如在自然地理研究中对水质、化学物质、咸潮等内容的描述，可以清楚明了的掌握其在空间的分布状况；另外在人文经济地理方面，将经济人口空间、产业分布、土地集约利用等作为地理空间差异性的研究对象也具有相对静态的特征。

物流作为一种流要素，是经济、人口、产业、交通、需求等在区域之间相互作用的结果，主要通过在空间上的流动产生价值。在静态的空间差异性研究中，学者们探讨物流发展的一个最突出特点就是将物流的流动性通过某个研究对象置于相对稳定的地理空间，以此来表现物流的地理特征，例如对物流中心、物流企业[1,2]等空间载体的选择。然而，要对自身具有流动特性的要素进行研究，还需要引入"流空间"的研究。

二、"流空间"视角的物流地理特征

经济社会发展推动着区域之间交流活动日趋频繁，各种要素在空间上的流动成为研究区域一体化的重要载体。2016年11月，第三届中国智慧城市创新大会在沈阳召开，中国科学院院士陆大道在报告中指出，"在全球化和新的信息技术支撑下，世界经济的'地点空间'，正在被'流的空间'相交互，世界经济体系的空间结构已经逐步建立在流、

连接、网络和节点的逻辑基础上"。由此不难看出，经济社会发展中各种要素的"流空间"正在被人们关注，已经成为空间格局、网络结构研究的重要对象。

"流空间"的概念最初来自社会学研究，卡斯特（Castells）先后在《信息化城市》《网络社会的崛起》等著作中提出该概念并进行详细推演[3]，指出"流空间"是不必连接即可实现共享时间的社会实践的物质组织。学者们已经将社会学中的"流空间"理论迁移到地理学研究中来，使其具有地理学空间研究的属性[4]。在 BSCC 物流空间差异性研究中引入物流"流空间"，目的是为了体现区域之间物流交流量的差异，将强调地域分异的简单投影，转向物流、交通流、信息流等相互联系、相互作用的网络格局的动态变化。

物流"流空间"具有物化的地理特征和地理意义[5~8]：①物流"流空间"具有明确的地理空间，本研究选择东北、华北和山东半岛区域，物流交流发生必须依赖于其各省市（地区）；②物流"流空间"不是孤立的存在，物流在地理空间上发生位移的过程必须借助交通运输网络实现，并以交通网络为物化空间，因而一定意义上讲，物流"流空间"与交通"流空间"具有一致性；③研究基于 BSCC 建设，深入探讨 BSCC 建成前后对区域物流交流的影响，还融入了经济、人口、产业、贸易等诸多因素，使基于物流"流空间"的临近效应更为复杂，研究所得结果更能反映"流空间"理论在解决相关问题上的优势。

三、经济发展、交通基础设施建设与物流交流

广泛研究认同物流业对经济发展具有较强的反哺作用[9,10]，并认为区域物流是区域经济活动产生的派生需求，其主要任务是克服一系列人为或物理的空间约束，创造空间和时间效用[11]。而要实现物流与经济的相互促进，必须借助物化的交通运输网络。

由于地区间经济社会发展存在差异，导致物流运输类型、结构、需求有所不同，又因各地区之间物流运输的交通设施条件各异，区域间的物流交流逐渐成为区域经济活动地理分布不均衡的产物[12]。反过来，物流运输过程中的流、连接、网络和节点要受到经济、社会、人口、贸易、产业、需求等一系列因素影响以及来自交通运输网络的约束，最终产生区际物流交流的流量、流向差异。可见，物流与经济的互补关系、物流与交通网络的依存关系均因区域不同而发生变化。物流的空间差异性研究不仅是对物流规模的表象判别，更深层的影响因素在于经济社会未来发展的总体环境和未来交通网络的建设及通达程度。

以"世纪工程"BSCC 作为重大交通基础设施的研讨对象，收集东北、华北和山东

半岛地区物流量、人口、GDP、产业、贸易、公（铁）路里程等基础数据，引入时间序列预测方法、物流量指数等模型，对 BSCC 建设前后东北、华北和山东半岛地区物流的空间差异进行系统分析，力图明晰 2015～2050 年东北、华北和山东半岛地区物流"流空间"的地区分异，通过物流"自发展"与 BSCC 影响两个角度分析地区物流的流量、流向变化，最终确定 BSCC 对东北、华北和山东半岛地区物流交流的实际影响作用。

第二节 数据来源与研究方法

一、数据来源

以东北、华北和山东半岛地区为研究区域，数据来源于 1991～2015 年《中国统计年鉴》《中国城市统计年鉴》《中国交通统计年鉴》《中国港口统计年鉴》《中国物流年鉴》等。其中，部分重点省区、城市之间的物流交流量数据来自实地调研和一手资料收集，尤其是位于 BSCC 端点城市大连、烟台，就相关问题分别对市发展改革委员会、交通局、港口与口岸局、统计局以及大连港、烟台港、中铁渤海轮渡等部门的相关人员进行了访谈。公路、铁路里程数据来自国家公路网规划（2013～2030 年）、《中长期铁路网规划》、全国公路里程数据库等。在此基础上，探讨 BSCC 建设前后东北、华北和山东半岛地区物流的空间差异性。

二、方法与模型

（一）BSCC 建设的时间评估及研究尺度划分

BSCC 是一项宏伟的世纪工程，项目跨越 100 余千米的渤海海峡，难度高，投资大，需要前期充分的研究论证与规划设计。由于目前仍处于 BSCC 的规划研讨阶段，因此建设的具体细节尚未最终敲定。据 BSCC 战略规划研究项目组 2012 年的权威报告"渤海海峡跨海通道战略规划研究"：综合考虑交通需求、工程技术及社会经济效益等因素，通道开工建设时机选择 2025 年比较理想；按建设工期 15 年预计，到 2040 年建成。鉴于研究时间跨度较长，决定按照"间隔五年选择目标点"的方法选取 2015～2050 年八个时间节点的经济、物流量等数据作为研究数据代表。其中，研究报告指出 2040 年通道建成并开始发挥作用（假设 2040 年 1 月 1 日正式通车运营），因此 BSCC 建成前的时间节点包括 2015、2020、2025、2030、2035 年；与之对应，BSCC 建成后包含 2040、2045、

2050 年三个时间节点。鉴于数据总量庞大，决定以 2015、2035 年（2040、2045、2050 年）数据分析 BSCC 建成前（后）东北、华北和山东半岛地区的物流空间变化。

与此同时，为继续深化对东北、华北和山东半岛地区不同层次物流空间格局的认识，将东北、华北和山东半岛地区划分成三个尺度展开研究：①大区尺度，即将整个研究区分为东北地区、华北地区、山东半岛地区；②省级尺度，在大区尺度上进一步划分，按省级行政单位划分为辽宁、吉林、黑龙江、河北、山西五省，北京、天津二直辖市及内蒙古自治区，外加山东半岛地区；③地级市尺度，包括计划单列市、副省级城市、普通地级市、自治州、盟等在内的 80 个行政单元（为方便比较，将直辖市加入）。通过对上述三个尺度物流空间差异性研究，不仅能从整体上把握东北、华北和山东半岛地区物流空间的宏观格局，而且能够明确不同地区之间在三个尺度上物流流量、流向的空间分异。

（二）东北、华北和山东半岛地区 GDP 预测

目前学术界对 GDP 预测的方法主要有 BP 神经网络及其改进模型、组合预测模型、时间序列预测模型、回归预测模型等[13~15]。根据东北、华北和山东半岛地区 1991~2014 年 GDP 数据的结构分布，考虑到该地区 GDP 涉及"中长期预测"的现实特点，认为采用时间序列方法预测较为合理。运用 SPSS.20 数据分析平台，综合考量我国未来经济发展趋势及资源、环境约束条件，借鉴世界银行对我国经济的相关预测结果，对全国 31 个省市（暂不含港澳台）以及东北、华北和山东半岛地区 80 个城市 1991~2014 年的 GDP 进行分时段多次曲线拟合，最终得到未来各区域的经济合理预测值，预测过程中确保所有曲线的 R^2 值均达到 0.9 以上。

（三）公路、铁路交通货运量预测

目前预测物流量的方法主要有 BP 神经网络物流预测、回归预测模型、组合预测模型、灰色—马尔科夫链改进方法的货运量预测、模糊粗糙集与支持向量机预测等[16,17]。根据 80 座城市 1990~2014 年的数据结构，结合实际研究内容，决定采用回归预测方法。

有关学者对不同地区不同时段的数据分析发现，经济发展和货运量（或物流量）存在线性相关关系[18]。依据整理的 1990~2014 年每个省区的 GDP 及其公路、铁路物流量，对每个省区 GDP 与物流量进行相关性计算，R^2 值均大于 0.9，即存在正向强相关，可以建立一元线性回归方程：

$$y_i = \beta_0 + \beta_1 x_i + \mu_i \quad (i=1, 2, \cdots, n) \qquad 式\ 15\text{-}1$$

式 15-1 中，x_i 表示 i 省区的 GDP；y_i 为 i 省区的物流量；n 为省区数量；β_0，β_1 为回归参数；μ_i 代表回归剩余项。

根据东北、华北和山东半岛地区未来 GDP 的预测数据，经回归运算最终得到 BSCC 建成前后（2015～2050 年）八个时间节点该地区（包括大区、省市、城市）的公路、铁路物流量。

（四）构建物流量指数模型

根据现代区位论原理和物流经济地理学原理，两区域之间物流量的大小，受两地经济发展水平、人口规模、产业结构、进出口贸易以及两地之间自然地理环境、距离、交通基础设施条件等多种因素的影响。考虑到数据的可获得性，选择距离、人口、经济、贸易、城市化水平、第一、二、三产业、邮政（电信）业务总量、公路（铁路）营业里程、按经营单位所在地（按境内目的地和货源地）分货物进出口总额等 14 个主要因素，进行区域之间的物流量研究。由于要分析 BSCC 建成前后对物流空间的影响，需要对上述因素进行数学预测，预测方法与 GDP 预测基本类似，同时根据各因素的实际情况，参照国家卫计委、交通运输部、中国工程院等权威部门的预测数据分别进行调整，确保数据的相对准确性。除距离因素外，建立其他 13 个因素的物流量指数模型，仅考虑输出物流量即可，具体构建方法参见文献[19]。这里以人口物流量指数为例：

$$r_{p-i}^E = \frac{d_{pi}d_{pj}}{s_{ij}^b} \bigg/ \sum_{j=1}^n \frac{d_{pi}d_{pj}}{s_{ij}^b} \qquad \text{式 15-2}$$

式 15-2 中：r_{p-i}^E 表示输出人口物流量指数；p 表示人口因素，i、j 表示各个省区；d_{pi} 为 i 省区的输出人口物流密度；d_{pj} 为 j 省区的输出人口物流密度；s_{ij} 表示省区 i 与省区 j 之间的距离，其中 BSCC 建成前后距离分别测算；b 为度量距离摩擦性系数；n 为省区数。

需要指出，当两区域之间的距离接近零或过大时，区间物流量严重失真，解决这一问题的方法是通过调整度量距离摩擦性系数 b 进行修正。依据美国经验并结合中国实际，将物流量指数模型中的 S_{ij}(km) 与 b 建立 11 组对应关系，即：$S_{ij} \leq 500$（$b=0.5$），$500 < S_{ij} \leq 1\,000$（$b=0.75$），$1\,000 < S_{ij} \leq 1\,500$（$b=1.00$），$1\,500 < S_{ij} \leq 2\,000$（$b=1.25$），$2\,000 < S_{ij} \leq 2\,500$（$b=1.50$），$2\,500 < S_{ij} \leq 3\,000$（$b=1.75$），$3\,000 < S_{ij} \leq 3\,500$（$b=2.00$），$3\,500 < S_{ij} \leq 4\,000$（$b=2.25$），$4\,000 < S_{ij} \leq 4\,500$（$b=2.50$），$4\,500 < S_{ij} \leq 5\,000$（$b=2.75$），$5\,000 < S_{ij}$（$b=3.0$）。以此对上述相关模型进行修正。

为了使物流量指数更加接近客观实际，将上述 13 种物流量指数取均值作为两省区之间的输出物流量指数，得到最终的物流量指数 r^E。

通过对 2015、2020、2025、2030、2035、2040、2045、2050 年八个时间节点 13 种物流量指数的测算，即可分别计算出相应年份某省区与其他省区之间的输出物流量指数。

（五）计算东北、华北和山东半岛地区之间的物流交流量

目前国家已经对铁路行政区域间货运交流量进行统计，尚需计算东北、华北和山东半岛地区省区、地市之间的公路物流交流量。根据文献[19]，通过区际之间的限额以上商品销售总额（或购进总额）反映区际间的物流交流量。分析 1991～2015 年东北、华北和山东半岛地区的统计数据，GDP、公路货运量与限额以上商品销售总额（或购进总额）呈线性正相关。根据第三产业所创造的 GDP 以及限额以上商品销售总额（或购进总额）所占第三产业的比重，计算出限额以上商品销售总额（或购进总额）创造的 GDP。利用公式：

$$L^E = wy/x \qquad 式15\text{-}3$$

即可以分别计算出东北、华北和山东半岛地区 2015～2050 年八个时间节点的省际公路输出物流量。式中，L^E 为不同省区的公路输出物流量；w 为公路货运总量（万吨）；y 为限额以上商品销售总额（或购进总额）创造的 GDP（亿元）；x 为省区的 GDP（亿元）。

在此基础上，对任意两个省区相对应的输出物流量求和，得到省区之间的物流交流量。以北京与天津为例，2015 年两省（市）之间的物流交流量为北京→天津及天津→北京的输出物流量之和，其他省区同理。依照上述方法，可以进一步得到东北、华北和山东半岛地区 80 座地市之间的物流交流量。2015、2020、2025、2030、2035 年等节点表示 BSCC 建成前的物流运输格局，2040、2045、2050 年等时间节点则要受到 BSCC 建成后交通可达性变化的影响。

第三节　BSCC 建成前后东北、华北和山东半岛地区物流空间差异性对比

一、BSCC 建设对地区空间效益及交通网络格局的影响

交通基础设施建设的重要目的是改善区域出行的便捷程度，舒缓超荷路段的运输压力，通过交通手段最终实现以公共资源为主的各种社会资源、信息资本、贸易活动的公

平合理配置。随着经济社会发展质量不断提升，创新驱动因素持续显现，在既有路段运输能力几近饱和的状况下，缓解这一问题的主要方式转向道路扩容、运输提速以及尝试构建更为便捷的运输通道等。

前人研究指出，BSCC 直接联通地区的可达性将因通道建设而获得大幅提升，BSCC 的延伸方向成为城市势能对外扩散的新方向，通过交通联系强化城市间经济联系，促进两地城市群加速融合，进而在两地之间形成新的经济圈，加速区域一体化进程[20,21]；冯立新等基于旅游交通一体化视角，指出 BSCC 建成前后环渤海地区的铁路网络结构变化，通过发挥通道的衔接作用，根据距离衰减原理对环渤海城市之间的交通联系网络进行了反向化回溯，全方位地重构环渤海铁路网络[22]。

上述研究对于所有 BSCC 的经济社会及交通网络分析均具有普适性。围绕济南—青岛，沈阳—大连等中心城市目前已经形成了山东半岛城市群和辽东半岛城市群，拥有各自独立的经济圈，无论经济实力还是人口社会意义，二者在我国国土空间开发布局中地位突出。然而，在经济圈联动及区域一体化新形势下，东北、华北和山东半岛地区尤其是山东半岛与辽东半岛之间的联系已经受到渤海海峡的空间阻碍，修建 BSCC 易于形成新的经济增长极[23]。我们对公路交通运输网的研究发现，BSCC 的影响作用与铁路基本相同，只是因运输速度的不同产生一定程度上空间辐射范围的变动。可见，BSCC 在区域空间效益以及交通网络格局中承担着不可忽视的作用。

二、BSCC 建成前后地区物流交流量空间差异性对比（2015、2045 年）

（一）公路物流交流量空间差异性分析

1. 大区尺度公路物流交流量对比

对比表 15-1、图 15-1，可知：①2045 年东北、华北和山东半岛地区的公路物流交流量相比 2015 年大幅增加，增幅均在 400% 以上，主要受到我国人口、经济、社会发展以及 BSCC 的实际影响；②2045 年与 2015 年相比公路运输格局没有发生根本变化，华北与山东半岛地区的交流一直处于首位，华北与东北地区次之，东北与山东半岛地区的交流量最少；③东北、华北和山东半岛三个大区交流量的实际差距不断拉大，2015 年华北⇌山东半岛与东北⇌山东半岛的物流量差距为 15 800.69 万吨，2045 年二者之间的实际差值已经激增至 138 227.2 万吨，是 2015 年的 8.7 倍。

表 15-1　2015、2045 年东北、华北和山东半岛大区间公路物流交流量（万 t）

交流量（⇄）/大区	华北地区	东北地区	山东半岛
华北地区	0	46 783.83	140 940.17
东北地区	8 143.52	0	2 713.01
山东半岛	16 210.25	409.56	0

注：粗体为 2045 年物流交流量数据，下同。

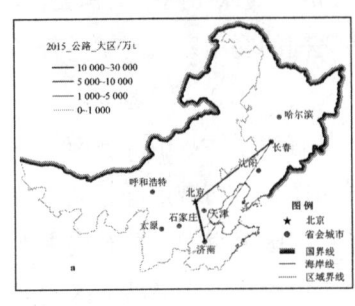

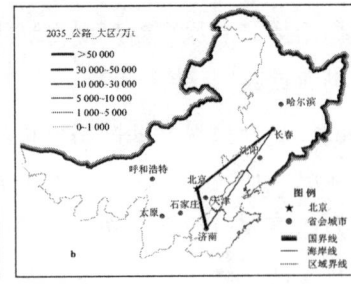

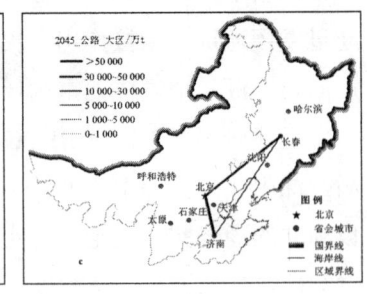

图 15-1　2015、2035、2045 年大区尺度上公路物流交流格局

2. 省级尺度公路物流交流量对比

从省级尺度入手，对比表 15-2、图 15-2 发现：①2045 年各省份之间的公路交流量相比 2015 年普遍增多，但实际增幅有所差异，其中，河北省与山东半岛地区的增幅超过 780%，是整个地区增幅最快的联系流，北京与天津之间的增幅最低，但仍然高达 340%

表 15-2　2015、2045 年东北、华北和山东半岛九省市（地区）之间公路物流交流量（万 t）

交流量（⇄）/省	北京	天津	河北	山西	内蒙古	辽宁	吉林	黑龙江	山东半岛
北京	0	10 278.37	25 343.63	4 631.44	44 629.41	17 970.71	352.75	1 933.1	42 098.16
天津	2 337.93	0	15 860.89	2 385.62	4 804.54	9 605.23	194.6	906.7	27 464.62
河北	4 227.06	2 504.83	0	33 273.72	10 441.96	11 409.68	285.38	1 078.8	63 240.73
山西	924.01	459.91	5 600.59	0	32 746.94	1 038.73	25.02	79.27	6 643.41
内蒙古	6 706.09	713.69	1 490.38	4 894.54	0	1 698.41	74.2	131.26	1 493.25
辽宁	3 204.95	1 765.47	1 955.03	181.25	269.09	0	55 253.11	19 611.07	2 137.2
吉林	72.81	40.15	51.11	4.99	11.98	10 549.1	0	40 802.1	411.43
黑龙江	271.75	133.67	150.65	11.55	19.08	3 285.55	6 591.56	0	164.37
山东半岛	4 811.15	3 196.8	7 149.59	865.19	187.51	330.47	57.53	21.56	0

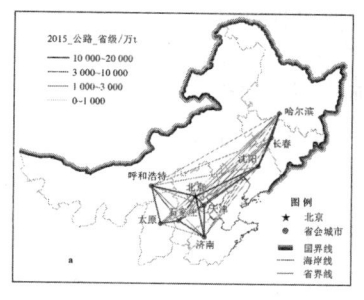

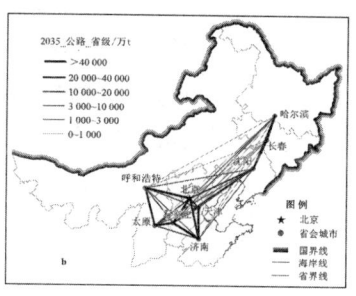

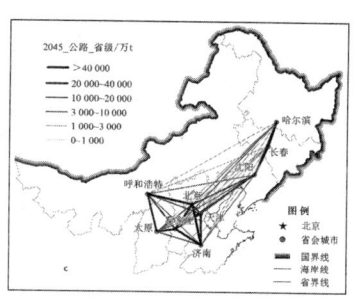

图 15-2 2015、2035、2045 年省级尺度上公路物流交流格局

左右;②2045 年较 2015 年公路物流空间格局基本稳定,东北三省与华北、山东半岛地区分别形成了内聚性紧密的物流"流空间",区内各省的物流联系高速频繁,同时联系的紧密程度基本符合距离衰减规律;相比之下,物流要素的区际联系较为薄弱。

3. 地级市(含直辖市)尺度公路物流交流量对比

因东北、华北和山东半岛地区 80 座城市间的物流联系数据量太大,不再一一展开。分析相关数据表及图 15-3:①2045 年城市之间的物流量相比 2015 年均得到较大幅度增加:一方面,重点城市(如直辖市、省会)以及主要经济中心城市之间的物流交流绝对增长量普遍高于一般城市。另一方面,距离 BSCC 越近的城市增幅愈加显著。作为 BSCC 端点城市的烟台、大连,是整个东北、华北和山东半岛地区增幅最为明显的地区之一。除此之外,大连与青岛、烟台与鞍山等城市之间的交流增加量也颇为可观。②公路物流的空间格局发生重大变动,从图 15-3 可知,2015 年东北、华北和山东半岛地区的物流中心位于环渤海沿岸,基本形成了环绕渤海湾的交流运输网络;随着未来经济、社会、物流的发展,2045 年 BSCC 建成后,区域时空压缩效益显现,东北、华北和山东半岛地区的物流运输格局发生重要变化,原本物流塌陷的山东半岛与辽东半岛城市被连接并成为物流高密度的重要一极;相反,原本京沈沿线的公路物流交流强度有所弱化,处于"新晋塌陷"的位置,最终形成了环绕渤海东西南三面包围的物流空间结构。这一现象表明,BSCC 的建设已经在一定程度上调整重构了区域物流空间格局。

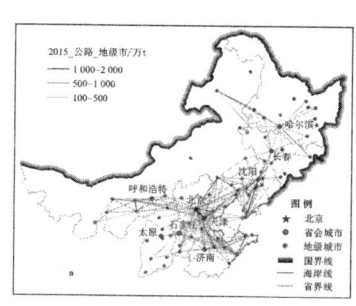

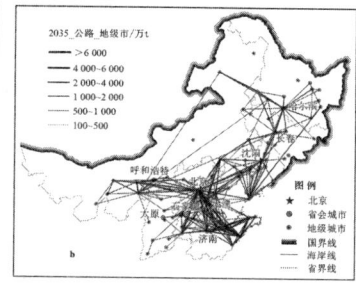

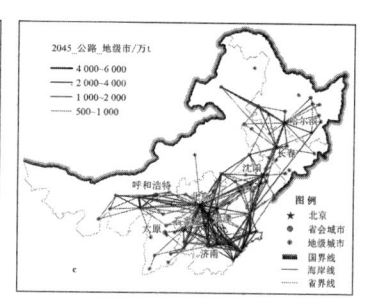

图 15-3 2015、2035、2045 年地级市尺度上公路物流交流格局

4. 物流"自发展"与 BSCC 影响的公路物流交流量对比

在此基础上，为有效规避因未来经济社会发展导致物流"自发展"带来的干扰，进一步理清 BSCC 建设对区域物流交流所产生的实际作用，决定以 2045 年有无 BSCC 的 80 座城市公路物流交流量数据与 2015 年 80 座城市的交流量作差，分别得到不考虑 BSCC 作用的物流"自发展"以及不考虑物流"自发展"因素的 BSCC 物流影响，如图 15-4a、15-5a 所示。特别指出，考虑到研究的深入性并限于文章篇幅，此处仅在东北、华北和山东半岛地区地级市（含直辖市）尺度进行具体分析。

根据东北、华北和山东半岛地级城市尺度的分析要求，80 座城市之间的相互交流量需要 80×80 的矩阵，筛减重复计数后，共计 3 240 对城市联系流。为实现上述城市之间物流交流的可视化表达，便于更加明晰地对物流空间格局变化进行总体把握，因此对 80 座城市进行编号（表 15-3），构建城市物流交流矩阵。

表 15-3 城市物流交流量制图编号

城市	编号	城市	编号	城市	编号	城市	编号
北京市	1	运城市	21	本溪市	41	齐齐哈尔	61
天津市	2	忻州市	22	丹东市	42	鸡西市	62
石家庄市	3	临汾市	23	锦州市	43	鹤岗市	63
承德市	4	吕梁市	24	营口市	44	双鸭山市	64
张家口市	5	呼和浩特市	25	阜新市	45	大庆市	65
秦皇岛市	6	包头市	26	辽阳市	46	伊春市	66
唐山市	7	乌海市	27	盘锦市	47	佳木斯市	67
廊坊市	8	赤峰市	28	铁岭市	48	七台河市	68
保定市	9	通辽市	29	朝阳市	49	牡丹江市	69
沧州市	10	鄂尔多斯市	30	葫芦岛市	50	黑河市	70
衡水市	11	呼伦贝尔市	31	长春市	51	绥化市	71
邢台市	12	巴彦淖尔市	32	吉林市	52	大兴安岭地区	72
邯郸市	13	乌兰察布市	33	四平市	53	济南市	73
太原市	14	锡林郭勒盟	34	辽源市	54	青岛市	74
大同市	15	兴安盟	35	通化市	55	淄博市	75
阳泉市	16	阿拉善盟	36	白山市	56	东营市	76
长治市	17	沈阳市	37	松原市	57	烟台市	77
晋城市	18	大连市	38	白城市	58	潍坊市	78
朔州市	19	鞍山市	39	延边州	59	威海市	79
晋中市	20	抚顺市	40	哈尔滨市	60	日照市	80

分析城市公路物流交流矩阵（图 15-4a）发现，相比 2015 年，2045 年东北、华北和山东半岛地区 80 座城市的物流变化主要体现在形成多个物流变化高热度区域，均为正向增加型，包括：京津热度区、山东半岛热度区、辽中南热度区、哈长热度区以及京津⇄山东半岛交互热度区和辽中南⇄山东半岛交互热度区，核心热度区外围基本为低热度变化区间隔。①京津、山东半岛、辽中南、哈长四个高热度地区具有典型的区内交流频繁化特征，不仅在空间上具有邻近性，而且带有浓重的行政区划分割色彩。这表明：区域内聚力作用是影响城市物流交流热度变化的重要因素，基本动力来自距离衰减规律；城市物流交流要受到行政区划的影响，区际联系普遍弱于区内交流。另外，上述物流变化高热度区基本与东北、华北和山东半岛地区的主要城市群相吻合，表明该区域的要素流动基本上服务于各地区城市群的发展，尤其围绕城市群中特大城市所形成的物流联系流深刻影响了地区物流变化热度的区域选择与划分；②在四个区内物流变化高热度地区之外，还存在京津⇄山东半岛、辽中南⇄山东半岛二个区际交互热度区。其中，前者的物流涉及范围更加广泛，除河北与中心城市京津的交流量增幅显著外，山东半岛城市与周围邻近城市的联系也十分紧密。对后者而言，其存在具有强烈的通道依托与时空趋近特点，主要发生在山东半岛与辽中南的临近城市之间。

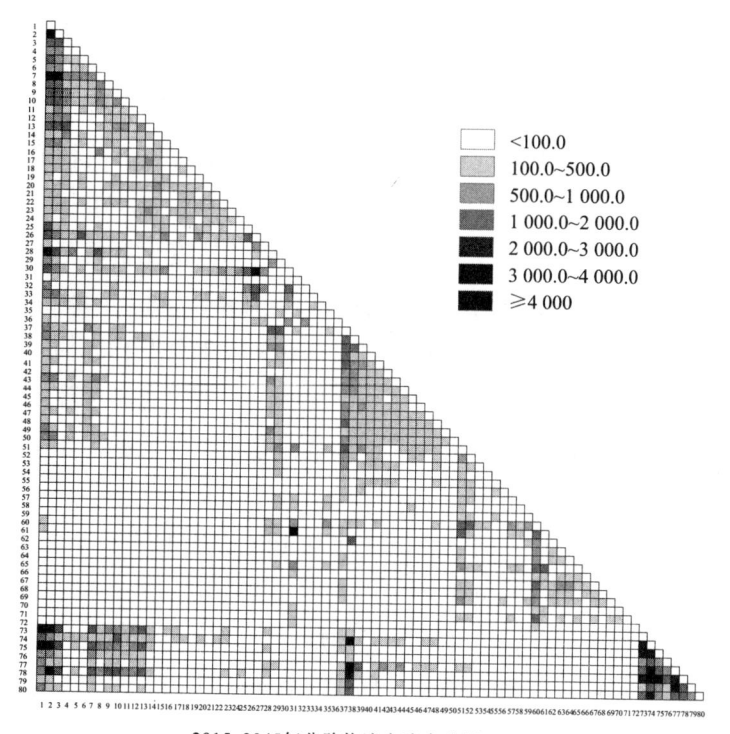

a. 2015~2045年公路物流交流变化量 (万t)

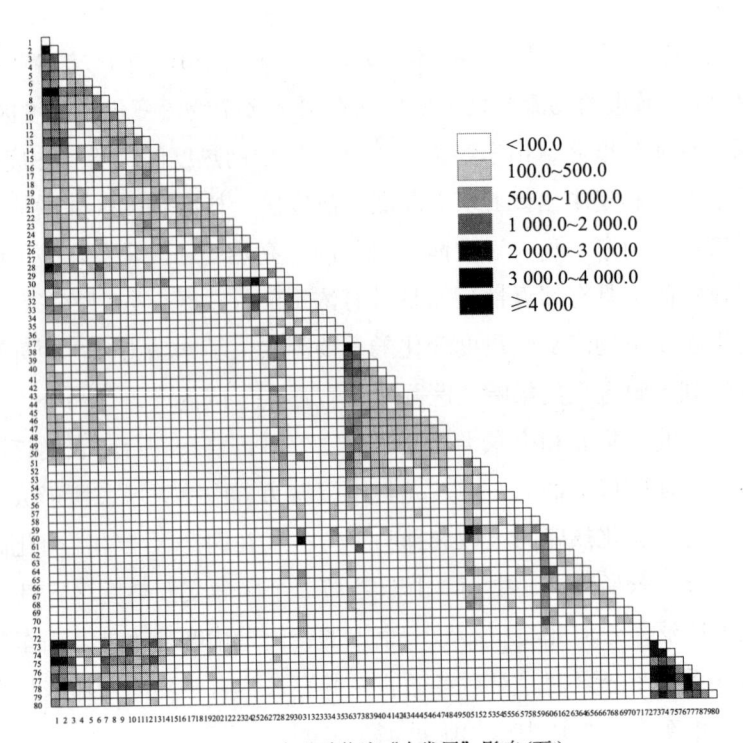

b. 2015~2045年公路物流"自发展"影响(万t)

图 15-4　2015～2045 年公路物流变化量及其物流"自发展"影响

继续分析图 15-4b：①在公路物流绝对变化量方面，物流"自发展"所产生的物流变化量与实际产生的物流变化量差距很小，表明经济社会作用下的物流"自发展"对东北、华北和山东半岛地区城市物流交流量的影响占据主导地位，BSCC 的实际作用相对有限；②在空间格局上，物流"自发展"所表现出的物流变化格局基本可以与东北、华北和山东半岛地区的实际物流变化格局相对应（图 15-4a、图 15-4b），同样印证经济社会发展是城市公路物流交流量变化的根本动因；③相较于公路物流的实际变化量，辽中南⇌山东半岛这个区际交互热度区在物流"自发展"影响的物流矩阵图中缺失，最直观的体现出 BSCC 与物流"自发展"两个关键因素对东北、华北和山东半岛地区物流空间交流的影响分异。

在此基础上，将物流"自发展"交流变化与 BSCC 影响的交流变化（图 15-4b、图 15-5a）对比明显看出，后者的正向影响范围主要集中在山东半岛与东北地区，特别是与辽中南城市的交流量最为明显，其中，大连⇌烟台的交流变化最为剧烈；大连与青岛、潍坊、威海、日照等其他山东半岛城市，烟台与鞍山、营口、丹东等辽东半岛城市的物流交流强度也得到大幅提升，表明 BSCC 对交流量规模的影响仍旧满足距离衰减规律。除此之外，辽中南城市与冀南、晋南等地区城市也存在有一定的物流交流变化。

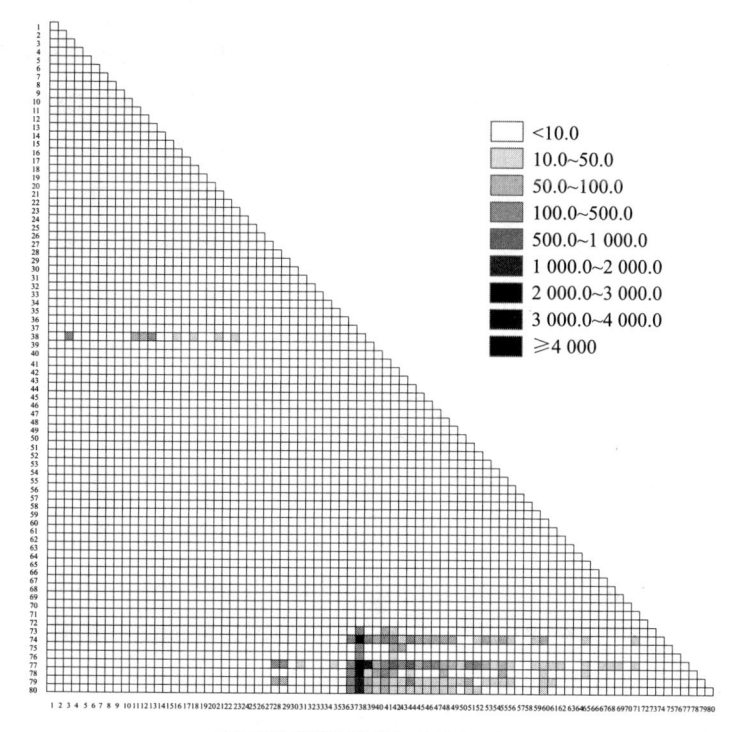

a. BSCC的公路物流效应 (2045) (万t)

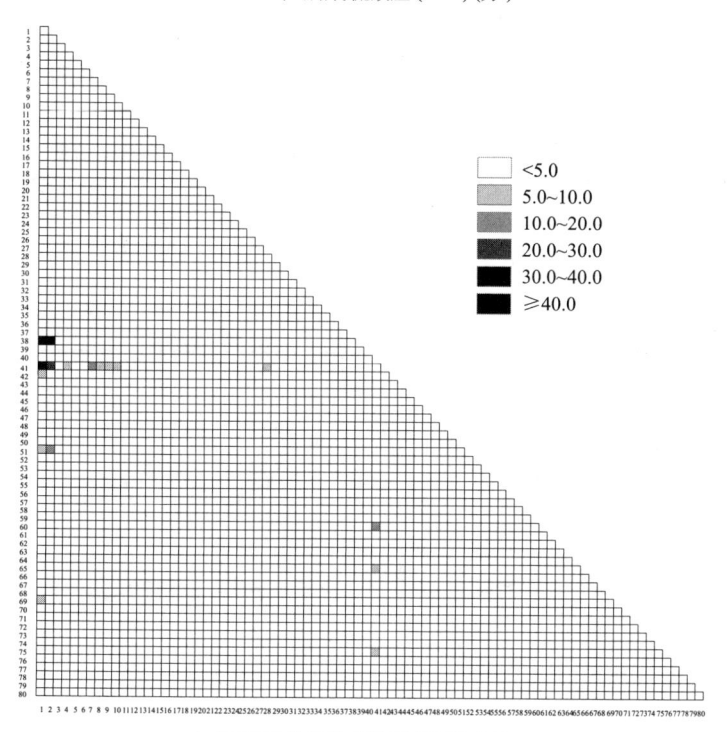

b. BSCC的铁路物流效应 (2045) (万t)

图 15-5　BSCC 对城市间公路、铁路物流交流的实际影响量

针对上述空间分异结果，我们发现 BSCC 对东北、华北和山东半岛地区城市的物流交流影响与经行 BSCC 的时间可达性影响范围基本保持一致，表明 BSCC 虽然是打通关键缺失路段的重大交通基础设施，但其在流动要素空间位移过程中所发挥的主要作用仍旧以"通道→通达"为主，其影响作用的来源根本上是立足于交通可达性变化产生的时空压缩效益[24,25]。因此，这也决定了 BSCC 在东北、华北和山东半岛地区的核心影响范围只能围绕在南北端点城市及其附近，基本能够对东北地区的主要城市产生辐射作用，少量作用触角可以延伸到冀、晋等南部城市，并不具备特别明显的全域物流价值。

（二）铁路物流交流量空间差异性分析

1. 大区尺度铁路物流交流量对比

结合表 15-4、图 15-6：①大区之间的铁路交流量均有增加，但增幅差距明显，华北与东北地区增幅约 100%，东北地区与山东半岛增幅在 140% 左右，2015 年华北与山东半岛的铁路物流交流量为 2 967.82 万吨，2045 年两地区之间的交流量激增至 11 694.02 万吨，增幅超过 290%；②2045 年与 2015 年铁路物流的空间格局保持一致并有进一步强化的趋势；③2045 年大区之间交流量的绝对差异相比 2015 年明显拉大，其中，2015 年华北⇌山东半岛与东北⇌山东半岛的铁路交流量差值为 2 890.88 万吨，到 2045 年，二者之间的交流量差值高达 11 511.37 万吨，区域铁路物流交流规模失衡愈加严重。

表 15-4　2015、2045 年东北、华北和山东半岛大区间铁路物流交流量（万 t）

交流量（⇌）/大区	华北地区	东北地区	山东半岛
华北地区	0	2 089.17	11 694.02
东北地区	1 043.47	0	182.65
山东半岛	2 967.82	76.94	0

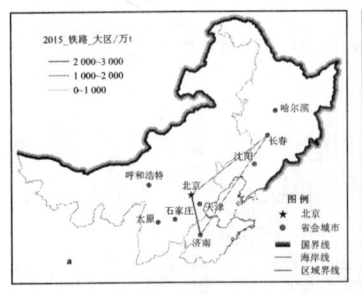

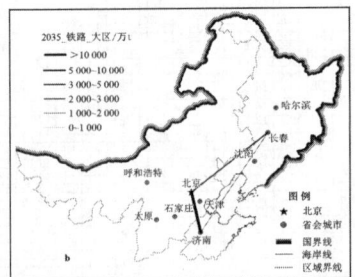

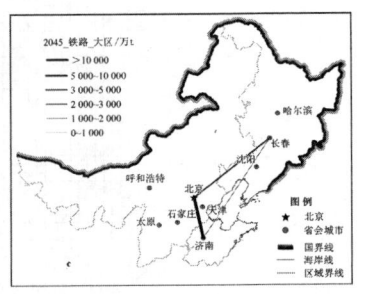

图 15-6　2015、2035、2045 年大区尺度上铁路物流交流格局

2. 省级尺度铁路物流交流量对比

分析表 15-5、图 15-7：①2045 年各省之间的物流交流量相比 2015 年普遍增多，其中山西与河北、内蒙古与北京、山东半岛与河北等的铁路交流量增幅明显，均超过 2 000 万吨，但 2045 年河北与辽宁、黑龙江的铁路物流出现小幅下滑波动，应与未来地区间经济社会发展水平、联系强度以及 BSCC 的分异作用相关；②2 045 年与 2015 年铁路运输的中心没有发生改变，南部围绕华北五省市与山东半岛的铁路交流仍旧十分频繁，北部东三省内聚的"流空间"同样紧致，但二者之间的物流区际联系相对薄弱。

表 15-5　2015、2045 年东北、华北和山东半岛九省市（地区）之间铁路物流交流量（万 t）

交流量(⇌)/省	北京	天津	河北	山西	内蒙古	辽宁	吉林	黑龙江	山东半岛
北京	0	1 601.2	866.18	2 171.1	4 453.51	680.1	14.07	175.45	2 183.4
天津	525.39	0	1 269.68	945.98	2 092.16	444.62	14.98	82.19	2 617.53
河北	400.75	460.21	0	10 721.91	3 649.08	71.95	10.29	12.12	3 888.37
山西	630.32	306.32	2 928.25	0	3 251.63	140.3	7.55	13.65	2 301.91
内蒙古	2 255.1	248.24	470.14	2 193.52	0	366.88	23.69	31.34	702.81
辽宁	334.32	209.34	207.36	45.4	59.45	0	2 110.06	1 293.3	134.68
吉林	10.21	7.38	6.86	2.26	3.74	1 216.76	0	3 394.35	26.36
黑龙江	72.27	36.74	37.62	4.46	6.07	612.94	1 599.44	0	21.61
山东半岛	573.71	675.7	1 029.05	601.59	87.78	57.65	10.86	8.44	0

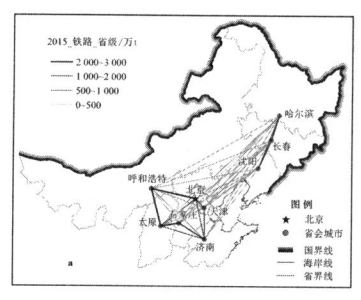

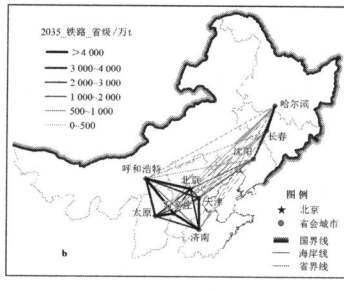

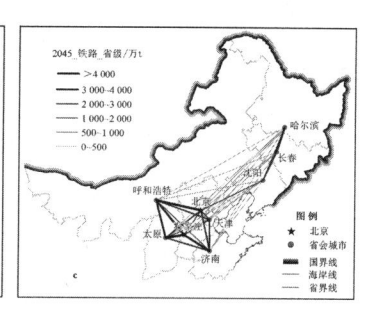

图 15-7　2015、2035、2045 年省级尺度上铁路物流交流格局

3. 地级市（含直辖市）尺度铁路物流交流量对比

据图 15-8 对地级市尺度分析发现：①2045 年 80 座城市之间的铁路物流量相比 2015 年得到大幅提升，其中，北京⇌天津的物流交流量从 500 万吨猛增至 1 000 万吨以上；2015 年东北、华北和山东半岛地区城市间的物流交流量均未超过 500 万吨，到 2045 年，除北京⇌

天津外，还有呼伦贝尔⇌齐齐哈尔、大同⇌北京、朔州⇌北京、济南⇌北京、天津⇌济南以及包头⇌鄂尔多斯六对城市联系流也顺利跨进500万吨大关；②2045年同2015年一样，铁路物流高流量的城市联系流基本围绕省会城市与重要的工矿资源型城市，与传统意义上的重要铁路干线重合，京包—包兰、京沪、滨洲—滨绥线、胶济等铁路沿线城市的铁路物流交流量明显强于其他城市；③铁路物流交流网络最为密集的区域主要位于能源资源丰富的工矿城市周边，同时核心地带逐渐由2015年的晋东北、内蒙古中南部地区扩展至2045年的山西全境、冀中南以及京津地区并开始向沿海地区不断蔓延，同时内蒙古东北部城市与黑龙江、吉林主要城市之间的铁路交流量也在不断增加；④2045年BSCC建成后，山东半岛城市与东北地区城市的铁路物流交流量增幅缓慢，并未出现类似公路物流交流激增的局面。

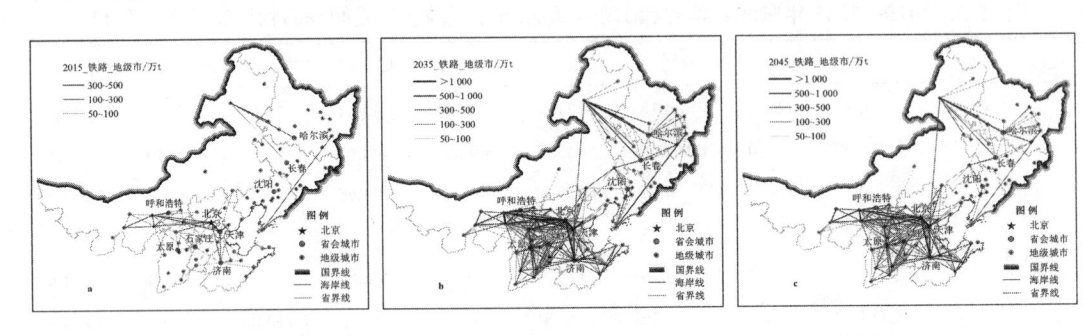

图15-8 2015、2035、2045年地级市尺度上铁路物流交流格局

4. 物流"自发展"与BSCC影响的铁路物流交流量对比

综合图15-5和图15-9，①东北、华北和山东半岛地区的铁路物流交流变化无论从变化强度、变化范围还是热度空间格局均远不及公路显著，甚至出现铁路物流交流负增长的城市，以本溪、北京、阿拉善盟等地区较为典型；②东北、华北和山东半岛地区铁路物流变化的高热度地区主要散布在华北地区内部、山东半岛以及山东半岛⇌京津冀地区；③对比城市间铁路物流的实际变化量与物流"自发展"影响的变化量，发现二者的空间分布格局高度重合，基本得到与公路分析一致的结论，即物流的"自发展"也是影响东北、华北和山东半岛地区铁路物流发展的主导因素。

上述三点分析表明：在东北、华北和山东半岛地区，铁路物流具有强烈的铁路干线依附性和稳定性，物流运输总量不及公路，应与铁路交通线路的封闭、灵活性差等因素有关。同时，铁路物流变化高热度区域的空间分异体现了铁路运输同样具有显著的内聚性，华北地区内部、山东半岛内部城市之间的铁路交流远远高于区际联系。另外，BSCC对铁路物流交流的实际作用远低于公路，其对山东半岛、辽东半岛等端点地区的实际作用较为有限，影响城市主要为本溪、大连、长春等。出现这一情形的主要原因目前来看，

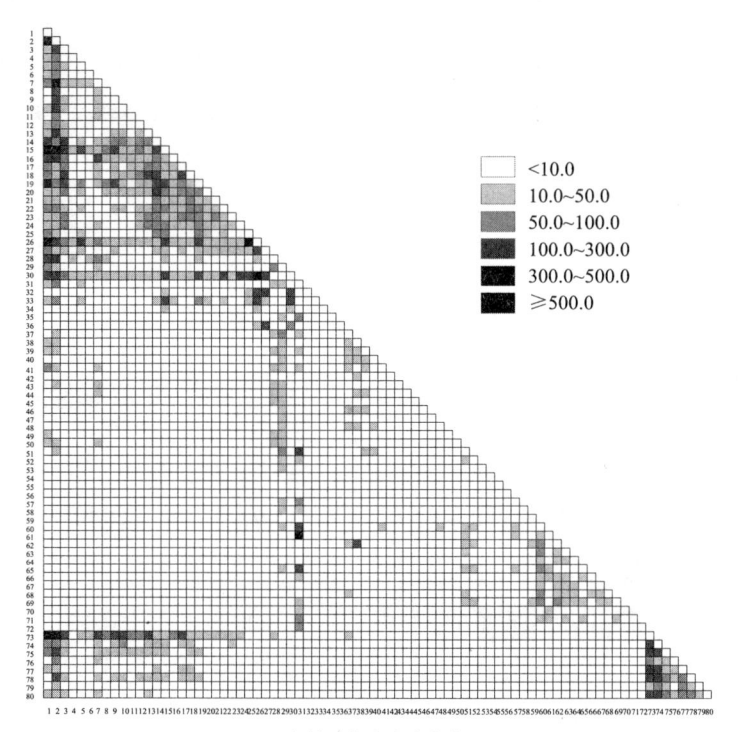

a. 2015~2045年铁路物流交流变化量 (万t)

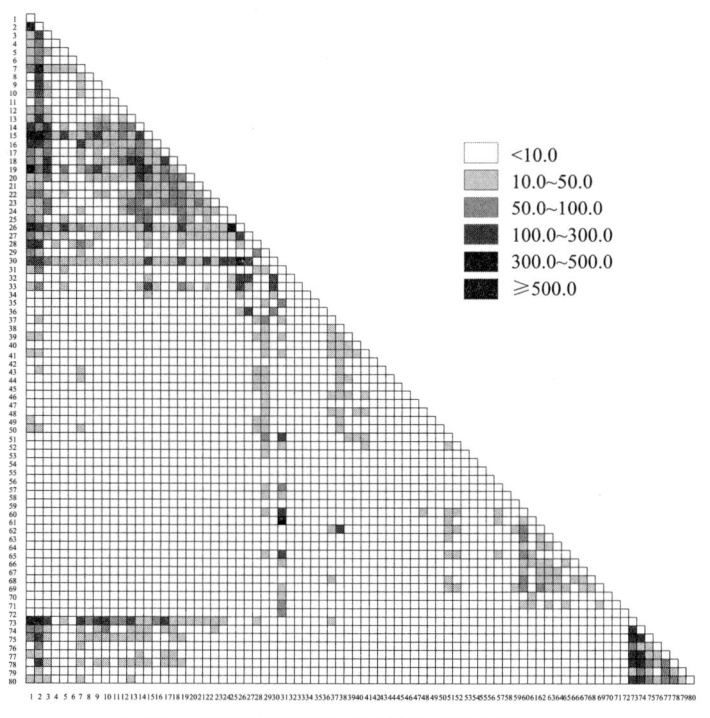

b. 2015~2045年铁路物流"自发展"影响 (万t)

图 15-9 2015～2045 年铁路物流变化量及其物流"自发展"影响

可能与以下几个因素有关：①铁路物流经行 BSCC 的时间节省成本相对较低，对其所能发挥的区域通达作用有所削减；②铁路物流与公路物流均为通过 BSCC 的陆路物流交流，在计算过程中公路物流运输的时间成本优越性一定程度上弱化了铁路物流的实际作用强度；③铁路运输的灵活性不足，物流中转所耗费的各种成本较高，对经行 BSCC 的铁路物流运输产生一定的时滞作用；④通道"即来即走"的特点可能会失去某些物流的区域中转，进而影响物流交流总量等。

三、BSCC 建成前后东北、华北和山东半岛地区物流交流量空间差异性对比（2035、2045 年）

（一）2035 年与 2045 年东北、华北和山东半岛地区公路物流交流量空间差异性分析

1. 大区尺度公路物流交流量对比

分析表 15-6、图 15-1 发现：①2035 年东北、华北和山东半岛地区的公路物流交流量基本延续 2015 年增长趋势并发展到 2045 年，因此 2045 年与 2035 年相比，东北、华北以及山东半岛地区之间的物流交流总量继续小幅增多，但年均增幅明显低于 2015~2035 时段；②2045 年大区之间绝对交流量的差距基本与 2035 年持平，空间物流运输的层级结构没有发生改变。

表 15-6　2035、2045 年东北、华北和山东半岛大区间公路物流交流量（万 t）

交流量（⇄）/大区	华北地区	东北地区	山东半岛
华北地区	0	46 783.83	140 940.17
东北地区	46 274.49	0	2 713.01
山东半岛	131 125.27	2 622.94	0

注：粗体为 2045 年物流交流量数据，下同。

2. 省级尺度公路物流交流量对比

省级尺度上：①在物流绝对交流量方面，相比 2035 年，2045 年各省之间的公路交流互有增减，其中，山东半岛地区与京津冀，内蒙古与北京、山西的物流增量超过 1 000 万吨，河北与山西、内蒙古也有较大增幅；相比之下，京津、黑吉之间的物流出现一定幅度的下滑，物流量减少 700 万吨上下。尽管如此，相对省市之间的物流交流总量，增减幅度均处在较低水平；②东北、华北和山东半岛九省市的物流空间格局保持相对稳定状态，华北、山东半岛与东三省两个主要的物流空间仍旧相对独立，与 2035 年相比，二者之间的区际联系变化不大，表明 2035~2045 年物流交流规模没有强烈起伏，波动变化

的趋势较为和缓。另外，2035~2045 年相比 2015~2035 年，地区物流空间结构的稳定性明显增强，进一步说明，2015~2035 的 20 年，是东北、华北和山东半岛地区物流交流量增长起伏变动的敏感时期，而 2035 年之后物流强度逐渐进入相对平稳并伴随波动下降的阶段。这与我国人口、城镇化、经济等指标未来发展规律是相辅相成的。

表 15-7　2035、2045 年东北、华北和山东半岛九省市（地区）之间公路物流交流量（万 t）

交流量(⇌)/省	北京	天津	河北	山西	内蒙古	辽宁	吉林	黑龙江	山东半岛
北京	0	10 278.37	25 343.63	4 631.44	44 629.41	17 970.71	352.75	1 933.1	42 098.16
天津	11 103.73	0	15 860.89	2 385.62	4 804.54	9 605.23	194.6	906.7	27 464.62
河北	24 931.28	15 558.1	0	33 273.72	10 441.96	11 409.68	285.38	1 078.8	63 240.73
山西	4 679.73	2 402.42	32 476.27	0	32 746.94	1 038.73	25.02	79.27	6 643.41
内蒙古	43 142.72	4 643.3	9 989.69	31 416.75	0	1 698.41	74.2	131.26	1 493.25
辽宁	17 818.88	9 636.49	11 235.37	1 017.47	1 649.33	0	55 253.11	19 611.07	2 137.2
吉林	359.81	200.74	283.4	25.26	73.06	55 899.37	0	40 802.1	411.43
黑龙江	1 856.41	883.7	1 032.38	75.69	126.53	19 475.65	40 431.28	0	164.37
山东半岛	39 211.91	25 722.03	58 561.46	6 231.52	1 398.36	2 071.35	395.19	156.4	0

3. 地级市（含直辖市）尺度公路物流交流量对比

据图 15-3 对 80 座城市研究发现：①在物流交流量方面，80 座城市之间物流交流增减各异，比较典型的是京津之间、鄂尔多斯与呼伦贝尔、大庆、长春等城市之间的物流联系强度出现下降，包头与鄂尔多斯的交流量显著增加；但是，在整个区域变化最为突出的还是 BSCC 周围城市，2035 年山东半岛与辽东半岛之间的物流联系规模很小，在图 15-3 中出现中断；而在 2045 年，大连、鞍山、营口与烟台、青岛、潍坊、威海等城市的物流增幅极其显著，表现出明显的时空趋近性；②受物流交流量变化的影响，由于 2015、2035 年均属于 BSCC 建成前的时间节点，该交通通道尚未对区域运输网络格局产生影响，因此同 2015 年与 2045 年分析结果基本一致，2045 年表现为半环绕渤海湾的"U"字形物流空间格局。

4. 物流"自发展"与 BSCC 影响的公路物流交流量对比

在此基础上，继续对 2035~2045 年城市公路物流变化量矩阵（图 15-10）研究发现，东北、华北和山东半岛地区 50%以上的城市间物流交流处在缓慢增长阶段。另外，物流变化量的高热度区主要有四个，包括山东半岛⇌辽中南热度区、辽吉⇌京津冀晋热度区、辽吉热度区、山东半岛热度区。其中，山东半岛⇌辽中南热度区是唯一一个正向增加型的热度区。综上表明：2035 年之后的十年发展过程中，东北、华北和山东半岛地区大多

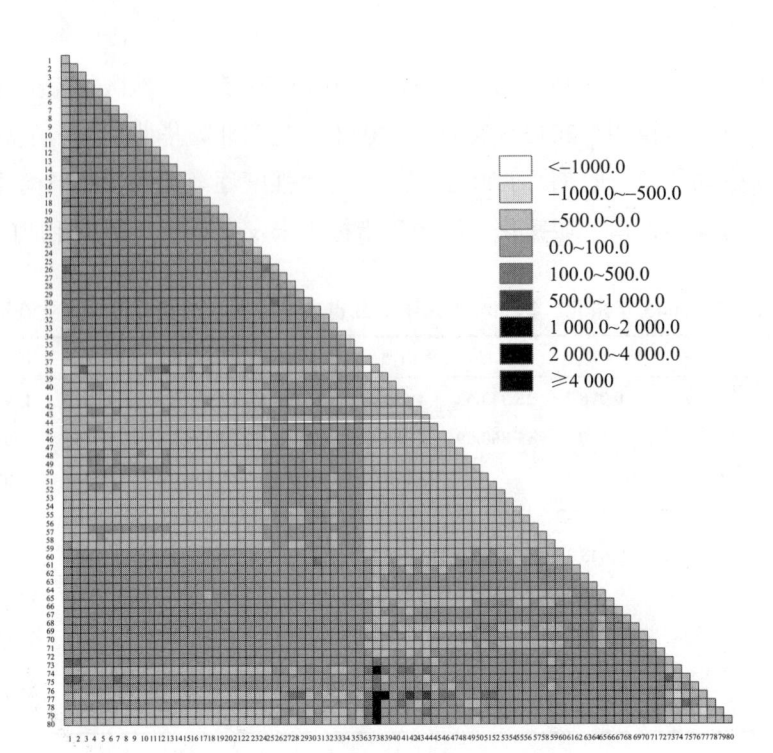

a. 2035~2045年公路物流交流变化量 (万t)

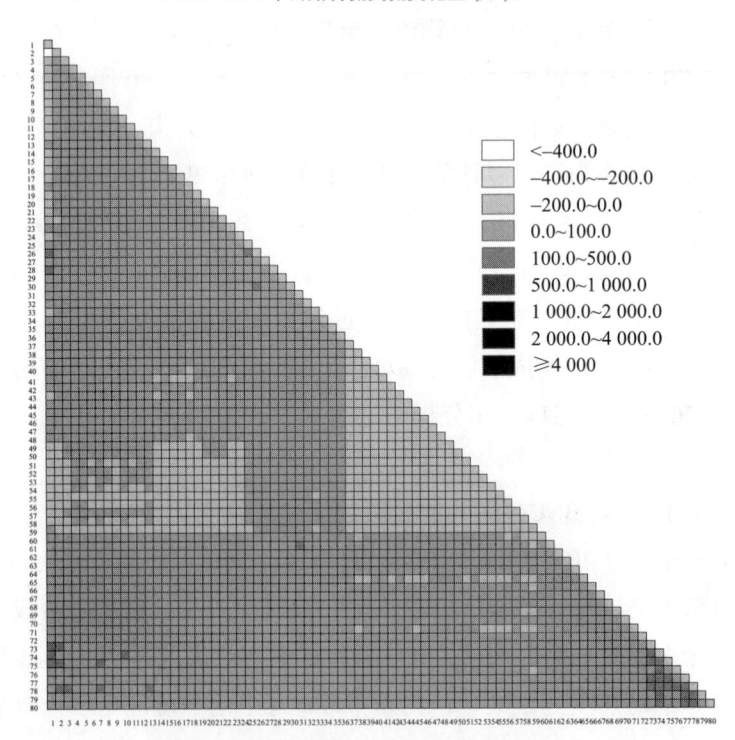

b. 2035~2045年公路物流"自发展"影响 (万t)

图 15-10　2035~2045 年公路物流变化量及其物流"自发展"影响

数城市间物流交流渐趋稳定，山东半岛⇌辽中南地区的物流量增幅较大主要得益于BSCC 的建设；此外，随着区域人口、物流发展的峰值不断临近甚至越过，导致部分区域如辽吉⇌京津冀晋、辽吉、山东半岛等物流热度区出现负向变化，符合社会发展的普遍规律，是合理的。

对比 2035~2045 年公路物流实际变化量与物流"自发展"影响矩阵（图 15-10），前者的主体结构由后者塑造，这与2015、2045 年公路物流变化量的对比结果基本吻合。但其中某些区域也存在着较大差异，比较典型的如山东半岛⇌辽中南热度区、辽吉⇌京津冀晋热度区。前者仅出现在公路物流实际变化格局中（图 15-10a），后者的热度变化范围则在图 15-10b 中大幅缩减。发生上述变化的主要原因在于：BSCC 顺利开通后，公路物流的实际变化开始受到 BSCC 的区际调配及整合，原本空间阻隔、距离较远、联系薄弱的地区得到快速发展，同时对其他地区的物流流动产生干扰作用，这种调配、干扰作用可以在图 15-5a 中得到验证。根本上讲，BSCC 改变区域城市间的交通可达性，通过发挥直接和间接作用，重塑了东北、华北和山东半岛地区的交通网络空间和物流运输格局。

需要指出，在 2015、2035 年分别与 2045 年对比过程中，由于通道建成后的节点一直选择 2045 年，实时物流总量已经确定，因此，无论与2015 年对比或是 2035 年，BSCC 所能发挥的实际作用是完全一样的，因此图 15-5 是唯一的。BSCC 开通后，直接影响区域交通网络，将不可避免的改变部分公路物流的流量流向，导致区域物流交流规模的此消彼长，受时空压缩效益的空间分异，最终表现形式就是山东半岛⇌辽中南热度区的存在。这也是 BSCC 对区域物流空间差异性的真实作用。

（二）铁路物流交流量空间差异性分析

1. 大区尺度铁路物流交流量对比

对比 2035 年与 2045 年铁路物流交流量数据（表 15-8、图 15-6），发现在大区尺度上：①2045 年东北、华北及山东半岛地区之间的铁路物流交流量均出现显著下滑，但仍旧明显高于 2015 年的实际交流量；绝对减少量各有差异，满足"变化量同物流实际总量

表 15-8　2035、2045 年东北、华北和山东半岛大区间铁路物流交流量（万 t）

交流量（⇌）/大区	华北地区	东北地区	山东半岛
华北地区	0	2 089.17	11 694.02
东北地区	2 685.07	0	1 82.65
山东半岛	13 996.72	234.54	0

正相关"的规律;另外,华北地区⇌东北地区的下降幅度剧烈,超过22%;②铁路空间结构同2035年、2015年保持一致,最大物流联系仍旧为华北地区⇌山东半岛地区。

2. 省级尺度铁路物流交流量对比

在省级尺度上,据表15-9、图15-7:①2045年相比2035年各省市之间的铁路物流交流量普遍降低,其中,河北与山西、黑龙江与吉林的物流减少量超过1 000万吨,河北与内蒙古、山东半岛,内蒙古与山西,辽宁与吉林等省市之间的物流交流也减少超过500万吨,下滑状态、变化强度甚至超过同时期公路物流交流量。这一现象表明,未来经济社会发展过程中,对铁路能源原料型大宗货物的运输需求明显降低,铁路货运量的结构性调整出现"阵痛"。随着经济社会的不断进步以及交通运输方式的变革,铁路物流运输的基础性地位将会逐渐得到释放。②2045年的铁路物流交流空间格局依然稳定,"流空间"的内聚力继续主导着东三省与华北、山东半岛的内部联系,相比2035年,二者之间的区际交流联系进一步弱化。

表15-9　2035、2045年东北、华北和山东半岛九省市(地区)之间铁路物流交流量(万t)

交流量(⇌)/省	北京	天津	河北	山西	内蒙古	辽宁	吉林	黑龙江	山东半岛
北京	0	1 601.2	866.18	2 171.1	4 453.51	680.1	14.07	175.45	2 183.4
天津	1 921.62	0	1 269.68	945.98	2 092.16	444.62	14.98	82.19	2 617.53
河北	1 110.65	1 536.45	0	10 721.91	3 649.08	71.95	10.29	12.12	3 888.37
山西	2 619.12	1 146.63	12 936.97	0	3 251.63	140.3	7.55	13.65	2 301.91
内蒙古	5 259.13	2 484.14	4 317.33	3 826.78	0	366.88	23.69	31.34	702.81
辽宁	900.33	580.96	94.45	174.24	442.5	0	2 110.06	1 293.3	134.68
吉林	19.97	19.57	14.03	9.33	28.52	2 890.41	0	3 394.35	26.36
黑龙江	224.77	106.01	15.46	16.96	37.95	1 709.15	4 493.13	0	21.61
山东半岛	2 612.98	3 110.85	4 688.05	2 757.54	827.29	173.23	33.86	27.45	0

3. 地级市(含直辖市)尺度铁路物流交流量对比

研究80座城市的物流交流联系发现(图15-8):①部分城市之间的物流交流量有所降低,大同⇌北京、包头⇌鄂尔多斯、呼伦贝尔⇌齐齐哈尔等城市交流降幅相对明显。②2045年铁路物流交流格局与2035年变动不大,物流中心仍旧位于京津、内蒙古、山西与河北的相互交界地区,特别以内蒙古南部、晋东北以及冀中南地区最为频繁;铁路物流继续围绕京包、京沪、胶济、滨洲—滨绥、大秦等主要铁路干线,空间上串联起内陆与沿海的物流联系。③省会城市及区域中心城市对中小规模物流交流的控制依然显著,一般地市与其交流相对频繁。表明:铁路干线具有稳定性,省会及区域重要铁路枢纽城市对物流交流的流量、流向存在较强的支配作用；其次，受铁路运输依赖程度较高的工矿型城市主要分布在 BSCC 走向的垂直方向，导致东北、华北和山东半岛地区东西方向的铁路物流运输需求明显强于南北方向，能源型大宗货物主要通过陆路→海运外输，从而弱化了 BSCC 对区域铁路物流交流的影响。

4. 物流"自发展"与 BSCC 影响的铁路物流交流量对比

继续对 2035~2045 年城市物流联系矩阵图（图 15-11a）分析，结果发现，铁路物流交流变化的离散度较高，没有同公路一样形成多个物流变化热度区。正因如此，铁路物流变化的一个新特点得到凸显，即物流变化量较为显著的地区基本为孤立的单个城市。在图中明显看到，相比 2035 年，2045 年本溪、秦皇岛、包头、长春、牡丹江、大连等城市成为铁路物流变化量最为显著的区域，且主要为正向增加型变化，其他城市之间基本处在负增长状态。对比物流"自发展"影响的铁路物流变化量及 BSCC 影响的变化量（图 15-11b、图 15-5b），发现除个别临近城市外，上述城市的铁路物流交流变化主要受到 BSCC 开通的影响。究其原因，应该与铁路物流的类型指向性有关。由于铁路运输结构偏重能源、原料等大宗货物，其对重要的工矿型城市的影响作用可能强于其他城市，对区域主要沿海港口的依赖作用也更为强烈。虽然 BSCC 建设主要打通东北地区与山东半岛地区之间的缺失路段，但不可否认，任何微小变动都可能"牵一发而动全身"，

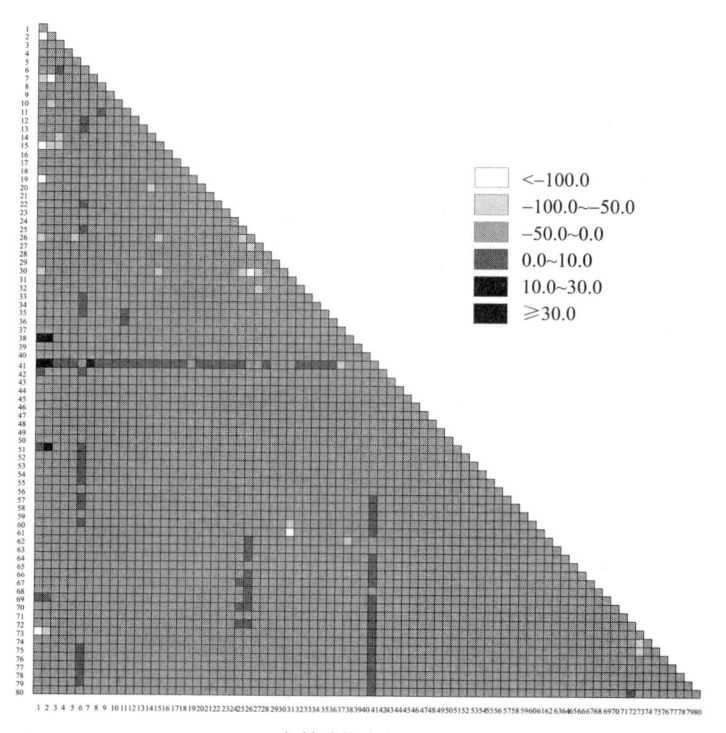

a. 2035~2045年铁路物流交流变化量 (万t)

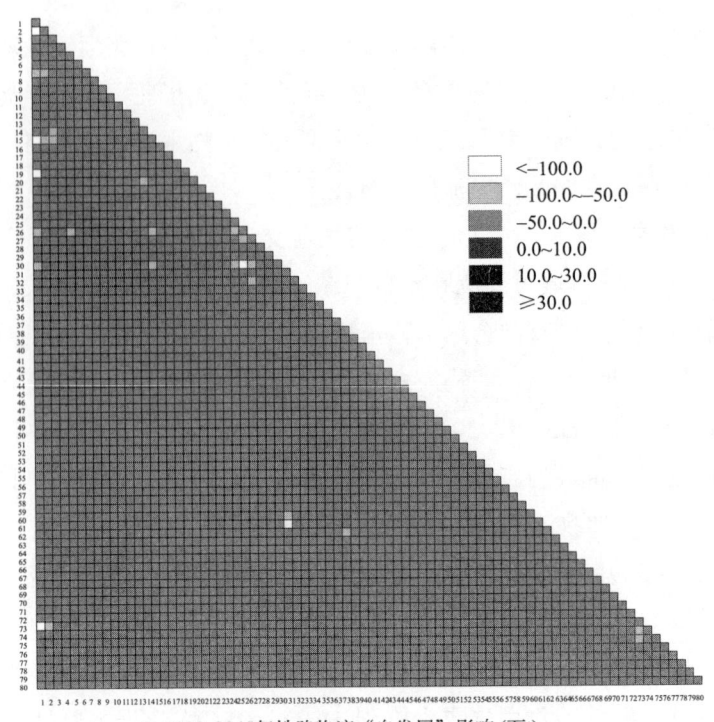

b. 2035~2045年铁路物流"自发展"影响（万t）

图 15-11　2035～2045 年铁路物流变化量及其物流"自发展"影响

BSCC 对地区公路、铁路物流运输格局产生的影响作用是存在的，也是显而易见的。其通过对区域交通网络的补充完善，调整、引导不同地区物流交流的消长，在特定地区发挥一定意义的直接或间接作用，推动形成了东北、华北和山东半岛地区物流交流空间各异的局面。值得注意，由于铁路运输本身的灵活性不足，主要偏重中长距离运输，而对短距离的时空敏感性普遍较弱，因此，即使 BSCC 建成后，其对东北、华北和山东半岛地区物流空间格局的影响作用仍旧远不及公路物流。

四、2040、2045、2050 年 BSCC 对地区物流空间演变的影响

通过对 2015、2035、2045 年三个时间节点东北、华北和山东半岛地区公路、铁路物流空间的比较分析，已经明确 BSCC 建成后东北、华北和山东半岛地区的物流空间格局要受到物流"自发展"与 BSCC 的双重作用。基于此，分别对 2040、2045、2050 年有无 BSCC 情形下东北、华北和山东半岛地区的公路、铁路物流交流量进行计算。由于铁路物流受 BSCC 的影响总体较小，故将其与公路物流合并为陆路物流统一处理，得到东北、华北和山东半岛地区物流交流变化矩阵（图 15-12），意在理清 2040~2050 年 BSCC

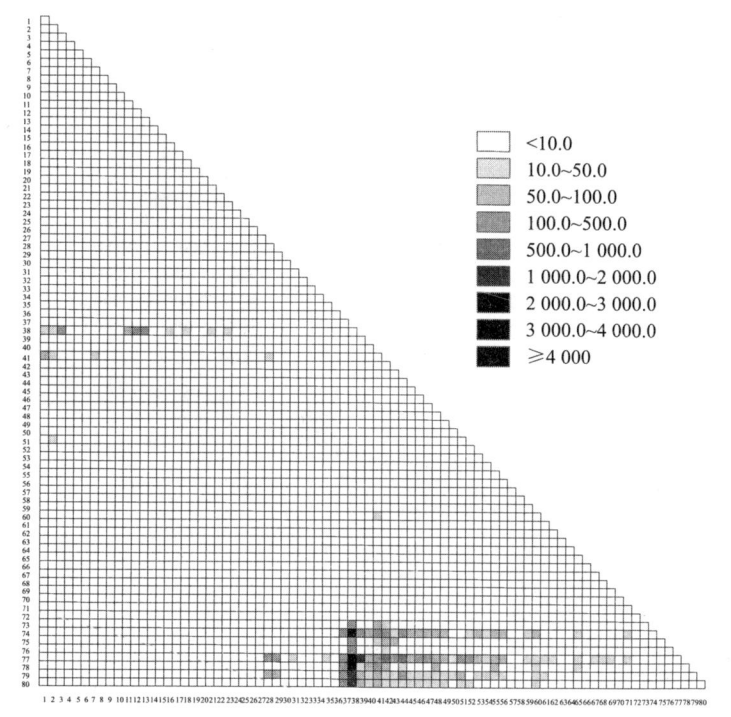

a. 2040_陆路物流交流量 (万t)

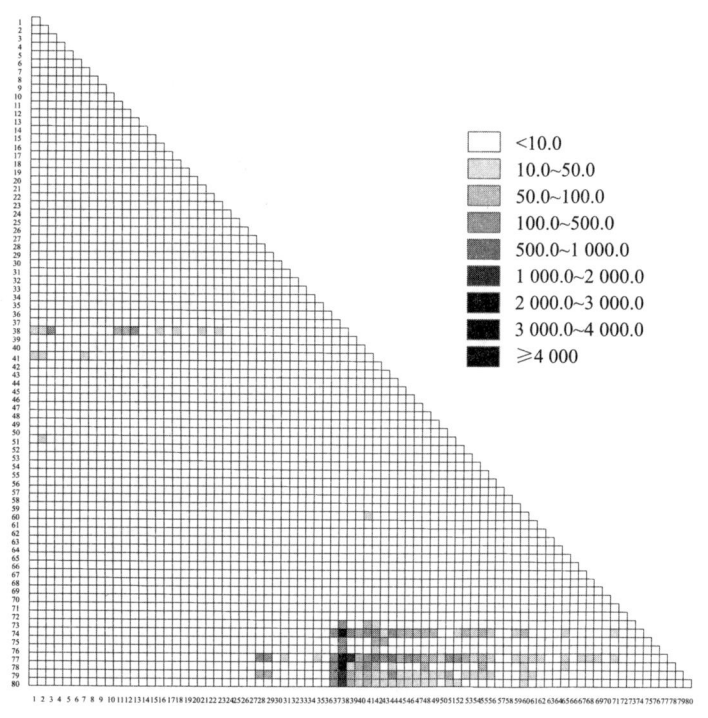

b. 2045_陆路物流交流量 (万t)

c. 2050_陆路物流交流量 (万t)

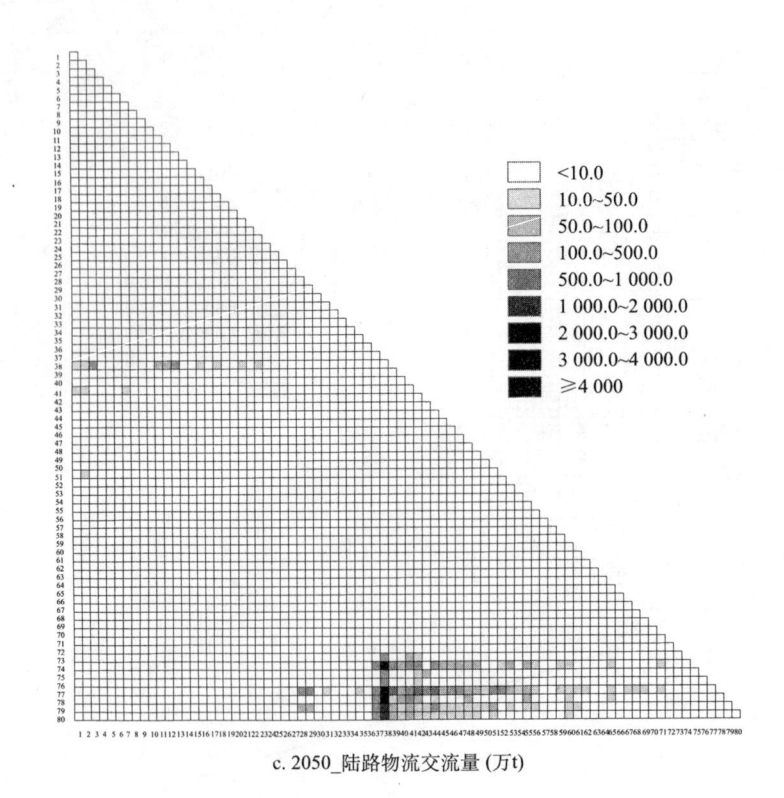

图 15-12　2040、2045、2050 年 BSCC 对城市间陆路物流的实际影响量

对东北、华北和山东半岛地区物流空间格局演变的实际作用。需要指出，受篇幅所限，将在 80 座城市的尺度上对陆路物流空间演化进行分析。

综合来看：①2040～2045 年 BSCC 对地区陆路物流交流量的影响范围主要集中在山东半岛与东北地区，另外辽中南个别城市越过区域中心城市与冀南、晋南部分城市产生一定规模的物流交流，这与上文分析的结论一致；②对时间序列的纵向研究发现，2040～2050 年在 BSCC 影响下，相关城市之间物流交流量呈现逐渐下降的趋势；其中，2040～2045 年，比较典型的为大连、鞍山与烟台、青岛、潍坊、威海等城市之间的交流量，物流减少幅度均在 30 万吨上下，辽中南其他城市与山东半岛城市的降幅也在 5 万吨左右；2045～2050 年，物流降幅有波动加快的趋势，其中，大连⇌烟台物流交流量下降 255 万吨，大连⇌青岛下降 214 万吨。另外大连与潍坊、威海，烟台与鞍山降幅均超过 50 万吨，其他城市之间的交流量也存在不同程度的回落。

针对上述现象，在对数据反复计算比较后发现，这种因时间序列变化导致的物流空间格局变化并不能说明随着时间推进，BSCC 对地区陆路物流交流的影响作用在持续弱化，相反，2040～2050 年物流下滑趋势的出现更加验证了"经济社会影响下的物流'自发展'是地区物流交流呈现空间差异性的主导因素"这一结论。究其原因,计算有无BSCC数据只能在某一特定时间节点上剥离物流"自发展"因素的干扰,仅仅反映该时间截面BSCC对地区物流格局的影响;如果将研究视角放在2040~2050年纵向时间发展轴上,决定未来东北、华北和山东半岛物流空间演变的首要因素就要归结于物流"自发展"换句话说,BSCC重在改变交通可达性,而经济社会作用下的物流"自发展"控制着东北、华北和山东半岛地区物流交流空间的差异性格局;BSCC所能发挥的作用集中于"通道流通",其对地区物流格局的影响要附着在区域物流交流总量的基础之上。在特定时间节点区域物流总量一定的基础上,BSCC通过时空压缩效应产生的物流分异作用基本稳定;但随着时间序列的延伸,区域经济社会水平引发区域内物流交流总量发生变化,由此造成BSCC叠加给物流交流空间的影响也随之改变。尽管2040~2050年城市之间陆路物流交流量存在小幅波动,但东北、华北和山东半岛整体空间格局的演化相对缓慢(图15-12),表面来看是BSCC建设对地区物流交流的影响趋于稳定,实际上则表明:2040~2050年,我国将进入世界中等发达国家行列,经济社会发达程度将持续稳定在较高水平,表现在"流空间"上,就是全社会各要素流动的相对稳定性。

BSCC的建设将进一步完善东北、华北和山东半岛地区的交通运输网络,尽管对地区物流空间差异性的影响要依附于区域物流交流总量,其实际影响范围、能力相对有限,但BSCC的存在的确在一定程度上影响了东北、华北和山东半岛地区的物流格局,使得BSCC辐射区域的物流运输有了新的"流"通道,从而间接地对其他地区的物流运输产生作用,因此对BSCC影响下的物流空间差异性研究仍旧具有重要的现实意义。

参 考 文 献

[1] Hesse, M., Rodrigue, J. P. The transport geography of logistics and freight distribution[J]. Journal of Transport Geography, 2004, 3: 171-184.

[2] Rivera, L., Sheffi, Y., Welsch, P. Logistics agglomeration in the US[J]. Transportation Research Part A: Policy and Practice, 2014, 59: 222-238.

[3] Castells, M. 1996. The Rise of theNetwork Society[M]. Cambridge, MA: Blackwell.

[4] 修春亮, 魏冶. "流空间"视角的城市与区域结构[M]. 北京: 科学出版社, 2015.

[5] 董超. "流空间"的地理学属性及其区域发展效应分析[J]. 地域研究与开发, 2012, 31(2): 5-8.

[6] 叶磊, 段学军, 欧向军. 基于交通信息流的江苏省流空间网络结构研究[J]. 地理科学, 2015, 35(10): 1230-1237.

[7] 柯文前, 陆玉麒, 陈伟, 等. 高速交通网络时空结构的阶段性演进及理论模型——以江苏省高速公路交通流网络为例[J]. 地理学报, 2016, 71(2): 281-292.

[8] 冯长春, 谢旦杏, 马学广, 等. 基于城际轨道交通流的珠三角城市区域功能多中心研究[J]. 地理科学, 2014, 34(6): 648-655.

[9] Ieva Meidute, Aidas Vasilis Vasiliauskas. Analysis of Factors Impacting Development of Transport and Logistics Services [J]. Current Issues of Business And Law, 2008, 01: 154-160.

[10] 戢晓峰, 张雪, 陈方, 等. 基于多源数据的区域物流与经济发展关联特性分析——以云南省为例[J]. 经济地理, 2016, 36(1): 39-45.

[11] Rodrigue, J. P., Comtois, C., Slack, B. The Geography of Transport Systems: 3rd Ed[M]. New York, NY: Routledge. 2013.

[12] 杨春河, 李伊松, 易华. 中国区域间物流产业专业化分工实证研究[J]. 北京交通大学学报: 社会科学版, 2007, 6(1): 37-40.

[13] 郭秋艳, 何跃. 基于 DFA 方法和 BP 神经网络的 GDP 预测模型[J]. 统计与决策, 2014, 8: 82-84.

[14] 陈黎明, 傅珊. 基于组合预测模型的 GDP 统计数据质量评估研究[J]. 统计与决策, 2013, 8: 8-11.

[15] 申兆光. 趋势. 季节回归与 ARMA 混合模型在季度 GDP 预测中的应用[J]. 统计与决策, 2015, 7: 23-26.

[16] 李琴琴. 最优定权组合预测模型在区域物流量预测中的应用[J]. 物流科技, 2016, 6: 34-38.

[17] 何满辉, 逯林, 刘拴宏. 基于模糊粗糙集与支持向量机的区域物流量预测[J]. 交通运输系统工程与信息, 2012, 12(3): 129-134.

[18] 范林榜. 物流发展与经济增长的关系——以苏北、苏中、苏南典型地区为例[J]. 中国流通经济, 2012, 7: 32-37.

[19] 孙峰华, 陆大道, 柳新华. 中国物流发展对渤海海峡跨海通道建设的影响[J]. 地理学报, 2010, 65(12): 1507-1521.

[20] 孙东琪, 陆大道, 孙峰华, 等. 国外渤海海峡跨海通道建设的空间社会经济效应[J]. 地理研究, 2013, 32(12): 2270-2280.

[21] 吴旗韬, 张虹鸥, 叶玉瑶, 等. 基于交通可达性的港珠澳大桥时空压缩效应[J]. 地理学报, 2012, 67(6): 723-732.

[22] 冯立新, 杨效忠, 姚慧, 等. 骨干交通设施对区域旅游空间格局的影响——以渤海海峡跨海通道为例[J]. 经济地理, 2011, 31(2): 189-194.

[23] 孙海燕, 陆大道, 孙峰华, 等. 渤海海峡跨海通道建设对山东半岛、辽东半岛城市经济联系的影响研究[J]. 地理科学, 2014, 34(2): 147-153.

[24] 王泽东, 孙海燕, 孙峰华, 等. 渤海海峡跨海通道建设对环渤海地区经济重心的影响——基于物流 GDP 增加值测算[J]. 地理研究, 2017, 36(8): 1515-1530.

[25] Wang, Z. B., Xu, G, Bao, C., et al. Spatial and economic effects of the Bohai Strait Cross-Sea Channel on the transportation accessibility in China[J]. Applied Geography, 2017, 83: 86-99.

第十六章 区域经济关系格局比较

第一节 数据来源与研究方法

一、数据来源

本研究区域范围见表 16-1。研究所用数据来源：①国家统计局颁布的 1998～2014 年《中国统计年鉴》《中国城市统计年鉴》，1998～2014 年北京市、天津市、河北省、山西省、内蒙古自治区、辽宁省、吉林省、黑龙江省和山东省的统计年鉴，山东半岛各地级市（济南市、青岛市、淄博市、东营市、烟台市、潍坊市、威海市和日照市）相关年份的统计年鉴。②全国公路里程数据库（http://lcb.sxwl.com.cn/）。③在国民经济统计中一般共有 60 项产业，但由于数据的可获性和科学性的限制，本研究主要对这 60 项经济指标进行归并，产业数据主要包括 12 项，分别为：a 农业，b 林业，c 牧业，d 渔业，e 工业、f 建筑业、g 交通运输仓储邮电业、h 住宿与餐饮业、i 金融业、j 房地产业、k 批发零售业、l 其他服务业（为第三产业中除上述以外的其他产业增加值之和）。

表 16-1 研究区地域范围

大区	省市区	大区	省市区
华北区	北京	东北区	辽宁
	天津		吉林
	河北		黑龙江
	山西	山东半岛	山东半岛城市群区
	内蒙古		

根据国家发展改革委牵头的"渤海海峡跨海通道战略规划研究项目组"及中国工程院 BSCC 战略规划研究项目组《渤海海峡跨海通道战略规划研究报告》（2012、2014）等前期研究成果[1~5]，从交通需求、工程技术、社会效应等多方面综合考量，初步预测 2020 年环渤海既有的运输供需基本平衡，2025 年后 BSCC 基础设施的规划设计能力缺

口逐渐加大，轮渡能力增幅有限，难以满足发展需求，因此，通道的开工建设时机可考虑选择2025年，按照工期15年进行计算，到2040年建成。本研究按照《渤海海峡跨海通道战略规划研究报告》（2012）的结构，以1990~2016年数据为基础，对研究区2015、2020、2025、2030、2035、2040、2045、2050年八个时间点的数据进行测算，方法为时间序列法，通过对大量数据样本进行反复测算的实验，最后采取线性、二次多项式等方法对时间序列进行预测[6~8]，因为这几种方法的R^2均在0.9以上，且通过与当前阶段的产业实际发展水平对比，结果的可靠性高。因此，采取这几种方法对上述的时间序列研究区相关产业经济数据进行预测。

二、 研究方法

（一）区域可达性计算方法

通过构建区域的交通可达性指标系统，利用O-D矩阵、GIS网络分析和社会网络分析、综合可达性指数模型系统、加权平均旅行时间等方法，对区域交通可达性进行分析，是当前可达性研究的主要途径[9~11]。但上述方法在空间可达性计算方面都存在不同程度的缺陷，且大区间整体的经济联系计算时，如何选择区域间的空间距离指数存在一定的困难，因此，为保证计算的科学性和空间研究的合理性，采取ArcGIS平台中嵌入的成本距离计算方法，来对BSCC建设前后的可达性进行计算和分析[12~14]。在计算各区间经济联系时，在ArcGIS平台中利用统计分析工具，对大区内的可达性时间进行图斑内部统计，选择大区域的平均可达性时间来衡量此区域内的可达性时间。

（二）经济联系计算方法

为便于对环渤海地区各省市、各地级市主要产业部门的经济联系进行定量分析，这里将列昂惕夫模型原理与区域间引力模型进行结合[15,16]，构建基于列昂惕夫模型原理的区域产业间经济联系指数模型，模型构建的整体思路如下。

引力模型在城市间引力及城市产业间经济联系方面引用广泛，其一般形式如下：

$$F_{ij} = K \frac{Q_i Q_j}{d_{ij}^r} \qquad 式16\text{-}1$$

式16-1中，F_{ij}为i地区和j地区之间的引力大小；K为引力常数；Q_i和Q_j分别为i、j两个地区的城市发展质量；d_{ij}为两个地区间的距离；r为距离摩擦系数。

根据列昂惕夫逆矩阵原理，其区域间产业影响力系数为：

$$IC_{j\text{inter}}^{S} = \frac{\sum_{R=1}^{S-1}\sum_{i=1}^{n}b_{ij}^{RS}}{\frac{1}{n}\sum_{R=1}^{S-1}\sum_{i=1}^{n}\sum_{j=1}^{n}b_{ij}^{RS}}$$ 式 16-2

式 16-2 中，$IC_{j\text{inter}}^{S}$ 为 S 地区 j 产业的区域间产业影响力系数；b_{ij}^{RS} 为 R 地区 i 部门对 S 地区 j 产业的列昂惕夫逆系数；n 为每个地的产业数。

由于本研究主要针对地区产业间联系进行计算，因此对这里的地区城市质量 Q_i 和 Q_j 进行改进，根据列昂惕夫影响力系数原理，构建基于地区规模经济的区域产业发展质量。

假设 a、b 两地区之间 i 产业的经济联系数为 Q_i，则根据影响力系数原理，则 a 地区的产业发展质量 Q_{ai} 为：

$$\begin{aligned}Q_{ai} &= \frac{a_i b_1 + a_i b_2 + a_i b_3 + \cdots + a_i b_{n-1} + a_i b_n}{\begin{aligned}&(a_1 b_1 + a_1 b_2 + a_1 b_3 + \cdots + a_1 b_{n-1} + a_1 b_n + \\ &\ a_2 b_1 + a_2 b_2 + a_2 b_3 + \cdots + a_2 b_{n-1} + a_2 b_n + \\ &\ \cdots + \\ &\ a_{n-1} b_1 + a_{n-1} b_2 + \cdots + a_{n-1} b_{n-1} + a_{n-1} b_n + \\ &\ a_n b_1 + a_n b_2 + a_n b_3 + \cdots + a_n b_{n-1} + a_n b_n)\end{aligned}} \\ &= \frac{a_i(b_1 + b_2 + b_3 + \cdots + b_{n-1} + b_n)}{\begin{aligned}&a_1(b_1 + b_2 + b_3 + \cdots + b_{n-1} + b_n) + \\ &a_2(b_1 + b_2 + b_3 + \cdots + b_{n-1} + b_n) + \\ &\cdots + \\ &a_{n-1}(b_1 + b_2 + \cdots + b_{n-1} + b_n) + \\ &a_n(b_1 + b_2 + b_3 + \cdots + b_{n-1} + b_n)\end{aligned}} \\ &= \frac{a_i b_{GDP}}{(a_1 b_{GDP} + a_2 b_{GDP} + \cdots + a_{n-1} b_{GDP} + a_n b_{GDP})} \\ &= \frac{a_i b_{GDP}}{(a_1 + a_2 + \cdots + a_{n-1} + a_n) b_{GDP}} \\ &= \frac{a_i b_{GDP}}{a_{GDP} b_{GDP}} = \frac{a_i}{a_{GDP}}\end{aligned}$$ 式 16-3

同理，b 地区的产业发展质量 Q_{bi} 为：

$$Q_{bi} = \frac{nb_i}{b_{GDP}}$$ 式 16-4

其中，a_i 为 a 地区 i 产业的增加值；a_{GDP} 为 a 地区 GDP。在此基础上引入万有引力模型，将 a、b 两地区之间的经济联系数定义为 C_{ab}，n 为产业个数，则：

$$C_{ab} = K\frac{n \times \dfrac{a_i}{a_{GDP}} \times \dfrac{b_i}{b_{GDP}}}{d^r} = K\frac{na_ib_i}{a_{GDP}b_{GDP}d^r} \qquad \text{式 16-5}$$

式 16-5 中，d^r 为两地间公路里程数据，其中 r 设置为 1（为便于数据分析），摩擦系数 K 设置为 1 000(km)，这样设置的原因主要是为了保证系数在最终量纲里的可比性。因此，a、b 两地区之间同一产业（i）的经济联系系数 $C(I)_{ab}$ 即为：

$$C(I)_{ab} = \frac{1\,000na_ib_i}{a_{GDP}b_{GDP}d_{ab}} \qquad \text{式 16-6}$$

式 16-6 中，a_i 为 a 地区 i 产业的增加值，b_i 为 b 地区 i 产业的增加值，a_{GDP} 为 a 地区的 GDP，b_{GDP} 为 b 地区的 GDP，同样的空间距离下产业增加值越高，其经济联系越强，反之越弱，d_{ab} 为 a、b 两地区之间的公路里程，d_{ab} 越大，两地产业的联系越弱，反之则越强。利用《2002、2007 年中国区域间投入产出表》中的相关数据，对模型进行检验，其结果与投入产出表中的相关结果是一致的，因此，本模型适合于计量各地区之间的经济联系与空间经济分析。

第二节 BSCC 建设前后东北、华北和山东半岛大区域尺度下经济关系格局比较

一、BSCC 建设前后东北、华北和山东半岛大区域可达性变化

在构建区域综合交通运输栅格数据库的基础上，计算区域交通成本栅格，利用 ArcGIS10.2 平台中的成本距离模块对区域可达性进行分析可得到图 16-1，在此基础上利用统计分析模块对三大区的可达性数据进行分析得到表 16-2[17~22]。

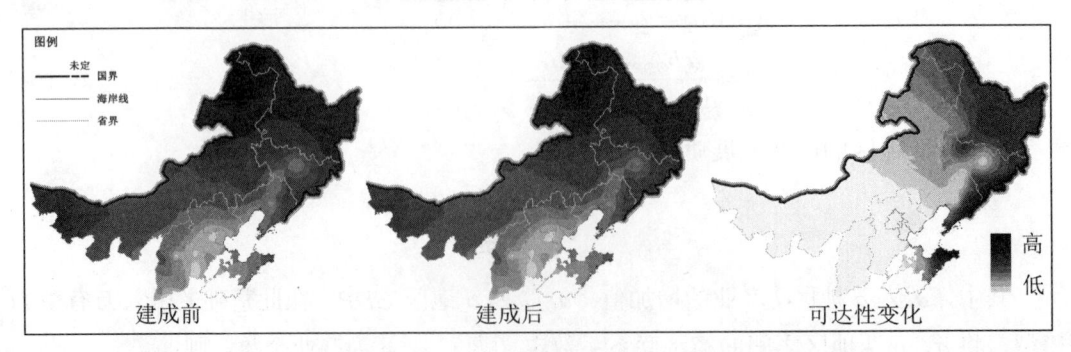

图 16-1 BSCC 建设对东北、华北和山东半岛可达性影响分布

表 16-2　BSCC 建设对东北、华北和山东半岛可达性影响（分钟）

大区域名称	建成后	建成前	可达性变化
东北地区	3 243.145 8	3 292.560 6	49.414 5
华北地区	2 792.042 7	2 800.627 7	8.585 9
山东半岛地区	1 996.104 6	2 043.683 8	47.579 0

从图 16-1 来看，BSCC 建成前与建成后区域整体的可达性格局并没有产生变化，但通过栅格计算可以看出，通道的建设对于山东半岛、辽东半岛以及东北地区东部可达性的改观显著，对于辽宁的影响集中在辽东半岛，山东半岛的影响则集中在青岛以东地区，影响较小或者为 0 的地区主要是华北地区，自黑龙江和吉林以西的内蒙古地区，华北地区主要省份的可达性影响较小。

从表 16-2 来看，东北地区和山东半岛地区可达性变化最大，其平均可达性时间分别节省了 49 和 47 分钟，而整个华北地区平均时间仅仅节省了 8 分钟。因此，从可达性的角度来看，BSCC 的建设对于区域的可达性的影响主要集中在山东半岛和辽东半岛及东北地区的东部，对于广阔的华北地区可达性改善是有限的。

二、BSCC 建设前东北、华北和山东半岛大区域尺度下经济关系格局

利用公式 16-6 对 BSCC 建设前东北、华北和山东半岛大区域尺度下的经济联系进行计算，通过 ArcGIS 进行可视化表达，可得图 16-2。

从图 16-2 可以看出，多数产业部门的经济联系格局一致，在三组经济联系中，经济联系度最高的为华北和东北的经济联系，其次为华北地区与山东半岛的经济联系，联系强度最弱的为渤海海峡两端的山东半岛地区与东北地区，呈现出这类经济联系格局的产业部门包括（农业、林业、牧业、建筑业、交通运输仓储业和住宿餐饮业）。金融业、房地产业、批发零售业和其他产业的经济联系格局则呈现出华北地区与山东半岛地区之间的经济联系较强，华北地区与东北地区的经济联系强度次之，经济联系强度最弱的仍为山东半岛与东北地区之间的联系。由于东北地区工业结构转型压力较重以及山东半岛城市群的快速发展，所以三大区工业经济联系中华北与山东半岛的经济联系较强，华北地区与东北地区经济联系强度次之，经济联系强度最弱的为山东半岛地区与东北地区。渔业经济联系则呈现出东北地区与华北地区经济联系较强，而华北地区与山东半岛区域联系较弱的格局。

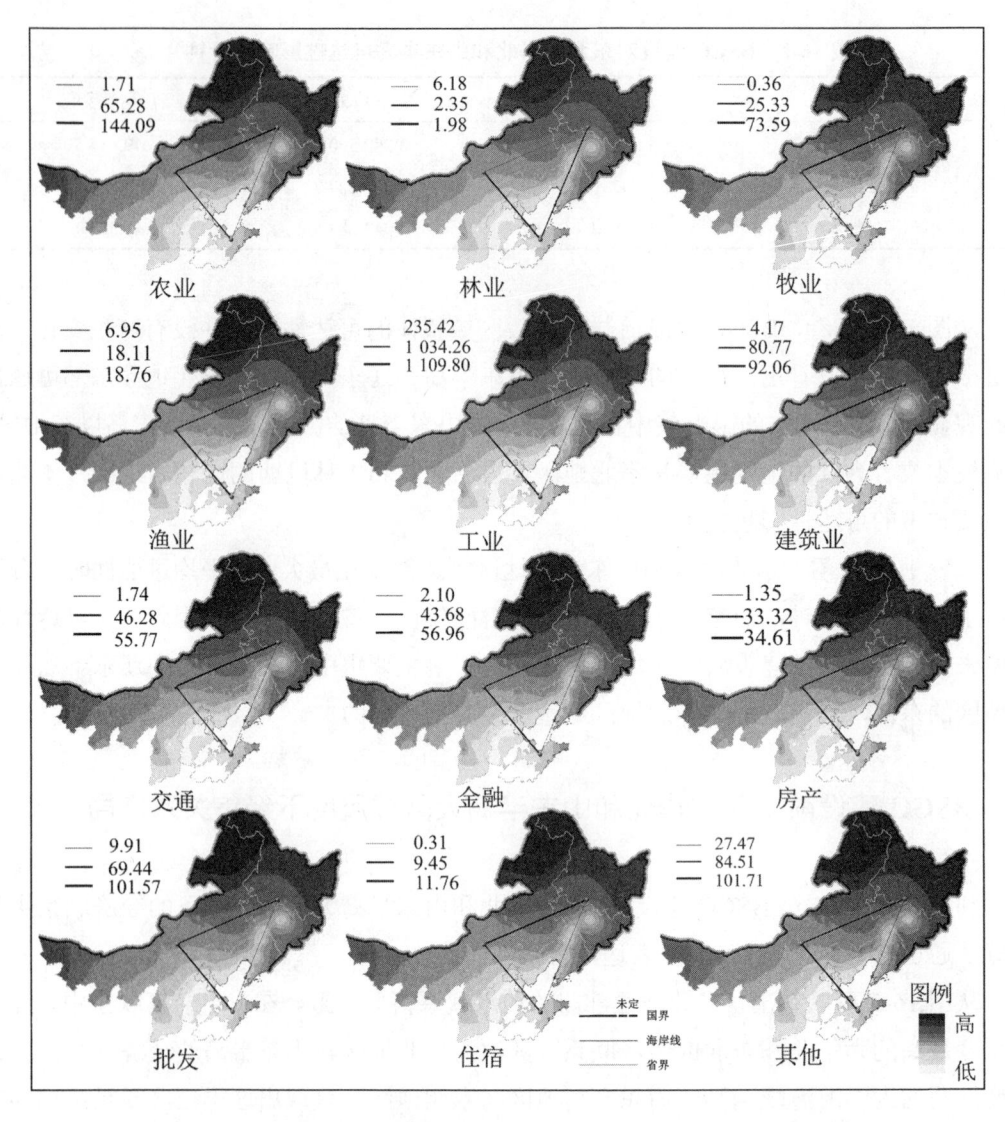

图 16-2　BSCC 建成前东北、华北和山东半岛大区域间经济联系格局

三、BSCC 建设后东北、华北和山东半岛大区域尺度下经济关系格局

利用公式 16-1 对 BSCC 建设后东北、华北和山东半岛大区域尺度下的经济联系进行计算，通过 ArcGIS 进行可视化表达，可得图 16-3。

从图 16-3 来看，BSCC 建成后，三大区间的经济联系仍存在产业间的差异，农业、林业、牧业、建筑业、交通运输仓储邮电业和住宿餐饮业呈现出东北地区与华北地区经济联系强度最高，华北地区与山东半岛地区经济联系强度次之，经济联系强度最弱的地区为东北地区与华北地区。而金融、房地产业、批发零售业和其他产业部门的经济联系则呈现出华北与山东半岛联系最强，华北与东北地区经济联系次之，经济联系强度最弱的为东北地区与山东半岛地区。渔业的经济联系强度与通道建成前一致，呈现出沿海地区的山东半岛与东北地区联系较强，华北地区与这两大区经济联系较弱。

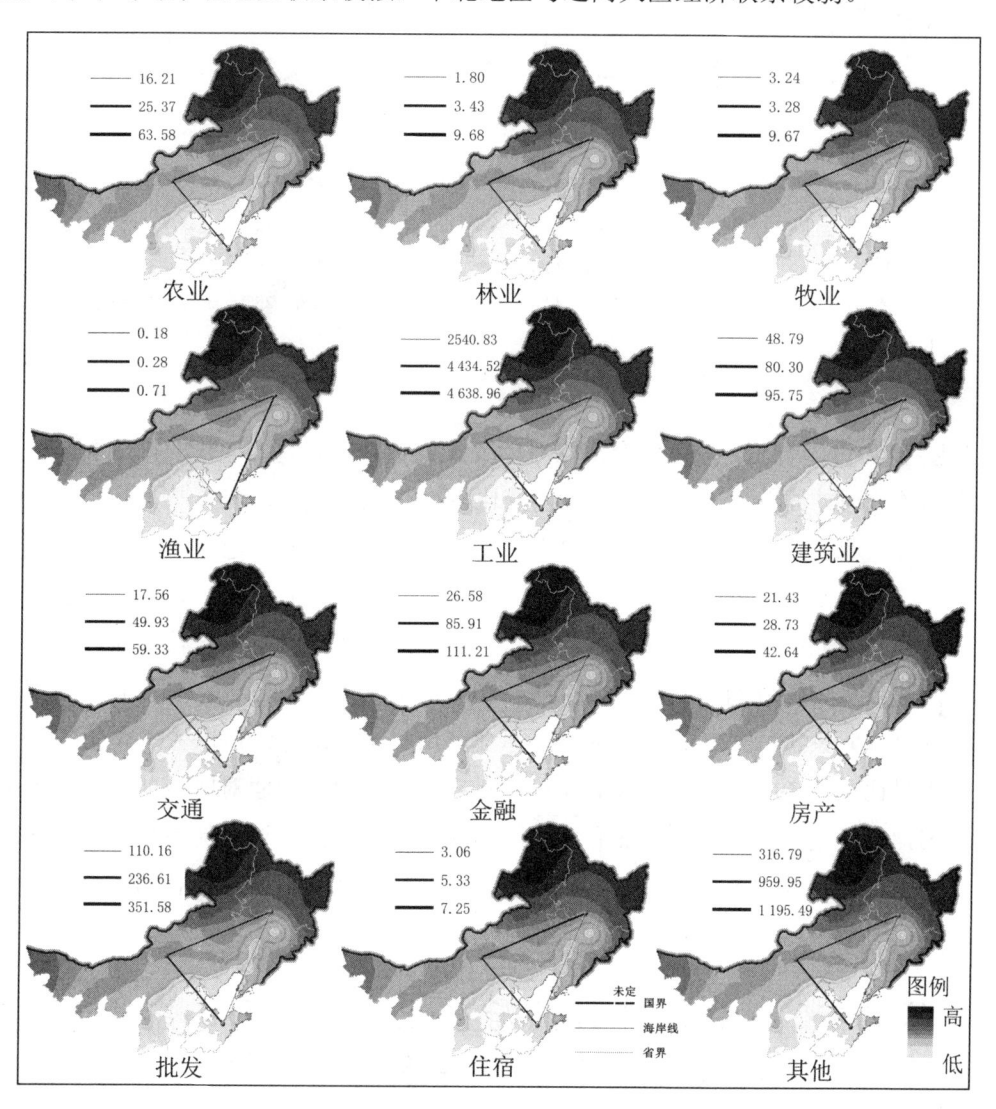

图 16-3　BSCC 建成后东北、华北和山东半岛大区域间经济联系格局

四、BSCC 建设对东北、华北和山东半岛大区域间经济联系格局的影响

通过通道建成前后三大区之间的经济联系计算,计算各大区之间经济联系的变化量,

以整体的经济联系变量为100%，则可以得到图16-4。

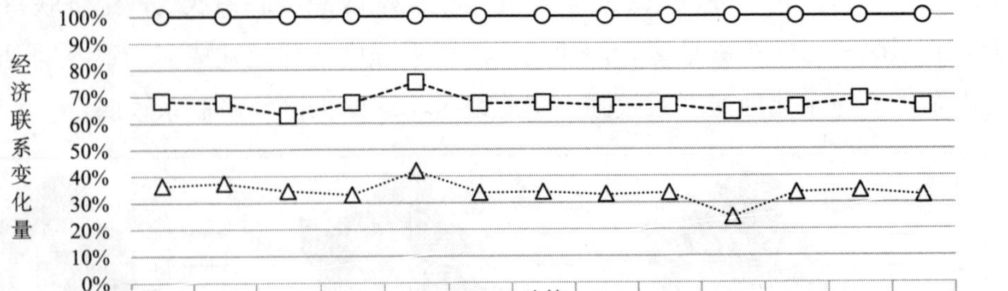

产业	GDP	农业	林业	牧业	渔业	工业	建筑业	交通	金融	房产	批发	住宿	其他
华北—山东	32%	32%	37%	32%	25%	33%	32%	34%	33%	36%	34%	31%	34%
山东—东北	32%	30%	28%	35%	33%	34%	34%	33%	33%	39%	32%	34%	33%
东北—华北	36%	37%	34%	33%	42%	34%	34%	33%	34%	25%	34%	35%	33%

图 16-4　BSCC 建成后各大区间经济联系变化

从图16-4可以看出，三大区经济联系的变化量整体较为均匀，并没有呈现出明显的大区之间的区域差异，三大区经济联系的变化量均在30%左右，但各产业间经济联系变化量而呈现出明显的区别。从各产业来看，农业、渔业、工业、建筑业和住宿餐饮业在各大区经济联系变化比重中较为均衡，并没有呈现突出的变化趋势；林业、交通运输业、批发零售业和其他服务业在华北地区和山东半岛地区的经济联系提升较为显著。

经济联系量变化较为突出的主要有渔业和房地产业，渔业在东北和华北的经济联系变化率占到总联系量的42%，而房地产在东北与山东半岛地区经济联系变化量的比重占到总联系量比重的39%；整体来看 BSCC 建设在大区域尺度层面对区域的经济联系影响较为均匀，特别是在工业、建筑业和金融等产业部门，但由于通道建成后东北地区和山东半岛地区的可达性大大增强，对其房地产部门的经济联系将产生显著的影响。

第三节　BSCC 建设前后东北、华北和山东半岛省级尺度下经济关系格局比较

一、BSCC 建设前东北、华北和山东半岛省级尺度下经济关系格局

通过公式 16-1 对 BSCC 建成前东北、华北和山东半岛各省经济联系进行计算，并利用 ArcGIS 手段对区域经济联系进行可视化表达，可以得到图 16-5：

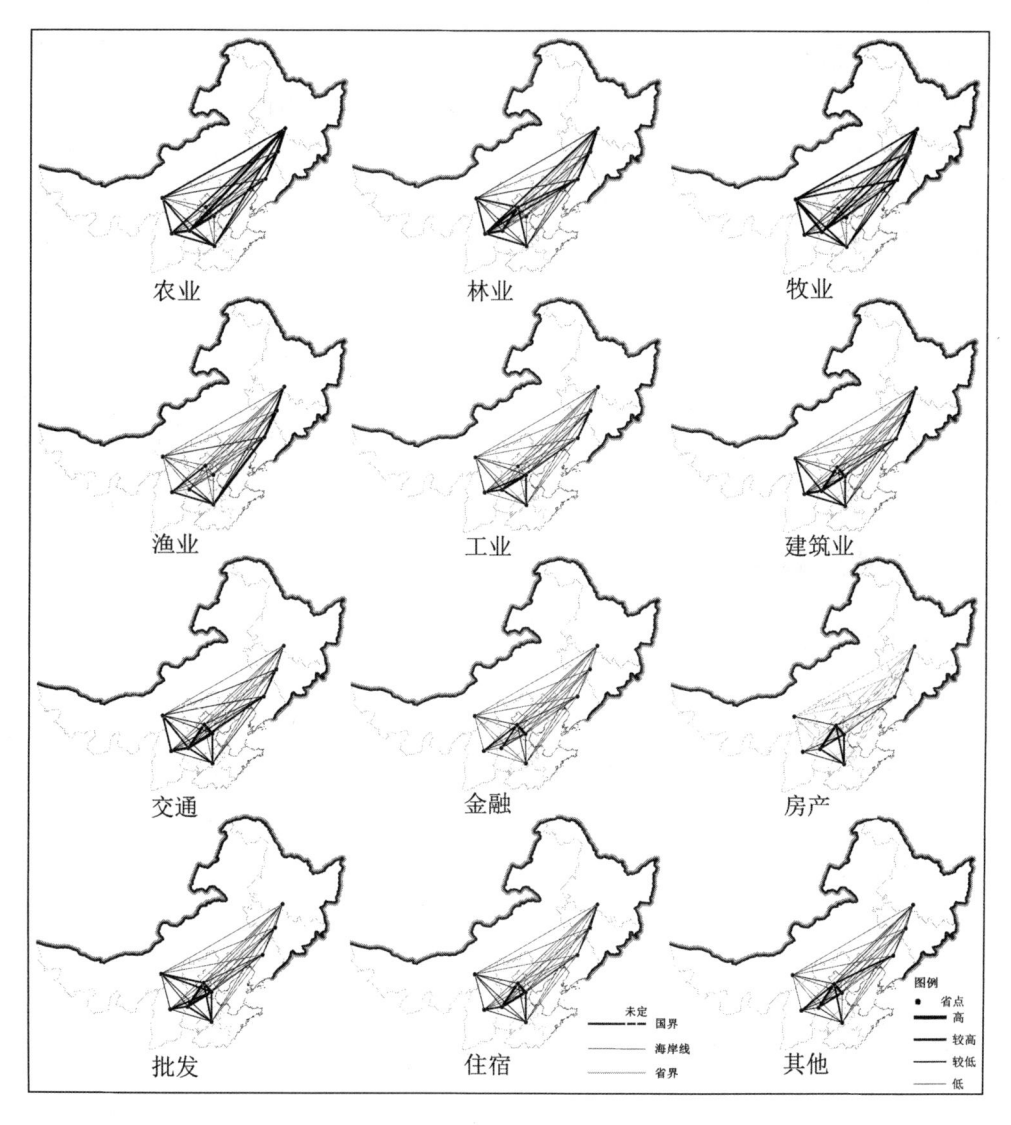

图 16-5　BSCC 建成前省际经济联系格局

（一）第一产业经济联系格局

由于农业资源的地域性较强，因此，不同产业部门的经济联系格局产生明显的区域差异。

1. 农业经济联系格局

从农业来看，晋—冀、冀—鲁、黑—冀和黑—吉之间的经济联系最强，这主要是由于华北地区和东北的地区有着充沛的水热资源，粮食产量丰富，人口密度较大，农业增加值高于周边地区。

2. 林业经济联系格局

从林业来看，晋—冀—京三省市之间的经济联系强，东三省与华北各省市之间的联系较强，主要是由于东三省有着丰富的林业资源，大兴安岭、小兴安岭和长白山林业资源丰沛，华北地区为重要的林业资源消费市场。

3. 牧业经济联系格局

从牧业来看，东三省之间经济联系和蒙—冀之间的牧业经济联系强，且内蒙古和东三省与其他省市之间的联系较强。

4. 渔业经济联系格局

从渔业来看，由于受到重要的地域限制，沿海地区各省之间的经济联系较强，且从沿海到内陆呈现出联系逐步递减的趋势。

（二）第二产业经济联系格局

第二产业是国民经济的支柱，通道的建设必将为区域第二产业的发展注入新的活力。

1. 工业经济联系格局

从2025年工业经济格局来看，东北地区整体联系较弱，华北各省市之间津—冀之间联系最强，京—津、京—冀、晋—冀、津—鲁等省市之间的经济联系较强，内蒙古与华北其他省市之间的联系较弱，东北地区与华北地区省市之间的联系也较弱。

2. 建筑业经济联系格局

建筑业经济联系格局呈现明显的集聚状，在华北地区形成以石家庄为核心的高联系圈层，东北三省则形成较高联系圈层，这两地区之间的经济联系较弱。

（三）第三产业经济联系格局

第三产业是为生产生活提供服务的部门，从BSCC建成前各服务业部门经济联系格局来看，联系高的地区仍然集中在以京津冀为核心的华北各省之间，其次个别产业在东北三省内部形成次高圈层，整体上两大区域的联系有限。

1. 交通运输业经济联系格局

交通运输业形成了以京津冀为核心向华北地区各省辐射的格局，其次冀—辽、辽—吉之间由于南北向交通干线的贯通造成这些省之间联系较强。

2. 金融业经济联系格局

作为中国北方重要的金融中心，2025年京津之间的金融联系最强，为京—冀和京—晋之间；京—津、京—冀之间的房地产业联系最强，其次，鲁—京、鲁—津、鲁—冀之间的房地产业联系次之，其余省市之间的联系较弱。

3. 批发零售业经济联系格局

2025 年批发零售业东北三省之间联系较弱，京津冀三省一体化发展程度较高，三省市之间形成高联系圈层，且三省与周边的省形成次级较高的联系圈层；与批发零售业整体格局类似，京津冀三省市之间为高联系圈层，三省市与周边省市形成较高联系圈层，黑—吉之间住宿餐饮业经济联系较强。

4. 其他服务业经济联系格局

其他服务业经济联系格局中，京—津与京—冀之间的联系最强，津—冀、京—辽、京—晋和京—鲁之间的联系强度较高，东北各省之间联系较弱。

二、BSCC 建设后东北、华北和山东半岛省级尺度下经济关系格局

通过公式 16-1 对 BSCC 建成后东北、华北和山东半岛各省经济联系进行计算，并利用 ArcGIS 手段对区域经济联系进行可视化表达，可以得到图 16-6。

（一）第一产业经济联系格局

通道建成后对于区域的第一产业经济联系格局影响整体不大。

1. 农业经济联系格局

农业联系强的地区减少，仅保有黑—吉、晋—冀之间。

2. 林业经济联系格局

2045 年林业资源整体形成以河北为核心的华北地区高联系圈层（京—冀—晋—鲁），东北地区与山东半岛和华北地区各省市之间联系较高。

3. 牧业经济联系格局

东北三省之间的牧业经济联系最强，蒙—冀、冀—鲁、冀—辽、蒙—黑和蒙—辽等省之间的经济联系较强，其余省市之间经济联系较弱。

4. 渔业经济联系格局

BSCC 建设后，山东半岛和辽东半岛经济联系加强明显，其次这二省与周边的省市联系较强，其余内陆省市之间联系较弱。

（二）第二产业经济联系格局

通道建成后，区域第二产业经济联系格局产生了显著的变化。

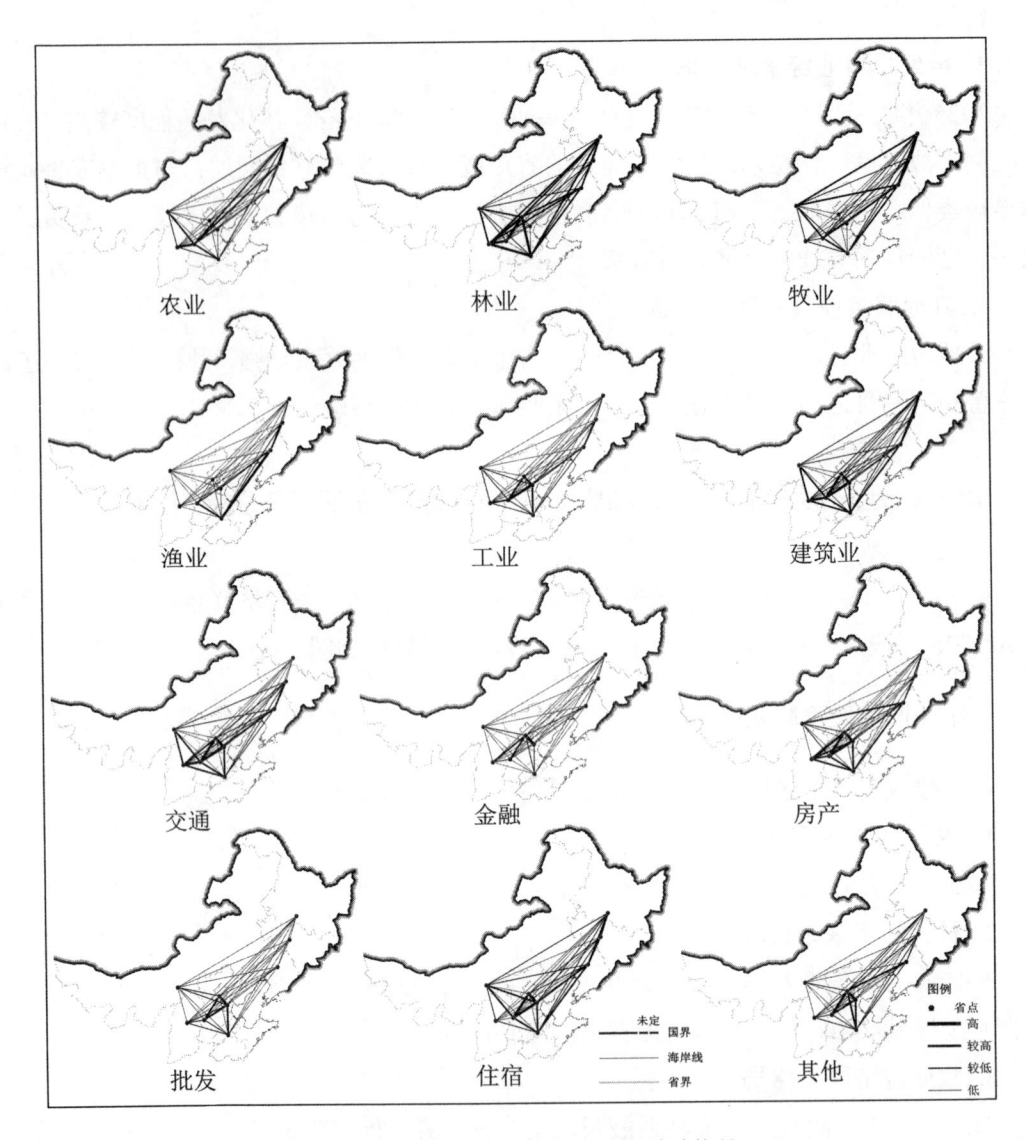

图 16-6　BSCC 建成后省际经济联系格局

1. 工业经济联系格局

从工业来看，东北三省之间吉辽二省之间的联系较强，黑龙江省由于工业规模较低，与其他二省之间的联系较弱，津冀之间的经济联系整体最强，辽—鲁二省之间的联系加强明显，山西省由于转型发展压力的存在，与华北各省之间的联系弱化。

2. 建筑业经济联系格局

通道建成后，华北地区和山东半岛地区之间的联系加强显著，且由于通道的联通，鲁辽二省之间的联系上升到较高的水平。

（三）第三产业经济联系格局

BSCC 的贯通对于改变两半岛之间的服务业市场及服务业经济联系格局有着重要的意义。

1. 交通运输业经济联系格局

由于通道的南北贯通，辽鲁二省交通运输业联系由弱变强，且由于可达性成本的降低，原本经由山海关的客货流选择通过通道运输，因此，山东半岛与周边省市之间的经济联系也加强（鲁—晋）。

2. 房地产业经济联系格局

通道建设对于金融业整体经济格局影响微弱，但从房地产业来看，山东半岛与辽东半岛之间的联系加强显著，且京津冀三省市之间形成高联系圈层。

3. 批发零售业经济联系格局

批发零售业经济联系京津二市之间的联系最强，京—冀、津—鲁之间的联系较强，华北地区其余省区之间经济联系较弱；住宿餐饮业方面，在华北地区各省市间联系显著加强的基础上，通道建设对于山东半岛和辽东半岛之间经济联系加强，且由于海峡南北的贯通，东北三省内部及与华北地区各省之间的经济联系得到明显提升。

4. 其他服务业产业经济联系格局

2045 年，经济联系较强的地区仍然集中在京—津与京—冀之间，但东三省与山东半岛之间的经济联系得到显著的加强。

三、BSCC 建设对东北、华北和山东半岛省级尺度下经济关系影响的规律

通过对 BSCC 建成前后的经济联系进行对比分析，通道建设对省级尺度下各产业的经济联系演化产生了重要影响，且对于不同产业所产生的影响的规律存在差异，在对演化过程进行分析的基础上，分析了通道建设对于不同产业经济联系影响的规律（表 16-3）。

表 16-3　BSCC 建设对省级尺度下经济关系影响的规律

部门	通道建成前（2025 年）	通道建成后（2045 年）	变化规律	空间演变形式
农业	华北各省内部与山东半岛联系强，华北与东北联系较强	华北各省内部联系弱化，华北与东北联系较强	内部弱化，外部保持	

续表

部门	通道建成前（2025年）	通道建成后（2045年）	变化规律	空间演变形式
林业	华北各省内部与山东半岛联系强，华北与东北联系较强	华北各省与山东半岛联系强化，东北与山东半岛联系加强	内部强化，区间加强，通道效应显著	
牧业	内蒙古与华北各省联系较强，东三省内部联系较强	内蒙古与华北及东北各省联系较强，东三省联系较强，华北各省之间联系较弱	优势区域强化，区间弱化	
渔业	沿海各省联系较强，内陆较弱	山东与东北地区各省联系强，内陆弱化	内陆弱化，边缘保持	
工业	华北各省内部与山东半岛联系较强，东三省之间联系较强	东三省与山东半岛联系强化	内部强化，区间强化	
建筑		东三省与山东半岛联系强化，华北与东三省联系强化		
交通	华北各省内部与山东半岛联系较强，华北与辽宁联系较强，东三省内部联系较弱	山东半岛与辽宁省联系加强，山东半岛与山西联系加强		
住宿	京—津—冀联系最强，冀—晋、津—鲁联系较强	京—津—冀联系最强，京津冀与华北各省之间联系较强，东三省内部联系强化，华北与东北联系强化，山东半岛与辽东半岛联系强化	内部强化，区间强化	
其他	京—津、京—冀联系最强，京—晋、京—鲁、津—冀、京—辽之间的联系较强，其余较弱	京津冀与东三省联系强化，山东半岛与华北地区之间联系强化		
房产	京—津、京—冀联系最强，津—冀、津—鲁联系较强，其余省区较弱	京—津—冀联系最强，晋—冀较强，山东半岛与辽宁省联系强化		
批发	京—津、京—冀联系最强，津—冀、津—鲁联系较强，其余省区较弱	京—冀、津—冀之间的联系弱化，京津冀与其他省联系弱化	内部弱化，区间弱化	
金融	京津二市之间联系强，京—晋、京—冀之间联系较强	京津二市之间联系强，京—晋、京—冀之间联系较强	变化微弱	

第四节 BSCC 建设对多尺度下区域经济关系格局的影响

一、BSCC 建设对大区域尺度下区域经济关系演化的影响

（一）BSCC 建设对区域空间发展的影响

"交通运输基础设施的建设将产生邻接优势，引起区域空间不平衡基础上的物质能量的频繁交换，从而形成产业带和发展的联系轴线"[23,24]。BSCC 作为工程量巨大、投资高、相关产业组团丰富的交通走廊，其更容易成为国家和国际的经济发展轴线[25]。BSCC 作为一种连接两大区域间的实体基础设施，在客观上使得相对封闭的地区加强了与外部的联系，使得两大地区间存在的空间隔阂消失，促进了区域的经济社会要素的流通，进而促进区域一体化的发展。

"渤海海峡跨海通道对于小范围的单独的城市或区域来说，其影响远小于整个区域持续活跃性的贡献"[24]。BSCC 的建设对于端点城市或者区域的影响较大，使得两个处于网络边缘位置的城市转化为网络中的中心节点；但 BSCC 联通的是两个大范围区域及区域内部的城市节点，BSCC 建设将大大节省区域间的出行成本，带来区域间的频繁交往，增加各类市场活动，从而提升整体的经济活力。

（二）BSCC 建设对区域经济关系格局演化的影响

根据 BSCC 建设对不同产业部门大区域尺度下经济关系的影响分析，结合不同产业所产生的空间经济关系的演化特征进行总结归纳，得到 BSCC 建设对于区域经济关系演化规律的结果，见图 16-7。

BSCC 的建设对于大尺度区域的影响体现在其对经济关系网络的重构。如图 16-7，在通道尚未建成时，区域处于发展的初始阶段 A 经济关系格局，各大区之间存在着双向的经济联系，但大区域 a 和大区域 c 之间由于存在自然条件的阻隔，使得其经济联系微弱，大区域 a 与 c 之间的联系普遍要通过 b 进行，这就使得大区域 a 与 b，大区域 b 与 c 之间本来就紧密的经济联系在这种间接作用下联系更加紧密，使得区域形成"C"字形的空间经济关系格局。

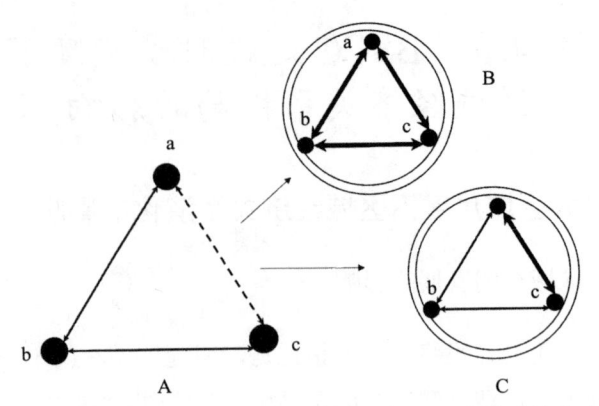

图 16-7　BSCC 建设对大区域尺度下区域经济关系的影响

BSCC 建设联通了大区域 a 与大区域 c，使得区域之间的经济联系不再需要通过区域 b 进行，这种情况下将形成新的区域发展格局 B 和 C。BSCC 的建设联通了大区域 a 和 c，a 与 c 之间经济联系强度得到前所未有的提高，带来区域 a 与 c 的繁荣，进而促进三大区域整体经济关系格局的发展，如 B；其次，BSCC 在联通大区域 a 与 c 的同时，原来两地区各产业间所不具有的联系将爆发，促进大区域 a 与 c 的融合发展，而原有的大区域 b 与 c、大区域 a 与 b 之间的产业经济联系将由于大区域 a 与 c 之间产业联系的加强而产生弱化，从而在形式上形成大区域 a 与 c 之间的经济联系相对较强而其他大区间的经济联系相对较弱，形成不均衡的经济联系格局。

二、BSCC 建设对省级尺度下区域经济关系演化的影响

（一）BSCC 建设对省级尺度下区域经济关系演化的影响

BSCC 最直接的效应就是降低交通成本，促进市场范围与经济腹地的扩张，特别是对于依赖陆运或者海运的产业，通过交通成本的降低带来巨大的优势来扩展市场范围。丹麦和瑞典以厄勒海峡（Oresund）为分界线，丹麦首都哥本哈根（Copenhagen）与瑞典的工业重镇马尔默（Malmö）由于厄勒海峡的存在只能隔海相望，哥本哈根居民需要较为便宜的住房，马尔默居民则需要较多的就业机会，为互通有无促进两大城市的共同发展，厄勒海峡大桥（Oresund Bridge）在这样的背景下于 1995 年动工，2000 年建成通车。厄勒海峡大桥全程跨度 16 千米，连接丹麦的哥本哈根和瑞典第三大城市马尔默，此桥的建成为厄勒地区后续基础设施建设以及大哥本哈根国际大都市区的形成带来机遇，将欧洲中部与北欧的斯堪的纳维亚半岛地区连为一体，将整个欧洲更加紧密地联系在一起。厄勒海峡大桥建成后，奔驰公司在瑞典的总部，从瑞典首都斯德哥尔摩迁到了马尔默市，

其在丹麦的总部接近哥本哈根市，奔驰公司打算通过总部的区位集聚能够使得两个总部资源得到共享，保持更多的研究和市场合作，并且通过跨海通道掌握整个北欧地区并向欧洲大陆延伸其市场范围。除此之外，通道的建设使得厄勒地区的生物医药、IT 行业和食品工业产生显著的集聚规模经济效益，2005 年这一地区成为欧洲最具吸引力的生物科技区之一[25]。

BSCC 建设最直接的空间效应是联通了山东半岛地区与东北地区，使得先前仅依靠轮渡、铁路和航空等方式进行高成本交通联系的区域构建了更高效更直接的联系方式。由于不同地区产业间区位条件的差异，山东半岛城市和东北地区城市之间原本由于客观条件的限制其产业合作和共赢发展有限，但 BSCC 的建设去除了这种隔阂，两大地区间不同城市的优势产业必定形成互补发展，这就导致原本与华北地区特别是联系紧密的东北和山东地区寻找利润更高的合作方式，对区域间的产业融合和产业重构产生重要的影响。

（二）BSCC 建设对省级尺度下区域经济关系演化的影响

根据 BSCC 建设对省级尺度下各产业经济关系影响的分析结果，结合不同产业部门对 BSCC 建设所产生的空间响应，得到 BSCC 建设对省级尺度下空间关系的演化规律，见图 16-8。

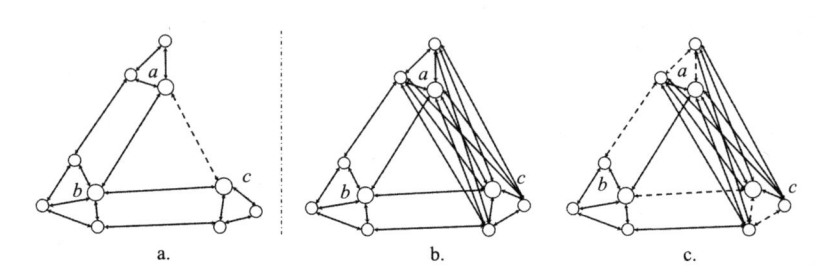

图 16-8　BSCC 建设对省级尺度下区域经济关系的影响

BSCC 的建设首先是对山东半岛与东北地区的联通效应，因此其对于空间的重塑基于通道的建设对于区域网络结构的联通，从空间网络角度来看，BSCC 提高了整个网络的联通性，网络要素流通更加频繁，使得区域网络由单极结构变为多极结构。但从产业部门的变化来看，这种网络结构的重塑对于整个区域并非均质，而是存在明显的空间异质性。

从图 16-8a 来看，在 BSCC 未建设时，区域 a、b 和 c 内部城市的联系紧密，而区域 a 与 b、b 与 c 之间由于没有自然客观条件的限制，形成了紧密的区间联系。区域 a 与区域 c 由于存在自然条件的限制，导致其联系成本较高，更多的资金流、人才流和信息流只能通过区域 b 进行间接联系，这样会导致成本升高，因此这两大区域的联系较弱。

BSCC 建成后出现图 16-8b 和图 16-8c 的情况。从图 16-8b 来看，虽然通道联通的是两个节点城市，但由于通道的建设使得两大区域内部城市之间的产业要素流通更加紧密，且区位资源条件存在差异，极容易形成优势互补，产生产业分工和合作，进而促进集聚经济发展，提升整个网络的联通效率和发展水平，形成回路型的发展区域。由于区域 a 和 c 内部城市的快速发展，使得其与区域 b 及其内部城市的联系更加紧密，整个网络形成完整的多极化发展趋势。总之，由于 BSCC 的建设使得网络连通度提高，整个网络发展形成多极化的回路结构，区域间优势互补，合作共赢，持续发展。

图 16-8c 图的空间关系发展是通道建成后区域关系演化的另外一种形式，由于通道的建设使得原本相对孤立发展的区域 a 和 c 之间联系加强，区域 a 和 c 内部城市之间联系也相应的加强。这时就会出现新的发展契机和新的挑战，由于区域内部城市之间资源结构和区位优势趋同，导致内部分工合作程度有限，而通道建设使得两大区域内部城市市场和原料腹地激增，跨区域的产业合作能够获得更高的利润，就会导致区域内部城市之间的产业拮抗发展，而区域内部与区域外城市的联系加强，最终随着结构的优化就导致区域内部城市某些产业内部联系减弱而外部联系加强。从大区域尺度来看，原本联系较强的区域 b 与 c 以及区域 b 与 a，由于区域 a 与 b 之间联系的显著增强，产业分工合作发展迅猛，而整体的产业联系量有限，必然导致原本经济关系联系较强的地区逐渐弱化，产生外部联系弱化的趋势和格局。总之，通道的建设可能使原本联系较强地区的产业联系减弱，而原本联系较弱的地区间产业通过合作而联系加强，形成"弱部变强，强部变弱"的整体格局。

BSCC 建设将对东北、华北和山东半岛区域经济关系格局产生影响，从大区域尺度和省级尺度下的定量分析表明，BSCC 建设对不同产业经济联系的影响不同。

BSCC 建设对于东北、华北和山东半岛大区域尺度下各产业经济关系的影响不一，对于区域整体的经济关系格局的影响有限，除东北地区与山东半岛渔业的经济联系在通道建成后较高外，其余产业均呈现出上述两地区与华北地区双向的经济联系较强，通道的建设对于这种经济格局并没有产生显著的影响。

从 BSCC 建设对大区域尺度下东北、华北和山东半岛区域经济关系的影响来看，由于通道的建设，大区域之间经济关系格局主要呈现出两种形式。首先，由于通道的建设联通了相对封闭的两个大区域，区域间的经济联系提升显著，促进两大区域的整体发展，加上华北地区的快速发展，三大区域间合作共赢，通道建设带动整个区域经济关系优化升级；其次，由于 BSCC 的建设东北与山东半岛地区经济联系逐渐加强，两大区域间产业分工合作发展,由于经济总量有限,导致原来与华北地区联系紧密的部分产业逐渐趋向东北与山东半岛之间,两大区域在某些产业部门与华北地区的经济联系逐渐减弱,区域经济关系格局出现异构化。

参 考 文 献

[1] 王梦恕. 渤海海峡跨海通道战略规划研究[J]. 中国工程科学, 2013, 15(12): 4-9.

[2] 张永刚, 王永红, 王梦恕. 渤海湾海底隧道工程施工风险评估与控制分析[J]. 土木工程学报, 2015, 48(1): 414-417.

[3] 魏礼群, 柳新华. 渤海海峡跨海通道若干重大问题研究[M]. 北京: 经济科学出版社, 2009.

[4] 谭忠盛, 王梦恕. 渤海海峡跨海隧道方案研究[J]. 中国工程科学, 2013, 15(12): 45-51.

[5] 金凤君, 陈航, 张文尝. 中国交通地理[M]. 北京: 科学出版社, 2000.

[6] 汤铃, 余乐安, 李建平, 等. 复杂时间序列预测技术研究: 数据特征驱动分解集成方法论[M]. 北京: 科学出版社, 2016.

[7] 詹姆斯·D. 汉密尔顿. 时间序列分析[M]. 北京: 中国人民大学出版社, 2015.

[8] 孙东琪, 陆大道, 王振波. 渤海海峡跨海通道客货流量预测分析[J]. 地理学报, 2017, 72(8): 1473-1494.

[9] 霍恩·约翰逊. 矩阵分析(第2版)[M]. 北京: 机械工业出版社, 2014.

[10] 刘军. 社会网络分析手册[M]. 重庆: 重庆大学出版社, 2018.

[11] 张康聪. 地理信息系统导论[M]. 北京: 科学出版社, 2016.

[12] 石敏俊, 张卓颖. 中国省区间投入产出模型与省区间经济联系[M]. 北京: 科学出版社, 2012.

[13] 曾力生. 投入产出经济学理论与矩阵理论之间关系的新进展[M]. 北京: 中国社会科学出版社, 2015.

[14] 蒋雪梅. 地区投入产出模型及其应用[M]. 北京: 科学出版社, 2017.

[15] 孙峰华, 陆大道, 柳新华. 中国物流发展对渤海海峡跨海通道建设的影响[J]. 地理学报, 2010, 65(12): 1507-1521.

[16] 万明. 交通运输概论[M]. 北京: 人民交通出版社, 2015.

[17] 王振波, 徐建刚, 孙东琪. 渤海海峡跨海通道对中国东部和东北地区交通可达性影响[J]. 上海交通大学学报, 2010, 44(6): 807-811.

[18] 吴威, 曹有挥, 曹卫东. 开放条件下长江三角洲区域的综合交通可达性空间格局[J]. 地理研究, 2007, 26(2): 391-402.

[19] 张莉, 陆玉麒. 基于陆路交通网的区域可达性评价——以长江三角洲为例[J]. 地理学报, 2006, 61(12): 1235-1246.

[20] 姜博, 初楠臣, 修春亮. 中国"四纵四横"高铁网络可达性综合评估与对比[J]. 地理学报, 2016(4): 591-604.

[21] 沈惊宏, 陆玉麒, 兰小机. 区域综合交通可达性评价——以安徽省为例[J]. 地理研究, 2012, 31(7): 1280-1293.

[22] 蒋海兵, 徐建刚, 祁毅. 京沪高铁对区域中心城市陆路可达性影响[J]. 地理学报, 2010, 65(10):

1287-1298.

[23] 陆大道. 区域发展及其空间结构[M]. 北京: 科学出版社, 1995.

[24] R. W. Vickerman. The Channel Tunnel: Consequences for Regional Growth and Development[J]. Regional Studies, 1987, 21(3): 187-197.

[25] 孙东琪, 陆大道, 孙峰华. 国外跨海通道建设的空间社会经济效应[J]. 地理研究, 2013, 32(12): 2270-2280.

第十七章　区域经济关系演化规律

第一节　数据来源与研究方法

一、研究区域和数据来源

研究区域为东北、华北和山东半岛城市群。研究数据来源：①国家统计局颁布的 1998~2016 年《中国统计年鉴》《中国城市统计年鉴》，1998~2016 年北京市、天津市、河北省、山西省、内蒙古自治区、辽宁省、吉林省、黑龙江省和山东省的统计年鉴，以及上述各省下辖地级市的统计年鉴，山东半岛各地级市（济南市、青岛市、淄博市、东营市、烟台市、潍坊市、威海市和日照市）的相关年份的统计年鉴；②全国公路里程数据库（http://lcb.sxwl.com.cn/）；③在国民经济统计中一般共有 60 项产业，但由于数据的可获性和科学性的限制，本研究主要对这 60 项经济指标进行归并，产业数据主要包括 12 项，分别为：a 农业，b 林业，c 牧业，d 渔业，e 工业、f 建筑业、g 交通运输仓储邮电业、h 住宿与餐饮业、i 金融业、j 房地产业、k 批发零售业、l 其他服务业。

二、研究方法

研究方法主要是通过 ArcGIS 平台对 BSCC 建设前后区域交通网络通达性空间分异进行分析；对区域经济社会数据特别是产业数据进行空间插值并做栅格化处理；通过空间分析（叠置分析）手段，对通道建成后给区域带来的各相关产业的效益进行栅格计算，最后通过数据提取，生成通道的效益矩阵，以此来分析 BSCC 建设所带来的区域经济效益及其空间分异[1~4]。

（一）基于 ArcGIS10.2 平台的交通可达性计算方法

由于我国经济社会的快速发展，科学技术的快速进步，大型基础设施建设热潮已经来临，因此当前学术界对于区域交通可达性的研究逐渐兴起。通过构建区域的交通可达性指标系统、利用 O-D 矩阵、GIS 网络分析和社会网络分析、综合可达性指数模型系统、加权平均旅行时间等方法对区域交通可达性进行分析是当前可达性研究的主要途径。但上述方法在空间可达性计算方面都存在不同程度的缺陷,为保证计算的科学性和空间研究的合理性,采取 ArcGIS 平台中嵌入的成本距离计算方法来对 BSCC 建设前后的可达性进行计算和分析[5~9]。

(二)基于 IDW 插值的经济社会数据栅格数据库建立

在 BSCC 交通可达性计算的基础上,对研究区内各省、各地级市的经济社会数据进行栅格化处理,建立省、市尺度下经济产业栅格数据库,以便于对通道建设的空间经济效益进行栅格计算。在栅格化过程中,首先将社会经济数据属性表与 ArcGIS 中的点要素图层进行连接,检查连接错误,确认无误后利用 Arctoolbox 中的插值工具,选取 IDW 插值对社会经济数据进行插值。IDW 插值也称为反距离插值法,其使用原则为符合地理衰减规律,从社会经济领域来看,产业的集聚效应和"极化—涓滴"效应都表明通过 IDW 方法对社会经济数据进行插值是可行的。

(三)基于栅格数据的空间叠置分析

叠置分析主要应用在各种交通运输途径的数据的叠加,通过这种叠置分析构建栅格成本图层,在计算 BSCC 对于区域的影响时,通过交通可达性计算的栅格成本节约图与各社会经济数据进行叠置分析,计算 BSCC 建设后对于区域各个产业的影响,进而对 BSCC 建设后对于区域经济结构的影响进行评价。

在对各种出行途径进行矢量化的基础上,利用转换工具中的要素转栅格工具,对各要素图层进行栅格化处理,在构建栅格成本图时,按照下面的公式进行叠置分析。

$$v_c = Min(v_1, v_2, v_3, \cdots, v_n) \qquad \text{式 17-1}$$

$$v_m = v_c / 60 / 24 / 365 \qquad \text{式 17-2}$$

$$V_t = v_m \times v_n \qquad \text{式 17-3}$$

式 17-1 中,v_c 为时间成本栅格上某一点的成本栅格值;$v_1, v_2, v_3, \cdots, v_n$ 为不同出行方式在同一空间位置的时间成本值。式 17-2 中,v_m 为年交通可达性节省的时间成本栅格值(单位为年);v_c 为交通可达性节省的时间成本栅格值(单位为分钟)。式 17-3 中,V_t 为 BSCC 建设后对于区域 n 产业所带来的经济效益;v_n 为 n 产业在同一(某一)空间位置栅格插值的值。

(四)基于时间序列的产业经济预测方法

根据国家发展改革委牵头的"渤海海峡跨海通道战略规划研究项目组"及中国工程院 BSCC 战略规划研究项目组《渤海海峡跨海通道战略规划研究报告》(2012、2004)等前期研究成果[10~15],从交通需求、工程技术、社会效应等多方面综合考量,初步预测 2020 年环渤海既有的运输供需基本平衡,2025 年后 BSCC 基础设施的规划设计能力缺口逐渐加大,轮渡能力增幅有限,难以满足发展需求,因此,依照《渤海海峡跨海通道战略规划研究》(2012)的预测,通道的开工建设时机可选择 2025 年,按照工期 15 年进行计算,到 2040 年建成。本研究按照此预测结论,以 1990~2016 年数据为基础,对研究区 2015、2020、2025、2030、2035、2040、2045、2050 年八个时间点的数据进行测算,方法为时间序列法,通过对大量数据样本进行反复测算实验,最后采取线性、二次多项式等方法对时间序列进行预测,因为这几种方法的 R^2 均在 0.9 以上,且通过与当前阶段的产业实际发展水平对比,结果的可靠性高。因此,采取这几种方法对上述的时间序列研究区相关产业经济数据进行预测[16,17]。

第二节 基于 BSCC 建设的交通网络变化与区域经济发展规律解析

在构建环渤海地区九省份综合交通运输网络数据库的基础上,利用 ArcGIS 平台对 BSCC 建成后区域交通可达性的空间差异进行分析。在可达性分析的基础上,通过前述社会经济数据插值和栅格化处理,对研究区从省和地级市两个尺度下的空间经济效益进行分析,并通过时间序列预测和公路里程数据对 BSCC 建成前后区域地级市间经济联系演化进行了分析。最后,基于上述分析对交通网络变化与区域经济发展规律进行解析。

一、BSCC 建成前后区域交通可达性对比分析

BSCC 建设的交通可达性对比研究首先需要建立区域综合交通运输网络数据库,并以此为基础,在 ArcGIS 平台中通过成本距离算法对研究区 BSCC 建设前后的交通通达性进行分析。

（一）综合运输网络数据库的建立

利用 ArcGIS 平台对区域交通可达性进行计算，首先需要建立成本栅格图层，而成本栅格在现实中就是叠加各种出行方式的区域交通网络体系所组成的空间面形式。因此，对研究区交通网络数据进行矢量化并建立综合交通运输网络数据库，在此基础上对各种数据进行栅格化处理，利用 Arctoolbox 中的镶嵌工具对各层数据进行空间叠置分析得到最终的成本栅格图层。在构建数据库之前，首先对所有收集到的数据进行配准和投影变换，在 ArcGIS 平台中利用投影转换工具，对所有收集到的矢量数据进行投影变换和校准，以统一的空间参考系 Albers 等圆锥投影（Krasovsky_1940_Albers）为准，通过分别对公路、铁路和水路等各种数据的矢量化。利用 ArcToolbox 中的数据管理模块，对已经矢量化和校正过的研究区公路、铁路、河流和其他数据进行栅格化处理，在栅格化处理过程中，由于在现实生活中不同的出行方式具有不同的出行成本，所以在选定每个栅格大小 1 000m×1 000m 的基础上，为不同的出行方式选择不同的出行时间成本，即为平均出行 1 000m 所需要的分钟数，其公式为：

$$t_c = 1/v \times 60 \qquad 式 17\text{-}4$$

式 17-4 中：t_c 为出行的时间成本，v 为各种不同运输方式和出行方式所规定的时速。

在本研究中，针对各类出行方式和运输方式的时间成本差异，借鉴已有研究的设定[6~8]，现将各类空间出行方式的出行时间成本设定如下所示：①假设研究区除道路和水域以外的地区为均值的平坦地面，出行方式主要以步行方式为主，将其平均时速设置为 5km/h；②由于公路的出行等级差异较大，这里按照公路的等级差异将其分为四个等级，高速公路为 120km/h，国道公路为 80km/h，省道公路及其以下等级公路设置为 60km/h；③铁路出行方式的设置按照参考文献中对于铁路时速的设定，取 90km/h；④水域是一种天然的出行阻抗，也是一种重要的出行方式，但其出行时间成本一般大于陆地，这里取其出行速度为 1km/h；⑤高铁行驶速度参照现有高铁限制时速的平均值，取 200km/h；⑥BSCC 时速参照文献[13]中对于通道时速的设置，将其设置为 100km/h。

根据表 17-1 所示的不同出行方式所赋予的时间成本，将不同出行方式的矢量图层从数据库中调出，并赋予相应的属性值，利用 Feature to Raster 工具将各图层转为栅格图层。为保障出行方式的最优化，即"经济人"原理，若两地间有较为快速的方式则选择较快方式，本研究利用 Mosaic to New Raster 工具对各个图层进行了镶嵌处理，栅格计算过程中选择镶嵌方式为 Minimum，这样就能保障出行方式的最优化，最终生成通道建设前和建设后的两个时间成本栅格。

表 17-1　主要出行方式的时间成本设定值

出行方式	v（km/h）	t_c（min）
陆地	5	12
水域	1	60
高速公路	120	0.5
国道公路	80	0.75
省道公路	60	1.00
一般公路	60	1.00
高速铁路	200	0.30
铁路	90	0.67
轮渡	35	1.71
BSCC	100	0.60

（二）BSCC 建成前后交通可达性对比分析

1. BSCC 建成前后时间成本栅格的构建

利用 ArcGIS10.2 平台中的 Mosaic to New Raster 工具对 BSCC 建设前后的栅格数据进行处理，得到 BSCC 建设前后时间栅格成本图层，这里将 BSCC 建设前的时间成本栅格命名为 cost_0（图 17-1a），将 BSCC 建设后的时间成本栅格命名为 cost_1（图 17-1b），两张成本栅格图最大的差别在于 cost_0 在渤海海峡仅有轮渡线路连接，而 cost_1 在渤海海峡有通道连接。且如图 17-1 所示，图中颜色越深，表明栅格单元的出行成本越低，线

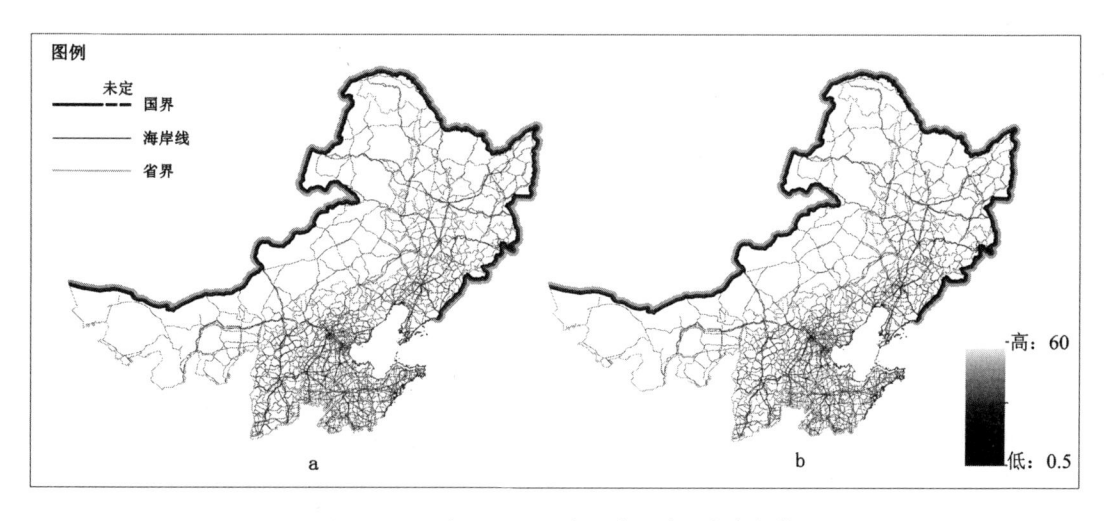

图 17-1　研究区 BSCC 建设前后时间成本栅格

路越密集的地区则出行成本越低；相反，颜色较浅，线路越为稀疏的地区则出行成本较高，出行方式越偏向步行方式。因此，仅从 BSCC 建成前后的时间成本栅格来看，内蒙古地区特别是呼和浩特以西以北地区线路稀疏，其出行成本较高，东北地区偏北和大兴安岭地区线路较为稀疏，也由于自然地理单元的阻隔，此区出行成本也较高。线路较为密集的主要有辽中南城市群区域、京津冀城市群和山东半岛城市群组成的环渤海城市群的大部分地区，此区域的出行成本较研究区内其他区域出行成本较低[18~23]。

2. BSCC 建设后研究区可达性变化空间分异分析

利用 ArcGIS 平台中的叠置分析工具对两个栅格图层进行镶嵌处理，根据重分类工具（Reclassify）中的自然间断点分级法（Natrual Breaks）将最终生成的可达性影响图分为四个等级，由此分析 BSCC 建设对于区域交通可达性影响的空间分异（图 17-2）。

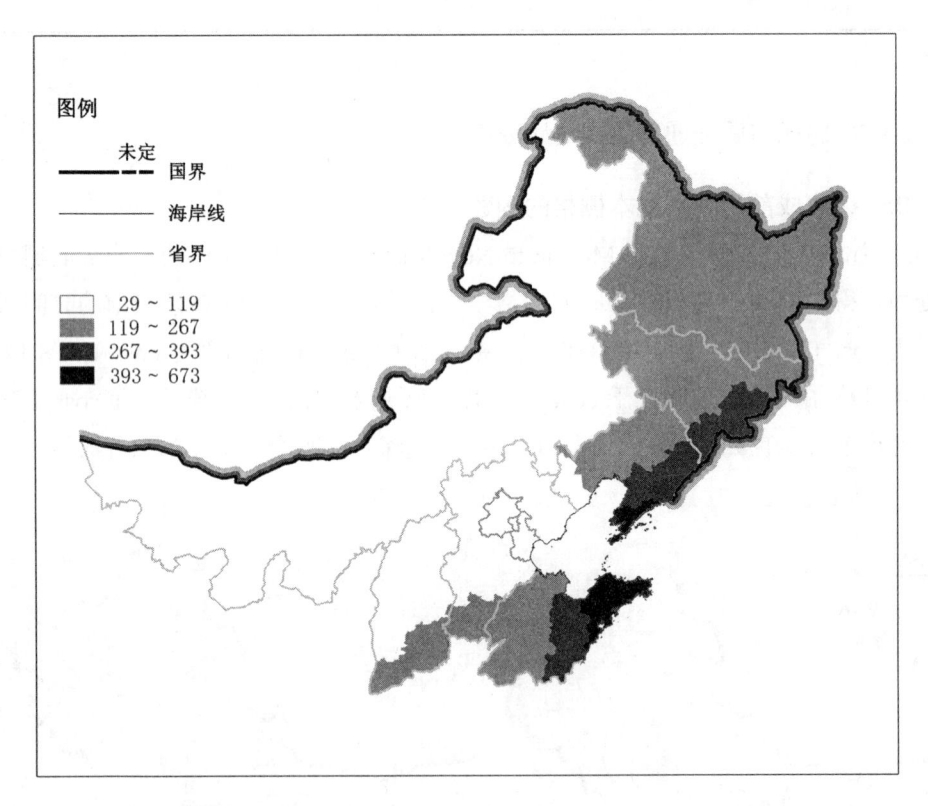

图 17-2　BSCC 建设对烟台市和大连市可达性影响空间（节省时间）分异图

如图 17-2 所示，BSCC 的建设主要对东北地区、山西南部、河北南部和山东全境产生影响，对于其他区域影响较小或者为 0。其北部的影响分界线大致为锡林郭勒盟—赤峰—朝阳—锦州—葫芦岛一线；南分界线大致以沧州—衡水—邢台—临汾一线，两条分界线之间的区域为 BSCC 对区域可达性影响的"真空区"。在影响区内,秦皇岛—丹东以南的辽东半岛,潍坊和日照以东的山东半岛地区影响最大,其最多可节省大约 673 分钟,此区域可达性节省范围在 393~673 分钟,延边—白山—遵化—鞍山—营口以南和丹东以北的辽东半岛,枣庄—淄博一线和潍坊—日照以西的山东半岛地区可达性节省时间在 267~393 分钟,其余地区节省时间在 119~267 分钟。

表 17-2 BSCC 建设对研究区主要城市时间成本的影响(min)

烟台	建设前	建设后	节省时间	大连	建设前	建设后	节省时间
哈尔滨	943	714	229	哈尔滨	509	508	1
沈阳	659	426	233	沈阳	220	220	0
大连	759	211	548	大连	0	0	0
长春	818	589	229	长春	383	383	0
呼和浩特	642	641	1	呼和浩特	707	706	1
太原	494	493	1	太原	700	625	75
济南	249	249	0	济南	611	380	231
北京	395	395	0	北京	461	460	1
天津	336	334	2	天津	440	440	0
烟台	0	0	0	烟台	759	211	548

选取研究区各省的省会城市(哈尔滨、长春、沈阳、呼和浩特、北京、天津、太原、石家庄和济南)分别进行 BSCC 建设前后的交通可达性分析,在成本栅格图层上运用 Extract Values to Points 工具,提取出各个城市到大连和烟台的时间成本,得到表 17-2。从图 17-2、表 17-2 中可以看出,就烟台的可达性来看,大连节省的时间最多,达到了 548 分钟,而距 BSCC 较远的哈尔滨、长春和沈阳则平均节省了约 230 分钟。从大连的交通可达性来看,节省较多的城市有烟台、济南和太原,烟台节省了约 548 分钟,而济南和太原则分别节省了 231 分钟和 75 分钟。北京、天津和呼和浩特在 BSCC 建设前后对于烟台和大连的可达性改观不是很明显。

二、BSCC 建设前后省级尺度区域产业空间经济效应分析

从上节研究结果可知,BSCC 的建设对区域可达性产生显著的影响,特别是在山东半岛和辽东半岛地区,BSCC 建设对于区域产生的"时空压缩"效应必将极大改变区域经济发展格局。这里以可达性研究的结果为基础,根据式 17-1~3,计算 BSCC 建设对

于区域各个产业的带动及其产生的空间效应。其中各个产业预测年份数据按起始年份 2015 年按五年截点进行预测，预测年份为 2020、2025、2030、2035、2040、2045、2050 年预测方法按照 SPSS 中时间序列预测方法，选取拟合度最优的模型及相应结果。

（一）BSCC 建设的产业空间效应研究

根据研究方法部分的式 17-3，结合预测得到的研究区各省市 12 个产业增加值，通过栅格叠加技术得到图 17-3，以此为依据对 BSCC 建设产生的空间产业效应进行评价。

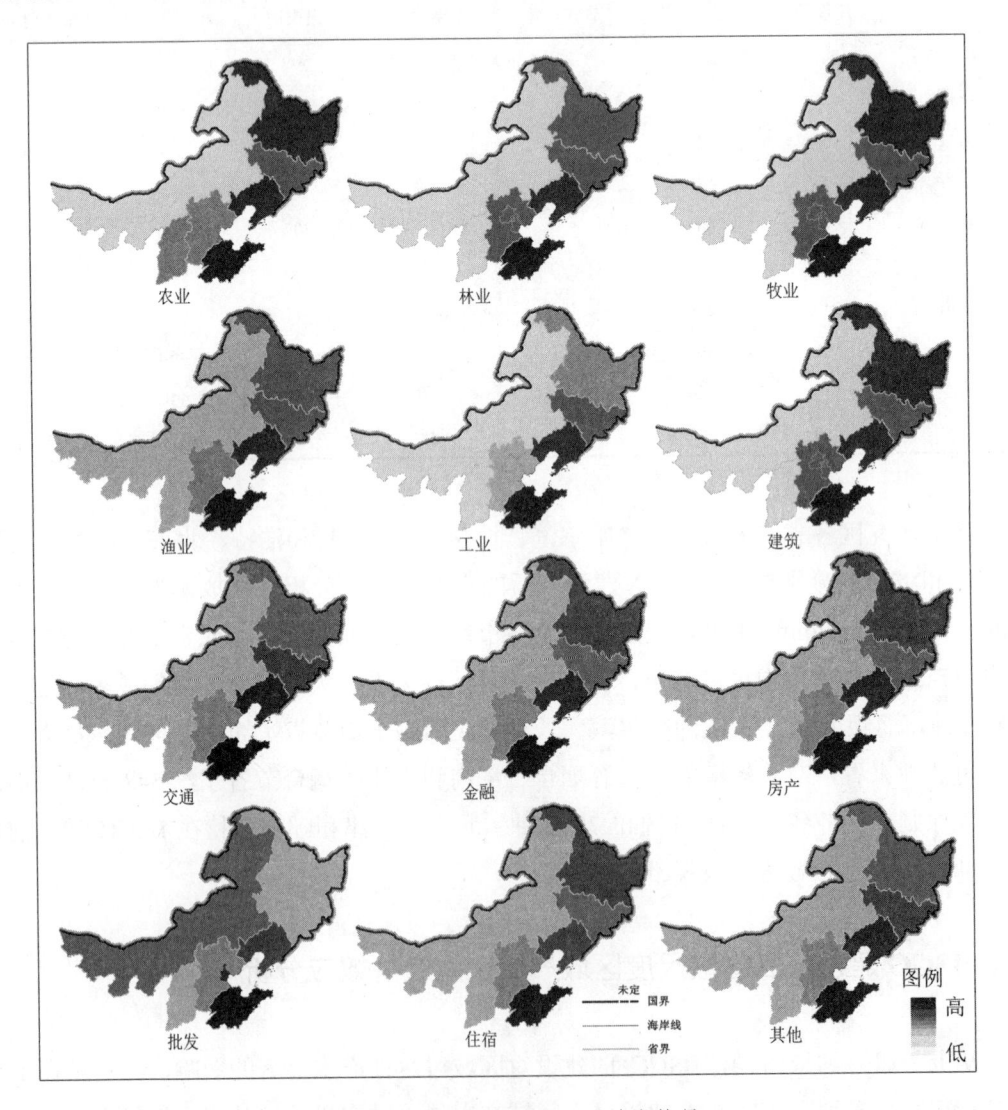

图 17-3　2045 年 BSCC 空间效应格局

根据 ArcGIS 空间叠置分析得到省级尺度下各个产业所产生的效应，且这种效应存在产业间和空间的差异，整体来看，在山东半岛和辽东半岛地区 BSCC 建设所产生的经济效应要明显高于其他地区，且呈现出向周边地区递减的趋势，具有明显的地理空间衰减规律。从各个产业具体来看：①第一产业中的农业、林业和牧业在东北地区的经济效应显著，这主要是在通道效应的基础上更加凸显了东北地区农业和林业雄厚经济基础的原因，东北地区是中国重要的商品粮基地，再加上大兴安岭、小兴安岭等高大山系以及适宜的气候条件，造就了其林业资源丰富的现状，BSCC 建设必将促进东北地区农林牧业的重要发展。②从第二产业下的工业和建筑业来看，其空间效应基本一致，区别在于工业方面吉林省的工业效应更为突出，黑龙江省的建筑业空间效应更为突出。③从第三产业下各个产业部门来看，交通运输仓储业和批发零售业在整体的空间效应趋势一致，交通运输仓储业在黑龙江省的空间效应较低，而黑吉二省批发零售业空间效应均较低，这主要是由于黑龙江省的路网密度较低，且其位于交通网络的边缘位置，运量及运输方向受到限制；从批发零售业来看，东北地区建国以来一直为重工业基地，第三产业发展空间受到挤压，特别是针对生活生产的批发零售业发展受到限制，在今后发展中应着重促进生产生活批发零售业的发展；金融业和房地产业的空间效应整体一致，从空间差异来看，金融业的空间影响范围延伸至晋南和河北南部地区，但房地产业在这些地区的影响不甚明显。

（二）BSCC 建设前后产业的空间效应对比研究

利用上述栅格计算得到的各个产业空间效应图，并叠加预测得到的各时间点产业空间插值结果，得到 2025 年和 2045 年产业空间格局图，为便于分析，这里选取 BSCC 开始建设的年份 2025 年作为 BSCC 建成前的基点，与 BSCC 建成五年后产生效应的 2045 年两个时间点做 BSCC 建设空间效应的对比研究，其中 2045 年空间格局图为叠加了 BSCC 效应的产业空间格局图（图 17-4）。

从图 17-5 来看，BSCC 建成前后省级尺度下产业的空间效应产生明显的变化，BSCC 周边的山东半岛和辽东半岛地区产生的效应更为明显，并向华北地区和东北地区递减。从各个产业来看：①第一产业中林业的空间效应更为明显，在 2040 年的基础上，BSCC 的空间效应突出明显，特别是在东北地区和华北地区的整体提升更为明显，其他农业、牧业和渔业在山东半岛和辽东半岛的影响范围扩大，其次牧业在内蒙古自治区的影响也提升明显。②BSCC 的建设对于第二产业的带动更为明显，由于 BSCC 的建设对鲁辽二省的影响最为明显，再加上两省的工业和建筑业重镇更接近半岛地区，因此工业和建筑业的空间影响范围更多的从半岛地区向外扩张。③第三产业中，从交通运输仓储邮电业来看，BSCC 的建设对于研究区交通运输业影响较大的区域是山东省和辽宁省，尤其对于辽宁省的影响更大；住宿餐饮和其他服务业产业部门的效应在两个半岛地区和内蒙古地区的效应更为明显，说明通道的建设对于这些地区的住宿和其他服务业的带动更为明显；金融业和房地产业的空间效应基本一致，北京市的金融业空间效应更为明显，房地产业在辽宁市的效应更为突出。

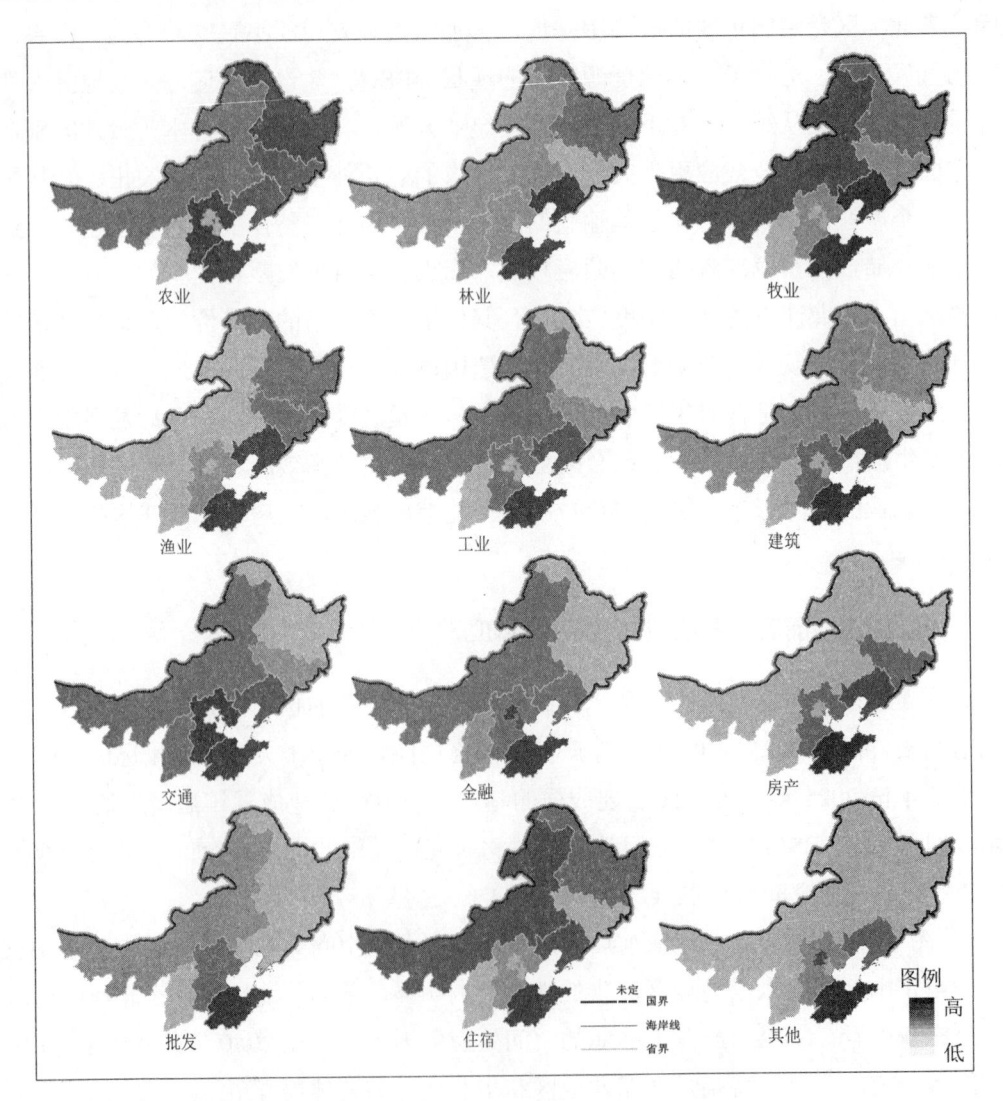

图 17-4　2025 年各产业空间格局（BSCC 建成前）

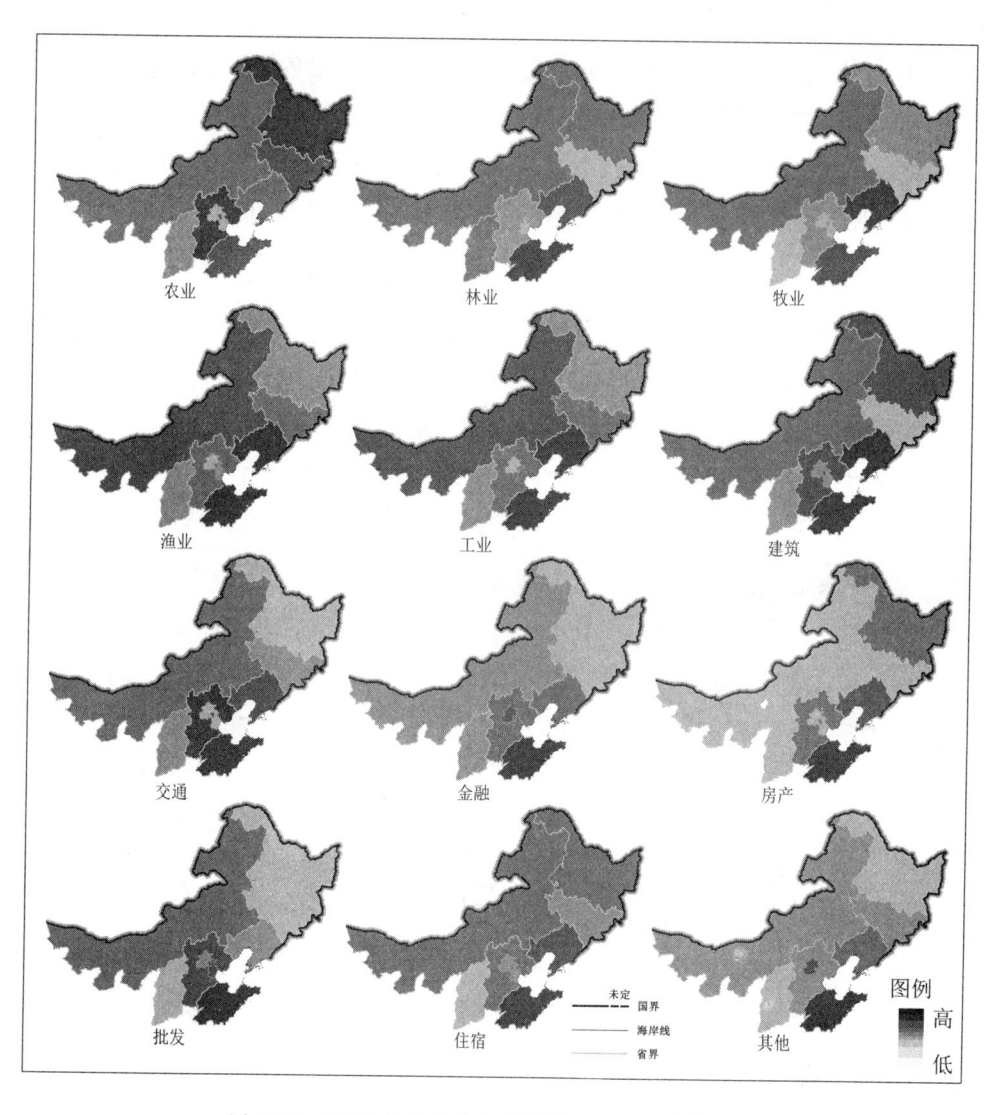

图 17-5　2045 年各产业空间格局（BSCC 建成后）

三、BSCC 建设前后省级尺度下经济联系演化分析

（一）省级尺度下经济联系

BSCC 的建设对于区域经济格局产生重要的影响，本节拟从省级尺度下对山东半岛、东三省和华北地区六省市经济联系进行定量计算分析。经济数据来源于通过研究方法部分的时间序列预测方法预测的结果，采用其中 2025 年和 2045 年的九省区 12 产业部门（a 农业，b 林业，c 牧业，d 渔业，e 工业、f 建筑业、g 交通运输仓储邮电业、h 住

宿与餐饮业、i 金融业、j 房地产业、k 批发零售业、l 其他服务业）的增加值，公路里程数据通过 ArcGIS 平台获取各省的几何中心位置，采用全国公路里程数据库中各省几何中心间的距离里程。最后根据第十六章式 16-6 对 2025 年和 2045 年省级尺度下的经济联系进行计算，以此为基础在 ArcGIS 平台中对省级经济联系进行可视化表达，得到图 17-6 和图 17-7。

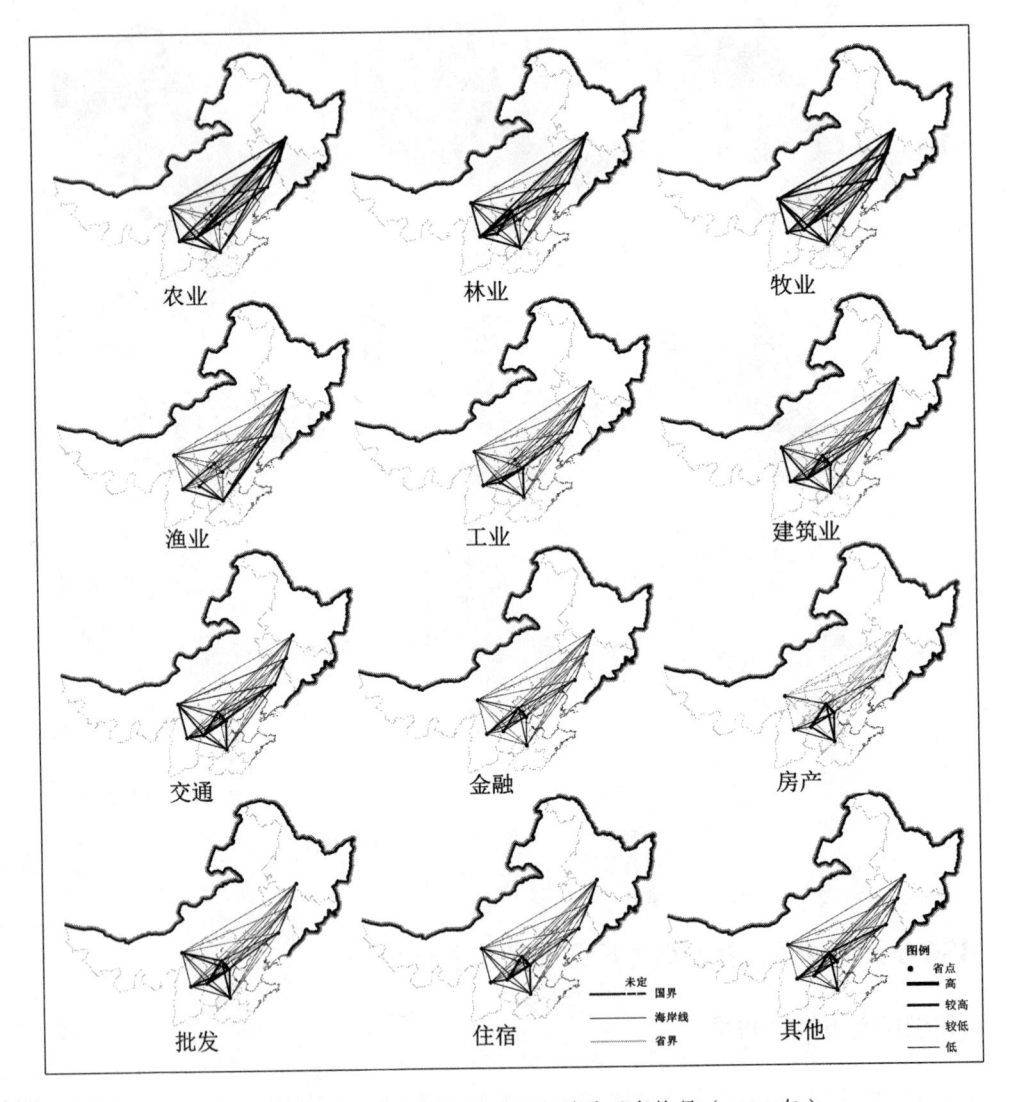

图 17-6　BSCC 建成前各省间经济联系强度格局（2025 年）

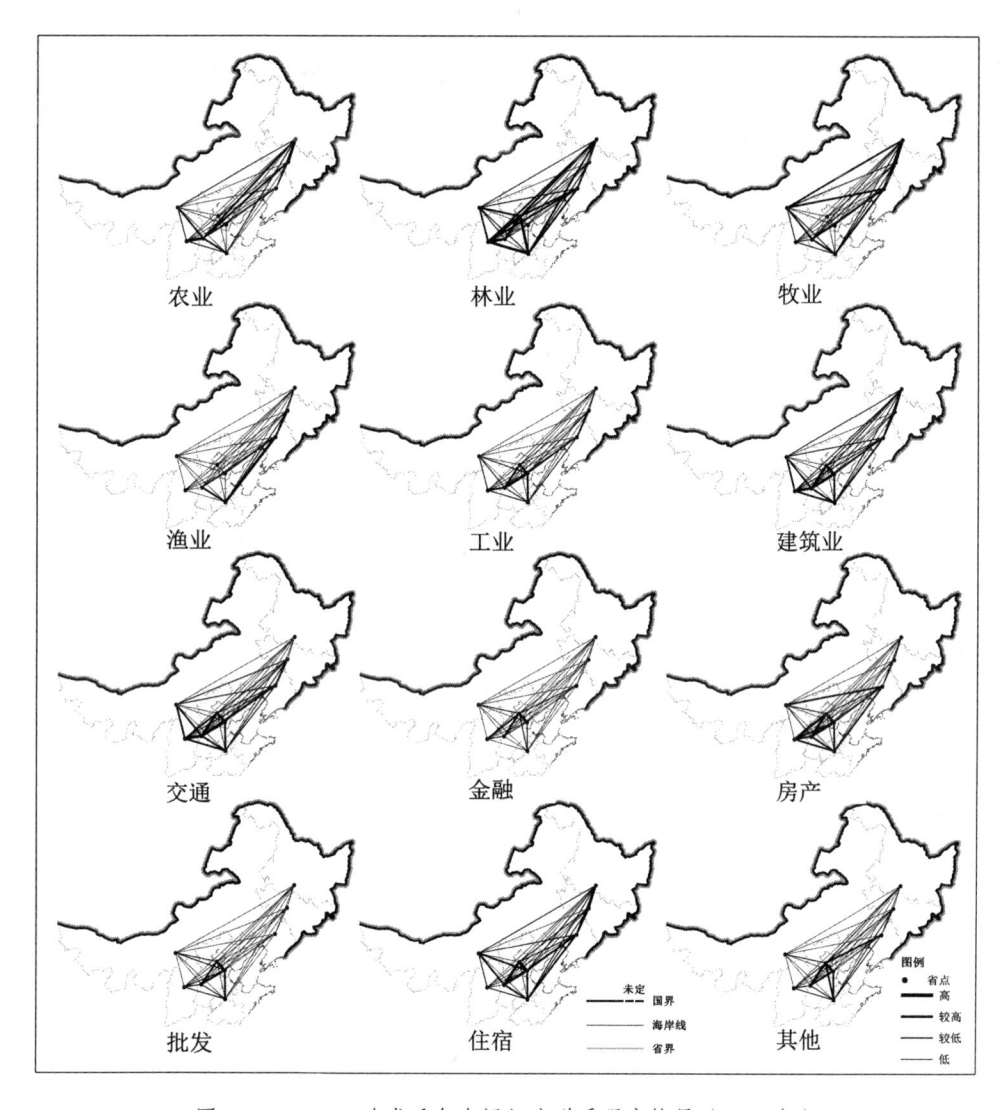

图 17-7　BSCC 建成后各省间经济联系强度格局（2045 年）

（二）BSCC 建成前后省级经济联系演化

1. 第一产业经济联系演化

从上图可以看出，第一产业中各产业间的经济联系在 BSCC 建设前后出现了明显的变化。从农业来看，经济联系高的地区减少明显，特别是黑龙江与河北省之间的农业经济联系弱化显著，这与各地区农业的专业化发展密不可分；从林业来看，BSCC 建成后黑龙江省与华北各省之间的经济联系由较低转变为较高，BSCC 建成后黑龙江省林业资源市场在华北各省拓展明显；蒙—冀、东北地区与华北地区各省间的牧业经济联系弱化，东北三省之间的牧业联系仍旧最高；渔业由于受到地域限制，环渤海地区的渔业经济联系加强显著，内陆地区则变化微弱。

2. 第二产业经济联系演化

从图 17-7 可以看出，第二产业中工业与建筑业山东半岛和辽东省经济联系加强显著，且东北地区和山东半岛与京津冀地区的经济联系也得到不同程度的强化。BSCC 建成前后晋—津、冀—鲁之间的工业经济联系弱化，但山东半岛和辽宁省之间的联系加强明显；建筑业经济联系在通道建成前后变化显著，其中黑龙江与华北各省及山东半岛之间的经济联系加强明显，辽宁省与山东半岛之间的经济联系由较低转变为较高，强化显著。

3. 第三产业经济联系演化

从第三产业来看，服务业整体的经济格局一致，东三省与山东半岛的联系加强，其次东北三省与华北地区各省的经济联系也加强明显。交通运输仓储业是重要的生产型服务业部门，BSCC 建成后，由于渤海海峡的南北贯通，山东半岛与东北三省之间的交通运输业联系得到了显著的提升，在此基础上 BSCC 的辐射效应对华北地区各省的间接带动效应也逐步显现；由于区域的重要金融中心集中在京津地区，因此 BSCC 的建设对其影响整体不大，但由于各省房地产业发展均处于活跃期，BSCC 的建设对于南北两端房地产市场的再平衡起到了显著作用，具体来看，BSCC 建成后京津冀之间的联系显著加强，受到增长极的辐射，山西和河北房地产业经济联系也加强明显，辽东与山东半岛的房地产经济联系提升显著；BSCC 建成前批发零售业联系较强的地区集中在华北各省之间，BSCC 的建设对于南北两端批发零售业影响较小，区域间批发零售业经济联系整体弱化；住宿餐饮业是重要的生活服务业部门，也是第三产业中服务业活跃程度的重要代表，BSCC 的建设对于区域住宿餐饮业的重塑起到了重要的影响，从图中来看，京津冀为住宿餐饮业联系的核心圈层，其联系指数最高，BSCC 建成后，南北大通道的贯通为东北三省和山东半岛的住宿业带来了巨大的客源和市场，东北三省与山东半岛的联系突破了海峡限制得到了质的飞跃，受 BSCC 辐射影响华北地区各省之间经济联系提升显著；其他服务业部门之间的经济联系变化整体趋同，京津冀地区与东北和山东半岛之间的经济联系得到强化，但由于 BSCC 的建设东北三省和山东半岛的联系也得到明显提升。整体来看，由于 BSCC 的建设，为山东半岛和东北三省服务业经济联系加强起到了一定的积极作用，有利于东北老工业基地的振兴。

四、BSCC 建设引发的交通网络变化与区域经济关系演化的规律解析

（一）BSCC 建设引发的交通可达性变化规律

通过 ArcGIS 平台对 BSCC 建设前后的交通可达性进行分析，结果表明，各大城市在 BSCC 建设后对大连市和烟台市的时间成本显著降低，其中以渤海海峡两端的大连市和烟台市时间成本节约最大，分别达到了 548 分钟；距离 BSCC 的空间距离越远其交通可达性节省的时间越小，具有明显的距离衰减规律。BSCC 建设对锡林郭勒盟—赤峰—朝阳—锦州—葫芦岛一线和沧州—衡水—邢台—临汾一线之间的广阔区域的交通可达性影响不大，其整体可达性在 BSCC 建设前后并没有显著的变化。

（二）BSCC 建设引发的空间效应规律

通过对 BSCC 建设省级尺度和地级市尺度下空间经济效应进行分析，可以看出，BSCC 的建设对于整个东北地区和山东省、河北省、山西省南部地区的可达性影响较为明显，且其对于可达性的影响呈现出距离通道位置越近，其可达性变化越大，节省的出行时间成本越大。

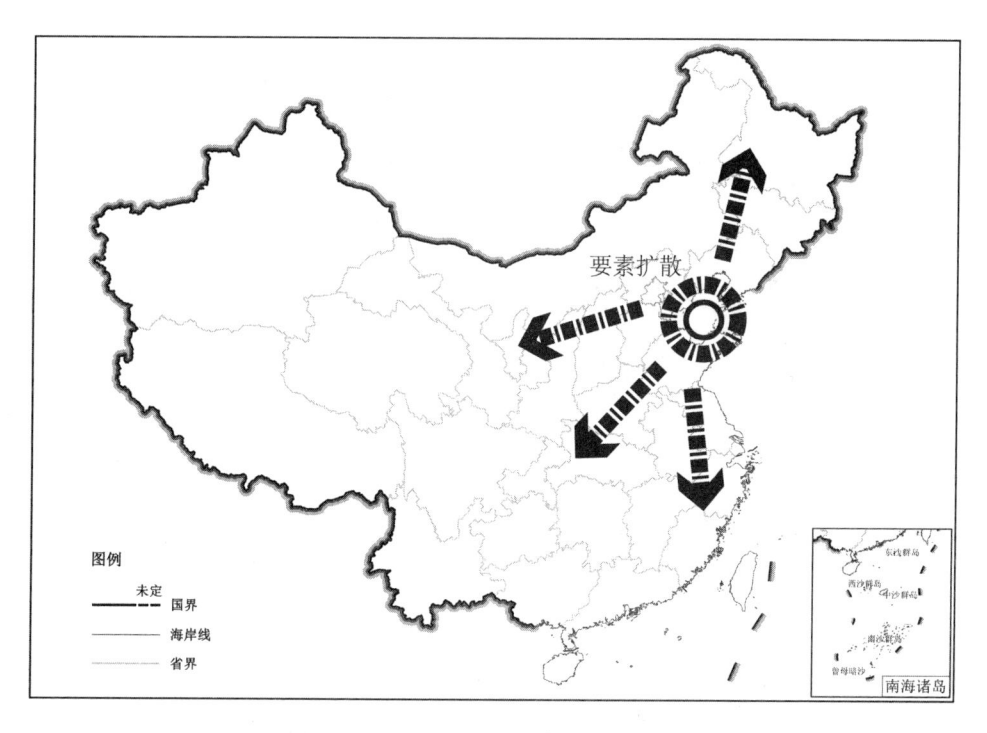

图 17-8　BSCC 建设引发的空间效应

BSCC 建设引发的空间发展效应：①BSCC 的建设对于两端的城市带动明显，在 BSCC 两端延伸的城市也得到通道建设的带动，这种带动效应随着距离隧道两端的空间距离越远，其效应越小；②BSCC 建成后，随着其空间联通效应的逐渐显现，对于通道两端连接的交通经济带的形成也有着一定的积极意义，根据点轴理论，BSCC 建成后对东北地区哈大城市群、辽中南城市群、山东半岛城市群及南部的长三角和珠三角的可达性将会有积极的影响，对于城市群之间客货流、信息流、资金流的交流起到积极的促进作用；③依据可达性计算结果，我们认为通道建设对于京津地区的影响有限，但 BSCC 建设在对南北两端半岛产生带动的同时，通过区域间要素的流通影响，必定间接的对京津冀地区产生效应。

（三）BSCC 建设引发的网络变化及区域经济发展规律

BSCC 的建设必定对区域经济格局产生重要影响，基于区域间产业经济联系的计算，对 BSCC 建设引发的交通网络变化与区域经济关系演化规律进行抽象，得到图 17-9 和图 17-10。

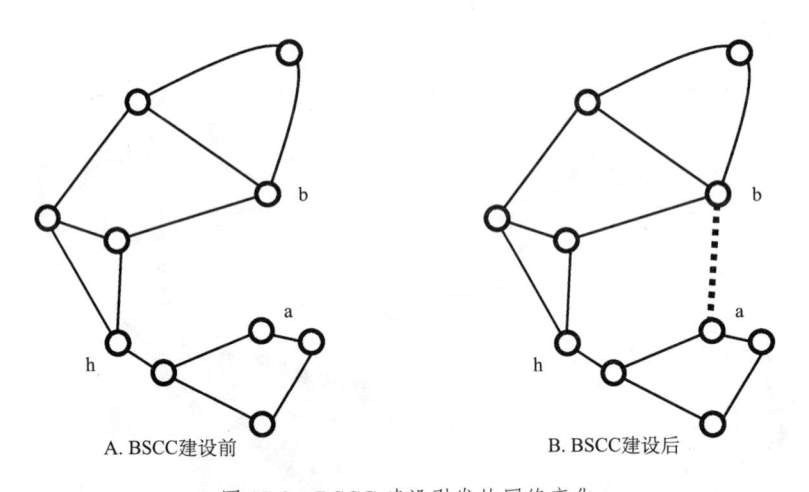

A. BSCC建设前　　　　B. BSCC建设后

图 17-9　BSCC 建设引发的网络变化

1. BSCC 的建设改善网络的连通性

从图 17-10 可以看出，BSCC 建设前，整个网络的通达性有限，其中节点 a 和节点 b 的联通，只能通过节点 h 进行环绕，在严重影响网络南北端联通性的同时，增加了节点 h 及其通道的压力；在节点 a 和节点 b 的通道联通后，两节点之间的联通由环绕 h 转变为直达，大大改善了区域的联通性，且有效缓解节点 h 附近的运输压力。网络中南北两端的联通性得到了显著的改善，且网络由"C"字形的结构直接转变为"O"字形的回路结构，网络整体结构得到优化。

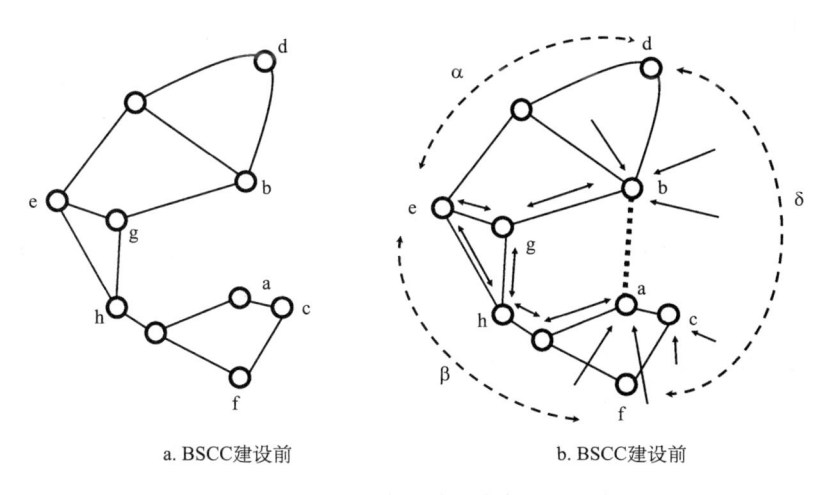

a. BSCC建设前

b. BSCC建设前

图 17-10 网络演化对区域发展的影响

2. BSCC 建设效应促进联通节点的发展

根据图 17-10 结合前述的分析可以看出，BSCC 的建设首先改变网络的联通性，同时，联通性的改变必定带来要素流通性的显著提升，要素流通带动区域发展速度，从节点的发展来看，BSCC 的建设改善了节点 a 和节点 b 的通达性，两节点的发展速度也将随着通达性的改善而加快。据"极化—涓滴"原理，以南端的节点 a 和节点 c 为例，节点 a 的发展在南端形成显著的增长极，周边节点 c 和 f 为节点 a 提供更多的发展资源，在促进 a 节点发展的同时，也将促进节点 c 和 f 自身的发展，加上增长极的"涓滴效应"，周边节点也将由于 BSCC 的建设得到进一步的发展。

3. BSCC 的联通促进区域增长极的发展

根据图 17-10 结合区域间经济联系的分析，BSCC 建设对于区域可达性的影响虽仅限于山东半岛和北部的东北地区，但由于区域间的联通性改变，增长极 e 和 g 强大的经济基础和广阔的市场，BSCC 建设产生的效应必定间接影响到区域整体的经济关系格局。结合上述的经济联系分析可以看出，若节点 e 和 g 为区域重要的增长极，则 BSCC 建设在促进节点 a 和节点 b 发展的同时，节点 a 和节点 b 分别与增长极的联系也得到显著的提升，区域关系格局由"<"形，转变为"△"形，通道的建设间接的带动了区域增长极的发展。

4. BSCC 建设弱化远端节点的经济联系

从上述分析可以得到，BSCC 的建设对于网络的大部分节点的发展是有益的，但由于 BSCC 近端的节点的发展均得到了不同程度的促进，远端节点间的联系 α、β 和 δ 相反受到了弱化。首先,由于远端的城市,特别是网络边缘节点本身发展就受到边界的限制,要素流通弱于枢纽节点的城市;其次,在网络枢纽节点发展的同时,边缘节点的要素流动方向向内部枢纽处,必定弱化其发展。因此,BSCC 的联通对于远端城市的带动是极为有限的。

第三节 BSCC 建成后区域经济空间发展存在的问题

一、BSCC 建成前后区域可达性变化产生的问题

BSCC 的建设对于区域的交通可达性格局的重塑有着重要的影响。BSCC 的建设对于山东半岛和辽东半岛可达性的改善尤为明显,但对于京津冀地区、山西省和内蒙古自治区西部地区的影响有限。其北部的影响分界线大致为锡林郭勒盟—赤峰—朝阳—锦州—葫芦岛一线;南分界线大致以沧州—衡水—邢台—临汾一线,两条分界线之间的区域为 BSCC 对区域可达性影响的"真空区"。

BSCC 建设对于区域可达性不均衡的影响必然会产生一系列问题:①BSCC 对于山东半岛和辽东半岛出行时间节省较多,势必会引起山海关地区客货流的下降,给地区交通运输仓储等行业带来新的挑战;②可达性影响的不均衡会影响环渤海地区,除了山东、辽宁二省以外,其他省市区基本上不关注 BSCC 建设与否。

二、省级尺度 BSCC 空间经济效应影响下产生的问题

在省级尺度下利用 GIS 工具,对 BSCC 建设与区域经济关系格局演化造成的影响进行评价,由于区域各产业基础不同,BSCC 建设对不同产业造成的影响差异明显,产生产业空间效应不均的现象:①BSCC 建设后,区域农业响应程度空间差异显著,在上述的影响区内,山东半岛和辽东半岛的差异较为明显,但与其他产业不同的是,东北地区的农业形成明显的次高值区,类似的情况还有东北地区信息产业的响应程度远没有其他影响区显著,因此,从产业来看,区域产业发展程度的高低,明显制约着 BSCC 效应在本地区的发挥;②从 BSCC 建设对研究区三次产业的影响来看,BSCC 建设后在影响区内二产和三产在东北地区的空间效应存在差异,二产在黑龙江省效应较低,三产在吉林省效应较低,说明东北地区在振兴过程中,仍然存在不同程度的省际差异,黑龙江省的第二产业和吉林省的第三产业在区域转型中应予以重点支持。

三、BSCC 建设引发的网络变化下区域发展中的问题

通过对 BSCC 建设前后区域经济联系的对比，其结果分析中可以看出，BSCC 对于区域发展的影响是不均衡的，且不同的产业其产生的影响也是不均衡的。①BSCC 对于山东半岛和辽东半岛的经济关系的加强削弱了距离通道远端城市，即东北的北部城市和山东半岛的南端城市与区域核心增长极京津地区的经济联系；这种削弱必定进一步降低网络远端城市在整个交通网络和经济网络中的地位。②BSCC 的建设对于大连和烟台两个节点城市的可达性改善是毋庸置疑的，但原本通过轮渡的转运，货物在烟台或者大连的海港必定产生一定的仓储和转运费用，BSCC 建成后这一费用将大大缩减甚至消失，这对于两座港城的发展会产生重要的影响。③BSCC 的建设对于山东半岛和辽东半岛城市群的发展，京津冀一体化的发展都产生直接或者间接的影响，三大城市群的联系得到一定的加强，区域一体化水平得到一定的提升，但区域间的公平和效率问题也将更加突出，将来如果建设 BSCC，如何通过市场手段和政策手段对这种空间异质性进行调控，是必须解决的问题。

第四节 BSCC 建成后区域经济空间发展的对策和措施

一、BSCC 建成后区域可达性均衡对策与措施

针对 BSCC 建设对于区域可达性带来的空间差异问题，应从以下几方面入手。①山海关地区客货运量的减少对于减轻区域交通运输压力，促进区域转型发展，构建高附加值的交通运输体系有着明显的"倒逼"效应。BSCC 建成后，山海关地区的客货运量必然持续减少，但减少并不意味着区域交通枢纽的作用就此降低，从中西部到东北地区庞大的客货流量仍然以此地区为重要的交通枢纽地区，因此，在东部地区客货运输以 BSCC 为主要流通方向后，山海关地区应加强区域高速化、高值化、高量化和专业化通道建设，对区域交通运输网络重新规划，构建专业化和综合化相结合的区域综合交通运输网络。②BSCC 的投资结构问题是项目顺利竣工的重要前提，而通道的建设对于研究区全域的影响必然不能均衡，必然导致区域投资信心的差异，因此投资渠道的多元化选择，特别是吸引域内外、国内外民营资本是解决 BSCC 建设资金的重要途径，与 BOT（build-operate-transter）模式不同[24]，PPP（public-private-partnership）投资模式能够较好的弥补 BOT 模式投资主体单一、风险分配单一、费用不定等多种问题[25]，因此，在

BSCC 投资方面，PPP 模式是一种重要的选择（图 17-11）。③BSCC 建设后，其通道效应对两端的烟台市和大连市的仓储业必然造成显著的影响，针对这一问题，在优化区域仓储业结构的同时，构建"冷链"和高质的快速运输系统，在依托港口城市大型集装箱运输的基础上，构建快速的、专业化的 BSCC 专业运输系统，以新福特主义为指导，建立 O2O 的点对点的网上运营新模型，是依靠 BSCC 资源发展的重要营销方向。

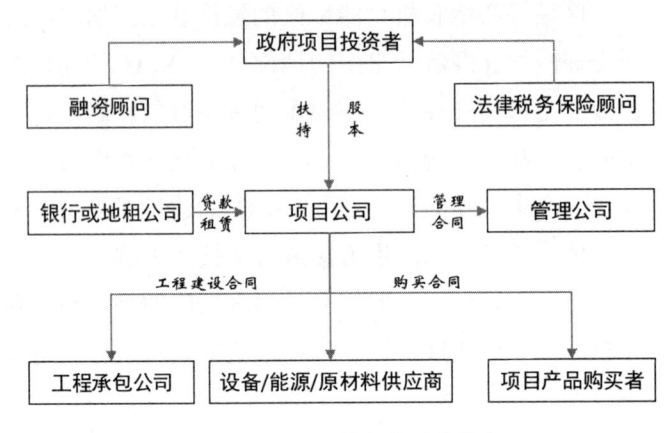

图 17-11　PPP 模式的运营结构

二、省级尺度 BSCC 空间效应下产业发展措施

针对省级尺度下不同产业对于 BSCC 空间响应的差异，应从以下方面着手。①首先应自力更生，发展特色产业和优势产业。东北地区耕地资源丰富，水源丰沛，一年一熟的耕作制度造就了东北地区优质的粮食作物和经济作物，在重工业基地的转型发展中，应推出网上营销与实体店品牌战略，利用现有发达的快运物流系统和 BSCC（建成后）对于东北地区物流发展的改善，将东北优质的农业产品销往全国市场，特别是通过 BSCC 的建设销往较发达的东部地区，借助东部地带重要的空港打入国际市场，拓展已有的农产品市场，使得域内外共享 BSCC 建设带来的福利。②信息产业和创新产业的发展是振兴区域发展的关键，从分析结果来看，黑龙江省应加强信息产业的发展，引进信息产业高端人才，建设信息产业园区，构建完整的信息产业生态链群，以哈尔滨大学城为重点，促进"产—学—研"的融合，构建研发奖励机制，促进企业研发的积极性和紧迫性，形成完整的信息产业发展体系。③BSCC 的建设将在一定程度上缩短东部发达地区与东北地区的出行时间，建成后引进东部地区过剩的高端产能，促进区域产业结构的高端化和科学化，促进东北振兴事业的快速发展是振兴东北老工业基地的重要方向。

三、BSCC 建设引发的网络变化及区域发展中的措施

BSCC 的建设对区域经济联系产生显著的影响，针对交通网络变化及引发的区域发展产生的问题，提出以下建议，具体见图 17-12。

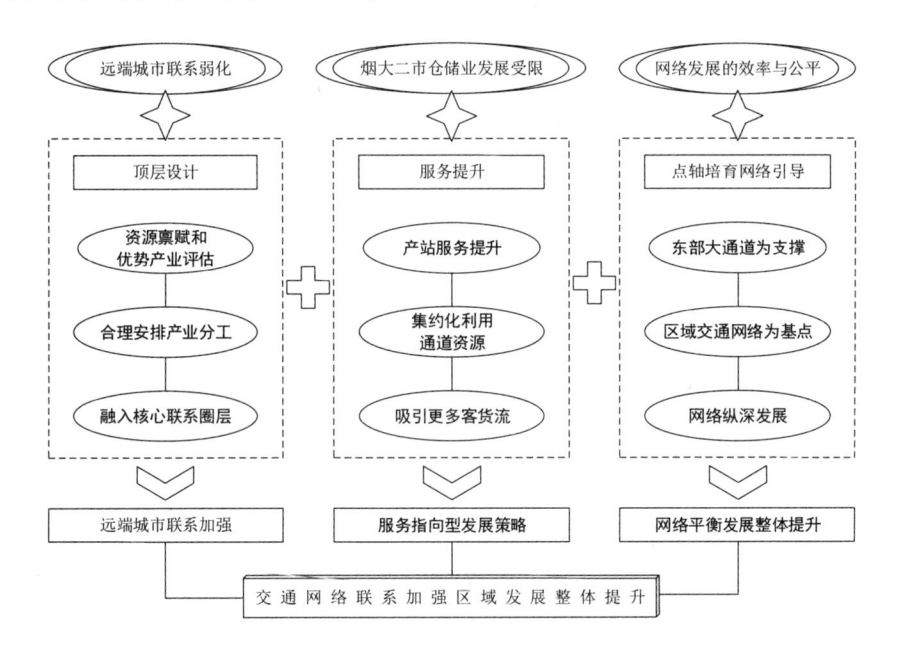

图 17-12　区域交通联系加强与区域发展的整体提升

针对 BSCC 建设后引发的网络变化与区域发展中存在的问题，主要采取以下政策和措施。①BSCC 建成后，交通网络中远端城市（东北北部城市和山东半岛的南部城市）经济联系弱化的问题，可以通过级别高的省级行政机构进行政策特别是财政方面的补贴。首先，在顶层设计方面，通过对周边各节点城市的资源禀赋和优势产业进行评估，结合自身的发展优势，合理安排产业分工，加强与上级中心地的经济联系，融入整个核心节点群，促进核心城市与自身的发展；其次，由于自身为网络边缘的节点城市，可以通过构建与边界外部特别是突破行政界线（国外、省外）的联系。边缘节点城市本身具有与内部核心城市不同的文化习俗，产业经济结构，但与其边界外的邻近城市一般具有相同或者相似的文化背景，因此构建与外部的产业经济联系，使边缘节点成为网络中心节点甚至枢纽节点，是解决 BSCC 建成后边缘节点与内部节点经济联系弱化的重要途径。②BSCC 建成后对于大连和烟台仓储业影响巨大，且这种影响是不可逆的，因此只能削弱这种消极的影响。首先，BSCC 的建设必定吸引更多的客货流，通过优质的场站服务

吸引和留住更多的客货量是提振区域仓储物流业发展自信的重要途径。其次，构建高效的客运和物流分运系统，附加值高的货流通过 BSCC 运输，附加值有限的货物通过轮渡运输，这样既能保证轮渡这一运输途径的高效利用，也能更好地集约化管理区域的客货运输，提高资源的利用效率。③以辽鲁二省内部发达的交通网络为两个基础节点，以京津冀一体化区域为辐射节点，搭建环渤海地区"大三角"的快速运输体系，形成中国北方地区质量最高、速度最快、运能最大的交通运输网络。以环渤海大三角地区的运输网络为增长中心，以辽中南城市群（沈阳、大连）运输网络为枢纽中心，以哈长城市群（哈尔滨、长春）运输网络为枢纽中心，以现有运输体系为框架，以 BSCC 为"桥梁"，构建整个东部地区运输大通道，并以点轴理论为指导，形成贯通东部地区南北向真正意义上的快速运输大通道，进而以"八横八纵"铁路通道为基础，向内陆地区延伸，向欠发达地区延伸，将 BSCC 建设的经济社会福利输送至全国。

参 考 文 献

[1] 罗德里格, 孔泰, 斯莱克. 交通运输地理[M]. 北京: 人民交通出版社, 2014.
[2] 玛丽贝丝·普赖斯. ArcGIS 地理信息系统教程[M]. 北京: 电子工业出版社, 2017.
[3] 王振波, 徐建刚, 孙东琪. 渤海海峡跨海通道对中国东部和东北地区交通可达性影响[J]. 上海交通大学学报, 2010, 44(6): 807-811.
[4] 蒋海兵, 徐建刚, 祁毅. 京沪高铁对区域中心城市陆路可达性影响[J]. 地理学报, 2010, 65(10): 1287-1298.
[5] 孙峰华, 陆大道, 柳新华, 等. 中国物流发展对渤海海峡跨海通道建设的影响[J]. 地理学报, 2010, 65(12): 1507-1521.
[6] 吴威, 曹有挥, 曹卫东, 等. 长江三角洲公路网络的可达性空间格局及其演化[J]. 地理学报, 2006, 61(10): 1065-1074.
[7] 王成金. 中国港口分布格局的演化与发展机理[J]. 地理学报, 2007, 62(8): 809-820.
[8] 曹小曙, 薛德升, 阎小培. 中国干线公路网络联结的城市通达性[J]. 地理学报, 2005, 60(6): 903-910.
[9] 汪明峰, 宁越敏. 城市的网络优势——中国互联网骨干网络结构与节点可达性分析[J]. 地理研究, 2006, 25(2): 193-203.
[10] 王梦恕. 渤海海峡跨海通道战略规划研究[J]. 中国工程科学, 2013, 15(12): 4-9.
[11] 张永刚, 王永红, 王梦恕. 渤海湾海底隧道工程施工风险评估与控制分析[J]. 土木工程学报, 2015, 48(1): 414-417.
[12] 魏礼群, 柳新华. 渤海海峡跨海通道若干重大问题研究[M]. 北京: 经济科学出版社, 2009.
[13] 谭忠盛, 王梦恕. 渤海海峡跨海隧道方案研究[J]. 中国工程科学, 2013, 15(12): 45-51.
[14] 金凤君, 陈航, 张文尝. 中国交通地理[M]. 北京: 科学出版社, 2000.
[15] 国家发展改革委综合运输研究所. 中国交通运输发展报告 2017[R]. 北京: 中国市场出版社, 2018.
[16] 汤铃, 余乐安, 李建平, 等. 复杂时间序列预测技术研究: 数据特征驱动分解集成方法论[M]. 北京:

科学出版社, 2016.

[17] 詹姆斯·D. 汉密尔顿. 时间序列分析[M]. 北京: 中国人民大学出版社, 2015.

[18] 张莉, 陆玉麒. 基于陆路交通网的区域可达性评价——以长江三角洲为例[J]. 地理学报, 2006, 61(12): 1235-1246.

[19] 吴威, 曹有挥, 曹卫东, 等. 开放条件下长江三角洲区域的综合交通可达性空间格局[J]. 地理研究, 2007, 26(2): 391-402.

[20] 沈惊宏, 陆玉麒, 兰小机, 等. 区域综合交通可达性评价——以安徽省为例[J]. 地理研究, 2012, 31(7): 1280-1293.

[21] 蒋海兵, 徐建刚, 祁毅. 京沪高铁对区域中心城市陆路可达性影响[J]. 地理学报, 2010, 65(10): 1287-1298.

[22] 靳诚, 陆玉麒, 张莉, 等. 基于路网结构的旅游景点可达性分析——以南京市区为例[J]. 地理研究, 2009, 28(1): 246-258.

[23] 孙东琪, 陆大道, 孙峰华, 等. 国外跨海通道建设的空间社会经济效应[J]. 地理研究, 2013, 32(12): 2270-2280.

[24] 汤明, 裴劲松, 吕海军. 建筑企业 BT、BOT 项目投资管理及案例分析[M]. 北京: 北京交通大学出版社, 2015.

[25] 余文恭. PPP 模式与结构化融资[M]. 北京: 经济日报出版社, 2017.

第十八章 客货运量分布的空间差异

第一节 研究区域与数据来源

一、研究区域

本研究中主要涉及 BSCC 建设前后直接或者间接影响到的主要区域，包括东北、华北和山东半岛。东北地区包括辽宁、吉林和黑龙江三个省区，华北地区包括北京、天津、河北、山西和内蒙古五个省市区，山东半岛包括济南、青岛、淄博、东营、烟台、潍坊、威海和日照市八个地级市，共含六省二市一区，除北京、天津不再分区外，其余七个省、区共辖 78 个地级行政区。

环渤海地区地域广阔，区位优势明显，是继珠江三角洲（珠三角）和长江三角洲（长三角）之后中国经济发展的第三极，担负着我国未来参与东北亚国际竞争、争夺东北亚经济领军集团的重要历史使命。该区域交通基础设施较为发达，在全国交通体系中处于中枢位置，且一直是国家交通建设的重点地区，业已成为中国综合交通运输网络最为完善的地区之一。以北京为辐射中心的放射状交通网络和以哈尔滨、长春等为交通枢纽的网状运输系统是构成区域交通系统的骨架[1]。渤海是我国最大的内海，从辽东半岛沿海岸到胶东半岛，三面大陆环绕状如英文字母"C"，渤海海峡横亘在两大半岛之间，成为山东乃至华东到东北地区的海上天堑，这使得环渤海地区难以像珠三角、长三角实现区域经济一体化发展。根据 BSCC 的相关研究成果，BSCC 将按照沿线不同的地理自然环境，以跨海桥梁、海底隧道或桥梁隧道结合的方式，建设横跨渤海海峡的直达快捷通道，通道纵贯渤海湾，将环渤海地区"C"形交通网络变为"O"形，北部通过旅顺支线连接以哈大铁路为主干的东北铁路网，南部通过蓝烟、胶黄铁路与穿越鲁、苏、浙的沿海新线衔接，同时连接两端发达的高速公路网络体系，构成北起哈尔滨，南至上海的沿海大通道[2]。

二、数据来源

由于 BSCC 是公路、铁路两用通道，通道建成后主要对公路运输和铁路运输产生影响。另外，在客、货运量中，水运、航空等方式所占比例较小。鉴于以上原因，本研究在讨论客、货运量时仅考虑公路客运量、公路货运量、铁路客运量、铁路货运量。

本研究所用数据来源如下：①国家统计局颁布的 1991～2014 年《中国统计年鉴》和《中国城市统计年鉴》；1991～2014 年北京市、天津市、河北省、山西省、内蒙古自治区、辽宁省、吉林省、黑龙江省和山东省统计年鉴以及上述各省区下辖地级市的统计年鉴；山东半岛各地级市（济南、青岛、淄博、东营、烟台、潍坊、威海和日照市）的相关年份统计年鉴。②空间行政边界矢量数据来自 1∶4×10^6 中国基础地理信息数据；水系数据和道路数据包括铁路数据、高速公路数据、国道数据、省道及一般公路数据，分别来源于交通部 1∶4×10^6 公路交通版地图和 1∶4×10^6 基本要素版地图的矢量化。

第二节　研究方法

一、基于时间序列和回归分析的客货运量预测

根据国家发展和改革委员会牵头组织的"渤海海峡跨海通道战略规划研究项目组"及中国工程院 BSCC 战略规划研究项目组《渤海海峡跨海通道战略规划研究》（2012）等前期研究成果，BSCC 的开工建设时机选择 2025 年较为理想，按照工期 15 年进行计算，到 2040 年建成[3,4]。本研究根据此成果，以 1990～2013 年数据为基础，对研究区 2015、2020、2025、2030、2035、2040、2045、2050 年八个时间节点的数据进行预测。已有研究表明，经济发展和客运量、货运量存在线性相关关系[5,6]。首先，用时间序列的方法分别预测出各时间节点上全国、各省区、各地级市的 GDP。其次，求得时间序列预测的各省区 GDP 占总和的比例，利用比例法，根据全国的 GDP 预测值修正各省区的 GDP 预测值。同理，根据修正过的各省区的预测值对各地级市的 GDP 预测值进行修正。再次，对 1990～2013 年的历史数据进行回归分析，设 GDP 为自变量 x，客货运量为因变量 y，建立回归预测模型，预测各时间节点上的客、货运量。最后，根据比例法对各级客、货运量数据进行修正。采取上述方法对研究区域相关数据进行预测，通过与当前阶段的客、货运量实际情况进行对比，结果的可靠性高。因数据量过大，在此便不再陈列相关表格。

二、基于 ArcGIS 成本距离功能的交通可达性测算

本研究采用 ArcGIS 软件的成本距离功能对 BSCC 建设前后的交通可达性进行计算和分析。在进行成本距离计算之前，首先应创建成本栅格图，将研究区使用一定精度的正交格网分割为栅格像元，每个像元的属性值表示其成本，本研究表示通过它所需要消耗的时间。每个非边缘网格的周围有且仅有 8 个其他的网格，以每个网格中心为节点，可以抽象为 8 条边。对边的长度取值定义为：如果边连接 2 个直接水平或垂直相邻的网格，则其长度为 2 个网格值的平均值；若边连接的网格斜相邻，则其长度为 2 个网格平均值的 $\sqrt{2}$ 倍。由此，将每个源设定为单一节点，其所属栅格的成本值定为 0，每个源周围的 n 个栅格与该源形成 n 条边，即构建了适合最短路径计算方法的完整的图结构，从而得到每个节点到该源累积的总成本值[7]。

三、基于 ArcGIS 空间插值的栅格数据创建

（一）基于克里金插值（Kriging）的各城市交通可达性的栅格数据创建

Kriging 插值法又称空间自协方差最佳插值法，由南非地质学家克立格（D. G. Krige）于 20 世纪 50 年代提出，1962 年法国学者 G. Matheron 第一次引入区域化变量的概念，将 Kriging 插值法理论化、系统化，进行了进一步的推广和完善[8]。城市交通可达性具有较强的空间自相关性，宜选取 Kriging 插值的方法创建栅格数据。栅格化过程中，首先将编辑有通道建成前后研究区域内各城市交通可达性的 Excel 表格文件与 ArcGIS 中的点要素图层进行连接，检查连接错误，确认无误后利用 ArcToolbox 中的插值工具，选取 Kriging 插值，方法选用普通 Kriging 插值法，半变异函数选用球形模型，分别对通道建成前、后研究区域内各城市交通可达性进行插值。

（二）基于反距离权重插值（IDW）的客货运量的栅格数据创建

IDW 插值算法是最常用的空间插值的方法之一，该方法由美国国家气象局于 1972 年提出。该方法是基于相近相似的原理：即两个物体离得越远，它们的性质相似性就越小，反之，物体间离得越近则相似性越大。从社会经济领域来看，集聚效应、"极化—涓滴"效应、"中心—外围"理论等一系列理论说明通过 IDW 方法对客货运量数据进行插值是合理可行的。

四、基于 ArcGIS 空间统计工具的空间分布特征分析

空间分布是从总体的、全局的角度来描述空间变量的特性[9]。在讨论空间分布对象在空间区域的分布时，对空间分布特征的描述可以从多个方面进行。利用 ArcGIS 的空间统计工具可以对空间分布进行定量的描述，主要包括中位数中心、中心要素、平均中心、方向分布（标准差椭圆）、标准距离、线性方向平均等，本研究主要采用平均中心和标准距离方法。

（一）基于平均中心工具的重心迁移分析

平均中心是研究区域中所有要素的平均 x 坐标、y 坐标。平均中心对于追踪分布变化，以及比较不同类型要素的分布非常有用。在时间尺度上，本研究通过分析客、货运量的重心动态轨迹，能够良好地突出 BSCC 建设前后客、货运量空间分布演变的时空过程。

（二）基于标准距离的集中度分析

标准距离是经典统计学的标准差在二维空间中的体现，以距离值来度量空间要素偏离重心的程度[10]，测量空间对象在平均中心周围的集中或分散程度。本研究通过对各地级市客货运量的标准距离分析，反映 BSCC 的建设对客货运量集中或分散的程度以及区域客货运量重心所带来的影响。

第三节　东北、华北和山东半岛客货运量发展趋势与现状分析

一、东北、华北和山东半岛客货运量发展趋势分析

（一）客货运量发展趋势

图 18-1 和图 18-2 分别为各省份 1990～2013 年客货运量的发展趋势。从图 18-1 可以看出，山东半岛、北京、河北、辽宁等东部沿海省份的客运量增长速度明显高于其他省份。该地区社会经济发展水平较高，居民的出行需求量大。除此之外，该地区交通区位重要，承担着联系关内外重要的交通运输职能。交通位置优越的区域，有条件形成多方

位的空间运输联系,并起桥梁作用,承担大量过境运输[11]。所以,除了本地居民的出行需求以外,该地区客运量中还包含相当一部分的过境客运量。然而,天津、内蒙古、山西、吉林、黑龙江等省份客运量增长缓慢。值得一提的是,1949 年以来,东北地区一直是我国客运量需求最大的地区,明显高于其他地区[12]。但自 20 世纪 80 年代末期以来,随着改革开放的不断深入,在计划经济体制下形成的以国有大型企业为主体,以能源、原材料生产为主要构成的东北地区,在实行向市场经济转轨的过程中,受到设备老、技术旧、更新慢、资金少以及体制等原因[13],导致经济发展缓慢、众多大中型企业不景气、下岗职工人数激增等,尤其是东北中北部地区发展缓慢,客运量的增长亦十分缓慢。

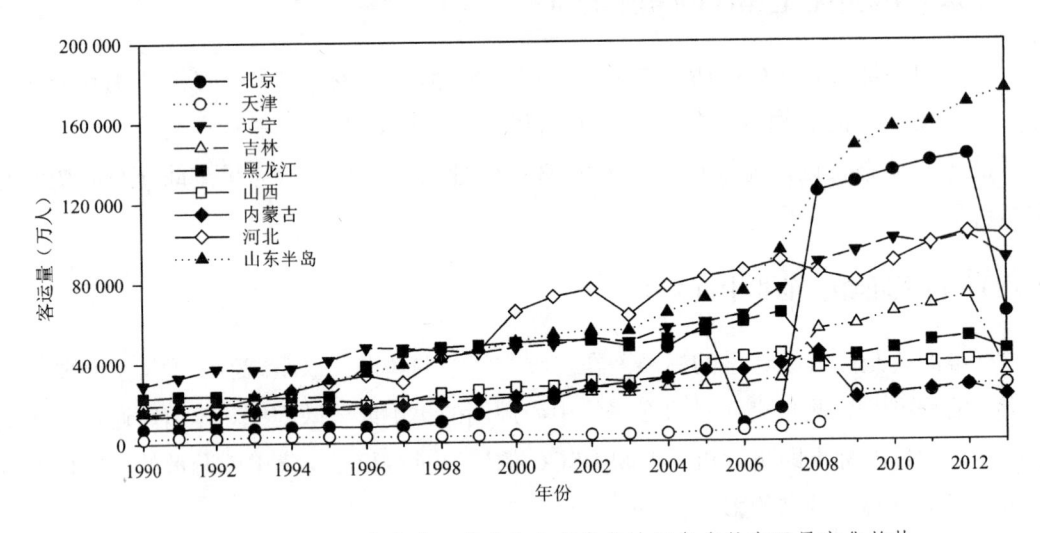

图 18-1 1990～2013 年东北、华北和山东半岛地区各省份客运量变化趋势

图 18-2 表明,进入 21 世纪后,河北、山西、内蒙古、辽宁、山东半岛五个省份的货运量与其余省份的差距明显,并且差距有逐渐扩大的发展趋势。北京、天津两个直辖市受城市规模、城市职能等因素的影响,货运量占全区货运总量的比例一直较小。东北地区中北部,吉林、黑龙江省的货运量走势与客运量相似,依旧增长的十分缓慢。山西、内蒙古的货运量走势远远高于其客运量,原因是山西和内蒙古中部地区是我国煤炭储量最多的地区,也是煤炭产量最多的省份。本地区不仅煤炭储量丰富,品种齐全,煤炭质量好,而且开采条件好,地理位置适中,是我国最大的煤炭能源基地。2003～2012 年恰逢我国进入煤炭行业的"黄金十年"。2003 年我国煤炭铁路运量约为 8.8 亿吨,2011 年该指标增加了近 1 倍,达到了 17.2 亿吨[14]。山西、内蒙古受此影响,货运量连年快速增长。

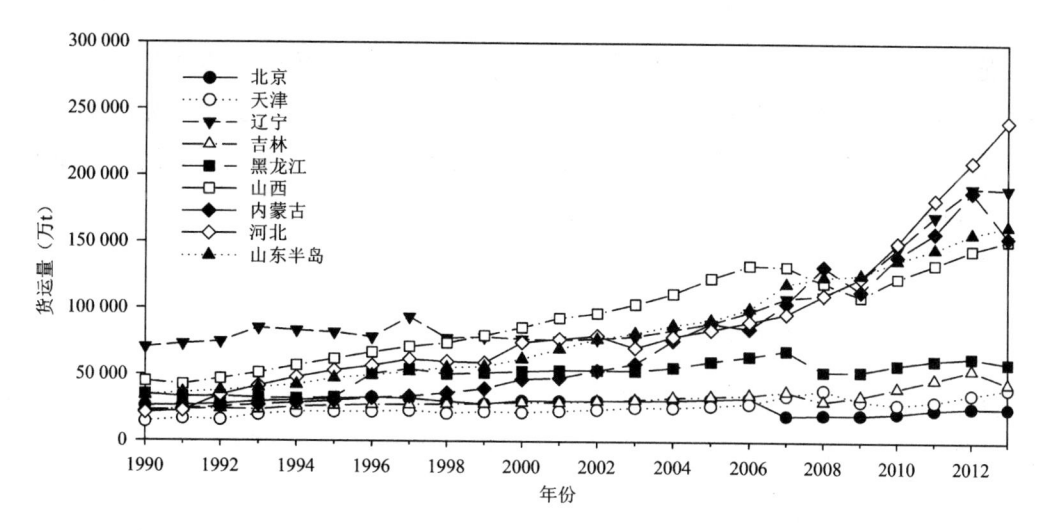

图 18-2　1990~2013 年东北、华北和山东半岛地区各省份货运量变化趋势

（二）客货运量构成特征变化

我国幅员辽阔，各地在自然资源条件、经济社会发展水平、产业结构特征等方面差异较大，交通网络的发展程度也不尽相同，因而各种运输方式在客、货运中的地位有所不同。本研究仅对在客货运中占绝大部分的铁路和公路两种运输方式进行分析，选取 1993 年和 2013 年两个年份的各项数据，分别计算铁路运输和公路运输在客、货运量中所占份额（由于篇幅所限，计算结果不再以表格形式列出）。

从全区尺度来看，1993 年公路运输在客、货运量中的比重分别为 75.35%和 75.15%。到 2013 年，公路运输在客货运量中的比重为 87.46%和 79.25%，分别增加了 12.11%和 4.10%。公路运输在研究区域内的客、货运输中发挥了重要作用，各省份公路运输完成的客货运量所占比重均高于铁路在客、货运量中的比重，并且随着我国公路网建设和汽车行业的不断发展，公路运输在客、货运量中所占比重增长明显。从省级尺度来看，在客运量方面，绝大多数省份的公路客运量所占比重增长明显，反映了我国公路运输行业发展迅猛，公路网建设不断完善，吸引了大量的中短途客流。随着经济社会的发展，选择自驾出行、旅游探亲的人也越来越多。公路客运量所占比重不增反降的省份有辽宁、内蒙古两个地区。辽宁省交通区位重要，是东北地区联系关内地区的重要枢纽，境内有京沈线、京锦线、哈大线等多条铁路干线，出关入关的客流均汇集于此，随着地区间联系越来越紧密，铁路客运量有所增加。内蒙古自治区公路网较为稀疏，限制了公路客运量的增长，另外，内蒙古自治区地域辽阔，居民出行距离远，故而倾向于选择更适合远距离出行的铁路方式。在货运量方面，山西、内蒙古两个省份的铁路货运量所占比重有明显提高，占比分别达到了47.58%和36.94%，远高于其他省份。主要由于煤炭资源这类大宗商品的开发利用使中西部在货运系统中的地位迅速提高。铁路运输相比于公路运输，运载量大，成本低，适宜远距离运输，更能够承担山西、内蒙古的煤炭资源外运的任务。伴随着我国煤炭行业发展的"黄金十年"，铁路运输在山西、内蒙古的货运系统中的重要地位是显而易见的。

（三）客货运量地域分布变化

分布比是指地域系统中的某一要素在亚区域上的百分比，值越大，表明分布在此区域上的份额越多。本研究根据各省份1990～2013年的客、货运量数据，分别求得对应时间节点上研究区内客、货运量分布比（由于篇幅所限，计算结果不再以表格形式列出），通过对比不同省份、不同时间节点的分布比，分析客货运量地域分布的变化。

1990～2013年客运量分布比有所上升的地区包括北京、天津、河北和山东半岛，而辽宁、吉林、黑龙江、山西和内蒙古五个地区均有不同程度的下降，特别是黑龙江、吉林两省下降最为显著，分别降低了8.96%和7.90%。研究发现，客运量分布比上升的地区均处在研究区的中心位置，而分布比下降的地区除辽宁省以外，均处于研究区的边缘位置。而地处研究区中心位置的辽宁省下降幅度最小，其客运量仍占有较高的份额，原因在于辽宁省经济发展水平和城镇化水平高，客运需求大，并位于东北地区中北部与关内地区联系的通道上，所以客运量较高。1990～2013年货运量分布比有所上升的地区包括山东半岛、河北和内蒙古，山西一度为货运量分布比最高的省份，达到了19.92%，而近几年则有所下降。东北三省受经济发展滞缓的影响，货运量分布比均有所下降。然而辽宁省的货运量分布比近几年明显回升，并依然保持着较高的份额，除辽宁地处东北地区与首都和关内地区联系的重要通道以外，辽东半岛还位于整个东北地区的门户位置，是东北地区进行国际间贸易往来的重要窗口。

本研究采用非均衡系数（δ）进一步分析了研究区域客运量、货运量、总人口数、地区生产总值（GDP）地域分布变化特征（图18-3），地域分布非均衡系数（δ）是根据亚区域的分布比求得的标准差，其计算公式为[15]：

$$\delta = \sqrt{\frac{\sum_{i=1}^{n}(P_i - \bar{P})^2}{n}} \qquad 式18\text{-}1$$

式18-1中，P_i为i亚区域的各项数据的分布比重；$\bar{P}$为各项数据分布比重的平均值；n为亚区域个数；δ值越大，则表明该项数据的地域分布越不均衡；δ值越小，则反之。

客运量的非均衡系数波动性较大，并且在波动中不断上升，说明客运量呈现出地域集中趋势，这与北京、天津、河北和山东半岛四个地区的客运量分布比逐年增长的现象相吻合。货运量的非均衡系数先是在 20 世纪 90 年代前半段略有下降，这与在市场经济体制下，东北地区的发展滞缓和沿海地带的发展迅速有关。随后，由于中西部地区能源的大量开采，伴随着东部沿海省份经济快速发展和东北地区经济衰退，货运量的非均衡系数又呈现出稳步上升的态势。客运量的非均衡系数总体高于货运量的非均衡系数，主要原因在于客运量的高低与人口的多少密切相关，研究区域的人口主要集中于沿渤海地区，而该地区的交通区位相对重要，因此客运需求量较大。从货运量来看，除了沿渤海地区拥有较高的货运量以外，山西和内蒙古所占份额也较高，这在一定程度上也降低了非均衡系数。另外，总人口和 GDP 的非均衡系数变化相对平稳且略有下降。近几年，客运量和货运量的非均衡系数均高于总人口和 GDP 的非均衡系数，并且差距逐步扩大，说明各地客运量、货运量的规模与其人口和 GDP 的规模并不完全相匹配，下文将作一定的说明与解释。

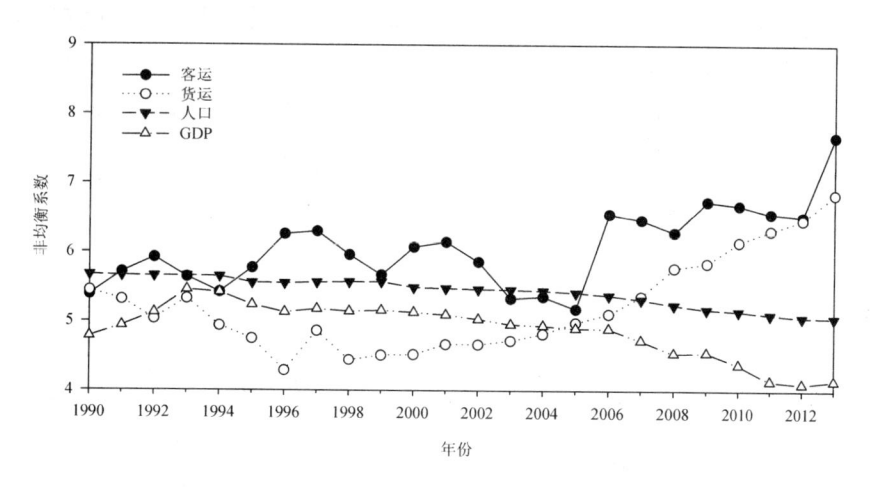

图 18-3　1990～2013 年东北、华北和山东半岛地区
客运量、货运量、总人口和 GDP 非均衡系数变化特征

二、东北、华北和山东半岛客货运量现状分析

（一）客货运量的规模与水平

为了进一步对比各地区客货运量，本研究引入生成密度这一指标。生成密度是指选取单位社会经济指标为基准求得的单位比值运输生成量[15]。相关研究表明，人口增长是促进客运需求上升的主要因素，国民经济规模大小是影响货运规模大小的主要因素[12]。所以通常选取人口和经济产值作为比较的单位。选取 2013 年各省份客运量、货运量、总

人口数、地区生产总值（GDP）的数据计算生成密度（表 18-1），其计算公式如下：

$$客运量生成密度 = \frac{客运量}{总人口数} \quad （单位：人次/人） \qquad 式 18-2$$

$$货运量生成密度 = \frac{货运量}{地区生产总值} \quad （单位：吨/万元） \qquad 式 18-3$$

从表 18-1 可以看出，在客运量方面，全区的客运量生成密度为 18.74 人次/人。北京、天津、辽宁、山东四个地区的客运量生成密度高于全区平均水平，全部位于研究区的中心地带，其中最高的为山东，达到了 39.41 人次/人，说明上述地区的客运需求量远大于其他地区。主要原因在于：上述地区人口众多，且分布密集，社会经济发展程度较高，居民各类出行需求量大。另外，该地区交通区位优越，有条件形成多方位的空间运输联系。低于全区客运量平均生成密度的五个省份中，河北最高，达到了 14.03 人次/人，而吉林、黑龙江、山西、内蒙古四个地区均处于研究区的边缘位置。

在货运量方面，全区的货运量生成密度为 5.94 吨/万元。山西、内蒙古、河北和辽宁四个地区的货运量生成密度高于全区平均水平，其中最高的为山西省，其货运量生成密度高达 12.09 吨/万元，说明上述地区的货运需求量大于其他地区，主要由于区内有国家能源基地，外运量大；重工业、钢铁和石油化工等大运量部门发达。除此之外，河北、辽宁交通区位重要，承担有大量的过境运输。低于全区平均货运量生成密度的五个省份中，山东最高，达 4.74 吨/万元。北京、天津受城市规模和城市职能等因素的影响，货运量生成密度远低于其他地区。

表 18-1 2013 年东北、华北和山东半岛地区各省份客、货运量规模与水平

省份	客运量（万人）	货运量（万 t）	人口（万人）	GDP（亿元）	客运量生成密度（人次/人）	货运量生成密度（t/万元）
北京	64 069.00	25 729.00	2 114.80	19 500.60	30.30	1.32
天津	28 332.00	40 431.00	1 472.21	14 370.16	19.24	2.81
辽宁	91 180.00	190 740.00	4 238.00	27 077.40	21.51	7.04
吉林	34 031.00	44 265.00	2 678.50	12 981.46	12.71	3.41
黑龙江	45 158.00	59 388.70	3 835.00	14 382.90	11.78	4.13
山西	40 720.00	152 318.00	3 629.80	12 602.00	11.22	12.09
内蒙古	22 569.90	154 242.00	2 497.61	16 832.38	9.04	9.16
河北	102 913.00	241 467.00	7 333.00	28 301.41	14.03	8.53
山东半岛	175 418.50	162 903.90	4 451.10	34 372.65	39.41	4.74
全区	604 391.40	1 071 485.00	32 250.02	180 420.96	18.74	5.94

（二）客货运量的分布特征

位势商是指两个相关指标分布比的商，分析运输联系时一般以人口、产值分布比等为分母，运输生成量分布比为分子，求其比值。它表示一个区域产生客运量或货运量的势能，当然其衡量基准不同，同一区域会具有不同的位势能，特别是客运与货运方面多有区别[15]。本研究选取人口作为客运量的相关指标，地区生产总值（GDP）为货运量相关指标，计算公式如下：

$$以人口为相关指标的客运量位势商 = \frac{客运量分布比}{人口分布比} \quad 式18\text{-}4$$

$$以地区生产总值（GDP）为相关指标的货运量位势商 = \frac{货运量分布比}{GDP分布比} \quad 式18\text{-}5$$

表18-2为2013年各省份客、货运量的位势商，北京、天津、辽宁和山东四个地区的客运量位势商均大于1.00，其中最高的为山东，达到了2.10。上述地区的客运量分布比大于其人口分布比，说明客运需求量远大于其他地区。在货运量方面，山西、内蒙古、河北和辽宁四个地区的货运量位势商均大于1.00，其中最高的为山西省，高达2.04。上述地区的货运量分布比大于其GDP分布比，说明货运需求量大于其他地区，并且大运量型产业发达。

表18-2 2013年东北、华北和山东半岛地区各省份客、货运量分布状况

省份	客运量（%）	货运量（%）	人口（%）	GDP（%）	客运量位势商	货运量位势商
北京	10.60	2.40	6.56	10.81	1.62	0.22
天津	4.69	3.77	4.56	7.96	1.03	0.47
辽宁	15.09	17.80	13.14	15.01	1.15	1.19
吉林	5.63	4.13	8.31	7.20	0.68	0.57
黑龙江	7.47	5.54	11.89	7.97	0.63	0.70
山西	6.74	14.22	11.26	6.98	0.60	2.04
内蒙古	3.73	14.40	7.74	9.33	0.48	1.54
河北	17.03	22.54	22.74	15.69	0.75	1.44
山东半岛	29.02	15.20	13.80	19.05	2.10	0.80
全区	100	100	100	100	1.00	1.00

第四节　BSCC 建设对东北、华北和山东半岛各城市交通可达性的影响

可达性为交通网络中各节点相互作用的机会的大小[16]。简单地说,指到达一个地方的容易程度[17]。随着自然科学、社会科学的不断发展,对于可达性的研究及其应用越来越广泛。其中 O-D 矩阵、加权平均旅行时间、GIS 网络分析、交通可达性指标系统等手段是目前研究交通可达性的主要方法。但是,以上所提及的诸方法都存在一定的缺陷,本研究为了保障交通可达性测算的科学、合理、客观,采用 ArcGIS 中成本距离工具来对 BSCC 建设前后的交通可达性进行分析。

一、时间成本的构建

探究通道建设对交通可达性的影响,首先需要构建基于区域综合交通运输网络数据库的时间成本栅格数据,并以此为基础,在 ArcGIS 平台中通过成本距离算法对研究区域内各城市 BSCC 建设前后的交通可达性进行分析。

利用 ArcToolbox 中的数据管理模块,对已经矢量化和校正过的研究区域内的公路、铁路、河流和其他数据进行栅格化处理,在栅格化处理过程中,由于在现实生活中不同的出行方式具有不同的出行时间成本,所以在选定每个栅格大小 1 000 米×1 000 米的基础上,为不同的出行方式选择不同的出行时间成本,即为平均出行 1 000 米所需要的分钟数,其公式为:

$$t_c = \frac{1}{v} \times 60 \qquad \text{式 18-6}$$

式 18-6 中,t_c 为出行的时间成本(分钟),v 为各种不同运输方式和出行方式所规定的时速(千米/小时)。

在本研究中,针对各类出行方式和运输方式的时间成本差异,借鉴已有研究的设定,现将各类空间出行方式的出行时间成本设定如表 18-3 所示。

表 18-3　主要空间对象时间成本值设定

空间对象	陆地	水域	铁路	高速	国道	省道及以下	火车轮渡	BSCC
速度(km/h)	5	1	90	120	80	60	35	100
时间成本(min)	12	60	0.67	0.5	0.75	1	1.71	0.60

二、BSCC 建设对研究区域内各城市交通可达性的影响

Ingram D. R.（1971）认为可达性计算就是计算空间阻隔程度，阻隔程度越低，可达性越好，这种方法单纯基于图形理论来研究区域中网络结果的可达性[18]。

$$A_i = \sum_{j=1}^{n} T_{ij} \qquad \text{式 18-7}$$

式 18-7 中，A_i 为节点 i 的可达性；i，j 为区域中的点；n 是点的数目；T_{ij} 是从 i 点到 j 点的空间阻隔（分钟）。这种空间阻隔可以是空间直线距离、交通网络距离、出行时间消耗、出行货币成本或综合成本等。

本研究将此空间阻隔规定为出发城市到区域内各个城市的时间消耗，采用出发城市到区域内各个城市的时间消耗的平均值作为各城市的交通可达性，即为 A_i/n。

（一）各城市交通可达性的提取

运用 ArcGIS 10.2 软件中的距离分析工具，依次将研究区域内的 80 个城市作为源数据，将时间成本栅格数据 Pre_cost 和 Post_cost 作为成本栅格数据，分别得到每一个城市通道建设前与通道建设后的距离栅格。期间，利用提取分析工具，将距离栅格数据提取至点，再将数据求平均值，即得到本研究所定义的每一个城市通道建设前与通道建设后的交通可达性，并根据其交通可达性前后的变化来判定通道建设对研究区域各城市交通可达性水平的影响程度。

（二）BSCC 建成前各城市交通可达性的空间格局

运用 Kriging 插值法对各城市通道建设前、后的交通可达性进行插值，结果如图 18-4 所示。

通道建设前，辽宁省的城市中交通可达性值最低的为葫芦岛市，为 391.42 分钟，从整体上看，辽宁省的交通可达性的值呈现出由西向东逐渐增加的特征，其中大连市值最高为 548.73 分钟。可见，对于整个辽宁省来说，辽东半岛沿海城市的交通可达性明显差于省内其他地区。同样，山东半岛也呈现出类似的特征。山东半岛城市中，淄博市交通可达性的值最低，为 500.71 分钟。从整体上看山东半岛各城市交通可达性水平依次排序为淄博、东营、济南、潍坊、青岛、日照、烟台、威海，同辽宁省类似，呈现出由内地向沿海交通可达性减弱的特征。值得一提的是，山东半岛最东部地区的交通可达性明显不在低值区范围内，与山西省西南部、内蒙古中西部和黑龙江省中部等较偏远地区的交

通可达性水平相当。

BSCC 建成以后，将极大地改变陆路交通运输的现有格局。东北与京津地区、山东半岛的陆路交通，将由原有的"C"形绕海湾运输体系，转为"I"形海上直达体系[19]。其中，东北地区位于辽东半岛最南端的大连市可达性水平的变化最为显著，通道建设使其与山东半岛的烟台市直接相连，交通可达性缩减至 491.44 分钟，变化率达到 10.44%，远远高于整个研究区变化率平均值 1.83%，进一步强化了大连在交通运输系统中的地位。山东半岛的烟台和威海，是通道建设前山东半岛交通可达性最差的两个城市，通道建设使其交通可达性变化率分别达到了 17.75%和 16.87%，遥遥领先于山东半岛地区的其他城市，分别居第一位和第二位。通道建设后，山东半岛各城市交通可达性水平的排序变为淄博、东营、济南、潍坊、烟台、青岛、威海、日照。原因在于通道建设弥补了烟台和威海处于山东半岛交通系统末梢的劣势，通道建成后，烟台与威海成为山东半岛与东北地区联系最为方便的城市。

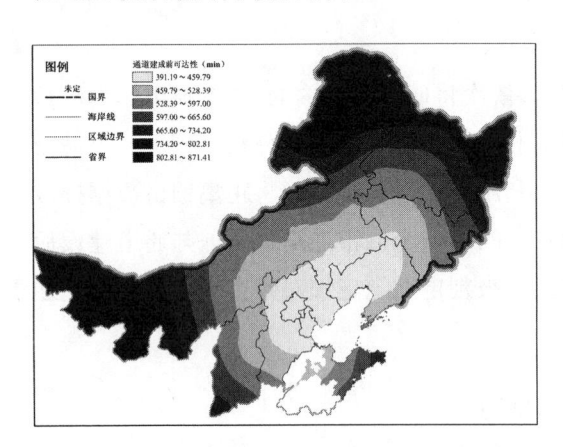

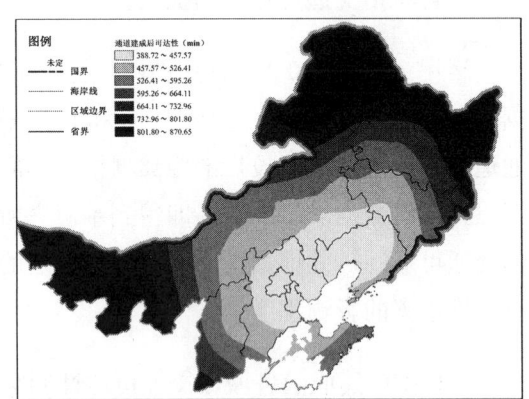

图 18-4　BSCC 建成前后各城市交通可达性的空间分布格局

（三）通道效应的确定

为了探究通道建设对研究区客、货运量的影响，需要确定通道建设后研究区内各城市所产生的空间效应。由于通道效应的叠加发生在一个时刻上，社会经济发展水平并没有变化，社会整体的客、货运需求不变，所以研究区域内的客、货运总量没有变化。因此，本研究通道效应采用如下公式进行测算：

$$E_i = \frac{\dfrac{AE_i}{\sum_{i=1}^{n} AE_i} \times 365 \times 24 \times 60 / AT_i}{\dfrac{AT_i}{\sum_{i=1}^{n} AT_i} \times 365 \times 24 \times 60 / AE_i} \qquad \text{式 18-8}$$

式 18-8 中，E_i 为各城市的通道效应；AE 为通道建成前各城市交通可达性（分钟）；AT 为通道建成后各城市交通可达性（分钟）；n 为城市个数。$E_i>1$ 则说明通道建设会带来客、货运量的增加；$E_i<1$ 则说明通道建设会带来客、货运量的减少。

利用 IDW 插值法对通道效应进行插值的结果如图 18-5 所示。通道效应存在明显的空间差异，与交通可达性变化率的空间分布格局基本一致。整体来看，在山东半岛和辽东半岛地区通道建设所产生的效应要明显高于其他地区，且呈现出向周边地区递减的趋势，具有明显的地理空间衰减规律。其中烟台最高，达到了 1.45，巴彦淖尔最低，为 0.98。除此之外，大致以葫芦岛—朝阳—赤峰—锡林郭勒一线为界线，东北绝大部分地区值大于 1，客、货运量会增加，华北绝大部分地区值小于 1，客、货运量会减少。

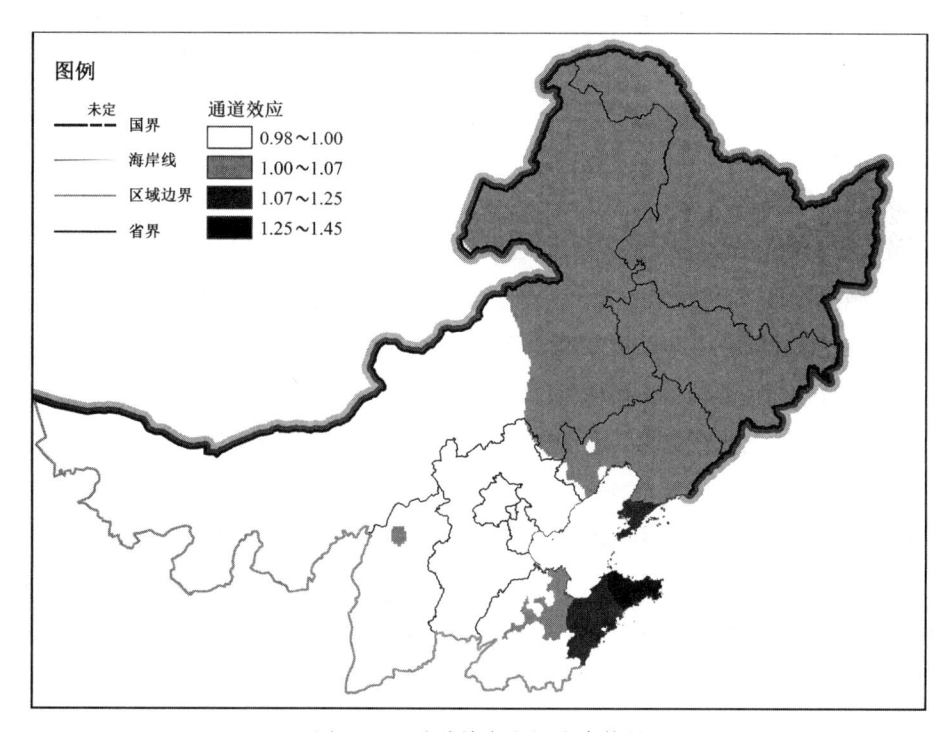

图 18-5 通道效应空间分布格局

第五节　BSCC 建设前后东北、华北和山东半岛
客货运量分布的空间差异

BSCC 直线取道海上捷径，绕过山海关这处"瓶颈"，开辟了东北地区至山东省及东部沿海地区的最短运输通道，真正实现了环渤海地区人流、物流的闭合环状通道[20]。因此，这个工程建成以后，可以改变中国的铁路运输路网和公路运输，改变现有的交通格局[21]。本节通过 ArcGIS 平台，运用不同的空间统计方法来研究通道建设对客、货运量空间分布格局的影响，包括 IDW 插值法、平均中心法、标准距离圆等方法。

一、BSCC 建设前后客运量分布的空间差异

（一）BSCC 建设前后各城市客运量空间分布格局

通过时间序列和回归分析方法预测得到 2015、2020、2025、2030、2035、2040、2045、2050 年八个时间节点的客运量数据。运用 IDW 插值法对各城市的客运量进行插值。根据相关研究，BSCC 将于 2040 年建成[3]。所以，2040、2045、2050 年三个年份的客运量插值结果需要进一步处理，利用栅格计算器将客运量插值栅格数据与通道效应插值栅格数据做乘法运算，以此叠加通道效应，得到最终插值结果（图 18-6）。

客运量的分布较为集中，高值区主要集中在京津地区、山东半岛，该地区社会经济发展水平较高，人口密集，交通发达，居民出行需求高。受人口稀少、地理位置偏远、交通基础设施不发达等原因的影响，研究区西部与北部广大地区长期处于低值区。在通道建成前的 2015～2035 年间的五个时间节点上，客运量的空间分布格局基本没变，东北地区的低值区有扩大趋势，说明研究区域内客运量分布的集中度有所提高。2040 年通道建成后，受影响最大的为山东半岛地区，高值区由青岛市扩展至烟台市，基本覆盖整个胶东地区。大连市的客运量受通道建成的影响也有明显增加，但其客运量与京津地区和山东半岛相比还存在一定差距，所以在图中的变化并不明显。在通道建成后的三个时间节点上，京津地区高值区的面积明显逐渐缩小，说明通道建成后，京津地区的客运量必然持续减少。然而纵使其减少，京津地区仍是区域内最重要的交通枢纽，中西部地区到东北地区庞大的客流量仍需经过此地区。同时，东北地区的低值区在通道建成后呈现迅速扩大的趋势，说明研究区域内的客运量地域差异被进一步拉大。通道建设对区域的影响并不是均衡的，在通道建设的作用下，山东半岛与辽东半岛的发展要好于其他地区。因此，BSCC 在强化山东半岛和辽东半岛地位的同时也削弱了那些距离通道较远的城市的地位。

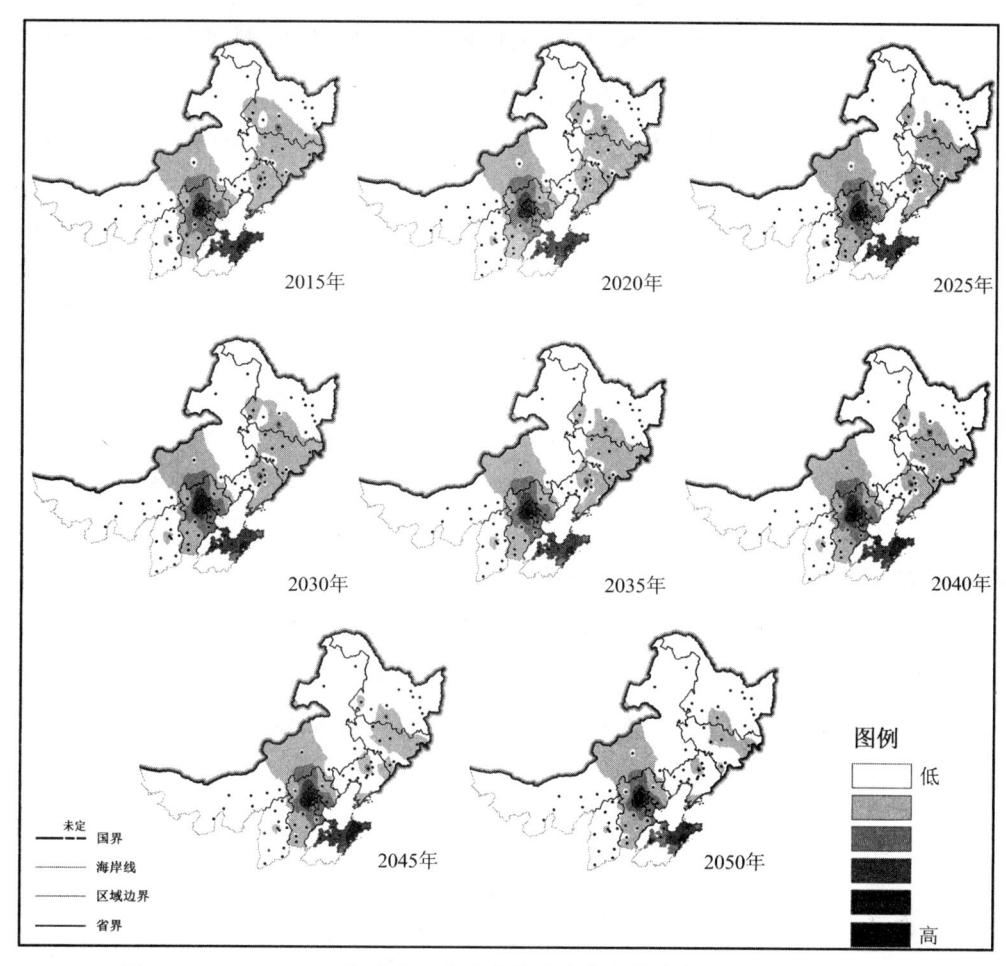

图 18-6　2015～2050 年东北、华北和山东半岛各城市客运量空间分布格局

（二）BSCC 建设前后各城市客运量空间分布重心变化

本研究采用 ArcGIS 的空间统计工具下的平均中心工具计算各时间节点的客运量的重心，选择客运量作为权重字段。为了减少工作量，用 ModelBuilder 建立模型[22]，将八个重心的计算过程放在一起执行，得到八个时间节点的客运量分布重心，并借此绘制重心迁移图，同时将研究区域的几何中心以"★"的标志在图中标注出来（图 18-7）。为了对分布重心进行更为准确的分析，本研究将各重心的重要参数值以表格的形式列出，并计算了重心的空间移动距离，空间移动距离的测度公式如下[23]：

$$D_{i-j} = R \times \sqrt{(y_i - y_j)^2 + (x_i - x_j)^2} \quad \text{式 18-9}$$

其中 D 表示两个不同年际间重心移动的距离；i，j 分别表示两个不同的年份；（x_i,

y_i)、(x_j，y_j）分别表示第 i 年和第 j 年的区域重心所在空间的地理坐标；R 为常数，取 111.111，是把地理坐标单位变化为平面距离的系数。

当某一空间现象的空间均值显著区别于区域几何中心，便指示了这一空间现象的不均衡分布，或称"重心偏离"。偏离的方向指示了空间现象的"高密度"部位，偏离的距离则表示了均衡程度[24]。重心在前后左右各个方向上的"力量"对比是能够达到均衡的，在本研究中，重心的位置取决于各地市客运量的空间分布状态，如果是均匀分布的，重心应处在该区域几何中心，如果不是均匀分布则会发生偏移。

从图 18-7 可以看出客运量各时间节点的重心主要位于河北省东部附近海域，与几何中心相比，均位于几何中心南方略偏东的位置，这主要受山东半岛客运量较大的影响，重心发生了明显的南移。从八个时间节点的重心移动轨迹来看，通道建成前的五个时间节点，除了 2015～2020 年发生了明显北移以外，其余各年份均向西南方向移动。说明研究区域内的客运量分布的不均衡趋势持续，且差异程度不断扩大，这主要是受京津地区与山东半岛两个客运量高值区的共同作用。通道建成后，2040 年的客运量重心较上一个时间节点向东南方向移动了 16.42 千米，说明受通道建设影响，山东半岛客运量增加明显。在通道建成后的三个时间节点上，客运量又折向西偏南移动，但是经度方向的变化

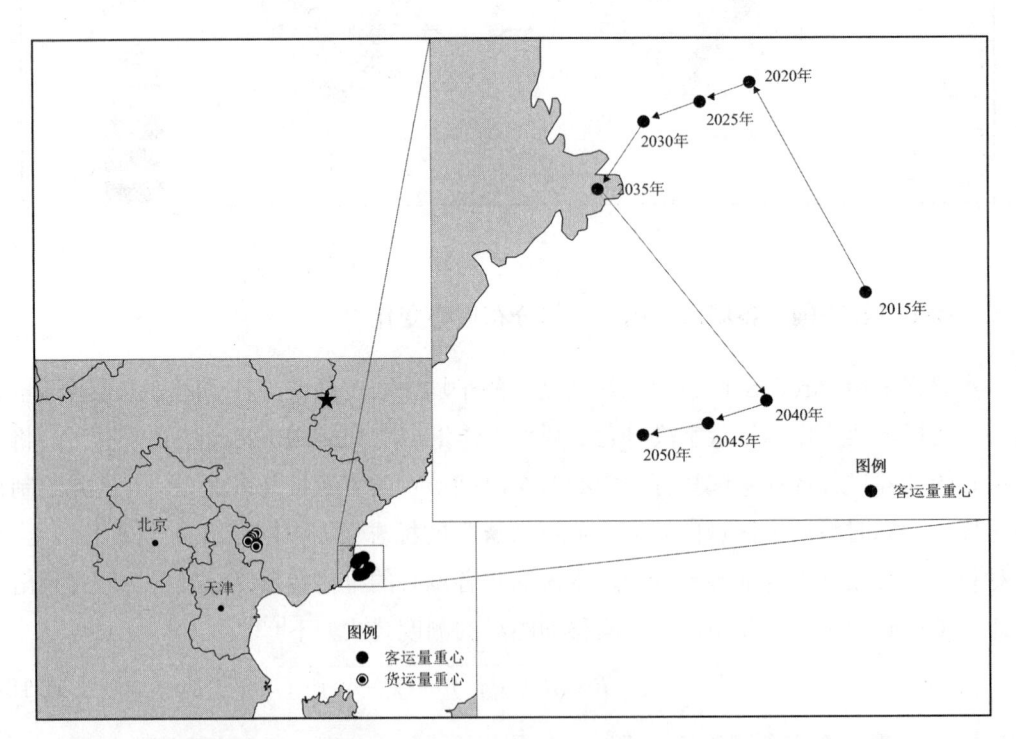

图 18-7 东北、华北和山东半岛客运量分布重心迁移

有所减缓,说明通道建设使东北地区客运量有所增加,减缓了重心南移的势头。相比之下,2040~2050 年重心在纬度方向的变化明显,仍向京津地区移动,说明通道建设虽然使京津地区的客流有所减少,但是没有改变其在客运中的枢纽地位。

(三)通道建设前后各城市客运量空间分布集中度分析

为了更细致地反映通道建设对客运量空间分布格局的影响,本研究用标准距离圆进行进一步研究。选取具有代表性的 2035 年和 2040 年两个年份,运用 ArcGIS 10.2 中空间统计工具的标准距离功能,选择相应年份的客运量作为权重字段,生成标准距离圆(图 18-8)。由于从图 18-8 的尺度下观察到的两个标准距离圆变化不明显,本研究将标准距离圆的重要参数值以表格形式进行呈现(表 18-4),标准距离圆的半径越小则说明客运量分布的集中程度越高。标准距离圆在略有向西南方向移动的同时,标准距离值由 2035 年的 5.20 发展至 2040 年 5.09,标准距离圆展布范围有所缩小,SD 变化率达到了 –2.09%。这说明通道建设使研究区域内的客运量集中度有所提高,带动了区域增长极的发展。

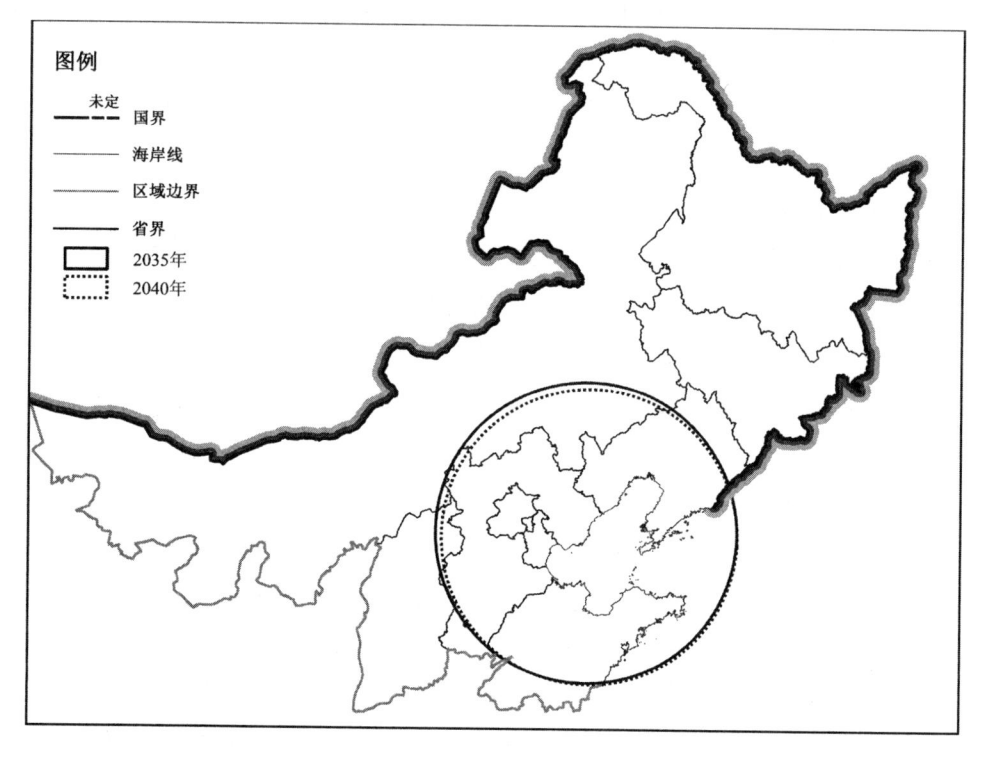

图 18-8 东北、华北和山东半岛客运量分布标准距离动态变化

表 18-4　东北、华北和山东半岛各城市客运量分布标准距离（SD）参数值

	2035 年	2040 年	SD 变化率
客运量			
圆心经度	119°17′06.698″E	119°23′00.380″E	—
圆心纬度	39°25′03.166″N	39°17′27.305″N	—
标准距离	5.20	5.09	−2.09%
货运量			
圆心经度	117°44′51.821″E	117°52′22.469″E	—
圆心纬度	39°48′55.649″N	39°45′52.945″N	—
标准距离	6.05	6.01	−0.67%

二、BSCC 建设前后货运量分布的空间差异

（一）BSCC 建设前后各城市货运量空间分布格局

通过时间序列和回归分析方法预测得到 2015、2020、2025、2030、2035、2040、2045、2050 年八个时间节点的货运量数据。运用 IDW 插值法对各城市的货运量进行插值。其中 2040、2045、2050 年三个年份的客运量插值结果需要进一步处理，利用栅格计算器将货运量插值栅格数据与通道效应插值栅格数据做乘法运算，以此叠加通道效应，得到最终插值结果（图 18-9）。

货运量分布整体上没有客运量分布的集中度高，高值区分布相对比较广泛，主要分布在京津冀地区、山东半岛、辽东半岛、山西省北部和内蒙古中部地区。低值区主要集中在东北地区。在通道建成前的 2015～2035 年的五个时间节点上，货运量的空间分布格局基本没变，北京与山西省北部的高值区有缩小趋势，说明研究区域内货运量分布的集中度有所提高。2040 年通道建成后，受影响最为明显的仍为山东半岛地区，高值区由之前的胶济铁路沿线地区扩大至整个山东半岛地区。受 BSCC 的影响，辽东半岛大连市的货运量也明显增长，其周围高值区的范围向北有一定的扩展。在通道建成后的三个时间节点上，京津地区高值区的面积逐渐缩小，说明通道建成后，京津地区的货运量同客运量的变化规律一样，也呈持续减少趋势。整体来看，通道建设对货运量的增长影响明显的地区集中在山东半岛和辽东半岛，然而对东北地区中北部基本没有影响，主要是由于该地区的交通运输网络密度较低，仅仅是形成了骨干运输线路，同时由于地理位置距离通道较远，导致通道建设对于整个东北地区的影响有限。

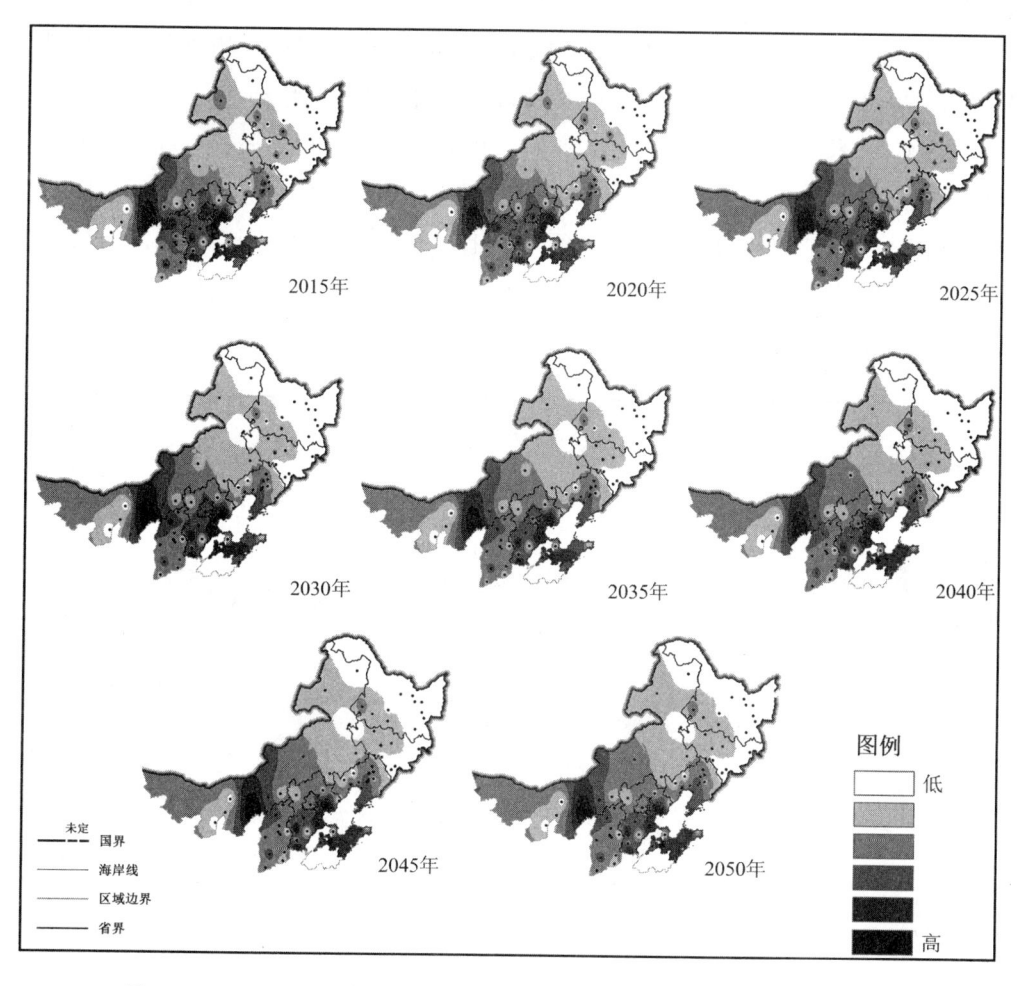

图 18-9 2015～2050 年东北、华北和山东半岛各城市货运量空间分布格局

（二） BSCC 建设前后各城市货运量空间分布重心变化

与客运量的研究方法相同，得到八个时间节点的货运量分布重心分布，并借此绘制重心迁移图，同时将研究区域的几何中心以"★"的标志在图中标注出来（图 18-10）。为了对分布重心进行更为准确的分析，本研究将各重心的重要参数值以表格的形式列出，并计算重心的空间移动距离。

从图 18-10 可以看出货运量各时间节点的重心主要位于河北省唐山市境内，靠近天津市，与几何中心相比，均位于几何中心南方略偏西的位置。与客运量的重心相比，位置明显偏西，且距离几何中心更近，说明货运量的分布比客运量更加均衡，这主要受内蒙古中部和山西省北部货运量较大的影响。从八个时间节点的重心移动轨迹来看，通道建成前的五个时间节点，各年份均向西南方向移动，但移动的距离呈现出逐渐递减的趋势。说明研究区域内的货运量分布的不均衡趋势虽然持续，但这种趋势在不断减弱。通道建成后，2040 年的货运量重心较上一个时间节点向东南方向移动了 12.09 千米，小于客运量的 16.42 千米。原因是受通道建设影响，山东半岛、辽东半岛货运量增加明显，京津地区的货运量减少，但受到内蒙古中部和山西省北部货运量高值区的牵制，移动距离较客运量较短。在通道建成后的三个时间节点上，客运量又折向西南移动，但与通道建成前相比，移动方向更为偏南，说明通道建设使研究区域东部地区的货运量增加，对中西部的影响产生了一定的牵制。

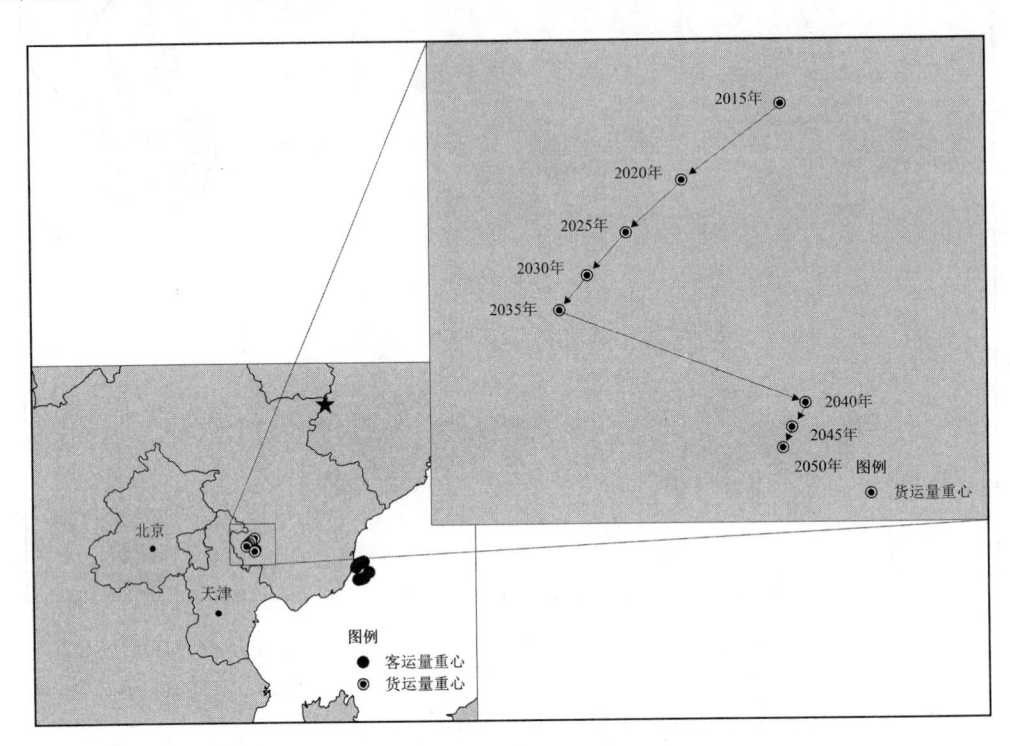

图 18-10　东北、华北和山东半岛货运量分布重心迁移

（三）BSCC 建设前后各城市货运量空间分布集中度分析

与客运量的处理方法相同，选取具有代表性的 2035 年和 2040 年两个年份，运用 ArcGIS 10.2 中空间统计工具的标准距离功能，选择相应年份的货运量作为权重字段，生成标准距离圆（图 18-11）。由于从图 18-11 的尺度下观察到的两个标准距离圆变化不明显，本研究将标准距离圆的重要参数值以表格形式进行呈现（表 18-5），标准距离圆的半径越小则说明货运量分布的集中程度越高。

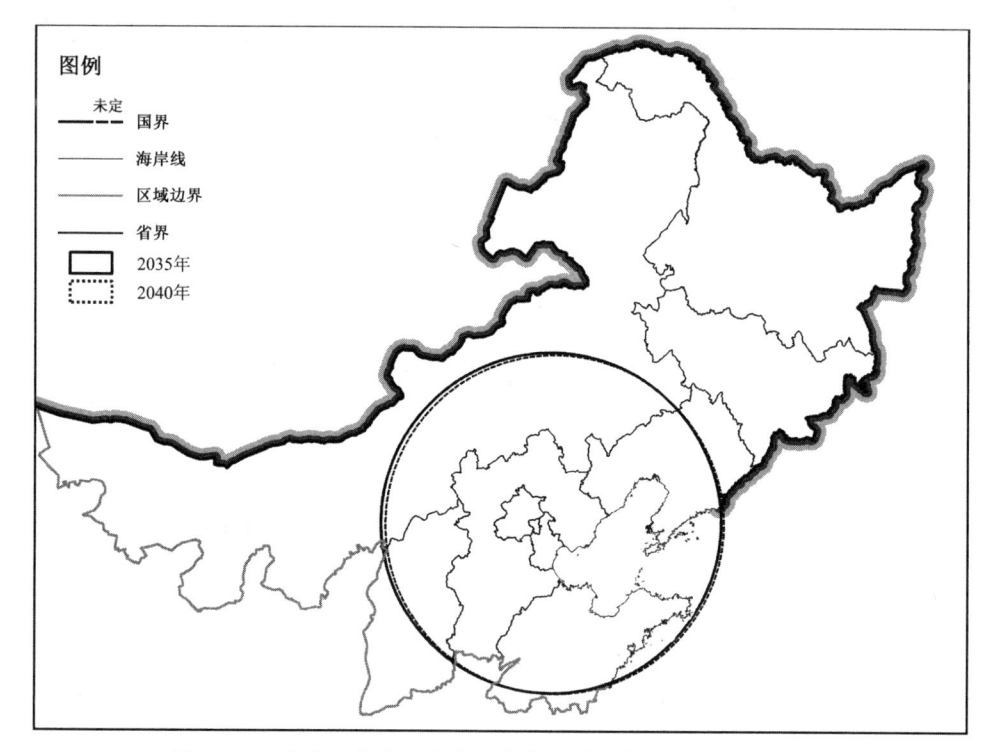

图 18-11　东北、华北和山东半岛货运量分布标准距离动态变化

表 18-5　东北、华北和山东半岛货运量分布标准距离（SD）参数值

	2035 年	2040 年	SD 变化率
圆心经度	117°44′51.821″E	117°52′22.469″E	—
圆心纬度	39°48′55.649″N	39°45′52.945″N	—
标准距离	6.05	6.01	−0.67%

与客运量相比，货运量的标准距离更大，说明货运量空间分布上更加均衡，这是因为除了环渤海沿岸省份货运量较高以外，山西省北部和内蒙古中部货运量也较高。同时，货运量标准距离的缩小幅度也远低于客运量，SD 变化率只有−0.67%，主要由于通道建设对于山西省北部和内蒙古中部货运量高值地区的影响很微弱。

值得讨论的是，我国煤炭行业的"黄金十年"导致内蒙古自治区和山西省以及其他一些矿业城市的货运量历史发展较快，随着煤炭资源的逐渐枯竭以及我国经济发展结构的转型，该地区的货运量增长势必减缓。本研究采用时间序列的方法对未来时间节点的货运量数据进行预测，该方法使得历史的发展趋势得以延续，但会导致预测值偏高。另外，2045、2050 年客货运量数据的预测值依旧按照通道未建成的时间序列得到，虽然用通道效应对预测值进行了处理，但结果势必会有偏差。尽管预测值不尽准确，但本研究中通道建设使客货运量空间分布格局产生的变化规律是可信的。

参 考 文 献

[1] 徐建斌. 交通网络变化与区域经济关系演化的规律研究——以渤海海峡跨海通道为例[D]. 烟台: 鲁东大学资源与环境工程学院, 2016.

[2] 顾九春, 孙峰华, 柳新华, 等. 渤海海峡跨海通道对区域交通可达性的影响[J]. 经济地理, 2016, 36(3): 65-77.

[3] 孙峰华, 陆大道, 柳新华, 等. 中国物流发展对渤海海峡跨海通道建设的影响[J]. 地理学报, 2010, 65(12): 1507-1521.

[4] 魏礼群, 柳新华, 刘良忠. 渤海海峡跨海通道若干重大问题的研究[M]. 北京: 经济科学出版社, 2007.

[5] 何满喜. 浙江交通运输与经济发展的相关性分析[J]. 经济数学, 2005, 22(2): 162-167.

[6] 刘秉镰, 赵金涛. 中国交通运输与区域经济发展因果关系的实证研究[J]. 中国软科学, 2005, 25(6): 101-106.

[7] 王振波, 徐建刚, 孙东琪. 渤海海峡跨海通道对中国东部和东北地区交通可达性影响[J]. 上海交通大学学报, 2010, 44(6): 807-811.

[8] 彭楠峰. 距离反比插值算法与 Kriging 插值算法的比较[J]. 大众科技, 2008, 105(5): 57-58.

[9] 郭仁忠. 空间分析[M]. 北京: 高等教育出版社, 2001.

[10] Bachi, R. Standard distance measure and related methods for spatial analysis [J]. Paper of the Regional Science Association, 1962, 10: 83-133.

[11] 张文尝, 金凤君, 唐秀芳. 空间运输联系的分布与交流规律研究[J]. 地理学报, 1994, 49(6): 490-499.

[12] 陈航, 张文尝. 中国交通地理[M]. 北京: 科学出版社, 2000.

[13] 李振泉, 杨万忠, 陆心贤. 中国经济地理(修订四版)[M]. 上海: 华东师范大学出版社, 1999.

[14] 郝贵, 柴杨. 我国煤炭行业"黄金十年"的成因分析[J]. 中国矿业, 2013, 22(2): 17-19.

[15] 张文尝, 金凤君, 唐秀芳. 空间运输联系的生成与增长规律研究[J]. 地理学报, 1994, 49(5): 440-448.

[16] Hansen, W. G. How Accessibility Shapes Land Use [J]. Journal of the American Institute of Planners, 1959, 25(2): 73-76.

[17] Johnston, R. J. Dictionary of Human Geography[M]. 3rd edn. Oxford: Basil Blackwell, 1994.

[18] Ingram, D. R. The Concept of Accessibility: A Search for an Operational Form [J]. Regional Studies, 1971, 5(2): 101-107.

[19] 李富佳, 韩增林, 张金忠. 渤海海峡跨海通道建设对环渤海物流系统影响分析[J]. 海洋开发与管理, 2009, 26(1): 101-105.

[20] 杜小军, 柳新华, 刘良忠. 渤海海峡跨海通道对环渤海区域经济一体化发展的影响分析 [J]. 华东经济管理, 2010, 24(1): 36-39.

[21] 陆大道. 关于渤海海峡跨海通道规划建设的几个问题[J]. 鲁东大学学报(哲学社会科学版), 2009,

26(2): 8-9.
[22] 葛美玲, 封志明. 中国人口分布的密度分级与重心曲线特征分析[J]. 地理学报, 2009, 64(2): 202-210.
[23] 王彬, 王宜强. 改革开放以来福建省经济重心格局演变及其空间差异[J]. 地理研究, 2011, 30(10): 1882-1889.
[24] 李秀彬. 地区发展均衡性的可视化测度[J]. 地理科学, 1999, 19(3): 254-257.

第 四 部 分

BSCC 建设的客货流量预测

第十九章 客货流量预测

第一节 研究背景分析

近年来,在国家重大工程建设方面"BSCC 建设"无疑是其中的焦点之一,引起了社会的广泛关注。具体表现为:①举办各种研讨会;②许多媒体宣传报道;③全国人大政协代表多次提案,六次上全国人大政协两会;④引起党和政府的重视等。

关于 BSCC 的建设研究萌发于 20 世纪 80 年代末 90 年代初,至今已有 20 余年的历史,其历程大致可分为三个阶段。①研究启动阶段(1990~1994 年)。BSCC 建设的构想,引起了当时的国务院副总理邹家华的重视。为此,国务院发展研究中心成立了"渤海海峡跨海通道研究"课题组[1]。②理论研究阶段(1995~2007 年)。以国务院发展研究中心和鲁东大学环渤海发展研究院为主,参与研究的单位和专家越来越多,发表了许多论文,出版了系列著作,取得了若干重要研究成果[2]。③战略规划研究阶段(2008 年至今)。2008 年 9 月,鲁东大学环渤海发展研究院举办了"渤海海峡跨海通道建设高层论坛"。论坛会后,中国工程院李玶院士于当年 10 月 8 日给当时的总理温家宝写了《关于尽快兴建渤海海峡跨海通道的建议》,温总理对此非常重视,于 11 月 8 日批转当时的李克强副总理阅转发改委,国家发改委非常重视,成立了由国家发改委牵头的"渤海海峡跨海通道战略规划研究项目组",并于 2012 年 2 月完成了《渤海海峡跨海通道战略规划研究总报告》。2012 年 1 月,中国工程院、国家自然科学基金委员会设立"渤海海峡跨海通道战略规划研究"重点咨询项目,并由中国工程院牵头成立了课题组,于 2014 年 9 月完成了《渤海海峡跨海通道战略规划研究总报告》[2]。2016 年,中国科学院学部咨询评议工作委员会设立"渤海海峡隧道建设的社会经济意义分析"的咨询项目,由陆大道院士牵头,组织了近 20 位院士、专家开展研究,于 2017 年 2 月完成了《渤海海峡隧道工程建设必要性分析与建议》的咨询报告。

由于 BSCC 建设是一项世界级的超巨型工程,投资建设的成本巨大。2008 年 9 月,在鲁东大学环渤海发展研究院举办的"渤海海峡跨海通道建设高层论坛"上,陆大道院士根据当时的物价和建设铁路通道的工程量,结合国外渤海海峡跨海通道建设的经验[3],

初步估算成本应在 2 000 亿元以上[4]。由国家发改委牵头，于 2012 年 2 月完成的《渤海海峡跨海通道战略规划研究总报告》中，估算公铁通道建设约需 6 861 亿元。由中国工程院牵头，于 2014 年 9 月完成的《渤海海峡跨海通道战略规划研究总报告》中，估算铁路通道建设约需 2 600 亿元。以国外渤海海峡跨海通道（英吉利海峡隧道、日本青函隧道）为参照系，根据 BSCC 的长度，以及所处地段的海洋、地形、地质、地震、水文、气象、生态等诸多因素的复杂性和脆弱性，考虑到建成的通道的耐久性、运营的安全性、配套设施的完善性和现在物价的变化趋势，按上下行铁路隧道建设，估计整个造价将超过 4 000 亿元，加上东北地区和关内华北、华东地区相关铁路及高速公路系统原有设施的改造衔接，综合估算需投资约 5 000 亿元。

以全国 2015 年的 GDP（676 708 亿元）和财政收入（152 217 亿元）为参照系，也就是说，每 1 000 亿元的财政收入，需要相应的 GDP 4 445.68 亿元。上述各种渤海海峡跨海通道建设方案的投资，若折合成财政收入，其占整个财政收入的比重以及所需相应的 GDP 占整个 GDP 的比重见表 19-1。

表 19-1 BSCC 建设投资占 2015 年财政收入的比重和所需相应的 GDP

BSCC 建设方案	工程投资额（亿元）	占全国财政收入的比重（%）	所需相应的 GDP（亿元）	占全国 GDP 的比重（%）
方案 1（铁路隧道）①	2 000	1.313 9	8 891.36	1.31
方案 2（公铁复合隧道）②	6 861	4.507 4	30 230.62	4.47
方案 3（铁路隧道）③	2 600	1.708 1	11 558.77	1.71
方案 4（铁路隧道）④	4 000	2.627 8	17 782.72	2.63
方案 5（铁路隧道）⑤	5 000	3.284 8	22 228.40	3.28

注：①2008 年陆大道院士在"渤海海峡跨海通道建设高层论坛"上的主题报告；②国家发改委课题组：《渤海海峡跨海通道战略规划研究总报告》(2012)；③中国工程院课题组：《渤海海峡跨海通道战略规划研究总报告》(2014)；④~⑤中国科学院学部咨询研究项目《渤海海峡隧道建设的社会经济意义研究》(2016)。

由表 1 所示，无论哪种方案，投入都是巨大的。综合各种因素，我们认为建设铁路通道投资应在 4 000 亿元以上，如果按照国家发改委 2012 年 2 月完成的《渤海海峡跨海通道战略规划研究总报告》中的一种规划方案，通道建成公铁复合通道（上层公路双向 8 车道；下层铁路双向 2 车道），估算其工程造价将不低于 7 000 亿元。

对于如此巨大的资金投入，我们不禁思考：是否真的能带来积极的社会经济效应？很显然，答案是未知的。孙东琪等曾对国外渤海海峡跨海通道建设的空间社会经济效应进行了详细地综述，认为 BSCC 建设对区域发展具有重要的社会经济意义，但同时其建设和后续影响也具有积极与消极的双重特征，因此，在 BSCC 规划建设之初，应对其各项社会经济效应进行充分的论证，不仅要论证其效应的积极方面，更应重视其可能产生的消极影响[5]。巨大的投入，必须有巨大的效益回报，否则，就失去了建设的意义。综观国内外巨大的桥隧大通道工程，许多处于亏损状态。英吉利海峡隧道连年亏损[5]，日本青函隧道被称为"特大工程特大亏损"[6]，我国杭州湾跨海大桥、青岛胶州湾跨海大桥和胶州湾海底隧道，有的亏损严重[7,8]，有的效益甚微，究其原因，即是通道的实际年客货流量远低于"可行性分析报告"中预测的理论流量。出现这种情况的主要原因有两个：首先是预测的不准确；其次是缺乏不可行性分析预测。

关于 BSCC 客货流量的预测，一些专家和相关课题组，都做了分析预测，由于预测时受当时的社会经济等多种环境因素的影响，对于 BSCC 建设抱有过高的经济效益期望值，以至于得出的结果过于乐观，与目前通过 BSCC 的客货流量的客观现实偏差太大，不可能实现。时过境迁，中国经济发展进入新常态，在此背景下，本次预测分析，以经济、人口、城市化发展变化的预测为轴线，结合与客货流量相关的多种主要因素，进行分析预测，其目的在于：①预测 2017～2050 年 BSCC 的客货流量；②预测 2017～2050 年通过 BSCC 的客货流量的运输结构；③预测 2017～2050 年 BSCC 客货运输承载力；④根据预测结果，结合目前烟台和大连之间的现有的综合运输设计能力，分析、判断、预测 BSCC 建设的可行性与不可行性。

第二节　数据来源与预测方法

一、数据来源

预测所用数据来源（暂不包括港、澳、台）：①1991～2016 年中国统计年鉴；②1991～2016 年 31 个省市区统计年鉴；③1991～2016 年中国交通年鉴；④2010 年中国人口普查资料；⑤2015 年全国及 31 个省市区国民经济和社会发展统计公报；⑥烟台、大连二市实地考察调研数据资料。

二、预测方法

前期预测计算研究表明[1]，未来全国 31 省市区之间的客货流量的不断增加，直接原因主要是区域经济的发展，而 BSCC 的建设并不是主要原因。BSCC 的建设主要影响某些省区的客货流量流向，并不影响区域潜在的客货流量。因此，本论题在不考虑BSCC建设这一前提下，通过测算区域交通可达性及节约的时间成本，开展预测研究。由于预测的时间长（2017～2050年甚至更长时间），各指标的性质和发展演化规律不同，因此在预测中所使用的方法也不同。在科学、经典、简便的原则指导下，所采用的具体预测方法如下。

（一）时间序列曲线估算法

该方法是基于随机过程理论和数理统计学的动态数据处理的统计方法，通过研究随机数据序列所遵从的统计规律来解决实际问题，是进行长期预测的经典方法。前期预测研究表明，对全国和31个省市区所选择的26个预测指标（见后面指标选取），即使同一个指标，在不同的省市区发展差异性很大。选取同一个时间序列曲线估算模型，对不同省市区的同一个指标进行模拟仿真，其结果是对某些省市区拟合度很高，而对其他省市区拟合度很低。因此，就出现了对全国和31个省市区的同一个指标的预测，需要2～3种时间序列曲线估算模型才能完成。因此，通过预测实验，选取了六种时间序列曲线估算模型，对全国和31个省市区的26项预测指标进行多次模拟仿真，选取拟合度最高的一种或两种叠加模型，作为相应预测指标的预测模型（图19-1）。由于区域多指标多，而每个区域所涉及的预测模型繁多，故不再一一列出。

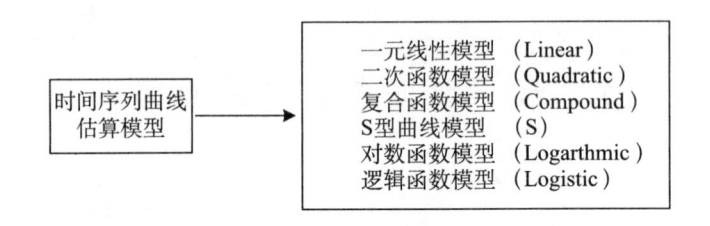

时间序列曲线估算模型 → 一元线性模型（Linear）
二次函数模型（Quadratic）
复合函数模型（Compound）
S型曲线模型（S）
对数函数模型（Logarthmic）
逻辑函数模型（Logistic）

图19-1 时间序列曲线估算模型

（二）建立客货流量指数模型

两个区域之间的客货交流量，深受两区域相关因素规模大小的影响，在此引入两个新理念"输入相关因素客、货流密度"和"输出相关因素客、货流密度"。输入（输出）相关因素客货流密度，即一个区域输入（输出）客货流量除以相关因素，其单位视相关因素单位而确定。如输入（输出）人口客、货流密度，即一个区域输入（输出）客货流量除以单位人口，其单位为万人/万人、万吨/万人。

重力模型是综合模型方法中的一种，是计量区域之间客货流量的一种经典方法。根据重力模型原理[9]，某省区与另一省区的输入（输出）相关因素客货流密度的乘积，除以该两省区之间距离的 δ 次方，得到该两省区之间的输入（输出）相关因素客货流引力。某省区与全国其他所有省区之间的输入（输出）相关因素客货流引力分别除以该省区与全国其他所有省区之间的输入（输出）相关因素客货流引力之和，得到该省区与全国其他所有省区之间的输入（输出）相关因素客货流量指数，其模型为：

$$r_{f_\lambda-i}^{I(E)} = \frac{d_{f_\lambda-i}d_{f_\lambda-j}}{s_{ij}^\delta} \bigg/ \sum_{j=1}^{n}\frac{d_{f_\lambda-i}d_{f_\lambda-j}}{s_{ij}^\delta} \qquad 式\ 19\text{-}1$$

式 19-1 中，$r_{f_\lambda-i}^{I(E)}$ 为输入（输出）相关因素客货流量指数；I 表示输入，E 表示输出；f 表示相关因素，λ 表示不同的相关因素（$\lambda=14$，前 14 项指标），i 表示某省区，$i=1$，2，3，$\cdots$，n；d_{fi} 为 i 省区的输入（输出）相关因素客货流密度；d_{fj} 为 j 省区的输入（输出）相关因素客货流密度，j 表示某省区，$j=1$，2，3，$\cdots$，n；s_{ij} 为 i 省区与 j 省区首府之间的铁路或公路距离（$i \neq j$，即 i、j 不能同时表示某一省区）；δ 为度量铁路或公路距离的摩擦性系数；n 为样本数。

基本重力模型在此处的应用有明显不足，当两区域之间的距离接近零或过大时，区间客货流量严重失真，解决这一问题的方法是通过调整度量距离摩擦性系数 δ 进行修正。美国国土面积和中国基本相当，根据美国 20 世纪 50 年代的经验，所计算的 δ 值在 0.5～3.0，且距离越大，采用的 δ 值越高[10]。依据美国的经验，结合中国的实际和前期对山东省的调查验证情况，把物流量指数模型中的 s_{ij}（千米），以 500 千米距离单元作为级差，与 δ 建立 11 个对应关系，即：$s_{ij} \leqslant 500$（$\delta=0.5$），$\cdots$，5 000$\leqslant s_{ij}$（$\delta=3.0$）。以此，对上述相关模型进行修正。

两省区之间的输入（输出）相关因素客货流量综合指数，其模型为：

$$R_{f_\lambda-kh}^{I(E)} = 1\bigg/\lambda \sum_{f=1}^{\lambda} r_{f_\lambda-i}^{I(E)} \qquad 式\ 19\text{-}2$$

根据预测的 2016～2050 年的数据，利用客货流量指数模型，即可计算出各年的相关区域的输入（输出）客货流量指数。计算区域之间的客、货交流量时大多计算区域输出量[11~13]，因此仅计算输出客货流量指数 $R_{f_\lambda-kh}^{E}$ 即可。为了兼顾所涉及的客货流量数据都能方便使用，在此仅计算公路（铁路）输入客货流量指数 $R_{f_{\lambda ij}-k(h)}^{Ig(t)}$。

用该省区与其他省区之间的公路（铁路）输入客货流量指数 $R_{f_{\lambda ij}-k(h)}^{Ig(t)}$（$\sum R_{f_{\lambda ij}-k(h)}^{Ig(t)}=1$），分别乘以该省区公路（铁路）输入客货流量，得到其他各个省区输入到该省区的客、货流量。计算结果得到每两个省区之间的相向（⇌）的输入客（货）流量之和，就是两个省区之间的公路（铁路）客（货）流量。公路与铁路客（货）流量叠加在一起，即得到省区之间的陆路客（货）流量，也即客（货）运量。

上面仅仅计算出各个省区之间的客货流量，真正通过 BSCC 潜在的客货流量，还必须进行以下计算：①利用 ArcGIS10.2，计算 BSCC 建设引发的区域交通可达性的变化而导致各省区节省的不同时间成本及其所覆盖的区域面积；②计算各省区节省的不同时间成本所覆盖的区域面积占各个相应省区面积的比例（u）；③在考虑到人口、经济、城镇化率、客货流量等多种因素的基础上，参考前期对山东客货流量抽样调查验证的情况，设定各省区节省的不同时间成本所覆盖的区域通过 BSCC 的客货流量比率（v）。i 省区通过 BSCC 输入到其他相应省区的客（货）流量模型为：

$$A_i^{k(h)} = L_{i-g(t)}^{l-k(h)} \sum_{j=1}^{n} u_\alpha v_\alpha \qquad \text{式 19-3}$$

$A_i^{k(h)}$ 为 i 省区通过 BSCC 输入到其他相应省区的客（货）流量，$L_{ij-g(t)}^{l-k(h)}$ 为 i 省区输入到 j 省区的总客（货）流量，α 为 i 省区因 BSCC 建设节约的时间成本类型数。最终计算出通过 BSCC 的客货流量。

（三）建立 GRNN 模型

时间序列曲线估算法的优点是受人的主观因素影响较小，结果比较客观，但是对数据的要求比较高，往往丢失一些信息。GRNN 模型，其网络最后收敛于集聚较多的优化回归面，并且在样本数据缺乏时，预测效果也比较好，因此就弥补了时间序列曲线估算法丢失一些信息的不足。鉴于此，借助 MATLAB R2011b 平台的 GRNN 模块，建立广义回归神经网络结构模型[14,15]，对上述各省区的客（货）流量预测结果进行二次预测验证，用以确保预测结果的可靠性。从后面的表 19-4 所选取的 26 项指标可以看出，1～16 项指标影响着客货流量，作为 GRNN 网络输入因素，17～26 项指标为预测项，作为 GRNN 网络输出因素，GRNN 结构模型见图 19-2。

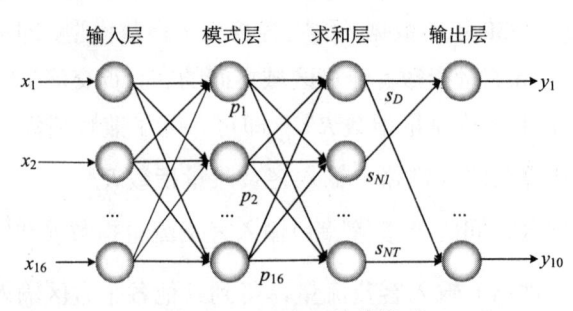

图 19-2　GRNN 结构模型

GRNN 模型的计算原理：GRNN 的理论基础是非线性回归分析，设随机变量 x、y 的联合概率密度函数为 $f(x,y)$，已知 x 的观测值为 X，则 y 相对于 X 的回归，也即条件均值为：

$$\hat{Y} = E(y/X) = \int_{-\infty}^{\infty} y f(X,y) dy / \int_{-\infty}^{\infty} f(X,y) dy \qquad \text{式 19-4}$$

$\hat{Y}$ 即为在输入 X 的条件下，Y 的预测输出。应用 Parzen 非参数估计，可由样本数据集 $\{x_i, y_i\}_{i=1}^{n}$，估算密度函数 $\hat{f}(X,y)$。

$$\hat{f}(X,y) = \frac{1}{n(2\pi)^{\frac{p+1}{2}} \sigma^{p+1}} \sum_{i=1}^{n} \exp[-\frac{(X-X_i)^T(X-X_i)}{2\sigma^2}] \exp[-\frac{(X-Y_i)^2}{2\sigma^2}] \qquad \text{式 19-5}$$

式中：X_i、Y_i 分别表示随机变量 X、Y 的样本观测值；n 为样本容量；p 为随机变量 x 的维数；σ 为光滑因子。用 $\hat{f}(X,y)$ 代替 $f(X,y)$ 带入公式 19-1，并交换积分与加和的顺序：

$$\hat{Y}(X) = \frac{\sum_{i=1}^{n} \exp[-\frac{(X-X_i)^T(X-X_i)}{2\sigma^2}] \int_{-\infty}^{\infty} y \exp[-\frac{(Y-Y_i)^2}{2\sigma^2}] dy}{\sum_{i=1}^{n} \exp[-\frac{(X-X_i)^T(X-X_i)}{2\sigma^2}] \int_{-\infty}^{\infty} \exp[-\frac{(Y-Y_i)^2}{2\sigma^2}] dy} \qquad \text{式 19-6}$$

由于 $\int_{-\infty}^{\infty} z e^{-z^2} dz = 0$，对公式 19-3 进行计算后可得网络的输出 $\hat{Y}(X)$ 为：

$$\hat{Y}(X) = \sum_{i=1}^{n} Y_i \exp[-\frac{(X-X_i)^T(X-X_i)}{2\sigma^2}] / \sum_{i=1}^{n} \exp[-\frac{(X-X_i)^T(X-X_i)}{2\sigma^2}] \qquad \text{式 19-7}$$

（四）可达性研究方法

基于 2005 年和 2014 年全国交通路网矢量数据，借助 ArcGIS10.2 空间分析平台，先后采用 Dijkstra（迪杰斯特拉）单源和多源最短路径算法，分别生成无固定出口交通和有固定出口交通的全国城市通达性图层，得出考虑多种交通方式的全国城市可达时间分布图。具体步骤如下：

（1）栅格成本计算。将所有道路分为两类：一类是无固定出口道路，包括国道、省道、县道；另一类是有固定出口交通，包括高铁和高铁站，普通铁路和火车站，高速公路和出入口。根据《中国道路交通安全法》和《中国道路交通安全法实施条例》规定的各类道路类型的限制通行速度，确定各类道路的通行时间成本（表 19-2）。

表 19-2 各种道路类型的通行时间代价

道路类型	单位像元时间代价（无量纲）	等价通行速度（km/h）
高铁	1.00	300
普通铁路	2.00	120
高速公路	3.00	100
国道	3.75	80
省道	5.00	60
县道	7.50	40
海运和内河航运	8.00	20
无道路地区	100.00	3

按照以上时间成本，分别将 2005 年和 2014 年的各类道路矢量图层栅格化。为保证高速铁路、普通铁路、高速公路等有固定出口道路的独立性，将非出口类型像元与高铁、铁路、高速公路像元之间的通行时间成本设为无穷大，以约束在此类交通线路通行过程中只能在相应的出口与其他道路图层发生联系。

（2）Dijkstra 最短路径计算。Dijkstra 最短路径算法的主要特点是以起始点为中心向外层层扩展，直到扩展到终点为止，最终发现交通网络系统节点之间的最短路径。本研究借鉴 ArcGIS10.2 空间分析平台的 Dijkstra 计算模块[16]，对 2005 和 2014 年全国两期交通网络数据进行编程处理。最终得到 BSCC 建成前后的全国城市综合通达指数，从而寻找出 BSCC 建设对区域交通可达性发展变化规律的影响，为计算 BSCC 客（货）运量提供科学依据。

第三节　预测释义

中国的人口数量、经济基础、城镇化水平是推动中国社会经济发展的三大引擎，它们的发展变化直接决定着客货流量的变化。因此，本研究以此三大要素为基础，以经济发展为轴线开展预测。对人口数量、经济基础（GDP）、城镇化水平的预测，在参照权威预测的基础上开展预测[17~29]（表 19-3）。

一、选取预测相关指标

按照科学性、系统性、简单性、代表性、突出研究主题性的原则，选取 26 项指标，对 2017~2050 年 BSCC 的客货流量进行预测分析，26 项指标见表 19-4。

表 19-3　2030～2050 年关于中国 GDP、人口、城镇化预测情况

预测项目	预测源	预测结果
未来经济预测	①1955 年毛泽东主席的预言	中国的经济在 2030 年超过美国
	②清华大学国情研究中心胡鞍钢等	2020 年之前，中国 GDP 总量将会超过美国，2030 年，中国 GDP 总量相当于美国的 2.0～2.2 倍
	③世界银行和国务院发展研究中心	预测中国 2011～2030 年 GDP 年平均增长率为 6.625%，2030 年中国的 GDP 为 170.66 万亿元
	④国家环境保护部环境规划院	2030 年中国的 GDP 高中低三种方案分别为 191.60 万亿元、162.57 万亿元、135.42 万亿元
	⑤英国媒体预测	中国 GDP2021 年超越美国，2030 年达到 75 万亿美元，按照现在的人民币对美元汇率（1 美元=6.143 3 人民币元）计，即为 460.75 万亿元
	⑥世界经济学人集团	中国 2026 年的 GDP 总量将超过美国，2050 年 GDP 会达到 105 万亿美元，成为世界经济第一大国
未来人口预测	①2015 年国家发改委发布《人口和社会发展报告 2014》	2031 年中国人口达峰值 14.5 亿人（放开二胎）
	②蔡昉等的《"十三五"国家人口发展总体思路研究报告》	现行政策下放开二胎，2031 年达峰值 14.5 亿人
	③联合国《世界人口展望（2015）》	中国 2028 年达到 14.16 亿的峰值后下降，2050 年还有 13.48 亿
	④中科院地理科学与资源研究所孙东琪等	中方案结果：2030 年中国人口达到 14.45 亿峰值后下降
未来城镇化预测	①国家新型城镇化规划（2014～2020 年）	是 2020 年中国的常住人口城镇化率达到 60%左右
	②联合国开发计划署 2013 中国人类发展报告	2030 年中国城镇化率将达到 70%
	③《城市蓝皮书：中国城市发展报告 No.8》	中国城镇化率 2030 年将达到 70%左右
	④《中国发展报告 2010：促进人的发展的中国新型城市化战略》	2030 年我国城市化率达到 65%
	⑤中科院地理科学与资源研究所孙东琪等	2030 年中国城镇化率将达到 70.12%

表 19-4　26 项指标

序号	指标名称	指标单位	序号	指标名称	指标单位
1	人口	万人	5	第三产业	亿元
2	GDP	亿元	6	城镇化率	%
3	第一产业	亿元	7	省区首府城市之间的公路里程	km
4	第二产业	亿元	8	省区首府城市之间的铁路里程	km

续表

序号	指标名称	指标单位	序号	指标名称	指标单位
9	按经营单位所在地分货物进出口总额	万美元	18	铁路客运量	万人
10	按境内目的地和货源地分货物进出口总额	万美元	19	公路客运量	万人
11	邮政业务总量	亿元	20	水运客运量	万人
12	电信业务总量	亿元	21	民航客运量	万人
13	商品购进总额	亿元	22	货运总量	万 t
14	商品销售总额	亿元	23	铁路货运量	万 t
15	铁路营业里程	km	24	公路货运量	万 t
16	公路通车里程	km	25	水运货运量	万 t
17	客运总量	万人	26	民航货邮运量	万 t

二、预测涉及的层面范围

交通网络是一个有机的系统,某区域交通网络线路的改变,将会影响到该区域、全国乃至于全球交通网络功能的变化。因此,BSCC 客货流量的预测研究,涉及三个区域层面:①省区层面:BSCC 直接连接的山东、辽宁二省区(主要是 BSCC 连接的山东半岛和辽东半岛上的两个桥头堡烟台和大连二市);②国家层面:31 个省市区(暂不包括港、澳、台);③国际层面(考虑对外经济贸易的影响)。

三、指标预测的三种方案设置原则

本预测对所有预测指标均设为高、中、低三种方案。前期研究表明[1],从目前到2050年,除人口以外的其他指标均与 GDP、城镇化的发展成正相关,城镇化的发展对经济发展有巨大的拉动作用,但其也深受经济发展的影响。因此,人口以外的其他指标三种方案设置的原则是均以 GDP 的三种方案为基础通过相关分析计算获得。

四、人口预测的三种方案设置

人口指标的高、中、低三种方案在参照权威机构和专家预测的基础上,分别以时间序列 Logistic 曲线估算的预测值和上下限误差值代替。

五、经济（GDP）预测的三种方案设置

中国的资源、能源逐渐减少，环境污染依然严重，已经不可能支撑经济持续过高速增长。预测研究表明，2015～2030 年是中国城市化率快速增长时期，将达到 70.12%，此后将逐渐变缓。同时，中国总人口将达到最大值 14.45 亿，成为人口下降的拐点，人口红利消耗殆尽。根据目前中国的经济发展状况，结合中国的人口、城市化、资源、能源、环境发展情况，可以断定，2017～2050 年，中国经济总量不断增加，而其增长率总体趋势将逐渐下降。尤其是 2030 年之后，利用 1990～2015 年连续 26 年的 GDP 增长率数据进行线性回归估算，增长率较低，2050 年不会超过 4.5%。基于上述情况，2017～2050 年，中国经济的发展可分为两个阶段进行预测估算：第一阶段 2017～2030 年；第二阶段 2031～2050 年。借助 SPSS20.0，通过 Linear、Quadratic、Compound、Logistic 四种曲线估计模型，分别进行仿真模拟，根据模拟结果，选择拟合度最好的用以确定 2017～2050 年 GDP 发展的中方案，其上下限误差值分别作为高方案和低方案。

六、特征年份设置与数据的省略

由于预测的时间跨度大（2017～2050 年），涉及近 3 万多原始数据，处理 120 多万数据，不便于一一表示出来。因此，我们设定 2020、2025、2030、2035、2040、2045、2050 年为七个特征年份，其预测的结果完全可以很好地反映出 BSCC 2017～2050 年客货流量的结构及其发展趋势。由于数据量过大，限于文章篇幅，许多重要数据均被省略，特在此说明。

七、BSCC 建设对区域交通可达性的影响是预测的基础

运用 Dijkstra 最短路径方法分别计算 BSCC 建成前后中国城市的可达性指数（图 19-3）。

从全国范围来看，BSCC 建成前全国城市的平均可达性指数，即所有城市到全国任意栅格的平均时间成本为 2 263 分钟，变异系数为 0.417；建成后全国城市的平均可达性指数为 2 254 分钟，变异系数为 0.416。可以看出，BSCC 的建设将全国城市的平均出行时间成本降低了 9 分钟，但城市出行成本的变异系数并没有显著变化，表明 BSCC 对城市出行成本的改善只限于局部地区。

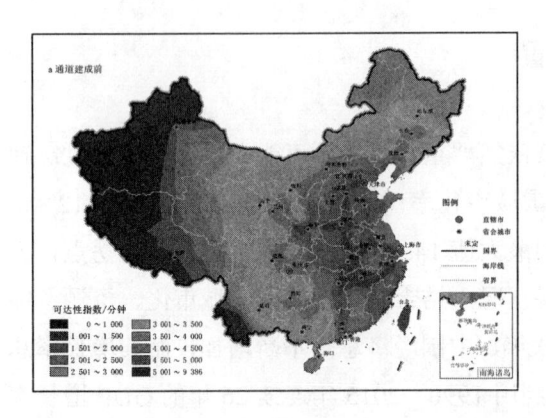

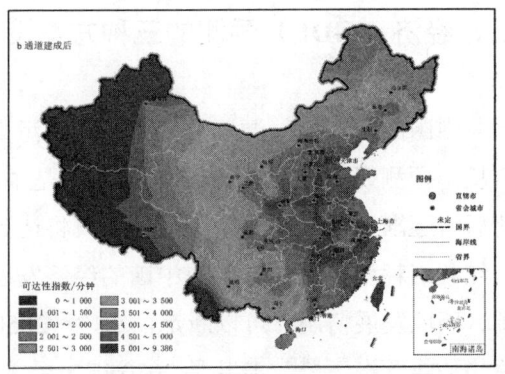

图 19-3　BSCC 建成前后全国可达性指数格局

将 BSCC 建成前后的全国城市可达性指数相减，得到 BSCC 的影响范围（图 19-4）。结果显示，BSCC 建成后，全国 55.78% 的地级以上城市可达性指数得以改善，平均降低时间成本 16 分钟，尽管如此，但这对距 BSCC100 千米以外的地区而言是微不足道的，尤其是公路运输更是如此。

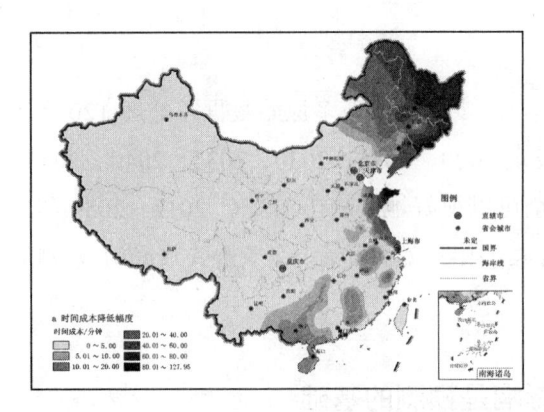

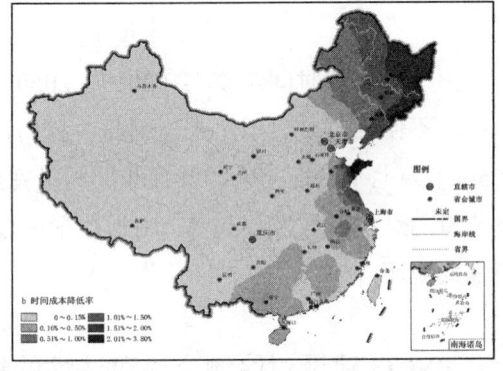

图 19-4　BSCC 的城市时间成本降低幅度与降低率格局

由图 19-3 和图 19-4 可以看出，BSCC 建成后，全国城市的交通可达性格局基本上没有改变。对交通可达性的影响主要涉及东北三省、山东省及长江三角洲等区域，但对交通可达性影响最大的地区，仅限于辽东半岛的南部和山东半岛区域，这是本预测的基础。

第四节　BSCC 客货流量现状与预测结果分析

一、BSCC 客货流量现状

2015 年，BSCC 的客货流量（运量）并不仅仅是由 BSCC 的两个桥头堡烟台和大连二市所决定的，它是在山东辽宁二省、全国乃至于世界人口、经济、城市化发展的大背景下形成的。

2010 年以来，随着区域经济发展速度的减缓，环渤海烟大航线无论是客运量、货运量还是车运量，增长率总体趋势也相应减缓，有的甚至连续出现负增长（表 19-5、表 19-6）。由此可以断定，BSCC 客、货、车流量的多少，最直接的原因不是因为修建 BSCC，而是区域经济的发展。

表 19-5　2010～2015 年环渤海烟大航线运量统计

年份	客运量（万人）	货运量（万 t）	滚装车（万辆）	甩挂车（万辆）	民航客运量（万人）	民航货运量（万 t）
2010	516.07	7 845.48	83.87	1.00	11.76	51.80
2011	562.12	8 510.45	89.88	1.20	8.79	15.70
2012	526.37	9 642.54	86.52	1.50	11.05	13.40
2013	489.03	9 456.71	91.79	1.70	14.05	17.30
2014	479.73	9 390.39	99.03	2.48	13.71	3.30
2015	448.74	10 083.38	100.12	2.51	15.61	0.50

注：①滚装车包括甩挂车；②民航客、货运量仅指烟台和大连机场的客、货运量。

资料来源：大连市发改委；大连市统计局；大连市港口与口岸局；大连港股份有限公司；烟台市交通运输局；烟台市统计局；烟台市港航管理局；中铁渤海铁路轮渡有限责任公司。

表 19-6　2010～2015 年环渤海烟大航线客货车运量与区域经济增长率

年份	客运量增长率（%）	货运量增长率（%）	滚装车增长率（%）	民航货运量增长率（%）	山东 GDP 增长率（%）	辽宁 GDP 增长率（%）	全国 GDP 增长率（%）
2010	0.08	0.76	5.67	0.38	12.5	14.1	10.3
2011	0.09	0.085	6.01	−0.70	10.9	12.1	9.2
2012	−0.06	0.133	−3.36	−0.15	9.8	9.5	7.8
2013	−0.07	−0.019	5.27	0.29	9.6	8.7	7.7
2014	−0.02	−0.007	7.24	−0.81	8.7	5.8	7.4
2015	−0.06	0.074	1.09	−0.85	8.0	3.0	6.9

注：民航货运量增长率仅指烟台大连机场货运量增长率。

BSCC 直接连接山东半岛和辽东半岛，腹地范围广大。烟台市和大连市作为烟大航线两端的关键节点，发挥着重要的桥头堡作用。

目前 BSCC 的桥头堡烟台与大连共有十个码头进行滚装作业，常年经营烟台至大连航线海上运输的船舶公司有四家，分别是渤海轮渡股份有限公司、中海客轮有限公司、中铁渤海铁路轮渡有限责任公司、大连航运集团有限公司，共拥有船舶 21 艘，车道线长 37 405 米，总吨位 443 681 吨，客位 26 532 个，平均每日往返航班 40 班次（表 19-7）。

表 19-7　2015 年烟大航线运输工具及运输能力

船舶公司	船舶数量（艘）	船籍数量（艘）	总吨位（t）	客位（人）
渤海轮渡股份有限公司	7	烟台港（7）	184 387	4 732
中海客轮有限公司	6	大连港（6）	121 744	11 488
中铁渤海铁路轮渡有限责任公司	3	烟台港（3）	74 990	8 736
大连航运集团有限公司	5	大连港（4）、烟台港（1）	62 560	1 576
合计	21	大连（10）、烟台（11）	443 681	26 532

资料来源：烟台市港航管理局。

据统计，2015 年烟台—大连航线客运量 448.74 万人（含民航客运量 15.61 万人），货运量 10 083.00 万吨（含民航货运量 0.50 万吨），过海滚装车 100.12 万辆（含甩挂车 2.51 万辆），过海铁路货车 1 587 列、各类汽车 62 552 辆。其中客运量占烟台大连二市、山东辽宁二省、全国客运量的比例分别为 2.47%、0.31%、0.02%；货运量占烟台大连二市、山东辽宁二省、全国货运量的比例分别为 16.00%、2.12%、0.24%。BSCC 烟台—大连航线客、货运量所占的比例并不大（表 19-8）。

表 19-8　2015 年烟大海运航线客、货运量占的比率

区域	客运总量（万人）	烟大航线占比（%）	货运总量（万 t）	烟大航线占比（%）
烟大海运航线	448.74	100.00	10 083.00	100.00
大连+烟台	18 200	2.47	63 000	16.00
山东+辽宁	146 000	0.31	475 000	2.12
全国	1 943 000	0.02	4 171 000	0.24

资料来源：①2016 年中国统计年鉴、山东统计年鉴、辽宁统计年鉴；②烟台市港航管理局。

调研表明，按照目前环渤海烟大航线船舶、飞机的进出港班次，目前的海运客运量仅占实际运输能力的 30%左右；海运货运量仅占实际运输能力的 50%左右；民航客运量仅占实际运输能力的 70%左右；民航货运量仅占实际运输能力的 65%左右；中铁渤海铁

路轮渡铁路货车运量仅占实际运输能力的 65%左右。由此可见，环渤海烟大航线还有很大的运输能力没有得到发挥。

二、2020~2050 年 BSCC 客货流量结构及发展趋势

在不考虑 BSCC 建设的前提下（根据客货流量通过的不同路径所节约的不同时间成本进行预测，与 BSCC 建设与否没有关系），借助 Excel2013、SPSS22.0、ArcGIS10.2、采用多种方法集合，对 2017~2050 年相关区域的客货运量进行预测。同时，利用 MATLAB R2011b 技术平台，通过建立 GRNN 模型，对相关区域的客货运量进行二次预测（数据量过大，仅列出 GRNN 模型预测的中方案结果），两次预测的结果有一定的差距，但相关区域客货运量的时空格局基本没有变化。根据 2010~2015 年烟大航线的实际客、货、车运输状况（表 19-5、表 19-6），可以断定第一次预测结果比较客观实际，可信度高，其预测结果见（表 19-9）。

表 19-9　BSCC 特征年份的客货流量

		2020	2025	2030	2035	2040	2045	2050
客流量 （万人）	高方案	1 939	3 936	6 841	9 835	12 002	13 220	13 727
	中方案	1 645	2 895	4 737	7 022	9 324	11 209	12 468
	（GRNN 值）	2 279	4 123	7 346	10 347	13 727	14 886	15 024
	低方案	1 305	2 220	3 597	5 441	7 556	9 596	11 234
货流量 （万 t）	高方案	12 903	14 167	15 431	16 696	17 960	18 955	19 882
	中方案	11 817	12 834	13 850	14 867	15 883	16 772	17 628
	（GRNN 值）	12 775	13 978	15 570	16 351	17 221	19 179	20 967
	低方案	11 016	11 847	12 677	13 507	14 338	15 012	15 647

预测结果表明，2020~2050 年，BSCC、高方案，客流量由 1 939 万人增加到 13 727 万人，货流量由 12 903 万吨增加到 19 882 万吨；中方案，客流量由 1 645 万人增加到 12 468 万人，货流量由 11 817 万吨增加到 17 628 万吨；低方案，客流量由 1 305 万人增加到 11 234 万人，货流量由 11 016 万吨增加到 15 647 万吨。客货流量总体趋势不断增加，2050 年，高方案比中方案，客流量高出 1 259 万人，货流量高出 2 254 万吨；低方案比中方案，客流量减少 1 234 万人，货流量减少 1 981 万吨。

2020~2050 年，中方案 BSCC 的铁路、公路、水路、民航客、货流量见表 19-10（高、低方案略）。

表 19-10　中方案 BSCC 四种运输方式的客货流量

		2020	2025	2030	2035	2040	2045	2050
客流量（万人）	合计	1 645	2 895	4 737	7 022	9 324	11 209	12 468
	铁路	406	1 008	1 434	2 214	2 918	3 371	3 990
	公路	527	1 167	2 223	3 388	4 764	6 111	6 645
	水路	422	293	480	631	690	662	632
	民航	289	427	600	789	953	1 064	1 200
货流量（万t）	合计	11 817	12 834	13 850	14 867	15 883	16 772	17 628
	铁路	1 485	1 843	2 321	2 785	3 003	3 220	3 695
	公路	9 226	9 504	9 728	9 859	10 068	10 282	10 275
	水路	1 083	1 433	1 694	2 046	2 576	2 997	3 372
	民航	23	53	107	177	236	272	286

注：民航客货流量仅指烟台与大连之间的民航客货流量。

预测结果表明，中方案 2020～2050 年，铁路客流量由 406 万人增加到 3 990 万人，货流量由 1 485 万吨增加到 3 695 万吨；公路客流量由 527 万人增加到 6 645 万人，货流量由 9 226 万吨增加到 10 275 万吨；水路客流量由 422 万人增加到 632 万人，货流量由 1 083 万吨增加到 3 372 万吨；民航客流量由 289 万人增加到 1 200 万人，货流量由 23 万吨增加到 286 万吨。

2020～2050 年，中方案通过 BSCC 的客货流量结构及其发展趋势见表 19-11（高、低方案略）。

表 19-11　中方案 BSCC 四种运输方式的客货流量占的比例（%）

		2020	2025	2030	2035	2040	2045	2050
客流量（万人）	合计	100	100	100	100	100	100	100
	铁路	24.68	34.82	30.27	31.53	31.30	30.07	32.00
	公路	32.04	40.31	46.93	48.25	51.09	54.52	53.30
	水路	25.65	10.12	10.13	8.99	7.40	5.91	5.07
	民航	17.57	14.75	12.67	11.24	10.22	9.49	9.63
货流量（万t）	合计	100	100	100	100	100	100	100
	铁路	12.57	14.36	16.76	18.72	18.91	19.20	20.96
	公路	78.07	74.05	70.24	66.27	63.39	61.31	58.29
	水路	9.16	11.17	12.23	13.76	16.22	17.87	19.13
	民航	0.20	0.41	0.77	1.19	1.48	1.62	1.62

预测结果表明，BSCC，2020～2050年，中方案，客流总量不断增加，2020年铁路、公路、水路、民航客流量占客流总量的比例分别是24.68%、32.04%、25.65%、17.57%，到2050年则分别为32.00%、53.30%、5.07%、9.63%。铁路、公路客流量占的比例总体趋势升高，公路客流量占的比例最大。水路、民航客流量占的比例较小，铁路、公路客流量增长率逐渐升高，水路、民航客流量增长率逐渐降低。2020～2050年，货流总量不断增加，2020年铁路、公路、水路、民航货流量占货流总量的比例分别是12.57%、78.07%、9.16%、0.20%，到2050年则分别为20.96%、58.29%、19.13%、1.62%。公路货流量增长率逐渐降低，铁路、水路、民航货流量增长率逐渐升高。

三、2020～2050年BSCC客、货、车流量结构及发展趋势

如果建设BSCC，通过BSCC的客、货、车流量，主要来自于铁路、公路的客、货、车流量。2020～2050年，中方案通过BSCC的客、货、车流量见表19-12（高、低方案略）。

表19-12 中方案通过BSCC的客货车流量

		2020	2025	2030	2035	2040	2045	2050
	公路+铁路客流量（万人）	933	2 175	3 657	5 602	7 682	9 482	10 635
	公路+铁路货流量（万t）	10 711	11 347	12 049	12 644	13 071	13 502	13 970
铁路	客流量（万人）	406	1 008	1 434	2 214	2 918	3 371	3 990
	货流量（万t）	1 485	1 843	2 321	2 785	3 003	3 220	3 695
	大宗货物（万t）	267	331	423	570	624	674	763
	普通货物（万t）	1 117	1 387	1 734	2 008	2 147	2 290	2 593
	集装箱货物（万t）	101	125	163	207	233	256	339
公路	客流量（万人）	527	1 167	2 223	3 388	4 764	6 111	6 645
	货流量（万t）	9 107	9 302	9 396	9 491	9 786	10 080	10 275
	小客车（辆/日）	506	882	1 932	10 688	19 960	26 717	39 373
	大客车（辆/日）	230	402	773	1 519	1 770	2 369	1 939
	普通货车（辆/日）	2 342	2 522	3 718	5 610	6 685	7 516	9 360
	集装箱货车（辆/日）	527	568	656	821	946	1 045	1 326
	折算标准小客车（辆/日）	5 615	10 341	17 176	26 122	37 177	50 341	64 557

由表 19-12 可以看出，2020～2050 年，中方案铁路和公路（不包括水路和民航）通过 BSCC 的客货流量不断增加，客流量由 933 万人增加到 10 635 万人；货流量由 10 711 万吨增加到 13 970 万吨。公路客货流量均居第一位，所占的公、铁路客货总流量比例，2020 年分别为 56.48%、85.03%；2050 年分别为 62.48%、73.56%。在铁路运输中，普通货物居第一位，其次是大宗货物，集装箱货物占得比重最小。在公路运输中，从发展趋势上看，小客车居第一位，其次是普通货车，再次是大客车，集装箱货车占得比重最小。折算成标准小客车，2020～2050 年，标准小客车日流量由 5 615 辆增加到 64 557 辆。

四、2020～2050 年 BSCC 客货运输承载力分析

在不考虑 BSCC 建设的基础上，分析 2020～2050 年 BSCC 客货运输承载力的发展变化。"十三五"期间，环渤海各主要港口、机场都进行了改建扩建规划，尤其是 BSCC 的两个桥头堡大连市和烟台市，对港口、机场改建扩建的力度很大。

"十三五"期间，大连市力争建成大连新机场，完成长海机场扩建工程，推进旅顺通用机场、登沙河通用机场、太平湾通用机场、庄河军民合用通航机场建设；推进太平湾港区建设，大窑湾三期、四期工程，大连港庄河港区、长兴岛恒力石化（大连）炼化项目配套 30 万吨原油码头工程及液体散货码头、西中岛石化产业园区配套港口基础设施工程建设；加强邮轮港建设，到 2020 年，大连港集团将完成吞吐量 5 亿吨，集装箱 1 300 万 TEU。

"十三五"期间，烟台市加快烟台港西港区 30 万吨级航道改造、莱州港区扩建、蓬莱东港区 10 万吨级航道、龙口港招远作业区等重大基础设施建设，到 2020 年，港口吞吐量达到 4 亿吨，集装箱吞吐量达到 310 万 TEU。进一步完善烟台蓬莱国际机场航线网络布局，开通并加密与全国各主要机场及重要旅游机场航线，合理布局通用航空机场，加快提升通用航空服务水平。到 2020 年，机场旅客年吞吐量达到 1 000 万人次，货邮 15 万吨。不考虑其他因素，仅大连市、烟台市"十三五"规划中的港口、机场改建扩建目标得以实现，其 BSCC 的综合运输能力将会大大提升。根据前期研究成果，结合目前社会经济发展状况，尤其是大连、烟台二市目前所具有的 BSCC 综合运输基础设施和能力，利用时间序列曲线估算法，对 2020～2050 年 BSCC 的运输承载力进行了估测（表 19-13）。

表 19-13　特征年份客货运输承载力预测

特征年份	综合客运能力（万人）	综合货运能力（万 t）	海运客运能力（万人）	海运货运能力（万 t）
2020	3 025	14 130	2 316	13 432
2025	3 347	14 734	2 897	13 683
2030	3 669	15 338	3 417	13 952
2035	3 990	15 942	3 514	14 237
2040	4 312	16 546	3 621	14 539
2045	4 633	17 151	3 744	14 858
2050	4 955	17 755	3 828	15 194

五、BSCC 建设的时间诊断

BSCC 建设的目的，主要是为了解决东北三省与关内乃至全国其他省区的客、货、车流量过大以及交通线路运输压力过大问题，以此促进经济的发展。这种压力是否大？何时大？有待进一步研究。上述研究是在不考虑 BSCC 建设的前提下进行的。上述预测的客货流量，实际上是一种潜在的客货流量。BSCC 的客货运总量和综合客货运能力，是铁路、公路、水路、民航四种运输方式功能的叠加，其实，真正需要通过未来要建设的 BSCC 的客货流量，主要是陆路客货流量，即铁路、公路客货流量，目前这些客货流量均由 BSCC 水路承担。

BSCC 能否建设，它是由多种因素所决定的。本研究仅从社会经济发展变化带来的客、货、车流量的变化，探讨 BSCC 建设的可行性与不可行性，这也是 BSCC 能否建设的关键问题。BSCC 能否建设首先是由通过的客、货、车流量所决定的，如果通过的客、货、车流量达不到通道设计的运输承载力（能力），达不到水路基础设施的运输承载力（能力），通道建设不仅带不来所期望的经济效益，而且会带来巨大的亏损。这种情况在中外重大交通工程上并不罕见。因此，在诊断 BSCC 能否建设的时间点时，必须牢牢把握客、货、车流量的发展变化，BSCC 综合运输承载力和水路基础设施运输承载力的发展变化，这是决定 BSCC 能否建设的基础。为此，结合综合客货流量高中低三种方案以及不包括民航运输的客货流量高中低三种方案预测的结果，从 BSCC 的综合运输和水路运输承载力两方面分析论证 BSCC 建设的可行性与不可行性。

2020~2050 年，高中低三种方案的综合客流量与综合运输承载力见图 19-5。

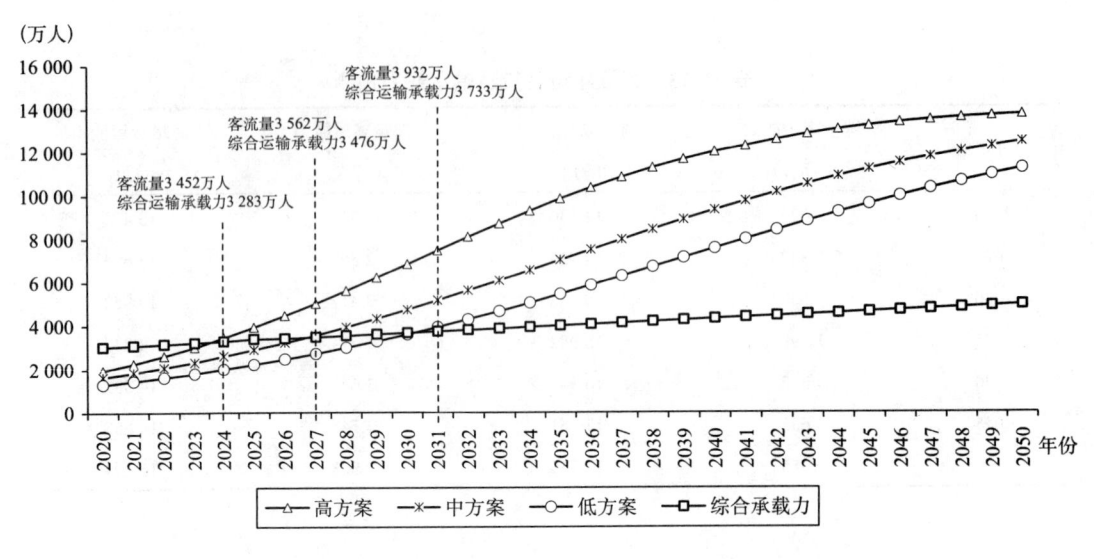

图 19-5 高中低三种方案的综合客流量与综合运输承载力

由图 19-5 可知，高方案 2024 年总客流量（3 452 万人）超过综合运输承载力（3 283 万人）；中方案 2027 年总客流量（3 562 万人）超过综合运输承载力（3 476 万人）；低方案 2031 年总客流量（3 932 万人）超过综合运输承载力（3 733 万人）。

2020～2050 年，高中低三种方案的综合货流量与综合运输承载力见图 19-6。

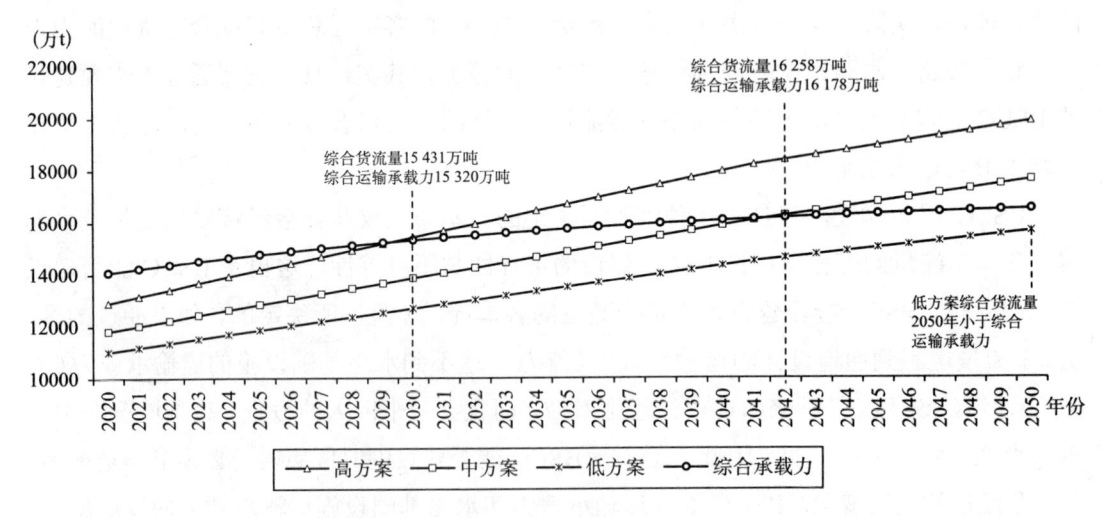

图 19-6 高中低三种方案的综合货流量与综合运输承载力

由图 19-6 可知，高方案 2030 年总货流量（15 431 万吨）超过综合运输承载力（15 320 万吨）；中方案 2042 年总货流量（16 258 万吨）超过综合运输承载力（16 178 万吨）；低方案 2050 年总货流量（15 647 万吨）小于综合运输承载力（16 498 万吨）。

真正通过未来设想建设的 BSCC 的主要是陆路客、货、车流量，因此，在不考虑民航综合运输的前提下，以水路（海运）运输为基础，考察未来 BSCC 客货流量与海运承载力。

2020～2050 年，高中低三种方案的综合客流量（不含民航）与海运承载力见图 19-7。

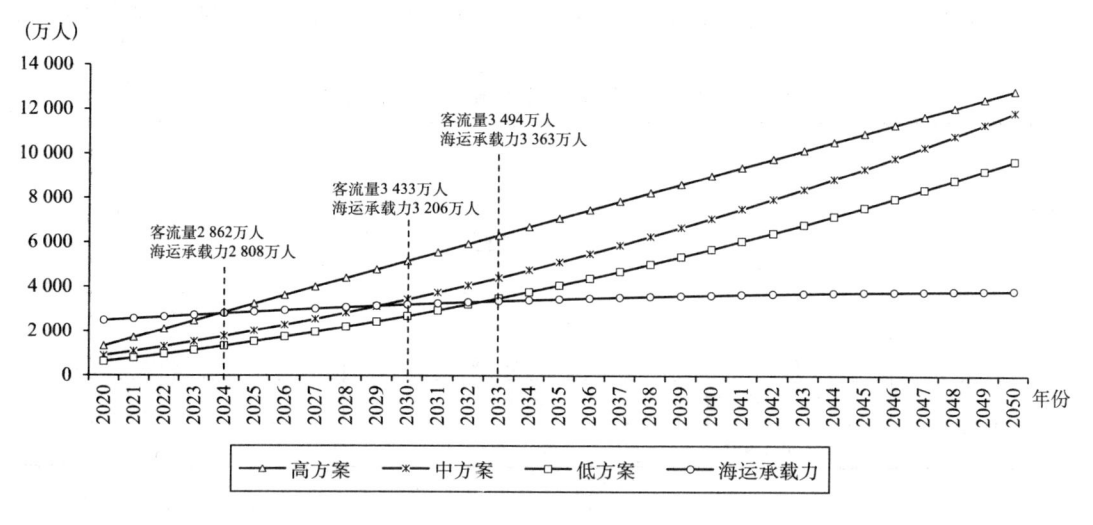

图 19-7　高中低三种方案的客流量与海运承载力

由图 19-7 可知，高方案 2024 年客流量（2 862 万人）超过海运承载力（2 808 万人）；中方案 2030 年客流量（3 433 万人）超过海运承载力（3 206 万人）；低方案 2033 年客流量（3 494 万人）小于海运承载力（3 363 万人）。

2020～2050 年，高中低三种方案的货流量（不含民航）与海运承载力见图 19-8。

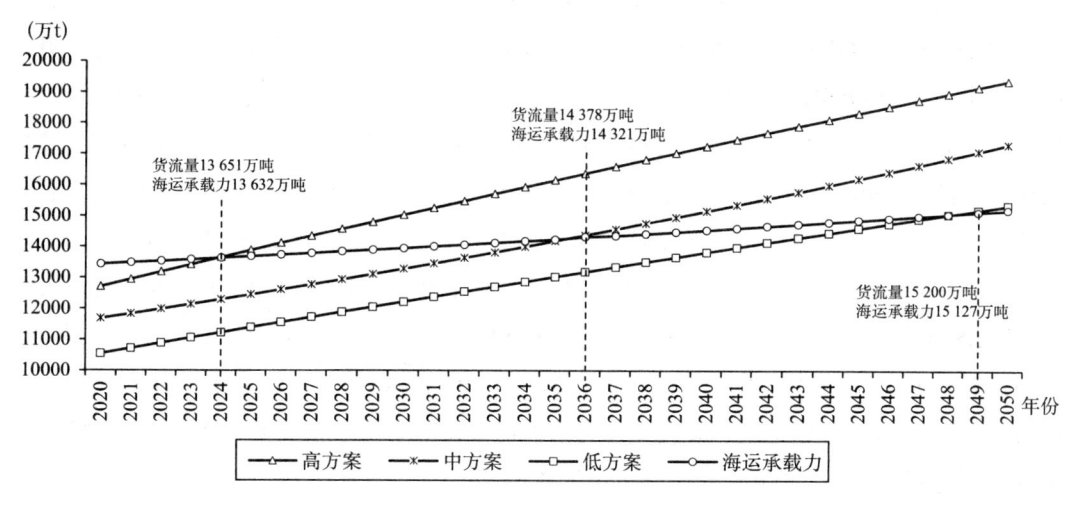

图 19-8　高中低三种方案货流量与海运承载力

由图 19-8 可知，高方案 2024 年货流量（13 651 万吨）超过海运承载力（13 632 万吨）；中方案 2036 年货流量（14 378 万吨）超过海运承载力（14 321 万吨）；低方案 2049 年总货流量（15 200 万吨）超过海运承载力（15 127 万吨）。

根据预测结果，从综合运输和水路运输承载力两方面分析论证 BSCC 建设的可行性与不可行性。2020~2050 年，高中低三种方案客货流量超过运输能力的时间见表 19-14。

表 19-14　高中低三种方案客货流量超过运输能力的年份

三种方案	运输通道类型	客流量大于运输能力的年份	货流量大于运输能力的年份
高方案	综合运输通道	2024	2030
	海运通道	2024	2024
中方案	综合运输通道	2027	2042
	海运通道	2030	2036
低方案	综合运输通道	2031	2050（小于运力）
	海运通道	2033	2049

由表 19-14 可以看出，高方案，从 BSCC 综合运输通道、海运通道两方面的运输能力综合考量，2030 年以前，BSCC 的客运能力完全可以满足社会经济发展所引发的客流量的运输需求，2040 年以前，BSCC 的货运能力基本上能满足货流量的运输需求。

2030 年我国人口达到峰值 14.45 亿，成为人口下降的拐点，到 2050 年总人口为 12.95 亿。2030 年人口红利消耗殆尽，城镇化率增长速度逐渐减缓，GDP 的增长速度也将进一步减缓。此外，预测结果表明，2030 年 GDP 和总货运量增长率相等，为 5.56%，此后，一直到 2050 年，GDP 增长率均大于总货运量的增长率，而且差距越来越大。这说明每增加一个单位的 GDP，所需要的货运量将逐渐减少。人口增长率逐渐减小，2030 年以后呈负值，人口出现负增长，由此可以粗略估算，2030~2040 年，通过 10 年的客流量增长惯性缓冲，2040 年以后，客流量增长的速度会越来越慢。2046 年总客运量增长率超过城镇化率增长以后，中方案（正常情景下）将会稳定且缓慢的增长（图 19-9）。

自 1978 年党的十一届三中全会为起点的"改革开放"以来，至 2015 年年底，历时 37 年，BSCC 的货运量才突破 1 亿吨，到达 10 083 万吨。说明实际通过 BSCC 的货运量，并不像某些专家学者估量的数量那么大。2010~2015 年，随着经济发展进入新常态，通过 BSCC 的客运量、货运量、滚装车、民航货运量增长速度明显减缓，都出现了负增长。尤其是客运量，2012~2015 年，连续 4 年负增长。

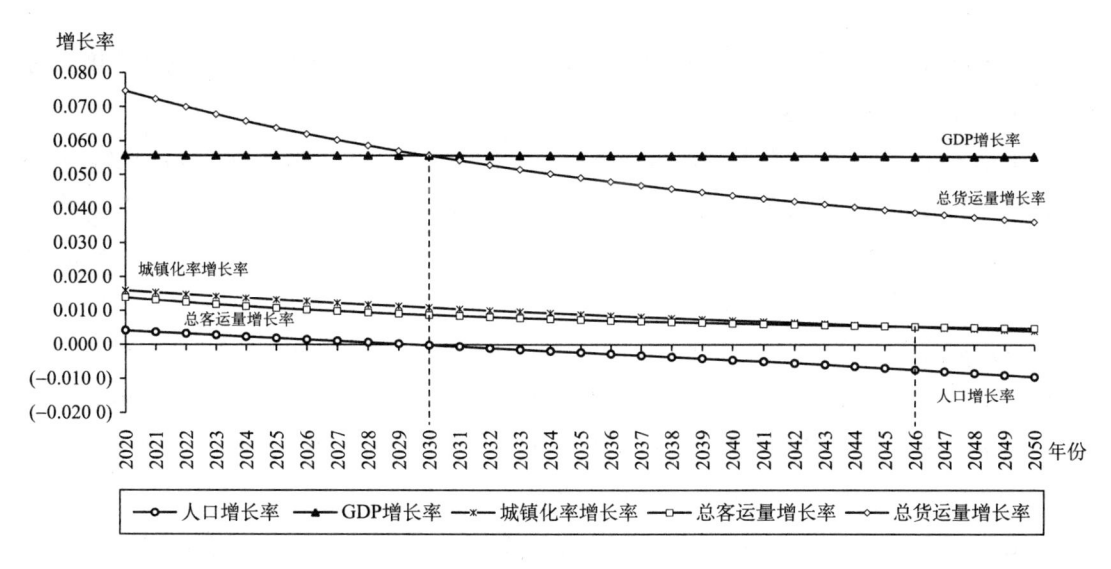

图 19-9 人口、GDP、城镇化率、客运量、货运量增长率的发展趋势

鉴于这些情况，初步判断，2040 年以前，根本没有必要建设 BSCC，即使到了 2050 年，是否需要建设，也要视 2050 年前后的社会经济发展情况而定。

六、未来 BSCC 建设的经济效益分析

高中低三种方案特征年份通过 BSCC 的客、货、车流量（不包括海运、民航）见表 19-15。

表 19-15 高中低三种方案通过 BSCC 的客、货、车流量

	年份	2020	2025	2030	2035	2040	2045	2050
高方案	客流量（万人）	1 144	3 086	5 440	8 018	9 956	11 129	11 601
	货流量（万 t）	11 696	12 531	13 439	14 227	14 803	15 273	15 720
	标准小客车/（辆/日）	7 546	13 966	22 206	32 268	44 149	57 852	73 375
中方案	客流量（万人）	933	2 175	3 657	5 602	7 682	9 482	10 635
	货流量（万 t）	10 711	11 347	12 049	12 644	13 071	13 502	13 970
	标准小客车（辆/日）	5 615	10 341	17 176	26 122	37 177	50 341	64 557
低方案	客流量（万人）	724	1 619	2 732	4 338	6 210	8 130	9 543
	货流量（万 t）	9 985	10 471	11 018	11 471	11 784	12 074	12 389
	标准小客车（辆/日）	4 564	8 581	14 528	22 405	32 212	43 949	57 617

注：不包括海运、民航运输。

BSCC 建设的设计是从烟台的蓬莱至大连的旅顺，全长 125 千米。按高方案匡算，所有旅客均乘坐高铁一等座通过 BSCC，按目前高铁一等座票价计算，其价格为 50 元（实

际不到 50 元，烟台至即墨北全程 168 千米，高铁一等坐票价为 62 元）。根据特征年份的客流量，即可计算出客运量收入。

根据《国家发展改革委关于调整铁路货运价格进一步完善价格形成机制的通知》（发改价格〔2015〕183 号），结合相关预测结果，把整车、零担车、集装箱（TEU）折算成货流量，铁路综合货运基价 1 为 19.45 元/吨，基价 2 为 0.309 587 元/吨公里，每年的货运量收费=（基价 1+基价 2×运距）×货运量/年。

杭州湾跨海大桥全长 36 千米，BSCC 全长 125 千米。目前，杭州湾跨海大桥一类车（标准小客车）收费 80 元/车·次，中铁渤海轮渡烟台到大连滚装船一类车（标准小客车）收费 500 元/车·次，烟台港客运站烟台到大连滚装船一类车（标准小客车）收费 600 元/车·次。因此，可以估算，BSCC 建成后，一类车（标准小客车）收费不会超过 280 元/车·次，因为超过这个价格，就失去了 BSCC 建设的意义。本次预测按 280 元/车·次计算。

高中低三种方案特征年份通过 BSCC 的客、货、车运量收费情况见表 19-16。

表 19-16　高中低三种方案特征年份 BSCC 的收费（亿元）

		2020	2025	2030	2035	2040	2045	2050
高方案	客运收费	5.72	15.43	27.20	40.09	49.78	55.65	58.01
	货运收费	68.01	72.87	78.15	82.73	86.08	88.81	91.41
	标准小客车收费	7.61	14.08	22.38	32.53	44.50	58.31	73.96
	合计	81.34	102.38	127.73	155.35	180.36	202.77	223.38
中方案	客运收费	4.67	10.88	18.29	28.01	38.41	47.41	53.18
	货运收费	62.28	65.98	70.06	73.52	76.01	78.51	81.23
	标准小客车收费	5.66	10.42	17.31	26.33	37.47	50.74	65.07
	合计	72.61	87.28	105.66	127.86	151.89	176.66	199.48
低方案	客运收费	3.62	8.10	13.66	21.69	31.05	40.65	47.72
	货运收费	58.06	60.89	64.07	66.70	68.52	70.21	72.04
	标准小客车收费	4.60	8.65	14.64	22.58	32.47	44.30	58.08
	合计	66.28	77.64	92.37	110.97	132.04	155.16	177.84

从表 19-16 可以看出，通过 BSCC 的主要是陆路（公路、铁路）客、货、车流量，其经济收益也主要来源于这三个方面，其他的收益如管线收入、广告收入以及可能引发的其他各项收入，相对于 BSCC 建设投资，都是微不足道的。2020 年高中低三种方案的总收入分别为 81.34 亿元、72.61 亿元、66.28 亿元；到 2050 年，其收入分别为 223.38 亿元、199.48 亿元、177.84 亿元。

如果按照 BSCC 建设投资 2 000 亿元和 4 000 亿元两种方案计算，回报期均为 15 年，年均回报收入则分别为 133 亿元/年、267 亿元/年。实际上 BSCC 建设投资并不仅仅如此，其基础设施的配套费、BSCC 的维护费、管理人员的工资以及一些不可预见的费用等，会使实际投资大为增加。我们不考虑其他因素，仅从 BSCC 潜在收入和以上两种方案的投资，考察 BSCC 建设经济效益。两种方案的投资和高中低三种方案的收入发展变化情况见图 19-10。

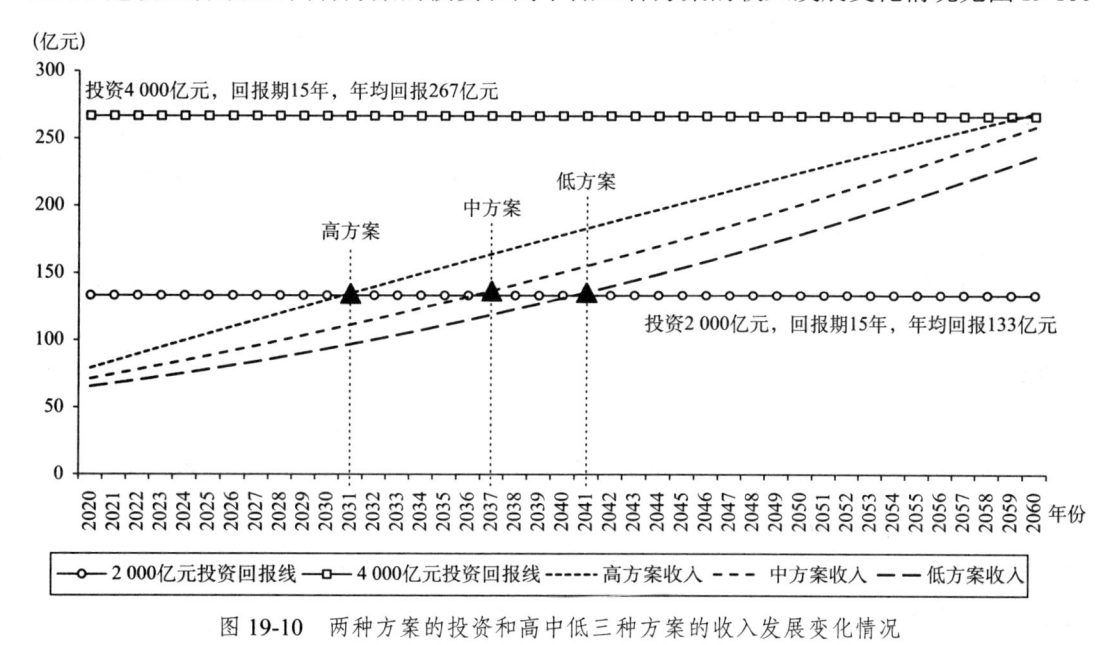

图 19-10　两种方案的投资和高中低三种方案的收入发展变化情况

从图 19-10 可以看出，如果 BSCC 建设投资 2 000 亿元，回报期为 15 年，年均回报 133 亿元。从高中低三种方案的收入可以看出，高方案 2031 年的收入为 135 亿元，中方案 2037 年的收入为 137 亿元，低方案 2041 年的收入为 136 亿元，均刚刚超过投资年均回报 133 亿元。按照中方案估算，若 2040 年 BSCC 建成营运，回报期为 15 年，年均回报 133 亿，2041~2050 年，扣除投资回报，年均毛收入仅为 44.7 亿元，和投资 2 000 亿元的巨大工程相比，显然其经济效益是十分低下的。

如果 BSCC 建设投资 4 000 亿元，回报期为 15 年，年均回报 267 亿元。从高中低三种方案的收入可以看出，到 2060 年，只有高方案的收入才超过投资年均回报，为 269 亿元。

第五节　结　　论

第一，一些专家学者及研究机构，曾对 BSCC 未来的客、货、车流量做过预测，总体上看预测的结果过于乐观。之所以如此，主要是对 BSCC 建设只进行可行性论证，缺乏不可行性论证，缺乏可行性与不可行性论证的对比分析研究。这种预测研究的最终结果往往脱离客观实际，最终导致工程建设运营后效益甚微，甚至严重亏损。英法海底隧道自运营以来，其运输量从未达到过设计的理论值，以至于连年严重亏损。日本青函隧道被称为"特大工程特大亏损"。我国杭州湾跨海大桥 2008 年 5 月 1 日正式通车。《杭州湾跨海大桥工程可行性研究》报告当时预测 2010 年大桥的车流量有望达到 1 867 万辆，但 2010 年实际车流量仅 1 112 万辆，比预期少了 40% 以上。2012 年全年，大桥的实际车流量增加到 1 252.44 万辆，仍然不及报告预计的 2008 年通车当年车流量 1 415.2 万辆。有关报道称，2016 年 10 月 27 日，杭州湾跨海大桥车流量突破 1 亿辆。看上去是一大喜事，实际上 2008 年 5 月 1 日正式通车至 2016 年 10 月 27 日车流量突破 1 亿辆，整整历时 8.5 年，平均每年车流量仅为 1 176.47 万辆（32 680 辆/日），仅为 2008 年预测值的 83.13%，显然处于严重亏损状态。这都是可行性论证过于乐观，缺乏不可行性论证的结果。

第二，预测采用的方法是科学的，预测过程是严谨的，通过万有引力模型的改进型对相关区域的客货运量进行预测，而后通过建立 GRNN 模型（广义回归神经网络模型）进行二次预测，用以验证第一次的预测结果。验证结果表明，两次预测的结果有一定的差距，但相关区域客货运量的时空格局基本上没有明显的变化，说明第一次预测结果具有很高的可信度。

第三，测算结果表明：①BSCC 的建设，对区域交通可达性的影响并不像过去人们想象的那样大。实际上，BSCC 的建设，对交通可达性影响最大的地区，仅限于辽东半岛的南部和山东半岛区域。②BSCC 建成后，将全国城市的平均出行时间成本降低了 9 分钟，但城市出行成本的变异系数并没有显著变化，说明全国城市的交通可达性的格局根本没有改变。③BSCC 建成后，全国 55.78% 的地级以上城市可达性指数得以改善，平均降低时间成本 16 分钟，但这对距 BSCC100 千米以外的地区而言是微不足道的，尤其公路运输更是如此。

第四，2030 年我国人口达到峰值 14.45 亿，成为人口下降的拐点，到 2050 年总人口为 12.95 亿。2030~2040 年，中方案，随着 10 年人口减少的惯性缓冲，我国流动人口的增长是十分缓慢的，从而影响到客流量的增长也是非常平稳缓慢的。2030 年以后，我国人口将逐渐减少，人口红利消耗殆尽（农民工越来越少），城镇化率增长速度逐渐减缓，GDP 的增长速度也将进一步减缓。预测结果表明，2030 年 GDP 和总货运量增长率相等，为 5.56%，此后，一直到 2050 年，GDP 增长率均大于总货运量的增长率，而且差距越来越大。这说明随着科学技术的进步，每增加一个单位的 GDP，所需要的货运量将逐渐减少。因此，中方案 2030~2050 年，全国货运量将非常平稳缓慢的增加。这说明未来的客货运量不会高速增长。

第五，预测表明，中方案，2020~2050 年，BSCC 的客流量由 933 万人增加到 10 635 万人；货流量由 10 711 万吨增加到 13 970 万吨；标准小客车日流量由 5 615 辆增加到 64 557 辆，即使按照高方案，也不会超过 75 000 辆。

第六，预测表明，2020~2050 年，BSCC 的经济收入，高方案由 81.34 亿元增加到 223.38 亿元；中方案由 72.61 亿元增加到 199.48 亿元；低方案由 66.28 亿元增加到 177.84 亿元。如果按照 BSCC 建设投资 2 000 亿元和 4 000 亿元两种方案计算，回报期均为 15 年，年均回报收入则分别为 133 亿元/年、267 亿元/年。选择第一种投资方案建设 BSCC，若在 2040 年建成投入运营，到 2050 年，扣除年均投入成本，其毛收益年均为 44.7 亿元，经济效益很低，和 2 000 亿元的巨额投资十分不相称。如按照第二种方案投入 4 000 亿元建设 BSCC，2050 年以前建成，将会出现类似于日本青函隧道"特大工程特大亏损"的状况。在这种情况下，还将对 BSCC 的海运产生颠覆性影响，其损失将是巨大的。

此外，首先，BSCC 建设主要影响陆路（公路、铁路）客货流量，对于其他区域的水运和民航客货运输影响甚微。通过对 BSCC 未来的客货运输能力分析以及客、货、车流量和经济效益分析，2040 年以前完全没有必要建设 BSCC，即使是 2050 年，其建设与否，也应该根据 2050 年前后社会经济发展的实际情况而定。

其次，渤海是我国一个真正意义上的内陆海，不仅有着丰富的海洋生物资源，还有着丰富的石油、天然气、海盐等矿产资源。不仅如此，渤海作为深入我国大陆内部的一个大海湾，其水体异常宝贵，对调节华北气候、改善生态环境、保护生物资源的多样性有着不可替代的作用。因此，在没有可能获得重大经济效益的情况下，不要轻易建设 BSCC，以免干扰破坏渤海和渤海海峡的生态环境系统和生态平衡。

最后，由于 BSCC 建设是一项世界级的巨大工程，投资建设的成本巨大，理论上讲效益也应该巨大，同时风险也巨大。这种风险有自然的（地震、生态等），有人为的（管理、技术等），也有地缘政治的（局部战争等）[30]。基于此，BSCC 建设一定要汲取国内外世界级大型工程建设的经验和教训，在其研究论证过程中，不仅要进行可行性论证，更为重要的是还要进行不可行性论证，认真研究 BSCC 建设相关的每一个问题，对每一个问题都要搞清楚，对国家、对人民高度负责。

参 考 文 献

[1] 孙峰华, 陆大道, 柳新华, 等. 中国物流发展对渤海海峡跨海通道建设的影响[J]. 地理学报, 2010, 65(12): 1507-1521.

[2] 孙峰华, 陆大道, 代合治, 等. 渤海海峡跨海通道建设与中国的地缘政治战略[J]. 地理科学, 2016, 36(11): 1-10.

[3] 魏礼群等. 世界渤海海峡跨海通道比较研究[M]. 北京: 社会科学文献出版社, 2005.

[4] 陆大道. 关于渤海海峡跨海通道规划建设的几个问题[J]. 鲁东大学学报(社会科学版), 2009, 26(2): 8-9.

[5] 孙东琪, 陆大道, 孙峰华, 等. 国外渤海海峡跨海通道建设的空间社会经济效应[J]. 地理研究, 2013, 32(12): 2270-2280.

[6] 陈鸿斌. 匪夷所思: 日本特大工程特大亏损[N]. 上海证券报, 2008-06-18.

[7] 肖夏. 杭州湾跨海大桥投资超百亿元, 通车 5 年资金仍紧绷[N]. 21 世纪经济报道, 2013-9-23.

[8] 姜振海, 邹秋怡. 胶州湾大桥收费不够付利息[N]. 半岛都市报, 2015-08-18.

[9] 胡思继. 交通运输学[M]. 北京: 人民交通出版社, 2005: 43-44.

[10] 杨吾杨, 张国伍. 交通运输地理学[M]. 北京: 商务印书馆, 1986: 28-29.

[11] 金凤君. 我国空间运输联系的实验研究[J]. 地理学报, 1991, 46(1): 16-25.

[12] 张文尝, 金凤君, 唐秀芳. 空间运输联系的分布与交流规律研究[J]. 地理学报, 1994, 49(6): 490-499.

[13] 张文尝, 金凤君, 荣朝和, 等. 空间运输联系[M]. 北京: 中国铁道出版社, 1992: 73-165.

[14] 闻新, 李新, 张兴旺, 等. 应用 MATLAB 实现神经网络[M]. 北京: 国防工业出版社, 2015.

[15] 赵闯, 刘凯, 李电生. 基于广义回归神经网络的货运量预测[J]. 铁道学报, 2004, 26(1): 12-16.

[16] 王振波, 徐建刚, 孙东琪. 渤海海峡跨海通道对中国东部和东北地区交通可达性影响[J]. 上海交通大学学报, 2010, 44(6): 807-811.

[17] 毛泽东. 1955 年在资本主义工商业社会主义改造问题座谈会上的讲话[M]. 毛泽东文集(第六卷). 北京: 人民出版社, 1999: 493-503.

[18] 胡鞍钢, 鄢一龙, 魏星. 2030 中国: 迈向共同富裕[M]. 北京: 中国人民大学出版社, 2011.

[19] 世界银行, 国务院发展研究中心. 2030 年的中国: 建设现代化和谐有创造力的社会[M]. 北京: 中国财政经济出版社, 2013.

[20] 蒋洪强, 刘年磊, 等. 2012~2030 年我国四大区域环境经济形势分析与预测研究报告[M]. 北京: 中国环境出版社, 2013.

[21] 英媒预测. 中国经济 2021 年超越美国[N]. 参考消息, 2014-08-25(3).

[22] 经济学人智库中国研究团队. 2030 年的中国城市化[R]. 中国经济报告, 2014, 19(7): 93-98.

[23] 国家发展和改革委员会. 人口和社会发展报告 2014[R]. 北京: 国家发展和改革委员会, 2015.

[24] Population Division of the Department of Economic and Social Affairs of the United Nations Secretariat. World Population Prospects: The 2012 Revision. http://esa.un.org/unpd/wpp/index.htm.

[25] 孙东琪, 陈明星, 陈玉福, 等. 2015~2030 年中国新型城镇化发展及其资金需求预测[J]. 地理学报, 2016, 71(6): 1025-1044.

[26] 国务院. 国家新型城镇化规划(2014~2020 年) [M]. 北京: 人民出版社, 2014.

[27] 联合国开发计划署. 2013 中国人类发展报告[R]. 北京: 中国对外翻译出版公司, 2013.

[28] 潘家华, 魏后凯, 单菁菁. 城市蓝皮书: 中国城市发展报告 No. 8[R]. 北京: 社会科学文献出版社, 2015.

[29] 中国发展研究基金会. 中国发展报告 2010: 促进人的发展的中国新型城市化战略[R]. 北京: 人民出版社, 2010.

[30] 孙峰华, 陆大道, 代合治, 等. 渤海海峡跨海通道建设与中国的地缘政治战略[J]. 地理科学, 2016, 36(11): 1-10.